요한계시록은 이런 뜻이었다

하문호 지음

그리심
도서출판
Grisim

Commentary of Revelation

요한계시록은 이런 뜻이었다

2006년 9월 10일 초판 1쇄 인쇄
2006년 9월 20일 초판 1쇄 발행

저 자 • 하 문 호
발행인 • 조 경 혜
발행처 • 도서출판 그리심
156-763 서울시 동작구 사당동 200-1

등록번호 • 제 7-258호(1998. 4. 23)
출 판 사 • 전화 523-7589 팩스 523-7590
홈페이지 • http://grisim.biz
전자우편 • grisimcho@hanmail.net

ISBN 89-5799-160-3 93230

값 : 표지 뒷면

Korean Edition Grisim Publishing Co. Seoul, Korea 2006

머 리 말

• 계 1:3 "이 예언의 말씀을 읽는 자와 듣는 자들과 그 가운데 기록한 것을 지키는 자들이 복이 있나니 때가 가까움이라"

이 말씀대로 요한계시록의 내용은 우리가 반드시 읽고 듣고 지켜야 할 말씀이다. 왜냐하면 이 책의 내용은 "반드시 속히 될 일"(계 1:1), 또는 "이후에 마땅히 될 일"(계 4:1) 즉 성도들이 앞으로 반드시 당하게 될 일들로서 이 일들을 미리 알고 대처하면 복이 있으려니와 그렇지 못하면 반드시 화를 당하게 될 것이기 때문이다. 복도 단순한 복이 아니라 천국에서 영원토록 누릴 영생의 복이며 화도 단순한 화가 아니라 지옥에 가서 받을 영원한 화이기 때문이다.

그러므로 이 책의 내용들은 성도들로서는 반드시 알지 않으면 안 되는 말씀이다. 그럼에도 불구하고 우리들은 이 책의 내용을 얼마나 정확히 알고 있는가?

요한계시록을 직접 읽어 보아도 도무지 무엇을 말하고 있는지 감이 잡히지 않는 것이 우리의 현실이 아닌가? 계시록의 내용을 정확히 알지 못하고 신앙생활을 하고 있다는 사실! 이것이 얼마나 위험한 일인가? 이것은 참으로 심각한 문제가 아닐 수 없다.

사도 요한을 보라. 그는 앞으로 "반드시 속히 될 일"이 기록된 두루마리 책의 인봉을 떼어 그 내용을 보여줄 자가 없을 때 그는 어떻게 하였는가?

• 계 5:4-5 "이 책을 펴거나 보거나 하기에 합당한 자가 보이지 않기로 내가 크게 울었더니 장로 중에 하나가 내게 말하되 울지 말라 유대 지파의 사자 다윗의 뿌리가 이기었으니 이 책과 그 일곱 인을 떼시리라 하더라 장로 중에 하나가 내게 말하되 울지 말라 유대 지파의 사자 다윗의 뿌리가 이기었으니 이 책과 그 일곱 인을 떼시리라 하더라"

이 사실을 볼 때 우리가 이 계시록의 내용을 알지 못한다는 것은 통곡할 일인 것이다. 그래서 필자는 주님께 기도하였다.

"모든 시대의 성도들이 꼭 알아야 할 것이기 때문에 2000년 전 사도 요한에게 이 책의 내용을 성령의 감동으로 계시하신 주님! 주신 계시를 우리가 깨달아 알지 못한다면 이 계시가 우리에게 무슨 소용이 있겠습니까? 이 계시를 주신 주님은 또한 그 의미를 깨달아 알 수 있게 하실 수 있는 것을 믿습니다. 아니 주님밖에는 알게 하실 분이 없습니다. 오늘 저에게 이 책의 내용을 깨달아 알 수 있도록 성령의 빛을 비춰 주옵소서. 그리하여 우리 여러 형제들이 함께 알 수 있게 하여 주옵소서"

이런 기도 속에 계시록을 여러 번 정독하는 가운데 주님은 저에게 "아! 이것이로구나!" 하는 깨달음을 주셨다. 나는 이 깨달음이 분명히 성령의 빛에 의한 것임을 확신한다.

그 다음에 필자는 지금까지 나와 있는 여러 주석들을 살펴보았다. 내가 깨닫게 된 그 내용을 이미 기록한 주석이 있는가를 알기 위함이었다. 이미 그런 책이 나와 있으면 필자가 다시 쓸 필요가 없기 때문이었다. 그러나 발견하지 못하였다. 그리하여 계시록 주석을 써야 할 필요를 느끼게 되었다. 그러나 두려웠다. 자신의 부족함 때문이다. 그럼에도 불구하고 지난 30여 년 동안 조직신학을 전공하고 또 신학교에서 가르쳐 온 교리적 기초와 또 같은 기간에 즉 30여 년간 목회를 하면서 연구해 온 성경 지식을 바탕으로 하여 이번에 주신 깨달음을 글로 쓴다면 큰 실수 없이 계시록에 대한 새로운 깨달음을 믿음의 형제들과 함께 나눌 수 있지 않을까? 생각하게 되었다. 그리하여 이 책을 쓰게 되었다.

그러나 지금까지 시도되지 않은 전혀 새로운 시각에 따른 독특한 주석이므로 미숙한 점이 있을지 모른다. 이런 점이 발견되면 독자 여러분들께서 서슴없이 지적해 주시고 시정해 주시기 바란다. 성경 연구는 어느 한 사람의 전유물이 아니요 우리 모두의 협력과 공동 노력에 의하여 이루어져야 할 과제이기 때문이다.

그리고 이 책은 신학생들을 대상으로 한 신학교 교재용이 아니라 일반 평신도들을 위하여 썼다. 신앙생활을 하는 자라면 누구라도 알 수 있어야 하기 때문이다. 그래서 해설은 할 수 있는 대로 간단명료하게 그리고 쉽게 쓰려고 노력했다. 그리고 관련 성구들은 성경을 다시 펴서 읽어야 하는 불편을 덜어주기 위하여 직접 이 책에 기록하였다. 이 책이 독자 여러분께 "반드시 속히 될 일" 곧 계시록의 내용을 정확히 깨닫게 되는데 큰 도움이 될 수 있다면 더 큰 기쁨이 없을 것이다.

끝으로 다시 한 번 더 드리는 부탁은 아무리 성령의 빛을 비추어 주셔도 인간의 미련하고 부족함 때문에 이 책에서 실수나 모자란 부분이 있을 수 있다. 이런 것이 발견되는 대로 독자 여러분께서 서슴없이 가르쳐 주기 바란다. 그렇게 함으로써 우리가 더욱 계시록의 참 뜻을 이해하는 데로 전진할 수 있기 때문이다.

차 례

CONTENTS

9 그리스도의 재림 및 그 때에 행하실 일

10 천년왕국과 최후 심판

11 천년왕국과 최후 심판

요한계시록은 이런 뜻이었다

서 론

서 론

I. 계시자와 수신자와 전달자

1. 계시자

이 책의 내용들을 계시하신 (나타내 보여 주신) 분은 누구이신가?

예수님

• 계 1:1 "예수 그리스도의 계시라"

2. 수신자

이 책의 내용들은 누구에게 주시는 것인가?

예수님의 종들 예수님을 믿는 모든 성도들

• 계 1:1 "반드시 속히 될 일을 그 종들에게 보이시려고…지시하신 것이라"

• 계 4:1 "…이 후에 마땅히 될 일을 내가 네게 보이리라 하시더라"

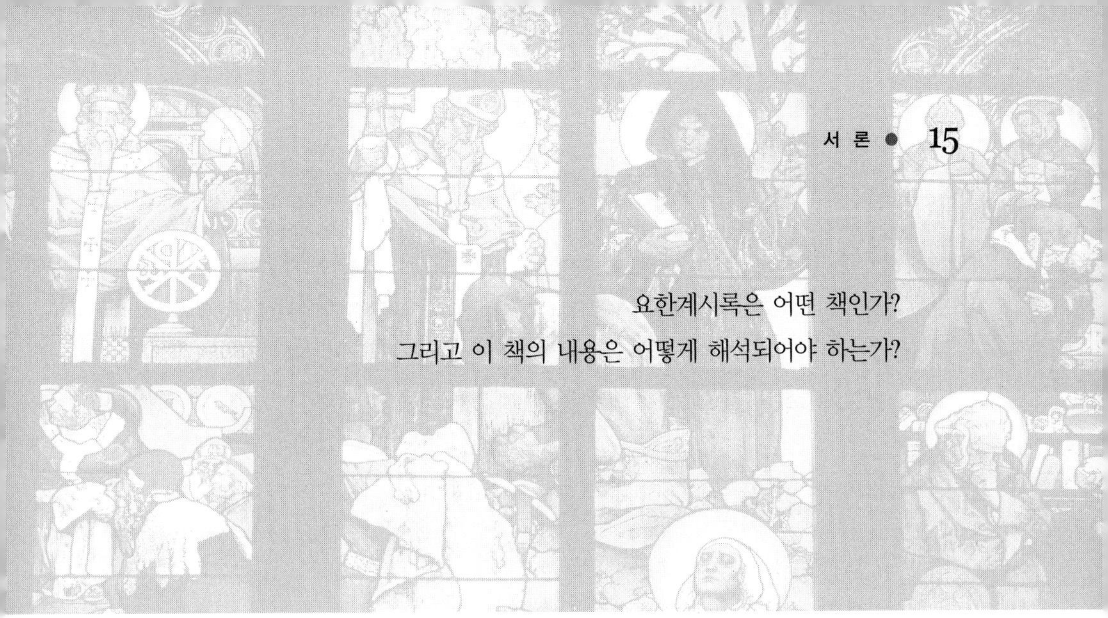

요한계시록은 어떤 책인가?
그리고 이 책의 내용은 어떻게 해석되어야 하는가?

3. 전달자

이 계시록의 내용을 예수님께 받아서 그 종들에게 전달한 자는 누구인가?

제 1전달자 – 천사 (예수님께 받아서 사도 요한에게)
제 2전달자 – 사도 요한 (예수님 및 천사에게 받아서 "그 종들" 곧 모든 성도들에게)

• 계 1:1하 "그 천사를 그 종 요한에게 보내어 지시하신 것이라"

II. 계시의 내용

무엇에 관한 계시인가?

1. 반드시 속히 될 일

• 계 1:1 "이는 하나님이 그에게 주사 반드시 속히 될 일을 그 종들에

계 보이시려고"

• 계 4:1 "…이 후에 마땅히 될 일을 내가 네게 보이리라 하시더라"

2. 반드시 속히 될 일들의 내용은 어떤 것들인가?

1) 주님은 이 일들에 관하여 두 번 계시하셨다.

• 부활 승천 전 – 마 24장에서
• 부활 승천 후 – 요한계시록에서

2) 그러므로 이 두 계시는 동일한 일, 즉 "**반드시 속히 될 일**"에 관한 계시이다.

3) 이 두 부분의 계시에 나타난 "반드시 속히 될 일"의 내용은 "**그 종들**" (계 1:1) 곧 성도들의 신앙생활을 위협하는 여러 가지 고통스러운 일들이 주를 이루고 있다. 이 사실은 다음과 같은 곳에서 단적으로 알 수 있다.

• 재난의 시작이니라 (마 24:8)
• 큰 환난이 있겠음이라 (마 24:21)
• 7인 재난 (계 6:1-8:2)
• 7나팔 재난 (계 8:7-11:19)

III. 이 계시의 목적

주님은 왜 "**반드시 속히 될 일**"을 두 번씩이나 (마 24장, 요한계시록) 그 종들에게 계시하셨을까? 그 해답은 계시된 내용의 줄거리를 살펴보면 쉽게 얻을 수 있다.

1. 두 계시의 공통된 줄거리

1) "반드시 속히 될 일"의 대부분은 이 계시의 수신자인 "그 종들"(계 1:1)이 받게 될 재난들이다

2) 이 재난들은 "그 종들"의 신앙생활을 방해하기 위하여 발악하는 사단의 역사로 말미암는 것이다.

3) 사단은 "그 종들"이 믿지 못하게 하려고 여러 가지 재난들을 가지고 공격한다.

4) 이런 재난들은 종말이 가까워 올수록 더욱 심해질 것이다. 그리하여 "그 종들"이 받는 고난은 인류 역사의 최종점 곧 주님 재림 직전에 최절정에 달할 것이다.

5) 그러므로 너희는 깨어있어야 한다(마 24:42). 예비하고 있어야 한다(마 24:44). 나중까지 견뎌야 한다(마 24:13). 죽도록 충성해야 한다(계 2:10). 그 옷을 더럽히지 말아야 한다(계 3:4-5).

6) 그러면 너희는 반드시 이길 수 있다.

7) 이렇게 믿음의 선한 싸움에서 이기면 내가 속히 와서(계 22:20) 너희를 하나님의 성전으로 인도하여 모든 눈물을 씻어주고(계 7:13-17) 사망도, 애통도, 고통도 없는 신천신지에서 영원히 살게 할 것이며(계 21:1-4) 생명의 면류관을 줄 것이다(계 2:10).

2. 이 줄거리에서 알 수 있는 계시의 목적

1) 말세 성도들이 받게 될 고난들이 누구로부터(사단으로부터), 어떤 목적으로(믿지 못하게 하려고), 얼마나 강하게[재난의 시작(마 24:8)으로부터 재난의 절정(마 24:21)에 이르기까지] 올 것인가를 미리 알려 줌으로써 미리 대비하게 하시려는 것이다.

2) 이 고난 속에서 믿음만 지키면 이미 사단의 권세를 이기신 주님이 계시므로 성도들은 반드시 승리할 수 있다는 사실을 알게 하심으로써 그 믿음 가지고 승리케 하려는 것이다.

3) 이 싸움에서 지면 멸망이고 이기면 영생과 무한한 영광이 주어진다는 약속을 주심으로 그 영광의 날을 바라보며 믿음의 길을 달려가도록 격려하기 위한 것이다.

3. 이런 목적은 요한계시록의 다음과 같은 성구들을 보면 더욱 확실해진다.

1) 우리의 대장 되신 예수님은 이 싸움에서 이미 이기신 분이라고 함

• 계 5:5 "장로 중에 하나가 내게 말하되 울지 말라 유대 지파의 사자 다윗의 뿌리가 이기었으니 이 책과 그 일곱 인을 떼시리라 하더라"

• 계 6:2 "내가 이에 보니 흰 말이 있는데 그 탄 자가 활을 가졌고 면류관을 받고 나가서 이기고 또 이기려고 하더라"

2) 아시아 일곱 교회에게 보내는 편지에서 각 교회마다 이겨야 할 것을 격려하신다.

(1) 에베소 교회에게

• 계 2:7 "귀 있는 자는 성령이 교회들에게 하시는 말씀을 들을지어다 이기는 그에게는 내가 하나님의 낙원에 있는 생명나무의 과실을 주어 먹게 하리라"

(2) 서머나 교회에게

• 계 2:11 "귀 있는 자는 성령이 교회들에게 하시는 말씀을 들을지어다 이기는 자는 둘째 사망의 해를 받지 아니하리라"

(3) 버가모 교회에게

• 계 2:17 "귀 있는 자는 성령이 교회들에게 하시는 말씀을 들을지어다 이기는 그에게는 내가 감추었던 만나를 주고 또 흰 돌을 줄

터인데 그 돌 위에 새 이름을 기록한 것이 있나니 받는 자 밖에는 그 이름을 알 사람이 없느니라"

(4) 두아디라 교회에게

• 계 2:26 "이기는 자와 끝까지 내 일을 지키는 그에게 만국을 다스리는 권세를 주리니"

(5) 사데 교회에게

• 계 3:5 "이기는 자는 이와 같이 흰 옷을 입을 것이요 내가 그 이름을 생명책에서 반드시 흐리지 아니하고 그 이름을 내 아버지 앞과 그 천사들 앞에서 시인하리라"

(6) 빌라델비아 교회에게

• 계 3:12 "이기는 자는 내 하나님 성전에 기둥이 되게 하리니 그가 결코 다시 나가지 아니하리라 내가 하나님의 이름과 하나님의 성 곧 하늘에서 내 하나님께로부터 내려 오는 새 예루살렘의 이름과 나의 새 이름을 그이 위에 기록하리라"

(7) 라오디게아 교회에게

• 계 3:21 "이기는 그에게는 내가 내 보좌에 함께 앉게 하여 주기를 내가 이기고 아버지 보좌에 함께 앉은 것과 같이 하리라"

이런 사실은 우리에게 무엇을 말해주는가? 주님께서는우리가 이 영적인 싸움에서 반드시 이기기를 얼마나 바라시고 계신가. 꼭 이겨야 할 것을 얼마나 강력하게 응원하고 계신가를 알게 된다. 이 때문에 주님께서는 아시아 일곱 교회에게 편지를 보내시면서 한 교회도 빼놓지 않으시고 이겨야 할 것과 그에 따른 보상이 무엇인가를 말씀해 주신 것이다.

3) 이 싸움에서 이긴 성도들의 천국에서의 모습을 보여 주신다.

• 계 14:1, 4-5 "또 내가 보니 어린양이 시온 산에 섰고 그와 함께 십사만사천이 섰는데 그 이마에 어린양의 이름과 그 아버지의 이름을

쓴 것이 있도다… 4 이 사람들은 여자로 더불어 더럽히지 아니하고 정절이 있는 자라 어린양이 어디로 인도하든지 따라가는 자며 사람 가운데서 구속을 받아 처음 익은 열매로 하나님과 어린양에게 속한 자들이니 5 그 입에 거짓말이 없고 흠이 없는 자들이더라"

• 계 19:6-8 "또 내가 들으니 허다한 무리의 음성도 같고 많은 물소리도 같고 큰 뇌성도 같아서 가로되 할렐루야 주 우리 하나님 곧 전능하신 이가 통치하시도다 7 우리가 즐거워하고 크게 기뻐하여 그에게 영광을 돌리세 어린양의 혼인 기약이 이르렀고 그 아내가 예비하였으니 8 그에게 허락하사 빛나고 깨끗한 세마포를 입게 하셨은즉 이 세마포는 성도들의 옳은 행실이로다 하더라"

이 성구에서 "여자로 더불어 더럽히지 아니하고 정절이 있는 자"라는 말씀이나 "그에게 허락하사 빛나고 깨끗한 세마포를 입게 하셨은즉 이 세마포는 성도들의 옳은 행실이로다"라는 말씀은 영적 전쟁에서 승리하였음을 뜻한다. 그러므로 이 성구들은 영적 전쟁에서 승리한 성도들이 천국에 가서 얼마나 큰 영광을 누리게 되는가를 보여주는 내용이다. 예수님은 각 교회에게 장래의 축복을 약속만 하신 것에 그치지 아니하고 그 약속이 실제로 이루어질 삶의 광경을 보여주신 것이다. 이것을 보여줌으로써 성도들로 하여금 아무리 힘들고 어려운 싸움이라도 끝까지 참고 인내하며 믿음을 지켜 최후의 승리를 차지할 것을 격려하시는 것이다.

한마디로 요한계시록은 성도들이 앞으로 치러야 할 영적전쟁에서 반드시 승리하게 하기 위하여 주님께서 보내시는 격려이다. 격려라고 말하기 보다는 운동장에서 경기를 하고 있는 선수들을 향한 예수님과 천사들의 환호성과 박수갈채이며 열렬한 응원을 위하여 기록된 것이 요한계시록이라고 표현하는 것이 더욱 적절할 것이다. 이것이 주님께서 요한계시록을 우리들에게 주시는 참 목적이라는 것을 기억하는 것은 요한계시록을 바로 이해하는 중요한 열쇠가 될 것이다.

IV. 요한계시록 해석의 걸림돌

지금까지 요한계시록에 대한 많은 연구들과 주석들이 나와 있음에도 불구하고 계시록의 의미가 한 눈에 들어오지 않는 결정적인 요인은 다음 부분들 때문이다.

- 일곱 인 재앙 (6:1-8:2)
- 일곱 나팔 재앙 (8:7-11:19)
- 일곱 대접 재앙 (15:1-16:21)

이 재앙들은 각각 구체적으로 무엇을 뜻하는 것이며 언제 일어날 사건들인가? 이 세 가지 재앙들의 상호관계는 무엇인가? 이 재앙들이 일어나는 시간적 순서대로 배열된 것인가, 아닌가? 이것이 밝혀지지 않는 한 언제까지나 요한계시록은 베일에 가려진 알기 어려운 계시로 남아 있을 수밖에 없는 것이다.

그리고 또 하나 어려운 부분은 **사단의 잠시 석방과 천년왕국**(계 20:1-6)이다. 이 부분이 명확하게 설명되지 않는 한 역시 요한계시록은 신비의 책으로 남을 수밖에 없다. 그러므로 요한계시록을 바로 해석하려면 주님께서 이 부분의 계시를 통하여 우리에게 무엇을 알려주고 계신지 그 뜻을 분명히 알지 않으면 안 된다. 이런 부분들의 뜻을 정확하게 밝히는 것이 요한계시록 해석의 열쇠이다. 그러면 그 열쇠는 무엇인가?

V. 요한계시록 해석의 열쇠

필자는 본서의 머리말에서 이런 말을 하였다. "기도 속에 계시록을 여러 번 정독하는 가운데 아! 이것이로구나! 하는 깨달음이 있었다."

그 깨달음이 무엇인가? 위에서 걸림돌이 된다고 말한 바로 이 부분에 대한 것이었다. 그리고 이 깨달음은 요한계시록을 바르게 해석하는 열쇠가 된다고 확신한다. 그래서 그 깨달음이 무엇인지를 여기서 간단히 소개하고자 한다. 자세한 내용은 그 부분을 해석하는 가운데 나올 것이므로 여기서는 간단히 그 핵심만 말하고자 한다.

1. 필자는 요한계시록을 해석하는데 다음과 같은 원칙을 세웠다.

1) 성경은 반드시 성경으로 해석되어져야 한다.

이것은 성경을 해석하는 사람이라면 누구나 반드시 지켜야 할 가장 기본적인 태도이다. 왜냐하면 인간의 생각과 판단은 누구나 불완전하고 오류가 있어 진리의 척도가 되지 못하므로 성경 해석의 기준이 되지 못한다. 그 반면 성경은 성령의 감동으로 기록된 정확무오한 진리요 따라서 진리의 유일한 척도가 되므로 성경은 오직 성경으로 해석되어야만 한다.

그러므로 성경은 인간의 상상이나 자기 주견에 따라서 임의로 해석되어서는 절대로 안 된다. 성경의 해석은 그 성구에 대하여 빛을 던져주는 다른 성구들에 의하여 해석되어져야만 한다. 다시 말하면 성경적 근거에 의하여서만 해석되어야 한다. 이런 근거가 없거나 박약한 해석은 믿을 수가 없는 것이다.

2) 마태복음 24장과 요한계시록은 불가분적 관계에 있으므로 함께 해석되어져야 한다.

요한계시록을 해석하는데 빛을 던져주는 성구들은 신구약에 많이 있다. 그 가운데 특히 다니엘서 7장, 11장이나 스가랴서 4장, 데살로니가후서 2장, 요한일서 2장, 4장 등이 있다. 그러나 요한계시록을 해석하는데 가장 큰 빛을 던져주는 성구는 마태복음 24장이다.

왜냐하면 이 두 계시는 "**반드시 속히 될 일**"이라는 동일한 주제에 관하여 동일하신 계시자이신 주님께서 동일한 대상자들 곧 **"그 종들에게"** 주신 것이기 때문이다.

좀 더 정확히 말하면 마태복음 24장에 나오는 말세의 징조들은 요한계시록의 축소판이며, 요한계시록은 마태복음 24장에 나오는 징조들의 상세도라고 할 수 있다. 그러므로 마태복음 24장은 요한계시록의 의미를 이해하는데 가장 밝은 빛을 던져주는 말씀인 것이다. 그러므로 요한계시록은 반드시 마태복음 24장의 징조들의 의미가 정확히 밝혀진 다음 그 기초 위에서 해석되어야 한다. 이런 의미에서 마태복음 24장의 말세 징조들을 간단히 살펴보면 다음과 같은 내용으로 구분될 수 있다는 사실을 알게 된다.

2. 마태복음 24장의 말세 징조들

우리는 이 징조들 가운데 우리의 시선을 끄는 다음 성구들에 주목하지 않을 수 없다.

- 마 24:6 "난리와 난리 소문을 듣겠으나 너희는 삼가 두려워 말라 이런 일이 있어야 하되 끝은 아직 아니니라
- 마 24:7-8 "민족이 민족을 나라가 나라를 대적하여 일어나겠고 처처에 기근과 지진이 있으리니 이 모든 것이 재난의 시작이니라"
- 마 24:14 "이 천국 복음이 모든 민족에게 증거되기 위하여 온 세상에 전파되리니 그제야 끝이 오리라"
- 마 24:21 "이는 그 때에 큰 환난이 있겠음이라 창세로부터 지금까지 이런 환난이 없었고 후에도 없으리라"

이런 성구들이 알려주는 것이 무엇인가? 다음 두 가지 사실을 알려준다. 첫째, 여기에 나오는 징조들은 그 사건들이 발생할 시간적 순서에 따라 배열되었다는 사실이다. 둘째, 이 징조들의 내용을 보면 성도들에게 닥쳐올 여러

가지 형태의 재난들이며 그 재난들은 시작 단계로부터 출발하여 시간이 갈수록 점점 더 증가하여 마지막 때가 되면 그 재난은 절정에 달한다는 사실이다. 그러므로 이런 사실을 바탕으로 하여 그 내용은 다음과 같이 구분될 수 있다.

1) 내용 구분

(1) 재난의 시작으로서의 징조(24:4-8)
이단(적그리스도)의 미혹(4-5절)
난리와 국가 간 전쟁(6-7절)
기근과 지진(7-8절)

(2) 재난의 증가로서의 징조(24:9-12)
불신자들의 핍박(9절)
성도들이 서로 미워하는 시험에 빠짐(10절)
이단(적그리스도)의 미혹(11절)
교회 안에 불법이 성행하여 사랑이 식어짐(12절)

(3) 재난의 절정으로서의 징조(24:14-28)
복음의 세계적 전파(14절)
전무후무한 대 환난(15-22절)
이단(적그리스도)의 미혹(최후 발악)(23-28절)

(4) 지구의 종말 – 우주의 파멸(24:29)

(5) 예수님의 재림(24:30-31)

2) 몇 가지 질문과 대답

(1) 재난의 시작으로서의 징조들(마 24:4-8)은 언제부터 나타났는가?

○ 답 : 신약시대 시작 때부터

○ 근거 : 재난의 시작으로서의 징조들(4-8절) 가운데 이단 곧 적그리스도의 미혹이라는 징조가 이미 사도 요한 때부터 나타났음을 말하고 있고 또 이때부터 말세라고 부르는 것으로 보아서.

• 요일 2:18 "아이들아 이것이 마지막 때라 적그리스도가 이르겠다 함을 너희가 들은 것과 같이 지금도 많은 적그리스도가 일어났으니 이러므로 우리가 마지막 때인 줄 아노라"

• 요일 4:3 "예수를 시인하지 아니하는 영마다 하나님께 속한 것이 아니니 이것이 곧 적그리스도의 영이니라 오리라 한 말을 너희가 들었거니와 이제 벌써 세상에 있느니라"

(2) 예수님은 이 징조들을 어떤 순서로 말씀하셨는가?

○ 답 : 앞에서도 말한 바와 같이 징조들이 일어날 시간적 순서대로 말씀하셨다.

○ 근거 : 시작 부분에서 시작을 말하고 끝 부분에서 끝을 말씀하시고 절정에 달한 재난을 지구의 종말 직전에서 말씀하심을 보아서.

• 마 24:6 " 난리와 난리 소문을 듣겠으나 너희는 삼가 두려워 말라 이런 일이 있어야 하되 끝은 아직 아니니라

• 마 24:8 "이 모든 것이 재난의 시작이니라"

• 마 24:14 "이 천국 복음이 모든 민족에게 증거되기 위하여 온 세상에 전파되리니 그제야 끝이 오리라"

대 환난(15-22절)과 이단의 최후 발악(22-28절)으로 인한 영적 재난이 최절정에 달할 것을 예언하신 다음에 지구의 종말 곧 우주의 파멸(29절)을 말씀하신 것으로 보아서 재난의 시작으로서의 징조와 증가로서의 징조와 절정으로서의 징조는 시간적으로 그 순서가 배열된 것임을 알 수 있다.

그러나 여기서 반드시 알지 않으면 안 될 중요한 한 가지 사실이 있다. 그것은 이런 징조들이 시간적인 순서로 배열되었다고 해서 그것들이 일어날 각각의 시간을 정확하게 알 수 있도록 계시된 것은 아니라는 사실이다. 이것은 말세의 징조들을 말씀하시는 주님의 뜻이 아니기 때문이다. 주님이 이런 각각의 징조들이 나타날 정확한 시간을 말씀하지 않으신 것은 의도적인 것이다. 이 사실을 우리는 재림의 시기에 관한 말씀에서도 알 수 있다.

- 마 24:36 "그러나 그 날과 그 때는 아무도 모르나니 하늘의 천사들도, 아들도 모르고 오직 아버지만 아시느니라"

(3) 그러면 왜 주님은 의도적으로 각 징조들이 나타날 정확한 시간이나 재림의 시간을 알려주지 않으신 것일까?

주님이 징조들을 말씀하신 목적은 성도들로 하여금 주님 재림의 날을 대비하여 언제나 깨어 있는 긴장된 상태에서 신앙생활을 하도록 하기 위한 것이다. 그러기 위하여서는 성도들이 주님이 언제 오실지 모르는 상태, 즉 지금 재림 하실 지도 모른다는 상태에 있어야 하는 것이다. 그렇지 않고 만일 이 징조는 몇 년 몇 월에 일어날 사건이고 주님의 재림 날은 몇 년 몇 월 며칠이 될 것이라고 밝혀놓는다고 하면 초대 교회 성도들이나 중세 시대의 성도들은 "재림은 2천년 후에나 일어날 일이야 우리 세대에는 일어나지 않을 일이야"라고 생각하고 긴장을 하지 않을 것이다.

그러므로 마 24장의 징조들이 말하고자 하는 것은 다만 시간이 가면 갈수록 재림의 날이 가까워 오면 가까워 올수록 재난은 점점 더 심해질 것이다. 그러니 종말이 가까워 올수록 더욱 고난을 이길 각오를 단단히 하고 깨어있는 신앙생활을 하라는 것이다.

그러므로 어떤 이단들이 주장하는 바와 같이 재림의 징조들이나 주님 재림의 날을 정확히 밝히려는 시도는 그 자체가 주님의 이와 같은 뜻과 성경의 원리에 어긋난 것임을 간과해서는 안 된다.

결론적으로 말해서 주님이 마 24장이나 요한계시록을 통하여 계시하신 모든 내용들은 오직 한 가지 목적을 위한 것이다. 그 목적은 "모든 시대 모든 성도들이 누구나 주님의 재림 날 곧 지구의 종말은 임박한 것이다"라는 긴장감 속에서 항상 깨어있는 신앙생활을 하기 위한 것이다.

(4) 징조로서 재난들의 내용은 어떻게 분류될 수 있는가?

여기에 나온 모든 재난들은 성도들의 믿음생활을 방해하기 위한 사단의 역사로 말미암은 것들이다. 이 재난들을 분류해봄으로써 사단이 어떤 방법으로 성도들을 공격하는가를 알 수 있다. 그리고 이 분류가 요한계시록의 재앙들을 이해하는 결정적인 열쇠가 되는 것이다. 그러므로 이런 분류를 해보는 것이다.

마 24:4-28에 나타난 모든 재난들은 크게 두 가지로 구분할 수 있다. 일반적(세상적) 재난과 영적 재난이다.

- 일반적 재난 – 이것은 일반 세상으로부터 오는 재난을 가리킨다. 이것은 다시 자연으로부터 오는 자연적 재난과 인간(불신자)들로부터 오는 인위적 재난으로 구분할 수 있다.

- 영적 재난 – 이것은 이단들 곧 적그리스도로 말미암은 재난인 것이다. 이에 대한 해당 성구들은 위에서 보았기 때문에 다시 열거하지 않겠다. 이 구분을 요약하면 다음과 같다.

• 일반적(세상적) 재난들	자연적 재난(기근, 지진 등)
	인위적 재난(난리, 전쟁, 핍박)
• 영적 재난들	이단(적그리스도)들의 미혹

3. 요한계시록의 세 가지 재앙들의 의미

지금까지 요한계시록이 알기 어려운 계시로 여겨졌던 이유는 바로 이 세 가지 재앙들(일곱 인 재앙, 일곱 나팔 재앙, 일곱 대접 재앙)의 의미와 그들 상호 관계를 정확히 밝혀내지 못한 데 있었다. 그런데 필자가 깨달은 것은 주님께서 마 24장에서는 말세의 징조로서의 재난들을 그것들이 일어날 시간적 순서를 따라 말씀하셨는데, 요한계시록에서는 그 재난들을 내용 별로 구분하여 말씀하셨다는 사실이다. 그 내용은 다음과 같다.

1) 일곱 인 재앙들

마 24장에서 열거된 재난들 가운데 일반적(세상적) 재난들만 따로 모아서 그 재난의 강도에 따라서(재난의 시작으로부터 출발하여 재난의 절정으로 진행하는 순서로) 열거한 것이다.

2) 일곱 나팔 재앙

마 24장에서 열거된 재난들 가운데 영적인 재난들만 따로 분류하여 그 재난의 강도에 따라서(재난의 시작으로부터 출발하여 재난의 절정으로 진행하는 순서로) 열거한 것이다. 그러므로 이 두 가지 재앙들은 믿음 생활을 못하게 하려고 사단이 성도들을 향한 공격으로 말미암는 재난이며 그 강도는 마지막 때가 가까워질수록 더욱 높아질 것이다.

3) 일곱 대접 재앙

이것은 공의의 하나님이 성도들을 괴롭힌 사단의 세력들 전체를 심판하시는 진노로서의 재앙인 것이다. 이 사실을 우리는 일곱 대접 재앙을 말하는 첫 성구에서 단적으로 알 수 있다.

- 계 16:1 "또 내가 들으니 성전에서 큰 음성이 나서 일곱 천사에게 말하되 너희는 가서 하나님의 진노의 일곱 대접을 땅에 쏟으라 하더라"

그리고 7대접 재앙들의 내용을 보면 이 사실을 확실히 알 수 있다.

4. 대 환난에 관하여 말하는 성구들

그리고 우리가 또 하나 정확히 알고 넘어가야 할 것은 주님 재림 직전에 있을 대 환난에 대하여 말하고 있는 성구들이다. 다음 성구들은 대 환난이라는 동일 사건을 말하고 있다.

- 마 24:21-22 "이는 그 때에 큰 환난이 있겠음이라 창세로부터 지금까지 이런 환난이 없었고 후에도 없으리라 22 그 날들을 감하지 아니할 것이면 모든 육체가 구원을 얻지 못할 것이나 그러나 택하신 자들을 위하여 그 날들을 감하시리라"

여기서 주님은 일반적 재난과 영적 재난을 구분하지 않고 종합적으로 대 환난을 말씀하셨다.

- 계 6:7-8 "넷째 인을 떼실 때에 내가 넷째 생물의 음성을 들으니 가로되 오라 하기로 8 내가 보매 청황색 말이 나오는데 그 탄 자의 이름은 사망이니 음부가 그 뒤를 따르더라 저희가 땅 사분 일의 권세를 얻어 검과 흉년과 사망과 땅의 짐승으로써 죽이더라"

여기서 사도 요한은 일반적 재난으로 말미암은 대 환난을 말하고 있다

- 계 9:13-21 여섯째 천사가 나팔을 불매 내가 들으니 하나님 앞 금단 네 뿔에서 한 음성이 나서 14 나팔 가진 여섯째 천사에게 말하기를 큰 강 유브라데에 결박한 네 천사를 놓아 주라 하매 15 네 천사가 놓였으니 그들은 그 년, 월, 일, 시에 이르러 사람 삼분의 일을 죽이기로 예비한 자들이더라 16 마병대의 수는 이만만이니 내가 그들의 수를 들었노라 17 이같이 이상한 가운데 그 말들과 그 탄 자들을 보니 불

빛과 자주빛과 유황빛 흉갑이 있고 또 말들의 머리는 사자 머리 같고 그입에서는 불과 연기와 유황이 나오더라 18 이 세 재앙 곧 저희 입에서 나오는 불과 연기와 유황을 인하여 사람 삼분의 일이 죽임을 당하니라 19 이 말들의 힘은 그 입과 그 꼬리에 있으니 그 꼬리는 뱀 같고 또 꼬리에 머리가 있어 이것으로 해하더라 20 이 재앙에 죽지 않고 남은 사람들은 그 손으로 행하는 일을 회개치 아니하고 오히려 여러 귀신과 또는 보거나 듣거나 다니거나 하지 못하는 금, 은, 동과 목석의 우상에게 절하고 21 또 그 살인과 복술과 음행과 도적질을 회개치 아니하더라"

여기서 사도 요한은 영적 재난으로 말미암은 대 환난을 말하고 있다.

• 계 20:7-10 "천 년이 차매 사단이 그 옥에서 놓여 8 나와서 땅의 사방 백성 곧 곡과 마곡을 미혹하고 모아 싸움을 붙이리니 그 수가 바다 모래 같으리라 9 저희가 지면에 널리 퍼져 성도들의 진과 사랑하시는 성을 두르매 하늘에서 불이 내려와 저희를 소멸하고 10 또 저희를 미혹하는 마귀가 불과 유황 못에 던지우니 거기는 그 짐승과 거짓 선지자들도 있어 세세토록 밤낮 괴로움을 받으리라"

여기서 사도 요한은 영적 재난으로 말미암는 대 환난을 말하고 있다.

5. 대 환난의 원인들

그러면 창세 이래로 없던 큰 환난이 무엇으로 말미암아 성도들에게 찾아오게 되는가? 그 원인은 다음과 같다.

1) 일반적 재난과 영적 재난이 함께 동시에 찾아오기 때문이다.

이런 사실을 앞에서 본 계 6:7-8(일반적 재난)과 계 9:13-21(영적 재난)에서 알 수 있다.

2) 성도들에게 고통을 가져오는 악한 천사는 두 종류로 구분할 수 있다.

첫째, 공중 권세를 잡고 자유롭게 활동하는 악한 천사들

- 엡 2:2 "그 때에 너희가 그 가운데서 행하여 이 세상 풍속을 좇고 공중의 권세 잡은 자를 따랐으니 곧 지금 불순종의 아들들 가운데서 역사하는 영이라"

이들은 어느 시대에나 하나님의 백성들이 있는 곳에는 항상 나타나서 죄 가운데로 유혹하거나 온갖 재난을 가져와 낙심케 만들려는 일을 하는 것이다.

둘째, 결박된 악한 천사들

- 유 1:6 "또 자기 지위를 지키지 아니하고 자기 처소를 떠난 천사들을 큰 날의 심판까지 영원한 결박으로 흑암에 가두셨으며"
- 벧후 2:4 "하나님이 범죄한 천사들을 용서치 아니하시고 지옥에 던져 어두운 구덩이에 두어 심판 때까지 지키게 하셨으며"
- 계 9:13-18 "여섯째 천사가 나팔을 불매 내가 들으니 하나님 앞 금단 네 뿔에서 한 음성이 나서 14 나팔 가진 여섯째 천사에게 말하기를 큰 강 유브라데에 결박한 네 천사를 놓아 주라 하매

3) 대 환난 때에는 결박되었던 악한 천사들까지 잠간 놓여서 성도를 괴롭히는 일에 공중권세 잡은 악령들과 합세하기 때문이다.

- 계 9:13-18 "여섯째 천사가 나팔을 불매 내가 들으니 하나님 앞 금단 네 뿔에서 한 음성이 나서 14 나팔 가진 여섯째 천사에게 말하기를 큰 강 유브라데에 결박한 네 천사를 놓아 주라 하매 15 네 천사가 놓였으니 그들은 그 년, 월, 일, 시에 이르러 사람 삼분의 일을 죽이기로

예비한 자들이더라 16 마병대의 수는 이만만이니 내가 그들의 수를 들었노라 17 이같이 이상한 가운데 그 말들과 그 탄 자들을 보니 불빛과 자주빛과 유황빛 흉갑이 있고 또 말들의 머리는 사자 머리 같고 그입에서는 불과 연기와 유황이 나오더라 18 이 세 재앙 곧 저희 입에서 나오는 불과 연기와 유황을 인하여 사람 삼분의 일이 죽임을 당하니라"

- 계 20:7-8 "천 년이 차매 사단이 그 옥에서 놓여 8 나와서 땅의 사방 백성 곧 곡과 마곡을 미혹하고 모아 싸움을 붙이리니 그 수가 바다 모래 같으리라"

그렇기 때문에 주님 재림 직전에 환난은 최절정에 달하게 되는 것이다.

이것이 바로 요한계시록을 바로 이해할 수 있는 결정적인 열쇠가 되는 것이다. 필자가 말한 이 견해를 가지고 요한계시록 전체를 보면 막혀있던 봇물이 터져 흐르듯이 시원하게 해석되어지는 것을 느끼게 될 것이다. 이 문제가 해결 되면 천년왕국의 문제도 자동적으로 쉽게 이해될 수 있다. 이에 대한 자세한 설명과 성경적 근거는 본론에서 다루어질 것이므로 여기서는 말을 맺고자 한다.

VI. 내용 구분

내용구분	성구	세부적 구분
제1 장 본서의 계시자에 대한 안내 (1:1-20)	1:1-2	본서의 계시자, 계시내용, 수신자, 전달자
	1:3	이 계시의 중요성
	1:4-6	수신자의 평강과 계시자의 영광을 기원함
	1:7-8	그 계시자는 바로 재림의 주인공이심
	1:9-20	요한이 이 계시를 받게 된 구체적인 상황과 경위
제2장 아시아 일곱 교회에 보내는 편지 (2:1-3:22)	2:1-7	에베소 교회에 보낸 편지
	2:8-11	서머나 교회에 보낸 편지
	2:12-17	버가모 교회에 보낸 편지
	2:18-29	두아디라 교회에 보낸 편지
	3:1-6	사데 교회에 보낸 편지
	3:7-13	빌라델비아 교회에 보낸 편지
	3:14-22	라오디게아 교회에 보낸 편지
제3장 천국의 광경 (4:1-11)	4:1	천국의 광경을 보여주시려고 요한을 천국으로 인도하심
	4:2-3	하나님의 모습
	4:4	24장로들(신구약 성도들의 대표)의 모습
	4:5	예수님의 모습
	4:6-9	네 생물(천사들의 대표)들의 모습과 하는 일
	4:10-11	24장로들의 하는 일(하나님께 찬송, 영광)
제4장 두루마리 책과 계시자 예수 그리스도 (5:1-14)	5:1	하나님의 오른손에 있는 책
	5:2-6	그 책의 인들을 떼고 계시할 예수 그리스도
	5:7	예수께서 그 책을 취하심
	5:8-14	예수가 그 책의 계시자 됨을 천사들과 성도들이 찬양함

내 용 구 분		성 구	세 부 적 구 분
제5장 일곱 인 재앙 (일반적 재난) 및 그와 관련된 사건들 (6:1-8:6)	첫째부터 여섯째 인을 떼심 (6:1-7)	6:1-2	첫째 인 – 흰 말
		6:3-4	둘째 인 – 붉은 말
		6:5-6	셋째 인 – 검은 말
		6:7-8	넷째 인 – 청황색 말
		6:9-11	다섯째 인 – 순교자들이 신원의 심판을 호소함
		6:12-17	여섯째 인 – 우주의 파멸(지구의 종말)
	인 맞은 자 (구원받은자)의 모습(7:1-17)	7:1-3	인 맞을 자의 보호
		7:4-8	인 맞을 자의 수
		7:9-12	인 맞을 자들의 하는 일(하나님께 영광, 찬송)
		7:13-14	인 맞을 자들의 정체
		7:15-17	인 맞을 자들의 행복한 천국생활
	일곱째 인을 떼심 (일곱 나팔 불기 위한 준비)	8:1	하늘의 잠시 적막
		8:2-4	성도들의 기도가 하나님께 올라감
		8:5-6	일곱 나팔 불기를 예고함
제6장 일곱 나팔 재앙(영적 재난) 및 그와 관련된 사건들 (8:7-14:20)	1-6째 나팔을 붐 (영적재난 – 이단의 미혹과 핍박) (8:7-9:21)	8:7	첫째 나팔 – 피 섞인 우박과 불
		8:8-9	둘째 나팔 – 불 붙는 큰 산 같은 것
		8:10-11	셋째 나팔 – 횃불 같이 타는 큰 별(쑥)
		8:12-13	넷째 나팔 – 해, 달 별 1/3이 어두워짐
		9:1-12	다섯째 나팔 – 무저갱 열쇠를 가진 별 하나
		9:13-21	여섯째 나팔 – 유브라데강에 결박된 4 천사
	종말(재림)의 때에 관한 계시유보, 사단의 세력과 싸움에서 순교한 참 신자들의 결과(영광)(10:1-11:19)	10:1-11	작은 책의 비밀 – 종말의 시간에 대한 것(마 24:36)
		11:1-13	성전 측량 – 두 증인과 두 짐승의 전쟁, 순교자 구원
		11:14-19	일곱째 나팔 – 그리스도의 통치와 심판
	사단과 예수 그리스도의 싸움과 사단의 최후 발악과 그 싸움에서 승리하는 성도들의 새노래(12:1-14:5)	12:1-17	용과 여자 및 여자의 후손과 싸움, 용의 패배
		13:1-18	두 짐승(마지막 적그리스도) 출현
		14:1-5	144,000 성도의 찬송(새노래)
	세 천사가 전하는 복음 (14:6-12)	14:6-7	첫째 천사 – 심판이 가까웠으니 하나님을 경배하라
		14:8	둘째 천사 – 바벨론 멸망 선포
		14:9-12	셋째 천사 – 불신, 악의 세력이 받을 하나님의 진노

<table>
<tr><td></td><td>일곱째 나팔에 관련된 사건(14:13)</td><td>14:13</td><td>하늘의 음성 – 주 안에서 죽은 자의 복</td></tr>
<tr><td rowspan="2"></td><td rowspan="2">마지막 때의 추수
(14:14-20)</td><td>14:14-16</td><td>곡식(신자)의 추수</td></tr>
<tr><td>14:17-20</td><td>포도(불신자)의 추수(진노)</td></tr>
<tr><td colspan="2" rowspan="8">제7장
일곱 대접 재앙
(15:1-16:21)</td><td>15:1-8</td><td>7대접의 재앙의 준비</td></tr>
<tr><td>16:1-2</td><td>첫째 대접 재앙(짐승을 따르는 자에게 종기)</td></tr>
<tr><td>16:3</td><td>둘째 대접 재앙(바다의 모든 생물이 죽음)</td></tr>
<tr><td>16:4-7</td><td>셋째 대접 재앙(악인들이 피로 변한 물을 마심)</td></tr>
<tr><td>16:8-9</td><td>넷째 대접 재앙(해가 악인들을 태움)</td></tr>
<tr><td>16:10-11</td><td>다섯째 대접 재앙(어두움과 종기의 재앙)</td></tr>
<tr><td>16:12-16</td><td>여섯째 대접 재앙(악의 세력들이 아마겟돈 전쟁을 준비함)</td></tr>
<tr><td>16:17-21</td><td>일곱째 대접 재앙(큰 성 바빌론의 멸망)</td></tr>
<tr><td colspan="2" rowspan="8">제8장
바벨론 멸망의 세부 장면
(큰 음녀와 바벨론의 심판 선언과 집행. 그에 대한 성도들의 감사와 찬양)(17:1-19:5)</td><td>17:1-18</td><td>큰 음녀에게 내릴 심판</td></tr>
<tr><td>18:1-3</td><td>바벨론 심판을 천사가 선언함</td></tr>
<tr><td>18:4-5</td><td>성도들에게 이 심판의 피해를 받지 않도록 주의 요구</td></tr>
<tr><td>18:6-8</td><td>심판의 기본원칙(행위 – 갑절)</td></tr>
<tr><td>18:9-19</td><td>바빌론 인들의 죄와 그로 인해 받는 재앙의 비참상</td></tr>
<tr><td>18:20</td><td>성도들에게 바벨론 심판을 즐거워하라고 함</td></tr>
<tr><td>18:21-24</td><td>심판으로 인한 바벨론 멸망 장면</td></tr>
<tr><td>19:1-5</td><td>성도들이 자신들의 구원과 바벨론 심판을 하나님께 감사함</td></tr>
<tr><td colspan="2" rowspan="3">제9장
그리스도의 재림 및 그때 행하실 일(19:6-21)</td><td>19:6-10</td><td>어린양의 혼인잔치</td></tr>
<tr><td>19:11-14</td><td>그리스도의 재림 때의 모습</td></tr>
<tr><td>19:15-21</td><td>최후심판(예수 그리스도의 승리, 사단 세력의 완전한 패망)</td></tr>
<tr><td colspan="2" rowspan="3">제10장
천년왕국과 최후심판(20:1-15)</td><td>20:1-6</td><td>천년왕국</td></tr>
<tr><td>20:7-10</td><td>최후 결전과 사단 세력의 패망</td></tr>
<tr><td>20:11-15</td><td>예수님의 백 보좌 심판</td></tr>
<tr><td colspan="2" rowspan="2">제11장
성도들이 들어가서 살게 될 천국의 모습(21:1-22:5)</td><td>21:1-8</td><td>새 하늘과 새 땅</td></tr>
<tr><td>21:9-22:5</td><td>어린양의 신부가 들어가서 살게 될 집 예루살렘</td></tr>
<tr><td colspan="2">맺는 말 (22:6-21)</td><td></td><td></td></tr>
</table>

요한계시록은 이런 뜻이었다

제 1 장

제1장

본서의 계시자에 대한 안내

계시록 1:1-20

1:1 예수 그리스도의 계시라 이는 하나님이 그에게 주사 반드시 속히 될 일을 그 종들에게 보이시려고 그 천사를 그 종 요한에게 보내어 지시하신 것이라

1:2 요한은 하나님의 말씀과 예수 그리스도의 증거 곧 자기의 본 것을 다 증거하였느니라

1:3 이 예언의 말씀을 읽는 자와 듣는 자들과 그 가운데 기록한 것을 지키는 자들이 복이 있나니 때가 가까움이라

1:4 요한은 아시아에 있는 일곱 교회에 편지하노니 이제도 계시고 전에도 계시고 장차 오실 이와 그 보좌 앞에 일곱 영과

1:5 또 충성된 증인으로 죽은 자들 가운데서 먼저 나시고 땅의 임금들의 머리가 되신 예수 그리스도로 말미암아 은혜와 평강이 너희에게 있기를 원하노라 우리를 사랑하사 그의 피로 우리 죄에서 우리를 해방하시고

1:6 그 아버지 하나님을 위하여 우리를 나라와 제사장으로 삼으신 그에게 영광과 능력이 세세토록 있기를 원하노라 아멘

1:7 볼지어다 구름을 타고 오시리라 각인의 눈이 그를 보겠고 그를 찌른

자들도 볼 터이요 땅에 있는 모든 족속이 그를 인하여 애곡하리니
그러하리라 아멘

1:8 주 하나님이 가라사대 나는 알파와 오메가라 이제도 있고 전에도 있
었고 장차 올 자요 전능한 자라 하시더라

1:9 나 요한은 너희 형제요 예수의 환난과 나라와 참음에 동참하는 자라
하나님의 말씀과 예수의 증거를 인하여 밧모라 하는 섬에 있었더니

1:10 주의 날에 내가 성령에 감동하여 내 뒤에서 나는 나팔 소리 같은 큰
음성을 들으니

1:11 가로되 너 보는 것을 책에 써서 에베소, 서머나, 버가모, 두아디라, 사
데, 빌라델비아, 라오디게아 일곱 교회에 보내라 하시기로

1:12 몸을 돌이켜 나더러 말한 음성을 알아 보려고 하여 돌이킬 때에 일곱
금 촛대를 보았는데

1:13 촛대 사이에 인자 같은 이가 발에 끌리는 옷을 입고 가슴에 금띠를
띠고

1:14 그 머리와 털의 희기가 흰 양털 같고 눈 같으며 그의 눈은 불꽃 같고

1:15 그의 발은 풀무에 단련한 빛난 주석 같고 그의 음성은 많은 물소리와 같으며

1:16 그 오른손에 일곱 별이 있고 그 입에서 좌우에 날선 검이 나오고 그 얼굴은 해가 힘있게 비취는 것 같더라

1:17 내가 볼 때에 그 발 앞에 엎드러져 죽은 자같이 되매 그가 오른손을 내게 얹고 가라사대 두려워 말라 나는 처음이요 나중이니

1:18 곧 산 자라 내가 전에 죽었었노라 볼지어다 이제 세세토록 살아 있어 사망과 음부의 열쇠를 가졌노니

1:19 그러므로 네 본 것과 이제 있는 일과 장차 될 일을 기록하라

1:20 네 본 것은 내 오른손에 일곱 별의 비밀과 일곱 금 촛대라 일곱 별은 일곱 교회의 사자요 일곱 촛대는 일곱 교회니라

계시록의 첫 장인 이 부분에서는 이 계시가 어떤 것인가에 대하여 여러 가지 사실들을 알려주고 있다. 이 부분이 우리들에게 요한계시록에 대하여 알려주는 내용들은 다음과 같다.

I. 이 책의 계시자, 수신자, 전달자, 계시 내용
[1:1-2]

1:1-2 예수 그리스도의 계시라 이는 하나님이 그에게 주사 반드시 속히 될 일을 그 종들에게 보이시려고 그 천사를 그 종 요한에게 보내어 지시하신 것이라 *2* 요한은 하나님의 말씀과 예수 그리스도의 증거 곧 자기의 본 것을 다 증거하였느니라

1. 계시자 - 예수 그리스도

1:1 예수 그리스도의 계시라

2. 수신자(계시를 받을 자) - 그 종들

1:1 …그 종들에게 보이시려

이 종들은 누구를 가리키는가? 이 종들은 계 1:4에서 "아시아의 일곱 교회"로 나타난다.

• 계 1:4 "요한은 아시아에 있는 일곱 교회에 편지하노니…"

이 아시아의 일곱 교회는 무엇을 뜻하는가? 계시록에 나오는 숫자의 의미에 관하여서는 앞으로 자세한 설명이 나올 것이므로 여기서는 하지 않겠지만 일곱은 완전수이다. 그러므로 아시아 일곱 교회는 "전 세계에 있는 모든 시대의 모든 성도들"을 가리킨다.

그러므로 이 요한계시록의 내용들은 예수를 믿는 신자라면 누구를 막론하고 받아야 할 말씀이다. 따라서 이 계시는 예수님께서 바로 지금 여기에 있는 나에게 주시는 말씀이라는 것을 잊지 말아야 한다.

〈나에게 이 계시를 보여주심을 특별히 감사하자〉

- 마 11:25 "그 때에 예수께서 대답하여 가라사대 천지의 주재이신 아버지여 이것을 지혜롭고 슬기 있는 자들에게는 숨기시고 어린 아이들에게는 나타내심을 감사하나이다 26 옳소이다 이렇게 된 것이 아버지의 뜻이니이다 27 내 아버지께서 모든 것을 내게 주셨으니 아버지 외에는 아들을 아는 자가 없고 아들과 또 아들의 소원대로 계시를 받는 자 외에는 아버지를 아는 자가 없느니라"

- 마 13:11-12 "대답하여 가라사대 천국의 비밀을 아는 것이 너희에게는 허락되었으나 저희에게는 아니 되었나니 12 무릇 있는 자는 받아 넉넉하게 되되 무릇 없는 자는 그 있는 것도 빼앗기리라"

이처럼 하나님께서는 이 계시 곧 천국의 비밀을 어린아이와 같은 우리들에게만 특별히 보여주셨기 때문이다.

3. 계시의 전달자 – 천사와 사도 요한

1:1 …그 종들에게 보이시려고 그 천사를 그 종 요한에게 보내어 지시하신 것이라

하나님은 이 계시의 내용을 우리들에게 알려주시려고 천사를 요한에게 보내셨고 요한은 그 천사가 전달해준 계시를 성령의 감동을 입어(1:10, 주의 날에 내가 성령에 감동하여) 이 책으로 기록하여 오늘날 우리들에게 전달된 것이다. 그러므로 이 계시의 전달자는 다음과 같이 말할 수 있다.

제1차 전달자 – 천사
제2차 전달자 – 사도 요한

4. 계시의 내용 – 반드시 속히 될 일

1:1 …하나님이 그에게 주사 반드시 속히 될 일을 그 종들에게 보이시려고

예수님께서 우리들에게 이 책의 계시를 통하여 알려 주시고자 하는 내용은 다른 것이 아니라 "반드시 속히 될 일"인 것이다. 이 말씀의 뜻을 바로 아는 것은 매우 중요하다. 그 이유는 다음과 같다.

1) 이 계시는 위에서 말한 대로 모든 시대 모든 성도들에게 주신 말씀이다.

2) 그러므로 이 책에 나오는 모든 사건들은 모든 시대 모든 성도들에게 "반드시 속히 될 일"로 받아들여져야 한다. 초대교회 시대의 사람들에게도 중세 시대의 성도들이나 21세기를 살고 있는 오늘 우리들에게나 또 우리들 뒤에 올 세대들에게나 이 계시의 내용들은 "**반드시 속히 될 일**"들로 받아들여져야 한다.

3) 이 사실은 마태복음 24장에 나타난 주님의 말세 훈에서도 분명히 알 수 있다. 주님은 말세의 징조들을 말씀하시면서 당시의 제자들에게 "이 징조들은 2000년 후에나 나타날 사건들이니 너희와는 상관없는 일이다"라고 결코 말씀하지 않으셨다. 주님은 그와 반대로 이렇게 말씀하셨다.

- 마 24:42-44 "그러므로 깨어 있으라 어느 날에 너희 주가 임할는지 43 너희가 알지 못함이니라 너희도 아는 바니 만일 집 주인이 도적이 어느 경점에 올 줄을 알았더면 깨어 있어 그 집을 뚫지 못하게 하였으리라 44 이러므로 너희도 예비하고 있으라 생각지 않은 때에 인자가 오리라"

이 말씀은 주님께서 제자들이 말세의 징조들을 "반드시 속히 될 일로 받아들이게 하기 위함"이었던 것이 분명하다. 그리고 주님은 제자들이 이 징조들을 이렇게 "반드시 속히 될 일"로 받아들이게 하기 위하여 주님의 재림의 시기 곧 지구 종말의 날자와 시간은 의도적으로 알려주지 않으신 것이 분명하다.

• 마 24:36 "그러나 그 날과 그 때는 아무도 모르나니 하늘의 천사들도, 아들도 모르고 오직 아버지만 아시느니라"

뿐만 아니라 예수님은 한 걸음 나아가 이 징조들이 일어날 시기에 대하여 제자들에게 이렇게까지 말씀하셨다.

• 마 24:34 "내가 진실로 너희에게 말하노니 이 세대가 지나가기 전에 이 일이 다 이루리라 35 천지는 없어지겠으나 내 말은 없어지지 아니하리라"

4) 말세의 징조를 직접 들은 베드로 사도도 "반드시 속히 될 일"로 받아들인 것이 그의 말에서 분명하게 나타난다.

• 벧후 3:7-10 "이제 하늘과 땅은 그 동일한 말씀으로 불사르기 위하여 간수하신 바 되어 경건치 아니한 사람들의 심판과 멸망의 날까지 보존하여 두신 것이니라 8 사랑하는 자들아 주께는 하루가 천 년 같고 천 년이 하루 같은 이 한 가지를 잊지 말라 9 주의 약속은 어떤 이의 더디다고 생각하는 것같이 더딘 것이 아니라 오직 너희를 대하여 오래 참으사 아무도 멸망치 않고 다 회개하기에 이르기를 원하시느니라 10 그러나 주의 날이 도적같이 오리니 그 날에는 하늘이 큰 소리로 떠나가고 체질이 뜨거운 불에 풀어지고 땅과 그 중에 있는 모든 일이 드러나리로다"

이와 같이 초대교회 시대에 살았던 베드로 사도도 이 말세의 징조들과 예수님의 재림은 먼 미래의 사건이 아니라 "반드시 속히 될 일"로 인식했던 것이다.

그러므로 이 계시록에 예언 된 사건들은 초대교회 시대나 중세시대 성도들에게는 아무 상관도 없는 즉 마지막 때의 성도들에게나 관심거리가 되어야 할 말씀이 아닌 것이다. 이 계시록은 모든 시대 모든 성도들에게 똑같이

"반드시 속히 될 일"로 받아들여져야 할 목적으로 쓰인 것이다. 이것이 이 계시를 주시는 주님의 뜻인 것이 분명하다. 그 이유는 모든 시대의 모든 성도들은 오늘이라도 주님이 재림하실지 모른다는 긴장감 속에서 신앙생활을 해야 할 필요성 때문인 것이다. 우리는 말세의 징조들이나 요한계시록을 해석하는 데 있어서 이 사실을 절대로 잊어서는 안 된다. 이것은 이 계시들을 이해하는 데 가장 중요한 열쇠가 되기 때문이다.

5) "반드시 속히 될 일"을 가르쳐 주시는 주님은 어떤 분이신가?

이 사실에서 우리는 우리 주님에 대하여 다음과 같은 두 가지를 알 수 있다. 첫째, 반드시 속히 될 일을 말할 수 있는 분은 하나님밖에 없다. 인간은 그 누구도 앞으로 되어질 일을 알지 못한다. 단 5분 후에 어떤 일이 일어날지도 모르고 사는 것이 인생이다. 그것을 알고 말할 수 있는 분은 오직 하나님 밖에 없다. 왜냐하면 하나님만이 우주역사의 주관자이시며 전지전능하신 분이시기 때문이다. 그런데 앞으로 반드시 속히 될 일을 예수님이 알려주신다는 것은 그분이 하나님 외에 다른 분일 수 없다는 것을 말해 준다. 그러므로 이 계시를 주시는 예수님은 하나님 자신이라는 것을 알 수 있다.

둘째, 반드시 속히 될 일이라고 할 때 그 기간은 인간의 기준이 아니라는 것을 알 수 있다. 반드시 속히 될 일들이 일어나는 기간은 언제부터 언제까지인가? 그 기간은 주님께서 이 계시록을 주신 때로부터 시작하여 세상 끝날까지이다. 그런데 이 계시록이 주어진지 2000년이 지나도록 그 일들은 아직도 끝나지 않고 진행 중에 있다. 이것을 보면 '속히' 라는 시간 개념은 무한하신 하나님의 시간 개념이지 우리 인간의 시간 개념이 아니라는 것을 알 수 있다. 즉 하나님은 수천 년이라는 시간도 한 순간처럼 보실 수 있다는 뜻이다. 베드로 사도는 하나님의 이런 시간 개념을 이렇게 표현하고 있다.

• 벧후 3:8-9 "사랑하는 자들아 주께는 하루가 천 년 같고 천 년이 하루 같은 이 한 가지를 잊지 말라 9 주의 약속은 어떤 이의 더디다고 생각하는 것같이 더딘 것이 아니라 오직 너희를 대하여 오래 참으사 아무도

멸망치 않고 다 회개하기에 이르기를 원하시느니라"

그러므로 우리는 "반드시 속히 될 일"이라고 했는데 왜 2000년이 지나도록 다 이루어지지 않는가? 하는 의구심을 가져서는 안 된다는 것이다. 주님의 말씀은 일점일획도 틀림이 없다는 확고한 믿음을 가지기 바란다.

II. 계시의 중요성

[1:3]

1:3 이 예언의 말씀을 읽는 자와 듣는 자들과 그 가운데 기록한 것을 지키는 자들이 복이 있나니 때가 가까움이라

1. 이 계시가 왜 중요한가?

본문은 그 이유를 밝혀주고 있다. 그 이유는 이 예언의 말씀은 우리가 그것을 가까이 하느냐 무관심하고 멀리 하느냐 하는 것은 우리가 복을 받게 될 것이냐 아니면 화를 당하게 될 것이냐를 결정짓게 될 것이기 때문이다.

2. 이 복은 어떤 복인가?

주님은 말세의 징조를 말씀하시는 가운데 이런 말씀을 하셨다.

- 마 24:37-41 "노아의 때와 같이 인자의 임함도 그러하리라 38 홍수 전에 노아가 방주에 들어가던 날까지 사람들이 먹고 마시고 장가들고 시집가고 있으면서 39 홍수가 나서 저희를 다 멸하기까지 깨닫지 못하였으니 인자의 임함도 이와 같으리라 40 그 때에 두 사람이 밭에 있으매 하나는 데려감을 당하고 하나는 버려둠을 당할 것이요 41 두 여자가 매를 갈고 있으매 하나는 데려감을 당하고 하나는 버려둠을 당할 것이니라"

- 계 14:13 "또 내가 들으니 하늘에서 음성이 나서 가로되 기록하라 자금 이후로 주 안에서 죽는 자들은 복이 있도다 하시매 성령이 가라사대 그러하다 저희 수고를 그치고 쉬리니 이는 저희의 행한 일이 따름이라 하시더라"

이런 성구에서 알 수 있는 것은 본문이 말하고 있는 복은 단순한 세상적인 축복이 아니라 이 예언의 말씀을 가까이 하느냐 외면하느냐에 따라서 천국에 들어가는 영생의 복을 받느냐 아니면 지옥으로 떨어지는 화를 당하느냐가 결정된다는 말씀이다. 그러므로 이 계시를 우리는 반드시 알고 받아야 할 것이다.

3. 그러므로 이 계시를 어떻게 받아야 할 것인가?

1) 읽어야 한다.

요한계시록의 내용을 깨닫기 위하여 직접 이 계시록을 부지런히 읽어야 한다는 뜻이다.

2) 들어야 한다.

이 계시록의 내용을 풀어서 가르치는 설교나 성경 강해를 열심히 들어야 한다는 뜻이다.

3) 지켜야 한다.

이 말씀들은 듣고 깨닫기만 하고 지키지 않는다고 하면 아무 소용이 없다는 뜻이다. 왜냐하면 이 계시 가운데는 앞으로 되어질 일들만 있는 것이 아니라 그런 상황에 우리가 어떻게 대비하고 행하여야 하는가를 교훈하고 있기 때문이다. 그러므로 그런 교훈들은 우리가 반드시 기억하고 지켜 행하여야 할 것이다.

• 약 2:26 "영혼 없는 몸이 죽은 것같이 행함이 없는 믿음은 죽은 것이니라"

III. 수신자의 평강과 계시자의 영광을 기원함 [1:4-6]

1:4-6 요한은 아시아에 있는 일곱 교회에 편지하노니 이제도 계시고 전에도 계시고 장차 오실 이와 그 보좌 앞에 일곱 영과 *5* 또 충성된 증인으로 죽은 자들 가운데서 먼저 나시고 땅의 임금들의 머리가 되신 예수 그리스도로 말미암아 은혜와 평강이 너희에게 있기를 원하노라 우리를 사랑하사 그의 피로 우리 죄에서 우리를 해방하시고 *6* 그 아버지 하나님을 위하여 우리를 나라와 제사장으로 삼으신 그에게 영광과 능력이 세세토록 있기를 원하노라 아멘

이 계시의 전달자인 사도 요한은 이 계시를 받아야 할 자들에게 편지를 보내려고 한다. 왜냐하면 이 계시를 그들에게 알려야만 하기 때문이다. 이 부분에서 사도 요한은 다음과 같은 것들을 말하고 있다.

1. 이 계시(편지)를 받아야 할 대상자

1:4 요한은 아시아에 있는 일곱 교회에 편지하노니

이 계시를 받아야 할 대상자는 아시아 일곱 교회로 표현되었다. 이 일곱 교회로 표현된 진정한 수신자는 누구일까? 우리는 여기서 요한계시록을 보다 쉽게 이해하기 위하여 요한계시록에 나오는 숫자들을 열거해보고 그것들이 갖고 있는 영적인 의미를 미리 정리해두는 것이 좋을 것이다.

1) 요한계시록에 나오는 숫자들

이것을 도표로 보면 다음과 같다.

숫자	성 경	내 용	비 고
3	16:13 16:19 21:13	세 더러운 영 큰 성이 세 갈래로 갈라짐 열두 문이 사방으로 세 문씩 되어 있음	
4	4:6 9:14 6:1-8	보좌 앞에 있는 네 생물 네 천사 네 말	
5	9:5	다섯 달 동안 괴롭게 함	
6	4:8 13:8	네 생물에 있는 여섯 날개 육백육십육	
7	1:4 1:4 1:12 1:16 1:20 4:5 5:1 5:6 5:6 8:2 8:2 10:3 12:3 12:3 15:6 15:7 17:9 17:10 21:9	일곱 교회 일곱 영 일곱 금 촛대 일곱 별 일곱 교회의 사자 일곱 등불 일곱 인 일곱 뿔 일곱 눈 일곱 천사 일곱 나팔 일곱 우뢰 일곱 머리 일곱 면류관 일곱 재앙 일곱 금 대접 일곱 산 일곱 왕 일곱 대접	

숫 자	성 경	내 용	비 고
10	2:10 12:3 13:1 17:12	십 일 열 뿔 열 면류관 열 왕	
12	12:1 21:12 21:12 21:12 21:14 21:14 21:21 22:2	열두 별 열두 문 열두 천사 열두 지파 열두 기초 석 십이 사도 열두 진주 문 열두 가지 실과	
7/2	12:14 11:2 11:3 11:11	삼년 반 마흔 두달 일천 이백 육십 일 삼일 반	
12x12	14:1	십사만 사천	12×12×1000
12x2	4:4	이십사 장로	
만 수	9:16	이만 만	

2) 이 모든 숫자들의 의미

이런 숫자들은 각각 영적인 의미를 가지고 있다. 그 의미를 간단히 요약하여 설명하면 다음과 같다.

(1) 3과 4는 기본적인 숫자이다.

3은 삼위일체 등 하나님 나라의 것을 상징하고, 4는 동서남북 등 이 세상의 것을 상징하는 숫자이다.

(2) 3과 4를 더한 수 곧 7은 완전 숫자이다.

3과 4를 곱한 수 곧 12도 완전 숫자이다. 따라서 12로 구성된 12000(12×1000)이나 144,000(12×12×1000)이라는 숫자도 완전 숫자이다. 이런 완전 숫자들은 말 그대로 하나도 불완전한 것이 없이 완전한 것, 부분이 아닌 전체를 의미한다. 그래서 이런 숫자들은 하나님과 천국 또는 성도들에 관한 것을 말할 때 나타난다.

(3) 10, 100, 1000, 10000 등은 만수(가득 찬 수)이다.

이런 숫자들은 부족함이 없이 충족한 것, 가득 찬 것을 의미한다.

(4) 완전수인 7이나 12를 절반으로 쪼갠 수는 마귀 숫자이다.

예를 들면 7의 절반인 3년 반(마흔 두 달, 1260일)은 마귀의 활동 기간으로 나타난다. 12의 절반인 6으로 구성된 666과 같은 숫자는 마귀에게 소속된 자를 나타내는 숫자로 사용되고 있다(계 13:8 참조)

3) 아시아 일곱 교회의 의미

그러므로 아시아에 있는 일곱 교회에 보내는 편지라고 할 때 그 7은 완전 숫자이므로 비단 그 일곱 교회에게만 보내는 편지가 아니라 전 세계에 있는 모든 시대의 모든 교회에게 보내는 편지임을 의미한다. 따라서 이 계시는 모든 시대 모든 성도들에게 보내진 것이다.

2. 수신자와 계시자에 대한 전달자 요한의 인사와 송영

1) 수신자들에 대한 인사말

1:4-5 이제도 계시고 전에도 계시고 장차 오실 이와 그 보좌 앞에 일곱 영과 *5* 또 충
성된 증인으로 죽은 자들 가운데서 먼저 나시고 땅의 임금들의 머리가 되신
예수 그리스도로 말미암아 은혜와 평강이 너희에게 있기를 원하노라

이 인사말의 내용은 어떤 것인가?

(1) 수신자들의 은혜와 평강을 기원함

1:5 …은혜와 평강이 너희에게 있기를 원하노라

(2) 그 은혜와 평강은 어디서부터 오는가?

1:5 …예수 그리스도로 말미암아…

(3) 예수 그리스도는 수신자들에게 어떤 분으로 소개되고 있는가?

- **이제도 계신 분** – 하나님 보좌 우편에(막 16:19, 행 7:55–56, 롬 8:34, 엡 1:20)
- **전에도 계신 분** – 태초부터(요 1:1)
- **장차 오실 분** – 재림(신약 성경에 318회나 예언되었다고 박형룡 박사는 말함)
- **그 보좌 앞에 일곱 영으로 계신 분**

그 보좌는 성부 하나님의 보좌를 가리킨다. 그 보좌 앞에 일곱 영으로 계신 분은 예수 그리스도이시다. 이 사실은 다음 성구들에서 확실하게 드러난다.

- 계 3:1 "사데 교회의 사자에게 편지하기를 하나님의 일곱 영과 일곱 별을 가진 이가 가라사대 내가 네 행위를 아노니 네가 살았다 하는 이름은 가졌으나 죽은 자로다"
- 계 5:6 "내가 또 보니 보좌와 네 생물과 장로들 사이에 어린양이 섰는데 일찍 죽임을 당한 것 같더라 일곱 뿔과 일곱 눈이 있으니 이 눈은 온 땅에 보내심을 입은 하나님의 일곱 영이더라"

왜 예수 그리스도가 영으로 묘사되었는가?
성령은 두 가지 의미를 갖는다.

- 좁은 의미 – 삼위 하나님 가운데 제삼위

  - 요 15:26 "내가 아버지께로서 너희에게 보낼 보혜사 곧 아버지께로서 나오시는 진리의 성령이 오실 때에 그가 나를 증거하실 것이요"

  - 행 1:8 "오직 성령이 너희에게 임하시면 너희가 권능을 받고 예루살렘과 온 유대와 사마리아 땅 끝까지 이르러 내 증인이 되리라 하시니라"

- 넓은 의미 – 삼위 하나님 전체

  - 요 4:24 "하나님은 영이시니 예배하는 자가 신령과 진정으로 예배할지니라"

그러므로 이러한 넓은 의미에서 예수님은 영(靈)이라고 불리어질 수 있는 것이다.

그러면 일곱 영이라는 의미는 무엇인가?

- 계 5:6 "…일곱 눈이 있으니 이 눈은 온 땅에 보내심을 입은 하나님의 일곱 영이더라"

이 말씀은 예수님을 일곱 영이라고 표현한 의미가 무엇인가를 암시해준다. 이것은 예수님이 온 세상을 감찰하시는 모략과 재능, 지혜와 총명을 가지신 분임을 나타내는 표현이다. 그러므로 이사야 선지자는 예수 그리스도에 대하여 이렇게 예언하였다.

- 사 11:1-2 "이새의 줄기에서 한 싹이 나며 그 뿌리에서 한 가지가 나서 결실할 것이요 2 여호와의 신 곧 지혜와 총명의 신이요 모략과 재능의 신이요 지식과 여호와를 경외하는 신이 그 위에 강림하시리니"

이렇게 예수님은 지혜와 총명이 넘치는 일곱 영이시므로 말세의 비밀이 담긴 두루마리 책의 일곱 인을 뗄 수 있는 유일한 분이 되는 것이다.

• 계 5:4-5 "이 책을 펴거나 보거나 하기에 합당한 자가 보이지 않기로 내가 크게 울었더니 5 장로 중에 하나가 내게 말하되 울지 말라 유대 지파의 사자 다윗의 뿌리가 이기었으니 이 책과 그 일곱 인을 떼시리라 하더라"

● 충성된 증인이신 분

–성부 하나님의 뜻을 증거하고 성실하게 이루신 분

• 사 55:4 "내가 그를 만민에게 증거로 세웠고 만민의 인도자와 명령자를 삼았었나니"

• 요 6:38-40 "내가 하늘로서 내려온 것은 내 뜻을 행하려 함이 아니요 39 나를 보내신 이의 뜻을 행하려 함이니라 나를 보내신 이의 뜻은 내게 주신 자 중에 내가 하나도 잃어 버리지 아니하고 마지막 날에 다시 살리는 이것이니라 40 내 아버지의 뜻은 아들을 보고 믿는 자마다 영생을 얻는 이것이니 마지막 날에 내가 이를 다시 살리리라 하시니라"

● 죽은 자들 가운데서 먼저 나신 분

– 부활하셔서 우리 부활의 첫 열매가 되신 분

• 고전 15:20-21 "그러나 이제 그리스도께서 죽은 자 가운데서 다시 살아 잠자는 자들의 첫 열매가 되셨도다 21 사망이 사람으로 말미암았으니 죽은 자의 부활도 사람으로 말미암는도다"

● 땅의 임금들의 머리가 되신 분

–하늘과 땅의 모든 권세를 가지신 만왕의 왕이신 분

예수님은 십자가에서 죽으시고 부활하신 후에 이 지위를 다시 얻으셨다.

- 마 28:18 "예수께서 나아와 일러 가라사대 하늘과 땅의 모든 권세를 내게 주셨으니"
- 빌 2:9-11 "이러므로 하나님이 그를 지극히 높여 모든 이름 위에 뛰어난 이름을 주사 10 하늘에 있는 자들과 땅에 있는 자들과 땅 아래 있는 자들로 모든 무릎을 예수의 이름에 꿇게 하시고 11 모든 입으로 예수 그리스도를 주라 시인하여 하나님 아버지께 영광을 돌리게 하셨느니라"

이 계시록을 우리에게 주시고 또 은혜와 평강을 주실 분은 바로 이런 분이시다. 사망 권세를 깨뜨리시고 부활 승천하시어서 온 우주를 통치하시는 권세와 지략과 총명을 가지신 분이시니 어찌 우리에게 은혜와 평강을 주실 수가 없겠는가? 주님은 세상이 우리에게 줄 수 없는 평강을 주시는 분이시다.

- 요 14:27 "평안을 너희에게 끼치노니 곧 나의 평안을 너희에게 주노라 내가 너희에게 주는 것은 세상이 주는 것 같지 아니하니라 너희는 마음에 근심도 말고 두려워하지도 말라"

2) 계시자에 대한 송영

1:5-6 우리를 사랑하사 그의 피로 우리 죄에서 우리를 해방하시고 *6* 그 아버지 하나님을 위하여 우리를 나라와 제사장으로 삼으신 그에게 영광과 능력이 세세토록 있기를 원하노라 아멘

(1) 송영

이 계시의 전달자 요한은 계시자이신 예수님께 찬송과 영광을 돌린다.

1:6 …그에게 영광과 능력이 세세토록 있기를 원하노라 아멘

(2) 왜 이런 영광을 그분께 돌리게 되는가?

계시자이신 예수 그리스도는 우리들에게 이런 일을 하여 주셨기 때문이다.

우리를 사랑하사 그의 피로 우리 죄에서 우리를 해방하셨기 때문이다. 이스라엘 백성들이 애굽에서 종 생활을 했던 것처럼 우리는 본래 죄의 종이었었다. 그런데 이스라엘 백성들이 유월절에 양의 피로 인하여 죽음의 재앙을 받지 않고 해방을 맞이한 것처럼, 우리는 예수 그리스도의 피로 말미암아 죄에서 해방된 것이다.

- 롬 6:17-18 "하나님께 감사하리로다 너희가 본래 죄의 종이더니 너희에게 전하여 준 바 교훈의 본을 마음으로 순종하여 18 죄에게서 해방되어 의에게 종이 되었느니라"

그 아버지 하나님을 위하여 우리를 나라와 제사장으로 삼으셨기 때문이다. 예수님은 우리를 죄에서 해방시켰을 뿐만 아니라 우리에게 놀라운 특권을 주셨으니,

첫째, 그의 나라 백성 곧 후사가 되게 하셨다.

- 롬 8:16-17 "성령이 친히 우리 영으로 더불어 우리가 하나님의 자녀인 것을 증거하시나니 17 자녀이면 또한 후사 곧 하나님의 후사요 그리스도와 함께 한 후사니 우리가 그와 함께 영광을 받기 위하여 고난도 함께 받아야 될 것이니"
- 빌 3:20 "오직 우리의 시민권은 하늘에 있는지라 거기로서 구원하는 자 곧 주 예수 그리스도를 기다리노니"

둘째, 제사장으로 삼으셨다.

제사장은 백성을 대표하여 하나님께 나아가 제사를 드리고 또 백성을 위

하여 기도하는 직분자이다. 일반 백성들은 죄수라는 신분 때문에 하나님 앞에 나아갈 수 없기 때문이다. 그런데 예수님은 우리의 죄를 십자가를 통하여 사하여 주심으로, 제사장이 직접 하나님 앞에 나아가듯이 우리가 직접 하나님 앞에 나아갈 수 있게 하셨다. 그러므로 베드로 사도는 우리들을 가리켜 왕 같은 제사장이라고 부른다.

- 벧전 2:9 "오직 너희는 택하신 족속이요 왕 같은 제사장들이요 거룩한 나라요 그의 소유된 백성이니 이는 너희를 어두운 데서 불러내어 그의 기이한 빛에 들어가게 하신 자의 아름다운 덕을 선전하게 하려 하심이라"

이 얼마나 영광스러운 축복인가! 우리들에게 이 엄청난 은혜와 복을 주신 분이시니 그리고 지금도 우리를 천국으로 잘 달려갈 수 있게 하시려고 이 계시를 주시는 분이시니, 우리가 주님께 어찌 찬송과 영광을 돌리지 않을 수 있겠는가? 이 송영은 사도 요한과 함께 우리들이 주님께 드려야 할 송영인 것이다.

Ⅳ. 그 계시자는 바로 재림의 주인공이심 [1:7-8]

1:7-8 볼지어다 구름을 타고 오시리라 각인의 눈이 그를 보겠고 그를 찌른 자들도 볼 터이요 땅에 있는 모든 족속이 그를 인하여 애곡하리니 그러하리라 아멘
8 주 하나님이 가라사대 나는 알파와 오메가라 이제도 있고 전에도 있었고 장차 올 자요 전능한 자라 하시더라

우리에게 이 계시를 주시는 그분은 누구이신가? 그분은 선지자 중의 하나도 아니다. 천사도 아니다. 그분은 바로 이런 분이시다.

1. 구름을 타고 오실 분이시다.

1:7 볼지어다 구름을 타고 오시리라

이 말씀은 예수님의 재림을 뜻하는 것이다. 이 사실은 다음 성구에서 분명해진다.

• 행 1:9-11 "이 말씀을 마치시고 저희 보는 데서 올리어 가시니 구름이 저를 가리워 보이지 않게 하더라 10 올라가실 때에 제자들이 자세히 하늘을 쳐다보고 있는데 흰 옷 입은 두 사람이 저희 곁에 서서 11 가로되 갈릴리 사람들아 어찌하여 서서 하늘을 쳐다보느냐 너희 가운데서 하늘로 올리우신 이 예수는 하늘로 가심을 본 그대로 오시리라 하였느니라"

2. 모든 사람들이 볼 수 있게 재림하실 분이시다.

1:7 각인의 눈이 그를 보겠고 그를 찌른 자들도 볼 터이요

예수님의 재림은 영적으로만 하는 것도 아니고 믿는 자들만 볼 수 있게 재림하시는 것이 아니라, 믿지 아니하는 모든 자들, 심지어는 주님을 십자가에 매달고 창으로 그를 찌른 자들까지도 볼 수 있게 임하실 것이다. 즉 예수님은 유형적으로 재림하실 것이다.

3. 예수님은 심판 주로 재림하실 것이다.

*1:7*하 …땅에 있는 모든 족속이 그를 인하여 애곡하리니 그러하리라 아멘

무엇 때문에 이들이 애곡하는가?

• 계 6:15-17 "땅의 임금들과 왕족들과 장군들과 부자들과 강한 자들과

각 종과 자주자가 굴과 산 바위틈에 숨어 16 산과 바위에게 이르되 우리 위에 떨어져 보좌에 앉으신 이의 낯에서와 어린양의 진노에서 우리를 가리우라 17 그들의 진노의 큰 날이 이르렀으니 누가 능히 서리요 하더라"

진노의 큰 날! 예수님의 재림 날은 믿지 않는 자들에게는 바로 이런 날이 될 것이다. 왜냐하면 그 날은 예수님이 심판 주로 오셔서 각 사람의 행한 대로 갚으시는 날이기 때문이다.

4. 예수님은 영존하시는 분이시다.

1:8 주 하나님이 가라사대 나는 알파와 오메가라 이제도 있고 전에도 있었고 장차 올 자요 전능한 자라 하시더라

주님은 영원히 살아계셔서 우주를 통치하시며 원수를 멸하시고 우리의 구원 역사를 끝까지 완성하실 분이시다. 오늘 이 계시를 주시는 분은 바로 이런 분이시다. 그러므로 이런 분이 나에게 주시는 이 계시는 절대로 소홀히 여겨서는 안 될 것이다.

소돔 고모라 성이 멸망할 때 롯의 메시지를 농담으로 받았던 사위들이 멸망을 당하였다면(창 19:14) 하물며 우주의 통치자요 우리의 구원자이시며 모든 악의 세력에 대한 심판 주가 되시는 주님이 직접 주시는 이 계시를 무시하거나 농담으로 여긴다면 어찌 멸망을 피할 수 있겠는가?

V. 요한이 이 계시를 받게 된 구체적 상황 설명 [1:9-19]

사도 요한은 이 부분에서 이 책에 기록된 계시들을 언제 어디서 누구로부터 어떻게 받았는가를 구체적으로 설명하고 있다. 이것을 왜 설명하는 것

일까? 사도 요한은 이것을 설명함으로써 독자들로 하여금 이 책의 계시가 자기 경험이나 상상의 산물이 아니라 참 계시자이신 주님으로부터 받은 것이 확실함을 보여주려는 것이다.

그러면 이 부분에 어떤 내용이 담겨있는지 살펴보자.

1. 이 계시를 받은 요한은 어떤 자이며 어디에서 받았는가?

1:9 나 요한은 너희 형제요 예수의 환난과 나라와 참음에 동참하는 자라 하나님의 말씀과 예수의 증거를 인하여 밧모라 하는 섬에 있었더니

1) 이 계시를 받은 요한은 어떤 자인가?

(1) 너희 형제이다.

이 편지를 받는 모든 성도들과 형제 관계에 있다는 것이다. 이 관계는 물론 예수 그리스도 안에서 이루어진 것이다.

(2) 예수의 환난과 나라와 참음에 동참하는 자이다.

- 예수 그리스도께서 우리를 구원하시기 위하여 받으신 고난의 길을 따라가는 자이며
- 그 결과 얻게 될 하나님 나라의 영광에도 예수님과 같이 참여하게 될 자이며
- 그 영광의 날을 바라보는 가운데 현재의 고난을 주님이 그러했던 것처럼 참고 견디는 자이다.

2) 요한은 이 계시를 어디서 받았는가?

(1) 밧모라는 섬에서 받았다.

(2) 왜 거기에 있었는가?

하나님의 말씀과 예수의 증거를 인하여 밧모라 하는 섬에 있었다. 다시 말하면 복음을 전하다가 핍박을 받아 이곳으로 유배를 당한 것이다.

참고 : 밧모 섬은 어떤 곳인가?

밧모는 소아시아 해변 남서쪽에 위치한 여러 섬들 가운데 하나이다. 밧모 섬은 길이가 16km 폭이 10km 정도 되며 약 300여m 정도 되는 언덕을 가지고 있다. 화산 활동에 의하여 생긴 섬이기 때문에 나무도 없고 바위만 있는 척박한 땅이다. 그러므로 이곳은 로마의 문헌에 의하면 정치범들을 추방할 때 그 유배지로 사용되었다고 한다. 사도 요한은 "하나님의 말씀과 예수의 증거" 때문에 다시 말해서 복음을 전파한 것 때문에 소아시아의 통치자에 의해 선동죄로 몰려 이곳으로 추방되었을 것이 분명하다.

2. 이 계시를 받게 된 구체적인 상황

1:10-11 주의 날에 내가 성령에 감동하여 내 뒤에서 나는 나팔 소리 같은 큰 음성을 들으니 *11* 가로되 너 보는 것을 책에 써서 에베소, 서머나, 버가모, 두아디라, 사데, 빌라델비아, 라오디게아 일곱 교회에 보내라 하시기로

1) 사도 요한은 주의 날에 이 계시를 받았다.

주의 날은 주님이 부활하신 날 곧 안식 후 첫날이다(마 28:1). 이 날은 우리 주님께서 사망 권세를 정복하심으로 우리 성도들에게 참되고 영원한 안식의 길을 마련하신 날이다. 그러므로 창조 사역에 기초한 구약의 안식일은 예수님의 구원 사역에 기초한 영적인 안식일 곧 주일로 바뀌게 되었다. 이 날은 하나님과의 교통을 위하여 전적으로 바쳐져야 하는 날이다. 하나님과의 교통을 위하여 예배 찬송 기도 등에 힘써야 하는 날이다. 그러므로 이 계시가 다른 날이 아닌 주의 날에 주어졌다는 것은 지극히 자연스러운 일이다.

2) 성령에 감동하여 이 계시를 받았다.

성령의 감동이란 무엇인가? 이 말을 간단히 줄여서 영감이라고 한다. 영감은 조직신학에서 다음과 같이 정의된다.

> "영감이란 하나님께서 인간에게 전달하시고자 하는 구원에 관한 계시를 인간 저자가 기록함에 있어서…오류가 없이 기록하도록 그에게 입혀진 성령의 초자연적 감화이다."

그리고 성경의 모든 말씀은 성령의 감동으로 쓰여졌다고 성경은 말한다.

- 딤후 3:16 "모든 성경은 하나님의 감동으로 된 것으로 교훈과 책망과 바르게 함과 의로 교육하기에 유익하니"
- 벧후 1:21 "예언은 언제든지 사람의 뜻으로 낸 것이 아니요 오직 성령의 감동하심을 입은 사람들이 하나님께 받아 말한 것임이니라"

그러므로 성경의 마지막 계시인 요한계시록도 성령의 감동으로 기록되는 것은 지극히 당연한 일이다.

3) 계시자이신 주님의 명령을 들었다

> *1:10-11* …내 뒤에서 나는 나팔 소리 같은 큰 음성을 들으니 *11* 가로되 너 보는 것을 책에 써서 에베소, 서머나, 버가모, 두아디라, 사데, 빌라델비아, 라오디게아 일곱 교회에 보내라 하시기로

"내 뒤에서 나는 나팔 소리 같은 큰 음성"은 누구의 음성인가? 주어가 직접 나타나 있지 않기 때문에 본 절에서는 알 수 없으나 문맥을 보면 주님의 음성이었다는 사실을 알게 된다. 왜냐하면 사도 요한은 12절에서 그 음성의 주인공을 이렇게 말하고 있기 때문이다.

1:12-13 몸을 돌이켜 나더러 말한 음성을 알아보려고 하여 돌이킬 때에 일곱 금 촛대를 보았는데 *13* 촛대 사이에 인자 같은 이가 발에 끌리는 옷을 입고 가슴에 금띠를 띠고

여기서 말하는 "인자 같은 이"는 예수님임에 틀림없기 때문이다. 그러므로 이 10절의 말씀은 주님의 명령이다.

사도 요한이 아시아 일곱 교회에 편지를 쓴 것은 자기의 뜻이 아니라 주님의 명령이었다. 그리고 아시아 일곱 교회는 앞에서 말한 대로 전 세계의 모든 교회를 뜻하는 것인바 이 편지는 모든 시대 모든 성도들에게 보내지는 편지이다.

4) 계시자이신 주님의 모습을 본 사도 요한

(1) 주님의 모습

1:12-16 몸을 돌이켜 나더러 말한 음성을 알아보려고 하여 돌이킬 때에 일곱 금 촛대를 보았는데 *13* 촛대 사이에 인자 같은 이가 발에 끌리는 옷을 입고 가슴에 금띠를 띠고 *14* 그 머리와 털의 희기가 흰 양털 같고 눈 같으며 그의 눈은 불꽃같고 *15* 그의 발은 풀무에 단련한 빛난 주석 같고 그의 음성은 많은 물소리와 같으며 *16* 그 오른손에 일곱 별이 있고 그 입에서 좌우에 날선 검이 나오고 그 얼굴은 해가 힘있게 비취는 것 같더라

주님은 일곱 금 촛대 사이에 계신 분이시다. 일곱 금 촛대는 일곱 교회를 뜻한다고 사도 요한은 계시록 1:20에서 분명히 밝히고 있다. 주님은 교회를 떠나서 멀리 계신 분이 아니시다. 주님은 교회 안에 있는 우리들 곁에 항상 계신 분이시다. 이것은 주님의 굳은 약속이기도 하다.

- 마 28:20 "내가 너희에게 분부한 모든 것을 가르쳐 지키게 하라 볼지어다 내가 세상 끝날까지 너희와 항상 함께 있으리라 하시니라"

주님은 왜 일곱 금 촛대 사이에 계신가? 그분은 모든 교회의 머리가 되시기 때문이다.

- 엡 1:21-22 "모든 정사와 권세와 능력과 주관하는 자와 이 세상 뿐 아니라 오는 세상에 일컫는 모든 이름 위에 뛰어나게 하시고 또 만물을 그 발 아래 복종하게 하시고 그를 만물 위에 교회의 머리로 주셨느니라"

여기서 보여주신 주님의 모습은 그분의 다음과 같은 속성들을 나타내어 준다.

● 가슴에 금 띠(13절)-주님의 불변성

금은 불변성을 가지고 있다. 이와 같이 주님은 그의 존재나 속성 등이 변치 아니하신다. 특별히 우리를 구원하시는 은혜언약은 변치 않는다. 그러므로 우리의 구원은 반드시 이루어질 수 있는 것이다.

- 사 54:10 "산들은 떠나며 작은 산들은 옮길지라도 나의 인자는 네게서 떠나지 아니하며 화평케 하는 나의 언약은 옮기지 아니하리라 너를 긍휼히 여기는 여호와의 말이니라"

● 흰 머리 털(14절)-성결하심

흰 색은 더러운 것이 묻지 아니한 깨끗한 것을 상징한다. 인간들은 죄로 인하여 더러워지고 만물보다 심히 부패하였지만(렘 17:9) 주님은 전혀 죄가 없으신 완전 성결하신 분이시다.

● 불꽃같은 눈(14절)-전지성

주님은 하나님이시며 따라서 전지전능하신 분이시다. 그러므로 주님은 우주 안의 모든 것을 그리고 과거와 현재, 미래의 모든 일들을 완전히 아신다.

- 왕상 8:39 "주는 계신 곳 하늘에서 들으시고 사유하시며 각 사람의 마음을 아시오니 그 모든 행위대로 행하사 갚으시옵소서 주만 홀로 인생의 마음을 다 아심이니이다"
- 시 139:1-4 "여호와여 주께서 나를 감찰하시고 아셨나이다 주께서 나의 앉고 일어섬을 아시며 멀리서도 나의 생각을 통촉(洞燭)하시오며 나의 길과 눕는 것을 감찰하시며 나의 모든 행위를 익히 아시오니 여호와여 내 혀의 말을 알지 못하시는 것이 하나도 없으시니이다"
- 롬 11:33 "깊도다 하나님의 지혜와 지식의 부요함이여 그의 판단은 측량치 못할 것이며 그의 길은 찾지 못할 것이로다"

● 빛난 주석 같은 발(15절)-원수를 밟고 승리할 권세

2000년 전 십자가에 달리실 때 주님의 발은 못에 박힌 힘없는 연약한 발이었다. 이는 세상 죄를 지고 가는 어린양으로 오셨기 때문이다(요 1:29). 그러나 부활 승천 하셔서 권세의 자리에 오르신 주님은 하늘과 땅의 모든 권세를 가지신 분으로서(마 28:18) 앞으로는 심판주로 이 세상에 임하실 것이다. 그때에 주님의 발은 원수를 짓밟아 심판하시고 최후 승리를 하실 것이다.

- 마 22:44 "주께서 내 주께 이르시되 내가 네 원수를 네 발 아래 둘 때까지 내 우편에 앉았으라 하셨도다"

● 많은 물소리 같은 음성(15절)-불가항력적 권위

주님의 음성이 많은 물소리와 같다는 것은 바다의 거대한 파도가 불가항력적인 것을 상징하듯 그 어떤 피조물도 주님의 뜻이나 주님이 하시는 일에 항거 할 수 없다는 것을 상징한다. 이것을 신학적 용어로는 하나님의 주권적 의지라고 한다. 이 사실은 다음 성구들에서 알 수 있다.

- 시 115:3 "오직 우리 하나님은 하늘에 계셔서 원하시는 모든 것을 행하셨나이다"

- 롬 9:18 "그런즉 하나님께서 하고자 하시는 자를 긍휼히 여기시고 하고자 하시는 자를 강퍅케 하시느니라"

- 롬 11:33 "깊도다 하나님의 지혜와 지식의 부요함이여 그의 판단은 측량치 못할 것이며 그의 길은 찾지 못할 것이로다"

● 오른 손에 일곱 별(16절)-일곱 교회의 사자들을 주관하심

주님이 그 오른 손에 일곱 별을 잡으셨다고 할 때 그 일곱 별은 "일곱 교회의 사자"(계 1:20)이다. 그러므로 이 말씀의 뜻은 교회의 머리가 되신 주님께서 모든 교회의 목자들을 주관하고 계시다는 사실을 의미한다. 실로 주님은 모든 교회의 목자들을 붙들고 계신다. 왜냐하면 주님은 목자장이시기 때문이다.

● 입에서 나오는 날선 검(16절)-능력의 말씀

"그 입에서 좌우에 날선 검이 나오고"라는 말에서 좌우에 날선 검은 하나님의 말씀을 가리킨다. 이 사실은 다음 성구에서 알 수 있다.

- 히 4:12 "하나님의 말씀은 살았고 운동력이 있어 좌우에 날선 어떤 검보다도 예리하여 혼과 영과 및 관절과 골수를 찔러 쪼개기까지 하며 또 마음의 생각과 뜻을 감찰하나니"

주님의 말씀의 능력은 다음과 같은 사실에서 알 수 있다.

창조 사역에서 – 하나님은 온 우주 만물을 아무 재료도 없이 말씀으로 창조하셨다.

- 창 1:1-3 "태초에 하나님이 천지를 창조하시니라 2 땅이 혼돈하고 공허하며 흑암이 깊음 위에 있고 하나님의 신은 수면에 운행하시니라 3 하나님이 가라사대 빛이 있으라 하시매 빛이 있었고…"

구원사역에서 – 주님은 말씀으로 양심을 찔러 회개시키며 죽은 자를 살리신다.

- 요 5:25 "진실로 진실로 너희에게 이르노니 죽은 자들이 하나님의 아들의 음성을 들을 때가 오나니 곧 이 때라 듣는 자는 살아나리라"

- 행 2:37-38" 저희가 이 말을 듣고 마음에 찔려 베드로와 다른 사도들에게 물어 가로되 형제들아 우리가 어찌할꼬 하거늘, 38 베드로가 가로되 너희가 회개하여 각각 예수 그리스도의 이름으로 세례를 받고 죄 사함을 얻으라 그리하면 성령을 선물로 받으리니…"

● **해같이 비치는 얼굴(16절) – 모든 피조물들에게 태양과 같은 존재가 되심**

지구상의 모든 생물들이 태양 빛 없이 살아갈 수 없는 것처럼 우주 안의 모든 피조물들은 주님 없이는 살아갈 수 없는 것이다. 우리들에게 필요한 모든 복은 그에게서 나온다. 그러므로 우리는 주님의 얼굴빛으로 살고 그분이 한번 외면하시면 우리는 살 수 없게 된다.

- 민 6:24-26 "여호와는 네게 복을 주시고 너를 지키시기를 원하며 25 여호와는 그 얼굴로 네게 비취사 은혜 베푸시기를 원하며 26 여호와는 그 얼굴을 네게로 향하여 드사 평강 주시기를 원하노라 할지니라 하라"

사도 바울은 예수님의 이 빛을 다메섹 도상에서 직접 받았던 사람이다.

- 행 26:13-15 "왕이여 때가 정오나 되어 길에서 보니 하늘로서 해보다 더 밝은 빛이 나와 내 동행들을 둘러 비추는지라 14 우리가 다 땅에 엎드러지매 내가 소리를 들으니 히브리 방언으로 이르되 사울아 사울아 네가 어찌하여 나를 핍박하느냐 가시채를 뒷발질하기가 네게 고생이니라 15 내가 대답하되 주여 뉘시니이까 주께서 가라사대 나는 네가 핍박하는 예수라"

(2) 주님의 모습을 본 사도 요한의 반응

1:17 내가 볼 때에 그 발 앞에 엎드러져 죽은 자같이 되매…

이것은 하나님께 가까이 나아갔던 사람들이면 누구나 느낄 수밖에 없는 감정이다. 왜냐하면 주님 곧 하나님의 무한하신 권능과 위엄 앞에서 죄 많고 연약한 우리 인간은 완전히 압도될 수밖에 없기 때문이다. 예를 들어보자.

- 사 6:5 "그 때에 내가 말하되 화로다 나여 망하게 되었도다 나는 입술이 부정한 사람이요 입술이 부정한 백성 중에 거하면서 만군의 여호와 이신 왕을 뵈었음이로다"
- 단 8:17 "그가 나의 선 곳으로 나아 왔는데 그 나아올 때에 내가 두려워서 얼굴을 땅에 대고 엎드리매 그가 내게 이르되 인자야 깨달아 알라 이 이상은 정한 때 끝에 관한 것이니라"

그러므로 하나님께 가까이 나아간 자일수록 자기 자신이 얼마나 부족하고 못난 존재인가를 알고 이렇게 고백하는 것을 본다.

- 고전 15:8 "맨 나중에 만삭되지 못하여 난 자 같은 내게도 보이셨느니라"
- 딤전 1:15 "죄인 중에 내가 괴수니라…"

(3) 엎드러진 요한을 향한 주님의 음성

1:17-20 …그가 오른손을 내게 얹고 가라사대 두려워 말라 나는 처음이요 나중이니
18 곧 산 자라 내가 전에 죽었었노라 볼지어다 이제 세세토록 살아 있어 사망
과 음부의 열쇠를 가졌노니 *19* 그러므로 네 본 것과 이제 있는 일과 장차 될
일을 기록하라 *20* 네 본 것은 내 오른손에 일곱 별의 비밀과 일곱 금 촛대라
일곱 별은 일곱 교회의 사자요 일곱 촛대는 일곱 교회니라

"그가 오른손을 내게 얹고 가라사대 두려워 말라"

이렇게 두려움에 질린 요한을 향하여 주님은 오른 손을 펴시사 그의 위에 얹으셨다. 이것은 요한을 향한 주님의 사랑과 자비의 표현이다. 그리고 말씀하셨다.

"두려워 말라"

악의 세력들을 심판하실 때 주님은 얼마나 무서운 분으로 나타나시는가?

• 계 6:15-17 "땅의 임금들과 왕족들과 장군들과 부자들과 강한 자들과 각 종과 자주자가 굴과 산 바위 틈에 숨어 16 산과 바위에게 이르되 우리 위에 떨어져 보좌에 앉으신 이의 낯에서와 어린양의 진노에서 우리를 가리우라 17 그들의 진노의 큰 날이 이르렀으니 누가 능히 서리요 하더라"

그러나 자기의 사람들에게는 얼마나 사랑과 자비가 넘치시는 분이신가?

• 요 13:1 "유월절 전에 예수께서 자기가 세상을 떠나 아버지께로 돌아가실 때가 이른 줄 아시고 세상에 있는 자기 사람들을 사랑하시되 끝까지 사랑하시니라"

"…나는 처음이요 나중이니"

이것은 하나님만 가지고 있는 영원적 속성을 말씀한 것이다. 즉 하나님은 영원 전부터 영원까지 살아계신 분이시다. 이것은 하나님만 가지고 있는 4가지 속성 곧 자존성, 불변성, 무한성, 유일성 가운데 하나이다. 이 4가지 속성 가운데 무한성은 다시 3가지로 구분된다. 질적 무한성(완전성)과 공간적 무한성과 시간적 무한성이 그것이다. 이 3가지 가운데 영원성은 시간적 무한성인 것이다. 즉 하나님은 시간적으로 무한하신 분이시다. 본 구절은 바로 이것을 말하고 있는 것이다.

"곧 산 자라 내가 전에 죽었었노라 볼지어다 이제 세세토록 살아 있어 사망과 음부의 열쇠를 가졌노니"

"산 자라" 이 말씀은 십자가의 죽음 후에 부활하신 것을 가리킨다. 주님은 부활 후에 "세세토록" 살아계실 것이다. 그리고 사망과 음부의 열쇠를 가지고 계시다. 이 말씀은 천국의 열쇠(마 16:18)와 대조가 된다. 주님은 인간들로 하여금 사망과 음부 곧 지옥에 들어가게 하거나 들어가지 않게 할 권세도 가지셨고, 천국에 들어가거나 들어가지 못하게 할 권세도 가지신 것이다.

"그러므로 네 본 것과 이제 있는 일과 장차 될 일을 기록하라"

사도 요한은 주님의 이 명령을 받들어 요한계시록을 기록하게 된 것이다. 그러므로 사도 요한은 확실하지 않은 꿈이나 음성을 듣고 이 글을 기록한 것이 아니라 전에도 이 땅에서 사셨고 죽음 후에도 부활하셔서 지금 분명히 살아계시어서 우리의 구원 역사를 이루어 가시는 분으로부터 이 계시를 받아 기록한 것임을 말하고 있는 것이다. 이렇게 함으로써 사도 요한은 이 말씀을 읽는 모든 자들로 하여금 이 계시록이 틀림없는 주님으로부터 온 것임을 믿게 하려는 것이다.

그러므로 독자 여러분들은 이 계시록이 틀림없이 우리 주님이 나에게 주시는 말씀인 것을 믿기 바란다.

요한계시록은 이런 뜻이었다

제 2 장

제2장

아시아 일곱 교회에 보내는 편지

계시록 2:1-3:22

이런 편지를 보내시는 목적이 무엇인가? 하는 것부터 생각해 보아야 한다. 예수님은 "**반드시 속히 될 일**"을 말씀하시려고 이 요한계시록을 기록하게 하셨는데 왜 그 일들을 말씀하시기에 앞서서 왜 아시아 일곱 교회에게 이 편지를 보내시는 것일까? 그 목적은 무엇일까?

우리가 요한계시록을 정확히 이해하려면 아시아 일곱 교회에게 보내는 편지의 **내용**을 살펴보기 전에 반드시 그 목적부터 알고 넘어가지 않으면 안 된다. 그 목적을 알려면 먼저 요한계시록 전체를 주신 목적이 무엇인가? 하는 것에서부터 생각해보아야 한다.

요한계시록 전체를 주신 목적

주님께서 마태복음 24장의 말씀이나 요한계시록을 주신 목적이 무엇이었는가? 이 부분에서 말씀하신 "반드시 속히 될 일"들은 거의 전부가 앞으로 성도들이 당할 고난들이다. 이것들을 주님은 무엇 때문에 우리들에게 알리시는 것일까? 그 목적은 그 고난이 핍박의 형태이든 자연 재해의 형태이든 또는 이단들의 미혹의 형태이든 간에 성도들이 잘 참고 실족하지 아니하고

끝까지 믿음의 경주를 잘 하게 하기 위함이었다. 그러기 위하여서는 교회는 항상 깨어 있어야 하고(마 24:42) 예비하고 있어야 한다(마 24:44)는 것이었다.

아시아 일곱 교회에게 편지를 보내시는 목적

1. 이 편지들은 나의 신앙생활에 거울로 주신 것이다.

이와 같은 요한계시록의 목적을 생각할 때 주님께서 "반드시 속히 될 일"들을 우리에게 알리시기 전에 이 편지들을 보내시는 목적은 이 편지가 나의 신앙생활을 비추어보는 거울로 삼게 하기 위한 것이라는 사실을 알게 된다. 이 사실을 좀 더 설명하면 다음과 같다.

2. 편지의 내용 – 칭찬과 책망과 약속

주님은 이 편지들에서 각 교회에게 그들의 잘하는 것이 무엇인가를 지적하여 칭찬하시고 또한 잘못된 점이 무엇인가를 지적하여 책망하신다. 그리고 나아가서 앞으로 그들이 어떻게 해야 할 것인가에 대한 방향을 제시하고 그들이 그렇게 할 때 어떤 축복과 상급과 영광이 주어지는가를 분명히 약속해 주신다. 이러한 일련의 내용들이 뜻하는 바가 무엇인가? 이런 내용들은 주님께서 이 편지들을 보내시는 목적이 무엇인가를 분명히 알 수 있게 한다.

3. 그 목적은 다음과 같은 두 가지로 요약될 수 있다.

1) 모든 시대 모든 성도들이 이 말씀의 거울에 현재 자신의 모습을 비추어 보게 하기 위함이다.

이미 설명한 대로 아시아 일곱 교회는 모든 시대 모든 성도들을 가리키는 것이다. 다시 말해서 이 편지를 받을 사람들은 모든 시대 모든 성도들이다. 어느 시대를 살고 있는 성도이든 간에 모든 성도들은 말세에 대비하여 항상 깨어 있는 신앙생활이 필요하다. 예비 된 삶이 필요하다. 그러기 위하여서는 항상 내 자신의 현재 영적 상태가 어떠한지 점검할 필요가 있다.

여기에 나오는 아시아 일곱 교회의 각각의 모습들은 나와 상관없는 옛날 이천 년 전 어떤 교회의 모습이 아니다. 바로 지금 나 자신의 모습이 이렇지는 않은가 점검해 보아야 하는 거울이 되게 하기 위하여, 주님은 이 말씀을 모든 시대 모든 성도들에게, 그러므로 지금 나에게 주시는 편지이다.

- 약 1:22-25 "너희는 도를 행하는 자가 되고 듣기만 하여 자신을 속이는 자가 되지 말라 23 누구든지 도를 행하지 아니하면 그는 거울로 자기의 얼굴을 보는 사람과 같으니 24 제 자신을 보고 가서 그 모양이 어떠한 것을 곧 잊어버리거니와 25 자유하게 하는 온전한 율법을 들여다 보고 있는 자는 듣고 잊어 버리는 자가 아니요 실행하는 자니 이 사람이 그 행하는 일에 복을 받으리라"

이 사실을 비유로 말하면 이렇게 말할 수 있을 것이다. 손자의 병법에 "적을 알고 나를 알면 백번 싸워도 백번 이긴다"는 말이 있다. 우리는 그리스도의 군사이다(딤후 2:3). 군인이 전투에 나가려면 먼저 적의 상황을 미리 알아야 한다. 적군은 얼마나 되며 저들의 공격 무기는 어떤 것이며 그곳의 지형지물은 어떠하며 진로에 어떤 장애물들이 설치되어 있는가? 하는 것들을 미리 상세히 알아야 하는 것이다. 이것이 바로 요한계시록에서 "반드시 속히 될 일"에 해당하는 것이다. 즉 우리는 사전에 마귀의 공격으로 어떤 일이 벌어질지를 사전에 미리 알아야 하는 것이다. 그래서 "반드시 속히 될 일"을 말씀하신 것이다.

그런데 "반드시 속히 될 일"을 알고 출전하기 전에 먼저 할 일이 있다. 그것은 나를 아는 일이다. 군인이 전투에 나아갈 만반의 준비가 제대로 되어 있는지 자신을 점검하는 일이다. 예를 들면 총과 실탄은 충분히 가졌는지? 비상식량은 잘 챙겼는지? 철모 군복 군화 등 모든 것들이 제대로 갖추어져 있는지? 또 전투에 불필요한 것이나 방해가 될 것들은 달고 있지 아니한지? 이런 것들을 출전 전에 반드시 점검해야 할 필요가 있는 것이다. 바로 이것이 아시아 일곱 교회에 편지를 보내는 내용이라고 할 수 있는 것이다. 다시 말해서 앞으로 다가올 여러 가지 환난이나 시험에 대비하여 잘 싸울 수 있는 만반의 준비가 되어 있는지 이 편지의 말씀을 거울삼아서 자신을 점검해 보도록 하기 위하여 이 말씀을 주신 것이다.

2) 모든 시대 모든 성도들의 신앙생활을 격려하기 위함이다.

주님은 이 편지에서 현재 우리들의 장단점을 지적하여 칭찬이나 책망을 하시는 것으로 끝나지 아니하신다. 주님은 여기에서 한걸음 더 나아가 우리들이 앞으로 어떻게 해야 할 것인가 방향을 제시하시면서 그렇게 할 때 우리에게 얼마나 큰 영광과 상급과 축복이 주어지는가를 알려주신다.

이렇게 하시는 목적이 무엇인가? 우리들의 행동에 대한 칭찬이나 책망만 가지고도 우리의 삶을 교정할 수 있겠지만 장래에 받게 될 무한한 영광을 우리에게 보여주심으로써 그것을 벅찬 소망으로 안고 자발적으로 앞으로 반드시 겪게 될 고난들을 극복하고 믿음의 경주를 할 수 있을 것이기 때문이다.

결론적으로 말해서 아시아 일곱 교회에 편지를 보내시는 목적은 항상 내 자신의 모습을 이 말씀의 거울에 비추어 보게 하기 위함이며 한걸음 더 나아가 주님께서 약속하신 미래의 큰 영광을 소망으로 삼고 다가 올 고난들을 극복하고 최후 승리를 얻게 하기 위함이다.

그러므로 우리는 이 편지들을 읽을 때에 이 교회들을 향한 주님의 말씀이 곧 나를 향한 말씀이라는 생각을 가지고 읽어야 한다. 그렇게 함으로써 이 교회의 모습이 바로 지금 나의 모습은 아닌지를 생각하면서 말씀을 받아야 한다. 그리하여 주님으로부터 책망 받을 것이 없는 성도! 칭찬만 받는 성도! 이런 성도가 되기 위하여 힘써야 할 것이다. 이 편지들이 이 책을 읽는 모든 독자들에게 이런 은혜의 말씀이 되기를 바란다.

그러면 이제부터 아시아 일곱 교회에게 보내시는 편지의 내용을 살펴보자.

에베소 교회에 보내는 편지
[2:1-7]

2:1 에베소 교회의 사자에게 편지하기를 오른 손에 일곱별을 붙잡고 일
곱 금 촛대 사이에 다니시는 이가 가라사대
2:2 내가 네 행위와 수고와 네 인내를 알고 또 악한 자들을 용납지 아니
한 것과 자칭 사도라 하되 아닌 자들을 시험하여 그 거짓된 것을 네
가 드러낸 것과
2:3 또 네가 참고 내 이름을 위하여 견디고 게으르지 아니한 것을 아노라
2:4 그러나 너를 책망할 것이 있나니 너의 처음 사랑을 버렸느니라
2:5 그러므로 어디서 떨어진 것을 생각하고 회개하여 처음 행위를 가지
라 만일 그리하지 아니하고 회개치 아니하면 내가 네게 임하여 네
촛대를 그 자리에서 옮기리라
2:6 오직 네게 이것이 있으니 네가 니골라 당의 행위를 미워하는도다 나
도 이것을 미워하노라
2:7 귀 있는 자는 성령이 교회들에게 하시는 말씀을 들을지어다 이기는
그에게는 내가 하나님의 낙원에 있는 생명나무의 과실을 주어 먹게
하리라

이 편지의 내용을 살펴보면 우리는 다음과 같은 것들을 알게 된다.

I. 이 편지의 수신자

2:1 에베소 교회의 사자에게 편지하기를

1. 에베소

에베소는 소아시아 지역 지중해 연안에 위치한 항구 도시이다. 소아시아는 당시 로마제국의 영토로서 아시아 주의 수도이며 정치, 경제, 교통, 무역,

문화 등 각 방면의 중심지였다. 당시 에베소의 인구는 약 110만 명이었다고 한다. 그리고 이곳에는 행 19:24에 나오는 아데미 신전이 있었는데, 이 신전은 세계 7대 불가사의 중 하나라고 할 만큼 웅장한 건물이었다. 이로 미루어보아 우상 숭배가 극심하였던 도시였다는 것을 알 수 있다.

2. 에베소 교회

1) 교회 설립

에베소 교회는 사도 바울이 제3차 전도여행 때(주후 54-59년) 설립한 교회로서 전도여행 중의 체류 기간으로는 가장 길게 3년 동안이나 이 교회에 머물면서 심혈을 기울여 목회를 한 곳이다.

• 행 20:31 "그러므로 너희가 일깨어 내가 삼 년이나 밤낮 쉬지 않고 눈물로 각 사람을 훈계하던 것을 기억하라"

2) 사도 바울의 마지막 고별 설교에서의 부탁

사도 바울은 3차 전도여행을 마치고 예루살렘으로 가던 도중에 에베소 교회 장로들을 밀레도 항구에 불러서 마지막 고별 설교를 하였다. 오순절 안에 예루살렘까지 가야 하므로 에베소까지 갈 시간이 없었기 때문이다(행 20:16-17). 이 설교에서 사도 바울은 에베소 교회를 위하여 장로들에게 다음 두 가지를 부탁하였다.

첫째, 사도 바울이 가르쳐 준 바른 교리를 사수하라.

• 행 20:29-31 "내가 떠난 후에 흉악한 이리가 너희에게 들어와서 그 양 떼를 아끼지 아니하며 30 또한 너희 중에서도 제자들을 끌어 자기를 좇게 하려고 어그러진 말을 하는 사람들이 일어날 줄을 내가 아노니 31 그러므로 너희가 일깨어 내가 삼 년이나 밤낮 쉬지 않고 눈물로 각 사람을 훈계하던 것을 기억하라"

둘째, 서로 사랑하라

- 행 20:34-35 "너희 아는 바에 이 손으로 나와 내 동행들의 쓰는 것을 당하여 35 범사에 너희에게 모본을 보였노니 곧 이같이 수고하여 약한 사람들을 돕고 또 주 예수의 친히 말씀하신 바 주는 것이 받는 것보다 복이 있다 하심을 기억하여야 할지니라"

3) 그 후 약 5년 후 에베소 교회

사도 바울은 그 후에 예루살렘에 올라가 체포되어 로마로 압송되어 옥중에 갇히게 되었다(주후 61-63년). 사도 바울은 거기서 에베소 교회에 편지를 보내었다. 이것이 에베소서이다. 사도 바울은 이 편지에서 그가 마지막 고별 설교에서 부탁한 두 가지 교훈이 어떻게 지켜지고 있는지를 확인하고 있다.

- 엡 1:15-16 "이를 인하여 주 예수 안에서 너희 믿음과 모든 성도를 향한 사랑을 나도 듣고 16 너희를 인하여 감사하기를 마지 아니하고 내가 기도할 때에 너희를 말하노라"

이 말씀에서 보는 바와 같이 에베소 교회는 사도 바울이 마지막 고별설교에서 부탁한 두 가지 곧 교리적인 믿음과 사랑하라는 교훈을 잘 지켰다. 그래서 이것을 칭찬하고 있다. 이런 배경을 알고 본문에서 주님이 하시는 말씀을 보면 이해가 빠를 것이다.

3. 수신자 – 에베소 교회의 사자들

주님은 이 편지를 받는 자를 "에베소 교회의 사자들"이라고 부르셨다. 이는 물론 교회의 영적 지도자를 가리킨다. 그러나 결과적으로는 에베소 교회 모든 성도들에게 보내는 모든 편지이며, 나아가서 모든 시대 모든 성도들에게 보내는 편지이다.

II. 이 편지의 발신자

2:1 …오른 손에 일곱 별을 붙잡고 일곱 금 촛대 사이에 다니시는 이가 가라사대

1. 발신자

발신자는 1:1 이하에서 본 바와 같이 물론 예수님이시다.

2. 발신자이신 예수님은 어떤 분으로 묘사되었는가?

1) 오른손에 일곱 별을 붙잡으신 예수님

여기서 일곱 별은 일곱 교회의 사자들을 가리킨다고 이미 계 1:20에서 본 바와 같다. 주님이 일곱 별을 붙잡으셨다는 것은 주님의 몸 된 교회의 사자들 곧 주의 종들은 모두가 주님의 통치권 하에 있음을 뜻한다. 왜냐하면 주님은 교회의 머리가 되시기 때문이다.

- 엡 1:22-23 "또 만물을 그 발 아래 복종하게 하시고 그를 만물 위에 교회의 머리로 주셨느니라 23 교회는 그의 몸이니 만물 안에서 만물을 충만케 하시는 자의 충만이니라"

2) 일곱 금 촛대 사이에 다니시는 예수님

일곱 금 촛대는 일곱 교회를 가리킨다는 사실을 이미 계 1:20에서 본 바와 같다. 주님께서 일곱 교회 사이를 다니신다는 뜻은 교회들을 사랑으로 감독하시며 양육하시고 보호하심을 뜻한다. 왜냐하면 주님이 그의 피로 교회를 세우셨고 그 교회 안에 있는 양들의 목자장이 되시기 때문이다.

- 마 16:18 "또 내가 네게 이르노니 너는 베드로라 내가 이 반석 위에 내 교회를 세우리니 음부의 권세가 이기지 못하리라"

- 행 20:28 "너희는 자기를 위하여 또는 온 양 떼를 위하여 삼가라 성령이 저들 가운데 너희로 감독자를 삼고 하나님이 자기 피로 사신 교회를 치게 하셨느니라"

주님께서 교회를 이렇게 보살피시며 주의 종들을 붙잡고 계시다는 사실이 얼마나 우리를 담대하게 만드는가! 그러므로 주님의 몸 된 교회는 음부의 권세가 이기지 못하는 것이며 우리가 세상에서 어떤 환난을 당하여도 넉넉히 이길 수 있는 것이다.

- 요 16:33 "이것을 너희에게 이름은 너희로 내 안에서 평안을 누리게 하려 함이라 세상에서는 너희가 환난을 당하나 담대하라 내가 세상을 이기었노라"
- 롬 8:36-37 "기록된바 우리가 종일 주를 위하여 죽임을 당케 되며 도살할 양같이 여김을 받았나이다 함과 같으니라 37 그러나 이 모든 일에 우리를 사랑하시는 이로 말미암아 우리가 넉넉히 이기느니라"

III. 칭 찬

2:2-3 내가 네 행위와 수고와 네 인내를 알고 또 악한 자들을 용납지 아니한 것과 자칭 사도라 하되 아닌 자들을 시험하여 그 거짓된 것을 네가 드러낸 것과 *3* 또 네가 참고 내 이름을 위하여 견디고 게으르지 아니한 것을 아노라

2:6 오직 네게 이것이 있으니 네가 니골라 당의 행위를 미워하는도다 나도 이것을 미워하노라

1. 칭찬의 내용

이 칭찬은 한 마디로 교리적인 믿음을 잘 지켜온 일에 대한 것이다. 에베소 교회는 사도 바울의 고별 설교를 통하여 이 교리적 믿음에 관하여 다음과 같은 부탁을 받았다.

• 행 20:29-31 "내가 떠난 후에 흉악한 이리가 너희에게 들어와서 그 양 떼를 아끼지 아니하며 30 또한 너희 중에서도 제자들을 끌어 자기를 좇게 하려고 어그러진 말을 하는 사람들이 일어날 줄을 내가 아노니 31 그러므로 너희가 일깨어 내가 삼 년이나 밤낮 쉬지 않고 눈물로 각 사람을 훈계하던 것을 기억하라"

에베소 교회는 이 부탁대로 악한 자들을 용납지 아니하고 자칭 사도라 하되 아닌 자들을 시험하여 그 거짓된 것을 드러내어 교회에 발을 붙이지 못하게 하고 사도 바울이 3년 동안이나 밤낮 눈물로 가르쳐 주었던 성경 진리를 수호하고 전파하였던 것이다. 주님은 이것을 칭찬하시는 것이다.

2. 칭찬의 이유

에베소 교회가 성경 진리를 올바로 수호하고 전파한 것을 주님이 이렇게 칭찬하시는 이유는 무엇인가? 그 이유는 교회가 성경 진리를 올바로 수호하고 전파하는 것은 매우 중요한 일이기 때문이다. 아니 중요하다기보다는 교회가 이 진리를 잃어버리게 되면 이미 그것은 교회라고 할 수 없게 되기 때문이다. 왜 그런가? 그 이유는 다음과 같다.

1) 교회는 바로 성경 진리라는 반석 위에 세워진 것이므로

교회가 성경 진리의 반석 위에 세워졌다는 사실은 다음 성구에서 알 수 있다. 주님께서 제자들에게 "너희는 나를 누구라 하느냐고 질문하셨을 때에 "시몬 베드로가 대답하여 가로되 주는 그리스도시요 살아 계신 하나님의 아들이시니이다"(마 16:16)라고 하였다. 그 때 예수님은 이렇게 말씀하셨다.

• 마 16:17-18 "예수께서 대답하여 가라사대 바요나 시몬아 네가 복이 있도다 이를 네게 알게 한 이는 혈육이 아니요 하늘에 계신 내 아버지시니라 18 또 내가 네게 이르노니 너는 베드로라 내가 이 반석 위에 내 교회를 세우리니 음부의 권세가 이기지 못하리라"

그러므로 사도 바울은 교회를 가리켜서 이렇게 말하였다.

- 딤전 3:15 "만일 내가 지체하면 너로 하나님의 집에서 어떻게 행하여야 할 것을 알게 하려 함이니 이 집은 살아계신 하나님의 교회요 진리의 기둥과 터이니라"

2) 다른 복음을 전하면 저주를 받으므로

- 갈 1:6-9 "그리스도의 은혜로 너희를 부르신 이를 이같이 속히 떠나 다른 복음 좇는 것을 내가 이상히 여기노라 7 다른 복음은 없나니 다만 어떤 사람들이 너희를 요란케 하여 그리스도의 복음을 변하려 함이라 8 그러나 우리나 혹 하늘로부터 온 천사라도 우리가 너희에게 전한 복음 외에 다른 복음을 전하면 저주를 받을지어다 9 우리가 전에 말하였거니와 내가 지금 다시 말하노니 만일 누구든지 너희의 받은 것 외에 다른 복음을 전하면 저주를 받을지어다"

3) 이단들에게 미혹되면 죽임을 당하고 멸망에 이르게 되므로

우리는 이런 예를 다음 성구에서 보게 된다.

- 계 8:10-11 "세째 천사가 나팔을 부니 횃불같이 타는 큰 별이 하늘에서 떨어져 강들의 삼분의 일과 여러 물 샘에 떨어지니 11 이 별 이름은 쑥이라 물들의 삼분의 일이 쑥이 되매 그 물들이 쓰게 됨을 인하여 많은 사람이 죽더라"

이 말씀에서 하늘에서 떨어진 "횃불같이 타는 큰 별"은 거짓 선지자 혹은 거짓 그리스도를 가리킨다. 이들이 물 샘 곧 복음의 물을 흐리게 하니 그 물을 먹는 자는 죽게 된다는 말씀이다. 한마디로 말해서 이단들이 교회 안에 들어와서 거짓 교리를 유포하게 되면 교회 안에 수많은 양들의 생명이 죽게 되는 것이다. 교회는 생명을 걸고 성경 진리를 수호해야 하는 것이다.

그러므로 에베소 교회가 교리적 믿음을 잘 지켜 성경의 진리를 수호하였다는 것은 매우 높이 평가할 일이며 주님의 칭찬을 받아 마땅한 일이다.

IV. 책 망

2:4-5 그러나 너를 책망할 것이 있나니 너의 처음 사랑을 버렸느니라 *5* 그러므로 어디서 떨어진 것을 생각하고 회개하여 처음 행위를 가지라 만일 그리하지 아니하고 회개치 아니하면 내가 네게 임하여 네 촛대를 그 자리에서 옮기리라

1. 책망의 내용

2:4 …너의 처음 사랑을 버렸느니라

사도 요한은 이 요한계시록을 주후 95년경에 썼다. 바울이 에베소 교회를 떠난 후 약 40년이 지난 때에 에베소 교회의 모습이다. 이들은 엡 1:15에서 볼 수 있었던 그 사랑을 잃어버렸다.

1) 이 사랑은 어떤 사랑을 말하는가?

사도 바울이 마지막 고별 설교에서 강조했던 바로 그 사랑이다.

- 행 20:34-35 "너희 아는 바에 이 손으로 나와 내 동행들의 쓰는 것을 당하여 35 범사에 너희에게 모본을 보였노니 곧 이같이 수고하여 약한 사람들을 돕고 또 주 예수의 친히 말씀하신 바 주는 것이 받는 것보다 복이 있다 하심을 기억하여야 할지니라"

사도 바울은 사도로서 마땅히 교회에 생활비를 청구할 권리가 있었지만 그렇게 하지 않고 스스로 일을 하여 의식주 생활을 해결하면서 복음을 전하였을 뿐만 아니라, 오히려 수고하여 얻은 것을 가지고 약한 사람들을 돕고

또 주 예수의 친히 말씀하신 바 주는 것이 받는 것보다 복이 있다는 생각을 가지고 살았다는 것이다. 그리고 사도 바울은 이런 삶을 온 교회 성도들이 본을 받아 그렇게 살도록 하기 위함이었다고 한다.

사도 바울은 비단 에베소 교회에서만 이렇게 산 것이 아니었다. 고린도 교회에서도 그렇게 행하였다는 것을 읽게 된다.

- 고전 9:11-12 "우리가 너희에게 신령한 것을 뿌렸은즉 너희 육신의 것을 거두기로 과하다 하겠느냐 12 다른 이들도 너희에게 이런 권을 가졌거든 하물며 우리일까보냐 그러나 우리가 이 권을 쓰지 아니하고 범사에 참는 것은 그리스도의 복음에 아무 장애가 없게 하려 함이로다"

주님께서 에베소 교회를 향하여 요구하시는 사랑은 입으로만의 사랑이 아니라 자신이 수고하고 희생하여 얻은 것을 가지고 다른 사람을 도와주는 행동으로서의 사랑인 것이다.

2) 이 사랑의 중요성

이 사랑의 중요성을 단적으로 다음 두 성구에서 알 수 있다.

- 고전 13:1-3 "내가 사람의 방언과 천사의 말을 할지라도 사랑이 없으면 소리나는 구리와 울리는 꽹과리가 되고 2 내가 예언하는 능이 있어 모든 비밀과 모든 지식을 알고 또 산을 옮길 만한 모든 믿음이 있을지라도 사랑이 없으면 내가 아무 것도 아니요 3 내가 내게 있는 모든 것으로 구제하고 또 내 몸을 불사르게 내어 줄지라도 사랑이 없으면 내게 아무 유익이 없느니라"
- 마 22:37-40 "예수께서 가라사대 네 마음을 다하고 목숨을 다하고 뜻을 다하여 주 너의 하나님을 사랑하라 하셨으니 38 이것이 크고 첫째 되는 계명이요 39 둘째는 그와 같으니 네 이웃을 네 몸과 같이 사랑하라 하셨으니 40 이 두 계명이 온 율법과 선지자의 강령이니라"

사랑은 성도들의 신앙생활에서 이토록 중요한 것이므로 마지막 심판 때에 심판의 중요한 기준이 된다는 사실을 주님은 말씀하셨다.

• 마 25:32-40 "모든 민족을 그 앞에 모으고 각각 분별하기를 목자가 양과 염소를 분별하는 것같이 하여 33 양은 그 오른편에 염소는 왼편에 두리라 34 그 때에 임금이 그 오른편에 있는 자들에게 이르시되 내 아버지께 복받을 자들이여 나아와 창세로부터 너희를 위하여 예비된 나라를 상속하라 35 내가 주릴 때에 너희가 먹을 것을 주었고 목마를 때에 마시게 하였고 나그네 되었을 때에 영접하였고 36 벗었을 때에 옷을 입혔고 병들었을 때에 돌아보았고 옥에 갇혔을 때에 와서 보았느니라 37 이에 의인들이 대답하여 가로되 주여 우리가 어느 때에 주의 주리신 것을 보고 공궤하였으며 목마르신 것을 보고 마시게 하였나이까 38 어느 때에 나그네 되신 것을 보고 영접하였으며 벗으신 것을 보고 옷 입혔나이까 39 어느 때에 병드신 것이나 옥에 갇히신 것을 보고 가서 뵈었나이까 하리니 40 임금이 대답하여 가라사대 내가 진실로 너희에게 이르노니 너희가 여기 내 형제 중에 지극히 작은 자 하나에게 한 것이 곧 내게 한 것이니라 하시고"

에베소 교회를 향한 이 책망! 이것은 곧 지금 나를 향한 물으심이다. "너는 나를 처음 믿을 때 가지고 있었던 그 사랑을 가지고 있는가?"

2. 권 고

2:5 그러므로 어디서 떨어진 것을 생각하고 회개하여 처음 행위를 가지라

주님은 처음 사랑을 잃어버린 에베소 교회를 책망만 하시고 끝나는 것이 아니라 그들이 어떻게 해야 할 것인지 그 해결 방안을 제시하신다. 그 해결 방안은 무엇인가?

1) 어디서 떨어졌는가? 그 원인을 찾을 것

그 원인은 이렇게 추측되어진다. 에베소 교회는 당시에 너무나 많은 거짓된 선지자, 사도, 교사, 그리스도들을 색출하여 교회에 발을 붙이지 못하게 하는 일들을 하다 보니까 사람들을 만날 때 먼저 경계의 눈초리를 가지고 볼 수밖에 없었고 또 설교를 들을 때 저 사람이 잘못 가르치는 일은 없는가? 하는 데 관심을 기울이다보니 머리는 성경 지식으로 가득 찼을지 몰라도 가슴은 차갑게 식어진 것으로 보인다. 이것이 바로 신앙생활을 하는 우리들이 조심해야 할 일이다. 교리적인 것만 이론적으로 열심히 따지다가 보면 자신도 모르는 사이에 가슴은 차갑게 식어진 신앙의 소유자가 되기 쉽다.

2) 회개할 것

차가워진 가슴을 다시 뜨겁게 만들 수 있는 방법은 무엇인가? 그 길은 기도밖에 없다. 기도 중에도 먼저 회개의 기도가 선행되어야 한다. 회개하고 나서 그 다음에는 성령 받기를 구해야 한다. 왜냐하면 주님이 여기서 말씀하시는 그런 사랑은 오직 성령의 열매로서만 얻어질 수 있기 때문이다.

- 갈 5:22-23 "오직 성령의 열매는 사랑과 희락과 화평과 오래 참음과 자비와 양선과 충성과 23 온유와 절제니 이 같은 것을 금지할 법이 없느니라"

3) 처음 행위를 가질 것

사랑은 말이 아니다. 사랑은 행동이며 실천이다. 자신의 수고와 희생을 통하여 다른 사람들을 돕는 것이 사랑이다. 처음 사랑! 사도 바울이 로마 옥중에서 편지를 보낼 당시에 가지고 있었던 그 사랑을 가지라.

- 엡 1:15-16 "이를 인하여 주 예수 안에서 너희 믿음과 모든 성도를 향한 사랑을 나도 듣고 16 너희를 인하여 감사하기를 마지아니하고 내가 기도할 때에 너희를 말하노라"

이렇게 우리들에게 잘못이 있을지라도 책망하시며 벌을 내리지 않으시고 우리가 다시 살아날 수 있는 길을 알려주시며 그 길로 나아오라고 권고해 주시는 주님께 감사하자.

V. 격 려

2:7 귀 있는 자는 성령이 교회들에게 하시는 말씀을 들을지어다 이기는 그에게는 내가 하나님의 낙원에 있는 생명나무의 과실을 주어 먹게 하리라

"귀 있는 자는 성령이 교회들에게 하시는 말씀을 들을지어다"

1. 이 말씀이 뜻하는 바가 무엇일까?

(1) 이 계시록의 말씀은 성령의 말씀이다. 다시 말해서 성령의 감동으로 기록된 말씀이다.

(2) 그러므로 이 말씀은 영의 귀가 열려있는 신령한 자들 곧 참 신앙을 가진 성도들만 깨달아 알 수 있다.

• 고전 2:13-14 "우리가 이것을 말하거니와 사람의 지혜의 가르친 말로 아니하고 오직 성령의 가르치신 것으로 하니 신령한 일은 신령한 것으로 분별하느니라 14 육에 속한 사람은 하나님의 성령의 일을 받지 아니하나니 저희에게는 미련하게 보임이요 또 깨닫지도 못하나니 이런 일은 영적으로라야 분변함이니라"

2. 이 말씀은 누구에게 하시는 말씀인가?

"교회들에게" 하시는 말씀이다.

우리는 여기서 무엇을 알 수 있는가? 지금 이 편지는 에베소 교회에게 보내는 편지이다. 그런데 "성령이 교회들에게 하시는 말씀"이라고 말하고 있

다. 이것은 무엇을 의미하는가? 비록 이 편지가 지금 에베소 교회를 향하여 보내지고 있을지라도 이 세상의 모든 교회들이 받아야 할 말씀이라는 사실을 알려주고 있는 것이다.

"이기는 그에게는 내가 하나님의 낙원에 있는 생명나무의 과실을 주어 먹게 하리라"

이 말씀에서 주님은 성도들이 반드시 이겨줄 것을 격려하고 계신다. 이긴다는 것은 싸움을 전제로 하는 말이다. 그러므로 우리는 여기서 성도들의 싸움에 대하여 잠시 살펴볼 필요가 있다.

1) 성도들의 싸움은 어떤 것인가?

(1) 성도들의 믿음 생활은 그 자체가 영적인 싸움이다.
이 사실을 우리는 다음 성구에서 알 수 있다.

- 고전 9:26-27 "그러므로 내가 달음질하기를 향방 없는 것같이 아니하고 싸우기를 허공을 치는 것같이 아니하여 27 내가 내 몸을 쳐 복종하게 함은 내가 남에게 전파한 후에 자기가 도리어 버림이 될까 두려워함이로라"
- 딤후 4:7-8 "내가 선한 싸움을 싸우고 나의 달려갈 길을 마치고 믿음을 지켰으니 8 이제 후로는 나를 위하여 의의 면류관이 예비되었으므로 주 곧 의로우신 재판장이 그 날에 내게 주실 것이니 내게만 아니라 주의 나타나심을 사모하는 모든 자에게니라"

(2) 이 싸움은 누구와의 싸움인가?
마귀와의 싸움이다.

- 엡 6:12 "우리의 씨름은 혈과 육에 대한 것이 아니요 정사와 권세와

이 어두움의 세상 주관자들과 하늘에 있는 악의 영들에게 대함이라"

- 벧전 5:8 "근신하라 깨어라 너희 대적 마귀가 우는 사자같이 두루 다니며 삼킬 자를 찾나니"

(3) 이 싸움에서 지는 것은 무엇이고 이기는 것은 무엇인가?

이 싸움에서 마귀는 우리 성도들을 믿음에서 떠나게 하려고 다음과 같은 방법으로 공격해 온다.

어떤 경우에는 환난과 핍박을 통하여 낙심시켜서 믿지 못하게 한다. 또 어떤 경우에는 죄의 미끼를 가지고 성도들을 유혹하여 넘어지게 만든다. 또 어떤 경우에는 이단들의 미혹을 통하여 믿음의 길을 잃어버리게 만드는 방법으로 공격하기도 한다. 이런 마귀의 공격 앞에서

- **진다는 것**은 마귀가 원하는 대로 믿음을 잃어버리고 죄 가운데로 끌려가는 것을 의미한다.

- 벧후 2:20-22 "만일 저희가 우리 주 되신 구주 예수 그리스도를 앎으로 세상의 더러움을 피한 후에 다시 그 중에 얽매이고 지면 그 나중 형편이 처음보다 더 심하리니 21 의의 도를 안 후에 받은 거룩한 명령을 저버리는 것보다 알지 못하는 것이 도리어 저희에게 나으니라 22 참 속담에 이르기를 개가 그 토하였던 것에 돌아가고 돼지가 씻었다가 더러운 구덩이에 도로 누웠다 하는 말이 저희에게 응하였도다"

- **이긴다는 것**은 이런 마귀의 공격에도 불구하고 끝까지 죄악의 길로 끌려가지 않고 믿음을 지키는 것을 의미한다.

(4) 성도들이 이 싸움에서 승리할 보장이 있는가?

승리가 보장되어 있다. 그 보장이 무엇인가?

첫째, 예수님의 승리이다.

예수님은 인류의 타락 때부터 마귀와 원수 되어 싸움은 시작되었다. 그리고 이 싸움에서 예수님의 승리는 이미 보장되었다.

- 창 3:15 "내가 너로 여자와 원수가 되게 하고 너의 후손도 여자의 후손과 원수가 되게 하리니 여자의 후손은 네 머리를 상하게 할 것이요 너는 그의 발꿈치를 상하게 할 것이니라 하시고"

이 성구에서 뱀은 마귀요 여자의 후손은 동정녀 마리아에게서 탄생하실 예수 그리스도를 가리킨다는 사실은 독자 여러분들이 잘 알 것이다. 여자의 후손이 뱀의 머리를 상하게 하겠다는 것은 예수님의 승리를 예고한 것이다. 그러므로 우리의 대장되신 예수님의 승리는 곧 우리들의 승리의 보장이 된 것이다.

둘째, 주님의 약속이다.

주님께서는 우리들에게 마귀와의 싸움에서 겁내지 말고 담대하게 싸울 것과 그렇게 하면 반드시 승리할 수 있다는 것을 성경에서 수 없이 말씀하신다. 이런 성구 몇 개만 들어보자.

- 요 16:33 "이것을 너희에게 이름은 너희로 내 안에서 평안을 누리게 하려 함이라 세상에서는 너희가 환난을 당하나 담대하라 내가 세상을 이기었노라 하시니라"
- 롬 8:36-37 "기록된바 우리가 종일 주를 위하여 죽임을 당케 되며 도살할 양같이 여김을 받았나이다 함과 같으니라 37 그러나 이 모든 일에 우리를 사랑하시는 이로 말미암아 우리가 넉넉히 이기느니라"
- 요일 5:4-5 "대저 하나님께로서 난 자마다 세상을 이기느니라 세상을 이긴 이김은 이것이니 우리의 믿음이니라 5 예수께서 하나님의 아들이심을 믿는 자가 아니면 세상을 이기는 자가 누구뇨"

(5) 성도들이 마귀와 싸우는 방법은 무엇인가?

그것은 한마디로 하나님의 말씀으로 완전무장하는 것이다. 이것을 가리켜 사도 바울은 하나님의 전신갑주를 입으라는 말로 표현하고 있다.

• 엡 6:13-17 "그러므로 하나님의 전신 갑주를 취하라 이는 악한 날에 너희가 능히 대적하고 모든 일을 행한 후에 서기 위함이라 14 그런즉 서서 진리로 너희 허리띠를 띠고 의의 흉배를 붙이고 15 평안의 복음의 예비한 것으로 신을 신고 16 모든 것 위에 믿음의 방패를 가지고 이로써 능히 악한 자의 모든 화전을 소멸하고 17 구원의 투구와 성령의 검 곧 하나님의 말씀을 가지라"

그러므로 우리는 마귀의 어떠한 공격이 있을지라도 겁내거나 낙심하지 말고 하나님의 말씀과 성령의 능력으로 무장하고 끝까지 믿음을 지켜 나아가기를 힘써야 할 것이다. 그리하면 반드시 최후 승리를 얻게 될 것이다.

2) 이 싸움에서 이기는 자에게 무엇이 약속되어 있는가?

"… 이기는 그에게는 내가 하나님의 낙원에 있는 생명나무의 과실을 주어 먹게 하리라"

이 약속의 내용이 무엇인가?

(1) 낙원에 있는 생명나무는 무엇인가?

이 나무에 대하여 알 수 있는 성경 구절이 있다.

• 창 3:22 "여호와 하나님이 가라사대 보라 이 사람이 선악을 아는 일에 우리 중 하나같이 되었으니 그가 그 손을 들어 생명나무 실과도 따먹고 영생할까 하노라 하시고"

이 성구에서 알 수 있는 것은 생명나무의 열매를 따먹으면 영생을 한다는 사실이다.

(2) 그러므로 본문의 뜻은 무엇인가?

죄를 범한 인류는 그것을 먹지 못하므로 영생할 수 없는 다시 말하면 죽을 수밖에 없는 존재가 되었다. 이것이 바로 온 인류가 지금까지 당하고 있는 모든 불행의 궁극적인 원인이 된 것이다.

그러므로 여기서 생명나무의 과실을 주어서 먹게 하겠다는 것은 곧 영생을 주시겠다는 뜻이다. 이렇게 볼 때 우리가 생명나무의 과실을 먹을 수 있게 되었다는 사실은 이 땅의 모든 불행으로부터 완전히 벗어나 영원한 행복을 얻게 되었다는 것을 뜻한다. 이 얼마나 위대한 약속인가! 주님은 이 위대한 약속을 믿음의 싸움에서 이기는 자에게 주셨다. 그러므로 우리는 어떤 일이 있어도 반드시 이 싸움에서 이겨야 한다.

서머나 교회에 보내는 편지
[2:8-11]

2:8 서머나 교회의 사자에게 편지하기를 처음이요 나중이요 죽었다가 살아나신 이가 가라사대

2:9 내가 네 환난과 궁핍을 아노니 실상은 네가 부요한 자니라 자칭 유대인이라 하는 자들의 훼방도 아노니 실상은 유대인이 아니요 사단의 회라

2:10 네가 장차 받을 고난을 두려워 말라 볼지어다 마귀가 장차 너희 가운데서 몇 사람을 옥에 던져 시험을 받게 하리니 너희가 십 일 동안 환난을 받으리라 네가 죽도록 충성하라 그리하면 내가 생명의 면류관을 네게 주리라

2:11 귀 있는 자는 성령이 교회들에게 하시는 말씀을 들을지어다 이기는 자는 둘째 사망의 해를 받지 아니하리라

Ⅰ. 이 편지의 수신자

2:8 서머나 교회의 사자에게 편지하기를…

1. 서머나

서머나는 에베소에서 북쪽으로 약 60km 정도 떨어진 도시이다. 이 도시는 소아시아 반도의 동북쪽에 있으며 뒤로 터키 산맥을 등지고 지중해를 바라보는 항구도시였다. 그 당시 약 30만 정도의 인구가 살고 있었다고 한다.

항구 도시이었기 때문에 무역이 성하였고 따라서 향유나 값비싼 기름이나 유향 같은 것들이 많았다고 한다. 이 도시의 이름 '서머나'에서 '머'라는 말 자체가 '향료' '향수'를 가리키는 단어이다. 이 사실을 보아도 그 도시의 성격을 짐작할 수 있다.

이런 경제적인 기초를 바탕으로 하여 종교와 예술이 번성한 문화적으로 수준 높은 도시였다. 우리에게 잘 알려진 제2세기의 교부 신학자이며 감독이었던 폴리갑이 살다가 순교한 곳이 바로 이곳이다.

2. 서머나 교회

서머나 교회의 기원에 관하여는 성경에서 알 길이 없으나 "폴리갑의 생애"라는 책의 기록을 보면 사도 바울이 이곳에서 전도하였다는 말이 나온다. 이 기록으로 미루어볼 때 사도 바울이 에베소에서 3년간 목회를 할 때(행 20:31) 이곳을 방문하여 전도함으로 이 교회가 세워진 것으로 추측된다.

위에서 말한 폴리갑은 바로 이 계시록의 저자인 사도 요한의 제자이었으며, 이 서머나 교회에서 감독으로 있었던 것(주후 155-166년)은 너무나 유명한 사실이다. 사도 요한의 제자가 이 교회의 감독으로 있었다면 사도 요한은 직접으로든지 간접으로든지 서머나 교회와 어떤 긴밀한 관계가 있었을 것이며 따라서 그 교회 사정을 잘 알고 있었을 것임이 분명하다.

II. 이 편지의 발신자

2:8 …처음이요 나중이요 죽었다가 살아나신 이가 가라사대

"처음이요 나중이요"

이 말씀의 주석은 계 1:17의 주석을 보라.

"죽었다가 살아나신 이"

1. 발신자는 십자가에서 죽으신 주님이시다.

이것은 이 편지의 발신자가 우리의 대속주가 되시는 분이심을 뜻한다. 다

시 말하면 우리의 죄 값을 대신 받기 위하여 십자가에서 죽으신 그분이 보내신 편지라는 것이다. 이 죽으심은 우리를 향한 하나님의 사랑의 극치의 표현인 것이다.

• 롬 5:8 "우리가 아직 죄인 되었을 때에 그리스도께서 우리를 위하여 죽으심으로 하나님께서 우리에게 대한 자기의 사랑을 확증하셨느니라"

그러므로 이 편지는 우리를 가장 사랑하시는 분으로부터 나에게 보내진 편지라는 뜻이 이 말씀 속에 담겨있다.

2. 발신자는 죽었다가 살아나신 주님이시다.

이것은 십자가에 달려 죽으신 후 3일 만에 다시 살아나신 주님의 부활을 가리켜 하는 말이다. 주님의 부활! 그 의미가 무엇인가?

(1) 죽음의 권세를 정복한 것을 뜻한다.

아담 이후 이 세상에 왔다가 간 모든 사람들은 죽음 앞에 무릎을 꿇었다. 즉 사망이 모든 사람 위에서 왕 노릇하였다. 그러나 주님은 그 죽음에서 다시 살아나심으로 말미암아 사망 권세를 정복하시고 승리하셨다.

• 마 28:5-6 "천사가 여자들에게 일러 가로되 너희는 무서워 말라 십자가에 못박히신 예수를 너희가 찾는 줄을 내가 아노라 6 그가 여기 계시지 않고 그의 말씀하시던 대로 살아나셨느니라 와서 그의 누우셨던 곳을 보라"

(2) 주님의 부활로 말미암은 승리는 곧 우리의 부활 승리를 위한 것이다.

• 롬 5:17-18 "한 사람의 범죄를 인하여 사망이 그 한 사람으로 말미암

아 왕 노릇 하였은즉 더욱 은혜와 의의 선물을 넘치게 받는 자들이 한 분 예수 그리스도로 말미암아 생명 안에서 왕 노릇하리로다 18 그런즉 한 범죄로 많은 사람이 정죄에 이른 것 같이 의의 한 행동으로 말미암아 많은 사람이 의롭다 하심을 받아 생명에 이르렀느니라"

- 고전 15:20-22 "그러나 이제 그리스도께서 죽은 자 가운데서 다시 살아 잠자는 자들의 첫 열매가 되셨도다 21 사망이 사람으로 말미암았으니 죽은 자의 부활도 사람으로 말미암는도다 22 아담 안에서 모든 사람이 죽은 것같이 그리스도 안에서 모든 사람이 삶을 얻으리라"

III. 칭 찬

2:9 내가 네 환난과 궁핍을 아노니 실상은 네가 부요한 자니라 자칭 유대인이라 하는 자들의 훼방도 아노니 실상은 유대인이 아니요 사단의 회라

1. 칭찬의 내용

1) 서머나 교회는 많은 환난을 당하였다

그 환난은 곧 핍박 특히 종교적 핍박을 의미한다.

누구로부터 당하는 환난인가? 불신자들로부터 당하는 환난이다. 그 중에도 특히 "자칭 유대인이라 하는 자들"로부터 당하는 환난이다. 이 유대인들은 어떤 자들인가?

(1) 자칭 유대인들이다.

자칭 아브라함의 자손 곧 하나님의 택함을 받은 선민이라고 자처하는 사람들이다. 그러나 세례 요한으로부터 다음과 같은 책망을 받은 자들이다.

- 마 3:8-9 "그러므로 회개에 합당한 열매를 맺고 9 속으로 아브라함이

우리 조상이라고 생각지 말라 내가 너희에게 이르노니 하나님이 능히 이 돌들로도 아브라함의 자손이 되게 하시리라"

(2) 그러나 실상은 사단의 회이다.

사단의 회란 사단의 종노릇을 하고 있는 집단이라는 뜻이다. 그러므로 세례 요한은 이들을 가리켜서 독사의 자식들이라고 불렀다.

• 마 3:7 "요한이 많은 바리새인과 사두개인이 세례 베푸는 데 오는 것을 보고 이르되 독사의 자식들아 누가 너희를 가르쳐 임박한 진노를 피하라 하더냐"

그리고 주님은 저들을 가리켜 마귀에게서 난 자들이라고 하셨다.

• 요 8:44 "너희는 너희 아비 마귀에게서 났으니 너희 아비의 욕심을 너희도 행하고자 하느니라 저는 처음부터 살인한 자요 진리가 그 속에 없으므로 진리에 서지 못하고 거짓을 말할 때마다 제 것으로 말하나니 이는 저가 거짓말장이요 거짓의 아비가 되었음이니라"

하나님의 종이라는 신분을 가진 자로서 사단의 종이 되어 주님을 십자가에 못 박고 그것도 모자라서 예수 믿는 자들을 핍박하는 이 유대인들이야말로 얼마나 불쌍한 자들인가?

2) 서머나 교회는 궁핍을 당하였다.

이 궁핍은 무엇으로 말미암은 것인가? 핍박으로 말미암은 것이다. 이들은 핍박으로 인하여 재산을 빼앗기기도 하고 돌에 맞아 죽기도 하고 화형을 당하기도 하고 유배도 당하였다. 지금 이 계시록을 쓰고 있는 사도 요한도 밧모섬에 유배를 와 있는 것이 아닌가?

이들은 어느 정도의 궁핍을 당하였는가? 원문에서 잘 나타난다. 여기서 궁핍이라는 단어는 원어에서 '프토코스'로 나타난다. 이는 가난함을 뜻하는데, 헬라어에는 가난함을 뜻하는 또 하나의 단어가 있다. 그것은 '페네스'라는 단어이다. '페네스'는 부유층에 비하여 가난한 빈민층의 사람들을 가리키는 말이다. 그러나 본문에 쓰인 '프토코스'는 단칸방도 없는 거지와 같은 자들을 가리키는 말이다. 그러므로 서머나 교인들은 핍박을 받은 결과 집까지 그리고 산업까지 다 빼앗기고 거리를 배회하는 거지 신세가 되었을 정도로 궁핍을 당한 것을 의미한다.

3) 주님은 이들의 영적 부요를 칭찬하신다.

주님은 이들이 이런 극심한 궁핍 속에서도 신앙을 잘 지킨 것을 이렇게 칭찬하고 계시다. "실상은 네가 부요한 자니라." 이 말씀의 뜻은 물질적으로는 이들이 거지와 같은 자리에 떨어졌을지라도 영적으로는 말씀 충만 성령 충만한 자리에 있음을 칭찬하시는 말씀이다. 우리는 이와 정 반대의 교회 모습을 라오디게아 교회에서 보게 된다.

- 계 3:17 "네가 말하기를 나는 부자라 부요하여 부족한 것이 없다 하나 네 곤고한 것과 가련한 것과 가난한 것과 눈먼 것과 벌거벗은 것을 알지 못하도다"

그 무서운 환난과 궁핍 속에서도 오직 주님을 향한 사랑과 충성심을 버리지 않고 믿음의 정조를 굳게 지켜 나아가는 서머나 교회의 모습은 얼마나 아름다운가? 더구나 라오디게아 교회와 비교할 때 서머나 교회는 얼마나 아름다운 모습인가? 주님이 얼마나 기뻐하실 교회 모습인가?

2. 칭찬의 이유

1) 고난을 극복하는 신앙이 아니면 열매를 맺을 수 없기 때문에

• 마 13:20-21 "돌밭에 뿌리웠다는 것은 말씀을 듣고 즉시 기쁨으로 받되 21 그 속에 뿌리가 없어 잠시 견디다가 말씀을 인하여 환난이나 핍박이 일어나는 때에는 곧 넘어지는 자요"

2) 고난을 극복하는 자에게는 최고의 상급이 약속되어 있기 때문에

• 마 5:10-12 "의를 위하여 핍박을 받은 자는 복이 있나니 천국이 저희 것임이라 11 나를 인하여 너희를 욕하고 핍박하고 거짓으로 너희를 거스려 모든 악한 말을 할 때에는 너희에게 복이 있나니 12 기뻐하고 즐거워하라 하늘에서 너희의 상이 큼이라 너희 전에 있던 선지자들을 이같이 핍박하였느니라"

Ⅳ. 책 망

없음

Ⅴ. 격 려

2:10-11 네가 장차 받을 고난을 두려워 말라 볼지어다 마귀가 장차 너희 가운데서
몇 사람을 옥에 던져 시험을 받게 하리니 너희가 십 일 동안 환난을 받으리
라 네가 죽도록 충성하라 그리하면 내가 생명의 면류관을 네게 주리라 *11*
귀 있는 자는 성령이 교회들에게 하시는 말씀을 들을지어다 이기는 자는
둘째 사망의 해를 받지 아니하리라

1. 장차 받을 고난 예고

"네가 장차 받을 고난을 두려워 말라"

서머나 교인들은 지금까지도 고난을 받아왔다. 그러나 아직도 고난은 끝나지 않았다.

2. 어떤 고난이 올 것인가?

"마귀가 장차 너희 가운데서 몇 사람을 옥에 던져 시험을 받게 하리니 너희가 십 일 동안 환난을 받으리라"

앞으로는 더 큰 고난들이 기다리고 있다. 그 고난은 마귀의 역사로 말미암은 것이다. 마귀의 세력들은 성도들을 잡아서 옥에 던지는 혹독한 박해를 할 것이다. 이 예언은 얼마나 정확하게 이루어졌는가?

주님의 이 예언이 확실히 성취된 사실은 이 교회의 감독이었던 폴리갑의 순교의 기록에서 찾아볼 수 있다. 폴리갑은 사도 요한이 이 계시록을 쓴 때(주후 약 95년 경)부터 60년 후에 순교를 당하였다. 그의 순교 기록(Ante-Nicene fathers pp. 37 이하)을 잠시 소개하면 다음과 같다.

그는 요한의 제자였다. 죽기까지 충성한 이 존경할 만한 지도자는 주후 155년에 빌라델비아의 성도 11인과 함께 불에 타 순교했다. '가이사가 주(主)다'라고 고백하도록 강요당하였으나 폴리갑은 이를 거부하였다. 투기장에 끌어다 놓고 많은 군중이 모인 가운데 서머나의 로마총독은 "지금이라도 늦지 않으니 그리스도를 비난하고 그를 모른다 하라. 그러면 내가 맹세코 너를 놓아 주리라."고 하였다. 그러나 폴리갑은 의연하게 대답하기를 "내가 86년간 예수 그리스도를 섬기고 믿어왔는데 그는 나에게 아무런 피해도 주시지 않으셨다. 하물며 나의 주인이시며 왕이요 구세주이신 그분을 어떻게 배신할 수 있겠는가?"라고 했다. 그리고 다시 한번 독촉하는 총독에게 노(老)감독 폴리갑은, "그대는 헛수고를 하고 있소. 내가…가이사의 운명을 걸고 맹세하노니, 내가 누구이며, 무엇을 하는 자인가를 그대가 모른 척 하지 마시오. 내가 지금 하는 말을 똑똑히 들어 두시오. 나는 그리스도인이요." 잠깐의 침묵이 흘렀다. 총독은 당황과 분노를 누르고 다시 한 번 협박과 회유를 하였다. "그대의 운명은 내 손아귀에 있다. 그대가 그 결심을 돌이키지 않으면 준비해둔 사나운 짐승을 풀어 너를 찢게 할 줄을 알면서도 두려워하지 않음을 보았으니, 이제는 화형(火刑)에 처하겠다." 그러나 폴리갑은 이에 굴하지 않고 총독을 향하여 단호하게 "그대는 한 시간 정도면 타다가 꺼져버릴 불로써 나를 위협하고는 있으나 악인을 위하여 예비 된 장차 올 심판과 형벌의 영원한 불은 모르고 있소. 뭘 주저하시오? 원하는 대로 곧 시행하시오."라고 말했다. 잠시 후 사람들이 장작더미를 쌓았으며 의례적으로 그래왔던 것처럼 유대인들도 이를 열심히 도왔고 폴리갑은 불에 태워 죽임을 당했다.

3. 그 고난 속에서 충성할 것을 요구하심

"네가 장차 받을 고난을 두려워 말라"
"네가 죽도록 충성하라"

주님은 장차 다가올 고난에 대비하여 두 가지 권고를 하신다.

첫째는 두려워 말라는 것이다. 이것은 주님의 한결 같은 권고이다.

- 마 10:28-31 "몸은 죽여도 영혼은 능히 죽이지 못하는 자들을 두려워하지 말고 오직 몸과 영혼을 능히 지옥에 멸하시는 자를 두려워하라 29 참새 두 마리가 한 앗사리온에 팔리는 것이 아니냐 그러나 너희 아버지께서 허락지 아니하시면 그 하나라도 땅에 떨어지지 아니하리라 30 너희에게는 머리털까지 다 세신 바 되었나니 31 두려워하지 말라 너희는 많은 참새보다 귀하니라"
- 요 16:33 "이것을 너희에게 이름은 너희로 내 안에서 평안을 누리게 하려 함이라 세상에서는 너희가 환난을 당하나 담대하라 내가 세상을 이기었노라 하시니라"

둘째는 죽도록 충성하라는 것이다. 마귀의 역사로 말미암은 박해는 필연적이다. 신앙을 지키려면 그 고난은 당할 수밖에 없는 것이다. 그렇다면 남은 것은 죽음을 각오하고 앞으로 나아가는 외길밖에 없다. 폴리갑은 주님의 이 말씀에 100% 순종한 사람이다.

4. 충성하며 이기는 자에게 주어질 보상에 대하여 말씀하심

1) 생명의 면류관을 주실 것을 약속하심

"그리하면 내가 생명의 면류관을 네게 주리라 귀 있는 자는 성령이 교회들에게 하시는 말씀을 들을지어다 이기는 자는 둘째 사망의 해를 받지 아니하리라"

주님은 우리가 장차 다가올 고난을 두려워하지 않고 이렇게 충성을 다한다면 생명의 면류관을 주시겠다고 약속하신다.

생명의 면류관이란 무엇을 뜻하는가?

- 면류관은 당시 그리스나 로마세계의 경주에서 우승을 한 자에게 주어지는 최고 영광의 표현이었다. 주님은 믿음의 경주를 잘 한 자에게 영광이 주어질 것을 이렇게 표현한 것이다.

사도 바울은 이 면류관에 관하여 다음과 같은 말을 한다.

- 고전 9:24-25 "운동장에서 달음질하는 자들이 다 달아날지라도 오직 상 얻는 자는 하나인 줄을 너희가 알지 못하느냐 너희도 얻도록 이와 같이 달음질하라 25 이기기를 다투는 자마다 모든 일에 절제하나니 저희는 썩을 면류관을 얻고자 하되 우리는 썩지 아니할 것을 얻고자 하노라"

생명의 면류관이란 앞에서 "죽도록 충성하라"는 말을 염두에 두고 하신 말씀이다. 즉 충성하기 위하여 목숨을 버리게 되면 주님은 그 보상으로써 영광스런 영원한 생명을 주시겠다는 뜻으로 이렇게 표현하신 것이다. 주님은 이런 내용을 제자들에게 이렇게 말씀하셨다.

• 마 16:25 "누구든지 제 목숨을 구원코자 하면 잃을 것이요 누구든지 나를 위하여 제 목숨을 잃으면 찾으리라"

여기서 우리는 주목할 것이 있다. 그것은 우리가 신앙을 지키기 위하여 잃는 목숨과 그 보상으로 주님이 주시는 생명은 어떤 차이가 있는가? 하는 것이다. 전자는 늙고 병들고 결국은 죽을 목숨이지만, 주님이 주시는 생명은 늙는 것도 병드는 것도 죽음도 없는 영광스런 영원한 생명인 것이다.

• 계 21:4 "모든 눈물을 그 눈에서 씻기시매 다시 사망이 없고 애통하는 것이나 곡하는 것이나 아픈 것이 다시 있지 아니하리니 처음 것들이 다 지나갔음이러라"

이 얼마나 큰 유익인가! 마치 다 썩어가는 손수레를 주고 최고급 승용차를 받는 것으로 비유할 수 있지 아니한가? 그러므로 죽도록 충성하자.

2) 둘째 사망의 해를 받지 아니할 것을 약속하심

둘째 사망이란 무엇을 가리키는가? 그것은 지옥을 가리킨다는 사실을 다음 성구에서 알 수 있다.

• 계 20:14-15 "사망과 음부도 불못에 던지우니 이것은 둘째 사망 곧 불못이라 누구든지 생명책에 기록되지 못한 자는 불못에 던지우더라"

버가모 교회에 보내는 편지
[2:12-17]

2:12 버가모 교회의 사자에게 편지하기를 좌우에 날선 검을 가진 이가 가라사대

2:13 네가 어디 사는 것을 내가 아노니 거기는 사단의 위가 있는 데라 네가 내 이름을 굳게 잡아서 내 충성된 증인 안디바가 너희 가운데 곧 사단의 거하는 곳에서 죽임을 당할 때에도 나를 믿는 믿음을 저버리지 아니하였도다

2:14 그러나 네게 두어 가지 책망할 것이 있나니 거기 네게 발람의 교훈을 지키는 자들이 있도다 발람이 발락을 가르쳐 이스라엘 앞에 올무를 놓아 우상의 제물을 먹게 하였고 또 행음하게 하였느니라

2:15 이와 같이 네게도 니골라 당의 교훈을 지키는 자들이 있도다

2:16 그러므로 회개하라 그리하지 아니하면 내가 네게 속히 임하여 내 입의 검으로 그들과 싸우리라

2:17 귀 있는 자는 성령이 교회들에게 하시는 말씀을 들을지어다 이기는 그에게는 내가 감추었던 만나를 주고 또 흰 돌을 줄 터인데 그 돌 위에 새 이름을 기록한 것이 있나니 받는 자 밖에는 그 이름을 알 사람이 없느니라

I. 이 편지의 수신자

2:12 버가모 교회의 사자에게 편지하기를

1. 버가모

버가모는 해안에서 깊숙이 들어간 가이거스 골짜기의 두 시내가 합류되는 높은 언덕에 자리잡고 있다. 로마는 이 도시를 아시아지방의 수도로 정했

다. 이곳은 각종 우상숭배자들의 집결지였다. 그 대표적인 예로 이 도시에는 성 아우구스투스 및 로마 여신을 섬기는 신전이 있어 황제 숭배를 강요당하였으며 또한 제우스신을 모시는 대 신전이 있었고 그리스도인들이 가장 싫어하는 뱀을 섬기는 아스클레피우스 신전이 있었다.

그러므로 주님께서 이 도시를 사단의 위(자리)가 있는 곳이라고 말씀하신 것은 바로 이러한 사실 때문이다.

2. 버가모 교회

사단의 위가 이곳에 있음에도 불구하고 또 더구나 안디바가 주님께 충성했다는 이유로 순교를 당했음에도 불구하고 끈질기게 신앙을 지켰던 교회이다. 그러나 일부의 책망도 받았던 교회이다.

II. 이 편지의 발신자

2:12 …좌우에 날선 검을 가진 이가 가라사대

1. 좌우에 날선 검을 가진 이의 뜻

1) 검은 하나님의 말씀을 가리킨다.

- 히 4:12 "하나님의 말씀은 살았고 운동력이 있어 좌우에 날선 어떤 검보다도 예리하여 혼과 영과 및 관절과 골수를 찔러 쪼개기까지 하며 또 마음의 생각과 뜻을 감찰하나니"

그러므로 이 검은 주님의 입으로부터 나오는 것으로 묘사하고 있다.

- 계 1:16 "그 오른손에 일곱 별이 있고 그 입에서 좌우에 날선 검이 나

오고 그 얼굴은 해가 힘있게 비취는 것 같더라"

2) 말씀은 사단과의 싸움에서 방어무기이다.

그 증거를 우리는 다음 성구에서 알 수 있다.

- 마 4:3-4 "시험하는 자가 예수께 나아와서 가로되 네가 만일 하나님의 아들이어든 명하여 이 돌들이 떡덩이가 되게 하라 4 예수께서 대답하여 가라사대 기록되었으되 사람이 떡으로만 살 것이 아니요 하나님의 입으로 나오는 모든 말씀으로 살 것이라 하였느니라 하시니"
- 엡 6:13-16 "그러므로 하나님의 전신 갑주를 취하라 이는 악한 날에 너희가 능히 대적하고 모든 일을 행한 후에 서기 위함이라 14 그런즉 서서 진리로 너희 허리띠를 띠고 의의 흉배를 붙이고 15 평안의 복음의 예비한 것으로 신을 신고 16 모든 것 위에 믿음의 방패를 가지고 이로써 능히 악한 자의 모든 화전을 소멸하고"

3) 말씀은 사단과의 싸움에서 공격 무기이다.

- 엡 6:17 "구원의 투구와 성령의 검 곧 하나님의 말씀을 가지라"

2. 예수님이 검을 가지신 분으로 나타나는 이유

주님은 각 교회마다 다른 모습으로 나타나시는데 그 이유는 '그 교회에 어떤 일을 하실 것인가?'에 따라 그 모습이 달라지기 때문이다.

버가모 교회는 위에서 본 대로 사단의 위(자리)가 있는 곳이다. 다시 말하면 사단세력의 심장부가 있는 곳이다. 따라서 교회의 성도들은 말로 다 할 수 없는 환란과 핍박을 당할 수밖에 없는 교회이다. 그러므로 예수님은 이런 환란과 핍박을 당하는 버가모 교회의 성도들을 보호하시고 사단의 세력을 심판하여 깨뜨리시기 위한 분으로 나타나시게 되는 것이다. 이것이 바로 주님께서 좌우에 날선 검을 가지고 나타나시는 이유이다.

III. 칭 찬

2:13 네가 어디 사는 것을 내가 아노니 거기는 사단의 위가 있는 데라 네가 내 이름을 굳게 잡아서 내 충성된 증인 안디바가 너희 가운데 곧 사단의 거하는 곳에서 죽임을 당할 때에도 나를 믿는 믿음을 저버리지 아니하였도다

1. 칭찬의 내용

1) 주님의 이름을 굳게 잡음

2:13 …네가 내 이름을 굳게 잡아서

버가모 교회는 많은 이방 종교들에 둘러싸여 있어 그들로부터 무서운 환란과 핍박을 받았음에도 불구하고 결코 주님을 버리지 아니하고 그 이름을 부인하지 아니하였다. 주님은 이것을 기뻐하시고 칭찬하신다. 주님은 이렇게 말씀하셨다.

- 마 10:32-33 "누구든지 사람 앞에서 나를 시인하면 나도 하늘에 계신 내 아버지 앞에서 저를 시인할 것이요 33 누구든지 사람 앞에서 나를 부인하면 나도 하늘에 계신 내 아버지 앞에서 저를 부인하리라"

우리는 여기서 예수님이 잡히시던 날 밤, 베드로 사도가 예수님을 세 번씩이나 부인했던 사건을 생각하게 된다. 예수님의 수제자인 베드로 사도까지도 이런 실수를 범하였다면 버가모 교회 성도들이 이런 극심한 환란과 핍박 속에서 주님을 부인하지 않고 끝까지 주님의 이름을 굳게 잡았다는 것은 얼마나 칭찬받아 마땅한 일인가? 우리도 이러한 신앙을 갖자.

2) 순교의 현장에서도 믿음을 버리지 아니함

2:13 …내 충성된 증인 안디바가 너희 가운데 곧 사단의 거하는 곳에서 죽임을 당할 때에도 나를 믿는 믿음을 저버리지 아니하였도다

버가모 교회에는 주님의 충성된 증인 안디바가 있었다. 그에 대한 개인적인 정보는 얻을 수 없지만 교회의 대표적인 인물로 추정된다. 그는 주님께 대한 충성심으로 인해 죽임을 당하였다. 이런 상황에서 버가모 교인들은 얼마나 불안과 공포에 떨었겠는가? 우리는 이때의 상황을 예수님께서 십자가에 달리셨을 때의 상황과 비교하게 된다. 그 때 예수님의 제자들은 어떤 모습이었는가?

- 요 20:19 "이날 곧 안식 후 첫 날 저녁 때에 제자들이 유대인들을 두려워하여 모인 곳에 문들을 닫았더니 예수께서 오사 가운데 서서 가라사대 너희에게 평강이 있을지어다."

예수님의 12제자들까지도 환란과 핍박을 이렇게 두려워했다면 평신도들인 버가모 교인들은 얼마나 더 두려움을 느꼈겠는가? 이런 사실을 생각할 때 그들이 순교의 현장에서까지 믿음을 버리지 아니하였다는 사실은 아무리 칭찬해도 지나치지 아니한 일이다.

2. 칭찬의 이유

버가모 교회가 칭찬받은 내용은 한마디로 극도의 환란과 핍박 속에서 주님의 이름을 굳게 잡고 믿음을 버리지 아니하였다는 것이다. 이것이 우리의 신앙생활에 왜 중요한 것인가? 그 이유는 다음과 같다.

1) 이런 신앙이 아니면 열매를 맺을 수 없으므로

• 마 13:20-21 "돌밭에 뿌리웠다는 것은 말씀을 듣고 즉시 기쁨으로 받되 21 그 속에 뿌리가 없어 잠시 견디다가 말씀을 인하여 환난이나 핍박이 일어나는 때에는 곧 넘어지는 자요"

2) 이런 신앙으로만 구원을 받을 수 있으므로

• 마 24:12-13 "불법이 성하므로 많은 사람의 사랑이 식어지리라 13 그러나 끝까지 견디는 자는 구원을 얻으리라"

3) 이런 신앙을 가질 때 무한한 상급이 주어지므로

• 마 5:10-12 "의를 위하여 핍박을 받은 자는 복이 있나니 천국이 저희 것임이라 11 나를 인하여 너희를 욕하고 핍박하고 거짓으로 너희를 거스려 모든 악한 말을 할 때에는 너희에게 복이 있나니 12 기뻐하고 즐거워하라 하늘에서 너희의 상이 큼이라 너희 전에 있던 선지자들을 이같이 핍박하였느니라"

IV. 책 망

2:14-15 그러나 네게 두어 가지 책망할 것이 있나니 거기 네게 발람의 교훈을 지키는 자들이 있도다 발람이 발락을 가르쳐 이스라엘 앞에 올무를 놓아 우상의 제물을 먹게 하였고 또 행음하게 하였느니라 *15* 이와 같이 네게도 니골라 당의 교훈을 지키는 자들이 있도다

1. 책망의 내용

1) 교인 중에 발람의 교훈을 지키는 자들이 있는 것

2:14 그러나 네게 두어 가지 책망할 것이 있나니 거기 네게 발람의 교훈을 지키

는 자들이 있도다 발람이 발락을 가르쳐 이스라엘 앞에 올무를 놓아 우상의 제물을 먹게 하였고 또 행음하게 하였느니라

버가모 교회는 전체적으로 환난 중에도 주님의 이름을 굳게 잡고 충성을 다 하였으나 일부의 사람들은 발람의 교훈을 따라가는 자들이 있었다. 발람의 교훈을 따라 갔다는 것은 무엇을 뜻하는가? 발람에 관한 기사는 민 22-25장, 31:8-16에 나타난다. 그는 발락으로부터 돈을 받고 이스라엘을 저주하려 했으나 하나님의 역사로 이스라엘을 저주하지 못하게 되자 후면으로 모압 여인들을 통하여 이스라엘 백성들을 우상 숭배와 음행을 하는 자리에 떨어지게 하였다. 이로 인하여 이스라엘은 하나님의 징계를 받아 수만 명이 죽게 되었다. 이 사건이 "발람의 길" 또는 "발람의 교훈"으로 신약에서 경계의 대상이 되었다(벧후 2:15, 유 11).

그러므로 이 책망은 버가모 교인들 중에 일부의 사람들이 우상 숭배자들과 자리를 같이 하여 그들의 제물을 먹고 음행에 동참하는 죄를 범하고 있다는 사실에 대한 것이다.

2) 너희 중에 니골라 당의 교훈을 지키는 자들이 있는 것

2:15 이와 같이 네게도 니골라 당의 교훈을 지키는 자들이 있도다

니골라 당은 무엇인가? 두 가지 학설이 있다.

첫째, 행 6장에 나오는 일곱 집사 가운데 한 사람으로서 훗날에 배교하여 이 당의 시조가 되었다는 설이다.

둘째, 앞에서 말하는 발람의 교훈을 좇는 무리들에 대한 또 하나의 이름으로 보는 견해이다. 이렇게 보는 이유는 어원적인 측면에서이다. 니골라가 "백성을 이김"이라는 뜻인데 발람은 "백성을 삼킴"이라는 뜻이기 때문이다. 즉 이들은 우상제물과 음행을 통하여 하나님의 백성들을 집어삼키는 자들, 그러므로 이기는 자들이라는 것이다. 그러므로 이 두 가지 이름은 결국 하나

의 집단을 가리키는 것으로 본다는 것이다. 둘째 학설이 더욱 타당성이 있는 것 같이 보인다.

2. 책망의 이유

1) 우상 숭배는 하나님이 십계명 중에 제2계명으로 금지하신 하나님이 가장 싫어하시는 죄이므로

• 출 20:3-6 "너는 나 외에는 다른 신들을 네게 있게 말지니라 4 너를 위하여 새긴 우상을 만들지 말고 또 위로 하늘에 있는 것이나 아래로 땅에 있는 것이나 땅 아래 물 속에 있는 것의 아무 형상이든지 만들지 말며 5 그것들에게 절하지 말며 그것들을 섬기지 말라 나 여호와 너의 하나님은 질투하는 하나님인즉 나를 미워하는 자의 죄를 갚되 아비로부터 아들에게로 삼 사대까지 이르게 하거니와 6 나를 사랑하고 내 계명을 지키는 자에게는 천대까지 은혜를 베푸느니라"

2) 적은 누룩이 온 덩이를 부풀게 할 수 있으므로

• 고전 5:6-8 "너희의 자랑하는 것이 옳지 아니하도다 적은 누룩이 온 덩어리에 퍼지는 것을 알지 못하느냐 7 너희는 누룩 없는 자인데 새 덩어리가 되기 위하여 묵은 누룩을 내어 버리라 우리의 유월절 양 곧 그리스도께서 희생이 되셨느니라 8 이러므로 우리가 명절을 지키되 묵은 누룩도 말고 괴악하고 악독한 누룩도 말고 오직 순전함과 진실함의 누룩 없는 떡으로 하자"

V. 경 고

2:16 그러므로 회개하라 그리하지 아니하면 내가 네게 속히 임하여 내 입의 검으로 그들과 싸우리라

1. 회개하라고 하심

발람의 교훈을 따라서 우상 제물을 먹고 음행을 하는 죄! 이것은 결코 하나님이 묵과할 수 없는 죄이다. 그 길로 그대로 나아가게 되면 하나님은 반드시 그들에게 "삼사 대까지" 벌을 내리실 것이다. 그러므로 반드시 회개해야 한다. 왜냐하면 죄를 용서받기 위하여서는 그 길밖에 없기 때문이다.

- 요일 1:9 "만일 우리가 우리 죄를 자백하면 저는 미쁘시고 의로우사 우리 죄를 사하시며 모든 불의에서 우리를 깨끗케 하실 것이요"

2. 회개하지 않으면 그들과 싸우시겠다고 하심

"…그리하지 아니하면 내가 네게 속히 임하여 내 입의 검으로 그들과 싸우리라"

이 말씀의 뜻이 무엇인가? 주님께서 속히 임하여 "내 입의 검" 곧 하나님의 말씀을 가지고 그들 곧 "발람의 교훈을 지키는 자들"과 싸우시겠다는 것이다.

주님의 말씀은 어떤 말씀인가? 천지 만물을 아무 재료도 없이 무로부터 창조하시는 능력의 말씀이다. 그의 말씀은 죄의 병이 든 자를 수술하여 살리기도 하고 죄인을 죽이기도 하시는 칼이다.

- 히 4:12 "하나님의 말씀은 살았고 운동력이 있어 좌우에 날선 어떤 검보다도 예리하여 혼과 영과 및 관절과 골수를 찔러 쪼개기까지 하며 또 마음의 생각과 뜻을 감찰하나니"
- 계 19:15-16 "그의 입에서 이한 검이 나오니 그것으로 만국을 치겠고 친히 저희를 철장으로 다스리며 또 친히 하나님 곧 전능하신 이의 맹렬한 진노의 포도주 틀을 밟겠고 16 그 옷과 그 다리에 이름 쓴 것이 있으니 만왕의 왕이요 만주의 주라 하였더라"

주님께서 이런 능력의 말씀을 가지고 그들과 싸우시겠다고 하시니 그 앞에서 당할 자가 누가 있겠는가? 그러므로 주님이 싸우러 오시기 전에 속히 회개하는 것만이 사는 길이다.

VI. 격 려

> 2:17 귀 있는 자는 성령이 교회들에게 하시는 말씀을 들을지어다 이기는 그에게는 내가 감추었던 만나를 주고 또 흰 돌을 줄 터인데 그 돌 위에 새 이름을 기록한 것이 있나니 받는 자 밖에는 그 이름을 알 사람이 없느니라

"이기는 그에게는 내가 감추었던 만나를 주고"

"감추었던 만나"는 무엇을 뜻하는가? 만나는 이스라엘 백성들이 광야 40년 동안의 생활을 통하여 하늘로부터 내려진 양식이다(출 16:14-). 그러면 감추었던 만나란 무엇인가? 이스라엘 백성들은 하나님께서 광야에서 내려주신 이 양식을 기념하기 위하여 금항아리에 만나를 넣어 법궤 속에 보관하였다(히 9:4).

그런데 유대 나라의 전설에 의하면 이 항아리가 바벨론 침략시 예레미야 또는 요시아에 의하여 감추어졌다가 장차 메시아 왕국이 도래할 때 공개될 것이라고 하는 이야기가 있다. 추측컨대 감추었던 만나란 이런 배경을 염두에 두고 낳은 표현일 것이다.

그러나 여기서 말하는 만나는 광야에서 이스라엘 백성들이 먹었어도 죽었던 그런 만나가 아니라 주님께서 주시는 참 생명의 양식인 신령한 만나를 뜻하고 있는 것이다.

- 요 6:35 "예수께서 가라사대 내가 곧 생명의 떡이니 내게 오는 자는 결코 주리지 아니할 터이요 나를 믿는 자는 영원히 목마르지 아니하리라"

그러므로 감추었던 만나를 주시겠다는 것은 믿음의 선한 싸움에서 이기는 자에게는 영원한 생명을 얻게 하는 신령한 양식으로 먹이시겠다는 뜻이다.

"또 흰 돌을 줄 터인데 그 돌 위에 새 이름을 기록한 것이 있나니 받는 자 밖에는 그 이름을 알 사람이 없느니라"

여기서 말하는 흰 돌은 무엇을 뜻하는가? 이 돌들에 대하여 여러 가지 해석이 있으나 가장 유력한 해석은 다음과 같다. 옛날 그리스의 경기장에서는 최우수 성적을 거둔 우승자에게는 흰 돌 위에 그의 이름을 새겨 주었다. 오늘날로 말하면 우승컵이나 우승 패와 같은 것이다. 그러므로 이 흰 돌은 받는 자에게 최고의 명예와 영광이 되는 것이다.

이와 같이 우리가 믿음의 선한 싸움에서 승리하게 되면 주님께서 우리에게 이러한 우승 패를 안겨 주시겠다는 뜻이다. 만왕의 왕이 되신 주님으로부터 이런 우승 패를 받는다면 이 얼마나 영광스러운 일인가!

"그 돌 위에 새 이름을 기록한 것이 있나니 받는 자 밖에는 그 이름을 알 사람이 없느니라"

이 말씀의 뜻은 무엇인가? 새 이름은 곧 믿음의 선한 싸움에서 이긴 자의 이름일 것이다. 이 싸움에서 승리한 자는 지상에서의 그의 모습과는 전혀 다른 영광스러운 모습일 것이다. 그러므로 그의 이름은 새 이름이라고 표현될 수밖에 없다.

그러면 그 이름을 받은 자 밖에는 알 사람이 없다는 것은 무슨 뜻인가? 그 의미는 다음과 같다. 믿음의 선한 싸움에서 승리함으로써 주님으로부터 받게 되는 구원과 이 영광! 이 온 우주 안의 모든 피조물들 가운데 성도들 밖에 또 누가 있겠는가? 천사들 가운데에도 인간들과 마찬가지로 죄를 범하고 타락하여 멸망에 이르게 된 허다한 무리가 있지 않은가? 그럼에도 불구하고 하나님께서는 이 타락한 천사들에게 결코 구원의 길을 열어주지 아니하셨다. 주님은 우리 성도들의 구원을 위하여 십자가에서 죽으셨지만 타락한 천사들을 위하여서는 자기 목숨을 결코 내어주신 일이 없다. 그러므로 죄로 인하여 멸망받을 수밖에 없는 참담한 자리에 떨어졌다가 구원을 받은 성도들의 감격! 믿음의 선한 싸움에서의 승리! 이 경험은 하늘의 천사도 타락한 천사들도 이 땅의 어떤 피조물도 전혀 해보지 못한 것이다. 오직 우리들만이 얻게 될 무한한 영광의 특권이요 축복이요 감격인 것이다.

그러므로 그 흰 돌을 받은 자 밖에는 그 감격을 알 자가 전혀 없는 것이다. 이것이 본문이 말하고 있는 뜻이다.

두아디라 교회에 보내는 편지
[2:18-29]

2:18 두아디라 교회의 사자에게 편지하기를 그 눈이 불꽃 같고 그 발이
빛난 주석과 같은 하나님의 아들이 가라사대
2:19 내가 네 사업과 사랑과 믿음과 섬김과 인내를 아노니 네 나중 행
위가 처음 것보다 많도다
2:20 그러나 네게 책망할 일이 있노라 자칭 선지자라 하는 여자 이세벨
을 네가 용납함이니 그가 내 종들을 가르쳐 꾀어 행음하게 하고
우상의 제물을 먹게 하는도다
2:21 또 내가 그에게 회개할 기회를 주었으되 그 음행을 회개하고자 아
니하는도다
2:22 볼지어다 내가 그를 침상에 던질 터이요 또 그로 더불어 간음하는
자들도 만일 그의 행위를 회개치 아니하면 큰 환난 가운데 던지고
2:23 또 내가 사망으로 그의 자녀를 죽이리니 모든 교회가 나는 사람의
뜻과 마음을 살피는 자인 줄 알지라 내가 너희 각 사람의 행위대
로 갚아주리라
2:24 두아디라에 남아 있어 이 교훈을 받지 아니하고 소위 사단의 깊은
것을 알지 못하는 너희에게 말하노니 다른 짐으로 너희에게 지울
것이 없노라
2:25 다만 너희에게 있는 것을 내가 올 때까지 굳게 잡으라
2:26 이기는 자와 끝까지 내 일을 지키는 그에게 만국을 다스리는 권세
를 주리니
2:27 그가 철장(鐵杖)을 가지고 저희를 다스려 질그릇 깨뜨리는 것과
같이 하리라 나도 내 아버지께 받은 것이 그러하니라
2:28 내가 또 그에게 새벽 별을 주리라
2:29 귀있는 자는 성령이 교회들에게 하시는 말씀을 들을지어다

I. 이 편지의 수신자

2:18 두아디라 교회의 사자에게 편지하기를

1. 두아디라

두아디라는 버가모에서 남동쪽으로 약 64km 떨어진 곳이다. 처음에는 알렉산더 대왕에 의하여 그리스 도시가 되었다가 주전 130년경 로마의 식민지가 되었다. 태양신 아폴로의 대 신전이 있는 본산지로 유명했고 그 외에도 아데미 신전이나 삼바다 신전이 있어서 우상 숭배가 성했던 곳이다.

반면에 빌립보에서 사도 바울의 전도를 받아 개종한 자주 장사 루디아는 바로 이곳 출신이었다(행 16:14).

2. 두아디라 교회

교회의 기원은 분명하지 않으나 서머나 교회나 버가모 교회처럼 사도 바울이 에베소 교회에서 3년 동안 목회하는 동안에 이 곳에도 전도하여 세워지지 않았을까 추측된다. 한편 루디아의 봉사가 뒷받침 되었을 것으로 추측된다.

II. 이 편지의 발신자

2:18…그 눈이 불꽃 같고 그 발이 빛난 주석과 같은 하나님의 아들이 가라사대

1. 발신자

발신자는 본절에서 보는 바와 같이 물론 예수님이시다.

2. 예수님은 어떤 분으로 소개되었는가?

1) 그 눈이 불꽃 같고 그 발이 빛난 주석과 같은 분으로 묘사되었다.

왜 두아디라 교회에는 이와 같은 분으로 나타나셨을까? 그 이유는 두아디라 교회에 대한 책망에서 알 수 있다. 주님은 두아디라 교회의 잘못을 책망하시는 가운데 이런 말씀을 하신다.

> *2:23-24* 또 내가 사망으로 그의 자녀를 죽이리니 모든 교회가 나는 사람의 뜻과 마음을 살피는 자인 줄 알지라 내가 너희 각 사람의 행위대로 갚아주리라 *24* 두아디라에 남아 있어 이 교훈을 받지 아니하고 소위 사단의 깊은 것을 알지 못하는 너희에게 말하노니 다른 짐으로 너희에게 지울 것이 없노라

"나는 사람의 뜻과 마음을 살피는 자인 줄 알지라"는 말씀과 같이 주님은 아무리 은밀하게 지은 죄라 할지라도 찾아내어서 그 책임을 물으실 분인 것을 알게 하기 위하여 이런 모습으로 묘사된 것이다.

2) 하나님의 아들로 소개 되었다.

그 이유는 무엇일까? 이 표현도 역시 그 눈이 불꽃 같고 그 발이 빛난 주석과 같은 분으로 소개 된 것과 무관하지 않다. 주님이 하나님의 아들이라는 사실을 밝힘으로써 그분은 하나님이시며 따라서 전지전능하셔서 모르시는 것이 없는 분이심을 알리려는 것이다. 실로 하나님은 우리의 심장과 폐부를 감찰하시는 분이시기 때문이다.

- 렘 17:9 "나 여호와는 심장을 살피며 폐부를 시험하고 각각 그 행위와 그 행실대로 보응하나니"

III. 칭 찬

2:19 내가 네 사업과 사랑과 믿음과 섬김과 인내를 아노니 네 나중 행위가 처음 것보다 많도다

1. 칭찬의 내용

"사업과 사랑과 믿음과 섬김과 인내"

주님은 두아디라 교회의 사업과 사랑과 믿음과 섬김과 인내를 칭찬하신다. 그 내용이 무엇인가? 여기서 사업이란 단어는 2:2에 나오는 에베소 교회의 "행위"와 동일한 단어이다. 그러므로 이 사업이란 말은 그 다음에 나오는 사랑과 믿음과 섬김과 인내를 총칭하는 말로 이해되어야 할 것이다.

사랑의 중요성은 설명할 필요가 없을 것이다. 주님께서 율법의 총 강령을 사랑이라 하였고, 사도 바울은 모든 은사가 있어도 사랑이 없으면 헛것이라고 강조하였기 때문이다(고전 13:1-3). 그리고 에베소 교회가 처음 사랑을 잃어버린 것으로 책망을 받은 사실과 비교할 때 두아디라 교회는 그 사랑으로 말미암아 칭찬받는 것이 마땅하다.

믿음은 교리적인 신앙을 염두에 둔 말인 것 같다. 이단들의 잘못된 가르침을 잘 방어하고 하나님의 말씀을 잘 붙든 믿음을 칭찬하신 것이다. 섬김은 특히 가난한 자들을 구제하는 일(롬 15:25; 고전 16:15)을 뜻하며, 인내는 신앙생활 속에 만나게 되는 환란과 고통을 잘 극복한 것을 가리킨다. 주님은 이러한 사실들을 칭찬하신다.

"네 나중 행위가 처음 것보다 많도다"

주님께서는 위의 칭찬들이 일시적인 현상으로 끝나지 않고 시간이 갈수록 더욱 많아진 것을 특히 칭찬하신다. 이것은 에베소 교회가 처음에는 사랑을 가지고 있다가 나중에는 그 사랑을 잃어버림으로 말미암아 책망 받은 일과 대조된다. 참으로 두아디라 교회의 이러한 현상은 칭찬받아 마땅하다.

2. 칭찬의 이유

사업과 사랑과 믿음과 섬김과 인내, 이것은 한마디로 말해서 두아디라 교회의 행위를 의미하고 있다. 신앙생활에서 행위는 그 믿음이 살아있는가 죽었는가를 판가름하는 기준이 된다.

- 약 2:26 "영혼 없는 몸이 죽은 것같이 행함이 없는 믿음은 죽은 것이니라"

이 말씀에 비추어 볼 때 두아디라 교회는 성경말씀에 가장 핵심적인 내용들을 실천에 옮기면서 신앙생활을 하였다는 점에서 살아있는 믿음을 가진 자들이요 그러므로 칭찬받아 마땅한 교회라고 할 수 있다.

IV. 책 망

2:20-21 그러나 네게 책망할 일이 있노라 자칭 선지자라 하는 여자 이세벨을 네가 용납함이니 그가 내 종들을 가르쳐 꾀어 행음하게 하고 우상의 제물을 먹게 하는도다 *21* 또 내가 그에게 회개할 기회를 주었으되 그 음행을 회개하고자 아니하는도다

1. 이세벨을 용납한 죄

2:20 그러나 네게 책망할 일이 있노라 자칭 선지자라 하는 여자 이세벨을 네가 용납함이니 그가 내 종들을 가르쳐 꾀어 행음하게 하고 우상의 제물을 먹게 하는도다

- 자칭 선지자라 하는 여자 이세벨은 누구를 가리키는가?

역사적 인물로서 이세벨은 시돈의 왕녀이었으며 아합 왕의 왕비이었다(왕상 16:31). 바알 신을 이스라엘에 도입하여 백성들로 하여금 우상숭배에

빠지게 하였고 선지자 엘리야와 대결하였던 악녀의 대표이었다. 그의 특성은 우상숭배와 음행이었다.

여기서 말하는 자칭 선지자라 하는 여자 이세벨이 누구를 가리키는가에 대하여 여러 견해들이 있으나, 가장 유력한 견해는 이세벨과 같은 성격의 단체 또는 그 단체의 지도자인 거짓 선지자를 가리킨다고 보는 것이다. 다시 말하면 두아디라 교회 안에서 선지자로 자칭하면서 실상은 교인들을 우상숭배와 음행의 자리로 미혹했던 인물들을 가리킨다는 것이다.

이러한 사실은 당시에 두아디라 교회의 역사적인 배경으로 뒷받침되고 있다. 당시 두아디라에는 상업이 발달한 가운데 조합이 활발히 결성되어 있었다. 그 조합은 상업을 위하여 모이는 모임으로서 우상에게 바친 제물을 먹는 것이 관례이었고 그 모임에 참여하지 않으면 조합원의 권리와 이익을 잃게 하였다. 이 모임은 결국 성적 부정행위를 동반하게 되었다. 두아디라 교회는 결국 이러한 잘못을 용납한 것이다. 이 점에 있어서는 에베소 교회와 정반대이다. 에베소 교회는 이런 이단들을 잘 물리친 반면 사랑을 잃어버렸는데, 반대로 두아디라 교회는 사랑은 잘 지켰지만 이런 이단들의 미혹을 물리치지 못하고 끌려간 것이다.

2. 회개의 기회를 주어도 회개치 아니한 죄

2:21 또 내가 그에게 회개할 기회를 주었으되 그 음행을 회개하고자 아니하는도다

주님은 두아디라 교회를 향하여 그러한 죄에서 돌이킬 기회를 주셨다. 어떤 방법으로 주셨을까? 이것은 물론 하나님의 말씀을 가지고 그 죄에서 돌이킬 것을 교회의 영적 지도자들을 통하여 호소하는 방법이었을 것이다. 그러나 두아디라 교회 성도들은 그러한 하나님의 말씀을 들으면서도 그 죄에서 돌이키지 못하였다.

우리는 여기에서 한 가지 중요한 사실을 잊어서는 안 된다. 우리가 죄를 범하여 계속 그 길로 나아갈 때 하나님께서 우리를 회개시키려고 하나님의

종들을 보내어 말씀을 주시는데 만일 우리가 회개치 아니하면 우리는 하나님의 무서운 징계를 받을 수밖에 없다는 사실이다. 반대로 우리가 회개하면 우리는 다시 죄 사함을 받고 소성할 수 있게 된다.

우리는 이러한 사실을 사울왕과 다윗왕에게서 볼 수 있다. 사울왕은 죄를 범하면서도 사무엘 선지자의 책망을 받아들이지 않음으로 멸망에 이르렀고, 다윗은 잘못을 범하였을 때 나단 선지자의 책망을 듣고 회개함으로써 죄 사함을 받고 복을 받을 수 있었다. 하나님은 실로 통회하는 심령을 소성시키시는 분이시다.

- 사 57:15 "지존무상하며 영원히 거하며 거룩하다 이름하는 자가 이같이 말씀하시되 내가 높고 거룩한 곳에 거하며 또한 통회하고 마음이 겸손한 자의 영을 소성케 하려 함이라"

V. 경 고

2:22-25 볼지어다 내가 그를 침상에 던질 터이요 또 그로 더불어 간음하는 자들도 만일
그의 행위를 회개치 아니하면 큰 환난 가운데 던지고 *23* 또 내가 사망으로 그의
자녀를 죽이리니 모든 교회가 나는 사람의 뜻과 마음을 살피는 자인 줄 알지라
내가 너희 각 사람의 행위대로 갚아주리라 *24* 두아디라에 남아 있어 이 교훈을
받지 아니하고 소위 사단의 깊은 것을 알지 못하는 너희에게 말하노니 다른 짐
으로 너희에게 지울 것이 없노라 *25* 다만 너희에게 있는 것을 내가 올 때까지
굳게 잡으라

1. 내가 그를 침상에 던질 것이라고 하심

우상을 섬기며 행음 하면서도 회개치 아니하는 자를 향하여 주님은 이 경고의 말씀을 하신다. 여기서 침상에 던진다는 말씀은 무슨 뜻인가? 이는 병상을 가리킨다. 소아시아의 비문들에는 음행의 결과로 벌을 받아 질병에 걸렸다는 기록들이 많다고 한다. 구약의 이세벨은 창문에서 내려 던지어 죽

었다(왕하 9:29-33). 하여튼 음행의 침상은 병상으로 변하는 것이다. 성병은 눈에 보이는 하나님의 심판으로 간주되어야 할 것이다.

2. 그로 더불어 간음하는 자들도 함께 벌할 것이라고 하심

2:22-23 …그로 더불어 간음하는 자들도 만일 그의 행위를 회개치 아니하면 큰 환난 가운데 던지고또 내가 사망으로 그의 자녀를 죽이리니

주님께서는 벌하시되 간음한 본인뿐만 아니라 상대자까지 벌하실 것을 말씀하신다. 그들이 회개치 아니하면 큰 환란 가운데 그들을 던지고 그 자녀들을 죽일 것이라고 경고하신다. 이 얼마나 무서운 경고인가?

3. 모든 교회에 대한 경고

2:23 …모든 교회가 나는 사람의 뜻과 마음을 살피는 자인 줄 알지라 내가 너희 각 사람의 행위대로 갚아주리라

주님은 우상 숭배와 음행의 죄에 대한 하나님의 진노가 얼마나 큰 것인가를 알고 이런 자리에 있는 자들은 비단 두아디라 교인뿐만 아니라 성도라면 누구든지 반드시 회개하지 않으면 안 될 것을 이렇게 말씀하신다. 그만큼 이 문제에 대한 주님의 뜻이 강력함을 보여주는 말씀이다.

4. 이것만 고치면 될 것을 강조하심

2:24-25 두아디라에 남아 있어 이 교훈을 받지 아니하고 소위 사단의 깊은 것을 알지 못하는 너희에게 말하노니 다른 짐으로 너희에게 지울 것이 없노라 *25* 다만 너희에게 있는 것을 내가 올 때까지 굳게 잡으라

"다른 짐으로너희에게 지울 것이 없노라"

이 말씀이 무엇을 뜻하는가? 두아디라 교인들로 하여금 우상 숭배와 음행을 회개하고 돌이켜서 다시는 반복하지 말도록 짐을 지우시는 주님께서 그것 외에는 다른 짐을 지우지 않겠다는 뜻이다. 다시 말해서 "그것만 고치면 만점이다"라는 뜻이다. 그러므로 다만 너희에게 있는 것을 내가 올 때까지 굳게 잡으라고 권고하신다.

VI. 격 려

2:26-29 이기는 자와 끝까지 내 일을 지키는 그에게 만국을 다스리는 권세를 주리니 *27* 그가 철장을 가지고 저희를 다스려 질그릇 깨뜨리는 것과 같이 하리라 나도 내 아버지께 받은 것이 그러하니라 *28* 내가 또 그에게 새벽 별을 주리라 *29* 귀 있는 자는 성령이 교회들에게 하시는 말씀을 들을지어다

이 격려의 말씀에는 두 가지가 약속 되어있다.

1. 만국을 다스리는 권세를 주심

2:26-27 이기는 자와 끝까지 내 일을 지키는 그에게 만국을 다스리는 권세를 주리니 *27* 그가 철장을 가지고 저희를 다스려 질그릇 깨뜨리는 것과 같이 하리라 나도 내 아버지께 받은 것이 그러하니라

1) 이 권세의 내용

주님은 믿음의 선한 싸움에서 이기라는 격려의 말씀을 이 교회를 향하여서도 결코 빼놓지 아니하신다. 그러면서 이길 경우에 받게 될 특권이 무엇인가를 약속하신다. 그 특권은 "만국을 다스리는 권세"이다.

그러면 이 권세는 무엇을 가리키는가? 이 권세는 만국 다시 말하면 우주만물을 다스리는 통치권이다. 이 엄청난 권세가 어떻게 우리에게 주어질 수 있을까? 이 권세는 하나님만 가지고 계신 고유 권한이 아닌가? 그러나 주님의 이 말씀은 조금도 과장 된 것이 아니요 사실이다. 왜 그런가? 그 이유는

다음과 같다.

(1) 우주 만물의 통치권은 예수님께 주어졌다.

• 마 28:18 "예수께서 나아와 일러 가라사대 하늘과 땅의 모든 권세를 내게 주셨으니"

주님은 부활 승천하셔서 지금 하나님 보좌 우편에 계시면서 이 통치권을 행사하고 계신다.

(2) 우리가 믿음의 선한 싸움에서 이기면 주님의 그 보좌에 함께 앉게 된다.

• 계 3:21 "이기는 그에게는 내가 내 보좌에 함께 앉게 하여 주기를 내가 이기고 아버지 보좌에 함께 앉은 것과 같이 하리라"

(3) 어떤 자격으로 그 자리에 앉게 되는가?

천국에 수많은 천군 천사들이 있을지라도 감히 주님의 보좌에는 오를 수 없다. 그들은 모두가 만왕의 왕이 되신 주님 앞에서 봉사하는 봉사자들인 것이다. 마치 왕의 보좌앞에 문무백관이 나열하여 서는 것과 같이 그들은 서 있게 된다. 최고의 벼슬을 한 영의정이라도 왕의 보좌에는 오를 수 없다.

그런데 어떻게 믿음의 싸움에서 이긴 우리들은 주님의 그 보좌에 앉을 수 있게 된다는 말인가? 그 이유는 주님은 우리의 신랑이 되시고 우리는 주님의 신부가 되기 때문이다. 왕의 보좌에 함께 앉을 수 있는 자! 그는 오직 왕후뿐이다. 우리는 바로 이런 왕후의 신분을 가진 자가 되기 때문에 이 영광의 자리에 오르게 되고 따라서 만국을 다스리는 권세를 주님과 더불어 행사하게 되는 것이다. 할렐루야! 이 얼마나 큰 영광인가! 그러므로 반드시 이기라는 것이다.

2) 이 권세의 강도

만국을 다스리는 이 권세는 얼마나 강력한가?

2:27 그가 철장을 가지고 저희를 다스려 질그릇 깨뜨리는 것과 같이 하리라 나도 내 아버지께 받은 것이 그러하니라

철장은 쇠몽둥이를 뜻한다. 쇠몽둥이로 질그릇을 깨뜨리면 얼마나 잘 부서지겠는가? 주님과 우리가 행사할 통치권은 이와 같이 강력한 통치권인 것이다. 그런데 왜 깨뜨리는 방향으로 이 통치권을 묘사하고 있을까? 그 이유는 다음과 같다.

주님은 "이기는 자에게" 이 약속을 하고 계시다. 그런데 주님이나 성도들이나 어떤 경험을 가지고 있는가? 악한 마귀 사단의 세력들 때문에 이 땅에서 신앙생활을 하는 동안 무수한 환난과 핍박을 당하였다. 그러나 저들과의 싸움에서 승리하신 예수님이나 성도들은 철장 권세를 가지게 되었다. 그리하여 우리를 괴롭히던 저 악한 무리들을 질그릇을 깨뜨리듯 심판할 수 있게 되었다는 것이다.

- 계 20:4 "또 내가 보좌들을 보니 거기 앉은 자들이 있어 심판하는 권세를 받았더라 또 내가 보니 예수의 증거와 하나님의 말씀을 인하여 목 베임을 받은 자의 영혼들과 또 짐승과 그의 우상에게 경배하지도 아니하고 이마와 손에 그의 표를 받지도 아니한 자들이 살아서 그리스도로 더불어 천 년 동안 왕 노릇 하니"

이 얼마나 통쾌한 승리인가!

2. 새벽 별을 주실 것임

2:28 내가 또 그에게 새벽 별을 주리라

새벽 별은 무엇을 뜻하는가? 새벽 별은 주님 자신을 뜻한다.

- 계 22:6 "나 예수는 교회들을 위하여 내 사자를 보내어 이것들을 너희에게 증거하게 하였노라 나는 다윗의 뿌리요 자손이니 곧 광명한 새벽 별이라 하시더라"

그러므로 이 말씀은 이기는 자에게는 주님 자신을 주리라는 말씀이다. 그러면 주님 자신을 주신다는 뜻은 무엇일까? 비유로 말하면 이와 같다. 집을 떠나 멀리 외국에 나가 있던 어떤 사람에게 여러 아들들이 있었다. 귀국할 때가 되어서 전화로 각각 무슨 선물을 원하는가를 아들들에게 물었다. 아들들은 각각 원하는 선물을 말했다. 그런데 막내아들은 아주 특별한 요구를 했다. "나는 선물은 필요 없구요. 아버지를 나에게 일주일 동안만 주세요." 귀국 후에 막내아들은 아버지를 데리고 일주일 동안 다니면서 자기가 원하는 모든 것을 다 샀다는 이야기이다. 이런 의미에서 하나님은 우리에게 이런 약속을 하셨다.

- 고후 6:16 "하나님의 성전과 우상이 어찌 일치가 되리요 우리는 살아계신 하나님의 성전이라 이와 같이 하나님께서 가라사대 내가 저희 가운데 거하며 두루 행하여 나는 저희 하나님이 되고 저희는 나의 백성이 되리라 하셨느니라"

- 렘 31:33 "나 여호와가 말하노라 그러나 그 날 후에 내가 이스라엘 집에 세울 언약은 이러하니 곧 내가 나의 법을 그들의 속에 두며 그 마음에 기록하여 나는 그들의 하나님이 되고 그들은 내 백성이 될 것이라"

우주 만물의 주인 되시는 주님이 나의 주님이 되고 나는 그의 백성이 된다면 무엇이 부족하겠는가? 우리는 온 우주를 얻은 자가 될 것이다. 왜냐하면 그분의 것은 곧 나의 것이 될 것이기 때문이다. 이 얼마나 큰 특권인가?

사데 교회에 보내는 편지 [3:1-6]

3:1 사데 교회의 사자에게 편지하기를 하나님의 일곱 영과 일곱 별을 가진 이가 가라사대 내가 네 행위를 아노니 네가 살았다 하는 이름은 가졌으나 죽은 자로다
3:2 너는 일깨워 그 남은 바 죽게 된 것을 굳게 하라 내 하나님 앞에 네 행위의 온전한 것을 찾지 못하였노니
3:3 그러므로 네가 어떻게 받았으며 어떻게 들었는지 생각하고 지키어 회개하라 만일 일깨지 아니하면 내가 도적같이 이르리니 어느 시에 네게 임할는지 네가 알지 못하리라
3:4 그러나 사데에 그 옷을 더럽히지 아니한 자 몇 명이 네게 있어 흰 옷을 입고 나와 함께 다니리니 그들은 합당한 자인 연고라
3:5 이기는 자는 이와 같이 흰 옷을 입을 것이요 내가 그 이름을 생명책에서 반드시 흐리지 아니하고 그 이름을 내 아버지 앞과 그 천사들 앞에서 시인하리라
3:6 귀 있는 자는 성령이 교회들에게 하시는 말씀을 들을지어다

I. 이 편지의 수신자

3:1 사데 교회의 사자에게 편지하기를

1. 사데

사데는 두아디라 남동쪽으로 약 48km 떨어진 곳에 위치하고 있다. 주전 6세기에 사데는 루디아 왕국의 수도이었다가 나중에 페르시아의 점령지가 되었다. 사데는 로마시대에 여러 주요 도로가 만나는 교통의 요지이었으며 공업이 발달하여 모직 제품과 염직 제품의 주요 생산지였다.

종교적으로는 아시아에서 가장 유명한 신비 종교의 하나인 여신 시벨레를 섬기고 있었다. 또 한편 로마 황제숭배를 적극적으로 장려하는 상황이었다. 사데의 시민들은 사치스럽고 방종한 생활방식으로 널리 알려져 있었다.

2. 사데 교회

사데 교회가 어떻게 설립되었는지 그 기원은 분명치 않다. 사치와 향락의 도시의 세워진 교회로서 주님의 칭찬보다는 책망을 더 많이 들었던 교회인 것을 보면 그 도시의 생활풍습에서 벗어나지 못한 것 같다.

II. 이 편지의 발신자

3:1 …하나님의 일곱 영과 일곱 별을 가진 이가 가라사대

1. 발신자

예수님

2. 예수님은 어떤 분으로 소개되었는가?

1) 하나님의 일곱 영

1:4에서와 같이 이 표현은 예수님께서 성령 충만함을 가리킨다. 사데 교회의 문제점은 영적인 죽음이었다. 예수님을 하나님의 일곱 영이라고 말하는 이 표현은 이런 죽은 자들에게 예수님은 성령을 통하여 생명을 주실 수 있는 유일한 분이심을 나타낸다.

2) 일곱 별을 가지신 이

일곱별은 1:20에서 본 바와 같이 일곱 교회의 사자들이다. 그러므로 이

표현은 주님께서 이 세상 모든 교회의 머리가 되시는 분으로써 그 교회의 사자들을 주관하시는 통치자이심을 보여준다.

III. 책 망

3:1-2 가라사대 내가 네 행위를 아노니 네가 살았다 하는 이름은 가졌으나 죽은 자로다 *2* 너는 일깨워 그 남은 바 죽게 된 것을 굳게 하라 내 하나님 앞에 네 행위의 온전한 것을 찾지 못하였노니

1. "살았다 하는 이름은 가졌으나 죽은 자로다" 이 말씀은 무엇을 뜻하는가?

1) 일반적으로 죽은 자는 죄와 허물로 영혼이 죽은 세상 모든 사람들을 가리킨다. 이런 의미로 쓰인 성경 구절들을 보면 다음과 같다.

- 요 5:25 "진실로 진실로 너희에게 이르노니 죽은 자들이 하나님의 아들의 음성을 들을 때가 오나니 곧 이 때라 듣는 자는 살아나리라"
- 눅 9:59-60 "또 다른 사람에게 나를 좇으라 하시니 그가 가로되 나로 먼저 가서 내 부친을 장사하게 허락 하옵소서 60 가라사대 죽은 자들로 자기의 죽은 자들을 장사하게 하고 너는 가서 하나님의 나라를 전파하라 하시고"

2) 보다 특수한 의미에서 죽은 자는 성령으로 거듭났으나 행함이 없는 믿음을 가진 자를 가리킨다.

- 엡 2:1 "너희의 허물과 죄로 죽었던 너희를 살리셨도다"
- 약 2:26 "영혼 없는 몸이 죽은 것같이 행함이 없는 믿음은 죽은 것이니라"

이런 사실을 놓고 볼 때 주님께서 사데 교회를 향하여 "네가 살았다 하는 이름은 가졌으나 죽은 자로다"라고 하시는 이 뜻은 무엇이겠는가? 그 뜻은 위에서 말한 두 번째 의미, 즉 성령으로 거듭났으나 행함이 없는 믿음을 가진 자가 될 것이다. 그 이유는 다음 세 가지이다.

첫째, 예수님이 사데 교회를 향하여 이 말씀을 하신 것은 그들의 행위를 놓고 말씀하셨기 때문이다.

3:1 …내가 네 행위를 아노니

둘째, 이들은 살았다 하는 이름을 가졌다고 말씀하셨기 때문이다.

셋째, "너는 일깨워 그 남은 바 죽게 된 것을 굳게 하라"라는 말씀이다. 이 말씀에서 우리가 알 수 있는 것은 "그 남은 바 죽게 된 것" 이런 말은 사데 교회 성도들이 꺼져가는 등불과 같이 거의 죽어가고 있지만 아직도 생명의 불씨가 남아 있다는 사실을 분명히 말해주고 있기 때문이다.

실로 예수를 믿으나 행함이 없는 신앙생활은 열매가 없는 삶이요 따라서 죽은 나무와 똑같은 것이다.

2. 행위의 온전한 것을 찾지 못하였음

3:2 내 하나님 앞에 네 행위의 온전한 것을 찾지 못하였노니

이들은 세상 사람들이 보기에 칭찬 받을만한 선행을 하였을지 모르나 그러나 하나님 앞에서는 인정받을만한 온전한 선행은 없었다. 바리새인들이 사람들에게 보이기 위하여 의를 행함으로 사람에게는 칭찬 받았지만 하나님께는 인정받지 못한 것과 같은 모습이었을 것이다.

Ⅳ. 경 고

3:3 그러므로 네가 어떻게 받았으며 어떻게 들었는지 생각하고 지키어 회개하라 만일

일깨지 아니하면 내가 도적같이 이르리니 어느 시에 네게 임할는지 네가 알지 못하리라

1. 회개하라

주님은 이러한 잘못을 용서받게 하기 위하여 회개를 촉구하신다. 회개는 우리가 용서 받을 수 있는 유일한 길이다.

- 요일 1:9 "만일 우리가 우리 죄를 자백하면 저는 미쁘시고 의로우사 우리 죄를 사하시며 모든 불의에서 우리를 깨끗게 하실 것이요"

2. 회개의 방법

3:3 그러므로 네가 어떻게 받았으며 어떻게 들었는지 생각하고 지켜

이 말씀은 회개를 위하여서 필요한 것이 무엇인가를 알려준다. 즉 다음과 같은 것들이 필요함을 알려준다. 첫째, 하나님의 말씀으로 돌아오는 것이다. "네가 어떻게 받았으며 어떻게 들었는지"라는 말씀은 하나님의 말씀을 받고 들은 것을 의미한다. 다시 말하면 회개를 위하여서는 하나님의 말씀의 거울에 내 자신의 죄악 된 모습을 비추어 보는 일이 반드시 선행되어야 한다. 둘째, 하나님의 말씀을 지키고자 하는 결심이다. 회개는 잘못을 깨닫는 것으로 그치지 아니한다. 과거의 죄를 잘라버리고 이제는 하나님의 말씀대로 살겠다는 의지적 결단을 내림으로써 이루어진다. 주님은 바로 이런 회개를 사데 교인들에게 요구하고 계신다.

3. "만일 일깨지 아니하면" 어떻게 될 것인가?

3:3 만일 일깨지 아니하면 내가 도적같이 이르리니 어느 시에 네게 임할는지 네가 알지 못하리라

이 말씀의 뜻은 무엇인가? 깨어 있는 믿음의 성도들에게는 주님의 재림날이 신랑 되신 주님과 혼인잔치를 벌이는 가장 즐거운 날이 되겠지만, 그와 반대로 죄의 길을 걸어가며 회개치 아니하는 자들에게는 그 날은 예고 없이 갑자기 찾아오게 될 것이며, 그 날은 또한 그들에게 멸망의 날이 될 것이다. 이때 주님은 그들에게는 무서운 진노의 심판주가 되실 것이다.

V. 칭 찬

3:4 그러나 사데에 그 옷을 더럽히지 아니한 자 몇 명이 네게 있어 흰 옷을 입고 나와 함께 다니리니 그들은 합당한 자인 연고라

1. 그 옷을 더럽히지 아니한 자 몇 명이 있음

여기서 그 옷은 성도들의 행실을 가리킨다.

- 계 19:8 "그에게 허락하사 빛나고 깨끗한 세마포를 입게 하셨은즉 이 세마포는 성도들의 옳은 행실이로다 하더라"

많은 교인들이 세상과 짝하여 그의 신앙 정조를 더럽혔지만 그들 가운데 극소수의 사람들 곧 몇 명은 주님의 말씀을 철저히 지켜 행하기를 힘썼다. 그리하여 영적으로 깨끗한 모습을 간직하고 있었다. 주님은 이것을 칭찬하신다. 죄악으로 더러워진 많은 무리들 가운데 이처럼 깨끗한 모습을 가진 소수의 사람들! 이들은 얼마나 귀한 존재들인가? 마치 캄캄한 밤중에 찬란한 빛을 발하는 혜성과 같은 존재들인 것이다.

홍수 시대에 노아! 엘리 제사장 시대에 사무엘! 바빌론 포로시대에 다니엘과 같은 자들이 바로 이런 인물들이다.

시대가 아무리 죄악으로 어두워져서 캄캄하여도 아합왕 시대에 바알에게 무릎을 꿇지 아니한 자들 칠천이 있었던 것처럼 참된 신앙인들은 있게 마련

이다. 오늘 이 시대에 우리들도 이런 자들이 되어야 하지 않겠는가?

2. 이들에게 대한 약속

3:4 …흰 옷을 입고 나와 함께 다니리니 그들은 합당한 자인 연고라

이 말씀의 뜻은 다음과 같다.

1) 흰 옷을 입고

이 옷은 앞에서 말한 그들 자신의 행실을 가리키는 것이 아니라 그 행실 때문에 주님께서 입혀주시는 흰 옷이다. 다시 말하면 주님께서 그들을 의인이라고 인정하시는 것을 뜻한다. 이 사실은 다음 성구에서 잘 알 수 있다.

- 계 19:8 "그에게 허락하사 빛나고 깨끗한 세마포를 입게 하셨은즉 이 세마포는 성도들의 옳은 행실이로다 하더라"

이것은 얼마나 큰 축복인가? 하나님의 심판대 앞에서 어떤 자들은 죄인으로 판결되어 수치와 영원한 벌을 받게 되는데 이들은 의인으로 인정받고 하나님 앞과 수많은 천사들 앞에서 떳떳하고 자랑스러운 모습으로 드러나게 될 것이며 영생을 얻게 될 것이니 말이다.

2) 나와 함께 다닐 것임

이 말씀은 두 가지 의미를 갖는다.

(1) 이 땅에서 주님과 함께 동행할 것임

주님은 세상의 죄악에 자신을 더럽히지 아니하고 신앙의 정조를 지킨 자들과 함께 하시며 그의 길을 형통케 하신다. 이런 예를 다음 성구에서 보게 된다.

에녹

- 히 11:5 "믿음으로 에녹은 죽음을 보지 않고 옮기웠으니 하나님이 저를 옮기심으로 다시 보이지 아니하니라 저는 옮기우기 전에 하나님을 기쁘시게 하는 자라 하는 증거를 받았느니라"

- 창 5:24 "에녹이 하나님과 동행하더니 하나님이 그를 데려가시므로 세상에 있지 아니하였더라"

여호수아

- 수 1:7-9 "오직 너는 마음을 강하게 하고 극히 담대히 하여 나의 종 모세가 네게 명한 율법을 다 지켜 행하고 좌로나 우로나 치우치지 말라 그리하면 어디로 가든지 형통하리니 8 이 율법책을 네 입에서 떠나지 말게 하며 주야로 그것을 묵상하여 그 가운데 기록한 대로 다 지켜 행하라 그리하면 네 길이 평탄하게 될 것이라 네가 형통하리라 9 내가 네게 명한 것이 아니냐 마음을 강하게 하고 담대히 하라 두려워 말며 놀라지 말라 네가 어디로 가든지 네 하나님 여호와가 너와 함께 하느니라 하시니라"

요셉

- 창 39:2 "여호와께서 요셉과 함께 하시므로 그가 형통한 자가 되어 그 주인 애굽 사람의 집에 있으니"

반대로 자신을 죄악으로 더럽힌 자에게서 하나님은 떠나신다. 그 결과 그 사람은 망하게 된다.

삼손

- 삿 16:20-21 "들릴라가 가로되 삼손이여 블레셋 사람이 당신에게 미쳤느니라 하니 삼손이 잠을 깨며 이르기를 내가 전과 같이 나가서 몸을 떨치리라 하여도 여호와께서 이미 자기를 떠나신 줄을 깨닫지 못하였더라 21 블레셋 사람이 그를 잡아 그 눈을 빼고 끌고 가사에 내려가 놋줄로 매고 그로 옥 중에서 맷돌을 돌리게 하였더라"

사울 왕

- 삼상 16:14 "여호와의 신이 사울에게서 떠나고 여호와의 부리신 악 신이 그를 번뇌케 한지라"

그 후에 사울 왕은 블레셋 나라와의 전쟁에서 전사하고 말았다.

(2) 천국에서 하나님과 함께 동행할 것임

- 계 21:3-4 "내가 들으니 보좌에서 큰 음성이 나서 가로되 보라 하나님의 장막이 사람들과 함께 있으매 하나님이 저희와 함께 거하시리니 저희는 하나님의 백성이 되고 하나님은 친히 저희와 함께 계셔서 4 모든 눈물을 그 눈에서 씻기시매 다시 사망이 없고 애통하는 것이나 곡하는 것이나 아픈 것이 다시 있지 아니하리니 처음 것들이 다 지나갔음이러라"

이렇게 "그 옷을 더럽히지 아니한 자"들은 이 땅에서도 천국에서도 주님과 함께 살아가는 복된 삶이 되어질 것이다.

VI. 격 려

3:5-6 이기는 자는 이와 같이 흰 옷을 입을 것이요 내가 그 이름을 생명책에서 반드시 흐리지 아니하고 그 이름을 내 아버지 앞과 그 천사들 앞에서 시인하리라 *6* 귀 있는 자는 성령이 교회들에게 하시는 말씀을 들을지어다

이 격려의 말씀은 이기는 자에게 두 가지를 약속하고 있다.

1. 흰 옷을 입을 것이요

주님은 이미 4절에서 그 옷을 더럽히지 아니한 자 몇 명에게 "흰 옷을

입고 나와 함께 다니리니 그들은 합당한 자인 연고라"는 약속을 하셨다. 본절에서 "이기는 자"라는 말씀의 뜻은 결국 4절에서 말하는 "그 옷을 더럽히지 아니한 자"와 동일한 뜻이다. 그렇다면 이런 자는 흰 옷을 입게 되리라는 이 약속은 무엇을 뜻하는가?

우리가 아무리 이 땅에서 신앙생활을 잘하며 그 옷을 더럽히지 아니하였다고 할지라도 완전하지는 못하다. 우리의 의는 낡은 옷과 같은 것이다.

- 사 64:6 "대저 우리는 다 부정한 자 같아서 우리의 의는 다 더러운 옷 같으며 우리는 다 쇠패함이 잎사귀 같으므로 우리의 죄악이 바람같이 우리를 몰아 가나이다."

그런데 이렇게라도 신앙을 지킨 자들에게 주님은 어떤 영광을 주시는가? 그 옷을 더럽히지 아니한 이런 자들을 천국으로 인도하여 죄가 하나도 없는 완전 성결한 자로 새롭게 옷 입혀 단장시켜 주신다는 뜻이다. 우리는 이런 사실을 다음 성구에서 읽을 수 있다.

- 계 19:8 "그에게 허락하사 빛나고 깨끗한 세마포를 입게 하셨은즉 이 세마포는 성도들의 옳은 행실이로다 하더라"

2. 그 이름을 생명책에서 반드시 흐리지 아니하고 그 이름을 내 아버지 앞과 그 천사들 앞에서 시인하리라

이 세상에서 당하는 모든 환난 시험 가운데서도 굴하지 않고 신앙으로 이긴 자들의 이름은 반드시 생명책에 그 이름이 기록될 것이다. 이 말씀은 곧 그 사람이 반드시 구원을 받게 될 것이라는 뜻이다. 그리고 주님은 이런 자들을 하나님 아버지 앞에서 반드시 시인하실 것이다. 이 약속은 주님이 지상에 육신으로 계실 때 제자들에게 직접 약속하신 말씀이다.

- 마 10:32-33 "누구든지 사람 앞에서 나를 시인하면 나도 하늘에 계신

내 아버지 앞에서 저를 시인할 것이요 33 누구든지 사람 앞에서 나를 부인하면 나도 하늘에 계신 내 아버지 앞에서 저를 부인하리라"

만일 우리가 주님으로부터 부인을 당한다면 어떤 결과에 이르게 되는 것인가?

- 마 7:22-23 "그 날에 많은 사람이 나더러 이르되 주여 주여 우리가 주의 이름으로 선지자 노릇하며 주의 이름으로 귀신을 쫓아내며 주의 이름으로 많은 권능을 행치 아니하였나이까 하리니 23 그 때에 내가 저희에게 밝히 말하되 내가 너희를 도무지 알지 못하니 불법을 행하는 자들아 내게서 떠나가라 하리라"

결국 주님으로부터 쫓겨나서 멸망에 이르게 될 것이다. 그러므로 주님으로부터 시인을 받는다는 것은 천국에 들어갈 수 있게 되는 것이며 영원한 행복을 보장받는 일인 것이다. 이 얼마나 큰 축복인가?

빌라델비아 교회에 보내는 편지
[3:7-13]

3:7 빌라델비아 교회의 사자에게 편지하기를 거룩하고 진실하사 다윗의 열쇠를 가지신 이 곧 열면 닫을 사람이 없고 닫으면 열 사람이 없는 그이가 가라사대

3:8 볼지어다 내가 네 앞에 열린 문을 두었으되 능히 닫을 사람이 없으리라 내가 네 행위를 아노니 네가 적은 능력을 가지고도 내 말을 지키며 내 이름을 배반치 아니하였도다

3:9 보라 사단의 회 곧 자칭 유대인이라 하나 그렇지 않고 거짓말하는 자들 중에서 몇을 네게 주어 저희로 와서 네 발 앞에 절하게 하고 내가 너를 사랑하는 줄을 알게 하리라

3:10 네가 나의 인내의 말씀을 지켰은즉 내가 또한 너를 지키어 시험의 때를 면하게 하리니 이는 장차 온 세상에 임하여 땅에 거하는 자들을 시험할 때라

3:11 내가 속히 임하리니 네가 가진 것을 굳게 잡아 아무나 네 면류관을 빼앗지 못하게 하라

3:12 이기는 자는 내 하나님 성전에 기둥이 되게 하리니 그가 결코 다시 나가지 아니하리라 내가 하나님의 이름과 하나님의 성 곧 하늘에서 내 하나님께로부터 내려오는 새 예루살렘의 이름과 나의 새 이름을 그이 위에 기록하리라

3:13 귀 있는 자는 성령이 교회들에게 하시는 말씀을 들을지어다

I. 이 편지의 수신자

3:7 빌라델비아 교회의 사자에게 편지하기를

1. 빌라델비아

빌라델비아는 사데 동남쪽 약 50km 떨어진 곳에 있는 작은 도시이다. 주전 2세기경 버가모 왕조의 아탈루스2세가 건립하여 자기 형에 대한 사랑의 표시로 "형제사랑"이라는 뜻을 가진 '빌라델비아'라고 그 도시를 이름하였다. 이곳은 지진이 자주 일어나는 도시로 주민들이 많지 않아 정치적으로나 경제적으로나 빈약한 도시였다.

2. 빌라델비아 교회

빌라델비아 교회가 언제 누구에 의하여 설립되었는지는 분명치 않다. 빌라델비아 교회는 그 도시 자체가 빈약하였던 만큼 세상적으로 영향력을 가진 인물들이 없는 빈약한 교회였다. 경제적으로도 어려웠고 사회의 유력인사도 없는 교회이었다. 그러나 이러한 적은 능력을 가지고 주님의 이름을 배반치 아니하며 주의 말씀을 지키기에 힘씀으로 말미암아 주님으로부터 칭찬만 받고 책망을 받지 아니한 교회이다.

II. 이 편지의 발신자

3:7 거룩하고 진실하사 다윗의 열쇠를 가지신 이 곧 열면 닫을 사람이 없고 닫으면 열 사람이 없는 그이가 가라사대

1. 발신자

발신자는 물론 예수님이시다.

2. 예수님은 어떤 분으로 묘사되었는가?

1) 거룩하고 진실하신 분

왜 빌라델비아 교회에 주님은 이런 분으로 나타나셨을까? 적은 능력을

가지고도 진실되게 주님의 말씀을 지키며 거룩한 생활에 힘쓴 성도들을 알아주시는 의미에서 이런 분으로 나타나신 것이다. 실로 빌라델비아 교인들은 거룩하고 진실하신 예수님의 모습을 닮아가고 있다는 사실을 암시하기 위하여 이런 모습으로 소개된 것이다.

2) 다윗의 열쇠를 가지신 분

(1) 다윗의 열쇠란 무엇인가?

이것에 대한 역사적 배경을 잠시 설명하는 것이 필요할 것이다. 여기서 다윗의 열쇠란 다윗 왕의 시대에 있었던 국고를 열고 닫는 열쇠를 말한다. 국고란 국가의 재산을 비축하는 창고를 뜻한다. 흉년에 대비하여 곡식을 비축하고 전쟁을 위하여 무기를 보관하는 등의 용도로 사용된 것이다. 이스라엘 백성들이 애굽 왕 바로의 밑에서 비돔 성을 건축한 것도 이런 국고의 일종이다.

다윗 왕조의 국고 열쇠에 관한 성경의 기록을 우리는 이사야 22장에서 찾아 볼 수 있다.

• 사 22:15-21 "주 만군의 여호와께서 가라사대 너는 가서 그 국고를
맡고 궁을 차지한 셉나를 보고 이르기를 16 네가 여기 무슨 관계가
있느냐 여기 누가 있기에 여기서 너를 위하여 묘실을 팠느냐 높은 곳
에 자기를 위하여 묘실을 팠고 반석에 자기를 위하여 처소를 쪼아 내
었도다 17 나 여호와가 너를 단단히 속박하고 장사같이 맹렬히 던지
되 18 정녕히 너를 말아 싸서 공같이 광막한 지경에 던질 것이라 주
인의 집에 수치를 끼치는 너여 네가 그곳에서 죽겠고 네 영광의수레
도 거기 있으리라 19 내가 너를 네 관직에서 쫓아내며 네 지위에서
낮추고 20 그 날에 내가 힐기야의 아들 내 종 엘리아김을 불러 21 네
옷을 그에게 입히며 네 띠를 그에게 띠워 힘 있게 하고 네 정권을 그
의 손에 맡기리니 그가 예루살렘 거민과 유다 집의 아비가 될 것이며
22 내가 또 다윗 집의 열쇠를 그의 어깨에 두리니 그가 열면 닫을 자

가 없겠고 닫으면 열 자가 없으리라"

이 말씀에서 보는 바와 같이 히스기아의 궁내 대신 셉나가 국고의 열쇠를 가지고 있었으나 그는 허영을 좋아해서 이사야 선지자의 비난의 대상이 되었으며 따라서 셉나에게서 그 열쇠를 빼앗아 엘리아김에게 맡기겠다는 것이다. 그리하여 엘리아김은 그 국고를 열면 닫을 사람이 없고 닫으면 열 사람이 없는 절대 권세를 가진 자가 되는 것이다. 우리는 여기서 두 가지 사실을 생각하게 된다.

첫째, 국고의 열쇠! 이 얼마나 중요한 것인가? 국고를 열지 않으면 뭇 백성들이 식량을 공급 받지 못하여 죽어 가게 되며 많은 병사들이 무기를 공급 받지 못하여 전쟁을 할 수 없게 될 것이다. 외출했다가 집에 돌아왔을 때 잠긴 문의 열쇠를 잃어버렸다고 생각해 보라! 얼마나 난감한 일인가?

둘째, 국고의 열쇠를 맡은 자의 권세가 얼마나 큰 것인가? 열면 닫을 사람이 없고 닫으면 열 사람이 없는 절대 권세를 가진 자이기 때문이다. 즉 그 사람이 아니면 그 어떤 다른 사람도 그 문을 열 수 없는 것이다. 왜냐하면 열쇠가 없기 때문이다. 그러니 열쇠를 가졌다는 것은 얼마나 큰 권세인가를 알 수 있다.

(2) 다윗의 열쇠를 가지신 분

이와 같은 사실을 볼 때 주님이 "다윗의 열쇠를 가지신 분"이란 말은 주님께서는 천국 문의 열쇠를 가지고 계신 분이라는 뜻이 된다. 실로 천국문의 열쇠는 주님만이 가지고 계시는 것이다. 그러므로 주님께서 그 문을 열어 주시면 우리가 들어 갈 수 있고 닫아 버리시면 그 누구도 천국에 들어 갈 수 없다. 그리고 그분이 열면 닫을 자가 없고 그분이 닫으면 열 자가 없다. 그러므로 성경은 말한다.

• 요 14:6 "예수께서 가라사대 내가 곧 길이요 진리요 생명이니 나로 말미암지 않고는 아버지께로 올 자가 없느니라"

• 행 4:12 "다른 이로서는 구원을 얻을 수 없나니 천하 인간에 구원을 얻을 만한 다른 이름을 우리에게 주신 일이 없음이니라 하였더라"

III. 칭 찬

1. 적은 능력을 가지고도 내 말을 지키며 내 이름을 배반치 아니함

3:8 내가 네 행위를 아노니 네가 적은 능력을 가지고도 내 말을 지키며 내 이름을 배반치 아니 하였도다

이 말씀에서 적은 능력이란 사회적 신분이나 지위, 또는 경제적 능력 등 외적인 능력을 가리킨다. 그들은 이러한 세상적인 능력에서 작고 보잘것없었으나 주님의 말씀을 지키려고 힘썼으며 환란과 핍박이 찾아 올 때에도 결코 주님을 부인하거나 배신하지 아니하였다. 베드로 사도가 주님을 세 번씩이나 부인을 했던 사실을 생각 할 때 이들의 믿음은 얼마나 아름다운가? 그러므로 주님은 이들의 믿음을 향하여 최고의 칭찬을 아끼지 아니하신다.

2. 인내의 말씀을 지킴

3:10 네가 나의 인내의 말씀을 지켰은즉

이 말씀의 뜻은 무엇인가? 이 말씀은 고난 중에도 끝까지 인내하심으로 우리의 구원을 완성하신 예수님을 본받으라는 말씀을 잘 지킨 것을 뜻 한다.

• 히 12:1-2 "이러므로 우리에게 구름같이 둘러싼 허다한 증인들이 있으니 모든 무거운 것과 얽매이기 쉬운 죄를 벗어 버리고 인내로써 우리 앞에 당한 경주를 경주하며 2 믿음의 주요 또 온전케 하시는 이인 예수를 바라보자 저는 그 앞에 있는 즐거움을 위하여 십자가를 참으

사 부끄러움을 개의치 아니하시더니 하나님 보좌 우편에 앉으셨느니라"

3. 그 칭찬에 따른 약속

1) 네 앞에 열린 문을 둘 것임

3:8 볼지어다 내가 네 앞에 열린 문을 두었으되 능히 닫을 사람이 없으리라

이 말씀의 뜻은 이미 설명한대로 적은 능력을 가지고도 인내의 말씀을 지킨 빌라델비아 성도들에게 천국에 들어 갈 수 있는 문이 활짝 열려져 있다는 것이다. 실로 이러한 축복은 스데반 집사님에게서도 본다.

- 행 7:55-56 "스데반이 성령이 충만하여 하늘을 우러러 주목하여 하나님의 영광과 및 예수께서 하나님 우편에 서신 것을 보고 56 말하되 보라 하늘이 열리고 인자가 하나님 우편에 서신 것을 보노라 한대"

2) 사단의 회 곧 자칭 유대인들 중 몇 사람이 회개하고 돌아오는 축복

3:9 보라 사단의 회 곧 자칭 유대인이라 하나 그렇지 않고 거짓말하는 자들 중에서 몇을 네게 주어 저희로 와서 네 발 앞에 절하게 하고 내가 너를 사랑하는 줄을 알게 하리라

이 말씀에서 사단의 회 곧 자칭 유대인이란 거짓된 유대 종교 지도자들을 가리킨다. 즉 대제사장과 서기관과 바리새인들이다. 이 무리들이 사단의 회인 것은 세례요한과 주님이 이들을 가리켜 독사의 자식들이라고 한 데서 그 뜻이 분명하게 드러난다(마 3:7, 23:33).

이렇게 악한 무리들 가운데 몇 사람을 어떻게 하시겠다고 말씀하시는가? 거짓말하는 자들 중에서 몇을 네게 주어 저희로 와서 네 발 앞에 절하게 하

겠다는 것이다. 이 말씀의 뜻이 무엇인가? 저들이 회개하고 돌아와 함께 주님을 믿겠다는 뜻이다. 핍박자 사울이 회개하고 돌아와 사도 바울이 된 것과 같이 저들이 돌아온다는 사실은 얼마나 기쁜 일인가!

이와 같이 사단과의 영적 싸움에서 비록 미약한 빌라델비아 교인들이지만 크나큰 승리를 거두었다는 의미를 갖는 것이다. 그리고 이 승리는 주님께서 안겨 주신 것이다.

그러므로 이 승리는 주님께서 사단의 회를 미워하시고 빌라델비아 교회 성도들의 편이 되시며 그들을 사랑 하신다는 증표가 되는 것이다. 그러므로 주님은 말씀 하신다. "내가 너를 사랑하는 줄을 알게 하리라"

3) 시험의 때를 면케 하실 것임

3:10 네가 나의 인내의 말씀을 지켰은즉 내가 또한 너를 지키어 시험의 때를 면하게 하리니 이는 장차 온 세상에 임하여 땅에 거하는 자들을 시험할 때라

이 말씀에서 시험의 때란 세상 마지막 시대에 일어날 대 환란을 가리킨다. 이 사실은 주님께서 이 시험의 때를 곧 이어 장차 온 세상에 임하여 땅에 거하는 자들을 시험할 때라고 설명 하셨기 때문이다. 그러면 이 말씀의 참 뜻은 무엇인가? 빌라델비아 성도들은 마지막 대 환란을 받지 않는다는 뜻인가? 아니면 그러한 환란의 때에 해를 받아 쓰러지지 아니하고 끝까지 믿음으로 살아남을 수 있도록 지키시겠다는 뜻인가? 후자의 뜻인 것이 분명하다. 왜냐하면 주님은 마 24장에서도 성도들은 이러한 대 환란을 반드시 받게 되어 있는 것을 말씀 하시면서 끝까지 견디라고 격려하고 계시기 때문이다. 또 한편 주님은 우리에게 어떤 환란이 와도 우리를 절대적으로 보호하실 것을 약속 하셨다.

• 마 10:29-31 "참새 두 마리가 한 앗사리온에 팔리는 것이 아니냐 그러나 너희 아버지께서 허락지 아니하시면 그 하나라도 땅에 떨어지지

아니하리라 30 너희에게는 머리털까지 다 세신 바 되었나니 31 두려워하지 말라 너희는 많은 참새보다 귀하니라"

그러므로 이 말씀은 앞으로 큰 환란이 닥쳐올지라도 적은 능력을 가지고 성실하게 믿음을 지킨 빌라델비아 교인들은 비록 그들이 연약할지라도 절대적으로 보호하여 해를 받지 않게 하시겠다는 뜻이다.

IV. 책 망

없 음

V. 격 려

3:12-13 이기는 자는 내 하나님 성전에 기둥이 되게 하리니 그가 결코 다시 나가지 아니하리라 내가 하나님의 이름과 하나님의 성 곧 하늘에서 내 하나님께로부터 내려오는 새 예루살렘의 이름과 나의 새 이름을 그이 위에 기록하리라 *13* 귀 있는 자는 성령이 교회들에게 하시는 말씀을 들을지어다

이 격려의 말씀에는 다음과 같은 것들이 약속되어 있다.

1. 성전 기둥이 되게 함

3:12 이기는 자는 내 하나님 성전에 기둥이 되게 하리니

이 말씀은 믿음의 선한 싸움에서 승리한 자들이 천국에서 차지할 지위가 어떠함을 보여준다. 이들은 천국의 모퉁이 말석에 겨우 들어가서 앉는 그런 지위가 아니다. 천국에 수많은 천군천사들이 있을지라도 이 싸움에서 이긴

자들은 천국에서 중심적인 지위를 차지하는 영광스런 존재가 될 것이다. 그들은 천국에서도 찬란한 빛을 발하는 존재가 될 것이다.

• 단 12:3 "지혜 있는 자는 궁창의 빛과 같이 빛날 것이요 많은 사람을 옳은 데로 돌아오게 한 자는 별과 같이 영원토록 비취리라"

2. 새 예루살렘의 이름과 나의 새 이름을 그이 위에 기록할 것임

3:12 …내가 하나님의 이름과 하나님의 성 곧 하늘에서 내 하나님께로부터 내려오는 새 예루살렘의 이름과 나의 새 이름을 그이 위에 기록하리라

이 말씀의 뜻은 무엇인가?

1) 새 예루살렘의 이름을 그이 위에 기록함

새 예루살렘은 우리가 장차 들어가서 살게 될 신천신지이다.

• 계 21:1-2 "또 내가 새 하늘과 새 땅을 보니 처음 하늘과 처음 땅이 없어졌고 바다도 다시 있지 않더라 2 또 내가 보매 거룩한 성 새 예루살렘이 하나님께로부터 하늘에서 내려오니 그 예비한 것이 신부가 남편을 위하여 단장한 것 같더라"

이러한 이름을 그이 위에 기록한다는 뜻은, 이 사람은 이 신천신지에 들어갈 시민권을 가진 자라는 신분 보장을 받게 될 것을 뜻한다.

2) 나의 새 이름을 그이 위에 기록함

나의 새 이름이란 곧 주님의 새 이름이다. 주님은 신천신지에서 새로운 이름을 가지신다. 그것은 지금까지 알려지지 않은 이름이요 그 자신 외에는 아무도 모르는 이름이다.

• 계 19:12 "그 눈이 불꽃같고 그 머리에 많은 면류관이 있고 또 이름 쓴 것이 하나가 있으니 자기 밖에 아는 자가 없고"

주님은 자신의 그 새 이름을 이기는 자의 이마에 기록할 것이며 그로 인하여 그는 신천신지에서 새 이름의 주인공이신 예수님께 속한 자가 될 것이다. 한 마디로 주님은 이기는 자에게는 천국이 저희 것이 될 것을 확실하게 약속하신 것이다.

라오디게아 교회에 보내는 편지 [3:14-22]

3:14 라오디게아 교회의 사자에게 편지하기를 아멘이시요 충성되고 참된 증인이시요 하나님의 창조의 근본이신 이가 가라사대
3:15 내가 네 행위를 아노니 네가 차지도 아니하고 더웁지도 아니하도다 네가 차든지 더웁든지 하기를 원하노라
3:16 네가 이같이 미지근하여 더웁지도 아니하고 차지도 아니하니 내 입에서 너를 토하여 내치리라
3:17 네가 말하기를 나는 부자라 부요하여 부족한 것이 없다 하나 네 곤고한 것과 가련한 것과 가난한 것과 눈먼 것과 벌거벗은 것을 알지 못하도다
3:18 내가 너를 권하노니 내게서 불로 연단한 금을 사서 부요하게 하고 흰 옷을 사서 입어 벌거벗은 수치를 보이지 않게 하고 안약을 사서 눈에 발라 보게 하라
3:19 무릇 내가 사랑하는 자를 책망하여 징계하노니 그러므로 네가 열심을 내라 회개하라
3:20 볼지어다 내가 문 밖에 서서 두드리노니 누구든지 내 음성을 듣고 문을 열면 내가 그에게로 들어가 그로 더불어 먹고 그는 나로 더불어 먹으리라
3:21 이기는 그에게는 내가 내 보좌에 함께 앉게 하여 주기를 내가 이기고 아버지 보좌에 함께 앉은 것과 같이 하리라
3:22 귀 있는 자는 성령이 교회들에게 하시는 말씀을 들을지어다

I. 이 편지의 수신자

3:14 라오디게아 교회의 사자에게 편지하기를…

1. 라오디게아

라오디게아는 빌라델비아 남동쪽 약 64km 떨어진 곳에 위치하고 있다. 라오디게아는 에베소, 버가모, 사데, 히에라볼리 등으로 통하는 교통의 요지이었다. 그러므로 상업이 발달하였고 모직 공업이 성하여 물질적으로 풍요로운 도시이었다. 또한 라오디게아에는 유명한 의술 학교가 있었다. 이 학교의 의사들은 여러 가지 재료를 섞어서 안질을 고치는 안약을 개발하였다.

2. 라오디게아 교회

라오디게아 교회는 사도 바울이 에베소 교회에서 3년 동안 목회하고 있을 때 에바브라를 라오디게아에 보내어 설립한 것으로 추정되며(골 4:16) 골로새 교회와 히에라볼리 교회와 함께 사도 바울의 지도하에서 성장한 것으로 보인다(골 4:15-16).

II. 이 편지의 발신자

3:14 …아멘이시요 충성되고 참된 증인이시요 하나님의 창조의 근본이신 이가 가라사대

1. 발신자

발신자는 물론 예수님이시다.

2. 발신자이신 예수님은 어떤 분으로 묘사되었는가?

1) 아멘이신 분

아멘은 히브리어로 "진실"을 뜻한다. 그러므로 이 호칭은 예수님이 진실하신 분이심을 뜻한다. 이 진실은 모든 우상들과 대조되는 하나님의 속성이다. 모든 우상들은 헛것이요 거짓된 것들이다. 그들은 가짜 신이다. 그러나

하나님은 진짜 신이시다. 즉 하나님은 참되신 분이시다.

- 롬 3:4 "그럴 수 없느니라 사람은 다 거짓되되 오직 하나님은 참되시다 할지어다…"

2) 충성되고 참된 증인이신 분

이 말씀에 대한 설명은 1:5의 해석을 참조할 것.

왜 예수님은 라오디게아 교회에 이런 분으로 나타나시는가? 라오디게아 교인들이 충성되지 못하고 참되지 못한 것을 지적하시기 위한 것이다. 주님은 이 표현을 가지고 "내 모습은 그렇지 아니한데 어찌하여 나를 닮아야 할 너희들은 그런 모습인가?"라는 반문을 라오디게아 교인들에게 던지고 계신 것이다.

3) 하나님의 창조의 근본

이것은 예수님이 하나님이신 것과 또 우주 만물의 창조의 근원이 되시는 분이심을 나타내는 말씀이다. 사도 요한은 이 사실을 다음과 같이 말하고 있다.

- 요 1:1-3 "태초에 말씀이 계시니라 이 말씀이 하나님과 함께 계셨으니 이 말씀은 곧 하나님이시니라 2 그가 태초에 하나님과 함께 계셨고 3 만물이 그로 말미암아 지은 바 되었으니 지은 것이 하나도 그가 없이는 된 것이 없느니라"

III. 칭 찬

없음

IV. 책 망

1. 행위가 덥지도 차지도 아니함

3:15 내가 네 행위를 아노니 네가 차지도 아니하고 더웁지도 아니하도다 네가 차든지 더웁든지 하기를 원하노라

이 말씀에서 차다는 것과 덥다는 것은 무엇을 뜻하는가? 차다는 것은 세상에 속하여 적극적으로 신앙을 반대하고 핍박하는 것을 뜻한다. 덥다는 것은 뜨거운 열정을 가진 신앙을 뜻한다. 사도 바울의 뜨거운 신앙을 보라.

- 고후 5:13-14 "우리가 만일 미쳤어도 하나님을 위한 것이요 만일 정신이 온전하여도 너희를 위한 것이니 14 그리스도의 사랑이 우리를 강권하시는도다…"

라오디게아 교인들은 전혀 믿지 않는 불신자도 아니고 그렇다고 사도 바울에게서 볼 수 있는 이런 신앙의 열정도 없었다는 것이다. "차든지 더웁든지 하기를 원하노라"는 말씀은 차겁게 되기를 원하신다는 의미가 아니고 신자이면 신자다운 모습을 분명하게 보이라는 뜻이다.

2. 자신의 부족함을 깨닫지 못하는 착각에 빠져있음

3:17 네가 말하기를 나는 부자라 부요하여 부족한 것이 없다 하나 네 곤고한 것과 가련한 것과 가난한 것과 눈먼 것과 벌거벗은 것을 알지 못하도다

라오디게아 교인들은 물질적으로 부자요 부요하여 부족한 것이 없는 삶을 살고 있었다. 그래서 그들은 아쉬울 것이 없는 자로 자처하였다. 그러나 우리 그리스도인들에게 중요한 것은 물질적인 것이 아니다. 중요한 것은 영적 상태인 것이다.

라오디게아 교인들은 물질적인 풍요 속에 영적으로는 차지도 덥지도 아니한 신앙생활로 인하여 아무 것도 없는 가난뱅이가 되었다. 그래서 주님이

보시기에는 이들은 곤고하고 가련하고 가난하고 눈멀고 벌거벗은 자가 되었다. 우리는 여기서 라오디게아 교회는 서머나 교회와 정반대인 사실을 주목하게 된다.

• 계 2:9 "내가 네 환난과 궁핍을 아노니 실상은 네가 부요한 자니라"

라오디게아 교인들과 같이 되지 말고 차라리 서머나 교인들과 같은 자가 되는 것이 복된 삶인 것을 기억하자. 자신을 부요한 자라고 착각하는 자들은 영적으로 가장 가난하고 곤고한 자이며, 반대로 자신이 가장 못나고 더러운 죄인이라고 생각하는 자는 영적으로 가장 부요한 자라는 사실은 우리의 신앙생활에서 절대로 잊어서는 안 될 매우 중요한 진리인 것이다. 우리는 이런 사실을 다음과 같은 예에서 알 수 있다.

1) 자신을 부요한 자로 착각을 한 자들

바리새인들은 자신들이 의로운 자들이라는 착각 속에 살았다(눅 18:9). 그러나 주님은 저들이 회 칠한 무덤 같은 자들이라고 하셨으며 그러므로 저들은 화를 당할 자들이라고 말씀하셨다(마 23장)

2) 자신이 가장 못나고 더러운 죄인이라고 생각하는 자들

사도 바울은 자신을 "만삭되지 못하여 난 자"(고전 15:8)와 같다고 하였고 "죄인 중에 괴수"(딤전 1:15)라고 하였다. 그런데 그는 사실상 얼마나 영적으로 부요한 자이었는가?

Ⅴ. 경고 및 권고

1. 경 고

3:16 네가 이같이 미지근하여 더웁지도 아니하고 차지도 아니하니 내 입에서 너를 토하

여 내치리라

이 말씀은 한 마디로 라오디게아 교인들이 이같이 미지근하여 덥지도 아니하고 차지도 아니한 것을 고치지 아니하면 주님께서 저들을 버리시겠다는 뜻이다. 주님으로부터 버림을 당한다는 것은 곧 멸망을 의미하는 것이다.

2. 권 고

3:18-19 내가 너를 권하노니 내게서 불로 연단한 금을 사서 부요하게 하고 흰 옷을 사서 입어 벌거벗은 수치를 보이지 않게 하고 안약을 사서 눈에 발라 보게 하라 무릇 내가 사랑하는 자를 책망하여 징계하노니 그러므로 네가 열심을 내라 회개하라

1) 내게서 불로 연단한 금을 사서 부요하게 하라

믿음을 연단하는 불은 시련을 뜻한다.

- 벧전 1:6-7 "그러므로 너희가 이제 여러 가지 시험을 인하여 잠깐 근심하게 되지 않을 수 없었으나 오히려 크게 기뻐하도다 7 너희 믿음의 시련이 불로 연단하여도 없어질 금보다 더 귀하여 예수 그리스도의 나타나실 때에 칭찬과 영광과 존귀를 얻게 하려 함이라"

그러면 여기서 "불로 연단한 금을 내게서 사서"라는 말은 무엇을 뜻하는가? 이 뜻은 다음 성구를 보면 알 수 있다.

- 히 12:11 "무릇 징계가 당시에는 즐거워 보이지 않고 슬퍼 보이나 후에 그로 말미암아 연달한 자에게는 의의 평강한 열매를 맺나니"

주님은 덥지도 차지도 아니한 라오디게아 교인들을 그냥 내버려 두시는 것이 아니다. 주님은 그들을 사랑하시기 때문에 징계를 하신다. 징계의 채찍

은 그들에게 불같은 시험이 될 것이며, 그 시험은 저들로 회개케 만들어서 금 같은 신앙을 갖게 만들 것이다. 이렇게 되면 저들은 의의 평강한 열매를 맺게 될 것이다. '내게서 사서'라는 말씀은 바로 주님이 내리시는 이 징계를 염두에 둔 말씀인 것이다.

2) 흰 옷을 사서 입어 벌거벗은 수치를 보이지 않게 하라

흰 옷은 성도들의 의롭고 착한 행실을 가리킨다.

- 계 19:8 "그에게 허락하사 빛나고 깨끗한 세마포를 입게 하셨은즉 이 세마포는 성도들의 옳은 행실이로다 하더라"

그러므로 이 말씀은 라오디게아 교인들이 차지도 덥지도 아니한 신앙생활 속에서 더럽혀진 죄의 옷을 벗어던지고 주님의 말씀에 합당한 삶으로 장식된 행실의 옷을 입으라는 뜻이다. 그 옷은 어디서 살 수 있는가? 의의 옷은 그리스도에게서 사야 한다. 왜냐하면 주님은 우리의 수치를 가리고 의로 옷 입히시기 위하여 죽으셨기 때문이다.

그리고 우리가 여기서 간과해서는 안 될 것 하나가 있다. 그것은 앞에서 말한 주님의 징계로 말미암아 불로 연단한 신앙을 가진 사람이 결국 여기서 말하는 흰 옷을 입게 된다는 사실이다. 왜냐하면 이 징계 속에서 회개를 하게 되는데 회개하는 자의 심령은 죄 사함 받고 모든 불의에서 깨끗하여지기 때문이다.

- 요일 1:9 "만일 우리가 우리 죄를 자백하면 저는 미쁘시고 의로우사 우리 죄를 사하시며 모든 불의에서 우리를 깨끗케 하실 것이요"

3) 안약을 사서 눈에 발라 보게 하라

여기서 본다는 것은 물론 영적인 세계를 보는 것을 뜻한다. 그러면 영적인 세계는 누가 볼 수 있는가?

- 마 5:8 "마음이 청결한 자는 복이 있나니 저희가 하나님을 볼 것임이요"

마음이 청결한 자가 볼 수 있다. 그러면 마음이 청결한 자는 누구인가? 바로 앞에서 말한 "흰 옷을 사서 입어 벌거벗은 수치를 보이지 않게" 된 사람이다.

그러므로 ① 내게서 불로 연단한 금을 사서 부요하게 하고 ② 흰 옷을 사서 입어 벌거벗은 수치를 보이지 않게 하고 ③ 안약을 사서 눈에 발라 보게 하라는 이 세 가지는 단계적으로 그렇게 될 수밖에 없는 일련의 과정들이라는 것을 알 수 있다.

4) 열심을 내라

3:19 그러므로 네가 열심을 내라 회개하라

위에서 말한 이런 3단계의 변화를 받은 후에는 어떻게 할 것인가? 열심을 내라는 것이다. 열심을 내라는 말씀은 게으르지 말고 부지런히 일하라는 뜻이다. 주님은 달란트 비유에서 한 달란트 받은 종을 향하여 "악하고 게으른 종"이라고 책망하셨다. 우리가 주님의 일꾼으로 부름을 받고 게으른 것은 주님으로부터 무서운 책망을 받을 수밖에 없는 죄인 것을 잊어서는 안 된다. 그러므로 사도 바울은 우리들에게 이렇게 권고한다.

- 롬 12:10-11 "형제를 사랑하여 서로 우애하고 존경하기를 서로 먼저 하며 11 부지런하여 게으르지 말고 열심을 품고 주를 섬기라"

VI. 격 려

3:20-22 볼지어다 내가 문 밖에 서서 두드리노니 누구든지 내 음성을 듣고 문을 열면 내

가 그에게로 들어가 그로 더불어 먹고 그는 나로 더불어 먹으리라 *21* 이기는 그에게는 내가 내 보좌에 함께 앉게 하여 주기를 내가 이기고 아버지 보좌에 함께 앉은 것과 같이 하리라 *22* 귀 있는 자는 성령이 교회들에게 하시는 말씀을 들을지어다

1. 주님과 교제하는 기쁨을 주실 것을 약속하심

3:20 볼지어다 내가 문 밖에 서서 두드리노니 누구든지 내 음성을 듣고 문을 열면 내가 그에게로 들어가 그로 더불어 먹고 그는 나로 더불어 먹으리라

라오디게아 교인들은 그들의 행위대로라면 주님의 입에서 토하여 내칠 수밖에 없는 자들이다. 그러나 주님은 저들을 버리지 아니하시고 주님과 더불어 교제하는 백성을 만드시기를 원하신다. "내가 그에게로 들어가 그로 더불어 먹고 그는 나로 더불어 먹으리라"는 말씀이 바로 이 뜻이다. 여기서 사도 요한은 주님과의 영적 교제를 먹는 것으로 표현하였다. 왜 이렇게 표현하였을까? 사도 요한은 최후 만찬 석상에서 성찬식을 제정하신 그 때의 감격을 마음에 두고 이렇게 표현하였을 것이다. 사도 요한은 여러 제자들 가운데에도 제일 나이가 어린 자로서 특별히 주님의 품에 기대어 있으면서 주님의 떡과 잔을 받은 사람이다.

• 눅 13:23 "예수의 제자 중 하나 곧 그의 사랑하시는 자가 예수의 품에 의지하여 누웠는지라"

이렇게 주님의 특별한 사랑을 받으며 영원한 속죄의 효과를 가져다주는 떡과 잔을 받을 때, 그 감격은 그의 평생을 두고 잊혀지지 않았을 것이다. 그래서 사도 요한은 이런 표현을 하게 되었을 것이다. 이런 사실을 생각할 때에 주님이 내 마음에 들어오셔서 나와 함께 먹고 마시는 교제를 이루어 주신다는 것이 얼마나 복된 일인가?

누구에게 이런 복이 주어지는가? "누구든지 내 음성을 듣고 문을 열면"

이런 복이 주어진다. 다시 말해서 주님의 말씀을 마음 문을 열고 받아 순종만 하면 이런 복이 주어질 것이라는 뜻이다. 그러므로 주님은 이렇게 말씀하신다.

- 요 15:7 "너희가 내 안에 거하고 내 말이 너희 안에 거하면 무엇이든지 원하는 대로 구하라 그리하면 이루리라"
- 요 15:10-11 "내가 아버지의 계명을 지켜 그의 사랑 안에 거하는 것 같이 너희도 내 계명을 지키면 내 사랑 안에 거하리라 11 내가 이것을 너희에게 이름은 내 기쁨이 너희 안에 있어 너희 기쁨을 충만하게 하려 함이니라"

2. 이기면 주님의 보좌에 앉혀주시겠다고 하심

3:21 이기는 그에게는 내가 내 보좌에 함께 앉게 하여 주기를 내가 이기고 아버지 보좌에 함께 앉은 것과 같이 하리라

이 얼마나 큰 복을 약속하고 계신가? 우리는 놀라지 아니할 수 없다. 주님이 앉으신 보좌가 어떤 자리인가?

1) 그 자리는 하나님 우편에 있는 자리이다.

- 막 16:19 "주 예수께서 말씀을 마치신 후에 하늘로 올리우사 하나님 우편에 앉으시니라"
- 롬 8:34 "누가 정죄하리요 죽으실 뿐 아니라 다시 살아나신 이는 그리스도 예수시니 그는 하나님 우편에 계신 자요 우리를 위하여 간구하시는 자시니라"

2) 그 자리는 우주 안에 모든 피조물들이 그 앞에 무릎을 꿇는 영광의 자리이다.

• 빌 2:9-11 "이러므로 하나님이 그를 지극히 높여 모든 이름 위에 뛰어난 이름을 주사 10 하늘에 있는 자들과 땅에 있는 자들과 땅 아래 있는 자들로 모든 무릎을 예수의 이름에 꿇게 하시고 11 모든 입으로 예수 그리스도를 주라 시인하여 하나님 아버지께 영광을 돌리게 하셨느니라"

주님의 보좌! 그것은 한마디로 온 우주의 통치권이 흘러나오는 권세와 영광의 자리이다. 그런데 주님은 이기는 자는 이 자리에 앉혀주시겠다는 약속을 하고 계신 것이다. 우리가 그 자리에 앉게 되면 주님이 받으시는 영광을 우리도 함께 받게 될 것이다. 이 얼마나 큰 축복인가?

그러므로 우리는 반드시 신앙의 길에서 승리하는 자가 되어야 할 것이다.

요한계시록은 이런 뜻이었다

제 3 장

제3장

천국의 광경

계시록 4:1-11

4:1 이 일 후에 내가 보니 하늘에 열린 문이 있는데 내가 들은 바 처음
에 내게 말하던 나팔소리 같은 그 음성이 가로되 이리로 올라오라
이 후에 마땅히 될 일을 내가 네게 보이리라 하시더라
4:2 내가 곧 성령에 감동하였더니 보라 하늘에 보좌를 베풀었고 그 보좌
위에 앉으신 이가 있는데
4:3 앉으신 이의 모양이 벽옥과 홍보석 같고 또 무지개가 있어 보좌에
둘렸는데 그 모양이 녹보석 같더라
4:4 또 보좌에 둘려 이십사 보좌들이 있고 그 보좌들 위에 이십사 장로
들이 흰 옷을 입고 머리에 금 면류관을 쓰고 앉았더라
4:5 보좌로부터 번개와 음성과 뇌성이 나고 보좌 앞에 일곱 등불 켠 것
이 있으니 이는 하나님의 일곱 영이라
4:6 보좌 앞에 수정과 같은 유리 바다가 있고 보좌 가운데와 보좌 주위
에 네 생물이 있는데 앞 뒤에 눈이 가득하더라
4:7 그 첫째 생물은 사자 같고 그 둘째 생물은 송아지 같고 그 세째 생
물은 얼굴이 사람 같고 그 네째 생물은 날아가는 독수리 같은데
4:8 네 생물이 각각 여섯 날개가 있고 그 안과 주위에 눈이 가득하더라

그들이 밤낮 쉬지 않고 이르기를 거룩하다 거룩하다 거룩하다 주
하나님 곧 전능하신 이여 전에도 계셨고 이제도 계시고 장차 오실
자라 하고
4:9 그 생물들이 영광과 존귀와 감사를 보좌에 앉으사 세세토록 사시는
이에게 돌릴 때에
4:10 이십사 장로들이 보좌에 앉으신 이 앞에 엎드려 세세토록 사시는
이에게 경배하고 자기의 면류관을 보좌 앞에 던지며 가로되
4:11 우리 주 하나님이여 영광과 존귀와 능력을 받으시는 것이 합당하
오니 주께서 만물을 지으신지라 만물이 주의 뜻대로 있었고 또 지
으심을 받았나이다 하더라

내용 분해

- 천국의 광경을 보여주시려고 요한을 천국으로 인도하심(1절)
- 하나님의 모습(2-3절)

- 24 장로들의 모습(4절)
- 예수님의 모습(5절)
- 네 생물들의 모습과 하는 일(6-9절)
- 24 장로들의 하는 일(10-11절)

천국의 광경을 보여주시는 목적

계시록 4장은 주님께서 사도 요한을 천국으로 인도하여 그곳의 광경을 보여주시는 내용이다. 우리는 여기서 잠시 생각해 볼 것이 있다. 하나님은 앞으로 되어질 일들을 보여주시기 전에 왜 사도 요한을 직접 천국으로 끌어올려서 그에게 천국의 광경을 보여주시는 것일까? 그 이유는 다음과 같다.

1. 장차 우리가 들어가서 살 곳을 미리 보여주시려고

주님은 사도 요한에게 말씀으로만 앞으로 속히 될 일을 알려주어도 아무 문제가 없을 일이 아닌가? 그럼에도 불구하고 천국으로 그를 직접 인도하여 그 광경을 보여주신 목적은 소망을 주시기 위한 것이다. 다시 말하면 주님은 사도 요한과 우리에게 "네가 이 땅에서 잠시 동안만 환난 고통을 견디고 신앙을 지키면 이렇게 좋은 천국에서 영원히 살게 될 것이다. 그러니 네가 장차 들어와서 살게 될 곳을 보라"고 말씀하시는 뜻으로 이 광경을 보여주시는 것이다. 주님께서 이런 뜻으로 천국을 보여주셨다는 것은 다음과 같은 사실에서도 증명된다.

주님은 제자들에게 십자가를 지고 주님을 따를 것을 말씀하시고 곧 이어서 그렇게 하면 주님 재림 때에 받게 될 보상이 무엇인가를 말씀하셨다.

- 마 16:24-28 "이에 예수께서 제자들에게 이르시되 아무든지 나를 따라 오려거든 자기를 부인하고 자기 십자가를 지고 나를 좇을 것이니라 25 누구든지 제 목숨을 구원코자 하면 잃을 것이요 누구든지 나를

위하여 제 목숨을 잃으면 찾으리라 26 사람이 만일 온 천하를 얻고도 제 목숨을 잃으면 무엇이 유익하리요 사람이 무엇을 주고 제 목숨을 바꾸겠느냐 27 인자가 아버지의 영광으로 그 천사들과 함께 오리니 그 때에 각 사람의 행한 대로 갚으리라 28 진실로 너희에게 이르노니 여기 섰는 사람 중에 죽기 전에 인자가 그 왕권을 가지고 오는 것을 볼 자들도 있느니라"

이 말씀을 하시고 6일 후에 주님은 재림 때의 영광스런 모습을 변화 산에서 미리 보여주셨다(마 17:1-). 변화 산에서 보여주신 주님의 모습이 재림 때의 모습이라는 사실은 베드로 사도의 다음과 같은 말씀에서 분명히 알 수 있다.

• 벧후 1:16-18 "우리 주 예수 그리스도의 능력과 강림하심을 너희에게 알게 한 것이 공교히 만든 이야기를 좇은 것이 아니요 우리는 그의 크신 위엄을 친히 본 자라 17 지극히 큰 영광 중에서 이러한 소리가 그에게 나기를 이는 내 사랑하는 아들이요 내 기뻐하는 자라 하실 때에 저가 하나님 아버지께 존귀와 영광을 받으셨느니라 18 이 소리는 우리가 저와 함께 거룩한 산에 있을 때에 하늘로서 나옴을 들은 것이라"

그러면 주님께서 재림 때의 그 영광스런 모습을 미리 보여주신 이유는 무엇인가? 그 이유는 다음과 같다. 십자가를 지는 고난으로만 신앙의 길이 끝나는 것이라면 그 누가 그 길을 가려고 하겠는가? 그리고 받아야 할 고난은 크고 그 보상으로 받게 될 영광은 작은 것이라면 또한 누가 그 길을 가려고 하겠는가? 그러나 우리가 이 땅에서 받아야 할 고난은 장차 주님께서 재림하실 때 우리가 천국에 가서 누리게 될 행복과 비교하면 지극히 작은 것이요 잠깐인 것이다.

• 롬 8:17-18 "자녀이면 또한 후사 곧 하나님의 후사요 그리스도와 함께 한 후사니 우리가 그와 함께 영광을 받기 위하여 고난도 함께 받

아야 될 것이니라 18 생각건대 현재의 고난은 장차 우리에게 나타날 영광과 족히 비교할 수 없도다"

주님은 이 사실을 사도 요한과 오늘날 이 계시를 받는 우리들에게 알려주시고 확신시켜 주시기 위하여 천국의 광경을 직접 보여주시는 것이다. 그러므로 우리는 천국이 있는지 없는지 가 봐야 알 것이라고 말하는 신자가 되어서는 안 된다. 천국이 있다는 확신은 물론 그 나라에서 장차 누리게 될 영광을 벅찬 소망으로 간직하고, 어떤 고난이 와도 달게 받으며 이기는 자가 되어야 할 것이다.

2. 계시의 확실성을 보여주시려고

주님은 계 4장에서 천국의 광경을 보여주신 후에 계 5장에 들어가서 이 계시록의 원천이 되는 일곱 인으로 봉한 두루마리 책에 대한 환상을 보여주시고 있다. 그 책에는 "반드시 속히 될 일"이 기록되어 있었다. 그 책은 본래 하나님의 손에 있었고 아무도 그것을 열어 계시할 자가 없었는데 예수님이 그것을 열어 계시하시게 되었다는 내용이 나온다.

이 사실을 통하여 주님은 우리에게 무엇을 알려주시려는 것인가? 주님은 이 사실을 보여주심으로써 이 계시가 사도 요한의 잘못된 환상이나 착각에 의하여 기록된 것이 아니라 확실히 하나님께로부터 그리고 우리의 구주가 되시는 예수님으로부터 비롯되었다는 확신을 갖게 하려는 데 그 목적이 있는 것이다. 그러므로 우리는 이 계시록의 내용들이 분명히 우리 주님이 주신 것임을 확신해야 할 것이다.

해 석

I. 천국의 광경을 보여주시려고 요한을 천국으로 인도하심

4:1 이 일 후에 내가 보니 하늘에 열린 문이 있는데 내가 들은 바 처음에 내게 말하던 나팔소리 같은 그 음성이 가로되 이리로 올라오라 이 후에 마땅히 될 일을 내가 네게 보이리라 하시더라

1. 하늘에 열린 문

"이 일 후에 내가 보니 하늘에 열린 문이 있는데"

이 세상 모든 죄인들에게 하나님 나라에 갈 수 있는 문은 닫혀있다.

- 롬 3:23 "모든 사람이 죄를 범하였으매 하나님의 영광에 이르지 못하더니"

그러나 주님을 신실하게 믿는 성도들에게는 천국문은 열린다는 사실을 보게 된다.

- 행 7:55-56 "스데반이 성령이 충만하여 하늘을 우러러 주목하여 하나님의 영광과 및 예수께서 하나님 우편에 서신 것을 보고 56 말하되 보라 하늘이 열리고 인자가 하나님 우편에 서신 것을 보노라 한대"
- 행 10:11 "하늘이 열리며 한 그릇이 내려오는 것을 보니 큰 보자기 같고 네 귀를 매어 땅에 드리웠더라"

2. 이리로 올라오라

"내가 들은 바 처음에 내게 말하던 나팔소리 같은 그 음성이 가로되 이리로 올라오라"

1) 내가 들은 바 처음에 내게 말하던 나팔소리 같은 그 음성은 누구의 음성인가?

처음에 말하던 나팔소리 같은 음성은 계 1:10의 말씀을 가리킨다.

• 계 1:10 "주의 날에 내가 성령에 감동하여 내 뒤에서 나는 나팔소리 같은 큰 음성을 들으니"

이 성구에서 그 음성의 주인공은 예수님이셨다. 그러므로 본문의 음성도 예수님의 음성이다.

2) 그 음성의 내용은 무엇인가?

"이리로 올라오라"는 것이다. 예수님은 사도 요한을 천국으로 초청을 하신 것이다. 사도 바울도 이런 초청을 받은 일이 있다.

• 고후 12:2-4 "내가 그리스도 안에 있는 한 사람을 아노니 십사 년 전에 그가 세째 하늘에 이끌려 간 자라 (그가 몸 안에 있었는지 몸 밖에 있었는지 나는 모르거니와 하나님은 아시느니라) 3 내가 이런 사람을 아노니 (그가 몸 안에 있었는지 몸 밖에 있었는지 나는 모르거니와 하나님은 아시느니라) 4 그가 낙원으로 이끌려 가서 말할 수 없는 말을 들었으니 사람이 가히 이르지 못할 말이로다"

예수님은 사도 요한에게 천국의 광경을 보여주시고 또한 계시를 주시기 위하여 천국으로 초청을 하신 것이다.

3. 올라오게 하신 목적

"이 후에 마땅히 될 일을 내가 네게 보이리라 하시더라"

주님은 사도 요한에게 천국의 기이한 광경을 보여주시고 이 후에 마땅히 될 일을 계시하여 주시기 위하여 천국으로 초청을 하신 것이다.

II. 하나님의 모습

4:2-3 내가 곧 성령에 감동하였더니 보라 하늘에 보좌를 베풀었고 그 보좌 위에 앉으신 이가 있는데 *3* 앉으신 이의 모양이 벽옥과 홍보석 같고 또 무지개가 있어 보좌에 둘렸는데 그 모양이 녹보석 같더라

1. 하늘에 보좌를 베풀었음

"내가 곧 성령에 감동하였더니 보라 하늘에 보좌를 베풀었고"

1) 이 보좌는 누구의 보좌인가?

성부의 보좌인가? 성부 성자 성령 삼위의 보좌인가에서 의견이 엇갈리고 있으나 성부 하나님의 보좌로 보는 것이 합당하다. 그 이유는 5절에 "보좌 앞에 일곱 등불 켠 것이 있으니 이는 하나님의 일곱 영이라"는 말이 나오는데 이 분은 예수님을 가리키고 있기 때문이다.

2) 보좌는 무엇을 상징하는가?

하나님은 영이시다(요 4:24). 그러므로 우리의 눈으로 볼 수 있는 분이 아니시다.

- 딤전 6:15-16 "기약이 이르면 하나님이 그의 나타나심을 보이시리니 하나님은 복되시고 홀로 한 분이신 능하신 자이며 만왕의 왕이시며 만주의 주시오 16 오직 그에게만 죽지 아니함이 있고 가까이 가지 못할 빛에 거하시고 아무 사람도 보지 못하였고 또 볼 수 없는 자시니 그에게 존귀와 영원한 능력을 돌릴지어다 아멘"
- 요일 4:12 "어느 때나 하나님을 본 사람이 없으되 만일 우리가 서로 사랑하면 하나님이 우리 안에 거하시고 그의 사랑이 우리 안에 온전히 이루느니라"

그러므로 하나님의 이 보좌는 물질적인 의미로 보아서는 안 된다. 이 보좌는 한 나라의 최고 통치자인 왕의 보좌를 염두에 두고 나온 표현인 것이다. 즉 하나님은 온 우주의 창조자이시며 통치자이시다. 우주 전체의 통치권이 바로 그분에게서 흘러나오는 것이다. 그러므로 이 보좌는 하나님의 권세와 위엄을 상징하는 것이다.

2. 하나님의 모양

4:2-3 그 보좌 위에 앉으신 이가 있는데 *3* 앉으신 이의 모양이 벽옥과 홍보석 같고 또 무지개가 있어 보좌에 둘렸는데 그 모양이 녹보석 같더라

1) "같다"는 의미

우리가 이 구절의 해석에서 한 가지 조심할 것이 있다. 그것은 이 구절에서 하나님의 모습을 이 세상의 어떤 물질에 비유하여 "…과 같다"고 표현하고 있는데 이것은 그 양자가 동일함을 뜻하는 것은 아니다. 영이신 하나님과 피조물의 하나인 물질과는 동일할 수 없다. 사도 요한이 이런 표현을 쓰는 것은 하나님의 그 영광스런 모습을 그런 방법으로 표현하는 것 밖에는 다른 방법이 없었기 때문이다. 그리고 이런 표현들은 하나님의 여러 가지 속성을 나타내는 것이다.

2) 묘사된 하나님의 모양

(1) 벽옥과 홍보석 같음

이들에 대한 주경학자들 대부분의 견해는 다음과 같다.

- 벽옥 - 투명한 수정 같은 보석이다. 이는 하나님의 성결하신 속성을 상징한다.
- 홍보석 - 홍보석은 진홍색 보석이다. 이는 죄인을 향하여 진노하시는 공의의 하나님을 상징한다.

(2) 무지개가 그 보좌를 두르고 있음

"무지개가 있어 보좌에 둘렸는데"

무지개는 무엇을 상징하는가? 무지개는 하나님의 은혜로운 언약을 상징한다.

- 창 9:12-15 "하나님이 가라사대 내가 나와 너희와 및 너희와 함께 하는 모든 생물 사이에 영세(永世)까지 세우는 언약의 증거는 이것이라 13 내가 내 무지개를 구름 속에 두었나니 이것이 나의 세상과의 언약의 증거니라 14 내가 구름으로 땅을 덮을 때에 무지개가 구름 속에 나타나면 15 내가 나와 너희와 및 혈기 있는 모든 생물 사이의 내 언약을 기억하리니 다시는 물이 모든 혈기 있는 자를 멸하는 홍수가 되지 아니할지라"

"…그 모양이 녹보석 같더라"

녹보석은 오늘날의 에메랄드로 믿어진다. 녹색은 생명의 상징이다. 사막이 변하여 각종 식물로 뒤덮인 색을 상상해보라. 그러므로 이 색은 하나님의 은혜로우신 속성을 상징하는 것이다. 그러므로 "또 무지개가 있어 보좌에 둘렸는데 그 모양이 녹보석 같더라"는 이 말씀은 한 마디로 하나님은 우리에게 사랑과 자비와 은혜를 베푸시는 은혜로우신 분이신 것을 나타내주는 표현이다.

III. 24 장로들의 모습

4:4 또 보좌에 둘려 이십사 보좌들이 있고 그 보좌들 위에 이십사 장로들이 흰 옷을 입고 머리에 금 면류관을 쓰고 앉았더라

1. 24 장로들은 누구인가?

이들이 누구인가에 대하여 여러 견해들이 있으나 결론부터 말하면 신구약 시대의 모든 성도들의 대표들이다. 그 근거는 다음과 같다.

1) 장로는 인간이다.

인간으로서 천국에 가 있는 자는 주님을 믿는 성도들 밖에 없다. 그러므로 이 장로들은 구원받은 인간임에 틀림없다.

2) 24라는 숫자는 12와 12를 더한 숫자이다.

구약의 성도들의 대표는 12 지파로, 신약의 성도들의 대표는 12 사도로 표현되고 있다.

24 장로는 신구약 모든 시대를 걸쳐서 구원받은 전세계의 모든 성도들을 대표하는 자들임에 틀림없다. 그러므로 그 24 장로들 뒤에 헤아릴 수 없이 많은 성도들이 있을 것은 당연하다. 이런 사실을 더욱 확신케 하는 성구가 있다.

- 계 21:12-14 "크고 높은 성곽이 있고 열두 문이 있는데 문에 열두 천사가 있고 그 문들 위에 이름을 썼으니 이스라엘 자손 열두 지파의 이름들이라 13 동편에 세 문, 북편에 세 문, 남편에 세 문, 서편에 세 문이니 14 그 성에 성곽은 열두 기초석이 있고 그 위에 어린양의 십이 사도의 열두 이름이 있더라"

2. 24 장로들은 어떤 모습을 하고 있는가?

"이십사 장로들이 흰 옷을 입고 머리에 금 면류관을 쓰고 앉았더라"

1) 흰 옷을 입음

"…이십사 장로들이 흰 옷을 입고"

흰 옷은 의와 청결의 상징이다.

- 계 3:18 "내가 너를 권하노니 내게서 불로 연단한 금을 사서 부요하게 하고 흰 옷을 사서 입어 벌거벗은 수치를 보이지 않게 하고 안약을 사서 눈에 발라 보게 하라"

죄 많은 이 세상 삶을 끝내고 구원받아 천국에 들어간 성도들! 그들은 수치스런 죄의 모습은 완전히 벗어버리고 의인된 신분과 완전 성결한 심령 상태가 되는 것이다. 이 모습이 본문에서 흰 옷으로 표현 된 것이다.

2) 머리에 금 면류관을 씀

"머리에 금 면류관을 쓰고 앉았더라"

금은 왕권의 상징이다. 이 사실은 동방박사들이 아기 예수님께 경배하러 갈 때 황금을 예물로 가져간 사실에서 알 수 있다.

- 마 2:11 "집에 들어가 아기와 그 모친 마리아의 함께 있는 것을 보고 엎드려 아기께 경배하고 보배합을 열어 황금과 유향과 몰약을 예물로 드리니라"

이 성구에서 황금은 주님의 왕 되신 신분에, 유향은 주님의 신성에, 몰약은 그의 죽으심을 위하여 예비된 것이다. 그러므로 금은 왕권의 상징이다.

참으로 성경은 구원받은 성도들이 주님과 더불어 왕 같은 지위에 오를 것을 말하고 있다.

- 벧전 2:9 "오직 너희는 택하신 족속이요 왕 같은 제사장들이요 거룩한 나라요 그의 소유된 백성이니 이는 너희를 어두운 데서 불러내어 그의 기이한 빛에 들어가게 하신 자의 아름다운 덕을 선전하게 하려

하심이라"

- 계 20:4 "또 내가 보좌들을 보니 거기 앉은 자들이 있어 심판하는 권세를 받았더라 또 내가 보니 예수의 증거와 하나님의 말씀을 인하여 목 베임을 받은 자의 영혼들과 또 짐승과 그의 우상에게 경배하지도 아니하고 이마와 손에 그의 표를 받지도 아니한 자들이 살아서 그리스도로 더불어 천 년 동안 왕 노릇 하니"

면류관은 승리자의 영광의 상징이다.

- 딤후 4:6-8 "관제와 같이 벌써 내가 부음이 되고 나의 떠날 기약이 가까웠도다 7 내가 선한 싸움을 싸우고 나의 달려갈 길을 마치고 믿음을 지켰으니 8 이제 후로는 나를 위하여 의의 면류관이 예비되었으므로 주 곧 의로우신 재판장이 그 날에 내게 주실 것이니 내게만 아니라 주의 나타나심을 사모하는 모든 자에게니라"

이 면류관은 저들이 이 땅에서 믿음의 선한 싸움을 잘 싸워서 승리한 결과 주님께서 주신 영광의 상징인 것이다.

그러므로 여기에 나타난 24 장로들의 모습은 한마디로 믿음의 선한 싸움에서 승리한 결과, 주님께서 주시는 영광 가운데서 주님과 함께 우주 만물의 통치권을 행사하는 모습이다. 그리고 이 모습은 장차 천국에 들어갔을 때 우리의 모습이다. 이 얼마나 영광스런 모습인가?

Ⅳ. 예수님의 모습

4:5 보좌로부터 번개와 음성과 뇌성이 나고 보좌 앞에 일곱 등불 켠 것이 있으니 이는 하나님의 일곱 영이라

1. 보좌로부터 번개와 음성과 뇌성이 나고

보좌는 2절에서 본 대로 성부 하나님의 보좌이다. 거기에서 번개와 음성과 뇌성이 난다는 것은 하나님의 위엄과 능력이 흘러넘침을 의미한다. 하나님의 이러한 위엄과 권능은 시내 산에 나타나신 하나님에게서도 보게 된다.

- 출 19:15-16 "모세가 백성에게 이르되 예비하여 제 삼일을 기다리고 여인을 가까이 말라 하니라 16 제삼일 아침에 우뢰와 번개와 빽빽한 구름이 산 위에 있고 나팔 소리가 심히 크니 진중 모든 백성이 다 떨더라"

2. 보좌 앞에 일곱 등불 켠 것이 있으니 이는 하나님의 일곱 영이라

성부 하나님의 보좌 앞에 계신 이 분은 누구이신가? 예수님이시다. 어떻게 알 수 있는가? 이에 대한 설명은 이미 계 1:4에서 한 바가 있으므로 여기서는 설명을 생략한다. 그 곳을 참조하기 바란다.

V. 네 생물들의 모습과 그들이 하는 일

4:6-9 보좌 앞에 수정과 같은 유리 바다가 있고 보좌 가운데와 보좌 주위에 네 생물이 있는데 앞 뒤에 눈이 가득하더라 *7* 그 첫째 생물은 사자 같고 그 둘째 생물은 송아지 같고 그 세째 생물은 얼굴이 사람 같고 그 네째 생물은 날아가는 독수리 같은데 *8* 네 생물이 각각 여섯 날개가 있고 그 안과 주위에 눈이 가득하더라 그들이 밤낮 쉬지 않고 이르기를 거룩하다 거룩하다 거룩하다 주 하나님 곧 전능하신 이여 전에도 계셨고 이제도 계시고 장차 오실 자라 하고 *9* 그 생물들이 영광과 존귀와 감사를 보좌에 앉으사 세세토록 사시는 이에게 돌릴 때에

1. 보좌 앞에 수정과 같은 유리 바다는 무엇인가?

4:6 보좌 앞에 수정과 같은 유리 바다가 있고

이 광경이 뜻하는 바가 무엇인가? 원문의 뜻부터 확인해 보면 이 말씀은 "보좌 앞에 수정과 같은 유리 바다 같은 것이 있고"이다. 이 말씀은 천국의 성결함을 가리키는 것이다. 천국은 죄악이나 불결한 것은 티끌만큼도 없는 깨끗한 세계임을 보여주는 말씀이다. 그러므로 사도 요한은 천국 천성을 가리켜 이렇게 말하고 있다.

- 계 21:23-27 "그 성은 해나 달의 비췸이 쓸데없으니 이는 하나님의 영광이 비취고 어린양이 그 등이 되심이라 24 만국이 그 빛 가운데로 다니고 땅의 왕들이 자기 영광을 가지고 그리로 들어오리라 25 성문들을 낮에 도무지 닫지 아니하리니 거기는 밤이 없음이라 26 사람들이 만국의 영광과 존귀를 가지고 그리로 들어오겠고 27 무엇이든지 속된 것이나 가증한 일 또는 거짓말하는 자는 결코 그리로 들어오지 못하되 오직 어린양의 생명책에 기록된 자들뿐이라"

2. 네 생물의 정체는 무엇인가?

4:6 보좌 가운데와 보좌 주위에 네 생물이 있는데 앞뒤에 눈이 가득하더라

결론부터 말하면 이 네 생물들은 천사들의 대표들이다. 즉 천사들 중에 가장 지위가 높은 자들이다. 구원받은 모든 성도들의 대표로서 24 장로들이 그 보좌 앞에 있는 것처럼 모든 천사들의 대표도 하나님의 보좌 앞에 있는 것이다.

그러면 이 생물들이 천사들이라는 것을 무엇으로 알 수 있는가? 다음과 같은 세 가지 사실에서 알 수 있다.

1) 에스겔 선지자가 본 환상과 그에 대한 설명으로 보아서

에스겔 선지자는 네 생물에 관한 환상을 본다.

- 겔 1:4-5 "내가 보니 북방에서부터 폭풍과 큰 구름이 오는데 그 속에

서 불이 번쩍번쩍하여 빛이 그 사면에 비취며 그 불 가운데 단 쇠 같은 것이 나타나 보이고 5 그 속에서 네 생물의 형상이 나타나는데 그 모양이 이러하니 사람의 형상이라"

그런데 에스겔 선지자는 이 네 생물들의 정체가 무엇인가를 직접 설명하고 있다.

• 겔 10:20 "그것은 내가 그발 강가에서 본 바 이스라엘 하나님의 아래 있던 생물이라 그들이 그룹들인 줄을 내가 아니라"

이 말씀에서 그룹은 원어에서 천사를 뜻한다. 그리고 이 그룹들은 다음과 같은 일을 하고 있는 것으로 구약에 나타나고 있다.

● 낙원의 입구를 지키는 일

• 창 3:24 "이같이 하나님이 그 사람을 쫓아 내시고 에덴 동산 동편에 그룹들과 두루 도는 화염검을 두어 생명나무의 길을 지키게 하시니라"

● 성막 지성소의 속죄소를 덮는 일

• 출 25:18-20 "금으로 그룹 둘을 속죄소 두 끝에 쳐서 만들되 19 한 그룹은 이 끝에, 한 그룹은 저 끝에 곧 속죄소 두 끝에 속죄소와 한 덩이로 연하게 할지며 20 그룹들은 그 날개를 높이 펴서 그 날개로 속죄소를 덮으며 그 얼굴을 서로 대하여 속죄소를 향하게 하고"

이 성구에서 그룹들이 속죄소를 덮고 있다고 하는 것은 하나님의 가장 소중한 성물들을 보호하는 역할을 하는 것을 상징하고 있다.

2) 그룹이 있는 위치로 보아서

우리는 출 25:18-20에서 그룹이 성막의 지성소 안에 있는 것을 보았다.

지성소는 하나님이 계신 곳의 상징이다. 즉 하나님의 보좌가 있는 곳을 상징한다. 그런데 그룹은 바로 그 자리에 있다. 성막이 천국의 모형이라는 사실을 생각할 때에 본문의 보좌 앞의 네 생물과 지성소의 그룹은 그 위치에 있어서도 완전 일치하는 것이다. 이런 점에서 네 생물은 천사들이라는 확신을 더욱 갖게 한다.

3) 네 생물들이 하는 일을 보아서

4:8-9 네 생물이 각각 여섯 날개가 있고 그 안과 주위에 눈이 가득하더라 그들이 밤낮 쉬지 않고 이르기를 거룩하다 거룩하다 거룩하다 주 하나님 곧 전능하신 이여 전에도 계셨고 이제도 계시고 장차 오실 자라 하고 *9* 그 생물들이 영광과 존귀와 감사를 보좌에 앉으사 세세토록 사시는 이에게 돌릴 때에

이렇게 하나님께 감사와 찬송과 영광을 돌릴 수 있는 피조물이 구원받은 인간들과 하늘에 있는 천사들 밖에 그 누가 있겠는가? 그러므로 이 생물들은 틀림없는 천사들인 것이다.

3. 그 모습은 무엇을 의미하는가?

1) 앞뒤에 눈이 가득함

4:6 네 생물이 있는데 앞뒤에 눈이 가득하더라

이 말씀을 육적으로 생각해서는 안 된다. 왜냐하면 천사는 영적인 존재이며 육체가 없기 때문이다. 만일 육적으로 그 모습을 상상한다면 그 생물들의 모습은 괴물일 수밖에 없을 것이다. 이것은 어디까지나 그 천사들이 지니고 있는 속성을 나타내는 말씀이다.

그러면 앞뒤에 눈이 가득하다는 이 말씀은 이 천사들의 어떤 속성을 말해주고 있는 것일까? 이 말씀은 천사들이 하나님을 위하여 봉사하는 자들로

서 그 임무를 조금도 부족함이 없이 수행하기 위하여 필요한 지혜와 통찰력을 가지고 있음을 뜻하는 것이다.

우리들의 경험으로 볼 때 천사들의 지혜와 통찰력은 거의 전지에 가까운 것이다. 예를 들면 타락한 천사인 사단도 우리 성도들을 얼마나 잘 알고 있는가? 우리가 은혜 받으려 하면 어떻게 그렇게 잘 알고 찾아와서 시험을 하는지? 이런 일이 나 한 사람뿐인가? 이 지구상의 모든 인간들의 심령 상태를 마귀는 이렇게 꿰뚫어 보고 있지 아니한가? 악령도 이러하다면 하물며 거룩한 천사들의 지혜와 통찰력은 얼마나 더하겠는가? 그러므로 네 생물의 가장 두드러진 특징은 지혜와 통찰력이며 따라서 "**앞뒤에 눈이 가득하더라**"고 그 모습이 표현된 것이다.

2) 여러 동물과 같음

> *4:7-8* 그 첫째 생물은 사자 같고 그 둘째 생물은 송아지 같고 그 세째 생물은 얼굴이 사람 같고 그 네째 생물은 날아가는 독수리 같은데

이 말씀도 육적 모습으로 이해되어서는 안 된다. 각 천사들의 속성을 말하는 것으로 보아야 할 것이다. 그리고 이 속성들을 정확히 이해하기 위해서는 천사의 세계에 관하여 알아야 할 것들이 있다. 다음 면(p. 182)의 특주를 보라. 천사의 세계에 관한 이러한 사실들을 생각할 때 수많은 천사들이 각각 그 직무에 따라 다른 조직을 가지고 있다는 사실을 알게 되며, 따라서 하나님의 보좌 앞에 있는 네 생물들은 그 조직들의 대표들일 것이라는 사실을 쉽게 추정할 수 있다.

그리고 여기서 말하는 네 생물의 모습은 각각 그들의 직무를 수행하기에 적합한 속성들을 나타내고 있는 것으로 보인다. 그러나 그 네 부류의 천사들이 구체적으로 각각 어떤 임무를 맡고 있는지 또 그 네 생물의 이름이 무엇인지는 성경에서 말하고 있지 않기 때문에 알 수 없다. 다만 우리는 여기서 말하는 속성들은 그들이 맡은 바 임무를 수행하기에 적합한 속성들이라는

특주

천사의 세계

I. 천사의 수

1. 천사는 큰 무리이다.

- 시 68:17 "하나님의 병거가 천천이요 만만이라 주께서 그 중에 계심이 시내 산 성소에 계심 같도다"
- 단 7:10 "불이 강처럼 흘러 그 앞에서 나오며 그에게 수종하는 자는 천천이요 그 앞에 시위한 자는 만만이며 심판을 베푸는데 책들이 펴 놓였더라"
- 계 5:11 "내가 또 보고 들으매 보좌와 생물들과 장로들을 둘러 선 많은 천사의 음성이 있으니 그 수가 만만이요 천천이라"

2. 천사들은 생육 번식함이 없는 개별적인 무리들이다.

천사들은 결혼도 아니 하고(마 22:30) 따라서 혈통을 따라 번식하지 아니한다. 천사들에게는 죽음이 없기 때문에 그 수의 감소가 없이 창조된 이후 지금까지 개별적인 존재로서 생존하고 있는 것이다.

II. 천사의 조직

천사는 그 많은 수가 개별적으로 창조되었으나 독립적으로 존재하는 것이 아니라 일정한 조직을 가지고 있다는 사실을 다음 성구에서 알 수 있다.

1. 천사의 조직을 말하는 성구

1) 천사들 중에 등급의 차이를 말하는 성구

우리는 성경에서 "정사, 권세, 능력, 주관하는 자, 보좌, 천사장" 등의 이름을 발견하게 되는데 이러한 이름들은 천사 자신의 이름도 아니고 인간 세계에 있는 바 종족의 이름도 아니다. 이 이름들은 천사들 중에 등급과 위엄의 차이가 있음을 보여주는 계급적 명칭인 것이다.

• 엡 1:21 "모든 정사와 권세와 능력과 주관하는 자와 이 세상뿐 아니라 오는 세상에 일컫는 모든 이름 위에 뛰어나게 하시고"

• 엡 3:10 "이는 이제 교회로 말미암아 하늘에서 정사와 권세들에게 하나님의 각종 지혜를 알게 하려 하심이니"

• 골 1:16 "만물이 그에게 창조되되 하늘과 땅에서 보이는 것들과 보이지 않는 것들과 혹은 보좌들이나 주관들이나 정사들이나 권세들이나 만물이 다 그로 말미암고 그를 위하여 창조되었고"

• 골 2:10 "너희도 그 안에서 충만하여졌으니 그는 모든 정사와 권세의 머리시라"

2) 특수계급을 나타내는 명칭을 말하는 성구

(1) 가브리엘

• 눅 1:19 "천사가 대답하여 가로되 나는 하나님 앞에 섰는 가브리엘이라 이 좋은 소식을 전하여 네게 말하라고 보내심을 입었노라"

• 단 8:16-17 "내가 들은즉 을래 강 두 언덕 사이에서 사람의 목소리가 있어 외쳐 이르되 가브리엘아 이 이상을 이 사람에게 깨닫게 하라 하더니 17 그가 나의 선 곳으로 나아 왔는데 그 나아올 때에 내가 두려워서 얼굴을 땅에 대고 엎드리매 그가 내게 이르되 인자야 깨달아 알라 이 이상은 정한 때 끝에 관한 것이니라"

이 성구들을 볼 때 가브리엘 천사는 하나님의 계시를 소개하고 해석하는 특별 직무를 가진 천사라는 것을 알 수 있다.

(2) 미가엘

미가엘이라는 뜻은 "누가 하나님과 같으리요?"이다. 이 천사는 유다서 9절에서 천사장이라고 불리어진 것으로 보아 천사들 중에 독특한 지위를 가진 것으로 보인다. 이 천사는 이스라엘의 대적과 악한 영계의 권세를 대항하여 여호와의 전투를 용감히 행하는 전사임을 다음 성구에서 알 수 있다.

• 단 10:21 "오직 내가 먼저 진리의 글에 기록된 것으로 네게 보이리라 나를 도와서 그들을 대적하는 자는 너희 군 미가엘 뿐이니라"

• 유 1:9 "천사장 미가엘이 모세의 시체에 대하여 마귀와 다투어 변론할 때에 감히 훼방하는 판결을 쓰지 못하고 다만 말하되 주께서 너를 꾸짖으시기를 원하노라 하였거늘"

• 계 12:7-8 "하늘에 전쟁이 있으니 미가엘과 그의 사자들이 용으로 더불어 싸울새 용과 그의 사자들도 싸우나 8 이기지 못하여 다시 하늘에서 저희의 있을 곳을 얻지 못한지라"

(3) 그룹

그룹이라는 이 천사들은 하나님의 권능과 위엄과 영광을 나타내며 하나님의 거룩함을 지키는 무사적 성격을 띤 존재로 나타난다.

• 창 3:24 "이같이 하나님이 그 사람을 쫓아 내시고 에덴 동산 동편에 그룹들과 두루 도는 화염검을 두어 생명나무의 길을 지키게 하시니라"

• 출 25:18-19 "금으로 그룹 둘을 속죄소 두 끝에 쳐서 만들되 19 한 그룹은 이 끝에, 한 그룹은 저 끝에 곧 속죄소 두 끝에 속죄소와 한 덩이로 연하게 할지며"

(4) 스랍

그룹이 무사적인 성격을 갖고 있는 반면에 스랍은 하나님과 인간을 화목시키는 일을 한다.

• 사 6:2-7 "스랍들은 모셔 섰는데 각기 여섯 날개가 있어 그 둘로는 그 얼굴을 가리었고 그 둘로는 그 발을 가리었고 그 둘로는 날며 3 서로 창화하여 가로되 거룩하다 거룩하다 거룩하다 만군의 여호와여 그 영광이 온 땅에 충만하도다 4 이같이 창화하는 자의 소리로 인하여 문지방의 터가 요동하며 집에 연기가 충만한지라 5 그 때에 내가 말하되 화로다 나여 망하게 되었도다 나는 입술이 부정한 사람이요 입술이 부정한 백성 중에 거하면서 만군의 여호와이신 왕을 뵈었음이로다 6 때에 그 스랍의 하나가 화저로 단에서 취한바 핀 숯을 손에 가지고 내게로 날아와서 7 그것을 내 입에 대며 가로되 보라 이것이 네 입에 닿았으니 네 악이 제하여졌고 네 죄가 사하여졌느니라 하더라"

사실을 추정할 수 있을 뿐이다.

"그 첫째 생물은 사자 같고"

사자는 강하고 용맹한 속성을 말해 준다. 그러므로 이 천사는 하나님과 하나님의 백성들을 위하여 대적과 싸우는 임무를 맡은 천사의 대표로 추정된다.

- 단 10:21 "오직 내가 먼저 진리의 글에 기록된 것으로 네게 보이리라 나를 도와서 그들을 대적하는 자는 너희 군 미가엘 뿐이니라"

"그 둘째 생물은 송아지 같고"

소는 말없이 묵묵히 힘든 일을 하며 짐을 운반하기도 한다. 그러므로 이 천사는 예를 들면 성도들의 기도를 하나님께로 운반하는 일 등을 하는 것이 아닐까? 추정된다.

- 계 8:4 "향연이 성도의 기도와 함께 천사의 손으로부터 하나님 앞으로 올라가는지라"

"그 세째 생물은 얼굴이 사람 같고"

사람은 지혜와 총명과 재능이라는 속성을 나타낸다. 그러므로 이 천사는 하나님의 계시를 민첩하게 성도들에게 알려주는 일 등을 하는 것으로 추정된다.

- 마 1:20-21 "이 일을 생각할 때에 주의 사자가 현몽하여 가로되 다윗의 자손 요셉아 네 아내 마리아 데려오기를 무서워 말라 저에게 잉태된 자는 성령으로 된 것이라 21 아들을 낳으리니 이름을 예수라 하라 이는 그가 자기 백성을 저희 죄에서 구원할 자이심이라 하니라"

• 눅 2:8-10 "그 지경에 목자들이 밖에서 밤에 자기 양 떼를 지키더니 9 주의 사자가 곁에 서고 주의 영광이 저희를 두루 비취매 크게 무서워 하는지라 10 천사가 이르되 무서워 말라 보라 내가 온 백성에게 미칠 큰 기쁨의 좋은 소식을 너희에게 전하노라"

• 마 28:5-6 "천사가 여자들에게 일러 가로되 너희는 무서워 말라 십자가에 못박히신 예수를 너희가 찾는 줄을 내가 아노라 6 그가 여기 계시지 않고 그의 말씀하시던 대로 살아나셨느니라 와서 그의 누우셨던 곳을 보라"

"그 네째 생물은 날아가는 독수리 같은데"

독수리는 강인하고 먼 데까지 속히 날 수 있는 속성을 지니고 있다. 또 한 편 독수리는 특히 날개를 가지고 새끼를 보호하는 역할을 한다. 그러므로 이 천사는 하나님의 명령을 신속하게 그리고 완벽하게 수행하는 천사임을 추정할 수 있다.

"네 생물이 각각 여섯 날개가 있고"

이 여섯 날개에 대하여서 우리는 다음 성구에서 좀 더 세밀한 것을 알 수 있다.

• 사 6:2 "스랍들은 모셔 섰는데 각기 여섯 날개가 있어 그 둘로는 그 얼굴을 가리었고 그 둘로는 그 발을 가리었고 그 둘로는 날며"

"그 둘로는 그 얼굴을 가리었고"

하나님의 성결하심과 위엄 앞에서의 두려움과 경배의 자세를 의미한다.

"그 둘로는 그 발을 가리었고"

이것은 저들의 겸손함을 의미한다.

"그 둘로는 날며"

이것은 하나님이 주신 사명을 수행할 때 신속히 행할 수 있는 활동의 민첩성을 의미한다.

"그 안과 주위에 눈이 가득 하더라"

눈은 사물을 분별하는 기능을 가졌다. 그러므로 이것은 하나님의 심부름을 하기에 부족함이 없는 능력 곧 이 천사들이 지혜와 총명으로 충만한 존재들임을 말해준다.

4. 네 생물들이 하는 일

4:8-9 …그들이 밤낮 쉬지 않고 이르기를 거룩하다 거룩하다 거룩하다 주 하나님 곧 전능하신 이여 전에도 계셨고 이제도 계시고 장차 오실 자라 하고 *9* 그 생물들이 영광과 존귀와 감사를 보좌에 앉으사 세세토록 사시는 이에게 돌릴 때에

천사들이 하는 일은 한 마디로 하나님을 찬송하며 영광 돌리는 일이다. 어떻게 영광을 돌리고 있는가?

"거룩하다 거룩하다 거룩하다"

이런 찬송은 다음 성구에서도 똑같이 발견된다.

- 사 6:3 "서로 창화하여 가로되 거룩하다 거룩하다 거룩하다 만군의 여호와여 그 영광이 온 땅에 충만하도다"

"거룩하다"는 단어의 기본적인 뜻은 원어에서 "구별하다"이다. 그러므로 이 찬송의 뜻은 하나님은 자기들(천사들)은 물론 모든 피조물들로부터 구별된 지극히 뛰어나신 분이심을 그러므로 모든 피조물들로부터 존귀와 영광을

받아야 마땅하신 분이심을 의미한다.

이 "거룩하다"는 말이 세 번 반복된 이유는 무엇일까? 그것은; 첫째, 강조의 의미를 갖는다. 즉 하나님의 거룩하심을 강조하는 의미에서이다. 둘째, 3은 요한계시록에서 하늘에 속한 것들의 숫자이다. 예를 들면 삼위 하나님이나 천국 도성의 문들의 숫자에서 보는 바와 같다.

• 계 21:13 "동편에 세 문, 북편에 세 문, 남편에 세 문, 서편에 세 문이니"

"주 하나님 곧 전능하신 이여 전에도 계셨고 이제도 계시고 장차 오실 자라 하고"

이 내용은 계 1:4에서 예수님이 소개될 때에 똑같은 표현으로 나타났다. 그러므로 그 뜻은 다시 설명하지 않겠다. 그 곳 해석을 참조하기 바란다.

"그 생물들이 영광과 존귀와 감사를 보좌에 앉으사 세세토록 사시는 이에게 돌릴 때에"

이 천사들은 "밤낮 쉬지 않고"(8절) "세세토록"(9절) 영광과 존귀와 감사를 하나님께 돌리고 있는 것이다. 영광과 존귀! 그것은 하나님의 고유한 속성이다. 그러므로 그분께 그 속성을 인하여 찬송함은 지극히 당연한 일이다.

VI. 24 장로들이 하는 일

4:10-11 이십사 장로들이 보좌에 앉으신 이 앞에 엎드려 세세토록 사시는 이에게 경배하고 자기의 면류관을 보좌 앞에 던지며 가로되 *11* 우리 주 하나님이여 영광과 존귀와 능력을 받으시는 것이 합당하오니 주께서 만물을 지으신지라 만물이 주의 뜻대로 있었고 또 지으심을 받았나이다 하더라

1. 24 장로들은 누구인가?

이들이 모든 시대 모든 성도들의 대표라는 사실은 이미 4절에서 설명한 바가 있다. 그러므로 이들이 여기서 하는 일은 곧 우리들이 천국에 가서 할 일들인 것이다.

2. 이들이 하는 일은 무엇인가?

1) 이십사 장로들이 보좌에 앉으신 이 앞에 엎드려 세세토록 사시는 이에게 경배하고 자기의 면류관을 보좌 앞에 던지며"

이 말씀대로 우리가 천국에 가서 할 가장 기본적인 일은 하나님께 경배하는 일이다. 그 앞에 엎드려 경배한다는 말씀은 최고의 경외심을 가지고 드리는 경배인 것을 의미한다.

그리고 자기 면류관을 보좌 앞에 던진다. 이것은 무엇을 뜻하는가? 이 뜻을 알려면 먼저 24 장로들의 면류관은 무엇이며 어디에서 받은 것일까를 알아야 한다. 이 면류관은 이 땅에서 주님의 일에 충성을 다 한 상으로 주님께서 주신 것이다.

- 계 2:10 "…네가 죽도록 충성하라 그리하면 내가 생명의 면류관을 네게 주리라"
- 딤후 4:6-8 "관제와 같이 벌써 내가 부음이 되고 나의 떠날 기약이 가까웠도다 7 내가 선한 싸움을 싸우고 나의 달려갈 길을 마치고 믿음을 지켰으니 8 이제 후로는 나를 위하여 의의 면류관이 예비되었으므로 주 곧 의로우신 재판장이 그 날에 내게 주실 것이니 내게만 아니라 주의 나타나심을 사모하는 모든 자에게니라"

이 면류관을 24 장로들이 보좌 앞에 던지는 이유는 자기들이 그런 상을 받을 자격이 전혀 없다는 겸손에서 나오는 행동인 것이다. 그러므로 24 장로들의 이런 행위는 우리가 천국에 들어갔을 때 바로 우리들이 하나님 앞에서 취할 태도인 것이다.

참으로 그러하다. 주님은 이 땅에서 믿음을 잘 지키고 충성했다고 우리에게 면류관을 씌워 주시겠지만 우리는 주님 앞에 이런 고백을 하는 것이 마땅하다.

- 눅 17:10 "이와 같이 너희도 명령 받은 것을 행한 후에 이르기를 우리는 무익한 종이라 우리의 하여야 할 일을 한 것뿐이라 할지니라"

이 장면을 보면 천국은 과연 아름다운 곳임을 알 수 있다. 하나님은 우리를 칭찬하시며 상을 베푸시고 우리는 그런 칭찬과 상을 받을 자격이 없다고 사양하는 모습이 얼마나 아름다운가?

2) "우리 주 하나님이여 영광과 존귀와 능력을 받으시는 것이 합당하오니 주께서 만물을 지으신지라 만물이 주의 뜻대로 있었고 또 지으심을 받았나이다 하더라"

이 찬송 내용대로 24 장로들은 하나님을 찬양하고 있다. 이 찬송에서 두 가지만 주목해 보자.

"우리 주 하나님이여"

하나님을 우리 주라고 불렀다는 것이다. 이것은 하나님과 나의 관계를 강조하기 위함이다. 즉 하나님이 나와 아무 상관도 없는 분이 아니라 그분은 나의 주 곧 왕이 되시는 분, 나의 통치자가 되시는 분이심을 강조하는 것이다. 우리가 천국에 가면 우리는 하나님 특히 예수님의 통치를 받으며 살게 된다.

- 사 9:6-7 "이는 한 아기가 우리에게 났고 한 아들을 우리에게 주신 바 되었는데 그 어깨에는 정사를 메었고 그 이름은 기묘자라, 모사라, 전능하신 하나님이라, 영존하시는 아버지라, 평강의 왕이라 할 것임이라
  7 그 정사와 평강의 더함이 무궁하며 또 다윗의 위에 앉아서 그 나라

를 굳게 세우고 자금 이후 영원토록 공평과 정의로 그것을 보존하실 것이라 만군의 여호와의 열심이 이를 이루시리라"

- 계 11:15-17 "일곱째 천사가 나팔을 불매 하늘에 큰 음성들이 나서 가로되 세상 나라가 우리 주와 그 그리스도의 나라가 되어 그가 세세토록 왕 노릇 하시리로다 하니 16 하나님 앞에 자기 보좌에 앉은 이십사 장로들이 엎드려 얼굴을 대고 하나님께 경배하여 17 가로되 감사하옵나니 옛적에도 계셨고 시방도 계신 주 하나님 곧 전능하신 이여 친히 큰 권능을 잡으시고 왕 노릇 하시도다"

하나님을 나의 주라고 하는 마음을 가질 때, 여기서부터 진정한 경외심과 찬송이 흘러나오게 되는 것이다.

"영광과 존귀와 능력"

네 생물들의 찬송에서는 영광과 존귀와 감사가 나왔다. 그런데 여기서는 영광과 존귀와 능력이 나왔다. 그러므로 이 말씀에서 주목할 것은 "능력"이다. 왜 24 장로들은 천사들이 하지 아니한 "하나님의 능력"을 찬송하였을까? 그 이유는 다음과 같다.

(1) 여기서 말하는 능력은 우리를 구원하시는 하나님의 능력을 염두에 둔 것이다.

(2) 구원 역사에서 하나님의 능력은 어떻게 나타났는가? 하나님의 구원 역사 전반에 걸쳐서 나타났다. 하나님의 능력이 아니고서는 도저히 불가능한 구원 역사인 것이다. 예를 들면 예수님의 동정녀 탄생에서, 주님이 베푸신 이적들에서, 사망 권세를 깨뜨리시고 살아나신 부활에서, 우리들에게 전도를 위하여 부어주신 성령의 권능에서, 마지막 날에 우리를 부활시키시는 능력에서 하나님의 능력은 나타난 것이다.

(3) 이런 능력으로 구원받은 자들은 천사가 아니요 24 장로로 대표 된 성도들이다. 그러므로 24 장로들은 천사들이 찬송하지 아니한 하나님의 능력을 찬송하는 것이다.

> "주께서 만물을 지으신지라 만물이 주의 뜻대로 있었고 또 지으심을 받았나이다 하더라"

이 말씀의 내용은 무엇인가? 하나님이 창조자이시며 통치자이심으로 찬송한다는 것이다.

요한계시록은 이런 뜻이었다

제 4 장

제4장

두루마리 책과 계시자 예수 그리스도

계시록 5:1-14

5:1 내가 보매 보좌에 앉으신 이의 오른손에 책이 있으니 안팎으로 썼고
일곱 인으로 봉하였더라
5:2 또 보매 힘있는 천사가 큰 음성으로 외치기를 누가 책을 펴며 그 인
을 떼기에 합당하냐 하니
5:3 하늘 위에나 땅 위에나 땅 아래에 능히 책을 펴거나 보거나 할 이가
없더라
5:4 이 책을 펴거나 보거나 하기에 합당한 자가 보이지 않기로 내가 크
게 울었더니
5:5 장로 중에 하나가 내게 말하되 울지 말라 유대 지파의 사자 다윗의
뿌리가 이기었으니 이 책과 그 일곱 인을 떼시리라 하더라
5:6 내가 또 보니 보좌와 네 생물과 장로들 사이에 어린양이 섰는데 일
찍 죽임을 당한 것 같더라 일곱 뿔과 일곱 눈이 있으니 이 눈은 온
땅에 보내심을 입은 하나님의 일곱 영이더라
5:7 어린양이 나아와서 보좌에 앉으신 이의 오른손에서 책을 취하시니라
5:8 책을 취하시매 네 생물과 이십사 장로들이 어린양 앞에 엎드려 각각

거문고와 향이 가득한 금 대접을 가졌으니 이 향은 성도의 기도들
이라
5:9 새 노래를 노래하여 가로되 책을 가지시고 그 인봉을 떼기에 합당
하시도다 일찍 죽임을 당하사 각 족속과 방언과 백성과 나라 가운
데서 사람들을 피로 사서 하나님께 드리시고
5:10 저희로 우리 하나님 앞에서 나라와 제사장을 삼으셨으니 저희가
땅에서 왕 노릇 하리로다 하더라
5:11 내가 또 보고 들으매 보좌와 생물들과 장로들을 둘러 선 많은 천
사의 음성이 있으니 그 수가 만만이요 천천이라
5:12 큰 음성으로 가로되 죽임을 당하신 어린양이 능력과 부와 지혜와
힘과 존귀와 영광과 찬송을 받으시기에 합당하도다 하더라
5:13 내가 또 들으니 하늘 위에와 땅 위에와 땅 아래와 바다 위에와 또
그 가운데 모든 만물이 가로되 보좌에 앉으신 이와 어린양에게 찬
송과 존귀와 영광과 능력을 세세토록 돌릴지어다 하니
5:14 네 생물이 가로되 아멘 하고 장로들은 엎드려 경배하더라

내용 분해

• 하나님의 오른손에 있는 일곱 인으로 봉한 두루마리 책(1절)
• 그 책의 인을 떼어 계시할 예수 그리스도(2-6절)
• 예수께서 그 책을 취하심(7절)
• 예수님이 계시자가 되심이 합당함을 천사들과 성도들이 찬양함(8-14절)

두루마리 책에 관한 본문의 내용을 보여주시는 목적

1. 계 5:1-14에서 주목할 사실들

이 부분의 말씀을 주시는 목적을 알기 위하여 먼저 이 부분이 어떤 내용을 담고 있는지 다음 몇 가지 사실들을 주목하자.

1) 이 두루마리 책에 기록된 비밀은 "반드시 속히 될 일"(계 1:1), 또는 "이후에 마땅히 될 일"(계 4:1)이다.

2) 이 일을 계획하신 분은 성부 하나님이시다.

• 계 5:1 "내가 보매 보좌에 앉으신 이의 오른손에 책이 있으니 안팎으로 썼고 일곱 인으로 봉하였더라"

3) 이 일들은 성도들이 반드시 알아야 할 것들이다.

• 계 1:3 "이 예언의 말씀을 읽는 자와 듣는 자들과 그 가운데 기록한 것을 지키는 자들이 복이 있나니 때가 가까움이라"

그 이유는 이 말씀대로 이 계시를 알고 지키면 영생의 복이 있으려니와 그렇지 못하면 지옥에 떨어지는 화가 미칠 것이기 때문이다. 그러므로 사도 요한은 이 계시를 펼쳐 보여줄 자가 없을 때에 통곡을 하며 크게 울 수밖에 없었다.

• 계 5:4 "이 책을 펴거나 보거나 하기에 합당한 자가 보이지 않기로 내가 크게 울었더니"

4) 그런데 예수님이 이 비밀을 계시할 자로 나타나신 것이다.

• 계 5:5 "장로 중에 하나가 내게 말하되 울지 말라 유대 지파의 사자 다윗의 뿌리가 이기었으니 이 책과 그 일곱 인을 떼시리라 하더라"

5) 그러니 예수님이 얼마나 고마우신 분이신가?
그러므로 하늘의 천사들과 모든 성도들이 다 함께 예수님을 찬양하는 것이다(계 4:8 이하).

2. 두루마리 책에 관한 본문의 내용을 보여주시는 목적

이런 사실들을 주목할 때 본문의 내용을 보여주시는 목적은 다음과 같은 사실을 알려주시려는 것이다.

1) 이 계시에 나오는 모든 사건들은 모두 성부 하나님의 섭리 속에서 이루어지는 일이라는 것을 알려주시려는 것이다.
2) 이 속에 담겨진 비밀들은 앞으로 성도들이 당할 일들이다. 그러므로 성도들이 반드시 알아야 할 일들이라는 것을 깨우치기 위함이다.
3) 그 비밀을 공개하여 우리에게 알려주실 수 있는 분은 오직 예수 한 분이시라는 사실을 알고 그분께 감사하는 마음을 갖게 하려는 것이다.

해 석

I. 하나님의 오른손에 있는 책

5:1 내가 보매 보좌에 앉으신 이의 오른손에 책이 있으니 안팎으로 썼고 일곱 인으로 봉하였더라

"보좌에 앉으신 이"

이 분이 누구이신가? 이 분은 성부 하나님이시다. 계 4:2-3의 해석을 참조하기 바란다.

5:1 오른손에 책이 있으니 안팎으로 썼고 일곱 인으로 봉하였더라

"오른손에"

이것은 문자적인 의미가 아니다. 하나님은 영이시기 때문에 육체의 손이 없으시다. 여기서 말하는 오른손은 권세의 상징이다. 즉 하나님이 가지고 계신 온 우주 만물의 통치권을 의미한다. 하나님은 이 통치권을 가지고 우주 안에 모든 일들을 그의 뜻대로 이루어 가신다.

"책이 있으니 안팎으로 썼고 일곱 인으로 봉 하였더라"

이 책은 "반드시 속히 될 일"(계 1:1)이 기록되어 있는 책이다. 이 책이 하나님의 오른손에 있다는 것은 "반드시 속히 될 일"들이 우연히 일어나는 것이 아니라 하나님의 뜻 가운데 그의 섭리 속에서 이루어진다는 사실을 암시한다.

일곱 인으로 봉하였다는 것은 하나님의 섭리 속에서 앞으로 일어날 "반드시 속히 될 일"(계 1:1)은 하나님 외에는 그 누구도 알 수 없다는 사실을 의미한다.

II. 그 책의 인을 떼어 계시할 예수 그리스도

5:2-6 또 보매 힘있는 천사가 큰 음성으로 외치기를 누가 책을 펴며 그 인을 떼기
에 합당하냐 하니 *3* 하늘 위에나 땅 위에나 땅 아래에 능히 책을 펴거나 보
거나 할 이가 없더라 *4* 이 책을 펴거나 보거나 하기에 합당한 자가 보이지
않기로 내가 크게 울었더니 *5* 장로 중에 하나가 내게 말하되 울지 말라 유
대 지파의 사자 다윗의 뿌리가 이기었으니 이 책과 그 일곱 인을 떼시리라
하더라 *6* 내가 또 보니 보좌와 네 생물과 장로들 사이에 어린양이 섰는데
일찍 죽임을 당한 것 같더라 일곱 뿔과 일곱 눈이 있으니 이 눈은 온 땅에
보내심을 입은 하나님의 일곱 영이더라

1. 힘 있는 천사의 외침

5:2 또 보매 힘 있는 천사가 큰 음성으로 외치기를 누가 책을 펴며 그 인을 떼기에 합당하냐 하니

"또 보매 힘 있는 천사가 큰 음성으로 외치기를"

힘 있는 천사가 누구인가? 정확히 알 수는 없으나 가브리엘 천사가 아닐까? 하는 견해가 있다. 필자도 그렇게 추측한다. 왜냐하면 가브리엘 천사는 하나님의 메시지를 전하는 사명을 맡아 수행하는 천사이기 때문이다.

- 단 8:16 "내가 들은즉 을래 강 두 언덕 사이에서 사람의 목소리가 있어 외쳐 이르되 가브리엘아 이 이상을 이 사람에게 깨닫게 하라 하더니"

- 눅 1:19 "천사가 대답하여 가로되 나는 하나님 앞에 섰는 가브리엘이라 이 좋은 소식을 전하여 네게 말하라고 보내심을 입었노라"

"누가 책을 펴며 그 인을 떼기에 합당하냐 하니"

그 천사는 왜 이렇게 외쳤을까? 그 이유는 분명하다. 그 책에 기록되어

있는 "반드시 속히 될 일"(계 1:1)들은 성도들이 구원받기 위하여 반드시 알아야 할 내용들이다.

그 천사는 그 내용을 성도들에게 전해 줄 사명을 가지고 있는 자이다. 그러나 하나님이 그 비밀을 공개하여 성도들에게 전하여 주도록 허락이 떨어지기 전에는 자기 스스로 그 비밀을 알 수도 없고 더구나 전할 수도 없는 것이다. 그러므로 이렇게 외친 것이다.

2. 일곱 인을 뗄 자가 없어서 통곡함

5:3-4 하늘 위에나 땅 위에나 땅 아래에 능히 책을 펴거나 보거나 할 이가 없더라
4 이 책을 펴거나 보거나 하기에 합당한 자가 보이지 않기로 내가 크게 울었더니

"하늘 위에나 땅 위에나 땅 아래에 능히 책을 펴거나 보거나 할 이가 없더라"

말씀 그대로 하나님의 오른손에 있는 그 책의 비밀을 공개할 수 있는 자격을 가진 자는 아무도 없었다. 하늘의 천사들 가운데에도 이 땅에 사람들 가운데에도 땅 아래 죽은 자들 가운데에도 없는 것이다.

참으로 그러하다. 여기서 말하는 말세에 "반드시 속히 될 일"뿐만 아니라 우리의 앞날에 일어날 모든 일들도 하나님의 계획 속에는 분명히 있을 것이나 우리는 단 5분 후에 어떤 일이 일어날지도 모르고 사는 것이다. 하나님이 계시하여 주지 아니하시면 우리는 전혀 알 수 없는 것이다.

"이 책을 펴거나 보거나 하기에 합당한 자가 보이지 않기로 내가 크게 울었더니"

사도 요한은 이 책을 펴거나 보거나 하기에 합당한 자가 보이지 않는다고 해서 왜 크게 울었을까? 그 이유는 확실하다. 그 책의 내용은 사도 요한 자신은 물론 모든 시대 모든 성도들이 반드시 알지 아니하면 안 될 중대한 일이기 때문이다. 다시 말해서 그것을 알면 구원에 이르게 될 것이며 그것을

알지 못하면 믿음의 길에서 실족하여 반드시 멸망에 이를 수밖에 없기 때문이다.

3. 장로 중 하나의 대답

> *5:5* 장로 중에 하나가 내게 말하되 울지 말라 유대 지파의 사자 다윗의 뿌리가 이기었으니 이 책과 그 일곱 인을 떼시리라 하더라

"장로 중에 하나가 내게 말하되 울지 말라"

이 장로는 24 장로 중에 하나를 뜻한다. 24 장로들은 이미 설명한 대로 모든 시대 모든 성도들의 대표들이다. 이 장로는 사도 요한에게 "울지 말라"고 말한다. 해결책이 있다는 뜻이다.

우리는 여기서 한 가지 질문을 하지 아니할 수 없다. 누가 책을 펴며 그 인을 떼기에 합당하냐? 라는 질문은 천사가 하였는데, 사도 요한에게 그에 대한 대답을 하여 준 자는 천사가 아닌 장로일까?

그 대답은 간단하다. 천사는 구원받은 경험이 없는 자이다. 그러나 장로 곧 성도들은 비참한 죄에서부터 주님으로 말미암아 구원받은 감격을 가지고 있는 자이다. 그러므로 구원에 직결된 이 책의 계시를 알 수 있는 길에 대한 관심은 천사보다 더한 것이다. 그러므로 구원의 은총을 주님으로부터 직접 받은 장로가 그 대답을 하는 것은 지극히 당연한 일이다.

"유대 지파의 사자 다윗의 뿌리가 이기었으니 이 책과 그 일곱 인을 떼시리라 하더라"

그 인을 떼실 자 곧 그 책 속에 있는 비밀을 공개하여 우리에게 보여주실 자가 누구인가? 그런 자가 하늘에도 땅에도 땅 아래에도 없지만 오직 한 분이 계시다. 그분은 바로 유대 지파의 사자 다윗의 뿌리이시다. 이 분은 누구를 가리키는가? 결론부터 말하면 우리 주 예수 그리스도를 가리킨다. 이 호칭은 다음 성구에서 유래한다.

"유대 지파의 사자"

• 창 49:8-10 "유다야 너는 네 형제의 찬송이 될지라 네 손이 네 원수
의 목을 잡을 것이요 네 아비의 아들들이 네 앞에 절하리로다 9 유
다는 사자 새끼로다 내 아들아 너는 움킨 것을 찢고 올라 갔도다 그
의 엎드리고 웅크림이 수사자 같고 암사자 같으니 누가 그를 범할
수 있으랴 10 홀이 유다를 떠나지 아니하며 치리자의 지팡이가 그
발 사이에서 떠나지 아니하시기를 실로가 오시기까지 미치리니 그에
게 모든 백성이 복종하리로다"

"다윗의 뿌리"

• 사 11:1-5 "이새의 줄기에서 한 싹이 나며 그 뿌리에서 한 가지가 나
서 결실할 것이요 2 여호와의 신 곧 지혜와 총명의 신이요 모략과
재능의 신이요 지식과 여호와를 경외하는 신이 그 위에 강림하시리
니 3 그가 여호와를 경외함으로 즐거움을 삼을 것이며 그 눈에 보이
는대로 심판치 아니하며 귀에 들리는 대로 판단치 아니하며 4 공의
로 빈핍한 자를 심판하며 정직으로 세상의 겸손한 자를 판단할 것이
며 그 입의 막대기로 세상을 치며 입술의 기운으로 악인을 죽일 것
이며 5 공의로 그 허리띠를 삼으며 성실로 몸의 띠를 삼으리라"

우리는 여기서 우리 주님께 감사하지 아니할 수 없다. 그것은 우리의 구원을 위하여 주님은 한 가지 일만 하시는 것이 아니라 세 가지 일을 감당하신다는 사실이다.

● **제사장 직분** – 속죄 제사를 드리는 일과 우리를 위하여 기도하시는 일

• 히 9:11-12 "그리스도께서 장래 좋은 일의 대제사장으로 오사 손으로
짓지 아니한, 곧 이 창조에 속하지 아니한 더 크고 온전한 장막으로
말미암아 12 염소와 송아지의 피로 아니하고 오직 자기 피로 영원한
속죄를 이루사 단번에 성소에 들어가셨느니라"

- 롬 8:34 "누가 정죄하리요 죽으실 뿐 아니라 다시 살아나신 이는 그리스도 예수시니 그는 하나님 우편에 계신 자요 우리를 위하여 간구하시는 자시니라"

- **선지자 직분** – 하나님의 뜻을 우리에게 알리시는 일

  - 신 18:15 "네 하나님 여호와께서 너의 중 네 형제 중에서 나와 같은 선지자 하나를 너를 위하여 일으키시리니 너희는 그를 들을지니라"

- **왕의 직분**

  - 눅 1:31-33 "보라 네가 수태하여 아들을 낳으리니 그 이름을 예수라 하라 32 저가 큰 자가 되고 지극히 높은신 이의 아들이라 일컬을 것이요 주 하나님께서 그 조상 다윗의 위를 저에게 주시리니 33 영원히 야곱의 집에 왕노릇하실 것이며 그 나라가 무궁하리라"

본문에서 두루마리 책의 일곱 인을 떼어서 우리에게 펼쳐 보여주실 수 있는 분! 그분은 우리의 참 선지자가 되시는 예수님밖에 없다는 것을 기억하고 주님께 감사하자.

4. 어린양 예수님의 모습

5:6 내가 또 보니 보좌와 네 생물과 장로들 사이에 어린양이 섰는데 일찍 죽임을 당한 것 같더라 일곱 뿔과 일곱 눈이 있으니 이 눈은 온 땅에 보내심을 입은 하나님의 일곱 영이더라

"내가 또 보니 보좌와 네 생물과 장로들 사이에 어린양이 섰는데 일찍 죽임을 당한 것 같더라"

1) 어린양은 누구인가?

어린양은 예수님을 가리킨다는 사실을 우리는 다음 성구에서 알 수 있다.

- 요 1:29 "이튿날 요한이 예수께서 자기에게 나아오심을 보고 가로되 보라 세상 죄를 지고 가는 하나님의 어린양이로다"

- 고후 5:7 "너희는 누룩 없는 자인데 새 덩어리가 되기 위하여 묵은 누룩을 내어 버리라 우리의 유월절 양 곧 그리스도께서 희생이 되셨느니라"

2) 그분은 어디에 계신가?

그분은 "보좌와 네 생물과 장로들 사이에" 계신다. 즉 하나님과 천사들의 대표들과 성도들의 대표들 사이에 계신다. 그러나 예수님이 계신 곳을 보다 정확하게 말하면 다음과 같다.

(1) 예수님은 하나님 보좌 우편에 계신다.

- 막 16:19 "주 예수께서 말씀을 마치신 후에 하늘로 올리우사 하나님 우편에 앉으시니라"

- 롬 8:34 "누가 정죄하리요 죽으실 뿐 아니라 다시 살아나신 이는 그리스도 예수시니 그는 하나님 우편에 계신 자요 우리를 위하여 간구하시는 자시니라"

(2) 그 자리는 하늘과 땅의 모든 권세를 가진 자리이다.

- 마 28:18 "예수께서 나아와 일러 가라사대 하늘과 땅의 모든 권세를 내게 주셨으니"

- 빌 2:9-11 "이러므로 하나님이 그를 지극히 높여 모든 이름 위에 뛰어난 이름을 주사 10 하늘에 있는 자들과 땅에 있는 자들과 땅 아래 있는 자들로 모든 무릎을 예수의 이름에 꿇게 하시고 11 모든 입으로 예수 그리스도를 주라 시인하여 하나님 아버지께 영광을 돌리게 하셨느니라"

(3) 그 자리는 온 우주의 중심이 되는 자리이다

그러므로 예수님이 네 생물과 장로들 사이에 서 있다는 본문의 뜻은 이렇게 해석되어야 한다. 예수님이 그들과 동등한 위치에서 나란히 서 계신 것이 아니라, 하나님 보좌 우편에 있는 높은 보좌에 예수님이 계시고 그 앞에 네 생물들과 24 장로들로 대표되는 수많은 천사들과 구원받은 성도들이 그 앞에 경의를 표하면서 서 있는 모습인 것이다.

5:6 일곱 뿔과 일곱 눈이 있으니 이 눈은 온 땅에 보내심을 입은 하나님의 일곱 영이더라

"일곱 뿔"

뿔은 성경에서 힘을 상징하는 것으로 사용되었다.

- 시 148:14 "저가 그 백성의 뿔을 높이셨으니 저는 모든 성도 곧 저를 친근히 하는 이스라엘 자손의 찬양거리로다 할렐루야"
- 미 4:13 "딸 시온이여 일어나서 칠지어다 내가 네 뿔을 철 같게 하며 네 굽을 놋 같게 하리니 네가 여러 백성을 쳐서 깨뜨릴 것이라 내가 그들의 탈취물을 구별하여 여호와께 드리며 그들의 재물을 온 땅의 대주재께 돌리리라"

일곱은 완전 숫자이므로 그 힘의 완전성을 의미한다. 그러므로 일곱 뿔은 예수님의 전능하심을 나타내는 말씀이다.

"일곱 눈"

눈은 통찰력 또는 사물을 감찰하는 지혜를 상징하므로 이는 예수님의 전지성을 표시한다.

"눈이 있으니 이 눈은 온 땅에 보내심을 입은 하나님의 일곱 영이더라"

그 눈에 대한 설명이다. 그 "눈은…하나님의 일곱 영이더라"는 말씀은 성

령을 가리킨다. 성령이 일곱 영으로 표현된 것은 천사나 인간의 영혼과 같이 유한하거나 불완전한 지혜를 가진 존재가 아니라 완전한 하나님의 영이기 때문이다. "온 땅에 보내심을 받았다"는 것은 예수님께서 십자가에서 구원을 완성하시고 승천하시면 보내시겠다고 약속하시고 그 약속대로 보내신 성령이시기 때문이다.

- 요 14:26 "보혜사 곧 아버지께서 내 이름으로 보내실 성령 그가 너희에게 모든 것을 가르치시고 내가 너희에게 말한 모든 것을 생각나게 하시리라"
- 요 15:26 "내가 아버지께로서 너희에게 보낼 보혜사 곧 아버지께로서 나오시는 진리의 성령이 오실 때에 그가 나를 증거하실 것이요"

이 성령은 여기서 예수님의 눈으로 표현된 것이다. 그러므로 일곱 영은 성령이면서도 예수님 자신이시다(계 1:4 해석 참조).

결론적으로 말해서 사도 요한은 하늘과 땅의 모든 권세를 가지시고 하나님 우편 보좌에 앉아 계셔서 온 우주 만물을 통치하시는 전지전능하신 예수님의 모습을 본 것이다.

III. 예수님이 그 책을 취하심

5:7 어린양이 나아와서 보좌에 앉으신 이의 오른손에 책을 취하시니라

1. "어린양이 나아와서"

예수님은 왜 여기서 어린양으로 묘사되었을까? 그 이유는 다음과 같다.

1) 미래의 사건은 본래 하나님의 뜻 속에 있는 비밀이다.

2) 그것을 공개하여 계시하는 일은 하나님의 허락 없이는 할 수 없는 일이다.
3) 말세에 "반드시 속히 될 일"들은 성도들에게 관한 일이며 따라서 반드시 성도들이 알아야 할 것들이다.
4) 그런데 이것을 성부 하나님에게서 받아 가지고 성도들에게 알려줄 권한과 자격을 가지신 분은 오직 예수님뿐이시다. 왜냐하면 그분은 성도들을 구원하라는 성부 하나님의 뜻을 받들어 십자가에서 희생되는 "세상 죄를 지고 가는 하나님의 어린양"(요 1:29)이 되셨기 때문이다.

그러므로 여기서 예수님은 "어린양"으로 소개 된 것이다.

2. "보좌에 앉으신 이의 오른손에서 책을 취하시니라"

예수님은 성부 하나님의 손에서 그 두루마리 책을 취하신다. 여기서 주목할 것은 예수님이 그 책을 수동적으로 받으시는 것이 아니라 능동적으로 스스로 취하신다는 사실이다. 사도 요한이 천사로부터 작은 책을 수동적으로 받은 것과 대조를 이룬다.

- 계 10:8-9 "하늘에서 나서 내게 들리던 음성이 또 내게 말하여 가로되 네가 가서 바다와 땅을 밟고 섰는 천사의 손에 펴 놓인 책을 가지라 하기로 9 내가 천사에게 나아가 작은 책을 달라 한즉 천사가 가로되 갖다 먹어 버리라 네 배에는 쓰나 네 입에는 꿀같이 달리라 하거늘"

예수님이 그 책을 능동적으로 취할 수 있었던 이유는 무엇일까? 예수님은 어린양이시기 때문이다. 즉 십자가의 희생으로 우리를 구원하신 분이시기 때문에 그 구원의 완성을 위하여 말세에 "반드시 속히 될 일"을 자기 양들에게 알려주실 당당한 권세와 자격이 있기 때문이다.

IV. 예수님이 계시자가 되심이 합당함을 천사들과 성도들이 찬양함

5:8-14 취하시매 네 생물과 이십사 장로들이 어린양 앞에 엎드려 각각 거문고와 향
이 가득한 금 대접을 가졌으니 이 향은 성도의 기도들이라 *9* 새 노래를 노래
하여 가로되 책을 가지시고 그 인봉을 떼기에 합당하시도다 일찍 죽임을 당
하사 각 족속과 방언과 백성과 나라 가운데서 사람들을 피로 사서 하나님께
드리시고 *10* 저희로 우리 하나님 앞에서 나라와 제사장을 삼으셨으니 저희
가 땅에서 왕 노릇 하리로다 하더라 *11* 내가 또 보고 들으매 보좌와 생물들
과 장로들을 둘러 선 많은 천사의 음성이 있으니 그 수가 만만이요 천천이
라 *12* 큰 음성으로 가로되 죽임을 당하신 어린양이 능력과 부와 지혜와 힘
과 존귀와 영광과 찬송을 받으시기에 합당하도다 하더라 *13* 내가 또 들으니
하늘 위에와 땅 위에와 땅 아래와 바다 위에와 또 그 가운데 모든 만물이 가
로되 보좌에 앉으신 이와 어린양에게 찬송과 존귀와 영광과 능력을 세세토
록 돌릴지어다 하니 *14* 네 생물이 가로되 아멘 하고 장로들은 엎드려 경배
하더라

1. 네 생물과 이십사 장로들의 찬양

5:8-10 취하시매 네 생물과 이십사 장로들이 어린양 앞에 엎드려 각각 거문고와
향이 가득한 금 대접을 가졌으니 이 향은 성도의 기도들이라 *9* 새 노래를
노래하여 가로되 책을 가지시고 그 인봉을 떼기에 합당하시도다 일찍 죽
임을 당하사 각 족속과 방언과 백성과 나라 가운데서 사람들을 피로 사서
하나님께 드리시고 *10* 저희로 우리 하나님 앞에서 나라와 제사장을 삼으
셨으니 저희가 땅에서 왕 노릇 하리로다 하더라

1) 찬양의 준비

5:8 취하시매 네 생물과 이십사 장로들이 어린양 앞에 엎드려 각각 거문고와 향
이 가득한 금 대접을 가졌으니 이 향은 성도의 기도들이라

여기서 네 생물은 모든 천사들의 대표이고 이십사 장로들은 모든 성도들의 대표라는 것은 이미 언급한 바와 같다. 이들은 예수님께서 성부 하나님께

로부터 그 두루마리 책을 취하시매 찬양을 드릴 준비를 하는 것이다.

이들은 어린양 곧 예수님의 보좌 앞에 엎드렸다. 경배를 드리는 것이다. 그리고 그들은 저마다 거문고를 가졌다. 이것은 예수님께 찬양을 드릴 준비를 갖추고 있음을 의미한다. 그리고 그들은 향이 가득한 금 대접을 가졌다. 이것은 무엇인가? 사도 요한은 그것이 무엇인지 친절한 설명을 하고 있으니 "이 향은 성도의 기도들이라"

찬양과 기도! 이것은 성도들에게는 불가분의 것이다. 찬양은 주님의 구원 은혜에 대한 감사의 표현이고, 기도는 앞으로 구원이 완성될 때까지 있어야 할 주님의 구원 은혜를 간구하는 일이기 때문이다. 그래서 여기 찬양과 성도들의 기도가 함께 주님 앞에 올려지고 있는 것이다.

2) 찬양의 내용

5:9-10 새 노래를 노래하여 가로되 책을 가지시고 그 인봉을 떼기에 합당하시도다 일찍 죽임을 당하사 각 족속과 방언과 백성과 나라 가운데서 사람들을 피로 사서 하나님께 드리시고 *10* 저희로 우리 하나님 앞에서 나라와 제사장을 삼으셨으니 저희가 땅에서 왕 노릇 하리로다 하더라

"새 노래를 노래하여 가로되"

네 생물과 이십사 장로들 곧 천사들의 대표들과 성도들의 대표들은 새 노래로 예수님께 찬양을 드린다. 새 노래는 무엇을 뜻하는가? 과거에 부르던 노래가 아니라는 뜻이다. 습관적으로 또는 의례적으로 부르는 노래가 아니라는 것이다. 지금까지 없었던 새 노래! 그것은 우리를 구원하시려고 행하시는 예수님의 은총이 너무나도 감사한 나머지 북받쳐 오르는 감격으로부터 나오는 노래임을 뜻한다.

(1) 주님이 그 비밀의 계시자가 되심이 합당함을 노래함

5:9 책을 가지시고 그 인봉을 떼기에 합당하시도다

이것이 찬양의 내용이다. 이 찬양 속에는 다음 두 가지 의미가 담겨있다.

첫째, 예수님께서 그 두루마리 책의 내용을 열어서 성도들에게 알려주실 수 있는 분이 된 것을 감사한다. 생각해보라! 만일 예수님이 계시지 않았다면 이 두루마리 책 속의 비밀을 누가 우리에게 알려 줄 것인가? 영원히 비밀로 남았을 것이다. 그렇다면 말세의 성도들이 끝까지 믿음을 지켜 구원받는 것은 불가능하게 되었을 것이다. 그러니 주님이 그 인봉을 떼시는 것이 어찌 감사하지 아니한가?

둘째, 주님이 그 인봉을 떼기에 합당함을 찬양한다. 그 이유는 바로 그 다음 구절에서 말하고 있다.

(2) 주님이 그 인봉을 떼기에 합당한 이유

> *5:9-10* 일찍 죽임을 당하사 각 족속과 방언과 백성과 나라 가운데서 사람들을 피로 사서 하나님께 드리시고 *10* 저희로 우리 하나님 앞에서 나라와 제사장을 삼으셨으니 저희가 땅에서 왕 노릇 하리로다 하더라

첫째, 일찍 죽임을 당하사 각 족속과 방언과 백성과 나라 가운데서 사람들을 피로 사서 하나님께 드리셨기 때문에 합당하시다. 주님은 일찍이 십자가에서 우리를 위하여 죽으셨다. 그 결과 세계 만국의 만민들 가운데서 사람들 곧 성부 하나님께서 창세전에 구원으로 선택하신 자들을 그의 피로 사서 하나님께 드리신 분이기 때문에 합당하시다는 것이다. 피로 사셨다는 것은 성도들이 자기의 죄로 인하여 받아야 할 형벌을 예수님께서 십자가에서 대신 받으심으로 그 죄 값을 대신 지불하신 것을 뜻한다.

이 사람들을 피로 사서 하나님께 드렸다는 것은 성부 하나님께서 예수님께 이 사람들을 구원하여 오라고 맡기신 백성들 곧 성도들을 십자가의 피로 구원하여 하나님 아버지께 드렸다는 뜻이다.

• 요 6:38-40 "내가 하늘로서 내려온 것은 내 뜻을 행하려 함이 아니요
39 나를 보내신 이의 뜻을 행하려 함이니라 나를 보내신 이의 뜻은

내게 주신 자 중에 내가 하나도 잃어버리지 아니하고 마지막 날에 다시 살리는 이것이니라 40 내 아버지의 뜻은 아들을 보고 믿는 자마다 영생을 얻는 이것이니 마지막 날에 내가 이를 다시 살리리라 하시니라"

한 마디로 예수님은 우리 성도들을 자기의 피로 구원하여 성부 하나님 앞에 드리신 분이기 때문에 말세의 구원을 위한 계시인 이 두루마리 책의 비밀을 공개하시기에 합당하다는 것이다.

둘째, 저희로 우리 하나님 앞에서 나라와 제사장을 삼으셨으니 저희가 땅에서 왕 노릇 하게 되었기 때문에 합당하시다는 것이다. 예수님께서 이처럼 피로 우리 성도들 사심으로 말미암아 성도들에게 어떤 복이 주어졌는가?

- **나라를 삼으셨다** – 이 말씀은 성도들로 하여금 천국 백성이 되게 하셨다는 뜻이다. 성도들은 본래 죄의 종이었고(롬 6:17), 따라서 마귀의 자식이었다(요 8:44). 그러나 이제는 주님을 믿음으로 하나님의 자녀 되는 권세를 얻었고(요 1:12), 천국의 시민권을 얻은 자가 되었다(빌 3:20).

- **제사장을 삼으셨다** – 제사장은 백성을 대표하여 하나님께 나아가 제사와 기도를 드리는 자이다. 이 직분은 하나님이 세우신 자 외에는 아무나 할 수 없었다. 왜냐하면 인간은 죄인이기 때문에 하나님 앞에 나아갈 수 없기 때문이다. 만일 죄인의 모습 그대로 하나님께 나아간다면 죽임을 당할 것이기 때문이다.

- 출 19:24 "여호와께서 그에게 이르시되 가라 너는 내려가서 아론과 함께 올라오고 제사장들과 백성에게는 돌파하고 나 여호와에게로 올라오지 못하게 하라 내가 그들을 돌격할까 하노라"

저희가 땅에서 왕 노릇 하게 되었다. 이것은 내세에 누릴 복이 아니라 앞에서 말한 천국 백성이 되는 일이나 제사장의 신분을 갖게 되는 것과 마찬

가지로 분명코 이 땅에서 즉 현세에서 지금 성도들이 갖게 되는 신분을 가리키는 것이다. 겉으로 볼 때에 이 땅에 살고 있는 성도들은 불신자들과 아무 다를 것이 없을지 모르지만 성도들의 신분만큼은 천국의 시민권자요 제사장이요 왕 같은 존귀한 자인 것이다. 그러므로 베드로 사도는 이렇게 말한다.

- 벧전 2:9 "오직 너희는 택하신 족속이요 왕 같은 제사장들이요 거룩한 나라요 그의 소유된 백성이니 이는 너희를 어두운 데서 불러내어 그의 기이한 빛에 들어가게 하신 자의 아름다운 덕을 선전하게 하려 하심이라"

어떻게 우리 성도들이 이 땅에서 지금 왕 노릇을 할 수 있는 것일까? 그것은 먼저 우리 주님이 하늘과 땅의 모든 권세를 가지고 계신 만왕의 왕이시기 때문이다. 그러므로 우리가 왕 노릇하는 것은 우리 스스로 또는 독자적으로 하는 것이 아니라 그리스도로 더불어 하는 것이다.

- 계 20:4 "또 내가 보좌들을 보니 거기 앉은 자들이 있어 심판하는 권세를 받았더라 또 내가 보니 예수의 증거와 하나님의 말씀을 인하여 목 베임을 받은 자의 영혼들과 또 짐승과 그의 우상에게 경배하지도 아니하고 이마와 손에 그의 표를 받지도 아니한 자들이 살아서 그리스도로 더불어 천 년 동안 왕 노릇 하니"

어떻게 우리 성도들이 이 땅에서 지금 왕권을 행사하고 있는가? 왕권의 행사란 땅을 정복하고 그것을 다스리는 일이다. 성도들은 복음을 전하는 사명을 받은 자들이다. 복음을 전한다는 것은 사단과의 전쟁이다. 사단의 영역에 쳐들어가서 그 영역을 점령하여 그에게 종노릇을 하고 있는 자들을 구원하는 일이다. 그리고 그들을 하나님의 나라 곧 교회에서 보호하고 양육하며 통치하는 일이다.

• 고후 10:4 "우리의 싸우는 병기는 육체에 속한 것이 아니요 오직 하나님 앞에서 견고한 진을 파하는 강력이라"

이것이 성도들이 이 땅에서 행사하는 왕권인 것이다.

2. 모든 천사들의 찬양

5:11-12 내가 또 보고 들으매 보좌와 생물들과 장로들을 둘러 선 많은 천사의 음성이 있으니 그 수가 만 만이요 천 천이라 *12* 큰 음성으로 가로되 죽임을 당하신 어린양이 능력과 부와 지혜와 힘과 존귀와 영광과 찬송을 받으시기에 합당하도다 하더라

1) 천사들

5:11 내가 또 보고 들으매 보좌와 생물들과 장로들을 둘러 선 많은 천사의 음성이 있으니 그 수가 만 만이요 천 천이라

이 말씀대로 보좌와 생물들과 장로들 주변에는 많은 천사들이 둘러 서 있다. 그 수는 가히 셀 수 없을 만큼 많은 것이다. 보좌 앞에 섰는 네 생물은 바로 이 천사들의 대표들인 것이다.

2) 천사들의 찬양

5:12 큰 음성으로 가로되 죽임을 당하신 어린양이 능력과 부와 지혜와 힘과 존귀와 영광과 찬송을 받으시기에 합당하도다 하더라

"능력과 부와 지혜와 힘과 존귀와 영광과 찬송을 받으시기에 합당하도다"

천사들은 죽임을 당하신 어린양 곧 예수님을 찬양한다. 무엇을 찬양하는가? 이들은 한마디로 주님의 위대하심을 찬양하는 것이다.

3. 만물들의 찬양

5:13 내가 또 들으니 하늘 위에와 땅 위에와 땅 아래와 바다 위에와 또 그 가운데 모든 만물이 가로되 보좌에 앉으신 이와 어린양에게 찬송과 존귀와 영광과 능력을 세세토록 돌릴 지어다 하니

하늘과 땅의 모든 피조물들이 다 보좌에 앉으신 이 곧 성부 하나님과 어린양 곧 예수님을 찬양한다. 이들은 찬송과 존귀와 영광과 능력을 세세토록 돌리고 있다.

4. 네 생물과 장로들의 화답

5:14 네 생물이 가로되 아멘 하고 장로들은 엎드려 경배하더라

수많은 천사들과 천지 만물들이 다 하나님을 찬양할 때에 네 생물 곧 천사의 대표들은 아멘으로 화답하고 성도들의 대표인 장로들은 그 보좌 앞에 엎드려 경배함으로 화답한다.

요한계시록은 이런 뜻이었다

제 5 장

제5장

일곱 인 재앙 및 그와 관련된 사건들

계시록 6:1-8:6

서 론

이제 우리는 요한계시록에서 알려주시고자 하시는 **"반드시 속히 될 일"**(계 1:1)의 본론에 들어왔다.

"반드시 속히 될 일"(계 1:1)은 일곱 인 재앙과 일곱 나팔 재앙과 일곱 대접 재앙 및 그들과 관련된 여러 사건들이 골격을 이루고 있다. 우리가 지금 살펴보고자 하는 계 6:1-8:6은 일곱 인 재앙 및 그와 관련된 사건들이다.

세 가지 재앙의 의미

이미 본서의 서론 부분에서 요한계시록 해석의 걸림돌이라는 주제 하에서 설명을 한 바와 같이 세 가지 재앙의 의미는 다음과 같다.

1. 일곱 인 재앙

마 24장에서 열거된 재난들 가운데 일반적(세상적) 재난들만 따로 모아서 그 재난의 강도에 따라서(재난의 시작으로부터 출발하여 재난의 절정으로 진행하는 순서로) 열거한 것이다.

2. 일곱 나팔 재앙

마 24장에서 열거된 재난들 가운데 영적인 재난들만 따로 분류하여 그 재난의 강도에 따라서(재난의 시작으로부터 출발하여 재난의 절정으로 진행하는 순서로) 열거한 것이다.

그러므로 이 두 가지 재앙들은 믿음 생활을 못하게 하려고 사단이 성도들을 공격함으로 말미암는 재난이며, 그 강도는 마지막 때가 가까워질수록 더욱 강하여질 것이다.

3. 일곱 대접 재앙

이것은 공의의 하나님이 성도들을 괴롭힌 사단과 그를 따르는 자들 전체를 심판하시는 진노로서의 재앙인 것이다. 이 사실을 우리는 일곱 대접 재앙을 말하는 첫 성구에서 단적으로 알 수 있다.

• 계 16:1 "또 내가 들으니 성전에서 큰 음성이 나서 일곱 천사에게 말하되 너희는 가서 하나님의 진노의 일곱 대접을 땅에 쏟으라 하더라"

그리고 일곱 대접 재앙들의 내용을 보면 이 사실을 확실히 알 수 있다.

내용 구분

이 부분의 내용은 다음과 같이 구분할 수 있다.

<table>
<tr><td rowspan="12">일곱 인 재앙
(일반적 재난)
및
그와 관련된
사건들
(6:1–8:6)</td><td rowspan="6">첫째부터
여섯째 인을
떼심
(6:1-17)</td><td>6:1-2</td><td>첫째 인 – 흰 말</td></tr>
<tr><td>6:3-4</td><td>둘째 인 – 붉은 말</td></tr>
<tr><td>6:5-6</td><td>셋째인 – 검은 말</td></tr>
<tr><td>6:7-8</td><td>넷째인 – 청황색 말</td></tr>
<tr><td>6:9-11</td><td>다섯째인 – 순교자들이 신원의 심판을 호소함</td></tr>
<tr><td>6:12-17</td><td>여섯째인 – 우주의 파멸(지구의 종말)</td></tr>
<tr><td rowspan="5">인 맞은 자
(구원받은 자)
의 모습
(7:1-7)</td><td>7:1-3</td><td>인 맞을 자의 보호</td></tr>
<tr><td>7:4-8</td><td>인 맞을 자의 수</td></tr>
<tr><td>7:9-12</td><td>인 맞을 자들의 하는 일
(하나님께 영광, 찬송)</td></tr>
<tr><td>7:13-14</td><td>인 맞을 자들의 정체</td></tr>
<tr><td>7:15-17</td><td>인 맞을 자들의 행복한 천국생활</td></tr>
<tr><td>일곱째 인을 떼심 (일곱 나팔 불기 위한 준비)</td><td>8:1
8:2-4
8:5-6</td><td>하늘의 잠시 적막
성도들의 기도가 하나님께 올라감
일곱 나팔 불기를 예고함</td></tr>
</table>

첫째부터 여섯째까지 인을 떼심
[6:1-17]

6:1 내가 보매 어린양이 일곱 인 중에 하나를 떼시는 그 때에 내가 들으
니 네 생물 중에 하나가 우레 소리 같이 말하되 오라 하기로
6:2 내가 이에 보니 흰 말이 있는데 그 탄자가 활을 가졌고 면류관을 받
고 나가서 이기고 또 이기려고 하더라
6:3 둘째 인을 떼실 때에 내가 들으니 둘째 생물이 말하되 오라 하더니
6:4 이에 붉은 다른 말이 나오더라 그 탄자가 허락을 받아 땅에서 화평
을 제하여 버리며 서로 죽이게 하고 또 큰 칼을 받았더라
6:5 셋째 인을 떼실 때에 내가 들으니 세 째 생물이 말하되 오라 하기로
내가 보니 검은 말이 나오는데 그 탄자가 손에 저울을 가졌더라
6:6 내가 네 생물 사이로서 나는 듯 하는 음성을 들으니 가로되 한 데나
리온에 밀 한 되요 한 데나리온에 보리 석 되로다 또 감람유와 포도
주는 해치 말라 하더라
6:7 넷째 인을 떼실 때에 내가 네째 생물의 음성을 들으니 가로되 오라
하기로
6:8 내가 보매 청황색 말이 나오는데 그 탄 자의 이름은 사망이니 음부
가 그 뒤를 따르더라 저희가 땅 사분 일의 권세를 얻어 검과 흉년
과 사망과 땅의 짐승으로써 죽이더라
6:9 다섯째 인을 떼실 때에 내가 보니 하나님의 말씀과 저희의 가진 증
거를 인하여 죽임을 당한 영혼들이 제단 아래 있어
6:10 큰 소리로 불러 가로되 거룩하고 참되신 대주재여 땅에 거하는 자
들을 심판하여 우리 피를 신원하여 주지 아니하시기를 어느 때까
지 하시려나이까 하니
6:11 각각 저희에게 흰 두루마기를 주시며 가라사대 아직 잠시 동안 쉬
되 저희 동무 종들과 형제들도 자기처럼 죽임을 받아 그 수가 차기
까지 하라 하시더라
6:12 내가 보니 여섯째 인을 떼실 때에 큰 지진이 나며 해가 총담같이
검어지고 온 달이 피같이 되며

6:13 하늘의 별들이 무화과 나무가 대풍에 흔들려 선 과실이 떨어지는
것같이 땅에 떨어지며
6:14 하늘은 종이축이 말리는 것같이 떠나가고 각 산과 섬이 제 자리에
서 옮기우매
6:15 땅의 임금들과 왕족들과 장군들과 부자들과 강한 자들과 각 종과
자주자가 굴과 산 바위 틈에 숨어
6:16 산과 바위에게 이르되 우리 위에 떨어져 보좌에 앉으신 이의 낯에
서와 어린양의 진노에서 우리를 가리우라
6:17 그들의 진노의 큰 날이 이르렀으니 누가 능히 서리요 하더라

해 석

이 부분에서 나오는 재난들은 어떤 것들인가?

이 부분에서 가장 주목할 것은 이 부분에서 나오는 재난들이 어떤 것들인가? 하는 점이다. 둘째 인으로부터 넷째 인까지 세 가지 재난이 나오는데 이 세 가지 재난들은 이 책의 서론 부분에서 "요한계시록의 해석의 걸림돌"이라는 주제 하에서 설명한 바와 같이 마 24장에서 주님이 말씀하신 재난들 가운데 일반적 재난들이라는 사실을 간과해서는 안 된다. 왜냐하면 이것을 알지 못하면 계시록의 말씀을 절대로 정확하게 이해할 수 없기 때문이다. 그리고 한 걸음 더 나아가 더욱 놀라운 것은 여섯 째 인의 내용 곧 우주의 파멸까지도 마 24:29-30의 내용과 완전히 일치한다는 사실이다. 그러므로 여기에 나오는 재난들은 주님께서 마 24장에서 말씀하신 재난들 가운데 일반적 재난들만 따로 구분하여 보여주신 것임에 틀림없다.

주님께서 마 24장에서 말씀하신 그 재난들과 이곳에서 말씀하신 재난들이 얼마나 정확하게 일치하는지 다음 성구들을 비교하여 보면 알 수 있다.

둘째 인 – 붉은 말 (전쟁)

- 계 6:3-4 "둘째 인을 떼실 때에 내가 들으니 둘째 생물이 말하되 오라 하더니 4 이에 붉은 다른 말이 나오더라 그 탄 자가 허락을 받아 땅에서 화평을 제하여 버리며 서로 죽이게 하고 또 큰 칼을 받았더라"
- 마 24:6-7 "난리와 난리 소문을 듣겠으나 너희는 삼가 두려워 말라 이런 일이 있어야 하되 끝은 아직 아니니라 7 민족이 민족을, 나라가 나라를 대적하여 일어나겠고"

셋째 인 – 검은 말 (기근)

- 계 6:5-6 "셋째 인을 떼실 때에 내가 들으니 셋째 생물이 말하되 오라 하기로 내가 보니 검은 말이 나오는데 그 탄 자가 손에 저울을 가졌더라 6 내가 네 생물 사이로서 나는 듯 하는 음성을 들으니 가로되 한 데나리온에 밀 한 되요 한 데나리온에 보리 석 되로다 또 감람유와 포도주는 해치 말라 하더라"
- 마 24:7 "…처처에 기근과 지진이 있으리니"

넷째 인 – 청황색 말 (살육)

- 계 6:7-8 "넷째 인을 떼실 때에 내가 넷째 생물의 음성을 들으니 가로되 오라 하기로 8 내가 보매 청황색 말이 나오는데 그 탄 자의 이름은 사망이니 음부가 그 뒤를 따르더라 저희가 땅 사분 일의 권세를 얻어 검과 흉년과 사망과 땅의 짐승으로써 죽이더라."
- 마 24:19-22 "그 날에는 아이 밴 자들과 젖먹이는 자들에게 화가 있으리로다 20 너희의 도망하는 일이 겨울에나 안식일에 되지 않도록 기도하라 21 이는 그 때에 큰 환난이 있겠음이라 창세로부터 지금까지 이런 환난이 없었고 후에도 없으리라 22 그 날들을 감하지 아니할 것이면 모든 육체가 구원을 얻지 못할 것이나 그러나 택하신 자들을 위하여 그 날들을 감하시리라"

여섯 째 인 – 우주의 파멸

• 계 6:12-17 "내가 보니 여섯째 인을 떼실 때에 큰 지진이 나며 해가 총담같이 검어지고 온 달이 피같이 되며 13 하늘의 별들이 무화과 나무가 대풍에 흔들려 선 과실이 떨어지는 것같이 땅에 떨어지며 14 하늘은 종이축이 말리는 것같이 떠나가고 각 산과 섬이 제 자리에서 옮기우매 15 땅의 임금들과 왕족들과 장군들과 부자들과 강한 자들과 각 종과 자주자가 굴과 산 바위 틈에 숨어 16 산과 바위에게 이르되 우리 위에 떨어져 보좌에 앉으신 이의 낯에서와 어린양의 진노에서 우리를 가리우라 17 그들의 진노의 큰 날이 이르렀으니 누가 능히 서리요 하더라"

• 마 24:29-30 "그 날 환난 후에 즉시 해가 어두워지며 달이 빛을 내지 아니하며 별들이 하늘에서 떨어지며 하늘의 권능들이 흔들리리라 30 그 때에 인자의 징조가 하늘에서 보이겠고 그 때에 땅의 모든 족속들이 통곡하며 그들이 인자가 구름을 타고 능력과 큰 영광으로 오는 것을 보리라"

이런 사실을 염두에 두고 이제부터 그 재난들을 하나하나 살펴보자.

I. 첫째 인을 떼심

6:1-2 내가 보매 어린양이 일곱 인 중에 하나를 떼시는 그 때에 내가 들으니 네 생물 중에 하나가 우뢰 소리 같이 말하되 오라 하기로 *2* 내가 이에 보니 흰 말이 있는데 그 탄자가 활을 가졌고 면류관을 받고 나가서 이기고 또 이기려고 하더라

이 첫 번째 환상이 보여주는 의미는 다음과 같다.

1. 주님의 계시 시작

"내가 보매 어린양이 일곱 인 중에 하나를 떼시는 그 때에"

드디어 말세의 비밀은 어린양이신 주님께서 그 책의 일곱 인 중에 하나를 떼심으로 공개되기 시작한다. "반드시 속히 될 일"(1:1)들이 비로소 보여지기 시작하는 것이다.

2. 천사의 심부름

"그 때에 내가 들으니 네 생물 중에 하나가 우레 소리같이 말하되 오라 하기로"

이 생물은 이미 설명한 대로 천사들의 대표 중 하나이다. 예수님께서 두루마리 책의 인을 떼시어 그 책의 비밀을 공개하고자 하시니 그 천사는 그것을 사도 요한이 볼 수 있도록 초청하는 심부름을 하는 것이다. 그 천사의 음성이 우레 소리 같았다고 하는 것은 그가 천사들 중에도 대표자로서 큰 능력을 지니고 있음을 암시한다.

천사들은 이와 같이 성도들의 구원을 위하여 필요할 때마다 주님의 심부름을 하는 것이다.

3. 흰 말 탄 자

"내가 이에 보니 흰 말이 있는데 그 탄 자가 활을 가졌고 면류관을 받고 나가서 이기고 또 이기려고 하더라"

1) 흰 말 탄 자는 누구인가?

예수님이시다.

2) 어떻게 알 수 있는가?

(1) 그분의 모양에서

- 계 1:13-14 "촛대 사이에 인자 같은 이가 발에 끌리는 옷을 입고 가슴에 금띠를 띠고 14 그 머리와 털의 희기가 흰 양털 같고 눈 같으며 그의 눈은 불꽃같고"

- 계 19:11 "또 내가 하늘이 열린 것을 보니 보라 백마와 탄 자가 있으니 그 이름은 충신과 진실이라 그가 공의로 심판하며 싸우더라"

(2) 그분의 사역에서

- 계 5:5 "장로 중에 하나가 내게 말하되 울지 말라 유대 지파의 사자 다윗의 뿌리가 이기었으니 이 책과 그 일곱 인을 떼시리라 하더라"

- 요 16:33 "이것을 너희에게 이름은 너희로 내 안에서 평안을 누리게 하려 함이라 세상에서는 너희가 환난을 당하나 담대하라 내가 세상을 이기었노라 하시니라"

- 계 3:21 "이기는 그에게는 내가 내 보좌에 함께 앉게 하여 주기를 내가 이기고 아버지 보좌에 함께 앉은 것과 같이 하리라"

(3) 본문의 내용에서

흰 말을 탄 그분은 본문에서 이기고 또 이기려고 하는 분으로 소개 되고 있다. 이 말씀은 그분이 과거에 이기셨고 그러나 아직도 싸움은 끝나지 않았기 때문에 앞으로도 계속 싸워서 최후 승리를 차지할 것이라는 뜻이다.

참으로 예수님은 그런 분이 아니신가? 예수님은 이미 십자가 죽음 후에 사흘 만에 부활하심으로 사망 권세를 깨뜨리시고 사단과의 싸움에서 승리하셨다. 그러나 싸움은 아직 끝나지 아니하였다. 마귀는 자기의 때가 얼마 남지 아니한 줄을 알고 지금 최후 발악을 하면서 반항하고 있다.

- 계 12:12 "그러므로 하늘과 그 가운데 거하는 자들은 즐거워하라 그러나 땅과 바다는 화 있을진저 이는 마귀가 자기의 때가 얼마 못 된

줄을 알므로 크게 분내어 너희에게 내려갔음이라 하더라"

- 벧전 5:8 "근신하라 깨어라 너희 대적 마귀가 우는 사자같이 두루 다니며 삼킬 자를 찾나니"

그러나 이 싸움에서 예수님은 반드시 사단의 세력을 멸하시고 완전한 승리를 거두실 것이다.

- 시 110:1 "여호와께서 내 주에게 말씀하시기를 내가 네 원수로 네 발등상 되게 하기까지 너는 내 우편에 앉으라 하셨도다"

- 히 10:12-13 "오직 그리스도는 죄를 위하여 한 영원한 제사를 드리시고 하나님 우편에 앉으사 13 그 후에 자기 원수들로 자기 발등상이 되게 하실 때까지 기다리시나니"

4. 흰 말 탄 자의 환상을 보여주시는 목적은 무엇인가?

그 목적은 다음과 같다. 둘째 인으로부터 재난들은 시작된다. 그 재난들은 세상 불신 세력으로부터 성도들이 받게 될 재난들인 것이다. 이런 재난들이 닥쳐오면 성도들은 두려워하거나 낙심하기 쉽다. 그 결과 그들은 믿음에서 떠나기가 쉽다. 그렇게 되면 그들은 믿음의 선한 싸움에서 패배자가 될 것이다.

그러므로 주님께서는 앞으로 성도들이 당하게 될 재난들을 보여주기에 앞서서 사단과의 싸움에서 지금까지도 승리하셨고 또 앞으로도 싸워서 완전 승리하실 주님 자신의 모습을 보여주심으로써 성도들로 하여금 담대하게 하려는 것이다. 주님은 이 계시를 통하여 우리들에게 요 16:33의 말씀을 웅변적으로 하고 계신 것이다.

"세상에서는 너희가 환난을 당하나 담대하라 내가 세상을 이기었노라 하시니라"

그러므로 주님을 믿는 우리들은 말세에 사단이 어떤 환난 고통을 가지고 공격해 온다 할지라도 반드시 이길 수 있는 것이다. 다시 말하면 우리는 승리가 보장된 싸움을 하고 있는 것이다.

• 롬 8:35-37 "누가 우리를 그리스도의 사랑에서 끊으리요 환난이나 곤고나 핍박이나 기근이나 적신이나 위협이나 칼이랴 36 기록된바 우리가 종일 주를 위하여 죽임을 당케 되며 도살할 양같이 여김을 받았나이다 함과 같으니라 37 그러나 이 모든 일에 우리를 사랑하시는 이로 말미암아 우리가 넉넉히 이기느니라"

그러므로 사랑하는 독자 여러분은 필승의 확신을 가지고 담대하게 전진하기를 바란다.

II. 둘째 인을 떼심

6:3-4 둘째 인을 떼실 때에 내가 들으니 둘째 생물이 말하되 오라 하더니 *4* 이에 붉은 다른 말이 나오더라 그 탄 자가 허락을 받아 땅에서 화평을 제하여 버리며 서로 죽이게 하고 또 큰 칼을 받았더라

1. 붉은 말

둘째 인으로 붉은 말이 나타났다. 붉은 색은 피를 연상케 하는 것이며 따라서 전쟁을 상징한다. 따라서 여기에 나타난 내용도 역시 전쟁에 관한 것이다. 그러므로 이 징조는 전쟁으로 인하여 성도들이 당하게 될 고난을 뜻하는 것이다.

2. 붉은 말 탄 자

붉은 말을 탄 자는 누구일까? 싸움을 일으켜서 성도들을 괴롭게 하는 이

존재는 사단의 세력이다. 왜 그렇게 보아야 하는가? 하나님의 백성들이 믿음에서 떨어지게 만들려고 모든 수단과 방법을 다 동원하는 자는 사단의 세력밖에 없기 때문이다. 따라서 다음에 나오는 검은 말 탄 자나 청황색 말을 탄 자도 마찬가지로 사단의 세력으로 보아야 할 것이다.

3. 그 탄 자가 허락을 받아

사단은 하나님의 백성들에게 고통을 가하되 자기 멋대로 하는 것이 아니다. 하나님의 허락이 없이는 절대로 하나님의 백성들을 손 댈 수 없다. 우리는 이 사실을 욥에게서 본다.

- 욥 1:12 "여호와께서 사단에게 이르시되 내가 그의 소유물을 다 네 손에 붙이노라 오직 그의 몸에는 네 손을 대지 말지니라 사단이 곧 여호와 앞에서 물러가니라"

또 우리는 이런 사실을 다음과 같은 성구에서 읽게 된다.

- 마 10:29-31 "참새 두 마리가 한 앗사리온에 팔리는 것이 아니냐. 그러나 너희 아버지께서 허락지 아니하시면 그 하나라도 땅에 떨어지지 아니하리라 30 너희에게는 머리털까지 다 세신 바 되었나니 31 두려워하지 말라 너희는 많은 참새보다 귀하니라"

성도들은 하나님의 자녀들이기 때문에 하나님의 허락 없이는 그 어느 누구도 함부로 손을 대지 못하게 하시는 것이다.

4. 땅에서 화평을 제하여 버리며 서로 죽이게 하고 또 큰 칼을 받았더라

사단의 세력이 어떤 방법으로 성도들을 괴롭히는가를 밝혀주는 내용이다. 땅에서 화평을 제하여 버리며 서로 죽이게 하고 또 큰 칼을 받았더라, 이 말씀은 한 마디로 말해서 전쟁을 뜻하는 것이다. 앞에서 본 대로 주님께서 마 24:6-7에서 말씀하신 것과 같은 내용이다.

- 마 24:6-7 "난리와 난리 소문을 듣겠으나 너희는 삼가 두려워 말라 이런 일이 있어야 하되 끝은 아직 아니니라 7 민족이 민족을, 나라가 나라를 대적하여 일어나겠고"

5. 둘째 인에서 유의할 사항

우리는 이 징조에서 다음과 같은 세 가지를 유의할 필요가 있다.

첫째, 사단의 세력이 아무리 강하게 우리를 핍박한다고 할지라도 하나님이 허락하시는 범위에서만 가능하다는 사실이다. 그러므로 하나님의 백성들은 절대로 사단의 공격으로 말미암아 아주 패망하지 않는다는 것이다. 그러므로 필승의 신념을 가지고 믿음의 선한 싸움을 싸워야 할 것이다.

둘째, "땅에서 화평을 제하여 버리며 서로 죽이게 하고 또 큰 칼을 받았더라"는 이 말씀은 성도들이 전쟁 중에 어떤 방식으로 죽게 되는가를 보여준다는 것이다. 그 방식은 땅에서 화평을 제하여 버리며 서로 죽이게 하는 방법이다. 이 말씀은 무엇을 뜻하는가? 주님의 다음과 같은 말씀에서 그 뜻을 알 수 있다.

- 마 10:34-36 "내가 세상에 화평을 주러 온 줄로 생각지 말라 화평이 아니요 검을 주러 왔노라 35 내가 온 것은 사람이 그 아비와, 딸이 어미와, 며느리가 시어미와 불화하게 하려 함이니 36 사람의 원수가 자기 집안 식구리라"

성도들이 전쟁 중에 핍박을 받되 누구로부터 받는가? 자기 집안 식구 곧 인간적으로 자기와 가장 가까운 불신자로부터 핍박을 받고 죽는 데 넘김을 당할 것이라는 말씀이다. 사단은 우리들을 넘어지게 하려고 모든 방법을 다

동원한다. 어떤 경우에는 가장 가까운 사람의 달콤한 말을 통하여 유혹하는 방법을 사용한다. 하와를 통하여 아담을 유혹한 것, 들릴라를 통하여 삼손을 넘어지게 한 것 등이 그 예이다. 그런가 하면 어떤 경우에는 우리 믿는 자들에게 가장 가까운 사람들의 미움과 핍박을 통하여 넘어지게 하는 방법을 사용한다. 왜냐하면 이런 자들로부터 받는 미움과 핍박은 낯모르는 사람들로부터 받는 것보다 충격이 훨씬 더 크기 때문이다. 그래서 더욱 낙심하기 쉽기 때문이다.

셋째, 흰 말 탄 자를 뒤따라서 붉은 말, 검은 말, 청황색 말이 연속적으로 나타나는 현상은 무엇을 말해주는가? 이 현상은 하나님의 교회에 성령의 역사로 부흥의 불길이 일어나는 곳에는 항상 사단의 역사가 뒤따른다는 사실을 말해주고 있는 것이다. 이런 현상은 모든 시대 모든 교회에서 항상 볼 수 있는 현상이다. 사도행전에 나오는 초대교회를 보라! 오순절 성령 강림으로 수천 명의 교인들이 생기니 곧 이어서 공의회원들의 핍박이 일어나고(행 4장), 일곱 집사를 세워 교회가 부흥하니 스데반 집사의 순교가 뒤따르게 되는 것을 보게 된다.

III. 셋째 인을 떼심

> *6:5-6* 셋째 인을 떼실 때에 내가 들으니 셋째 생물이 말하되 오라 하기로 내가 보니 검은 말이 나오는데 그 탄 자가 손에 저울을 가졌더라 *6* 내가 네 생물 사이로서 나는 듯하는 음성을 들으니 가로되 한 데나리온에 밀 한 되요 한 데나리온에 보리 석 되로다 또 감람유와 포도주는 해치 말라 하더라

1. 검은 말

셋째 인으로 검은 말이 나타났다. 검은 색은 초목과 곡식이 불에 타서 재로 변한 색을 연상케 하며 따라서 기근을 상징한다. 그러므로 여기에 나타난 재난의 내용도 역시 기근인 것을 알 수 있다. 그러므로 이 징조는 기근으로

인하여 성도들이 당하게 될 고난을 뜻하는 것이다.

2. 검은 말 탄 자

앞에 나오는 "붉은 말 탄 자"에서 이미 설명한 대로 이 "검은 말 탄 자" 도 사단의 세력이다.

3. 이 기근의 내용

1) 한 데나리온에 밀 한 되요 한 데나리온에 보리 석 되로다

한 데나리온은 노동자의 1일 품삯이다.

- 마 20:2 "저가 하루 한 데나리온씩 품군들과 약속하여 포도원에 들여 보내고"

그런데 밀 한 되는 한 사람의 1일분 식량밖에 안 된다. 그보다 값이 헐한 보리는 3되를 살 수 있다고 한다. 그렇다면 한 가정 안에 여러 식구들을 어떻게 부양할 수 있겠는가? 생활은 양식만 가지고 되는 것이 아니지 않는가? 의식주를 위한 모든 비용이 얼마나 많은가? 이렇게 볼 때 이 말씀은 경제적으로 도저히 최저 생활도 꾸려 나가기 힘든 지극한 가난의 상태를 의미하는 것이다.

그런데 여기서 주목할 한 가지 사실이 있다. 그것은 이런 기근을 당할 자들은 하루 벌어서 하루 먹고 살아야 하는 노동자들이다. 돈이 많은 부자들은 아무리 비싸도 기근을 당하지 않는다는 사실이다.

2) 또 감람유와 포도주는 해치 말라 하더라

이 말씀은 무엇을 뜻하는가? 감람유와 포도주! 이런 것들은 부요한 자들이 향락을 즐기기 위한 생활 용품이다. 가난한 노동자들에게는 이런 것들은 엄두도 못 낼 식품이다. 그런데 이런 것들을 해치 말라고 하는 뜻은 무엇인가? 가난한 자들은 당장 먹을 양식도 없어 기근을 면치 못하는데 부요한 자들은 이런 것들을 즐기며 살고 있음을 뜻한다.

3) 기근을 당하는 자들은 누구인가?

그렇다면 이런 극심한 기근을 당하는 자들은 누구일까? 그들은 성도들이다. 왜냐하면 일곱 인 재난과 일곱 나팔 재난은 모두가 성도들을 향한 사단의 공격으로 오는 고난들이라고 이미 말한 바와 같기 때문이다.

왜 성도들은 이런 극한 기근을 당하게 되는가? 다음과 같은 사례들에서 사도 요한 당시에 교회 성도들이 처했던 경제적 어려움을 엿볼 수 있다.

- 행 9:1-4 "사울이 그의 죽임 당함을 마땅히 여기더라 그 날에 예루살렘에 있는 교회에 큰 핍박이 나서 사도 외에는 다 유대와 사마리아 모든 땅으로 흩어지니라 2 경건한 사람들이 스데반을 장사하고 위하여 크게 울더라 3 사울이 교회를 잔멸할새 각 집에 들어가 남녀를 끌어다가 옥에 넘기니라 4 그 흩어진 사람들이 두루 다니며 복음의 말씀을 전할새"

이렇게 핍박을 받아 흩어졌다는 것은 저들이 살던 집도 땅도 직장도 다 잃어버렸다는 것을 의미하지 않는가? 이뿐만 아니라 성도들은 주일 성수 문제 때문에 또는 예수 믿는다는 한 가지 이유 때문에 직장에서 쫓겨나거나 아예 취직도 못하는 경우는 얼마나 많은가?

그러므로 히브리서 기자는 이렇게 말한다

- 히 11:36-37 "또 어떤 이들은 희롱과 채찍질뿐 아니라 결박과 옥에 갇히는 시험도 받았으며 37 돌로 치는 것과 톱으로 켜는 것과 시험과 칼에 죽는 것을 당하고 양과 염소의 가죽을 입고 유리하여 궁핍과 환난과 학대를 받았으니 38 (이런 사람은 세상이 감당치 못하도다)저희가 광야와 산중과 암혈과 토굴에 유리하였느니라"

이렇게 사단은 성도들을 경제적으로 압박하여 고통을 가함으로써 믿지 못하게 하려는 술책을 동원하는 것이다. 이런 사단의 공격은 성도들이 있는 곳이라면 어느 시대에나 있었고 또 앞으로도 있을 것이며 종말이 가까워질수록 그 강도는 더욱 강하여질 것이다. 셋째 인의 징조는 바로 이것을 말하고 있는 것이다.

Ⅳ. 넷째 인을 떼심

6:7-8 넷째 인을 떼실 때에 내가 네째 생물의 음성을 들으니 가로되 오라 하기로
8 내가 보매 청황색 말이 나오는데 그 탄 자의 이름은 사망이니 음부가 그 뒤를 따르더라 저희가 땅 사분 일의 권세를 얻어 검과 흉년과 사망과 땅의 짐승으로써 죽이더라

1. 청황색 말

넷째 인으로 청황색 말이 나타났다. 청황색은 죽은 시체의 빛깔이다. 그러므로 이 청황색 말은 성도들이 사단의 세력으로부터 당하는 고난 중에 가장 강도가 높은 죽음의 고난이 임할 것을 암시한다.

2. 청황색 말을 탄 자

청황색 말을 탄 자는 붉은 말을 탄 자와 마찬가지로 성도들을 괴롭히는 사단의 세력이다. 그리고 그가 성도들에게 가하는 고난의 내용은 "내가 보매 청황색 말이 나오는데 그 탄 자의 이름은 사망이니라"는 말씀과 같이 사망이다. 고난의 내용이 사망이라는 것은 무엇을 뜻하는가? 성도들이 이 땅에서 당하는 일반적 고난들 가운데 가장 극심한 것이 죽음이다. 이보다 더 큰 고난이 어디 있는가? 그러므로 이 고난은 마 24:21-22에서 주님이 말씀하신 재난의 절정으로서의 고난인 것이다.

• 마 24:21 "이는 그 때에 큰 환난이 있겠음이라 창세로부터 지금까지 이런 환난이 없었고 후에도 없으리라"

3. 음부가 그 뒤를 따르더라는 말의 뜻은 무엇일까?

1) 이 말의 뜻을 알려면 여기서 말하는 음부가 무엇을 가리키는가를 먼저 알아야 한다. 음부라는 말은 성경에서 다음 세 가지 의미로 사용된다.

(1) 죽음의 상태

성경에서 음부라는 말은 항상 어떤 장소만을 가리키는 것이 아니라 자주 죽음의 상태 즉 육체와 영혼의 분리된 상태를 가리키는 추상적 의미로도 사용되었다. 삼하 22:6과 시 88:3은 바로 이러한 의미로 사용되었다고 생각한다.

(2) 무덤

성경에서 또 어떤 경우에는 사람이 죽어서 그 육체가 들어가게 될 무덤을 가리키는 용어로도 사용되었다. 물론 이 음부라는 용어가 죽음의 상태를 뜻하는 말로 쓰였는지 아니면 무덤을 뜻하는 말로 쓰였는지를 매 경우마다 구별 짓기는 쉬운 일이 아니다. 그러나 이 두 가지 의미 중 하나로 쓰였다는 사실을 그 용어가 사용된 문맥에서 알 수 있게 된다.

창 42:38과 시 6:5; 전 9:10; 계 1:18 등은 이런 의미로 사용되었다고 생각된다.

(3) 지옥

음부라는 말은 성경에서 지옥을 가리키는 용어로 사용되었음이 분명한 성구들이 있다. 부자가 들어간 음부(눅 16:24 참조)는 불꽃 가운데서 고민하며 손가락 끝에 물을 찍어 그 혀를 서늘하게 하기를 갈망할 정도로 혹심한 고통을 당하는 장소로 묘사되었다. 뿐만 아니라 그 부자는 자기 형제 다섯에게 복음을 증거하여 자기가 있는 곳에 오지 않게 하여 주기를 아브라함에게 간청한 사실을 본다. 이처럼 불 속에서 고통을 당하는 장소이며 복음을 받지 못함으로 말미암아 가게 된 장소는 지옥 이외의 다른 곳일 수 없다. 그리고 시 9:17; 아 8:6 등도 지옥을 가리키는 의미로 음부라는 말이 사용 된 것으로 생각된다.

2) 본절에서 말하는 음부는 이 세 가지 중에 어느 것일까?

결론부터 말하면 '무덤'이라고 보아야 타당할 것이다. 왜냐하면 그 이유는 다음과 같다. 죽음의 상태로 볼 수 없는 이유는 그 탄 자의 이름은 사망이니 음부가 그 뒤를 따르더라는 말씀의 문맥 때문이다. 만일 음부를 죽음의 상태로 본다면 이 말씀은 그 탄 자의 이름은 사망이니 죽음의 상태(음부)가 그 뒤를 따르더라는 것이 되는데 이렇게 되면 말이 안 되기 때문이다. 그리고 음부를 지옥으로 볼 수 없는 이유는 성도들이 죽어서 지옥에 가는 일은 절대로 없기 때문이다. 그러므로 사망에 뒤따르는 것은 무덤이라고 이해하는 것이 타당할 것이다.

그러므로 "음부가 그 뒤를 따르더라"는 이 말씀의 뜻은 성도들이 사단의 세력으로부터 고난을 받아 죽임을 당하게 되고 무덤에 들어가게 되는 무서운 재난이 있을 것이라는 뜻이다.

4. "저희가 땅 사분 일의 권세를 얻어 검과 흉년과 사망과 땅의 짐승으로써 죽이더라"

이 말씀은 사단의 세력이 성도들을 괴롭힐 범위와 그 방법을 알려주고 있다.

1) 성도들을 해할 범위

"저희가 땅 사분 일의 권세를 얻어"

이들은 성도들을 해하되 자기 멋대로 하는 것이 아님을 이미 셋째 인의 설명에서 보았다. 이들은 하나님의 허락 없이는 절대로 성도들을 함부로 해하지 못한다. 왜냐하면 성도들은 하나님의 자녀요 우리 주님이 가장 사랑하시는 신부이기 때문이다. 사단의 세력은 성도들을 해할 권세를 땅 사분의 일 범위 안에서 허락을 받은 것이라고 한다.

2) 성도들을 해하는 방법

"검과 흉년과 사망과 땅의 짐승으로써 죽이더라"

(1) 성도들을 해하는 방법으로 네 가지가 열거된다.

검, 흉년, 사망, 땅의 짐승! 앞(붉은 말이나 검은 말)에서는 전쟁이나 기근 하나만의 방법으로 성도들을 해하였지만 여기서는 이런 것들을 총동원하여 성도들을 해하는 것이다. 그리고 또 한편 해하는 내용이 "죽이는 것"이라고 하였다. 그러므로 이 고난은 주님께서 마 24:21에서 말씀하신 재난의 절정으로서의 징조로 보아야 할 것이다.

- 마 24:21 "이는 그 때에 큰 환난이 있겠음이라 창세로부터 지금까지 이런 환난이 없었고 후에도 없으리라"

(2) 해하는 방법인 이 네 가지는 무엇을 의미하는가?

- 검은 전쟁을 의미한다.
- 흉년은 검은 말(6:5)에서 본 것과 같은 기근을 의미한다.
- 사망은 무엇을 뜻하는가? 이것을 문자 그대로의 의미로 볼 수 없는 이유는 그 다음에 나오는 "죽이더라"는 말씀 때문이다. 왜냐하면 "사망으로써…죽이더라"는 말은 성립될 수 없기 때문이다.

우리는 이 문제를 해결하기 위하여 다음 성구를 참조하는 것이 좋을 것이다.

• 겔 14:21 "주 여호와께서 가라사대 내가 나의 네 가지 중한 벌 곧 칼과 기근과 사나운 짐승과 온역을 예루살렘에 함께 내려 사람과 짐승을 그 중에서 끊으리니 그 해가 더욱 심하지 않겠느냐"

이 말씀에서 나오는 재난의 방법 네 가지는 본문의 그것과 일치한다. 다만 본문의 사망이 "온역"으로 바뀐 것을 제외하고는 말이다. 그러므로 본문의 사망은 온역 즉 질병으로 이해할 것이다. 왜냐하면 오늘날에도 질병을 죽음이라는 단어로 표현하는 경우가 있기 때문이다. 예를 들면 페스트라는 질병을 "흑사병(black death)라고 부르는 것이다.

(3) 땅의 짐승은 무엇을 뜻하는가?

이 짐승을 단순하게 지상의 맹수들로 이해하는 것은 너무나 피상적인 해석이라고 아니할 수 없다. 초대교회 시대에는 원형극장에서 성도들이 사자의 밥이 되게 하는 핍박이 있었지만 이런 일은 그 이후에 거의 찾아볼 수 없는 일이 되었기 때문이다.

이 짐승은 계시록에서 수없이 반복하여 나오는 사단의 세력들이라고 보아야 한다. 즉 사단에게 속한 악령들로 보아야 한다. 이들의 활동을 말하는 성구 한 곳만 보아도 알 수 있다.

• 계 17:3-6 "곧 성령으로 나를 데리고 광야로 가니라 내가 보니 여자가 붉은 빛 짐승을 탔는데 그 짐승의 몸에 참람된 이름들이 가득하고 일곱 머리와 열 뿔이 있으며 4 그 여자는 자주빛과 붉은빛 옷을 입고 금과 보석과 진주로 꾸미고 손에 금잔을 가졌는데 가증한 물건과 그의 음행의 더러운 것들이 가득하더라 5 그 이마에 이름이 기록되었으니 비밀이라, 큰 바벨론이라, 땅의 음녀들과 가증한 것들의 어미라 하였더라 6 또 내가 보매 이 여자가 성도들의 피와 예수의 증인들의 피

에 취한지라"

이와 같이 이 악령들인 이 짐승은 성도들을 죽이는 일을 감행한다는 사실을 알 수 있다.

V. 다섯째 인을 떼심

6:9-11 다섯째 인을 떼실 때에 내가 보니 하나님의 말씀과 저희의 가진 증거를 인하여 죽임을 당한 영혼들이 제단 아래 있어 *10* 큰 소리로 불러 가로되 거룩하고 참되신 대주재여 땅에 거하는 자들을 심판하여 우리 피를 신원하여 주지 아니하시기를 어느 때까지 하시려나이까 하니 *11* 각각 저희에게 흰 두루마기를 주시며 가라사대 아직 잠시 동안 쉬되 저희 동무 종들과 형제들도 자기처럼 죽임을 받아 그 수가 차기까지 하라 하시더라

이 환상을 보여주시는 이유

둘째 인으로부터 넷째 인까지에서 성도들이 앞으로 당하게 될 여러 가지 재난들을 보여주셨다. 그리고 특히 넷째 인에서는 그 재난의 절정으로서 죽음의 재난을 보여주셨다.

그런데 그 다음으로 나오는 다섯째 인인 본문에서는 전혀 다른 환상을 보여주신다. 그 내용은 그 재난들 속에서 핍박을 받거나 순교를 당하여 죽은 성도의 영혼들이 하나님께 그 핍박하던 자들을 심판하여 자기들의 피를 신원하여 주기를 탄원하는 내용과 그에 대한 하나님의 대답이다.

이것을 여기서 보여주시는 이유는 무엇인가? 그 이유는 다음과 같다. 성도들이 이 땅에서 믿음 때문에 핍박을 당하고 나아가 순교를 당하였는데 그것이 한낱 죽음으로 끝난다면 누가 예수의 이름으로 고난을 받으려 하겠는가? 그러므로 이런 고난을 당한 성도들의 결말이 어떻게 되는가를 이 환상을 통하여 확실히 보여줌으로써 이 땅에서 신앙의 길을 가면서 영적 싸움을

하고 있는 성도들을 고무시키고 격려하기 위한 것이다. 다시 말하면 성도들이 이 땅에서 받는 고난은 결코 헛되지 않다는 것을 확신시켜 주려는 것이다. 주님은 언제나 우리들에게 고난의 길을 걸으라고 말씀하실 때에는 반드시 그 고난의 길을 걸은 후에 우리가 받게 될 영광과 상급을 말씀해 주셨다. 예를 들어보자

- 마 5:10-12 "의를 위하여 핍박을 받은 자는 복이 있나니 천국이 저희 것임이라 11 나를 인하여 너희를 욕하고 핍박하고 거짓으로 너희를 거스려 모든 악한 말을 할 때에는 너희에게 복이 있나니 12 기뻐하고 즐거워하라 하늘에서 너희의 상이 큼이라 너희 전에 있던 선지자들을 이같이 핍박하였느니라"

- 마 16:24-27 "이에 예수께서 제자들에게 이르시되 아무든지 나를 따라 오려거든 자기를 부인하고 자기 십자가를 지고 나를 좇을 것이니라 25 누구든지 제 목숨을 구원코자 하면 잃을 것이요 누구든지 나를 위하여 제 목숨을 잃으면 찾으리라 26 사람이 만일 온 천하를 얻고도 제 목숨을 잃으면 무엇이 유익하리요 사람이 무엇을 주고 제 목숨을 바꾸겠느냐 27 인자가 아버지의 영광으로 그 천사들과 함께 오리니 그 때에 각 사람의 행한 대로 갚으리라"

그러면 본문에서는 죽임을 당한 성도들에게 어떤 위로와 격려의 말씀을 주시는가를 살펴보자.

1. 순교한 영혼들의 호소

6:9-10 다섯째 인을 떼실 때에 내가 보니 하나님의 말씀과 저희의 가진 증거를 인하여 죽임을 당한 영혼들이 제단 아래 있어 *10* 큰 소리로 불러 가로되 거룩하고 참되신 대주재여 땅에 거하는 자들을 심판하여 우리 피를 신원하여 주지 아니하시기를 어느 때까지 하시려나이까 하니

1) 호소하는 자들은 누구인가?

"하나님의 말씀과 저희의 가진 증거를 인하여 죽임을 당한 영혼들"이다. 즉 복음과 예수를 증거하는 일 때문에 죽임을 당한 순교자들의 영혼들의 호소이다.

2) 이들은 어디에서 호소하는가?

"죽임을 당한 영혼들이 제단 아래 있어"

이들은 제단 아래에서 호소한다. 이 제단은 어디에 있는 것이며 그들은 왜 거기에 있는가? 이 제단은 천국에 있는 것이 확실하다. 왜냐하면 순교자들의 영혼이 예수님 재림 때까지 가 있는 곳은 천국 외에 다른 곳이 없기 때문이다.

그러면 이들이 왜 제단 아래에 있는가? 제단은 동물을 잡아서 제물로 드리는 곳이다. "하나님의 말씀과 저희의 가진 증거를 인하여 죽임을 당한" 것은 주님 앞에 저들이 자신을 희생 제물로 드린 것을 의미하기 때문이다. 이런 표현이 가능한 사실을 우리는 사도 바울의 다음과 같은 말씀에서 엿볼 수 있다.

- 빌 2:17 "만일 너희 믿음의 제물과 봉사 위에 내가 나를 관제로 드릴지라도 나는 기뻐하고 너희 무리와 함께 기뻐하리니"
- 딤후 4:6 "관제와 같이 벌써 내가 부음이 되고 나의 떠날 기약이 가까웠도다"

3) 호소하는 내용은 무엇인가?

6:10 큰 소리로 불러 가로되 거룩하고 참되신 대주재여 땅에 거하는 자들을 심판하여 우리 피를 신원하여 주지 아니하시기를 어느 때까지 하시려나이까

(1) 이들은 하나님을 어떻게 부르고 있는가?

"거룩하고 참되신 대 주재여"

"거룩하다"라는 단어의 기본적인 의미는 "구별되다"이다. 즉 모든 피조물들로부터 구별되신 분, 특히 더러운 죄로부터 구별된 성결하신 분임을 의미한다.

"참되다"라는 뜻은 물론 거짓된 것이 없음을 의미한다.

"대 주재"는 무한한 절대 권력자를 뜻한다. 이 순교자들은 하나님을 이런 분으로 알고 있는 것이다.

한 마디로 하나님을 가장 높고 귀한 분이시며 우주 만물을 통치하시는 절대 권력자로 믿고 있는 것이다. 이런 믿음은 하나님이 그들의 호소 내용을 반드시 들어주실 수 있는 분이라는 확신을 불러일으키게 될 것이다.

(2) 호소 내용

"땅에 거하는 자들을 심판하여 우리 피를 신원하여 주지 아니하시기를 어느 때까지 하시려나이까"

"땅에 거하는 자들"은 순교자들을 죽인 핍박자들을 가리킨다. 이들을 땅에 거하는 자들이라고 부르는 것은, 순교자들은 저들의 손에 억울하게 죽임을 당하였는데 저들은 지금도 땅에서 버젓이 살아서 큰 소리 치며 살고 있기 때문이다.

순교한 성도들은 바로 이 사실을 호소하는 것이다. 우리는 죄 없이 아니 오히려 하나님의 선한 일을 하다가 억울하게 죽었는데 우리를 죽인 저 악한 자들은 저렇게 잘 살고 있다는 것은 하나님의 공의로서도 도저히 용납될 수 없는 일이 아닙니까? 저들에게 공의의 심판을 행하셔서 마땅히 받아야 할 벌을 받게 하시고 우리에게는 저들로 말미암아 잃어버린 육체를 다시 부활시켜서 회복해 주심으로 구원을 완성해 주셔야 하지 않겠습니까? 라는 호소를 하는 것이다. 우리 피를 신원하여 주지 아니하시기를 어느 때까지 하시려나이까"라는 말은 바로 이런 뜻인 것이다.

2. 순교자들의 호소에 대한 하나님의 조치

6:11 각각 저희에게 흰 두루마기를 주시며 가라사대 아직 잠시 동안 쉬되 저희 동무 종들과 형제들도 자기처럼 죽임을 받아 그 수가 차기까지 하라 하시더라

1) 흰 두루마기를 주심

(1) 흰 두루마리는 성결과 의와 승리의 상징임

- 계 3:4 "그러나 사데에 그 옷을 더럽히지 아니한 자 몇 명이 네게 있어 흰 옷을 입고 나와 함께 다니리니 그들은 합당한 자인 연고라"
- 계 4:4 "또 보좌에 둘려 이십사 보좌들이 있고 그 보좌들 위에 이십사 장로들이 흰 옷을 입고 머리에 금 면류관을 쓰고 앉았더라"
- 계 7:9 "이 일 후에 내가 보니 각 나라와 족속과 백성과 방언에서 아무라도 능히 셀 수 없는 큰 무리가 흰 옷을 입고 손에 종려 가지를 들고 보좌 앞과 어린양 앞에 서서"

(2) 그러므로 흰 두루마기를 주신다는 것은 저들을 성결하고 의로운 자로 인정하시며 또한 순교를 당하여 세상에서는 패배자 같이 보일지 모르나 승리자가 되게 하신다는 사실을 보여준다.

(3) 여기서 주목할 점

순교자들은 아무리 그들이 충성하였을지라도 100% 완전히 성결하거나 의로울 수 없다. 그들을 성결하거나 의롭게 하시는 분은 하나님이시다. 이것이 "흰 두루마기를 주신다"는 뜻이다. 그러므로 이것은 하나님의 선물이요 은혜인 것이다. 그리고 반대의 경우를 생각해 보라. 믿지 않는 자들, 곧 성도

들을 핍박하고 죽인 자들은 이 "흰 두루마기"로 수치를 가리지 못하여 얼마나 무서운 하나님의 심판을 받게 되는가?

- 계 16:15 "보라 내가 도적같이 오리니 누구든지 깨어 자기 옷을 지켜 벌거벗고 다니지 아니하며 자기의 부끄러움을 보이지 아니하는 자가 복이 있도다"

그러므로 이 흰 옷을 주시는 하나님께 감사해야 할 것이다.

2) 대답을 하심

"…가라사대 아직 잠시 동안 쉬되 저희 동무 종들과 형제들도 자기처럼 죽임을 받아 그 수가 차기까지 하라 하시더라"

(1) 잠시 동안 쉬라

이것은 순교를 당한 성도들의 영혼이, 주님이 재림하셔서 최후심판을 행하시고 구원을 완성하는 날까지 천국에서 안식을 누리는 것을 뜻한다. 이 기간 동안 성도의 영혼들은 이 세상의 모든 눈물과 한숨과 수고와 무거운 짐을 벗어놓고 참된 안식과 기쁨과 행복을 누리게 된다. 이 말씀은 바로 이것을 가리킨다.

(2) 기다리라

"잠시 동안 쉬되 저희 동무 종들과 형제들도 자기처럼 죽임을 받아 그 수가 차기까지 하라 하시더라"

이 말씀은 한 마디로 아직도 이 땅에서 주님을 믿고 주님의 일을 위하여 고난을 받아야 할 성도들이 모두가 그 일을 다 마치고 천국에 들어오는 날까지 기다리라는 뜻이다.

왜냐하면 그 때가 되면 예수님은 영광과 권능 가운데 재림하셔서 이 순교자들을 괴롭히던 악의 세력들을 저들이 행한 대로 심판하셔서 영원한 멸망에 떨어지게 하실 것이기 때문이다. 그리고 저 원수들의 목전에서 주님은 순교자들을 신부로 맞이하여 어린양의 혼인잔치에 참여시키실 것이다. 그리하여 그 날에 이 순교자들의 원한을 완전히 풀어주시고 이들에게 최고의 영광을 주실 것이다. 할렐루야!

VI. 여섯째 인을 떼심

6:12-17 내가 보니 여섯째 인을 떼실 때에 큰 지진이 나며 해가 총담 같이 검어지고 온 달이 피같이 되며 *13* 하늘의 별들이 무화가 나무가 대풍에 흔들려 선 과실이 떨어지는 것같이 땅에 떨어지며 *14* 하늘은 종이축이 말리는 것같이 떠나가고 각 산과 섬이 제 자리에서 옮기우매 *15* 땅의 임금들과 왕족들과 장군들과 부자들과 강한 자들과 각 종과 자주 자가 굴과 산 바위틈에 숨어 *16* 산과 바위에게 이르되 우리 위에 떨어져 보좌에 앉으신 이의 낯에서와 어린양의 진노에서 우리를 가리우라 *17* 그들의 진노의 큰 날이 이르렀으니 누가 능히 서리요 하더라

1. 우주의 파멸

6:12-14 내가 보니 여섯째 인을 떼실 때에 큰 지진이 나며 해가 총담같이 검어지고 온 달이 피같이 되며 *13* 하늘의 별들이 무화가 나무가 대풍에 흔들려 선 과실이 떨어지는 것같이 땅에 떨어지며 *14* 하늘은 종이축이 말리는 것같이 떠나가고 각 산과 섬이 제 자리에서 옮기우매

여섯째 인을 떼실 때에 나타난 환상은 우주의 파멸이다. 이것은 이 세상의 종말을 의미하는 것이다. 세상의 종말을 가져올 이 우주의 파멸에 대하여서는 다음과 같은 성구에서도 예언하고 있다.

• 마 24:29-30 "그 날 환난 후에 즉시 해가 어두워지며 달이 빛을 내지 아니하며 별들이 하늘에서 떨어지며 하늘의 권능들이 흔들리리라 30 그 때에 인자의 징조가 하늘에서 보이겠고 그 때에 땅의 모든 족속들이 통곡하며 그들이 인자가 구름을 타고 능력과 큰 영광으로 오는 것을 보리라"

• 벧후 3:10-13 "그러나 주의 날이 도적같이 오리니 그 날에는 하늘이 큰 소리로 떠나가고 체질이 뜨거운 불에 풀어지고 땅과 그 중에 있는 모든 일이 드러나리로다 11 이 모든 것이 이렇게 풀어지리니 너희가 어떠한 사람이 되어야 마땅하뇨 거룩한 행실과 경건함으로 12 하나님의 날이 임하기를 바라보고 간절히 사모하라 그 날에 하늘이 불에 타서 풀어지고 체질이 뜨거운 불에 녹아지려니와 13 우리는 그의 약속대로 의의 거하는 바 새 하늘과 새 땅을 바라보도다"

2. 우주의 파멸 현상

그러면 우주의 파멸은 어떤 모습으로 일어날 것인가?

• 계 6:12-14 "…큰 지진이 나며 해가 총담같이 검어지고 온 달이 피같이 되며 13 하늘의 별들이 무화과 나무가 대풍에 흔들려 선 과실이 떨어지는 것같이 땅에 떨어지며 14 하늘은 종이축이 말리는 것같이 떠나가고 각 산과 섬이 제 자리에서 옮기우매"

이런 현상으로 일어날 것이다.

또 주님의 말씀에 의하면 이 세상의 종말이 될 우주의 파멸은 어떤 현상으로 일어날 것인가?

• 마 24:29 "…해가 어두워지며 달이 빛을 내지 아니하며 별들이 하늘에서 떨어지며 하늘의 권능들이 흔들리리라"

이런 현상으로 일어날 것이다.

베드로 사도의 예언에 의하면

- 벧후 3:10 "하늘이 큰 소리로 떠나가고 체질이 뜨거운 불에 풀어지고 땅과 그 중에 있는 모든 일이 드러나"

는 현상으로, 그리고

- 벧후 3:12 "그 날에 하늘이 불에 타서 풀어지고 체질이 뜨거운 불에 녹아지"

는 현상으로 일어날 것이다.

우리가 살고 있는 이 우주는 마치 수많은 부속품들로 이루어진 하나의 기계와 같다. 지구 해 달 그리고 수백억 개의 별들! 이들은 모두가 정교하게 만들어진 기계의 부속품들과 같이 각자 자기 기능을 하며 시계 톱니바퀴들이 질서정연하게 돌아가듯이 자기 궤도를 돌고 있다. 이로 말미암아 우리가 살고 있는 지구에는 모든 생물들이 살 수 있는 환경이 조성되고 또한 유지되고 있는 것이다.

그런데 세상 끝 날에는 이러한 우주의 질서가 파괴되는 것이다. 지구를 밝혀주던 해가 총담 같이 어두워지고 달은 피같이 된다. 총담은 헬라어 원어로 "싸코스"인데 머리털로 짠 검은 천을 의미한다. 그것으로 덮으면 전혀 빛이 들어오지 않는 것을 염두에 둔 말이다. 다시 말하면 해가 전혀 빛을 발하지 않게 될 것이라는 뜻이다. 달이 피 같이 된다는 것은 달도 지구와 마찬가지로 불덩어리가 된다는 뜻으로 생각된다. 지구가 뜨거운 불에 녹아지게 되면 지구 바로 옆에 있는 달도 같은 변화를 겪게 되지 않겠는가?

그리고 별들이 땅에 과실이 떨어지듯 떨어질 것이라고 하였다. 이것은 무엇을 의미하는가? 별들이 지구와 대 충돌을 하게 될 것을 의미한다. 이런 일이 일어날 가능성은 매우 높다. 지금도 외계에서 지구를 향하여 떨어지는 별똥별의 수가 1년이면 10만개가 넘는다고 한다. 그것들이 거의 다 크기가 작아서 지구 표면 가까이 오면 대기권에서 공기의 마찰로 지구에 떨어지기 전에 다 불타버리기 때문에 충돌이 없는 것이다. 만일 지구의 절반만한 별 하나만 충돌하여도 지구는 엄청난 폭발음과 함께 순식간에 불덩어리가 되고 또 산산조각이 나고 말 것이다. 지구의 종말은 천체의 충돌이라는 이런 형식으로 올 것을 이 말씀들은 알려주고 있다.

3. 우주의 파멸과 동시에 있을 최후 심판

6:15-17 땅의 임금들과 왕족들과 장군들과 부자들과 강한 자들과 각 종과 자주자가 굴과 산 바위 틈에 숨어 *16* 산과 바위에게 이르되 우리 위에 떨어져 보좌에 앉으신 이의 낯에서와 어린양의 진노에서 우리를 가리우라 *17* 그들의 진노의 큰 날이 이르렀으니 누가 능히 서리요 하더라

1) 진노의 큰 날 – 최후 심판의 날

"그들의 진노의 큰 날이 이르렀으니 누가 능히 서리요 하더라"

이 진노의 큰 날은 곧 예수님의 재림 날 곧 최후 심판의 날을 의미한다. 이 사실은 그 바로 앞 16절에서 "어린양의 진노에서"라는 말에서 알 수 있다. 우주의 파멸로 이 세상의 종말이 오는 날! 그 날은 또한 모든 악의 세력들(악한 천사들과 세상의 모든 불신자들)에게 하나님의 공의가 100% 실현되는 즉 저들이 행한 대로 갚으시는 최후 심판의 날이 될 것이다. 이때에 모든 악의 세력들에게 하나님의 공의는 무서운 진노로 임하게 될 것이다.

2) 모든 불신자들에게는 최대 공포의 날

그러므로 저들은 공포에 질려서 어찌할 바를 모르며 이렇게 부르짖을 수밖에 없는 것이다.

"땅의 임금들과 왕족들과 장군들과 부자들과 강한 자들과 각 종과 자주 자가 굴과 산 바위틈에 숨어 산과 바위에게 이르되 우리 위에 떨어져 보좌에 앉으

신 이의 낯에서와 어린양의 진노에서 우리를 가리우라 그들의 진노의 큰 날 이 이르렀으니 누가 능히 서리요 하더라"

공포에 질려서 부르짖을 자들이 어떤 자들인가를 주목하여 보라. 땅의 임금들과 왕족들과 장군들과 부자들과 강한 자들과 각 종과 자주자 세상 모든 불신자들이 다 포함된다. 땅의 임금들로부터 종에 이르기까지 각계각층의 모든 사람들이 다 열거되었다. 그런데 그들 중에 공포에 질릴 사람으로서 누가 먼저 나오는가? 임금 왕족 장군 부자들! 이들은 권세를 휘두르고 이 세상의 부귀영화를 누리면서 예수님 재림이나 최후 심판 같은 것은 코웃음 치며 믿지 않던 사람들이다. 베드로 사도는 이런 자들이 평소에 주님의 재림을 어떻게 비웃고 있었는지 다음과 같이 말한다.

- 벧후 3:3-5 "먼저 이것을 알지니 말세에 기롱하는 자들이 와서 자기의 정욕을 좇아 행하며 기롱하여 4 가로되 주의 강림하신다는 약속이 어디 있느뇨 조상들이 잔 후로부터 만물이 처음 창조할 때와 같이 그냥 있다 하니 5 이는 하늘이 옛적부터 있는 것과 땅이 물에서 나와 물로 성립한 것도 하나님의 말씀으로 된 것을 저희가 잊으려 함이로다"

우리는 결코 이런 자들 같이 되어서는 안 될 것이다. 우리는 어떤 사람이 되어야 마땅한가? 베드로 사도는 말한다.

- 벧후 3:11-13 "이 모든 것이 이렇게 풀어지리니 너희가 어떠한 사람이 되어야 마땅하뇨 거룩한 행실과 경건함으로 12 하나님의 날이 임하기를 바라보고 간절히 사모하라 그 날에 하늘이 불에 타서 풀어지고 체질이 뜨거운 불에 녹아지려니와 13 우리는 그의 약속대로 의의 거하는 바 새 하늘과 새 땅을 바라보도다"

이런 삶을 살아가는 우리 모두가 될 수 있기를 바란다.

인 맞은 자(구원 받은 자)들의 모습
[7:1-17]

7:1 이 일 후에 내가 네 천사가 땅 네 모퉁이에 선 것을 보니 땅의 사
방의 바람을 붙잡아 바람으로 하여금 땅에나 바다에나 각종 나무에
불지 못하게 하더라
7:2 또 보매 다른 천사가 살아 계신 하나님의 인을 가지고 해 돋는 데
로부터 올라와서 땅과 바다를 해롭게 할 권세를 얻은 네 천사를 향
하여 큰 소리로 외쳐
7:3 가로되 우리가 우리 하나님의 종들의 이마에 인치기까지 땅이나 바
다나 나무나 해하지 말라 하더라
7:4 내가 인 맞은 자의 수를 들으니 이스라엘 자손의 각 지파 중에서
인 맞은 자들이 십사만 사천이니
7:5 유다 지파 중에 인 맞은 자가 일만 이천이요 르우벤 지파 중에 일
만 이천이요 갓 지파 중에 일만 이천이요
7:6 아셀 지파 중에 일만 이천이요 납달리 지파 중에 일만 이천이요 므
낫세 지파 중에 일만 이천이요
7:7 시므온 지파 중에 일만 이천이요 레위 지파 중에 일만 이천이요 잇
사갈 지파 중에 일만 이천이요
7:8 스블론 지파 중에 일만 이천이요 요셉 지파 중에 일만 이천이요 베
냐민 지파 중에 인 맞은 자가 일만 이천이라
7:9 이 일 후에 내가 보니 각 나라와 족속과 백성과 방언에서 아무라도
능히 셀 수 없는 큰 무리가 흰 옷을 입고 손에 종려 가지를 들고
보좌 앞과 어린양 앞에 서서
7:10 큰 소리로 외쳐 가로되 구원하심이 보좌에 앉으신 우리 하나님과
어린양에게 있도다 하니
7:11 모든 천사가 보좌와 장로들과 네 생물의 주위에 섰다가 보좌 앞에
엎드려 얼굴을 대고 하나님께 경배하여
7:12 가로되 아멘 찬송과 영광과 지혜와 감사와 존귀와 능력과 힘이 우

리 하나님께 세세토록 있을지로다 아멘 하더라
7:13 장로 중에 하나가 응답하여 내게 이르되 이 흰 옷 입은 자들이 누
구며 또 어디서 왔느뇨
7:14 내가 가로되 내 주여 당신이 알리이다 하니 그가 나더러 이르되 이
는 큰 환난에서 나오는 자들인데 어린양의 피에 그 옷을 씻어 희게
하였느니라
7:15 그러므로 그들이 하나님의 보좌 앞에 있고 또 그의 성전에서 밤낮
하나님을 섬기매 보좌에 앉으신 이가 그들 위에 장막을 치시리니
7:16 저희가 다시 주리지도 아니하며 목마르지도 아니하고 해나 아무
뜨거운 기운에 상하지 아니할지니
7:17 이는 보좌 가운데 계신 어린양이 저희의 목자가 되사 생명수 샘으
로 인도하시고 하나님께서 저희 눈에서 모든 눈물을 씻어 주실 것
임이러라

이 부분의 환상을 성도들에게 보여주시는 주님의 뜻

우리는 이 부분의 내용을 알아보기 전에 이 환상을 다른 곳 아닌 바로 이 위치에서 우리에게 보여주시는 주님의 의도가 무엇인가를 먼저 생각해 볼 필요가 있다. 주님의 그 의도를 다음과 같은 단계로 생각해 보자.

1. 둘째 인으로부터 여섯째 인까지에서 무엇을 보여 주셨는가?

붉은 말 재난(전쟁)(6:3-4)과 검은 말 재난(기근)(6:5-6)과 청황색 말 재난(재난의 절정 곧 대 환난)(6:7-8) 그리고 우주의 파멸(6:12-17)이 있을 것을 보여주셨다.

여기에 나오는 세 가지 재난들은 한 마디로 주님을 믿는 성도들이 당할 고난들이었다. 그리고 우주의 파멸의 날은 불신자들이 하나님의 무서운 진노 앞에서 최대 공포에 질리는 날이 될 것임을 보여 주신 것이었다.

2. 그렇다면 주님을 믿는 성도들은 어떻게 되는 것인가?

성도들에게 이런 무서운 환난이 파상적으로 찾아오고 끝에는 우주의 파멸이라는 인류 역사상 최대 공포의 날이 닥쳐올 것인데 이런 일련의 과정 속에서 우리 믿는 자들은 어떻게 되는 것인가? 우리는 심히 염려하지 않을 수 없게 되는 것이다.

이 부분의 환상은 바로 이와 같은 우리들의 염려를 깨끗이 씻어주고 나아가서 벅찬 소망을 가지고 담대하게 신앙생활을 하게 하려고 보여주신 것이다. 그렇다면 이 부분에서 보여주는바 성도들의 앞길은 어떻게 되는가? 한 마디로 말하면 다음과 같다.

아무리 재난의 바람이 세차게 불어올지라도 그 때문에 성도들은 아주 넘어지지 아니한다. 하나님은 성도들이 아주 넘어질 정도의 재난은 허락지 아니하신다. 그리고 구원받을 성도들은 하나님이 그들의 이마에 인을 찍어놓으신다. 이것은 하나님의 절대 보호를 받을 자 그러므로 반드시 구원 받을 자라는 것을 의미한다. 그리고 그들은 마침내 믿음의 선한 싸움에서 승리를 하고 천국에 이르러 하나님이 주시는 흰 옷을 입고 하나님을 찬송하며 하나님과 함께 행복한 삶을 누리게 되는 것이다.

3. 이 환상을 통하여 주님이 성도들에게 말씀하시고자 하는 것

주님은 이 환상을 통하여 우리들에게 웅변적으로 말씀하시는 것은 바로 이것이다.

> "너희들은 어떤 환난이 닥쳐와도 또 우주가 파멸되는 세상 종말이 오더라도 두려워 말라. 너희들의 구원은 내가 보장한다. 그 보장의 표로서 너희들이 이마에 내가 인을 찍어놓았다. 너희들이 그 모든 환난 속에서 믿음만 지키고 끝까지 견디기만 하면 최후 승리를 차지할 것이며 반드시 천국의 영광에 들어오게 될 것이다. 그러니 끝까지 믿음을 지켜라."

이 부분의 내용 구분

<table>
<tr><td rowspan="5">인 맞은 자
(구원받은 자)
의 모습
(7:1-7)</td><td>7:1-3</td><td>인 맞을 자의 보호</td></tr>
<tr><td>7:4-8</td><td>인 맞을 자의 수</td></tr>
<tr><td>7:9-12</td><td>인 맞을 자들의 하는 일(하나님께 영광, 찬송)</td></tr>
<tr><td>7:13-14</td><td>인 맞을 자들의 정체</td></tr>
<tr><td>7:15-17</td><td>인 맞을 자들의 행복한 천국생활</td></tr>
</table>

해 석

I. 인 맞을 자의 보호

7:1-3 이 일 후에 내가 네 천사가 땅 네 모퉁이에 선 것을 보니 땅의 사방의 바람을
붙잡아 바람으로 하여금 땅에나 바다에나 각종 나무에 불지 못하게 하더라 *2*
또 보매 다른 천사가 살아 계신 하나님의 인을 가지고 해 돋는 데로부터 올라
와서 땅과 바다를 해롭게 할 권세를 얻은 네 천사를 향하여 큰 소리로 외쳐 *3*
가로되 우리가 우리 하나님의 종들의 이마에 인치기까지 땅이나 바다나 나
무나 해하지 말라 하더라

1. 대 환난의 바람을 정도 이상 불지 못하게 하는 네 천사들

7:1 이 일 후에 내가 네 천사가 땅 네 모퉁이에 선 것을 보니 땅의 사방의 바람을 붙잡아 바람으로 하여금 땅에나 바다에나 각종 나무에 불지 못하게 하더라

1) 네 천사

이 네 천사들은 땅 네 모퉁이에 서 있다고 하였다. 이들은 하나님의 뜻을 받들어 이 땅에서 그 임무를 수행하기 위하여 동서남북 사방에 서 있는 천사들이다.

2) 네 천사의 임무

이들은 하나님으로부터 무슨 임무를 받아 수행하려는 것인가? 이들의 임무는 "땅의 사방의 바람을 붙잡아 바람으로 하여금 땅에나 바다에나 각종 나무에 불지 못하게 하"는 것이다.

이 임무가 무엇을 뜻하는 것인가? 이 임무는 대 환난(계 6:7-8)이 닥쳐올 때 그 환난의 바람을 하나님이 정하신 정도 이상으로 불지 못하게 하는 임무를 맡은 것이다. 이 사실은 주님께서 대 환난과 관련하여 분명히 말씀하신 것이다.

- 마 24:21-22 "이는 그 때에 큰 환난이 있겠음이라 창세로부터 지금까지 이런 환난이 없었고 후에도 없으리라 22 그 날들을 감하지 아니할 것이면 모든 육체가 구원을 얻지 못할 것이나 그러나 택하신 자들을 위하여 그 날들을 감하시리라"

그러므로 지금 여기에 나오는 땅 네 모퉁이에 서 있는 네 천사들은 바로 마 24:22에서 주님이 말씀하신바 그 임무를 수행하기 위하여 파송된 자들이다.

3) "땅의 사방의 바람을 붙잡아 바람으로 하여금 땅에나 바다에나 각종 나무에 불지 못하게 하더라"

땅이나 바다는 성도들의 생활환경을 뜻하고 각종 나무들은 각양각색의 성도들을 의미한다고 볼 것이다. 그러므로 이 말씀의 뜻은 결국 아무리 대 환난의 바람이 불어오더라도 성도들 자신을 아주 엎드러지게 하거나 그 생활환경을 완전히 파괴시킬 그런 환난의 바람은 불지 못하게 한다는 것이다. 할렐루야! 이 얼마나 감사한 일인가?

- 고전 10:13 "사람이 감당할 시험 밖에는 너희에게 당한 것이 없나니

> 오직 하나님은 미쁘사 너희가 감당치 못할 시험 당함을 허락지 아니하시고 시험 당할 즈음에 또한 피할 길을 내사 너희로 능히 감당하게 하시느니라"

이 말씀은 대 환난의 경우에도 예외일 수 없는 것이다.

2. 다른 한 천사

7:2 또 보매 다른 천사가 살아 계신 하나님의 인을 가지고 해 돋는 데로부터 올라 와서

땅 사방에 있는 네 천사들 외에 또 다른 하나의 천사가 나타났다. 이 천사는 다음과 같은 임무를 수행하기 위하여 하나님으로부터 파송된 자이다.

1) 하나님의 인을 가지고 왔다

그 인은 어디에 쓰려는 것인가? 그 인은 다음에 나오는 내용에서 알 수 있는 바와 같이 하나님을 믿는 성도들의 이마에 구원의 보증으로 찍을 인이다.

2) 하나님의 명령을 전하기 위하여 왔다

그 인을 모든 성도들에게 찍는 일을 마칠 때까지 악의 세력들이 성도들을 괴롭히는 일을 하지 못하게 하는 하나님의 뜻을 악한 네 천사들에게 전하기 위하여 파송된 것이다.

3) 동방으로부터 왔다

이 말씀이 지니고 있는 영적인 의미는 무엇일까? 동방이란 만물에게 빛과 생명을 주는 태양이 떠오르는 곳이다. 태양은 그러므로 우리들에게 빛과 생명을 주시는 하나님을 상징한다. 우리의 소망이신 예수님을 상징한다. 그러므로 이 말씀은 이 천사가 우리의 빛과 소망이 되시는 하나님 또는 우리 주님으로부터 무엇인가 밝은 소식을 가지고 오는 것을 의미한다.

4) 이 천사가 하는 일

7:2-3 또 보매 다른 천사가 살아 계신 하나님의 인을 가지고 해 돋는 데로부터 올라와서 땅과 바다를 해롭게 할 권세를 얻은 네 천사를 향하여 큰 소리로 외쳐 *3* 가로되 우리가 우리 하나님의 종들의 이마에 인치기까지 땅이나 바다나 나무나 해하지 말라 하더라

이 천사가 하나님께로부터 파송된 목적은 하나님의 백성들을 보호하기 위함이다. 즉 둘째 인에서 넷째 인까지의 환난이 닥쳐올 때 땅과 바다를 해롭게 할 권세를 얻은 네 천사들로 하여금 그 수준 이상으로는 성도들을 해하지 못하게 하고 "너는 내가 구원하기로 도장을 찍어놓은 자이다" 하고 성도들의 이마에 인을 치기 위한 것이다.

3. 땅과 바다를 해롭게 할 권세를 얻은 네 천사

7:2 또 보매 다른 천사가 살아 계신 하나님의 인을 가지고 해 돋는 데로부터 올라와서 땅과 바다를 해롭게 할 권세를 얻은 네 천사를 향하여 큰 소리로 외쳐

이 네 천사들은 누구일까? 앞에서 나온 "땅의 사방의 바람을 붙잡아 바람으로 하여금 땅에나 바다에나 각종 나무에 불지 못하게 하던" 네 천사는 성도들을 지키는 선한 천사들인 것과 반대로 여기에 나오는 이 네 천사들은 하나님의 성도들을 해하는 악한 천사들이다. 이 악한 천사들은 우는 사자와 같이 성도들을 삼키려고 발악하는 자들이다.

- 벧전 5:8-9 "근신하라 깨어라 너희 대적 마귀가 우는 사자같이 두루 다니며 삼킬 자를 찾나니 9 너희는 믿음을 굳게 하여 저를 대적하라 이는 세상에 있는 너희 형제들도 동일한 고난을 당하는 줄을 앎이니라"

그러나 우리의 구원을 보증하시는 주님이 계시기 때문에 우리는 이 대적들과의 싸움에서 반드시 승리할 것이다.

7:3 가로되 우리가 우리 하나님의 종들의 이마에 인치기까지 땅이나 바다나 나
무나 해하지 말라 하더라

이들은 하나님의 허락이 떨어지기까지는 성도들을 해하지 못하는 것이다.

II. 인 맞을 자들의 수

7:4 내가 인 맞은 자의 수를 들으니 이스라엘 자손의 각 지파 중에서 인 맞은 자
들이 십사만 사천이니
7:5 유다 지파 중에 인 맞은 자가 일만 이천이요 르우벤 지파 중에 일만 이천이요
갓 지파 중에 일만 이천이요
7:6 아셀 지파 중에 일만 이천이요 납달리 지파 중에 일만 이천이요 므낫세 지파
중에 일만 이천이요
7:7 시므온 지파 중에 일만 이천이요 레위 지파 중에 일만 이천이요 잇사갈 지파
중에 일만 이천이요
7:8 스불론 지파 중에 일만 이천이요 요셉 지파 중에 일만 이천이요 베냐민 지파
중에 인 맞은 자가 일만 이천이라

1. 인 맞음의 의미

인 맞음의 의미를 결론부터 말하면 그 이마에 인침을 받는다는 것은 구원의 보증을 받는 것을 의미한다. 어떻게 알 수 있는가? 다음과 같은 근거로 알 수 있다.

1) 인 치러 온 자가 누구인가를 보아서

7:2 또 보매 다른 천사가 살아 계신 하나님의 인을 가지고 해 돋는 데로부터 올라
와서 인을 치러 온 자는 하나님으로부터 파송된 천사인 것을 이미 앞에서 보
았다.

2) 인 치러 온 자가 하는 일을 보아서

7:2-3 땅과 바다를 해롭게 할 권세를 얻은 네 천사를 향하여 큰 소리로 외쳐 *3* 가로되 우리가 우리 하나님의 종들의 이마에 인치기까지 땅이나 바다나 나무나 해하지 말라 하더라

3) 성도들은 성령으로 인침을 받은 자들이라는 성경 구절을 보아서

- 엡 1:13-14 "그 안에서 너희도 진리의 말씀 곧 너희의 구원의 복음을 듣고 그 안에서 또한 믿어 약속의 성령으로 인치심을 받았으니 14 이는 우리의 기업에 보증이 되사 그 얻으신 것을 구속하시고 그의 영광을 찬미하게 하려 하심이라"

여기서 성령으로 인치심을 받았다는 뜻은 우리가 성령으로 거듭난 것을 의미한다. 주님은 요 3:1-8에서 이 거듭남에 대하여 자세히 말씀해주셨다. 우리는 거듭남으로 말미암아 하나님 나라를 볼 수 있게 되었고 또 하나님 나라에 들어갈 수 있게 된 것이다.

- 요 3:3 "예수께서 대답하여 가라사대 진실로 진실로 네게 이르노니 사람이 거듭나지 아니하면 하나님 나라를 볼 수 없느니라"
- 요 3:5 "예수께서 대답하시되 진실로 진실로 네게 이르노니 사람이 물과 성령으로 나지 아니하면 하나님 나라에 들어갈 수 없느니라"

그러므로 엡 1:14에서 우리는 성령의 인치심을 받음으로 말미암아 "우리의 기업에 보증이 되었다"고 말하는 것이다. 우리의 기업이란 곧 우리가 천국을 기업으로 상속받게 된 것을 뜻한다. 그러므로 여기에 "이마에 인을 친다"는 것은 "이 사람은 어떤 일이 있어도 하나님이 반드시 구원을 시키시겠다고 도장을 찍어놓는 것"을 의미한다.

2. 이곳에 나오는 숫자들의 영적 의미

이미 본서의 서론 부분에서 계시록에 나오는 숫자들의 의미를 설명한 바가 있지만 이 곳에 나오는 숫자들의 의미를 다시 설명하면 다음과 같다. 여기에는 이스라엘 12지파가 나오고 그 각 지파에서 인 맞은 자의 수 12,000이 나오고 그 합계로 144,000이 나온다.

이 숫자들의 영적인 의미는 다음과 같다. 하나님께서 구원받을 백성으로 도장을 찍어놓은 자의 수가 얼마나 되는가? 144000이다. 그러나 이 숫자는 실 숫자가 아니고 어디까지나 상징적 숫자이다. 즉 영적인 의미를 가진 숫자이다. 그 의미는 이러하다.

1) 이 숫자의 구성

144,000 = 3×4×12×1000

- **3×4의 의미** – 3은 삼위일체 하나님을 나타내는 숫자이며, 4는 동서남북 사방 곧 이 세상을 가리키는 숫자이다. 그리하여 3과 4를 더한 7이나 3과 4를 곱한 12라는 숫자는 완전 숫자로서 전체 또는 완전무결함을 뜻하는 것이다.
- **1000의 의미** – 10이나 100이나 1000과 같은 숫자는 만수라고 한다. 만수란 가득 찼음을 나타내는 숫자라는 뜻이다. 그릇에 물이 가득 찬 상태와 같은 것을 뜻하는 것이다. 한자로 "가득할 만"자를 써서 "만수"라고 부르는 것이다.

2) 그러므로 이 144,000의 영적인 의미는 이렇게 요약할 수 있다.

이스라엘 12지파는 전 세계의 모든 나라 모든 민족들 가운데에 흩어져 있는 구원으로 선택된 백성들을 가리킨다. 그런데 그 각 지파에서 12,000명씩 이마에 인을 맞았다는 것은 12×1000 즉 각 지파에서 완전하고도 가득 찬 수의 사람들이 인침을 받았다는 의미가 된다.

그렇다면 결국 이 144,000의 의미는 성부 하나님께서 창세 전에 구원으로 선택하시고 그에 따라 이 땅에서 예수를 믿게 하신 성도들은 한 사람도 잃어버리지 아니하시고 모두 구원을 받게 하신다는 뜻이다.

이 말씀을 이렇게 보는 것은 우리 주님의 다음과 같은 말씀과 얼마나 100% 정확하게 일치하는가!

- 요 3:16 "하나님이 세상을 이처럼 사랑하사 독생자를 주셨으니 이는 저를 믿는 자마다 멸망치 않고 영생을 얻게 하려 하심이니라"

- 요 6:38-40 "내가 하늘로서 내려온 것은 내 뜻을 행하려 함이 아니요 39 나를 보내신 이의 뜻을 행하려 함이니라 나를 보내신 이의 뜻은 내게 주신 자 중에 내가 하나도 잃어 버리지 아니하고 마지막 날에 다시 살리는 이것이니라 40 내 아버지의 뜻은 아들을 보고 믿는 자마다 영생을 얻는 이것이니 마지막 날에 내가 이를 다시 살리리라 하시니라"

III. 인 맞은 자들의 하는 일(하나님을 찬송하며 영광 돌림)

7:9 이 일 후에 내가 보니 각 나라와 족속과 백성과 방언에서 아무라도 능히 셀 수 없는 큰 무리가 흰 옷을 입고 손에 종려 가지를 들고 보좌 앞과 어린양 앞에 서서

7:10 큰 소리로 외쳐 가로되 구원하심이 보좌에 앉으신 우리 하나님과 어린양에게 있도다 하니

7:11 모든 천사가 보좌와 장로들과 네 생물의 주위에 섰다가 보좌 앞에 엎드려 얼굴을 대고 하나님께 경배하여

7:12 가로되 아멘 찬송과 영광과 지혜와 감사와 존귀와 능력과 힘이 우리 하나님께 세세토록 있을지로다 아멘 하더라

1. 능히 셀 수 없는 큰 무리들은 누구인가?

7:9 이 일 후에 내가 보니 각 나라와 족속과 백성과 방언에서 아무라도 능히 셀 수 없는 큰 무리가

이들은 바로 앞에서 말한 인 맞은 자들 곧 구원받은 성도들이다. 이들은 앞에서 144,000으로 표시된 자들이다. 그 수는 문자적인 숫자 144,000이 아니라 아무라도 능히 셀 수 없는 큰 무리라는 것이다. 이 말씀만 보아도 144,000이라는 숫자는 영적인 의미(12×12×1000 – 완전하고도 완전하고 가득 찬 것을 뜻하는)가 담긴 숫자이지 문자적인 숫자가 아니라는 것을 분명히 알 수 있다.

그러므로 이단들이 말세에 자기들의 교단에 144,000명이 차기 전에 빨리 들어와야 구원받는다는 말은 잘못된 것이다. 이런 말에 절대로 미혹을 받아서는 안 된다.

2. 이들은 어디에서 무엇을 하는가?

7:9 흰 옷을 입고 손에 종려 가지를 들고 보좌 앞과 어린양 앞에 서서

"흰 옷을 입고"

흰 옷은 구원 받은 성도들의 거룩한 모습이다. 이 세상에서는 아무리 깨끗한 성도라고 할지라도 죄의 오염이 전혀 없는 의인은 없다. 그러나 천국에 이른 성도들은 이 세상의 모든 죄로부터 완전히 벗어난 자들이다. 언제 그렇게 되었는가? 영혼은 죽음과 동시에 천국에 들어가는데(눅 23:43참조) 이때 하나님은 영혼을 완전히 성결케 하여 천국으로 인도하신다. 육체는 죽으면 땅 속에 들어가 썩게 되지만 그러나 주님이 재림하실 때에 그 육체는 부활하여 천국에 이르게 되는데 이때에 죄로부터 완전히 벗어난 성결한 몸 즉 신령한 몸이 되는 것이다.

- 고전 15:51-54 "보라 내가 너희에게 비밀을 말하노니 우리가 다 잠잘 것이 아니요 마지막 나팔에 순식간에 홀연히 다 변화하리니 52 나팔 소리가 나매 죽은 자들이 썩지 아니할 것으로 다시 살고 우리도 변화하리라 53 이 썩을 것이 불가불 썩지 아니할 것을 입겠고 이 죽을 것이 죽지 아니함을 입으리로다 54 이 썩을 것이 썩지 아니함을 입고 이 죽을 것이 죽지 아니함을 입을 때에는 사망이 이김의 삼킨바 되리라고 기록된 말씀이 응하리라"

7:9 손에 종려 가지를 들고 보좌 앞과 어린양 앞에 서서

이들은 하나님의 보좌와 어린양 앞에 서 있다. 즉 이들은 천국에 있는 것이다. 그리고 이들은 손에 종려나무 가지를 들고 서 있으니 이것은 그 다음 절에 나오는 대로 하나님을 찬송하며 영광 돌리기 위한 것이다. 이에 대한 자세한 설명은 그 다음에 나오는 13절 이하에서 장로와 사도 요한 간의 대화로 나오고 있으니 여기서는 생략한다.

7:10 큰 소리로 외쳐 가로되 구원하심이 보좌에 앉으신 우리 하나님과 어린양에게 있도다 하니

이들은 하나님과 어린양이신 예수님을 찬양한다. 그 찬양의 내용은 무엇인가? 이 찬양의 내용에서 주목할 것이 두 가지가 있다.

1) 찬양의 주제는 구원이다

우리가 구원받게 된 것! 이것은 우리가 이 세상에서도 천국에 가서도 영원히 찬송할 주제인 것이다. 그러므로 사도 바울은 구원에 관한 말만 하려면 찬송을 말한다.

- 엡 1:3-6 "찬송하리로다 하나님 곧 우리 주 예수 그리스도의 아버지께서 그리스도 안에서 하늘에 속한 모든 신령한 복으로 우리에게 복 주시되 4 곧 창세 전에 그리스도 안에서 우리를 택하사 우리로 사랑 안

에서 그 앞에 거룩하고 흠이 없게 하시려고 5 그 기쁘신 뜻대로 우리를 예정하사 예수 그리스도로 말미암아 자기의 아들들이 되게 하셨으니 6 이는 그의 사랑하시는 자 안에서 우리에게 거저 주시는 바 그의 은혜의 영광을 찬미하게 하려는 것이라"

그리고 사도 바울은 한 걸음 더 나아가 하나님이 우리를 구원하신 목적은 우리들로부터 찬송을 받으시려는 것이라고 말한다.

• 엡 1:11-14 모든 일을 그 마음의 원대로 역사하시는 자의 뜻을 따라 우리가 예정을 입어 그 안에서 기업이 되었으니 12 이는 그리스도 안에서 전부터 바라던 우리로 그의 영광의 찬송이 되게 하려 하심이라 13 그 안에서 너희도 진리의 말씀 곧 너희의 구원의 복음을 듣고 그 안에서 또한 믿어 약속의 성령으로 인치심을 받았으니 14 이는 우리의 기업에 보증이 되사 그 얻으신 것을 구속하시고 그의 영광을 찬미하게 하려 하심이라"

2) 찬양의 이유는 구원이 하나님과 어린양에게 있기 때문이다.

우리의 구원! 그것은 우리들이 선행이나 공로로 이루어진 것이 아니다. 우리의 구원은 전적으로 하나님이 은혜로 거저 주신 것 곧 하나님의 선물이다.

• 엡 2:8-9 "너희가 그 은혜를 인하여 믿음으로 말미암아 구원을 얻었나니 이것이 너희에게서 난 것이 아니요 하나님의 선물이라 9 행위에서 난 것이 아니니 이는 누구든지 자랑치 못하게 함이니라"

그리고 더욱 우리가 이 구원 때문에 하나님을 찬양해야 할 이유는 하나님이 우리에게 구원을 선물로 주시기 위하여 얼마나 큰 대가를 치르셨는가 하는 것이다. 하나님은 독생자를 우리를 대신하여 십자가에 내어주신 것이다. 그러므로 하나님은 찬양 받아 마땅한 분이시다. 그리고 어린양 예수님도 우리를 대신하여 십자가를 지셨으니 우리의 찬양을 받아 마땅한 일이다.

3. 구원 받은 성도들의 찬양에 누가 어떻게 화답하는가?

1) 천사들의 찬송 화답

7:11 모든 천사가 보좌와 장로들과 네 생물의 주위에 섰다가 보좌 앞에 엎드려 얼굴을 대고 하나님께 경배하여

구원받은 성도들의 찬송은 그들만의 찬송으로 끝나지 아니한다. 하늘에 있는 수많은 천군 천사들이 다 성도들이 구원받은 것을 기뻐하며 구원을 주신 하나님께 찬송과 영광을 돌리는 것이다.

여기서 우리는 무엇을 알 수 있는가? 우리들의 구원! 이 사건은 천국에서도 한 모퉁이에서 일어나는 부분적인 사건이 아니라는 것이다. 우리들의 구원 사건은 하나님 나라에서도 가장 큰 사건이요 중심적인 사건인 것을 알 수 있다. 이 사실은 돌아온 탕자의 집을 생각해보면 알 수 있다. 탕자 한 사람의 가출은 탕자나 아버지만의 아픔이 아니라 그 집안의 모든 사람들 곧 하인들까지의 아픔이었다. 그러므로 탕자가 돌아온 것은 탕자와 아버지만의 기쁨이요 행복이 아니라 온 집안의 기쁨이요 행복이었다. 그러므로 소를 잡고 큰 잔치를 벌인 것이다. 이와 같이 우리들의 구원은 하나님 나라 전체의 기쁨이요 행복이 되는 것이다.

2) 화답의 내용

7:12 가로되 아멘 찬송과 영광과 지혜와 감사와 존귀와 능력과 힘이 우리 하나님께 세세토록 있을지로다 아멘 하더라

천사들은 일곱 가지 단어를 가지고 하나님께 찬송으로 영광을 돌리고 있다. 이 내용은 계 5:11-12에서 본 천사들의 찬송 내용과 흡사하다. 천사들은 이렇게 하나님을 변함없이 영원히 찬송한다.

IV. 인 맞은 자들의 정체

7:13-14 장로 중에 하나가 응답하여 내게 이르되 이 흰 옷 입은 자들이 누구며 또 어디서 왔느뇨 *14* 내가 가로되 내 주여 당신이 알리이다 하니 그가 나더러 이르되 이는 큰 환난에서 나오는 자들인데 어린양의 피에 그 옷을 씻어 희게 하였느니라

1. 장로 중 하나의 질문

7:13 장로 중에 하나가 응답하여 내게 이르되 이 흰 옷 입은 자들이 누구며 또 어디서 왔느뇨

여기서 장로는 누구인가? 구원받은 성도들의 대표라는 사실은 이미 본 바와 같다(계 5:5 참조). 이 사람은 우리와 똑같은 구원을 받은 체험을 가지고 있는 자이다. 그러므로 우리가 이 땅에서 고난을 극복하고 신앙으로 살기 위하여 어떤 고난들을 당하였는가를 너무나 잘 아는 자이다. 이런 장로가 "이 흰 옷 입은 자들이 누구며 또 어디서 왔느뇨"라고 사도 요한에게 묻는 의도는 무엇인가? 몰라서 묻는 것이 아니다. 다음과 같은 두 가지 목적을 가지고 하는 질문이다.

1) 이 흰 옷 입은 자들 곧 구원받은 성도들이 얼마나 큰 고난을 이겨낸 자들인가를 하나님 앞과 온 천사들 앞에 드러나게 하기 위하여

2) 이런 인정받는 모습을 보고 지금 이 땅에서 신앙 생활하는 우리들로 하여금 고난을 이기고 신앙생활 하도록 격려하기 위하여

2. 장로의 대답

7:14 내가 가로되 내 주여 당신이 알리이다 하니 그가 나더러 이르되 이는 큰 환난에서 나오는 자들인데 어린양의 피에 그 옷을 씻어 희게 하였느니라

사도 요한은 장로의 질문에 대하여 "내 주여 당신이 알리이다"라고 하여 대답을 장로에게 미룬다. 그 장로는 이미 천국에 있는 자요 구원 받은 성도들의 대표자이므로 사도 요한보다 더 잘 알고 더 권위 있는 답변을 할 수 있기 때문이다. 그 장로는 이렇게 설명한다.

1) 이는 큰 환난에서 나오는 자들이다.

주님은 이런 자들이 되라고 격려하신 것을 본다.

• 마 24:13 "그러나 끝까지 견디는 자는 구원을 얻으리라"

성도가 환난 중에도 신앙을 버리지 않고 끝까지 지킨다는 것! 이것은 이 세상의 그 무엇보다도 귀한 것이며 칭찬받아 마땅한 일이다. 왜냐하면 이것은 마치 춘향이 이 도령과 맺은 사랑을 지키기 위하여 변 사또의 핍박 속에서도 정조를 지키는 일과 같이 아름다운 것이기 때문이다. 신부 된 우리들은 신랑이신 예수님께 마땅히 이런 신앙 정조를 바쳐야 할 것이기 때문이다.

2) 어린양의 피에 그 옷을 씻어 희게 한 자들이다.

이들은 큰 환난 속에서도 끝까지 믿음을 지킴으로 말미암아, 주님의 피로 말미암아 모든 죄를 깨끗이 씻음 받은 자들이라는 것이다. 이 사실은 다음 성구에서 알 수 있다.

• 히 9:14 "하물며 영원하신 성령으로 말미암아 흠 없는 자기를 하나님께 드린 그리스도의 피가 어찌 너희 양심으로 죽은 행실에서 깨끗하게 하고 살아 계신 하나님을 섬기게 못 하겠느뇨"

• 요일 1:7 "저가 빛 가운데 계신 것같이 우리도 빛 가운데 행하면 우리가 서로 사귐이 있고 그 아들 예수의 피가 우리를 모든 죄에서 깨끗하게 하실 것이요"

V. 인 맞은 자들의 천국 생활

7:15-17 그러므로 그들이 하나님의 보좌 앞에 있고 또 그의 성전에서 밤낮 하나님을 섬기매 보좌에 앉으신 이가 그들 위에 장막을 치시리니 *16* 저희가 다시 주리지도 아니하며 목마르지도 아니하고 해나 아무 뜨거운 기운에 상하지 아니할지니 *17* 이는 보좌 가운데 계신 어린양이 저희의 목자가 되사 생명수 샘으로 인도하시고 하나님께서 저희 눈에서 모든 눈물을 씻어 주실 것임이러라

1. 이 성도들은 어디서 무엇을 하는가?

7:15 그러므로 그들이 하나님의 보좌 앞에 있고 또 그의 성전에서 밤낮 하나님을 섬기매

1) 하나님의 보좌 앞에 있다.

이 말씀대로 구원받은 성도들은 하나님의 보좌 앞에서 산다. 다시 말하면 하나님과 멀리 떨어진 곳에서 가끔 연락이나 하는 삶이 아니다. 바로 하나님의 면전에서 산다. 이것은 성도들이 천국에서는 가장 가까운 자리에서 하나님을 직접 대하여 가장 친밀한 교제를 이루며 산다는 것을 의미한다. 그러므로 사도 바울은 이렇게 말한다.

- 고전 13:12 "우리가 이제는 거울로 보는 것같이 희미하나 그 때에는 얼굴과 얼굴을 대하여 볼 것이요 이제는 내가 부분적으로 아나 그 때에는 주께서 나를 아신 것같이 내가 온전히 알리라"

2) 하나님을 섬기는 일을 한다.

이런 자리에서 구원 받은 성도들이 하는 일은 하나님을 섬기는 일이다. 그것도 밤낮 끊임없이 하나님을 섬기는 일이다. 이 땅에서도 성도들이 마땅히 할 일은 하나님을 섬기며 하나님께 영광을 돌리는 일이다.

• 고전 10:31 "그런즉 너희가 먹든지 마시든지 무엇을 하든지 다 하나님의 영광을 위하여 하라"

그러해야 마땅한 일임에도 불구하고 이 땅에서 사는 동안 우리들은 육신적인 제약으로 말미암아 온전히 하나님을 섬기는 그런 삶을 살지 못한다. 다시 말해서 때로는 하나님의 영광을 가리는 일을 할 때도 많다. 그러나 천국에 이르러서는 온전히 하나님을 섬길 수 있게 될 것이며 하나님께 영광만 돌릴 수 있게 될 것이다.

2. 하나님은 이 성도들을 위하여 어떤 일을 하시는가?

7:15-17 …보좌에 앉으신 이가 그들 위에 장막을 치시리니 *16* 저희가 다시 주리지도 아니하며 목마르지도 아니하고 해나 아무 뜨거운 기운에 상하지 아니할지니 *17* 이는 보좌 가운데 계신 어린양이 저희의 목자가 되사 생명수 샘으로 인도하시고 하나님께서 저희 눈에서 모든 눈물을 씻어 주실 것임이러라

1) 그들 위에 장막을 치심

이것은 하나님이 저들을 철저히 보호하신다는 뜻이다. 이런 뜻인 것은 그 다음에 나오는 "해나 아무 뜨거운 기운에 상하지 아니할지니"라는 말씀에 의하여 분명해진다.

2) 다시 주리지도 아니하며 목마르지도 아니하고 해나 아무 뜨거운 기운에 상하지 않게 할 것임

3) 이유

(1) 우리가 목마르지도 아니하고 주리지도 아니하는 이유는 무엇인가?

그 이유는 17절 상반절에서 밝히고 있다.

*7:17*상 이는 보좌 가운데 계신 어린양이 저희의 목자가 되사 생명수 샘으로 인도하시고

이 말씀대로 주님께서 친히 우리의 목자가 되셔서 우리를 생명수 샘으로 인도하시기 때문이다.

(2) 우리가 해를 받지 아니하는 이유는 무엇인가?
그 이유는 17절 하반절에서 밝히고 있다.

*7:17*하 하나님께서 저희 눈에서 모든 눈물을 씻어 주실 것임이러라

이 땅에서 극심한 모든 고난을 이겨내고 천국에 이른 성도들! 하나님은 이들을 귀히 보시고 심히 사랑하셔서 그들의 눈에서 모든 눈물을 씻어주시며 위로해 주실 것이다. 그러므로 하나님의 이런 위로와 사랑 가운데서 성도들은 어떤 해도 받지 아니하며 완전한 행복을 누리게 될 것이다.

일곱째 인을 떼심 (일곱 나팔을 불기 위한 준비)
[8:1-6]

8:1 일곱째 인을 떼실 때에 하늘이 반 시 동안쯤 고요하더니
8:2 내가 보매 하나님 앞에 시위한 일곱 천사가 있어 일곱 나팔을 받았더라
8:3 또 다른 천사가 와서 제단 곁에 서서 금향로를 가지고 많은 향을 받았으니 이는 모든 성도의 기도들과 합하여 보좌 앞 금단에 드리고자 함이라
8:4 향연이 성도의 기도와 함께 천사의 손으로부터 하나님 앞으로 올라가는지라
8:5 천사가 향로를 가지고 단 위의 불을 담아다가 땅에 쏟으매 뇌성과 음성과 번개와 지진이 나더라
8:6 일곱 나팔 가진 일곱 천사가 나팔 불기를 예비 하더라

I. 하늘의 잠시 적막

8:1 일곱째 인을 떼실 때에 하늘이 반 시 동안쯤 고요하더니

이 적막은 무엇을 뜻하는가? 이 적막의 의미는 다음과 같이 설명될 수 있다.

1. 지금까지 보여주신 계시의 내용

지금까지 예수님은 사도 요한에게 일곱 인 재난 및 그와 관련된 사건들을 보여주셨다(6:1-7:17). 주님이 이 부분에서 보여주신 내용을 요약해 보면 다음과 같다.

1) 성도들이 당할 각종 일반적인 재난
2) 그 재난으로 말미암아 순교를 당한 성도들의 신원 요청
3) 우주가 파멸되는 종말의 모습
4) 그 후에 구원받은 성도들이 하나님 나라에서 얼마나 행복한 삶을 살게

되는가를 보여주셨다.

2. 지금부터 보여주실 계시의 내용

주님은 여기서부터 지금까지 보여주신 계시의 내용과는 전혀 다른 새로운 것을 보여주려고 하신다. 앞으로 보여주시고자 하는 내용은 일곱 나팔 재난 및 그와 관련된 사건들이다. 이것은 앞에서 본 일곱 인 재난과 전혀 그 내용이 다르다.

1) 일곱인 재난은 기근이나 전쟁 핍박 등의 방법으로 찾아오는 일반적 재난이었다.
2) 앞으로 보여주실 일곱 나팔 재난은 이단들의 미혹과 종교적 이유로 가하는 핍박의 방법으로 찾아오는 영적 재난인 것이다.
3) 물론 이 두 가지 재난은 시간적으로 선후 관계에 있는 것이 아니고 동시대에 병행하여 찾아오는 재난들이며 또한 종말이 가까워질수록 그 재난의 정도가 점점 더 심하여지는 공통점이 있을지라도 그 내용 면에서는 완전히 다른 것이다.

3. 잠시 고요함의 의미

이 적막은 마치 극장 무대에서 연극의 한 장이 끝나고 그 다음 장이 나오기 위하여 잠시 막을 내리는 것과 똑같은 의미인 것이다. 즉 일곱인 재난이 끝나고 일곱 나팔 재난이라는 새로운 장면을 보여주시기 위한 잠간 동안의 휴식인 것이다.

II. 성도들의 기도가 하나님께로 올라감

8:2 내가 보매 하나님 앞에 시위한 일곱 천사가 있어 일곱 나팔을 받았더라

8:3 또 다른 천사가 와서 제단 곁에 서서 금 향로를 가지고 많은 향을 받았으니 이는 모든 성도의 기도들과 합하여 보좌 앞 금단에 드리고자 함이라
8:4 향연이 성도의 기도와 함께 천사의 손으로부터 하나님 앞으로 올라가는지라

1. 성도의 기도에 앞서서 보여주신 장면

8:2 내가 보매 하나님 앞에 시위한 일곱 천사가 있어 일곱 나팔을 받았더라

주님은 성도의 기도 장면을 보여주시기 전에 먼저 이 장면을 보여주셨다. 이것은 앞으로 성도들이 당하게 될 영적 재난들이 하나님의 섭리 속에 예정되어 있으며 그러므로 앞으로 반드시 일어날 사건임을 말해 준다. 그리고 이런 재난들을 보여주시기 전에 성도들의 기도 장면이 나오는 것은 아주 특별한 의미를 갖는다. 그 의미가 무엇인가?

2. 일곱 나팔 재난에 앞서서 나오는 성도의 기도의 의미

우리는 여기서 묻지 아니할 수 없다. 왜 일곱 나팔 재난에 앞서서 성도의 이 기도 장면이 나오는가? 어떤 주경학자들은 이 기도는 이 땅에 나팔 재난을 내려주실 것을 간청하는 기도로 보는데 이것은 잘못된 생각이다. 이 나팔 재난들이 불신자들에 대한 심판의 성격을 띠고 있다면 그런 설명이 가능하겠지만 이 재난들은 성도들을 향하여 찾아오는 영적 재난이라는 사실이 확실한 이상 그런 해석은 결코 있을 수 없는 것이다.

그러면 이 기도의 장면을 어떤 의미로 보여주신 것일까? 그 의미는 이러하다. 앞으로 이단들에 의하여 수많은 미혹이 있게 될 것이며 만일 그들에게 미혹을 당한다면 영혼이 죽고 멸망에 이르게 될 것이다. 그런데 이단들의 미혹은 너무나 강력한 것이다.

• 마 24:23-24 "그 때에 사람이 너희에게 말하되 보라 그리스도가 여기 있다 혹 저기 있다 하여도 믿지 말라 24 거짓 그리스도들과 거짓 선

지자들이 일어나 큰 표적과 기사를 보이어 할 수만 있으면 택하신 자들도 미혹하게 하리라"

이런 강력한 이단들의 미혹 앞에서 우리 성도들이 끝까지 미혹을 받지 않고 올바른 신앙을 지킬 가능성은 얼마나 될 것인가? 우리 자신의 지혜나 능력만으로는 안전을 장담할 수 없다.

그러나 우리의 안전을 보장받는 길이 있다. 그것은 끊임없이 하나님께 드려지는 성도들의 기도이다. 이 기도를 통하여 성도들은 끊임없이 성령의 인도하심과 도우심과 보호하심을 입게 된다. 왜냐하면 성도들이 기도하면 하나님은 그에게 성령을 주시며 성령께서는 우리를 진리 가운데로 인도하시는 일을 하시며 영 분별하는 능력을 주시기 때문이다.

- 눅 11:13 "너희가 악할지라도 좋은 것을 자식에게 줄 줄 알거든 하물며 너희 천부께서 구하는 자에게 성령을 주시지 않겠느냐 하시니라"
- 요 14:26 "보혜사 곧 아버지께서 내 이름으로 보내실 성령 그가 너희에게 모든 것을 가르치시고 내가 너희에게 말한 모든 것을 생각나게 하시리라"
- 고전 12:8-10 "어떤 이에게는 성령으로 말미암아 지혜의 말씀을, 어떤 이에게는 같은 성령을 따라 지식의 말씀을, 9 다른 이에게는 같은 성령으로 믿음을, 어떤 이에게는 한 성령으로 병 고치는 은사를, 10 어떤 이에게는 능력 행함을, 어떤 이에게는 예언함을, 어떤 이에게는 영들 분별함을, 다른 이에게는 각종 방언 말함을, 어떤 이에게는 방언들 통역함을 주시나니"

그러므로 여기서 보여주시는 기도 장면의 의미는 앞으로 보여줄 일곱 나팔 재난의 바람이 아무리 세차게 불어오더라도 성도들의 기도가 있는 한 결코 쓰러지지 않고 반드시 승리할 수 있으리라는 확신을 심어주기 위하여 이 기도의 장면을 보여주신 것이다.

요한계시록은 이런 뜻이었다

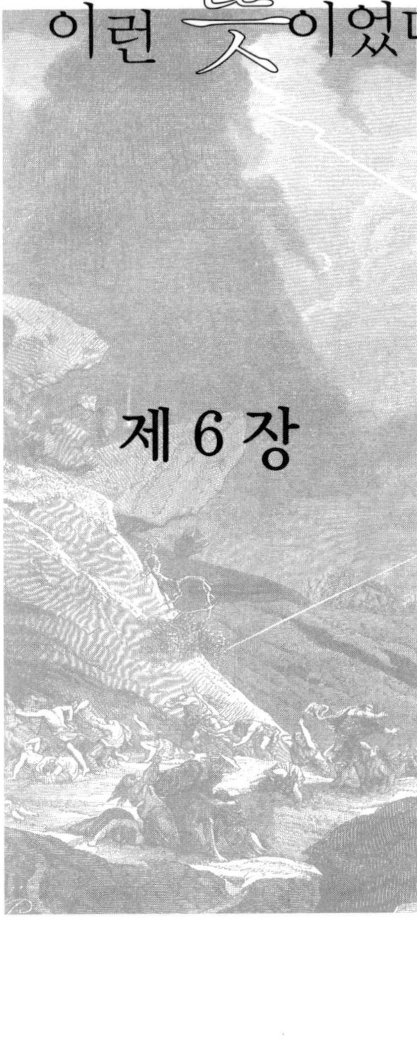

제 6 장

제6장

일곱 나팔 재앙 및 그와 관련된 사건들

계시록 8:7-14:13

서 론

지금까지 우리는 일곱 인 재앙 및 그와 관련된 사건들을 보아 왔다. 주님은 이제 또 하나의 새로운 장면을 보여주고자 하신다. 그것은 일곱 나팔 재앙 및 그와 관련된 사건들이다. 이제부터 그 내용을 살펴보자.

I. 일곱 나팔 재앙의 의미

1. 영적 재난들임

이미 일곱 인 재앙 서론에서 지적한 바와 같이 여기에 나오는 일곱 나팔 재앙은 마 24장에 나오는 일반적 재난들과 영적 재난들 가운데 영적인 재난들만 따로 뽑아서 그 재난의 강도에 따라서 약한 것에서부터 점점 더 강한 것의 순서로 열거된 것이다.

마 24장에서 나오는 영적 재난들이란 이단들의 미혹으로 말미암는 재난

으로서 다음과 같은 성구들이 말하는 재난들이다.

- 마 24:4-5 "예수께서 대답하여 가라사대 너희가 사람의 미혹을 받지 않도록 주의하라 5 많은 사람이 내 이름으로 와서 이르되 나는 그리스도라 하여 많은 사람을 미혹케 하리라"

- 마 24:11 "거짓 선지자가 많이 일어나 많은 사람을 미혹하게 하겠으며"

- 마 24:15 "그러므로 너희가 선지자 다니엘의 말한 바 멸망의 가증한 것이 거룩한 곳에 선 것을 보거든(읽는 자는 깨달을진저)"

- 마 24:23-24 "그 때에 사람이 너희에게 말하되 보라 그리스도가 여기 있다 혹 저기 있다 하여도 믿지 말라 24 거짓 그리스도들과 거짓 선지자들이 일어나 큰 표적과 기사를 보이어 할 수만 있으면 택하신 자들도 미혹하게 하리라"

우리가 지금 살펴보고자 하는 일곱 나팔 재난들은 모두가 이런 내용의 재난들인 것을 알 수 있다. 무엇을 보아서 알 수 있는가?

2. 영적 재난들인 증거

1) 재난의 이름에서

여기에 나오는 재난들이 나팔 재난으로 계시되고 있는데 그 이유는 무엇일까? 나팔이란 소식을 알리는 도구이다. 그러므로 우리는 성경에서 어떤 소식을 전하거나 진리의 복음을 전하는 일을 나팔을 부는 것으로 묘사한 성구들을 보게 된다.

- 레 25:9-10 "칠월 십일은 속죄일이니 너는 나팔 소리를 내되 전국에서 나팔을 크게 불지며 10 제 오십년을 거룩하게 하여 전국 거민에게 자유를 공포하라"
- 사 58:1 "크게 외치라 아끼지 말라 네 목소리를 나팔 같이 날려 내 백성에게 허물을, 야곱 집에 그 죄를 고하라"
- 욜 2:1 "시온에서 나팔을 불며 나의 성산에서 호각을 불어 이 땅 거민으로 다 떨게 할지니 이는 여호와의 날이 이르게 됨이니라 이제 임박하였으니"
- 고전 14:8-9 "만일 나팔이 분명치 못한 소리를 내면 누가 전쟁을 예비하리요 9 이와 같이 너희도 혀로서 알아듣기 쉬운 말을 하지 아니하면 그 말하는 것을 어찌 알리요 이는 허공에다 말하는 것이라"

2) 재난들의 내용에서

이곳에 나오는 나팔 재난들은 그 내용을 살펴보면 모두가 위에서 말한 영적 재난들인 것을 쉽게 알 수 있다. 이에 대한 설명은 각 성구들 해석에서 나올 것이므로 여기서는 생략한다.

II. 내용 구분

1. 일곱 나팔 재난을 크게 구분하면 다음과 같다.

그리고 이 구분은 예수님께서 마 24장에서 말씀하신 내용과 일치한다는 사실을 알 수 있다.

1) 영적 재난의 시작

첫째 나팔 재난(계 8:7) – 피 섞인 우박과 불

• 마 24:4 "예수께서 대답하여 가라사대 너희가 사람의 미혹을 받지 않도록 주의하라… 8 이 모든 것이 재난의 시작이니라"

2) 영적 재난의 증가

둘째 셋째 넷째 나팔 재난(계 8:8-13)

• 마 24:11 "거짓 선지자가 많이 일어나 많은 사람을 미혹하게 하겠으며 12 불법이 성하므로 많은 사람의 사랑이 식어지리라"

3) 영적 재난의 절정

다섯째 여섯째 일곱째 나팔 재난(계 9:1-11:19).

• 마 24:14 -24 "그러므로 너희가 선지자 다니엘의 말한 바 멸망의 가증한 것이 거룩한 곳에 선 것을 보거든(읽는 자는 깨달을진저)…21 이는 그 때에 큰 환난이 있겠음이라 창세로부터 지금까지 이런 환난이 없었고 후에도 없으리라 22 그 날들을 감하지 아니할 것이면 모든 육체가 구원을 얻지 못할 것이나 그러나 택하신 자들을 위하여 그 날들을 감하시리라 23 그 때에 사람이 너희에게 말하되 보라 그리스도가 여기 있다 혹 저기 있다 하여도 믿지 말라 24 거짓 그리스도들과 거짓 선지자들이 일어나 큰 표적과 기사를 보이어 할 수만 있으면 택하신 자들도 미혹하게 하리라"

다섯째 나팔 재난부터 일곱째 나팔 재난을 재난의 절정으로 구분하는 근거는 무엇인가? 그 근거는 다음 두 가지이다.

(1) 사도 요한은 이 세 개의 재난에 특별한 의미를 부여하고 있기 때문에
다섯째 나팔 재난을 첫째 화
여섯째 나팔 재난을 둘째 화
일곱째 나팔 재난을 셋째 화라고 부르고 있다.

9:12 첫째 화는 지나갔으나 보라 아직도 이 후에 화 둘이 이르리로다

11:14 둘째 화는 지나갔으나 보라 셋째 화가 속히 이르는도다

사도 요한이 왜 첫째 나팔 재난으로부터 넷째까지는 화라고 부르지 않고 이 세 가지만 화라고 불렀겠는가?

그 이유는 이 나중 세 가지 재난이 이전의 재난과는 비교가 안 될 정도로 강도가 높은 재난이기 때문이다. 그러므로 이 세 가지는 재난의 절정으로서의 고난인 것이다.

(2) 그리고 이 재난들은 지금까지 활동하지 않았던 새로운 마귀들이 나타나서 지금까지 활동하던 마귀들과 합세함으로 오는 재난이기 때문이다.

• **다섯째 나팔 재난** – 계 9:2-3 "저가 무저갱을 여니 그 구멍에서 큰 풀무의 연기 같은 연기가 올라오매 해와 공기가 그 구멍의 연기로 인하여 어두워지며 3 또 황충이 연기 가운데로부터 땅 위에 나오매 저희가 땅에 있는 전갈의 권세와 같은 권세를 받았더라"

• **여섯째 나팔 재난** – 계 9:13-15 "여섯째 천사가 나팔을 불매 내가 들으니 하나님 앞 금단 네 뿔에서 한 음성이 나서 14 나팔 가진 여섯째 천사에게 말하기를 큰 강 유브라데에 결박한 네 천사를 놓아 주라 하매 15 네 천사가 놓였으니 그들은 그 년, 월, 일, 시에 이르러 사람 삼분의 일을 죽이기로 예비한 자들이더라"

• **일곱째 나팔 재난** – 계 13:1 "내가 보니 바다에서 한 짐승이 나오는

데 뿔이 열이요 머리가 일곱이라 그 뿔에는 열 면류관이 있고 그 머리들에는 참람한 이름들이 있더라"

이렇게 볼 때 예수님께서 마 24장에서 말씀하신 영적 재난의 절정으로서의 고난 즉 대 환난(마 24:15-24)을 계시록에서는 다섯째, 여섯째, 일곱째 나팔 재난이라는 3단계로 세분하여 보여주시는 계시인 것을 알 수 있다.

2. 일곱 나팔 재난을 세부적으로 구분하면 다음과 같다.

<table>
<tr><td rowspan="18">일곱
나팔재앙
(영적재난)
및
그와 관련된
사건들
(8:7-14:20)</td><td rowspan="6">첫째–여섯번째 나팔을 붊(영적 재난–이단의 미혹과 핍박)
(8:7-9:21)</td><td>8:7</td><td>첫째 나팔–피 섞인 우박과 불</td></tr>
<tr><td>8:8-9</td><td>둘째 나팔–불붙는 큰 산 같은 것</td></tr>
<tr><td>8:10-11</td><td>셋째 나팔–횃불같이 타는 큰 별(쑥)</td></tr>
<tr><td>8:12-13</td><td>넷째 나팔–해, 달, 별 1/3이 어두워짐</td></tr>
<tr><td>9:1-12</td><td>다섯째 나팔–무저갱 열쇠를 가진 별 하나</td></tr>
<tr><td>9:13-21</td><td>여섯째나팔–유브라데 강에 결박된 네 천사</td></tr>
<tr><td rowspan="3">종말(재림)의 때에 관한 계시유보. 사단의 세력과 싸움에서 순교한 참 신자들의 결과(영광)</td><td>10:1-11</td><td>작은 책의 비밀–종말의 시간에 대한 것(마 24:36)</td></tr>
<tr><td>11:1-13</td><td>성전 측량–두 증인과 두 짐승의 전쟁, 순교자 구원</td></tr>
<tr><td>11:14-19</td><td>일곱째나팔–그리스도의 통치와 심판</td></tr>
<tr><td rowspan="3">사단과 예수 그리스도의 싸움과 사단의 최후 발악과 그싸움에서 승리하는 성도들의 새노래</td><td>12:1-17</td><td>용과 여자 및 여자의 후손과 싸움, 용의 패배</td></tr>
<tr><td>13:1-18</td><td>두 짐승(마지막 적그리스도) 출현</td></tr>
<tr><td>14:1-5</td><td>144000성도의 찬송(새노래)</td></tr>
<tr><td rowspan="3">세 천사가 전하는 복음</td><td>14:6-7</td><td>첫째 천사–심판이 가까웠으니 하나님을 경배하라</td></tr>
<tr><td>14:8</td><td>둘째 천사–바벨론 멸망 선포</td></tr>
<tr><td>14:9-12</td><td>셋째 천사–불신, 악의 세력이 받을 하나님의 진노</td></tr>
<tr><td rowspan="2">일곱째 나팔에 관련된 사건(14:13)</td><td>14:13</td><td>하늘의 음성–주 안에서 죽은 자의 복</td></tr>
<tr><td>14:14-16</td><td>곡식(신자)의 추수</td></tr>
<tr><td>마지막 때의 추수
(14:14-20)</td><td>14:17-20</td><td>포도(불신자)의 추수(진노)</td></tr>
</table>

첫째부터 여섯째까지의 나팔을 붐
[8:7-9:21]

8:7 첫째 천사가 나팔을 부니 피 섞인 우박과 불이 나서 땅에 쏟아지
매 땅의 삼분의 일이 타서 사위고 수목의 삼분의 일도 타서 사위
고 각종 푸른 풀도 타서 사위더라
8:8 둘째 천사가 나팔을 부니 불붙는 큰 산과 같은 것이 바다에 던지
우매 바다의 삼분의 일이 피가 되고
8:9 바다 가운데 생명 가진 피조물들의 삼분의 일이 죽고 배들의 삼분
의 일이 깨어지더라
8:10 셋째 천사가 나팔을 부니 횃불같이 타는 큰 별이 하늘에서 떨어져
강들의 삼분의 일과 여러 물샘에 떨어지니
8:11 이 별 이름은 쑥이라 물들의 삼분의 일이 쑥이 되매 그 물들이 쓰
게 됨을 인하여 많은 사람이 죽더라
8:12 네째 천사가 나팔을 부니 해 삼분의 일과 달 삼분의 일과 별들의
삼분의 일이 침을 받아 그 삼분의 일이 어두워지니 낮 삼분의 일은
비췸이 없고 밤도 그러하더라
8:13 내가 또 보고 들으니 공중에 날아가는 독수리가 큰 소리로 이르되
땅에 거하는 자들에게 화(禍), 화, 화가 있으리로다 이 외에도 세
천사의 불 나팔 소리를 인함이로다 하더라
9:1 다섯째 천사가 나팔을 불매 내가 보니 하늘에서 땅에 떨어진 별 하
나가 있는데 저가 무저갱의 열쇠를 받았더라
9:2 저가 무저갱을 여니 그 구멍에서 큰 풀무의 연기 같은 연기가 올라
오매 해와 공기가 그 구멍의 연기로 인하여 어두워지며
9:3 또 황충이 연기 가운데로부터 땅 위에 나오매 저희가 땅에 있는 전
갈의 권세와 같은 권세를 받았더라
9:4 저희에게 이르시되 땅의 풀이나 푸른 것이나 각종 수목은 해하지
말고 오직 이마에 하나님의 인 맞지 아니한 사람들만 해하라 하시
더라
9:5 그러나 그들을 죽이지는 못하게 하시고 다섯 달 동안 괴롭게만 하
게 하시는데 그 괴롭게 함은 전갈이 사람을 쏠 때에 괴롭게 함과

갈더라
9:6 그 날에는 사람들이 죽기를 구하여도 얻지 못하고 죽고 싶으나 죽
음이 저희를 피하리로다
9:7 황충들의 모양은 전쟁을 위하여 예비한 말들 같고 그 머리에 금 같
은 면류관 비슷한 것을 썼으며 그 얼굴은 사람의 얼굴 같고
9:8 또 여자의 머리털 같은 머리털이 있고 그 이는 사자의 이 같으며
9:9 또 철흉갑 같은 흉갑이 있고 그 날개들의 소리는 병거와 많은 말들
이 전장으로 달려들어가는 소리 같으며
9:10 또 전갈과 같은 꼬리와 쏘는 살이 있어 그 꼬리에는 다섯 달 동안
사람들을 해하는 권세가 있더라
9:11 저희에게 임금이 있으니 무저갱의 사자라 히브리 음으로 이름은
아바돈이요 헬라 음으로 이름은 아볼루온이더라
9:12 첫째 화는 지나갔으나 보라 아직도 이 후에 화 둘이 이르리로다
9:13 여섯째 천사가 나팔을 불매 내가 들으니 하나님 앞 금단 네 뿔에서
한 음성이 나서
9:14 나팔 가진 여섯째 천사에게 말하기를 큰 강 유브라데에 결박한 네
천사를 놓아 주라 하매
9:15 네 천사가 놓였으니 그들은 그 년, 월, 일, 시에 이르러 사람 삼분
의 일을 죽이기로 예비한 자들이더라
9:16 마병대의 수는 이만만이니 내가 그들의 수를 들었노라
9:17 이같이 이상한 가운데 그 말들과 그 탄 자들을 보니 불빛과 자주빛
과 유황빛 흉갑이 있고 또 말들의 머리는 사자 머리 같고 그입에서
는 불과 연기와 유황이 나오더라
9:18 이 세 재앙 곧 저희 입에서 나오는 불과 연기와 유황을 인하여 사
람 삼분의 일이 죽임을 당하니라
9:19 이 말들의 힘은 그 입과 그 꼬리에 있으니 그 꼬리는 뱀 같고 또
꼬리에 머리가 있어 이것으로 해하더라
9:20 이 재앙에 죽지 않고 남은 사람들은 그 손으로 행하는 일을 회개치
아니하고 오히려 여러 귀신과 또는 보거나 듣거나 다니거나 하지
못하는 금, 은, 동과 목석의 우상에게 절하고
9:21 또 그 살인과 복술과 음행과 도적질을 회개치 아니하더라

해 석

I. 첫째 천사가 나팔을 붊(8:7)

8:7 첫째 천사가 나팔을 부니 피 섞인 우박과 불이 나서 땅에 쏟아지매 땅의 삼분의 일이 타서 사위고 수목의 삼분의 일도 타서 사위고 각종 푸른 풀도 타서 사위더라

이 첫 번째 환상이 보여주는 의미는 다음과 같다.

1. "피 섞인 우박과 불이 나서 땅에 쏟아지매"

첫째 천사가 나팔을 불 때 쏟아진 이 피 섞인 우박과 불은 무엇을 뜻하는가? 우박은 물의 응고체이다. 그러므로 결국 물이다. 그러므로 결국 물과 불이 쏟아진 것이다. 그러면

1) 이 물과 불은 무엇을 뜻하는가?

성경에서 하나님의 말씀 곧 복음은 물이나 불로 묘사가 되었다.

(1) 물로 묘사된 성구

- 겔 47:9 "이 강물이 이르는 곳마다 번성하는 모든 생물이 살고 또 고기가 심히 많으리니 이 물이 흘러 들어가므로 바닷물이 소성함을 얻겠고 이 강이 이르는 각처에 모든 것이 살 것이며"

이 성구는 성전 문지방에서 시작된 물이 강을 이루었다는 이야기인데, 이는 신약 시대에 복음의 강물로 인하여 많은 사람들이 생명을 얻고 구원을 받게 될 것을 예언한 것이다.

- 엡 5:26 "이는 곧 물로 씻어 말씀으로 깨끗하게 하사 거룩하게 하시고"
- 요 4:14 "내가 주는 물을 먹는 자는 영원히 목마르지 아니하리니 나의 주는 물은 그 속에서 영생하도록 솟아나는 샘물이 되리라"

이 성구에서 영원히 목마르지 아니한 물은 주님이 주시는 것이요 주님은 "말씀이 육신이 되신 분"(요 1:14)이기 때문에 결국 그 물은 말씀을 의미하는 것이다.

(2) 불로 묘사된 성구

- 렘 23:29 "나 여호와가 말하노라 내 말이 불같지 아니하냐 반석을 쳐서 부스러뜨리는 방망이 같지 아니하냐"

2) 피 섞인 우박과 불은 무엇을 뜻하는가?

우박과 불은 복음을 상징하는 것이라고 하였는데 그 복음에 피가 섞였다는 것은 죽음을 몰고 올 복음인 것을 나타낸다. 주님의 말씀 곧 참 복음은 영생의 말씀이다(요 6:68). 그런데 그와 유사한 이단들의 교훈 곧 거짓된 복음은 사람들을 죽게 만드는 독약인 것이다. 그러므로 여기서 말하는 피 섞인 우박과 불은 이단들의 잘못된 교훈들을 가리키는 것이다.

그리고 왜 비가 아니고 우박의 형태로 땅에 쏟아졌을까? 복음의 물은 보슬비와 같이 인간 영혼에 내려온다. 그리하여 죄와 허물로 죽은 영혼을 살리고 새 힘을 주어서 소성케 한다. 그런데 이단들의 교훈은 우박이 떨어지면 모든 농작물들이 피해를 입게 되는 것처럼 그것을 받는 자들에게 피해를 입힌다. 그래서 이단들의 교훈을 여기서 우박으로 묘사한 것이다.

2. "땅의 삼분의 일이 타서 사위고 수목의 삼분의 일도 타서 사위고 각종 푸른 풀도 타서 사위더라"

1) 여기서 수목과 각종 푸른 풀은 무엇을 뜻하는가?

이들은 인간을 상징한다. 성경에는 인간을 나무나 풀로 자주 묘사하고 있다.

- 시 1:3 "저는 시냇가에 심은 나무가 시절을 좇아 과실을 맺으며 그 잎사귀가 마르지 아니함 같으니 그 행사가 다 형통하리로다"
- 시 92:7 "악인은 풀 같이 생장하고 죄악을 행하는 자는 다 흥왕할지라도 영원히 멸망하리이다"
- 시 92:12 "의인은 종려나무 같이 번성하며 레바논의 백향목 같이 발육하리로다"

2) "땅의 삼분의 일이 타서 사위고 수목의 삼분의 일도 타서 사위고 각종 푸른 풀도 타서 사위더라"는 말씀은 무엇을 뜻하는가?

이 말씀은 이단들의 거짓된 복음으로 말미암아 미혹을 받아 상당수의 사람들이 영적으로 죽게 될 것을 뜻한다.

3) 이런 일이 언제 있을 것인가?

이 영적 재난은 주님께서 말씀하신 다음 성구의 재난일 것이다.

- 마 24:4-6 "예수께서 대답하여 가라사대 너희가 사람의 미혹을 받지 않도록 주의하라 5 많은 사람이 내 이름으로 와서 이르되 나는 그리스도라 하여 많은 사람을 미혹케 하리라 6 난리와 난리 소문을 듣겠으나 너희는 삼가 두려워 말라 이런 일이 있어야 하되 끝은 아직 아니니라"

그러므로 이 재난은 영적 재난의 초기 단계에서 일어날 사건이라고 생각된다.

II. 둘째 천사가 나팔을 붊(8:8-9)

8:8-9 둘째 천사가 나팔을 부니 불붙는 큰 산과 같은 것이 바다에 던지우매 바다의 삼분의 일이 피가 되고 *9* 바다 가운데 생명 가진 피조물들의 삼분의 일이 죽고 배들의 삼분의 일이 깨어지더라

이 재난이 무엇을 의미하는가? 우리는 이미 이 나팔 재난들이 이단들의 거짓된 복음으로 말미암은 영적인 재난들이라는 전제 하에 출발하였다. 이런 전제 하에서 이 말씀의 뜻은 이렇게 해석되어진다.

1. "불붙는 큰 산 같은 것"

이것은 이단들의 거짓된 복음을 가리킨다. 이 사실은 다음과 같은 내용에서 분명해진다.

"큰 산 같은 것"

우리는 이 말에 대하여 다음 두 가지 점을 유의할 필요가 있다.

(1) 이 재난도 첫째 나팔 재난과 마찬가지로 "불" 이라는 요소를 가지고 묘사되었다는 사실이다. 이것은 이미 지적한 대로 복음의 특성이 "불 같은 말씀"(렘 23:29)이기 때문이다. 즉 거짓된 복음도 사람들의 심령에 불같은 뜨거움으로 역사할 수 있다는 특성을 암시하는 것이다.

(2) 첫째 나팔 재난에서는 우박과 불로 나타났는데 여기 두 번째 재난에서는 큰 산과 같은 세력으로 나타났다는 사실이다. 이것은 재난의 강도가 점점 더 강하여짐을 의미한다. 우박이 떨어지는 것보다 큰 산이 떨어지면 그 파괴력이 얼마나 더 큰 것인가!

2. "바다에 던지우매"

여기서 바다는 무엇을 의미하는가? 바다는 인간들이 사는 이 세상을 가리킨다. 이 사실은 다음과 같은 성구에서 알 수 있다

- 겔 47:6-10 "그가 내게 이르시되 인자야 네가 이것을 보았느냐 하시고 나를 인도하여 강가로 돌아가게 하시기로 7 내가 돌아간즉 강 좌우편에 나무가 심히 많더라 8 그가 내게 이르시되 이 물이 동방으로 향하여 흘러 아라바로 내려가서 바다에 이르리니 이 흘러 내리는 물로 그 바다의 물이 소성함을 얻을지라 9 이 강물이 이르는 곳마다 번성하는 모든 생물이 살고 또 고기가 심히 많으리니 이 물이 흘러 들어가므로 바닷물이 소성함을 얻겠고 이 강이 이르는 각처에 모든 것이 살 것이며 10 또 이 강가에 어부가 설 것이니 엔게디에서부터 에네글라임까지 그물치는 곳이 될 것이라 그 고기가 각기 종류를 따라 큰 바다의 고기같이 심히 많으려니와"

이 말씀은 신약 시대에 복음의 강물이 온 세상에 흘러가서 수많은 사람들이 영원한 생명을 얻게 될 것을 예언한 말씀이다. 그런데 여기서 인간들이 사는 이 세상은 바다로 묘사가 된 것이다.

그런데 본문은 주님의 복음과는 반대로 이단들의 거짓 복음이 세상에 전파됨으로 수많은 생명이 죽게 될 것을 예언하고 있는 것이다.

3. "바다의 삼분의 일이 피가 되고 바다 가운데 생명 가진 피조물들의 삼분의 일이 죽고 배들의 삼분의 일이 깨어지더라"

이 말씀의 뜻은 너무나 명백하다. 불붙는 큰 산과 같은 막강한 힘을 가진 이단들의 거짓된 복음이 이 세상 인간들에게 떨어지니 저들이 영적으로 죽임을 당하는 것이다.

여기서 "배들의 삼분의 일이 깨어지더라"는 말씀은 무엇을 뜻하는가? 여

기서 배는 구원의 방주가 되는 교회를 뜻한다. 교회마저도 이단들의 극성으로 말미암아 피해를 입게 될 것을 뜻하는 것이다.

III. 셋째 천사가 나팔을 붊(8:10-11)

> *8:10-11* 셋째 천사가 나팔을 부니 횃불같이 타는 큰 별이 하늘에서 떨어져 강들의 삼분의 일과 여러 물샘에 떨어지니 *11* 이 별 이름은 쑥이라 물들의 삼분의 일이 쑥이 되매 그 물들이 쓰게 됨을 인하여 많은 사람이 죽더라

이 재난의 의미는 다음과 같다.

1. "횃불같이 타는 큰 별이 하늘에서 떨어져"

1) 별은 무엇을 뜻하는가?

별은 하나님의 교회의 사자들을 뜻한다.

- 계 1:20 "네 본 것은 내 오른손에 일곱별의 비밀과 일곱 금 촛대라 일곱별은 일곱 교회의 사자요 일곱 촛대는 일곱 교회니라"

2) 횃불같이 타는 큰 별이 하늘에서 떨어졌다는 것은 무엇을 의미하는가?

그러므로 여기서 말하는 "하늘에서 떨어진 큰 별"은 영적으로 타락한 이단의 두목을 가리킨다. 그는 "횃불같이 타는 큰 별"이다. 즉 그는 엄청난 능력을 가지고 광명한 천사와 같은 모습으로 나타나 많은 사람들을 미혹하게 될 것이다.

- 고후 11:14-15 "이것이 이상한 일이 아니라 사단도 자기를 광명의 천사로 가장하나니 15 그러므로 사단의 일군들도 자기를 의의 일군으로 가장하는 것이 또한 큰 일이 아니라 저희의 결국은 그 행위대로 되리라"

3) 주목할 사실

여기서 한 가지 주목할 사실이 있다. 그것은 재난의 강도이다. 첫째 나팔 재난은 우박과 불이었고, 둘째 나팔 재난은 그보다 더 강도가 센 불붙는 산과 같은 모양이었다. 그런데 이 셋째 나팔 재난은 "하늘에서 떨어지는 횃불같이 타는 큰 별"의 형태인 것이다. 산보다 별은 얼마나 더 큰 것인가? 그러므로 그것이 떨어지는 파괴력은 얼마나 더 강하겠는가?

이렇게 이단들은 종말이 가까워질수록 더욱 발악을 하면서 할 수만 있으면 믿는 자들을 유혹하여 넘어지게 하는 현상이 나타날 것이다.

2. "강들의 삼분의 일과 여러 물샘에 떨어지니 이 별 이름은 쑥이라 물들의 삼분의 일이 쑥이 되매 그 물들이 쓰게 됨을 인하여 많은 사람이 죽더라"

1) 강들과 물샘

이들은 무엇을 의미하는가? 이것은 주님의 참된 복음을 의미한다. 이 사실은 바로 앞에서 제시한 겔 47:6-10에서 잘 알 수 있다.

2) 이 말씀의 뜻

그러므로 이 말씀의 뜻은 횃불이 타는 듯이 큰 능력을 행하며 큰 별처럼 나타나는 이단이 나타나서 주님의 참 복음이 전파되는 교계에 거짓된 복음 곧 독약(쑥은 독초를 뜻함–wormwood)을 살포하니 많은 사람들이 죽게 된다는 것이다.

IV. 넷째 천사가 나팔을 붊(8:12-13)

8:12-13 넷째 천사가 나팔을 부니 해 삼분의 일과 달 삼분의 일과 별들의 삼분의 일이 침을 받아 그 삼분의 일이 어두워지니 낮 삼분의 일은 비췸이 없고 밤도 그러하더라 *13* 내가 또 보고 들으니 공중에 날아가는 독수리가 큰 소리로 이르되 땅에 거하는 자들에게 화, 화, 화가 있으리로다 이 외에도

세 천사의 불 나팔 소리를 인함이로다 하더라

이 재난의 의미는 다음과 같다.

1. "해 삼분의 일과 달 삼분의 일과 별들의 삼분의 일이 침을 받아 그 삼분의 일이 어두워지니"

1) 해와 달과 별

이들은 빛을 발하는 물체로서 복음의 빛을 의미한다.

- 시 119:105 "주의 말씀은 내 발에 등이요 내 길에 빛이니이다"

또 복음을 전하는 자들을 의미할 수 있다

- 계 1:20 "네 본 것은 내 오른손에 일곱 별의 비밀과 일곱 금 촛대라 일곱 별은 일곱 교회의 사자요 일곱 촛대는 일곱 교회니라"
- 마 5:14-15 "너희는 세상의 빛이라 산 위에 있는 동네가 숨기우지 못할 것이요 15 사람이 등불을 켜서 말 아래 두지 아니하고 등경 위에 두나니 이러므로 집안 모든 사람에게 비취느니라"

2) 해 삼분의 일과 달 삼분의 일과 별들의 삼분의 일이 침을 받아 그 삼분의 일이 어두워지니

이 말씀의 뜻은 이러하다. 이단들의 활동으로 말미암아 복음의 빛이 상당 부분 (삼분의 일) 가리어지게 될 것이라는 뜻이다.

2. "낮 삼분의 일은 비췸이 없고 밤도 그러하더라"

1) 이 말씀의 뜻

이단들의 거짓된 복음에 참 복음의 빛이 가리워져서 이 땅의 상당 부분에 영적인 어두움이 찾아올 것이라는 뜻이다. 이런 현상을 주님은 다음과 같이 말씀하셨다.

• 마 24:11-12 "거짓 선지자가 많이 일어나 많은 사람을 미혹하게 하겠으며 12 불법이 성하므로 많은 사람의 사랑이 식어지리라"

사도 바울은 다음과 같이 경고하였다.

• 딤후 4:3-4 "때가 이르리니 사람이 바른 교훈을 받지 아니하며 귀가 가려워서 자기의 사욕을 좇을 스승을 많이 두고 4 또 그 귀를 진리에서 돌이켜 허탄한 이야기를 좇으리라"

• 딤후 3:1-5 "네가 이것을 알라 말세에 고통하는 때가 이르리니 2 사람들은 자기를 사랑하며 돈을 사랑하며 자긍하며 교만하며 훼방하며 부모를 거역하며 감사치 아니하며 거룩하지 아니하며 3 무정하며 원통함을 풀지 아니하며 참소하며 절제하지 못하며 사나우며 선한 것을 좋아 아니하며 4 배반하여 팔며 조급하며 자고하며 쾌락을 사랑하기를 하나님 사랑하는 것보다 더하며 5 경건의 모양은 있으나 경건의 능력은 부인하는 자니 이 같은 자들에게서 네가 돌아서라"

2) 주목할 사실

셋째 나팔 재난보다 이 재난이 얼마나 그 강도가 세어지는가를 보라. 셋째 나팔 재난은 별이 땅에 떨어진 재난이므로 지구의 일부분에 영향을 미치는 것이라고 하면, 이 넷째 재난은 해 달 별이 어두워지는 것으로서 지구 전체에 영향을 미치는 것으로 묘사되고 있다는 사실이다.

그러므로 이 재난은 전 세계에 영향을 미칠 이단의 보다 강력한 활동이 전개 될 것을 예고한 것이라고 할 수 있다.

V. 다섯째 천사가 나팔을 붊(9:1-12)

9:1 다섯째 천사가 나팔을 불매 내가 보니 하늘에서 땅에 떨어진 별 하나가 있는
데 저가 무저갱의 열쇠를 받았더라
9:2 저가 무저갱을 여니 그 구멍에서 큰 풀무의 연기 같은 연기가 올라오매 해와
공기가 그 구멍의 연기로 인하여 어두워지며
9:3 또 황충이 연기 가운데로부터 땅 위에 나오매 저희가 땅에 있는 전갈의 권세
와 같은 권세를 받았더라
9:4 저희에게 이르시되 땅의 풀이나 푸른 것이나 각종 수목은 해하지 말고 오직
이마에 하나님의 인 맞지 아니한 사람들만 해하라 하시더라
9:5 그러나 그들을 죽이지는 못하게 하시고 다섯 달 동안 괴롭게만 하게 하시는
데 그 괴롭게 함은 전갈이 사람을 쏠 때에 괴롭게 함과 같더라
9:6 그 날에는 사람들이 죽기를 구하여도 얻지 못하고 죽고 싶으나 죽음이 저희
를 피하리로다
9:7 황충들의 모양은 전쟁을 위하여 예비한 말들 같고 그 머리에 금 같은 면류관
비슷한 것을 썼으며 그 얼굴은 사람의 얼굴 같고
9:8 또 여자의 머리털 같은 머리털이 있고 그 이는 사자의 이 같으며
9:9 또 철 흉갑 같은 흉갑이 있고 그 날개들의 소리는 병거와 많은 말들이 전장
으로 달려 들어가는 소리 같으며
9:10 또 전갈과 같은 꼬리와 쏘는 살이 있어 그 꼬리에는 다섯 달 동안 사람들을
해하는 권세가 있더라
9:11 저희에게 임금이 있으니 무저갱의 사자라 히브리 음으로 이름은 아바돈이
요 헬라 음으로 이름은 아볼루온이더라
9:12 첫째 화는 지나갔으나 보라 아직도 이 후에 화 둘이 이르리로다

이 재난의 의미는 다음과 같다.

9:1 다섯째 천사가 나팔을 불매 내가 보니 하늘에서 땅에 떨어진 별 하나가 있는
데 저가 무저갱의 열쇠를 받았더라

"하늘에서 땅에 떨어진 별 하나가 있는데"

1. 이는 누구일까?

별은 교회의 사자를 가리킨다고 하였다(계 1:20). 사자란 어떤 임무 수행을 위하여 보냄을 받은 자를 뜻한다. 이 사실은 저가 무저갱의 열쇠를 받았더라는 말에서 알 수 있다.

2. 그러면 하늘에서 떨어진 별 하나는 누구인가?

1) 하늘에서 떨어진 별은 타락한 천사 곧 악한 천사를 의미한다.

우리는 이런 사실을 다음 성구에서 암시받는다.

- 사 14:12 "너 아침의 아들 계명성이여 어찌 그리 하늘에서 떨어졌으며 너 열국을 엎은 자여 어찌 그리 땅에 찍혔는고"
- 눅 10:18 "예수께서 이르시되 사단이 하늘로서 번개 같이 떨어지는 것을 내가 보았노라"

2) 별 하나는 누구인가?

악한 천사들 가운데 무저갱의 열쇠를 하나님께로부터 받아서 무저갱을 열고 거기에 갇혀있던 악한 천사를 나오게 하여 성도들을 괴롭히는 일에 동참케 하는 이 별 하나! 그는 모든 악한 천사들의 총 두목인 사단인 것이다. 어떻게 알 수 있는가? 다음 성구를 보면 알 수 있다.

- 계 9:11 "저희에게 임금이 있으니 무저갱의 사자라 히브리 음으로 이름은 아바돈이요 헬라 음으로 이름은 아볼루온이더라"

이 성구에 나타난 존재는 지금 우리가 보고 있는 "하늘에서 떨어진 별 하나"와 동일한 존재인 것이다. 무엇으로 알 수 있는가? 본 절에서 "저가 무저갱의 열쇠를 받았다"는 말과 계 9:11에서 무저갱의 사자라는 말에서 동일 존재인 것을 알 수 있다.

그런데 이 별 하나가 계 9:11에서 저희에게 임금이 있으니 무저갱의 사자라 히브리 음으로 이름은 아바돈이요 헬라 음으로 이름은 아볼루온이더라고 소개가 된다. 이 말씀에서 아볼루온(파괴자)은 이미 특주에서 본 대로 사단의 별명이기 때문에 이 별 하나는 사단인 것을 알 수 있다.

"저가 무저갱의 열쇠를 받았더라"

무저갱(아부쏘스)은 지옥의 별명이다. 밑바닥이 없는 구덩이(bottomless)라는 뜻이다. 그곳에 한번 들어가면 한 없이 떨어져서 다시는 나올 수 없다는 의미에서 지옥의 별명이 된 것이다. 한 번 들어가면 다시는 나올 수 없는 그 무저갱의 열쇠를 받았다는 것은 그 지옥에 있는 그 누구를 일시나마 석방시켜서 활동하게 할 허락을 하나님께로부터 받았다는 뜻이다.

여기서 우리가 꼭 기억해 둘 것은 악한 천사들이 악행을 하고 성도들을 괴롭히는 일을 하지만 하나님의 허락 안에서만 할 수 있다는 사실이다. 왜냐하면 하나님은 우주 만물의 통치자이시므로 우주 안에서 그분의 허락 없이는 어떤 일도 일어날 수 없기 때문이다.

9:2 저가 무저갱을 여니 그 구멍에서 큰 풀무의 연기 같은 연기가 올라오매 해와 공기가 그 구멍의 연기로 인하여 어두워지고 *3* 또 황충이 연기 가운데로부터 땅 위에 나오매 저희가 땅에 있는 전갈의 권세와 같은 권세를 받았더라

3. 무저갱을 열자마자 무엇이 나왔으며 어떤 현상이 일어났는가?

그 구멍에서 큰 풀무의 연기 같은 연기가 올라오매 해와 공기가 그 구멍의 연기로 인하여 어두워지고 해와 공기가 어두워졌다는 이 말은 복음의 빛이 어두워졌다는 뜻이다. 즉 이단들의 거짓된 복음으로 말미암아 영적 진리의 세계가 어두워짐을 뜻한다.

4. 어둡게 하는 그 주인공은 누구인가?

"또 황충이 연기 가운데로부터 땅 위에 나오매 저희가 땅에 있는 전갈의 권세

와 같은 권세를 받았더라"

그 주인공은 황충(메뚜기)이라고 불리고 있다. 그러나 물론 문자 그대로의 황충이 아니다. 그는 악한 천사로서 타락 후에 무저갱에 지금까지 갇혀 있다가 마지막 때에 성도들에게 영적 재난을 가져오기 위하여 하나님의 허락을 받고 잠깐 놓임을 받은 자인 것이다. 그러면 이 악한 천사가 성도들을 어떻게 그리고 얼마나 괴롭힐 것인가? 그가 받은 권세에서 짐작할 수 있다.

"저희가 땅에 있는 전갈의 권세와 같은 권세를 받았더라"

이들은 전갈의 권세와 같은 권세를 받은 것으로 묘사하고 있다. 전갈은 뱀과 함께 인간에게 가장 혐오스런 생물이다. 전갈은 바위틈이나 돌 밑, 벽 틈에 살면서 꼬리에 독침이 있어 사람을 공격한다. 수리아 지방의 전갈의 독은 한 번 쏘이면 3-4일 간 극심한 고통을 주지만 죽지는 않는다. 그러나 북아프리카의 전갈에 쏘이면 생명을 잃는 수가 종종 있다고 한다.

이 한 가지 사실만 보아도 이 악한 천사가 지옥에서 풀려나와서 이 다섯째 나팔 재난을 가져올 때 성도들의 괴로움이 얼마나 극심할 것인가는 쉽게 상상할 수 있다.

5. 여기서 우리가 간과해서는 안 될 중요한 한 가지 사실은 무엇인가?

그것은 이 기간에 성도들에게 닥쳐오는 재난은 무저갱에서 올라온 황충으로 말미암는 재난만이 아니라는 사실이다. 성도들이 있는 곳이면 어느 시대 어느 곳에서나 역사해온 공중권세를 잡고 자유로이 활동을 해오던 악한 천사들의 활동이 이 기간이라고 해서 쉬고 있는 것이 아니라는 사실이다.

그러므로 성도들의 입장에서 보면 지금까지 성도들을 괴롭혀왔던 공중권세 잡은 악령들과 이제 지옥에서 풀려나온 악령들이 합세하여 괴롭히는 공격을 받게 된다는 사실이다. 그러므로 성도들의 고난은 더욱 가중될 수밖에 없는 것이다.

9:4 저희에게 이르시되 땅의 풀이나 푸른 것이나 각종 수목은 해하지 말고 오직 이마에 하나님의 인 맞지 아니한 사람들만 해하라 하시더라

이 말씀에서 **땅의 풀이나 푸른 것이나 각종 수목**은 성도들을 가리킨다. 무엇으로 알 수 있는가? 그 다음에 나오는 **오직 이마에 하나님의 인 맞지 아니한 사람들만 해하라 하시더라**는 말씀에서 알 수 있다. 그러므로 이 말씀의 뜻은 참 신자들(이마에 하나님의 인을 맞은 사람들)이나 거짓 신자들이나 모두 이 황충으로부터 고통을 당하나 그 고통에 아주 엎드러지는 자들은 거짓 신자들(이마에 하나님의 인 맞지 아니한 사람들)뿐이며 참 신자들은 결코 그 재난 때문에 아주 망하지 아니한다는 것이다.

여기서 우리는 다음 두 가지 사실을 알 수 있다.

1) 악한 천사도 자기 멋대로 성도들을 괴롭힐 수 있는 것이 아니라 하나님이 허락하는 한도에서만 할 수 있다는 사실을 알게 된다. 하나님은 자기 백성을 절대로 죽거나 말거나 무관심하게 방치해 두지 아니하신다.

- 시 121:1-4 "내가 산을 향하여 눈을 들리라 나의 도움이 어디서 올꼬 2 나의 도움이 천지를 지으신 여호와에게서로다 3 여호와께서 너로 실족지 않게 하시며 너를 지키시는 자가 졸지 아니하시리로다 4 이스라엘을 지키시는 자는 졸지도 아니하고 주무시지도 아니하시리로다"
- 마 10:29-31 "참새 두 마리가 한 앗사리온에 팔리는 것이 아니냐 그러나 너희 아버지께서 허락지 아니하시면 그 하나라도 땅에 떨어지지 아니하리라 30 너희에게는 머리털까지 다 세신 바 되었나니 31 두려워하지 말라 너희는 많은 참새보다 귀하니라"

2) 하나님은 성도들의 신앙 훈련을 위하여 사단의 세력으로 말미암는 고난을 허락하시되 견딜 수 있는 만큼만 허락하신다.

- 마 24:21-22 "이는 그 때에 큰 환난이 있겠음이라 창세로부터 지금까지 이런 환난이 없었고 후에도 없으리라 22 그 날들을 감하지 아니할 것이면 모든 육체가 구원을 얻지 못할 것이나 그러나 택하신 자들을 위하여 그 날들을 감하시리라"
- 고전 10:13 "사람이 감당할 시험 밖에는 너희에게 당한 것이 없나니 오직 하나님은 미쁘사 너희가 감당치 못할 시험 당함을 허락지 아니하시고 시험 당할 즈음에 또한 피할 길을 내사 너희로 능히 감당하게 하시느니라"

9:5 그러나 그들을 죽이지는 못하게 하시고 다섯 달 동안 괴롭게만 하게 하시는데 그 괴롭게 함은 전갈이 사람을 쏠 때에 괴롭게 함과 같더라 *6* 그 날에는 사람들이 죽기를 구하여도 얻지 못하고 죽고 싶으나 죽음이 저희를 피하리로다

이 말씀은 황충 곧 지옥에서 풀려 나온 악한 천사가 어떤 활동을 할 것을 말한 것이다. 이 악한 천사는 성도들을 괴롭히되 다음과 같은 한계 안에서 괴롭히게 된다.

1) 다섯 달 동안이다.

이 기간은 물론 문자적인 기간은 아니다. 이미 서론 부분에서 숫자에 관한 설명을 하였기 때문에 다시 설명을 하지 않는다. 다섯은 10, 곧 만수의 절반으로 그렇게 길지 않은 기간을 상징한다. 달이라는 기간도 년보다 짧은 것이므로 그렇게 길지 아니한 기간임을 암시한다. 다시 말해서 성도들이 참을 수 없을 만큼 긴 기간이 되지 않으리라는 뜻이다.

2) 그러나 그 괴로움은 차라리 죽고 싶을 만큼 심하나 괴롭게만 하고 죽이지는 아니한다.

"괴롭게만 하게 하시는데 그 괴롭게 함은 전갈이 사람을 쏠 때에 괴롭게 함과 같더라 그 날에는 사람들이 죽기를 구하여도 얻지 못하고 죽고 싶으나 죽음이 저희를 피하리로다"

〈황충의 모양은 어떠한가?〉

9:7 황충들의 모양은 전쟁을 위하여 예비한 말들 같고 그 머리에 금 같은 면류관 비슷한 것을 썼으며 그 얼굴은 사람의 얼굴 같고

1) 이 악한 천사들은 전쟁을 위하여 예비한 말들 같다. 즉 하나님의 백성들과 한 판 승부를 가리기 위하여 잘 준비된 기병대의 모습을 하고 있다는 것이다.

2) 그 머리에는 금 같은 면류관 비슷한 것을 썼다. 이 말 속에는 저들이 쓴 것은 금으로 된 것도 아니고 면류관도 아니라는 뜻이 내포되어 있다. 그리고 이 말 속에는 금으로 된 참 면류관을 쓴 자들이 있음이 암시되어 있다. 그들은 누구일까? 그들은 그리스도의 좋은 군사로 이 영적인 싸움에서 이기는 성도에게 씌어 주실 면류관인 것이다.

• 딤후 4:7-8 "내가 선한 싸움을 싸우고 나의 달려갈 길을 마치고 믿음을 지켰으니 8 이제 후로는 나를 위하여 의의 면류관이 예비 되었으므로 주 곧 의로우신 재판장이 그 날에 내게 주실 것이니 내게만 아니라 주의 나타나심을 사모하는 모든 자에게니라"

그러므로 이들의 모양이 상징하는 의미는 이들이 자기들의 두목인 사단을 위하여 영광스런 전쟁을 하는 것 같으나 그렇지 못하다는 것이다. 이들은 전쟁에 패배할 것이며 그 결과 마침내 부끄러움을 당할 것이다.

3) 그 얼굴은 사람 같다. 그 얼굴이 사람 같다는 것은 이 악한 천사들이

지혜와 능력을 가지고 있음을 뜻한다. 사실로 사단과 악령들은 인간보다 더 지혜롭고 더 큰 능력을 가지고 있다.

9:8 또 여자의 머리털 같은 머리털이 있고 그 이는 사자의 이 같으며

4) 여자의 머리털 같은 머리털이 있다. 여자의 머리털은 아름다움의 상징이다. 이들은 영적으로 악한 존재들이지만 겉모양은 광명한 천사와 같이 나타나서 사람들을 미혹하는 특성을 말해주고 있는 것이다.

• 고후 11:13-15 "저런 사람들은 거짓 사도요 궤휼의 역군이니 자기를 그리스도의 사도로 가장하는 자들이니라 14 이것이 이상한 일이 아니라 사단도 자기를 광명의 천사로 가장하나니 15 그러므로 사단의 일군들도 자기를 의의 일군으로 가장하는 것이 또한 큰 일이 아니라"

5) 그 이는 사자의 이 같다. 이것은 앞에서 말한 여자의 머리털 같은 모습과는 정 반대가 되는 마귀의 특성을 잘 나타내어 준다. 겉으로는 광명한 천사와 같은 모습으로 다가오지만 보이지 않는 입 속에는 물어뜯는 무서운 사자의 이빨을 가지고 있는 것이다.

• 벧전 5:8 "근신하라 깨어라 너희 대적 마귀가 우는 사자같이 두루 다니며 삼킬 자를 찾나니"

6) 저들은 전쟁을 위하여 완전무장을 하였다.

9:9 또 철 흉갑 같은 흉갑이 있고 그 날개들의 소리는 병거와 많은 말들이 전장으로 달려 들어가는 소리 같으며

저들은 **철 흉갑 같은 흉갑**을 가졌다. 철 흉갑은 적의 공격으로부터 자신을 보호하는 방어용 무기인 것이다. 또 저들은 **날개**를 가졌다. 이것은 저들이 얼마나 민첩하게 활동할 수 있는가를 말해준다. 또 **그 날개들의 소리는**

병거와 많은 말들이 전장으로 달려 들어가는 소리 같다. 이 말씀은 저들이 많은 무리로 군대를 이루어서 성도들과의 일대 결전을 벌이기 위하여 전진하는 모습인 것이다.

7) 저들은 어떤 공격 무기를 가지고 있는가?

9:10 또 전갈과 같은 꼬리와 쏘는 살이 있어 그 꼬리에는 다섯 달 동안 사람들을 해하는 권세가 있더라

저들은 전갈 같은 꼬리가 있다. 이미 3절에서 본 대로 전갈의 꼬리에는 독침이 있다. 이것을 본문에서 그 꼬리에 쏘는 살이 있다고 말한다. 그래서 사람이 한번 이 독침에 쏘이면 극심한 고통이 3-4일이나 가고 어떤 전갈의 독침은 사람을 죽게 한다. 이 마귀들은 이렇게 무서운 무기를 가지고 성도들을 공격하는 것이다.

8) 저들은 얼마 동안 사람들을 해할 수 있는가?

"다섯 달 동안 사람들을 해하는 권세가 있더라"

저들은 그 꼬리를 가지고 다섯 달 동안 사람들을 해할 것이다. 이 기간에 대한 설명은 5절을 참조하기 바란다.

9) 이들의 총 두목은 누구인가?

9:11 저희에게 임금이 있으니 무저갱의 사자라 히브리 음으로 이름은 아바돈이요 헬라 음으로 이름은 아볼루온이더라

저희에게는 총 두목 곧 임금이 있다. 그는 무저갱의 사자이다. 이렇게 불리는 이유는 계 9:1에서 본 대로 무저갱의 열쇠를 받은 자이기 때문이다. 그 이름은 히브리 음으로 이름은 아바돈이요 헬라 음으로 이름은 아볼루온이다.

특주

악한 천사론

다섯째 나팔 재난과 여섯째 나팔 재난에서 우리는 ① 하늘에서 땅에 떨어진 별 하나(9:1) ② 무저갱에서 올라온 황충(9:2-3) ③ 큰 강 유브라데에 결박한 네 천사(9:14)가 나오는 것을 보게 된다. 이들은 모두가 악한 천사들이다. 여기에 나오는 이들의 정체를 정확히 알기 위하여서는 악한 천사들은 어떤 종류가 있는지 알아둘 필요가 있다. 그러므로 여기 특주 란을 마련하여 잠시 살펴보고자 한다.

악한 천사의 분류

1. 사단

사단은 타락한 천사들의 공인된 수령으로서 그는 본래 천사의 세계에서 강력한 군주들 중에 하나이었었는데 하나님을 반역하여 타락한 천사들의 지도자가 된 것으로 추정된다. 사단은 성경에서 다음과 같은 여러 이름으로 불리어진다.

그리고 또 한 가지 기억할 것은 사단이란 이름은 반드시 악한 천사들의 총수령자 하나만 가리키는 것 같지 않다. 다음에 나오는 지옥 곧 무저갱에 던져진 악한 천사들의 수령이나, 공중권세를 잡고 자유롭게 활동하는 악한 천사들의 수령이나, 땅에 결박된 악한 천사들의 수령도 사단이라고 불린다는 사실이다(계 20:1-2 참조). 이는 마치 로마의 최고 통치자인 황제만 왕으로 불리는 것이 아니라 일부 지역의 통치권을 가지고 있는 분봉 왕들도 왕으로 불리는 것과 같은 원리이다.

1) 아볼루온(파괴자)

• 계 9:11 "저희에게 임금이 있으니 무저갱의 사자라 히브리음으로 이름은 아바돈이요 헬라음으로 이름은 아볼루온이더라"

2) 디아보로스(참소자)

- 계 12:10 "내가 또 들으니 하늘에 큰 음성이 있어 가로되 이제 우리 하나님의 구원과 능력과 나라와 또 그의 그리스도의 권세가 이루었으니 우리 형제들을 참소하던 자 곧 우리 하나님 앞에서 밤낮 참소하던 자가 쫓겨났고"

3) 폰네로스(악한 자)

- 마 13:19 "아무나 천국 말씀을 듣고 깨닫지 못할 때는 악한 자가 와서 그 마음에 뿌리는 것을 빼앗나니 이는 곧 길가에 뿌리운 자요"

4) 옛 뱀 또는 용

- 계 20:1-2 "또 내가 보매 천사가 무저갱 열쇠와 큰 쇠사슬을 그 손에 가지고 하늘로서 내려와서 2 용을 잡으니 곧 옛 뱀이요 마귀요 사단이라 잡아 일천 년 동안 결박하여"

2. 지옥 곧 무저갱에 던져진 악한 천사들

하나님은 타락한 천사들 가운데 어떤 자들은 지옥 어두운 구덩이에 던지셨으며 심판 때까지 그곳에 있게 하셨다. 그러나 이들은 본문에서 보는 대로 세상 종말 직전에 잠간 석방되어서 최후 발악을 하면서 성도들을 괴롭히는 일을 하게 된다. 우리가 지금 보고 있는 계 9:3에 무저갱으로부터 올라오는 황충으로 묘사된 것이 바로 이 천사이다.

- 벧후 2:4 "하나님이 범죄한 천사들을 용서치 아니하시고 지옥에 던져 어두운 구덩이에 두어 심판 때까지 지키게 하셨으며"
- 유 6 "또 자기 지위를 지키지 아니하고 자기 처소를 떠난 천사들을 큰 날의 심판까지 영원한 결박으로 흑암에 가두셨으며"
- 계 9:3 "또 황충이 연기 가운데로부터 땅 위에 나오매 저희가 땅에 있는 전갈의 권세와 같은 권세를 받았더라"

- 계 17:8 "네가 본 짐승은 전에 있었다가 시방 없으나 장차 무저갱으로부터 올라와 멸망으로 들어갈 자니 땅에 거하는 자들로서 창세 이후로 생명책에 녹명되지 못한 자들이 이전에 있었다가 시방 없으나 장차 나올 짐승을 보고 기이히 여기리라"
- 계 20:3 "무저갱에 던져 잠그고 그 위에 인봉하여 천 년이 차도록 다시는 만국을 미혹하지 못하게 하였다가 그 후에는 반드시 잠간 놓이리라"

3. 공중권세를 잡고 자유롭게 활동하는 악한 천사들

타락한 천사들 가운데에는 공중권세를 잡고 자유롭게 활동하는 존재들도 있다. 이들은 지금 이 땅의 모든 사람들을 죄의 사슬에 묶어 자기의 종을 삼고 있으며 선한 천사들과 하나님의 백성을 대적하는 일을 하고 있다.

- 엡 6:12 "우리의 씨름은 혈과 육에 대한 것이 아니요 정사와 권세와 이 어두움의 세상 주관자들과 하늘에 있는 악의 영들에게 대함이라"
- 엡 2:2 "그 때에 너희가 그 가운데서 행하여 이 세상 풍속을 좇고 공중의 권세 잡은 자를 따랐으니 곧 지금 불순종의 아들들 가운데서 역사하는 영이라"

4. 땅에 결박된 악한 천사들

이런 존재들은 바로 본문 즉 계 9:14-15에서 볼 수 있다.

- 계 9:14-15 "나팔 가진 여섯째 천사에게 말하기를 큰 강 유브라데에 결박한 네 천사를 놓아 주라 하매 15 네 천사가 놓였으니 그들은 그 년, 월, 일, 시에 이르러 사람 삼분의 일을 죽이기로 예비한 자들이더라"

5. 다이몬니아(귀신)

귀신들은 군대로 말하면 악한 천사들의 세계에서 졸병에 해당하는 자들이다. 그러므로 이들은 때에 따라서는 한 사람 속에 수천 명이 들어가기도 한다.

- 막 5:8-9 "이는 예수께서 이미 저에게 이르시기를 더러운 귀신아 그 사람에게서 나오라 하셨음이라 9 이에 물으시되 네 이름이 무엇이냐 가로되 내 이름은 군대니 우리가 많음이니이다 하고"

주목할 사실

악한 천사들은 이렇게 여러 가지로 분류되는데 우리가 주목할 점은 다음 두 가지이다.

1. 하나님의 허락 하에서만 활동한다.

이런 악한 천사들의 활동 특히 하나님의 백성들을 괴롭히는 일을 하는 것은 결코 자기들 멋대로 하는 것이 아니라는 것이다. 하나님의 허락 하에서만 활동한다는 사실이다.

2. 환난의 증가 원인은 사단의 여러 세력들의 합세로 말미암는 것이다.

세상 종말이 가까울수록 성도들에게 다가오는 환난은 더욱 더 강하여지는데 그 원인은 무엇인가? 지금은 공중권세를 잡고 자유롭게 활동하는 악한 천사들만 성도들을 괴롭히지만 다섯째 나팔 재난에서는 지옥 곧 무저갱에 갇혀 있던 악한 천사(9:3, 황충)가 나와서 발악을 하게 되기 때문에 성도의 고난은 더욱 심하게 되는 것이다. 그런데 일곱째 나팔 재난에서는 유브라데 강에 결박되었던 악한 천사까지 풀려나서 활동을 하게 되니 성도들의 고난은 더욱 가중될 수밖에 없는 것이다.

이런 사실들을 염두에 두고 다섯째 및 여섯째 나팔 재난을 해석해보면 쉽고도 분명하게 그 뜻이 이해가 될 것이다. 뿐만 아니라 계시록 가운데 가장 어렵다고 하는 계 20:1-6의 천년왕국 문제도 쉽게 이해될 수 있는 것이다.

이미 특주에서 본 대로 이 이름의 뜻은 파괴자이며 사단의 별명이다. 그러므로 우리가 악한 천사들의 세계에 관하여 다음과 같은 사실을 알게 된다.

① 악한 천사들의 수는 셀 수 없을 만큼 많다. 그 가운데에는 공중권세를 잡고 자유롭게 활동하고 있는 악한 천사들의 무리와 무저갱에 갇힌 무리들과 땅에 결박된 무리들이 있다.

② 그런데 이들은 개별 행동을 하는 것이 아니라 군대와 같은 조직과 지위 계급을 가지고 있다. 그래서 이들은 일정한 지휘 체제 하에 힘을 합쳐서 조직적으로 활동을 한다.

③ 그리고 이 모든 종류의 악한 천사들을 총 지휘하는 두목이 있으니 그가 곧 임금이라고 불린 "아볼루온" 곧 사단인 것이다.

④ 그러나 저들의 임금인 사단도 하나님의 통치권 영역 안에서만 활동할 수 있다. 이 사실은 저가 무저갱에 있는 악한 천사들을 나오게 하는 일을 자기 마음대로 못하고 하나님께로부터 열쇠를 받아가지고서야 할 수 있었던 것으로 증명된다.

9:12 첫째 화는 지나갔으나 보라 아직도 이 후에 화 둘이 이르리로다

이 말씀은 계 8:13을 염두에 둔 말이다.

- 8:13 "내가 또 보고 들으니 공중에 날아가는 독수리가 큰 소리로 이르되 땅에 거하는 자들에게 화, 화, 화가 있으리로다 이 외에도 세 천사의 불 나팔 소리를 인함이로다 하더라"

여기서 말하는 세 가지 화는 계 9:1 이하에서부터 시작되는 다섯째 나팔

재난으로부터 일곱째 나팔 재난을 가리킨다. 그러므로 다섯째 화가 끝나는 현 시점이기 때문에 이 말을 하는 것이다.

VI. 여섯째 천사가 나팔을 붊(9:13-21)

9:13 여섯째 천사가 나팔을 불매 내가 들으니 하나님 앞 금단 네 뿔에서 한 음성이 나서
9:14 나팔 가진 여섯째 천사에게 말하기를 큰 강 유브라데에 결박한 네 천사를 놓아 주라 하매
9:15 네 천사가 놓였으니 그들은 그 년, 월, 일, 시에 이르러 사람 삼분의 일을 죽이기로 예비한 자들이더라
9:16 마병대의 수는 이만만이니 내가 그들의 수를 들었노라
9:17 이같이 이상한 가운데 그 말들과 그 탄 자들을 보니 불빛과 자주빛과 유황빛 흉갑이 있고 또 말들의 머리는 사자 머리 같고 그입에서는 불과 연기와 유황이 나오더라
9:18 이 세 재앙 곧 저희 입에서 나오는 불과 연기와 유황을 인하여 사람 삼분의 일이 죽임을 당하니라
9:19 이 말들의 힘은 그 입과 그 꼬리에 있으니 그 꼬리는 뱀 같고 또 꼬리에 머리가 있어 이것으로 해하더라
9:20 이 재앙에 죽지 않고 남은 사람들은 그 손으로 행하는 일을 회개치 아니하고 오히려 여러 귀신과 또는 보거나 듣거나 다니거나 하지 못하는 금, 은, 동과 목석의 우상에게 절하고
9:21 또 그 살인과 복술과 음행과 도적질을 회개치 아니하더라

이 재난의 의미

1. 유브라데에 결박되어 있던 악한 천사의 정체

9:13 여섯째 천사가 나팔을 불매 내가 들으니 하나님 앞 금단 네 뿔에서 한 음성이 나서

하나님 앞 금단 네 뿔에서 한 음성이 났다. 이 금단은 이미 계 8:3에서도 나타났다. 거기에서 보는 대로 이 금단은 성도들의 기도가 상달되는 제단이다. 그러므로 이 제단에서 나는 음성은 하나님의 음성 이외에 다른 음성일 수 없다.

9:14 나팔 가진 여섯째 천사에게 말하기를 큰 강 유브라데에 결박한 네 천사를 놓아 주라 하매

하나님은 여섯째 천사에게 명령하신다. "큰 강 유브라데에 결박한 네 천사를 놓아 주라." 이들 네 천사의 정체는 무엇인가? 이미 위에서 악한 천사들의 분류라는 특주에서 설명한 대로 지상에 결박되었던 악한 천사들이다.

이들이 유브라데에 결박되어 있었다는 말은 무엇을 뜻하는가?

유브라데 강은 알메니아 산에서 발원하여 동남으로 타우르스 산맥을 따라 흘러 티그리스 강과 합류하여 바벨론 평야를 거쳐 페르샤 만에 이르는 큰 강이다. 그러므로 이 지역은 인류 사대 문명의 발상지 중 하나로 손꼽히는 곳이며 바벨론 문화가 꽃을 피운 곳이다. 그리고 바벨론은 이스라엘을 침공하여 포로로 잡아간 나라이다. 그러므로 바벨론은 이스라엘의 적대 국가요 세상 문화의 중심지로서 사단의 소굴로 성경은 묘사하고 있다. 이런 사실을 다음 성구에서 볼 수 있다.

- 계 17:5 "그 이마에 이름이 기록되었으니 비밀이라, 큰 바벨론이라, 땅의 음녀들과 가증한 것들의 어미라 하였더라"

- 계 18:14-17 "바벨론아 네 영혼의 탐하던 과실이 네게서 떠났으며 맛있는 것들과 빛난 것들이 다 없어졌으니 사람들이 결코 이것들을 다시 보지 못하리로다 15 바벨론을 인하여 치부한 이 상품의 상고들이 그 고난을 무서워하여 멀리 서서 울고 애통하여 16 가로되 화 있도다 화 있도다 큰 성이여 세마포와 자주와 붉은 옷을 입고 금과 보석과 진주로 꾸민 것인데 17 그러한 부가 일 시간에 망하였도다"

그러므로 이 악한 천사들은 이방 세계의 한 중심인 유브라데에 결박되어 있는 것으로 표현되고 있다. 그리고 이 악한 네 천사들은 수많은 마귀들의 무리 가운데 지도급에 있는 대표적 존재들일 것이다. 왜냐하면 다음 16절에서 이들의 숫자가 이만만이라고 나오고 있기 때문이다.

그리고 이들의 숫자가 왜 하필이면 4명인가? 4라는 숫자는 동서남북 사방 곧 이 세상 전체를 가리킨다. 그러므로 악한 천사가 넷이라는 사실은 이들의 활동이 전 세계에 미칠 것을 암시한다.

9:15 네 천사가 놓였으니 그들은 그 년, 월, 일, 시에 이르러 사람 삼분의 일을 죽이기로 예비한 자들이더라

이들이 석방 되었다. 앞 절에서 본 대로 이들의 잠시 석방은 하나님의 허락에 의한 것이다. 이들의 일시 석방과 활동이 하나님의 허락 하에서만 이루어진다는 사실은 **그들은 그 년, 월, 일, 시에 이르러 사람 삼분의 일을 죽이기로 예비한 자들이더라**는 말씀에서 더욱 분명해진다. 즉 하나님은 그들이 석방되어 활동할 시간까지 정해 놓으신 것이며 따라서 악한 천사들은 하나님이 정하신 그 시간에 따라서만 활동할 수 있는 것이다.

그러면 이들의 하는 일은 무엇인가? 이들은 땅에 있는 사람 삼분의 일을 죽이기로 예비 된 자들이다. 여기서 주목할 한 가지 사실이 있다. 그것은 재난의 강도가 더욱 높아진다는 사실이다. 다섯째 나팔 재난, 곧 황충의 재난에서는 사람들을 죽고 싶을 정도로 괴롭히기만 하였는데 이 여섯째 나팔 재난은 사람이 죽임을 당하는 재난이다.

왜 이런 현상이 벌어질까? 그 이유는 성도들을 괴롭히는 악한 천사들의 수가 점점 더 많아지기 때문이다. 평소에는 공중 권세 잡은 자유로운 악령들만 성도를 괴롭혔는데 다섯째 나팔 재난에서 보는 대로 지옥에 갇혀있던 악령들이 나와서 활동하게 되고 지금 여기서는 유브라데에 결박되어 있던 악령들까지 풀려나서 활동을 하게 되니 성도들이 당하는 고통이 얼마나 더욱 극심하여지겠는가?

2. 이 악한 천사들의 수

9:16 마병대의 수는 이만만이니 내가 그들의 수를 들었노라

14절의 설명에서 본 대로 유브라데에 결박되었던 악한 천사들은 넷 뿐이었는데 여기서 그들의 숫자는 갑자기 이만만 즉 2억으로 나타난다. 그 넷은 지도급에 있는 천사들이고 여기에 나타난 이만만의 마병은 그들의 부하들이다. 그러나 그 숫자를 문자적 의미로 보기는 어렵다. 왜냐하면 계시록에 나오는 모든 숫자가 전부 영적인 의미를 가진 것들이기 때문이다. 셀 수 없이 많은 무리들이라고 이해하면 될 것이다.

3. 이 악한 천사들의 무장

9:17 이같이 이상한 가운데 그 말들과 그 탄 자들을 보니 불빛과 자주빛과 유황빛 흉갑이 있고 또 말들의 머리는 사자 머리 같고 그 입에서는 불과 연기와 유황이 나오더라

"이같이 이상한 가운데 그 말들과 그 탄 자들을 보니"

사도 요한은 지금 이상 즉 환상으로 이 광경을 보고 있는 것이다. 그런데 이 악한 천사들은 마병대의 모습이었다. 다시 말하면 이들은 성도들과의 일대 접전을 하기 위하여 완전무장을 한 것이다.

이들은 어떻게 무장하였는가?

방어용 무기

"불빛과 자주빛과 유황빛 흉갑이 있고"

이들은 방어용 장비로 흉갑을 착용하였으며 그 색깔은 불빛과 자주 빛과 유황빛이다. 이런 흉갑은 사도 요한의 시대에 로마의 강한 군대의 흉갑의 색깔이기도 하였다. 한마디로 이들의 강력함을 보여주는 색깔이라고 하겠다.

공격용 무기

"또 말들의 머리는 사자 머리 같고 그 입에서는 불과 연기와 유황이 나오더라"

이들은 또 한편 공격 무기를 가지고 있다. 이들은 앞에서 본 대로 마병대인데 머리는 사자 같다고 하였다. 이것은 그들이 얼마나 사납고 잔인한 성격을 지닌 존재인가를 보여준다. 그리고 이들의 공격무기는 무엇인가?

이들의 공격무기는 입에서 나온다. 우리는 이것을 주목하지 않으면 안 된다. 입에서 나오는 것이 무엇인가? 우리는 계 1:16에서 예수님의 모습을 보는 사도 요한의 환상 가운데에서 "그 입에서 좌우에 날선 검이 나오고"라는 말을 보았다. 그 뜻은 무엇이었던가? 그 입에서 나오는 좌우에 날선 검은 하나님의 말씀이라고 설명한 바 있다.

그러므로 본 절에 마귀의 입에서 나오는 것들도 마귀의 말 곧 마귀의 거짓된 교훈으로 해석해야 할 것이다. 이렇게 볼 때 본문에 나오는 전쟁의 내용을 알 수 있다. 그 내용인즉 마귀가 하나님의 말씀 곧 정통 진리를 거스르는 말 곧 거짓 교훈을 가지고 성도들을 공격하는 전쟁이다. 이렇게 해석할 때 일곱 나팔 재난이 성도들에게 찾아오는 영적 재난이라고 처음에 말한 것이 일관성을 갖게 된다.

이런 사실은 그들의 입에서 나오는 내용물에서 그리고 그것으로 공격한 결과에서 더욱 확실해진다. 그들의 입에서 나온 것들이 무엇인가? 불과 연기와 유황이다. 이런 것들은 마귀의 말의 특성을 잘 나타내어 준다.

- **불** – 하나님의 말씀이 불같은 특성을 지니고 있는 것처럼(렘 23:29 참조) 마귀의 거짓된 말도 사람의 마음을 불같이 뜨겁게 하며 미혹할 수 있는 것이다. 이단에 빠진 자들을 보라. 얼마나 뜨겁게 믿는가?

- **연기** – 연기는 두 가지 역할을 한다. 하나는 빛을 가리는 역할이다. 또 하나는 호흡을 못하고 질식케 하는 역할을 한다. 이단들의 거짓된 교훈들은 이와 같이 참 복음의 빛을 가리고 사람의 영혼을 질식하게 만드는 것이다.

• **유황** – 유황은 맹렬한 불의 원료로서 형벌의 상징이다. 소돔 고모라 성의 멸망도 유황불에 의한 것이었고 지옥의 고통도 이 유황불에 의한 것이다.

• 창 19:24-25 "여호와께서 하늘 곧 여호와에게로서 유황과 불을 비같이 소돔과 고모라에 내리사 25 그 성들과 온 들과 성에 거하는 모든 백성과 땅에 난 것을 다 엎어 멸하셨더라"

• 계 19:20 "짐승이 잡히고 그 앞에서 이적을 행하던 거짓 선지자도 함께 잡혔으니 이는 짐승의 표를 받고 그의 우상에게 경배하던 자들을 이적으로 미혹하던 자라 이 둘이 산 채로 유황불 붙는 못에 던지우고"

그러므로 이 세 가지 무기가 종합적으로 뜻하는 바는, 마귀들은 거짓 교훈을 가지고 사람들을 공격하여 영적으로 질식하게 만들고 마침내 유황불 곧 지옥에 떨어지게 하는 것이다. 사단은 인류의 첫 조상 아담과 하와에게 접근하여서 거짓 교훈을 가지고 똑같은 일을 행하지 아니하였던가? 마귀들은 지금도 이 일을 계속하고 있는 것이다.

공격의 결과

9:18 이 세 재앙 곧 저희 입에서 나오는 불과 연기와 유황을 인하여 사람 삼분의 일이 죽임을 당하니라

"이 세 재앙 곧 저희 입에서 나오는 불과 연기와 유황을 인하여"

이 말씀에서 우리는 저들의 입에서 나오는 불과 연기와 유황이 "세 재앙"이라고 불리는 것을 보게 된다. 이단들의 거짓된 교훈을 받는다는 것은 참으로 재앙 바로 그 자체이다.

공격의 결과로 사람 삼분의 일이 죽임을 당하게 된다. 우리는 여기서 말하는 죽임에 관련하여 꼭 알아두어야 할 것이 있다. 그것은 죽임은 두 가지

가 있다는 사실이다.

첫째, 마귀들은 거짓 교훈을 살포하여 사람들을 미혹하고 자기를 따르게 함으로써 그들을 영적으로 죽이는 일을 한다. 둘째, 하나님의 성도들이 자기 말을 듣지 않고 하나님의 말씀만 지키며 하나님께만 충성하면 무섭게 핍박을 하며 때로는 죽이는 일을 한다. 야고보 사도나 스데반 집사님을 비롯하여 교회 이천년 역사 속에 순교를 당한 신앙 선배들! 그들을 누가 죽였는가? 마귀의 역사인 것이다.

여기 18절에서 죽임을 당한 자들은 이 두 가지 죽임 가운데 두 번째 의미의 죽임인 것이다. 다시 말해서 마귀의 무서운 핍박 속에서도 신앙의 지조를 끝까지 지키다가 순교를 당한 자들이다. 이렇게 보아야 할 이유는 다음에 나오는 20절 말씀이 있기 때문이다. 주님은 이런 말씀을 하셨다.

- 마 10:27-28 "내가 너희에게 어두운 데서 이르는 것을 광명한 데서 말하며 너희가 귓속으로 듣는 것을 집 위에서 전파하라 28 몸은 죽여도 영혼은 능히 죽이지 못하는 자들을 두려워하지 말고 오직 몸과 영혼을 능히 지옥에 멸하시는 자를 두려워하라"

그러므로 여기서 죽은 자들은 몸은 죽었어도 영원한 생명을 얻은 자들이요 다음 절에 나오는 살아남은 자들은 마귀의 공격 앞에서 무릎을 꿇고 변절함으로써 몸은 살아남았지만 영원한 생명은 잃어버린 자들인 것이다. 그러므로 우리는 주님의 이 말씀대로 마귀 세력의 무서운 핍박이 있을 때 순교를 당할지라도 신앙의 정조를 끝까지 지키는 자들이 되어야 할 것이다.

본문을 이렇게 이해할 때에 9:20절 이하에 "살아남은 자들에 관한 말씀"의 뜻도 분명해진다.

9:19 이 말들의 힘은 그 입과 그 꼬리에 있으니 그 꼬리는 뱀 같고 또 꼬리에 머리가 있어 이것으로 해 하더라

이 말씀은 이 마귀들이 사람을 죽이는 힘이 어디에서 나오는가를 밝혀주고 있다. 그 힘의 출처는 입과 꼬리이다. 입에 대하여서는 이미 설명을 한 바 있다. 그런데 꼬리는 어떠한가? "그 꼬리는 뱀 같고 또 꼬리에 머리가 있어 이것으로 해 하더라." 뱀 같다는 것은 마귀의 본성을 나타내어 준다. 그 꼬리에 뱀의 머리가 있다는 것은 "그 꼬리에도 입이 있다는 뜻이며 따라서 거기에서도 거짓 된 교훈이 나와서 사람을 죽인다는 뜻이 된다. 한 마디로 이 마귀는 앞뒤로 사람을 죽일 수 있는 힘을 가지고 있다는 뜻이다.

이 재난에서 죽지 않고 남은 자들은 누구인가?

9:20-21 이 재앙에 죽지 않고 남은 사람들은 그 손으로 행하는 일을 회개치 아니하고 오히려 여러 귀신과 또는 보거나 듣거나 다니거나 하지 못하는 금, 은, 동과 목석의 우상에게 절하고 *21* 또 그 살인과 복술과 음행과 도적질을 회개치 아니하더라

이들은 그 재난을 당하는 가운데 신앙을 버린 변절자들이다. 이들은 자신들의 변절을 회개하지 아니하고 귀신이나 우상 곧 마귀에게 절하며 악행을 회개하지 아니하는 자들이다. 이들은 한 마디로 이 재난 속에서 마귀에게 굴복하여 마귀의 종이 된 자들이다.

그러면 이들은 영적으로 어떤 자들인가? 변절함으로써 핍박을 모면하고 육신의 생명은 구차하게 보존하였으나 영적으로는 이미 죽은 자가 된 것이다. 뿐만 아니라 이들은 마귀와 함께 지옥에 던져져서 영원한 형벌을 받게 될 것이다.

여섯째와 일곱째 나팔 재난 사이의 사건들
[10:1-11:13]

이 부분은 여섯째 나팔 재난이 끝나고 일곱째 나팔 재난이 있기 전에 두 가지 광경을 보여 주시는 내용이다. 그 두 가지는;

1. 힘센 천사가 작은 책 하나를 가지고 와서 사도 요한에게 주는 광경이며,
2. 사도 요한으로 하여금 성전을 척량하게 하는 광경이다.

이제 그 내용을 살펴보자.

Ⅰ. 작은 책의 비밀(10:1-11)

10:1 내가 또 보니 힘센 다른 천사가 구름을 입고 하늘에서 내려 오는데 그 머리 위에 무지개가 있고 그 얼굴은 해 같고 그 발은 불기둥 같으며
10:2 그 손에 펴 놓인 작은 책을 들고 그 오른발은 바다를 밟고 왼발은 땅을 밟고
10:3 사자의 부르짖는 것같이 큰 소리로 외치니 외칠 때에 일곱 우뢰가 그 소리를 발하더라
10:4 일곱 우뢰가 발할 때에 내가 기록하려고 하다가 곧 들으니 하늘에서 소리 나서 말하기를 일곱 우뢰가 발한 것을 인봉하고 기록하지 말라 하더라
10:5 내가 본 바 바다와 땅을 밟고 섰는 천사가 하늘을 향하여 오른손을 들고
10:6 세세토록 살아계신 자 곧 하늘과 그 가운데 있는 물건이며 땅과 그 가운데 있는 물건이며 바다와 그 가운데 있는 물건을 창조하신 이

를 가리켜 맹세하여 가로되 지체하지 아니하리니
10:7 일곱째 천사가 소리 내는 날 그 나팔을 불게 될 때에 하나님의 비밀이 그 종 선지자들에게 전하신 복음과 같이 이루리라
10:8 하늘에서 나서 내게 들리던 음성이 또 내게 말하여 가로되 네가 가서 바다와 땅을 밟고 섰는 천사의 손에 펴 놓인 책을 가지라 하기로
10:9 내가 천사에게 나아가 작은 책을 달라 한즉 천사가 가로되 갖다 먹어 버리라 네 배에는 쓰나 네 입에는 꿀같이 달리라 하거늘
10:10 내가 천사의 손에서 작은 책을 갖다 먹어 버리니 내 입에는 꿀같이 다나 먹은 후에 내 배에서는 쓰게 되더라
10:11 저가 내게 말하기를 네가 많은 백성과 나라와 방언과 임금에게 다시 예언하여야 하리라 하더라

1. 힘센 천사의 강림

10:1-3 내가 또 보니 힘센 다른 천사가 구름을 입고 하늘에서 내려오는데 그 머리 위에 무지개가 있고 그 얼굴은 해 같고 그 발은 불기둥 같으며 *2* 그 손에 펴 놓인 작은 책을 들고 그 오른발은 바다를 밟고 왼발은 땅을 밟고 *3* 사자의 부르짖는 것같이 큰 소리로 외치니 외칠 때에 일곱 우뢰가 그 소리를 발하더라

1) 이 천사는 누구인가?

힘센 다른 천사가 구름을 입고 하늘에서 내려 오는 것을 사도 요한은 보았다. 그리고 그 천사는 그 머리 위에 무지개가 있고 그 얼굴은 해 같고 그 발은 불기둥 같았다.

이 천사의 정체는 무엇일까? 어떤 학자들은 그 모습이 계 1:16에 기록된 예수님의 모습과 동일하다고 하여 이 천사를 예수님으로 생각한다. 그러나 동의할 수 없다. 왜냐하면 그를 가리켜 분명히 본문 1절에 "천사"라고 불렀기 때문이다.

그렇다면 이 천사는 어떤 천사일까? 우리는 계 4:7-8 해석 부분에서 특주: 천사의 세계에 관한 설명을 본 바가 있다. 그 설명에 비추어볼 때 여기에 나오는 천사는 가브리엘 천사로 보여진다. 가브리엘 천사로 보는 증거는 다음 두 가지이다.

(1) 가브리엘이라는 이름의 뜻이 일치한다.

히브리어로 가브리엘은 "하나님의 영웅" 또는 "하나님의 장사"라는 뜻이다. 다시 말하면 "**하나님의 힘센 천사**"라는 뜻이다. 그런데 이런 이름의 뜻이 본문에 나타난 천사 곧 "힘센 다른 천사"와 일치하기 때문이다.

(2) 이 천사의 하는 일이 일치한다.

가브리엘 천사는 앞에서 말한 특주에서 본 바와 같이 바로 하나님의 계시를 전달하는 일을 주된 임무로 하는 천사이다. 그런데 본문에 나타난 천사는 무슨 일을 위하여 사도 요한에게 보내졌는가? 이 천사는 작은 책의 계시를 사도 요한에게 전하여주기 위하여 왔기 때문이다(본문 2절).

2) 이 천사의 모습은 어떠한가?

"내가 또 보니 힘센 다른 천사가 구름을 입고 하늘에서 내려오는데"

구름을 입었다는 것은 그의 영광된 속성을 나타내어 준다. 그는 하늘에서 내려온다. 즉 그의 본거지는 천국이다.

"그 머리 위에 무지개가 있고"

무지개는 하나님의 언약의 상징이다.

- 창 9:15-16 "내가 나와 너희와 및 혈기 있는 모든 생물 사이의 내 언약을 기억하리니 다시는 물이 모든 혈기 있는 자를 멸하는 홍수가 되지 아니할지라 16 무지개가 구름 사이에 있으리니 내가 보고 나 하나

님과 땅의 무릇 혈기 있는 모든 생물 사이에 된 영원한 언약을 기억 하리라"

• 계 4:3 "앉으신 이의 모양이 벽옥과 홍보석 같고 또 무지개가 있어 보좌에 둘렸는데 그 모양이 녹보석 같더라"

이 천사의 임무가 하나님의 계시 곧 언약의 계시를 전하는 것임을 생각할 때 지극히 당연한 모습인 것이다.

"그 얼굴은 해 같고 그 발은 불기둥 같으며"

그 모습이 그리스도를 방불케 한다. 그만큼 이 천사가 영광스런 존재임을 말해준다.

"그 손에 펴 놓인 작은 책을 들고"

이 말씀은 이 천사가 무슨 목적으로 사도 요한에게 내려왔는가를 알려준다. 즉 그는 이 책을 사도 요한에게 전달하기 위하여 온 것이다. 그러면 이 책은 어떤 책일까? 그 대답은 다음에 나오는 성구를 따라서 얻게 될 것이다.

"그 오른발은 바다를 밟고 왼발은 땅을 밟고 *3* 사자의 부르짖는 것같이 큰 소리로 외치니 외칠 때에 일곱 우뢰가 그 소리를 발하더라"

이 말씀은 이 천사가 1절에서 힘센 천사라고 하였는데 얼마나 강력한 힘을 지닌 존재인가를 알려준다. 이 천사는 그 오른발은 바다를 밟고 왼발은 땅을 밟고 있다. 이 말은 이 천사가 전 세계를 밟고 있다는 뜻이다. 밟고 있다는 것은 전 세계에 미칠 영향력을 갖고 있다는 뜻이다.

이 천사는 사자의 부르짖는 것같이 큰 소리로 외쳤다. 이 큰 소리는 그의 위엄을 나타내는 동시에 전 세계가 들을 수 있도록 하기 위함이다. 그러면 그 음성의 내용은 무엇인가? 이 음성은 하나님의 메시지를 전하는 음성이었다. 이 사실은 그 다음에 나오는 4절에서 "일곱 우뢰가 발한 것을 인봉하고 기록하지 말라 하더라"고 한 말씀에서 알 수 있다.

그리고 이 천사가 외칠 때에 일곱 우뢰가 그 소리를 발하였다. 이 소리는 어디서부터 나오는 무슨 소리일까? 이 사실을 알기 위하여서는 다음 두 가지 사실을 먼저 주목해야 한다. 이 말을 정확히 번역하면 "일곱 우레가 각각 그 소리를 발하였다"이다. 그리고 주목할 것은 "소리" 앞에 정관사가 붙어 있다는 사실이다. 정관사가 붙어있다는 사실은 이미 그 소리가 앞에서도 나와서 익숙하게 잘 알려져 있다는 것을 의미한다. 그러면 이 일곱 우뢰 소리가 앞의 어디에서 나왔는가?

- 계 4:5 "보좌로부터 번개와 음성과 뇌성이 나고 보좌 앞에 일곱 등불 켠 것이 있으니 이는 하나님의 일곱 영이라"
- 계 8:5 "천사가 향로를 가지고 단 위의 불을 담아다가 땅에 쏟으매 뇌성과 음성과 번개와 지진이 나더라"

이런 성구들을 볼 때 이 우뢰 소리는 하늘로부터 좀 더 정확히 말하면 하나님으로부터 나오는 소리임에 틀림없다. 그러면 하늘에서 이 음성이 들려오는 이유는 무엇일까? 그 이유는 두 가지이다.

첫째, 이 천사가 전하는 메시지가 자기 자의에 의한 것이 아니라 하나님께서 보내시는 메시지라는 사실을 확인하여 주기 위함이다.

둘째, 그 작은 책 속에 있는 계시 가운데 어떤 부분은 다음 4절에서 보는 대로 공개하지 말고 인봉하라는 지시를 사도 요한에게 하기 위함이다.

2. 작은 책에 있는 계시의 내용은 무엇인가?

우리는 이 부분의 말씀에서 이 작은 책에 있는 계시의 내용에 대하여 다음과 같은 사실을 알 수 있다.

1) 이 계시는 사도 요한이 받았으나 세상에 공개할 계시가 아니다.

10:4 일곱 우뢰가 발할 때에 내가 기록하려고 하다가 곧 들으니 하늘에서 소리 나서 말하기를 일곱 우뢰가 발한 것을 인봉하고 기록하지 말라 하더라

사도 요한은 자기에게 펴 놓인 상태로 주신 작은 책이므로(2절) 당연히 기록하여 성도들에게 알리려고 했지만 하나님은 소리를 발하여 그렇게 하지 말라고 하셨다. 그러므로 이 계시는 앞으로 반드시 일어날 일이지만 성도들에게는 알려지지 않는 비밀로 남겨두시려는 것이 하나님의 뜻인 것이다.

2) 그 작은 책 속에 감추어져 공개되지 않아야 할 비밀은 무엇일까?

그것은 세상 끝 날 곧 예수님의 재림 날짜에 관한 것임에 틀림없다. 그 이유는 다음 두 가지 사실 때문이다.

첫째, 주님은 그 때는 아무도 모른다고 말씀하셨기 때문이다.

- 마 24:34-36 "내가 진실로 너희에게 말하노니 이 세대가 지나가기 전에 이 일이 다 이루리라 35 천지는 없어지겠으나 내 말은 없어지지 아니하리라 36 그러나 그 날과 그 때는 아무도 모르나니 하늘의 천사들도, 아들도 모르고 오직 아버지만 아시느니라"

둘째, 지금 이 말씀이 나오고 있는 위치 때문이다. 지금 이 말씀이 영적 재난의 마지막 단계인 일곱 나팔 재난 직전에 나오고 있다는 사실이다. 마지막 일곱째 나팔 재난은 성도들의 영적 재난이 최고조에 달한 시점에서 세상 종말이 오고 주님이 재림하셔서 원수들에 대한 무서운 심판이 이루어지는 날이다. 그러므로 이런 마지막 재난을 앞둔 계시의 시점에서 그 날이 언제가 될 것인가에 대한 언급을 하는 것은 지극히 당연한 일인 것이다.

그런데 여기서 한 가지 질문이 생긴다. 그것은 알려주지도 아니할 계시를 사도 요한에게는 무엇 때문에 보여주시느냐 하는 것이다. 그러나 그 이유는 분명히 있다. 하나님은 성도들이 주님 재림 날짜와 시간을 알려주시기를 원

치 아니하신다. 그 날은 임박한 때로 알고 신앙생활 하기를 원하신다. 항상 깨어있는 신앙생활을 위하여서이다. 만일 지금까지 오시지 아니하신 예수님의 재림 날짜를 초대 교회 성도들에게 미리 알려주셨다면 그들은 어떻게 생각하겠는가? "예수 재림! 그것은 앞으로 2000년 후에나 있을 일이야, 우리하고는 상관없는 일이야!"하고 태만하게 될 것이다. 그러므로 예수님은 재림의 정확한 날짜를 비밀에 붙이신 것이다. 그래서 지금 본문에 나오는 이 작은 책 속에도 그 날짜는 분명히 기록되어 있음에도 불구하고 공개하지 아니하는 것이다. 그럼에도 불구하고 이 작은 책의 계시를 사도 요한에게 주신 의의는 분명히 있다. 그 의의는 이것이다.

비록 우리가 그 날짜를 알 필요가 없지만 그 날은 확실히 정하여져 있다는 사실을 알리는 의의가 있다. 비유로 말하면 우리가 살고 있는 집에 시한폭탄이 장치되어 있다. 그 폭탄이 터지는 시간은 분명히 정해져 있다. 그러나 그 시간을 우리는 모른다. 그러나 분명한 것은 그 폭탄은 정해진 시간이 되면 반드시 터진다는 사실을 알고 있다는 것이다. 그렇다면 그 집안에 사는 사람은 항상 그 터질 시간을 염두에 두고 긴장 상태에서 살게 되지 않겠는가? 주님은 우리가 이렇게 긴장한 가운데서 신앙생활을 하게 하시려고 이 계시를 하시는 것이다.

그러므로 주님은 마 24:36에서 "그러나 그 날과 그 때는 아무도 모르나니 하늘의 천사들도, 아들도 모르고 오직 아버지만 아시느니라"고 하시면서 곧바로 어떤 말씀을 하셨는가?

- 마 24:37-42 "노아의 때와 같이 인자의 임함도 그러하리라 38 홍수 전에 노아가 방주에 들어가던 날까지 사람들이 먹고 마시고 장가 들고 시집 가고 있으면서 39 홍수가 나서 저희를 다 멸하기까지 깨닫지 못하였으니 인자의 임함도 이와 같으리라 40 그 때에 두 사람이 밭에 있으매 하나는 데려감을 당하고 하나는 버려둠을 당할 것이요 41 두 여자가 매를 갈고 있으매 하나는 데려감을 당하고 하나는 버려둠을 당할 것이니라 42 그러므로 깨어 있으라 어느 날에 너희 주가 임할는지 43 너희가 알지 못함이니라"

3) 작은 책이라고 불린 이유는 무엇일까?

그 이유는 간단하다. 우리는 계 5장에서 일곱 인으로 봉한 두루마리 책을 보았다. 그 책에 기록된 계시의 내용은 말세 곧 신약 시대 전반에 걸쳐서 일어날 사건들이지만 여기에 나오는 "작은 책"에 기록된 계시의 내용은 신약 시대 전체 중에 맨 마지막 날에 이루어질 사건만 기록한 것이기 때문이다.

4) 그런데 이 계시를 왜 "작은 책"에 기록하여 별도로 주셨을까?

여기에 매우 중요한 의미가 있다. 비록 이 사건은 세상 끝 날에 순식간에 일어날 일이지만 그리고 그 정확한 날자는 공개되지 않았지만 성도들에게는 영생이냐 멸망이냐 하는 운명을 판가름하는 가장 중요한 순간이기 때문이다. 그러므로 이 날에 특별한 관심을 기울이게 하기 위하여 하나님은 별도의 작은 책으로 이 계시를 우리에게 주시는 것이다.

3. 작은 책에 기록된 예언들이 반드시 이루어질 것을 선포함

10:5-7 내가 본 바 바다와 땅을 밟고 섰는 천사가 하늘을 향하여 오른손을 들고 *6* 세세토록 살아계신 자 곧 하늘과 그 가운데 있는 물건이며 땅과 그 가운데 있는 물건이며 바다와 그 가운데 있는 물건을 창조하신 이를 가리켜 맹세하여 가로되 지체하지 아니하리니 *7* 일곱째 천사가 소리 내는 날 그 나팔을 불게 될 때에 하나님의 비밀이 그 종 선지자들에게 전하신 복음과 같이 이루리라

1) 천사가 하나님을 향하여 맹세한다

"내가 본 바 바다와 땅을 밟고 섰는 천사가 하늘을 향하여 오른손을 들고 *6* 세세토록 살아계신 자 곧 하늘과 그 가운데 있는 물건이며 땅과 그 가운데 있는 물건이며 바다와 그 가운데 있는 물건을 창조하신 이를 가리켜 맹세하여 가로되"

이 천사는 하늘을 향하여 오른손을 들고 맹세한다. 이 모습은 하나님 앞에서의 맹세를 뜻한다.

하나님은 어떤 분이신가? 세세토록 살아계신 자 곧 하늘과 그 가운데 있는 물건이며 땅과 그 가운데 있는 물건이며 바다와 그 가운데 있는 물건을 창조하신 이이시다. 맹세의 대상인 하나님을 이렇게 긴 수식어를 붙여서 소개하는 이유는 무엇인가?

그 이유는 지금 이 천사가 그 앞에서 맹세하고 있는 그 하나님은 우주 만물의 창조주이시기 때문에 앞으로 일어날 일들을 나아가서 우주 안에 일어나는 모든 일들을 주관하시는 분이라는 사실을 나타내기 위함이다.

그러므로 천사의 이 맹세는 여기에 예언되는 모든 일들은 우주 만물의 창조자이시며 통치자이신 하나님의 섭리 가운데에서 반드시 일어날 것이라는 뜻을 갖는다.

2) 맹세의 내용은 작은 책에 있는 예언으로 세상 마지막 날에 일어날 일들에 관한 것인데 반드시 성취되리라는 것이다

"가로되 지체하지 아니하리니 일곱째 천사가 소리 내는 날 그 나팔을 불게 될 때에 하나님의 비밀이 그 종 선지자들에게 전하신 복음과 같이 이루리라"

(1) 그 때는 언제인가?

"일곱째 천사가 소리 내는 날 그 나팔을 불게 될 때에"

일곱째 천사가 부는 나팔은 마지막 나팔이다. 그러므로 이 말은 여기에 예언되는 사건들은 세상 맨 마지막 끝 날에 일어날 사건인 것을 암시한다.

(2) 그 날에는 어떤 일이 일어날 것인가?

"일곱째 천사가 소리 내는 날 그 나팔을 불게 될 때에 하나님의 비밀이 그 종 선지자들에게 전하신 복음과 같이 이루리라"

하나님의 비밀! 그것은 곧 선지자들에게 전하신 복음의 내용이다. 다시 말해서 그 복음의 내용은 성경에 예언 된 세상 마지막 날에 일어날 사건들인 것이다.

그러면 세상 마지막 날에 어떤 일들이 일어날 것인가?

첫째, 우주의 파멸

- 마 24:29 "그 날 환난 후에 즉시 해가 어두워지며 달이 빛을 내지 아니하며 별들이 하늘에서 떨어지며 하늘의 권능들이 흔들리리라"

- 벧후 3:10-13 "그러나 주의 날이 도적같이 오리니 그 날에는 하늘이 큰 소리로 떠나가고 체질이 뜨거운 불에 풀어지고 땅과 그 중에 있는 모든 일이 드러나리로다 11 이 모든 것이 이렇게 풀어지리니 너희가 어떠한 사람이 되어야 마땅하뇨 거룩한 행실과 경건함으로 12 하나님의 날이 임하기를 바라보고 간절히 사모하라 그 날에 하늘이 불에 타서 풀어지고 체질이 뜨거운 불에 녹아지려니와 13 우리는 그의 약속대로 의의 거하는 바 새 하늘과 새 땅을 바라보도다"

둘째, 예수님의 재림

- 마 24:30 "그 때에 인자의 징조가 하늘에서 보이겠고 그 때에 땅의 모든 족속들이 통곡하며 그들이 인자가 구름을 타고 능력과 큰 영광으로 오는 것을 보리라"

셋째, 성도의 부활

- 고전 15:51-52 "보라 내가 너희에게 비밀을 말하노니 우리가 다 잠잘 것이 아니요 마지막 나팔에 순식간에 홀연히 다 변화하리니 52 나팔 소리가 나매 죽은 자들이 썩지 아니할 것으로 다시 살고 우리도 변화하리라"

넷째, 최후 심판

- 계 20:12-15 "또 내가 보니 죽은 자들이 무론대소하고 그 보좌 앞에 섰는데 책들이 펴 있고 또 다른 책이 펴졌으니 곧 생명책이라 죽은 자

들이 자기 행위를 따라 책들에 기록된 대로 심판을 받으니 13 바다가
그 가운데서 죽은 자들을 내어주고 또 사망과 음부도 그 가운데서 죽
은 자들을 내어주매 각 사람이 자기의 행위대로 심판을 받고 14 사망
과 음부도 불못에 던지우니 이것은 둘째 사망 곧 불못이라 15 누구든
지 생명책에 기록되지 못한 자는 불못에 던지우더라"

이런 일들이 일어날 것이지만 4절에서 본 대로 그 정확한 날짜는 알려주지 아니하시는 것이 하나님의 뜻인 것이다.

4. 작은 책을 받는 사도 요한

1) 하나님의 명령

10:8 하늘에서 나서 내게 들리던 음성이 또 내게 말하여 가로되 네가 가서 바다와 땅을 밟고 섰는 천사의 손에 펴 놓인 책을 가지라 하기로

하나님은 사도 요한에게 명하신다. "네가 가서 바다와 땅을 밟고 섰는 천사의 손에 펴 놓인 책을 가지라"

2) 천사의 명령

10:9 내가 천사에게 나아가 작은 책을 달라 한즉 천사가 가로되 갖다 먹어 버리라 네 배에는 쓰나 네 입에는 꿀같이 달리라 하거늘

사도 요한은 그 명령대로 행하려고 천사에게 나아가 작은 책을 달라고 하였다. 그랬더니 그 천사가 사도 요한에게 말하기를 "그것을 갖다 먹어버리라"고 하였다. '먹어버리라'는 뜻은 무엇인가? 하나님의 말씀을 전하는 선지자의 직무는 우편배달부와 같은 직무가 아니다. 선지자는 그 말씀을 전하기 위하여 자신이 먼저 그 뜻을 완전히 이해하고 그 내용을 사람들이 반드

시 알고 받아들이지 아니하면 안 된다는 간절함을 가지고 전하는 직무이다. 먹어버리라는 말은 바로 이런 뜻이다. 왜냐하면 하나님의 말씀은 우리의 생사와 흥망성쇠를 좌우하는 중요한 내용이기 때문이다. 특히 여기에 나오는 작은 책 속에 있는 계시는 세상 마지막 날에 일어날 매우 중대한 사건이므로 반드시 알지 아니하면 안 될 내용이기 때문이다.

"네 배에는 쓰나 네 입에는 꿀같이 달리라 하거늘"

이 말씀의 뜻은 무엇인가? 입에서는 꿀같이 달 것이라는 말씀은 지금까지 알지 못하던 마지막 날의 비밀을 알게 되는 기쁨을 의미한다. 사도 요한은 일곱 인으로 봉인 된 두루마리 책 속의 비밀을 알 수 없었을 때에 어떻게 하였는가?

- 계 5:4 "이 책을 펴거나 보거나 하기에 합당한 자가 보이지 않기로 내가 크게 울었더니"

얼마나 안타까웠으면 이렇게 통곡을 하였겠는가? 이 사실을 생각할 때에 여기서 그 계시를 받아서 알게 되었을 때에 꿀같이 달게 느껴졌다는 마음을 가히 실감할 수 있지 아니한가? 이런 맥락에서 시편 기자는 다음과 같은 말을 하지 아니하는가?

- 시 119:103 "주의 말씀의 맛이 내게 어찌 그리 단지요 내 입에 꿀보다 더하니이다"

'배에서는 쓰다'는 말은 무슨 뜻인가? 이 말은 그 계시의 내용을 알고 보니 사단의 최후 발악으로 말미암아 성도들에게 닥칠 최절정의 환란과 세상 종말 등 무시무시한 사건들인 것이다. 그러므로 이런 일들이 닥쳐올 것을 생각하니 마음이 아프다는 뜻이다.

3) 사도 요한의 시행

10:10 내가 천사의 손에서 작은 책을 갖다 먹어 버리니 내 입에는 꿀같이 다나 먹은 후에 내 배에서는 쓰게 되더라

사도 요한은 그 천사가 시키는 대로 그 작은 책을 먹어버렸다. 그 결과는 천사가 말한 대로였다.

4) 계시의 내용을 전하라는 명령

10:11 저가 내게 말하기를 네가 많은 백성과 나라와 방언과 임금에게 다시 예언하여야 하리라 하더라

이 구절에서 "저가" 누구인지는 분명하지 않다. 앞에 나온 "일곱 우레 소리"로 표현된 하나님의 음성인지 바로 앞에 나오는 천사의 음성인지 확실하지 않다. 그러나 누구의 음성이든지 결과는 동일하다. 즉 천사의 음성일지라도 그 명령은 천사 자신의 것이 아니라 하나님의 명령을 전하는 음성이기 때문이다. 그러므로 여기에 예언되는 것들은 우리가 반드시 알아야 하고 또 전해야 할 내용들인 것이다.

II. 성전측량(11:1-14)

11:1 또 내게 지팡이 같은 갈대를 주며 말하기를 일어나서 하나님의 성전과 제단과 그 안에서 경배하는 자들을 척량하되
11:2 성전 밖 마당은 척량하지 말고 그냥 두라 이것을 이방인에게 주었은즉 저희가 거룩한 성을 마흔 두 달 동안 짓밟으리라
11:3 내가 나의 두 증인에게 권세를 주리니 저희가 굵은 베옷을 입고 일천이백육십 일을 예언하리라
11:4 이는 이 땅의 주 앞에 섰는 두 감람나무와 두 촛대니

11:5 만일 누구든지 저희를 해하고자 한즉 저희 입에서 불이 나서 그 원수를 소멸할지니 누구든지 해하려 하면 반드시 이와 같이 죽임을 당하리라
11:6 저희가 권세를 가지고 하늘을 닫아 그 예언을 하는 날 동안 비 오지 못하게 하고 또 권세를 가지고 물을 변하여 피 되게 하고 아무 때든지 원하는 대로 여러 가지 재앙으로 땅을 치리로다
11:7 저희가 그 증거를 마칠 때에 무저갱으로부터 올라오는 짐승이 저희로 더불어 전쟁을 일으켜 저희를 이기고 저희를 죽일 터인즉
11:8 저희 시체가 큰 성 길에 있으리니 그 성은 영적으로 하면 소돔이라고도 하고 애굽이라고도 하니 곧 저희 주께서 십자가에 못박히신 곳이니라
11:9 백성들과 족속과 방언과 나라 중에서 사람들이 그 시체를 사흘 반 동안을 목도하며 무덤에 장사하지 못하게 하리로다
11:10 이 두 선지자가 땅에 거하는 자들을 괴롭게 한고로 땅에 거하는 자들이 저희의 죽음을 즐거워하고 기뻐하여 서로 예물을 보내리라 하더라
11:11 삼일 반 후에 하나님께로부터 생기가 저희 속에 들어가매 저희 발로 일어서니 구경하는 자들이 크게 두려워하더라
11:12 하늘로부터 큰 음성이 있어 이리로 올라오라 함을 저희가 듣고 구름을 타고 하늘로 올라가니 저희 원수들도 구경하더라
11:13 그 시에 큰 지진이 나서 성 십분의 일이 무너지고 지진에 죽은 사람이 칠천이라 그 남은 자들이 두려워하여 영광을 하늘의 하나님께 돌리더라
11:14 둘째 화는 지나갔으나 보라 세째 화가 속히 이르는도다

성전 측량의 이 계시는 무엇에 관한 것인가?

어떤 주경학자는 이 11장은 계시록 중에서도 가장 난해한 부분에 속한다고 하였다. 그렇게 말하는 원인은 무엇이겠는가? 그것은 이 부분의 말씀이

무엇에 관한 말씀인가? 하는 것을 알지 못하기 때문이다. 그러므로 본문이 무엇에 관한 말씀인지 알지 못하면 본문 각 구절들의 해석도 불가능한 것이다.

지금 본문에서 나오고 있는 성전 측량에 관한 계시는 여섯째 나팔 재난과 일곱째 나팔 재난의 중간에 나타난 삽화 곧 끼어든 이야기이다. 이 계시록의 계시자이신 예수님은 이 두 나팔 재난 사이에서 무엇을 우리에게 보여주시려는 것일까? 본문의 내용을 보면서 필자는 '이 시점에서 우리가 반드시 알지 아니하면 안 될 것이기 때문에 알려주시는구나!' 하고 깨달은 것이 있다. 이 깨달음을 주신 하나님께 감사드린다.

본문은 무엇에 관한 말씀인가? 본문은 나팔 재난이 절정에 달하는 시점에서 우리에게 가장 궁금한 관심사는 '그 심각한 위기 상황에서 우리 교회와 성도들은 어떻게 될 것인가?' 하는 것이다. 본문은 바로 이 문제에 대하여 속 시원한 대답을 아주 정확하게 주고 있다.

비유로 말하면 앞으로 큰 전쟁이 터질 것인데 "그러면 우리 가족은 어떻게 되는 것입니까? 다치거나 죽는 것은 아닙니까? 이산가족이 되는 것은 아닙니까? 부모 잃은 고아가 되는 것은 아닙니까? 아니면 그와 반대로 아군이 적을 섬멸하고 승리를 하게 될 것입니까?"라는 질문에 대하여 대답을 해 주는 것과 똑같은 내용이 바로 본문이다.

본문이 이런 질문에 대한 답을 주는 계시인 근거는 다음과 같다.

1) 주님은 1절에서 하나님의 성전과 제단과 그 안에서 경배하는 자들을 척량하라고 명하신다. 즉 하나님의 교회가 어떻게 되는지를 정밀하게 살펴보라는 뜻이다.

2) 본문 3절 이하에서는 두 증인에 관한 말씀이 나온다. 이 두 증인은 복음을 전할 주님의 지상 명령을 받은 교회 안의 모든 일꾼들을 가리킨다. 본문은 이들의 운명이 어떻게 되는가를 선명하게 말해주고 있다.

11:1 또 내게 지팡이 같은 갈대를 주며 말하기를 일어나서 하나님의 성전과 제단과 그 안에서 경배하는 자들을 척량하되

"또 내게 지팡이 같은 갈대를 주며"

갈대는 요단 계곡에서 자라나는 흔한 식물이다. 곧게 자라나기 때문에 그 시대에는 흔히 자로 사용되었다.

"하나님의 성전과 제단과 그 안에서 경배하는 자들을 척량하되"

이것은 상징적 표현이다. 척량하라는 말은 하나님의 성전과 제단과 그 안에서 경배하는 자들이 앞으로 어떤 일을 당할 것이며 그 결과 어떻게 되는지 정확하게 살펴보라는 뜻이다.

11:2 성전 밖 마당은 척량하지 말고 그냥 두라 이것을 이방인에게 주었은즉 저희가 거룩한 성을 마흔 두 달 동안 짓밟으리라

성전 밖 마당은 척량하지 말고 그냥 두라고 하신다. 이 말씀은 교회 밖의 세계는 지금 여기서 살펴볼 필요가 없다는 것이다. 그 이유는 이것을 이방인에게 주었은즉 저희가 거룩한 성을 마흔 두 달 동안 짓밟을 것이기 때문이라고 하신다.

이 말씀은 무엇을 뜻하는가? 성전 밖 마당까지 이방인에게 주었다고 할 때 "이방인"은 사단의 사주를 받아서 성도들을 괴롭히는 악한 무리들을 가리킨다. 이런 자들이 성전 밖 마당까지 들어와 있다는 것은 사단의 핍박이 코앞에까지 다가온 매우 급박한 상황임을 뜻하는 것이다. 그러면 이들은 얼마 동안 하나님의 교회와 성도들을 핍박할 것인가?

"저희가 거룩한 성을 마흔 두 달 동안 짓밟으리라"

마흔 두 달 – 이 기간에 대하여 참고적으로 알아두기 바란다.

1) 동일한 기간을 나타내는 숫자들이 계시록에서 몇 개가 나온다는 사실이다.
마흔 두 달 – 일천이백육십일 – 삼년 반 – 한 때 두 때 반 때

2) 이 기간들은 마귀들의 활동 기간을 나타낸다. 이 숫자들은 완전수 7을 반으로 쪼갠 수(삼년 반)에서 비롯된 것이다. 완전수를 반으로 쪼갠 것은 모두 마귀에 관한 숫자이다. 그러므로 완전수 12를 반으로 쪼갠 숫자인 6으로 구성된 666(계 13:18)도 마귀 숫자이다.

3) 그러므로 마흔 두 달이라는 이 기간은 문자적인 기간이 아니다. 지금 여기에서 계시되고 있는 재난의 절정으로서의 고난(다섯, 여섯, 일곱째 나팔 재난 – 첫째 둘째 셋째 화)의 기간을 뜻하는 것이다.

11:3 내가 나의 두 증인에게 권세를 주리니 저희가 굵은 베옷을 입고 일천이백육십 일을 예언하리라

"나의 두 증인"

이들은 누구를 가리키는가? 이들은 주님의 지상 명령인 전도의 사명을 받은 교회 안의 모든 일꾼들을 가리킨다. 그 근거는 다음과 같다.

1) 교회 안의 모든 성도들은 그리스도의 증인이다. 왜냐하면 주님의 지상명령 때문이다.

- 마 28:19-20 "그러므로 너희는 가서 모든 족속으로 제자를 삼아 아버지와 아들과 성령의 이름으로 세례를 주고 20 내가 너희에게 분부한 모든 것을 가르쳐 지키게 하라 볼지어다 내가 세상 끝날까지 너희와 항상 함께 있으리라 하시니라"
- 행 1:8 "오직 성령이 너희에게 임하시면 너희가 권능을 받고 예루살렘과 온 유대와 사마리아 땅 끝까지 이르러 내 증인이 되리라 하시니라"

2) 주님은 제자들을 전도하러 보내실 때 두 사람씩 짝을 지어 보내셨다.

- 막 6:7 "열두 제자를 부르사 둘씩 둘씩 보내시며 더러운 귀신을 제어하는 권세를 주시고"
- 눅 10:1 "이후에 주께서 달리 칠십 인을 세우사 친히 가시려는 각동 각처로 둘씩 앞서 보내시며"

그러므로 주님이 부활 승천 하신 후에 사도들이 전도하러 갈 때에도 둘씩 다닌 것을 본다.

- 행 4:13 "저희가 베드로와 요한이 기탄없이 말함을 보고 그 본래 학문 없는 범인으로 알았다가 이상히 여기며 또 그 전에 예수와 함께 있던 줄도 알고"
- 행 13:2-3 "주를 섬겨 금식할 때에 성령이 가라사대 내가 불러 시키는 일을 위하여 바나바와 사울을 따로 세우라 하시니 3 이에 금식하며 기도하고 두 사람에게 안수하여 보내니라."

그러므로 여기에 나오는 두 증인들은 주님의 지상 명령인 전도의 사명을 받은 교회 안의 모든 일꾼들을 가리킨다는 것을 분명히 알 수 있다. 그러면 두 증인 곧 이 그리스도의 일꾼들은 이런 대 환난 기간에 어떻게 될 것인가?

"내가 나의 두 증인에게 권세를 주리니 저희가 굵은 베옷을 입고 일천이백육십 일을 예언하리라"

1) 이들은 하나님으로부터 권세를 받는다.
이 권세는 물론 전도자에게 주시는 성령의 권능이다.

- 행 1:8 "오직 성령이 너희에게 임하시면 너희가 권능을 받고 예루살렘과 온 유대와 사마리아 땅 끝까지 이르러 내 증인이 되리라 하시니라"

2) 이들은 굵은 베를 입고 예언한다.

굵은 베옷은 회개할 때 입었던 의복이다(왕하 1:8, 사 22:12, 렘 4:8, 욘 3:5). 그러므로 이 증인들은 이런 환난의 시대에 하나님을 배반하고 마귀의 세력 앞에 무릎을 꿇는 자들에게 회개를 촉구하는 것을 의미한다. 이런 복음을 외칠 때 증인들이 핍박을 받는 것은 불을 보듯 분명한 일이다. 그러므로 이들은 죽음을 각오하고 복음을 전하는 것이다.

3) 이 증인들이 복음을 전하는 기간은 일천이백육십 일이다.

이 기간은 2절에서 말한 이방인들이 거룩한 성을 마흔 두 달 동안 짓밟는 기간과 동일 기간이다. 즉 대 환란이 계속되는 전 기간에 회개의 복음을 순교할 각오로 전하는 것이다.

11:4 이는 이 땅의 주 앞에 섰는 두 감람나무와 두 촛대니

이들은 무엇을 뜻하는가?

두 감람나무 – 스가랴 선지자가 본 환상에서 그 정체를 알 수 있다. 스가랴 선지자는 순금 등대의 환상을 보았는데 그 가운데 기름을 공급해주는 두 개의 감람나무를 보았다(슥 4:12). 스가랴는 이 두 개의 감람나무를 "온 세상에 모셔있는"(슥 4:14) 두 기름부음 받은 자를 가리킨다고 하였으며, 이들은 하나님의 두 증인, 곧 제사장 여호수아(슥 3:1)와 통치자 스룹바벨(슥 4:6-7)이라고 하였다. 그러므로 여기서 두 감람나무는 앞에서 말한 두 증인 곧 성령의 기름을 받아 권능을 가지고 복음을 전하는 교회의 모든 일꾼들을 가리킨다.

두 촛대 – 두 촛대는 앞에서 말한 성전 곧 교회를 가리킨다.이 사실은 다음 성구에서 알 수 있다.

• 계 1:20 "네 본 것은 내 오른손에 일곱 별의 비밀과 일곱 금 촛대라 일곱 별은 일곱 교회의 사자요 일곱 촛대는 일곱 교회니라"

11:5 만일 누구든지 저희를 해하고자 한즉 저희 입에서 불이 나서 그 원수를 소멸할지니 누구든지 해하려 하면 반드시 이와 같이 죽임을 당하리라

이 증인들이 어떤 권세를 행할 것을 보여준다. 이런 권세를 우리는 엘리야에게서 찾아볼 수 있다.

- 왕하1:10 "엘리야가 오십부장에게 대답하여 가로되 내가 만일 하나님의 사람이면 불이 하늘에서 내려와서 너와 너의 오십인을 사를지로다 하매 불이 곧 하늘에서 내려와서 저와 그 오십 인을 살랐더라"

이런 권세를 이 증인들 곧 여섯째 나팔 재난이 닥쳐오는 시대에 살고 있는 교회 일군들에게도 주어질 것이라는 것이다.

11:6 저희가 권세를 가지고 하늘을 닫아 그 예언을 하는 날 동안 비 오지 못하게 하고 또 권세를 가지고 물을 변하여 피 되게 하고 아무 때든지 원하는 대로 여러 가지 재앙으로 땅을 치리로다

비 오지 못하게 하는 권세도 역시 엘리야에게서 본다.

- 왕상 17:1 "길르앗에 우거하는 자 중에 디셉 사람 엘리야가 아합에게 고하되 나의 섬기는 이스라엘 하나님 여호와의 사심을 가리켜 맹세하노니 내 말이 없으면 수년 동안 우로가 있지 아니하리라 하니라"

이 증인들도 이런 권세를 행할 것이다.

"물을 변하여 피 되게 하고 아무 때든지 원하는 대로 여러 가지 재앙으로 땅을 치리로다"

이런 권세를 우리는 모세에게서 본다.

• 출 7:20-21 "모세와 아론이 여호와의 명하신대로 행하여 바로와 그 신하의 목전에서 지팡이를 들어 하수를 치니 그 물이 다 피로 변하고 21 하수의 고기가 죽고 그 물에서는 악취가 나니 애굽 사람들이 하수 물을 마시지 못하며 애굽 온 땅에는 피가 있으나"

이 증인들도 이런 권세를 행할 것이다.

11:7 저희가 그 증거를 마칠 때에 무저갱으로부터 올라오는 짐승이 저희로 더불어 전쟁을 일으켜 저희를 이기고 저희를 죽일 터인즉

"저희가 그 증거를 마칠 때에"

이 두 증인들이 하나님의 말씀을 증거하도록 허용된 기간은 앞의 3절에서 본대로 일천이백 육십 일이다. 이는 곧 2절에서 말하고 있는바 마귀의 세력들이 성전을 짓밟는 기간과 동일한 기간인 마흔 두달 동안이다.

"무저갱으로부터 올라오는 짐승이 저희로 더불어 전쟁을 일으켜 저희를 이기고 저희를 죽일 터인즉"

무저갱으로부터 올라오는 이 짐승은 바로 마지막 때 곧 대 환난 때에 나타나리라고 주님께서 예언하신(마 24:24) 적 그리스도를 가리킨다고 본다. 이 짐승은 이 증인들과 싸워서 이기고 예수님을 십자가에 달려 죽게 한 것처럼 이 증인들을 잡아 죽일 것이다. 다시 말하면 이 증인들은 복음을 증거하다가 순교를 당하게 된다는 것이다.

11:8 저희 시체가 큰 성 길에 있으리니 그 성은 영적으로 하면 소돔이라고도 하고 애굽이라고도 하니 곧 저희 주께서 십자가에 못박히신 곳이니라

이 말씀은 이 증인들이 얼마나 참혹한 죽음을 당하게 될 것인가를 보여주고 있다. 순교를 당한 그 증인들의 시체가 어디에 버려져 있는가?

"저희 시체가 큰 성 길에 있으리니 그 성은 영적으로 하면 소돔이라고도 하고 애굽이라고도 하니"

소돔성이라고도 하고 애굽이라고도 하는 곳에 버려졌다는 말은 무슨 뜻인가? 소돔은 도덕적으로 심히 타락한 도시이었고, 애굽은 종교적 배신의 곳이었다. 소돔은 특히 남색 같은 성적인 죄로 멸망을 당했고(창 19장), 애굽은 세상적 부와 지혜로 하나님의 백성 이스라엘을 박해하였던 곳이다. 한마디로 아주 악독한 죄인들의 소굴이었다.

"곧 저희 주께서 십자가에 못박히신 곳이니라"

그 곳은 동시에 "곧 저희 주께서 십자가에 못박히신 곳이니"라고 하였다. 이 말은 주님께서 악한 무리들에게 둘러싸여 그들의 손에 의해서 십자가에서 죽음을 당하신 것과 동일한 의미의 죽음을 저들이 당하였다는 뜻이다.

• 마 16:24 "이에 예수께서 제자들에게 이르시되 아무든지 나를 따라 오려거든 자기를 부인하고 자기 십자가를 지고 나를 좇을 것이니라"

이 말씀대로 주님이 가신 십자가의 길을 따라간 자들이라는 뜻이다.

11:9 백성들과 족속과 방언과 나라 중에서 사람들이 그 시체를 사흘 반 동안을 목도하며 무덤에 장사하지 못하게 하리로다

여기서 "백성들과 족속과 방언과 나라 중에서 사람들"은 이방인들을 가리킨다. 그러므로 이 말씀은 복음을 증거 하다가 순교를 당한 그 증인들의 시체를 장사하지 못하게 하고 이방인들의 구경거리가 되게 한다는 뜻이다. 시체가 장사되지 못하고 구경거리가 된다는 것은 죽은 자에 대한 최대의 모욕이며 가혹한 행위인 것이다(시 79:3, 왕상 13:22). 이 증인들이 죽어서까지 이런 모욕을 받게 될 것이라는 뜻이다.

얼마동안 이런 모욕을 당하는가? 사흘 반 동안이다. 이 숫자가 완전 수 7의 반이므로 마귀 숫자라는 것은 쉽게 알 수 있다. 즉 마귀의 권세 곧 어두

움의 권세 하에서 순교자가 당하는 고통의 기간이다. 그러나 이 기간은 앞의 2절에서 나온 마흔 두 달 곧 삼년 반보다는 훨씬 짧은 기간인 것을 알 수 있다. 그러나 이 기간은 문자적인 기간이 아니다. 어디까지나 영적인 의미를 가지고 있을 뿐이다. 따라서 실제 기간은 알 수 없다.

11:10 이 두 선지자가 땅에 거하는 자들을 괴롭게 한고로 땅에 거하는 자들이 저희의 죽음을 즐거워하고 기뻐하여 서로 예물을 보내리라 하더라

이 두 선지자는 앞에서 말한 두 증인이다. 이들이 이렇게 모욕을 당하는 이유가 무엇인가? 땅에 거하는 자들 곧 믿지 않는 자들을 괴롭게 한 까닭이다. 무엇으로 괴롭힌 것일까? 복음으로 저들의 잘못을 지적하며 회개를 촉구함으로 괴롭힌 것이다. 이것은 괴롭힘이 아니라 실상은 구원을 받게 하는 복된 소식이었지만 그 복음을 받지 않는 그들에게는 괴로움이 된 것이다. 그리하여 이 이방인들은 저희의 죽음을 즐거워하고 기뻐하여 서로 예물을 보내는 것이다. 서로 예물을 나눈다는 것은 공동의 기쁨을 나눈다는 뜻이다.

11:11 삼일 반 후에 하나님께로부터 생기가 저희 속에 들어가매 저희 발로 일어서니 구경하는 자들이 크게 두려워하더라

두 증인들 곧 대 환난기의 하나님의 참된 일꾼들이 순교를 당하고 또 죽어서 이런 모욕을 당한 후에는 어떻게 될 것인가? 본문은 그 대답을 주고 있다. 삼일 반 후에 하나님께로부터 생기가 저희 속에 들어가매 저희 발로 일어서는 현상이 일어난다.

이 현상은 무엇을 뜻하는가? 부활을 뜻한다. 마귀의 활동 기간인 마흔 두 달 동안 복음 증거를 위하여 핍박을 받고 순교를 당한 후 시체마저 조롱을 당하는 삼일 반이 지난 후에, 이 증인들은 하나님의 생기(처음 아담에게 들어가서 생령이 되게 하셨던 그 생기)가 이 증인들에게 들어가서 다시 살아날 것이라는 말씀이다. 그렇다면 순교 후에 다시 살아나는 사건은 부활 이외에 다른 사건일 수 없다. 즉 이들은 부활하여 영원한 생명을 얻게 될 것을

보여주시는 것이다.

11:12 하늘로부터 큰 음성이 있어 이리로 올라오라 함을 저희가 듣고 구름을 타고 하늘로 올라가니 저희 원수들도 구경하더라

우리는 이 말씀에서 다음 두 가지 사실을 주목하게 된다.

1) 부활한 후에 이 증인들은 어디로 가서 살게 될 것인가?

하나님은 이들을 천국으로 초대하신다. "하늘로부터 큰 음성이 있어 이리로 올라오라." 이 증인들은 그 초청대로 승천하여 천국으로 들어간다.

"구름을 타고 하늘로 올라가니 저희 원수들도 구경하더라"

이 모습은 예수님이 부활하신 후에 승천하실 때의 모습을 연상케 한다

- 행 1:9-11 "이 말씀을 마치시고 저희 보는 데서 올리워 가시니 구름이 저를 가리워 보이지 않게 하더라 10 올라가실 때에 제자들이 자세히 하늘을 쳐다 보고 있는데 흰 옷 입은 두 사람이 저희 곁에 서서 11 가로되 갈릴리 사람들아 어찌하여 서서 하늘을 쳐다보느냐 너희 가운데서 하늘로 올리우신 이 예수는 하늘로 가심을 본 그대로 오시리라 하였느니라"

2) 이 때 원수들은 무엇을 보게 되는가?

증인들의 부활 승천하는 모습! 이 얼마나 장엄한 광경인가? 얼마나 위대한 승리자의 모습인가? 이 증인들을 참혹하게 죽인 원수들은 이 모습을 지켜보게 될 것이다. "저희 원수들도 구경하더라." 그러므로 다윗은 우리의 목자로서 우리를 구원하시는 하나님을 이렇게 노래하였다.

- 시 23:5-6 "주께서 내 원수의 목전에서 내게 상을 베푸시고 기름으로 내 머리에 바르셨으니 내 잔이 넘치나이다 6 나의 평생에 선하심과

인자하심이 정녕 나를 따르리니 내가 여호와의 집에 영원히 거하리로다"

11:13 그 시에 큰 지진이 나서 성 십분의 일이 무너지고 지진에 죽은 사람이 칠천이라 그 남은 자들이 두려워하여 영광을 하늘의 하나님께 돌리더라

하나님의 충성된 증인들이 이렇게 부활 승천하여 구원을 받게 되는 동안 땅에서는 곧 이방인들에게는 어떤 일이 일어나는가?

두 가지 현상이 일어난다.

1) 많은 사람들이 재난으로 인하여 죽는다.

"그 시에 큰 지진이 나서 성 십분의 일이 무너지고 지진에 죽은 사람이 칠천이라"

이들은 물론 증인들을 괴롭히던 무리들의 죽음이다. 이들은 하나님의 진노로 인하여 이와 같은 죽음을 당하는 것이다. 그 죽은 자들의 수를 칠천이라고 하였다. 이 숫자는 완전 숫자이다. 그러므로 이 숫자의 의미는 증인들을 핍박하는 데 앞장섰던 모든 자들을 하나님이 죽이신다는 의미가 된다.

2) 죽지 않고 남은 자들은 하나님을 두려워하여 영광을 돌린다.

"그 남은 자들이 두려워하여 영광을 하늘의 하나님께 돌리더라"

남은 자들은 증인들을 핍박하는 일에 직접 가담하지 아니한 자들이다. 이들은 평소에 하나님을 잘 믿는 자들은 아니었지만 (잘 믿는 자들은 이미 증인으로서 순교를 당하였기 때문이다) 이들은 한편으로 믿는 자들이 구원받고 핍박 자들은 죽임을 당하는 것을 보고 하나님을 두려워하며 하나님께 영광을 돌리는 것이다.

11:14 둘째 화는 지나갔으나 보라 셋째 화가 속히 이르는도다

둘째 화는 앞에서 설명한 대로 여섯째 나팔 재난을 가리킨다. 이 재난이 이렇게 막을 내린다는 사실을 알리는 동시에 다음에 다가올 셋째 화 곧 마지막 일곱 번째 나팔 재난이 다가올 것을 예고하고 있다.

일곱째 천사가 나팔을 붊
[11:15-14:20]

11: 15 일곱째 천사가 나팔을 불매 하늘에 큰 음성들이 나서 가로되 세
상 나라가 우리 주와 그 그리스도의 나라가 되어 그가 세세토록
왕 노릇 하시리로다 하니
11:16 하나님 앞에 자기 보좌에 앉은 이십사 장로들이 엎드려 얼굴을
대고 하나님께 경배하여
11:17 가로되 감사하옵나니 옛적에도 계셨고 시방도 계신 주 하나님 곧
전능하신 이여 친히 큰 권능을 잡으시고 왕 노릇 하시도다
11:18 이방들이 분노하매 주의 진노가 임하여 죽은 자를 심판하시며 종
선지자들과 성도들과 또 무론대소하고 주의 이름을 경외하는 자
들에게 상 주시며 또 땅을 망하게 하는 자들을 멸망시키실 때로
소이다 하더라
11:19 이에 하늘에 있는 하나님의 성전이 열리니 성전 안에 하나님의
언약궤가 보이며 또 번개와 음성들과 뇌성과 지진과 큰 우박이
있더라

12: 1 하늘에 큰 이적이 보이니 해를 입은 한 여자가 있는데 그 발 아래
는 달이 있고 그 머리에는 열두 별의 면류관을 썼더라
12:2 이 여자가 아이를 배어 해산하게 되매 아파서 애써 부르짖더라
12:3 하늘에 또 다른 이적이 보이니 보라 한 큰 붉은 용이 있어 머리가
일곱이요 뿔이 열이라 그 여러 머리에 일곱 면류관이 있는데
12:4 그 꼬리가 하늘 별 삼분의 일을 끌어다가 땅에 던지더라 용이 해산
하려는 여자 앞에서 그가 해산하면 그 아이를 삼키고자 하더니
12:5 여자가 아들을 낳으니 이는 장차 철장으로 만국을 다스릴 남자라
그 아이를 하나님 앞과 그 보좌 앞으로 올려가더라
12:6 그 여자가 광야로 도망하매 거기서 일천이백육십 일 동안 저를 양
육하기 위하여 하나님의 예비하신 곳이 있더라

12:7 하늘에 전쟁이 있으니 미가엘과 그의 사자들이 용으로 더불어 싸
울새 용과 그의 사자들도 싸우나
12:8 이기지 못하여 다시 하늘에서 저희의 있을 곳을 얻지 못한지라
12:9 큰 용이 내어쫓기니 옛 뱀 곧 마귀라고도 하고 사단이라고도 하는
온 천하를 꾀는 자라 땅으로 내어쫓기니 그의 사자들도 저와 함께
내어 쫓기니라
12:10 내가 또 들으니 하늘에 큰 음성이 있어 가로되 이제 우리 하나님
의 구원과 능력과 나라와 또 그의 그리스도의 권세가 이루었으니
우리 형제들을 참소하던 자 곧 우리 하나님 앞에서 밤낮 참소하
던 자가 쫓겨났고
12:11 또 여러 형제가 어린양의 피와 자기의 증거하는 말을 인하여 저
를 이기었으니 그들은 죽기까지 자기 생명을 아끼지 아니하였도다
12:12 그러므로 하늘과 그 가운데 거하는 자들은 즐거워하라 그러나 땅
과 바다는 화 있을진저 이는 마귀가 자기의 때가 얼마 못된 줄을
알므로 크게 분내어 너희에게 내려갔음이라 하더라
12:13 용이 자기가 땅으로 내어쫓긴 것을 보고 남자를 낳은 여자를 핍
박하는지라
12:14 그 여자가 큰 독수리의 두 날개를 받아 광야 자기 곳으로 날아가
거기서 그 뱀의 낯을 피하여 한 때와 두 때와 반 때를 양육 받으매
12:15 여자의 뒤에서 뱀이 그 입으로 물을 강같이 토하여 여자를 물에
떠내려가게 하려 하되
12:16 땅이 여자를 도와 그 입을 벌려 용의 입에서 토한 강물을 삼키니
12:17 용이 여자에게 분노하여 돌아가서 그 여자의 남은 자손 곧 하나
님의 계명을 지키며 예수의 증거를 가진 자들로 더불어 싸우려고
바다 모래 위에 섰더라

13: 1 내가 보니 바다에서 한 짐승이 나오는데 뿔이 열이요 머리가 일곱
이라 그 뿔에는 열 면류관이 있고 그 머리들에는 참람한 이름들이
있더라
13:2 내가 본 짐승은 표범과 비슷하고 그 발은 곰의 발 같고 그 입은 사

자의 입 같은데 용이 자기의 능력과 보좌와 큰 권세를 그에게 주었더라

13:3 그의 머리 하나가 상하여 죽게 된 것 같더니 그 죽게 되었던 상처가 나으매 온 땅이 이상히 여겨 짐승을 따르고

13:4 용이 짐승에게 권세를 주므로 용에게 경배하며 짐승에게 경배하여 가로되 누가 이 짐승과 같으뇨 누가 능히 이로 더불어 싸우리요 하더라

13:5 또 짐승이 큰 말과 참람된 말하는 입을 받고 또 마흔 두달 일할 권세를 받으니라

13:6 짐승이 입을 벌려 하나님을 향하여 훼방하되 그의 이름과 그의 장막 곧 하늘에 거하는 자들을 훼방하더라

13:7 또 권세를 받아 성도들과 싸워 이기게 되고 각 족속과 백성과 방언과 나라를 다스리는 권세를 받으니

13:8 죽임을 당한 어린양의 생명책에 창세 이후로 녹명되지 못하고 이 땅에 사는 자들은 다 짐승에게 경배하리라

13:9 누구든지 귀가 있거든 들을지어다

13:10 사로잡는 자는 사로잡힐 것이요 칼에 죽이는 자는 자기도 마땅히 칼에 죽으리니 성도들의 인내와 믿음이 여기 있느니라

13:11 내가 보매 또 다른 짐승이 땅에서 올라오니 새끼 양같이 두 뿔이 있고 용처럼 말하더라

13:12 저가 먼저 나온 짐승의 모든 권세를 그 앞에서 행하고 땅과 땅에 거하는 자들로 처음 짐승에게 경배하게 하니 곧 죽게 되었던 상처가 나은 자니라

13:13 큰 이적을 행하되 심지어 사람들 앞에서 불이 하늘로부터 땅에 내려오게 하고

13:14 짐승 앞에서 받은 바 이적을 행함으로 땅에 거하는 자들을 미혹하며 땅에 거하는 자들에게 이르기를 칼에 상하였다가 살아난 짐승을 위하여 우상을 만들라 하더라

13:15 저가 권세를 받아 그 짐승의 우상에게 생기를 주어 그 짐승의 우상으로 말하게 하고 또 짐승의 우상에게 경배하지 아니하는 자는

몇이든지 다 죽이게 하더라

13:16 저가 모든 자 곧 작은 자나 큰 자나 부자나 빈궁한 자나 자유한 자나 종들로 그 오른손에나 이마에 표를 받게 하고

13:17 누구든지 이 표를 가진 자 외에는 매매를 못하게 하니 이 표는 곧 짐승의 이름이나 그 이름의 수라

13:18 지혜가 여기 있으니 총명 있는 자는 그 짐승의 수를 세어 보라 그 수는 사람의 수니 육백 육십육이니라

14:1 또 내가 보니 어린양이 시온 산에 섰고 그와 함께 십사만사천이 섰는데 그 이마에 어린양의 이름과 그 아버지의 이름을 쓴 것이 있도다

14:2 내가 하늘에서 나는 소리를 들으니 많은 물소리도 같고 큰 뇌성도 같은데 내게 들리는 소리는 거문고 타는 자들의 그 거문고 타는 것 같더라

14:3 저희가 보좌와 네 생물과 장로들 앞에서 새 노래를 부르니 땅에서 구속함을 얻은 십사만사천 인밖에는 능히 이 노래를 배울 자가 없더라

14:4 이 사람들은 여자로 더불어 더럽히지 아니하고 정절이 있는 자라 어린양이 어디로 인도하든지 따라가는 자며 사람 가운데서 구속을 받아 처음 익은 열매로 하나님과 어린양에게 속한 자들이니

14:5 그 입에 거짓말이 없고 흠이 없는 자들이더라

14:6 또 보니 다른 천사가 공중에 날아가는데 땅에 거하는 자들 곧 여러 나라와 족속과 방언과 백성에게 전할 영원한 복음을 가졌더라

14:7 그가 큰 음성으로 가로되 하나님을 두려워하며 그에게 영광을 돌리라 이는 그의 심판하실 시간이 이르렀음이니 하늘과 땅과 바다와 물들의 근원을 만드신 이를 경배하라 하더라

14:8 또 다른 천사 곧 둘째가 그 뒤를 따라 말하되 무너졌도다 무너졌도다 큰 성 바벨론이여 모든 나라를 그 음행으로 인하여 진노의 포도주로 먹이던 자로다 하더라

14:9 또 다른 천사 곧 세째가 그 뒤를 따라 큰 음성으로 가로되 만일 누구든지 짐승과 그의 우상에게 경배하고 이마에나 손에 표를 받으면

14:10 그도 하나님의 진노의 포도주를 마시리니 그 진노의 잔에 섞인 것이 없이 부은 포도주라 거룩한 천사들 앞과 어린양 앞에서 불과 유황으로 고난을 받으리니

14:11 그 고난의 연기가 세세토록 올라가리로다 짐승과 그의 우상에게 경배하고 그 이름의 표를 받는 자는 누구든지 밤낮 쉼을 얻지 못하리라 하더라

14:12 성도들의 인내가 여기 있나니 저희는 하나님의 계명과 예수 믿음을 지키는 자니라

14:13 또 내가 들으니 하늘에서 음성이 나서 가로되 기록하라 자금 이후로 주 안에서 죽는 자들은 복이 있도다 하시매 성령이 가라사대 그러하다 저희 수고를 그치고 쉬리니 이는 저희의 행한 일이 따름이라 하시더라

14:14 또 내가 보니 흰 구름이 있고 구름 위에 사람의 아들과 같은 이가 앉았는데 그 머리에는 금 면류관이 있고 그 손에는 이한 낫을 가졌더라

14:15 또 다른 천사가 성전으로부터 나와 구름 위에 앉은 이를 향하여 큰 음성으로 외쳐 가로되 네 낫을 휘둘러 거두라 거둘 때가 이르러 땅에 곡식이 다 익었음이로다 하니

14:16 구름 위에 앉으신 이가 낫을 땅에 휘두르매 곡식이 거두어지니라

14:17 또 다른 천사가 하늘에 있는 성전에서 나오는데 또한 이한 낫을 가졌더라

14:18 또 불을 다스리는 다른 천사가 제단으로부터 나와 이한 낫 가진 자를 향하여 큰 음성으로 불러 가로되 네 이한 낫을 휘둘러 땅의 포도송이를 거두라 그 포도가 익었느니라 하더라

14:19 천사가 낫을 땅에 휘둘러 땅의 포도를 거두어 하나님의 진노의 큰 포도주 틀에 던지매

14:20 성 밖에서 그 틀이 밟히니 틀에서 피가 나서 말굴레까지 닿았고 일천육백 스다디온에 퍼졌더라

일곱째 나팔 재난의 특징

이 부분의 내용에 대하여 먼저 알아야 할 것이 있다. 그것은 이 재난의 특징이다. 그 특징은 다음 세 가지이다.

1. 영적 재난이지만 미혹만 아니라 핍박 등 모든 수단이 동원되는 재난이다.

일곱 나팔 재난이 모두가 영적 재난인 것은 이미 지적한 바와 같다. 다시 말해서 이단들을 통하여 거짓 복음을 살포하여 수많은 사람들의 영혼을 죽이는 일을 하는 것이다. 그러나 이 마지막 재난은 사단이 모든 방법과 수단을 다 동원하여 마지막 총 공격을 하는 재난이다. 그러므로 이 재난으로 인한 성도들의 고통은 최절정에 달하는 고통이 될 것이다.

• 마 24:21 "이는 그 때에 큰 환난이 있겠음이라 창세로부터 지금까지 이런 환난이 없었고 후에도 없으리라"

2. 이런 재난이 되는 이유는 세상 마지막에 나타나리라고 예언된 적그리스도 때문이다.

세상 마지막에 나타날 적그리스도는 신구약 성경 여러 곳에 예언되어 있다. 본문에서는 계 13:1-18에서 그의 정체와 활동 상황이 구체적으로 소개되고 있다. 그리고 이곳에서 적그리스도는 두 개의 인물로 나타난다. 하나는 세상적 왕(13:1-10)으로 또 다른 하나는 종교적 왕(13:11-14)으로 나타난다.

이 둘은 서로 합세하여 최후 발악을 하면서 성도들을 최대한으로 괴롭히는 것이다. 이것이 일곱째 나팔 재난이다.

3. 이 재난은 마귀의 세력과 그리스도의 세력 사이에 최후 결전으로서의 의미를 갖는다.

인류가 죄로 인하여 타락을 한 현장에서 이루어진 그리스도와 사단의 원수관계!

- 창 3:14-15 "여호와 하나님이 뱀에게 이르시되 네가 이렇게 하였으니 네가 모든 육축과 들의 모든 짐승보다 더욱 저주를 받아 배로 다니고 종신토록 흙을 먹을지니라 15 내가 너로 여자와 원수가 되게 하고 너의 후손도 여자의 후손과 원수가 되게 하리니 여자의 후손은 네 머리를 상하게 할 것이요 너는 그의 발꿈치를 상하게 할 것이니라 하시고"

이 원수관계 때문에 인류역사의 시작 때부터 지금까지 그리스도의 세력과 마귀 세력 사이의 싸움은 계속되어오는 것이다. 그러나 이렇게 길고 긴 싸움은 여기에 나오는 일곱째 재난이라는 최후 결전으로 끝나게 된다.

물론 승리는 그리스도와 성도들의 것이다. 모든 전쟁이 그러하듯이 승자에게는 영광이 패자에게는 수치와 고통이 따르게 마련이다. 그리스도와 그의 좋은 군사인 성도들은 승전가를 부르며 영광을 누리게 될 것이고, 마귀와 그를 따르던 무리들은 지옥에 떨어져 영원히 고통을 당하게 될 것이다.

내용 분해 (11:15-14:20)

이 부분의 내용을 구분하면 다음과 같다.

1. 두 개의 삽화(11:15-19과 12:1-17)
2. 적그리스도의 출현으로 말미암는 대 재난(계 13:1-18)
3. 144,000 성도의 찬송과 세 천사의 출현 및 추수의 장면 등 여러 개의 삽화(14:1-20)

이 부분에서 주목할 것은 재난이 나오기 전에 즉 적그리스도의 출현으로 말미암는 대 재난(계 13:1-18)을 말하기 전에 그 재난과 별개의 것으로 보이는 두 개의 삽화가 나온다는 사실이다(11:15-19과 12:1-17). 그리고 또 하나는 대 재난이 나온 다음에 또 144,000 성도의 찬송과 세 천사의 출현 및 추수의 장면 등 여러 개의 삽화가 나온다는 사실이다.

이런 삽화들이 왜 나오는지? 삽화의 내용과 그 영적인 의미가 무엇인지? 이것을 정확히 알지 못하면 이 부분의 말씀을 올바로 이해할 수 없는 것이다. 그 각각의 영적인 의미를 정확히 아는 것이 본문 이해의 열쇠인 것이다.

그 계시의 내용과 영적인 의미를 도표로 정리해보면 다음과 같다.

성 구	계 시 내 용	영 적 의 미
11:15-19 (첫째 삽화)	그리스도의 통치와 심판	최후 결전을 앞두고 우리 편의 지휘본부의 모습을 보여주심
12:1-17 (둘째 삽화)	지상교회와 용의 싸움(1-6) 선한 천사와 용의 싸움(7-12) 용이 지상교회를 삼키려 하나 실패함 (13-17)	교회가 핍박받으나 성장함 용이 하늘에서 쫓겨남 용이 지상교회와 최후 결전을 준비함
13:1-18	두 짐승 곧 적그리스도의 출현	마지막 재난의 실제 전투 상황을 보여주심
14:1-5	144,000 성도의 찬송	최후 결전에서 승리한 성도들의 영광스런 모습을 보여주심
14:6-7 14:8 14:9-12	첫째 천사 - 격려의 말 둘째 천사 - 바벨론 멸망 선포 셋째 천사 - 악의 세력들이 받을 하나님의 진노	싸우고 있는 성도들을 격려하기 위하여
14:13	하늘의 음성 - 순교자의 복	하나님이 직접 그 복을 선포하심
14:14-16	곡식의 추수	성도들의 구원받음을 보여주심
14:17-20	포도의 추수	악의 세력들에게 임할 하나님의 진노를 보여주심

Ⅰ. 그리스도의 통치와 심판(11:15-19)

이 부분의 환상을 보여주시는 목적

이 환상의 내용을 살펴보기에 앞서서 이 환상을 먼저 보여주시는 목적이 무엇인가를 알아두는 것이 필요하다. 그 목적은 다음과 같다.

일곱째 천사의 나팔이 울려 퍼지면서 인류 역사 상 마지막 재난인 대환난의 막이 오른다. 주님께서 말씀하신 바 "**이는 그 때에 큰 환난이 있겠음이라 창세로부터 지금까지 이런 환난이 없었고 후에도 없으리라**"(마 24:21)고 하신 이 환난이 성도들에게 닥쳐올 것이다. 그러면 이런 대 환난을 당해야 할 성도들의 심정은 어떻겠는가? 이 가공할 대 환난 앞에서 두려워 떨 수밖에 없는 것이다. 그리고 이 대 환난 곧 마귀와의 싸움을 해야 하는데 아무도 나를 도와줄 자가 없다고 하면 우리는 절망에 빠지고 말 것이다. 왜냐하면 우리의 대적 마귀 곧 적그리스도는 우리와는 비교도 안될 만큼 강하기 때문이다. 나와 1대 1로 싸우면 우리는 백전백패 할 수밖에 없기 때문이다.

그런데 이 환상은 무엇인가? 전쟁으로 말하면 우리는 최전방 곧 일선에서 사단의 세력들과 싸움을 하는 군사들이다. 그런데 여기에서 보여주는 환상은 우리의 대장 되신 그리스도와 모든 작전을 수행하는 지휘본부가 되는 천국의 광경을 보여주시는 것이다.

이 환상에서 보여주는 내용은 우리의 대장 되신 예수 그리스도는 우주의 왕권을 가지신 분이시며 사단의 세력들과 싸워서 멸망시키실 분이시며 저들을 심판하시고 우리에게는 상을 베푸실 분이라는 것을 확실하게 보여준다.

이것을 보여주시는 목적이 무엇인가? 그 목적은 너무나도 분명하다. 대환난 곧 최후의 결전을 앞에 두고 공포에 질릴 수밖에 없는 우리들로 하여금 "**너희에게는 이런 대장이 있고 지휘본부가 있으니 너희는 반드시 승리할 것이다. 그러니 두려워 말고 담대하게 싸우라**"는 격려를 하시기 위하여 이 환상을 보여주시는 것이다.

11:15 일곱째 천사가 나팔을 불매 하늘에 큰 음성들이 나서 가로되 세상 나라가 우리 주와 그 그리스도의 나라가 되어 그가 세세토록 왕 노릇 하시리로다 하니

일곱째 천사가 나팔을 불 때 먼저 나타난 것은 재난이 아니라 하늘에서 들려오는 큰 음성들이었다.

1. 이 음성들은 누구의 음성들일까?

이 음성들은 하나님의 보좌 주위에 있는 네 생물들 곧 천사들의 대표들과 성도들의 대표인 24장로들과 천천만만의 천사들과 이미 이 세상을 떠나 천국에 들어간 성도들의 영혼일 것이다. 이렇게 보는 이유는 다음과 같다.

1) 계 19:1에서도 이런 음성이 나오는데 거기에는 그 음성의 주인공이 누구인가를 말하고 있기 때문이다. "이 일 후에 내가 들으니 하늘에 허다한 무리의 큰 음성 같은 것이 있어 가로되 할렐루야 구원과 영광과 능력이 우리 하나님께 있도다."

2) 이 음성들의 내용을 보아서 이들의 음성들은 15절 이하에서 보는 대로 예수 그리스도께 찬송과 영광을 돌리는 음성들이다. 그렇다면 하늘에서 이들 말고 누가 이런 일을 하겠는가?

2. 이 음성의 내용은 무엇인가?

11:15-17 가로되 세상 나라가 우리 주와 그 그리스도의 나라가 되어 그가 세세토록 왕 노릇 하시리로다 하니 *16* 하나님 앞에 자기 보좌에 앉은 이십사 장로들이 엎드려 얼굴을 대고 하나님께 경배하여 *17* 가로되 감사하옵나니 옛적에도 계셨고 시방도 계신 주 하나님 곧 전능하신 이여 친히 큰 권능을 잡으시고 왕 노릇 하시도다

찬송의 내용은 한마디로 그리스도께서 친히 큰 권능을 잡으시고 세세토록 곧 영원히 왕 노릇 하시게 될 것이라는 뜻이다. 여기서 우리는 두 가지 점을 주목할 필요가 있다.

첫째, 예수 그리스도께서 왕 노릇 하신다고 할 때 이것은 영적 왕권을 뜻한다는 사실이다.

그리스도의 영적인 왕권이란 무엇인가? 간단히 설명하면 다음과 같다.

1) 본래적 왕권

본래적 왕권이란 예수님이 성육신하시어 이 땅에 인간으로 오시기 전에 가지고 있었던 왕권을 말한다. 그분은 하나님이시기 때문에 본래부터 당연히 왕권 곧 우주 만물의 통치권을 가지고 계셨던 분이시다. 이것을 가리켜 본래적 왕권이라고 한다.

2) 중보적 왕권

중보적 왕권이란 예수님이 이 땅에 인간의 몸을 입고 종의 형체를 입고 하나님과 우리 사이에 중보자로 오셔서 십자가에서 구원의 길을 열어놓으셨다. 성부 하나님은 이렇게 낮아지셨던 예수님을 지극히 높은 영광의 자리에 앉히셨다.

- 빌 2:8-11 "사람의 모양으로 나타나셨으매 자기를 낮추시고 죽기까지 복종하셨으니 곧 십자가에 죽으심이라 9 이러므로 하나님이 그를 지극히 높여 모든 이름 위에 뛰어난 이름을 주사 10 하늘에 있는 자들과 땅에 있는 자들과 땅 아래 있는 자들로 모든 무릎을 예수의 이름에 꿇게 하시고 11 모든 입으로 예수 그리스도를 주라 시인하여 하나님 아버지께 영광을 돌리게 하셨느니라"

그리고 예수님에게 우주 만물을 다스리는 권세와 또 하나님의 백성 곧 교회의 성도들을 다스릴 수 있는 권세를 주셨으니 이것을 가리켜 예수님의 중보적 왕권이라고 한다. 이 왕권은 다시 다음 두 가지로 구분된다.

(1) 우주적 왕권

- 마 28:18 "예수께서 나아와 일러 가라사대 하늘과 땅의 모든 권세를 내게 주셨으니"

이 왕권은 예수님께서 우주 만물을 통치할 권세를 받으신 것을 뜻하며 승천하시기 직전에 받으신 왕권이다. 그러면 이 왕권이 예수님에게 맡겨진 이유는 무엇인가? 이것은 예수님이 우리의 구원을 위하여 종의 자리에까지 낮아지신 것에 대한 보상의 의미를 갖는 것이며, 또 한편 예수님이 악한 사단의 세력들과 싸워서 완전한 승리를 거두기 위하여서는 우주 전체의 통치권을 가지고 계신 것이 절대적으로 필요하였기 때문이다. 그러므로 예수님께서 사단과의 싸움을 끝내고 우리의 구원을 완성하시는 날에는 이 왕권을 다시 아버지 하나님께 돌려드린다고 성경은 말한다.

- 고전 15:24-26 "그 후에는 나중이니 저가 모든 정사와 모든 권세와 능력을 멸하시고 나라를 아버지 하나님께 바칠 때라 25 저가 모든 원수를 그 발아래 둘 때까지 불가불 왕 노릇 하시리니 26 맨 나중에 멸망 받을 원수는 사망이니라"

(2) 영적 왕권

이 왕권은 예수님께서 교회의 머리가 되어서 하나님의 백성들을 다스리는 권세를 뜻한다. 이 왕권을 신학 용어로 영적 왕권이라고 한다. 이 왕권을 다음 성구에서 찾아 볼 수 있다.

• 엡 1:21-22 "모든 정사와 권세와 능력과 주관하는 자와 이 세상뿐 아니라 오는 세상에 일컫는 모든 이름 위에 뛰어나게 하시고 22 또 만물을 그 발아래 복종하게 하시고 그를 만물 위에 교회의 머리로 주셨느니라"

이러한 여러 가지 왕권 중에 본문에서 말하고 있는 왕권은 영적 왕권을 가리킨다. 그리고 이 왕권의 특징은 예수님께서 영원히 가지고 계신다는 사실이다. 다시 말하면 우리들의 구원이 완성되어서 천국에 들어가게 되면 그곳을 승리교회라고 하는데 우리는 거기서 영원토록 예수님을 왕으로 모시고 그분의 통치를 받게 될 것이라고 성경은 말하고 있다.

• 계 11:15 "일곱째 천사가 나팔을 불매 하늘에 큰 음성들이 나서 가로되 세상 나라가 우리 주와 그 그리스도의 나라가 되어 그가 세세토록 왕 노릇 하시리로다 하니"

• 사 9:6-7 "이는 한 아기가 우리에게 났고 한 아들을 우리에게 주신 바 되었는데 그 어깨에는 정사를 메었고 그 이름은 기묘자라, 모사라, 전능하신 하나님이라, 영존하시는 아버지라, 평강의 왕이라 할 것임이라 7 그 정사와 평강의 더함이 무궁하며 또 다윗의 위에 앉아서 그 나라를 굳게 세우고 자금 이후 영원토록 공평과 정의로 그것을 보존하실 것이라 만군의 여호와의 열심이 이를 이루시리라"

• 눅 1:31-33 "보라 네가 수태하여 아들을 낳으리니 그 이름을 예수라 하라 32 저가 큰 자가 되고 지극히 높은신 이의 아들이라 일컬을 것이요 주 하나님께서 그 조상 다윗의 위를 저에게 주시리니 33 영원히 야곱의 집에 왕 노릇 하실 것이며 그 나라가 무궁하리라"

이런 사실을 볼 때 본문의 요지는 예수님께서 하나님의 백성들을 영원토록 통치하실 권세를 받아 우리의 왕이 되신 것을 하늘에 있는 모든 피조물들이 찬송하며 영광을 돌리는 모습인 것이다.

둘째, 이런 음성이 이 시점에서 들려지는 목적은 성도들을 격려하기 위한 것이라는 사실이다. 지금 이 시점은 곧 다가올 일곱째 나팔 재난 곧 대 환난을 앞두고 있는 시점이다. 이런 시점에서 그 때 환난을 당할 것을 아무런 격려의 말도 없이 직접 보여주신다면 성도들은 공포에 사로잡히게 될 것이고 낙심하게 될 것이다. 우리 가운데 누가 저 악독한 마귀를 대적하여 이런 대 환난을 견딜 수 있겠는가? 우리의 힘으로는 전혀 불가능한 일이다.

그러므로 주님께서는 자기의 사랑하는 성도들에게 이런 무시무시한 대 환난의 내용을 보여주시기 전에 이미 십자가에서 승리하신 우리의 왕이 되시는 주님께서 사단의 권세를 완전히 제압하고 우리를 세세토록 다스리게 될 것이라는 사실을 보여주심으로써 성도들을 격려하고 용기를 북돋아 주시려는 목적으로 이 계시를 보여주시는 것이다. 주님은 이 땅에 계실 때에도 제자들이 앞으로 당할 고난을 염두에 두고 다음과 같은 격려의 말씀을 하셨던 것을 본다.

• 요 16:33 "…세상에서는 너희가 환난을 당하나 담대하라 내가 세상을 이기었노라 하시니라"

본문의 계시는 바로 이런 격려를 위한 목적에서 우리들에게 주시는 것이다.

11:18 이방들이 분노하매 주의 진노가 임하여 죽은 자를 심판하시며 종 선지자들과 성도들과 또 무론대소하고 주의 이름을 경외하는 자 들에게 상 주시며 또 땅을 망하게 하는 자들을 멸망시키실 때로소이다 하더라

이 구절은 주님의 이러한 왕권이 언제 그 찬란한 빛을 발하게 될 것인가를 알려주는 말씀이다. 이와 같은 사실은 "…때로소이다 하더라"는 말씀에서 알 수 있다. 그러면 주님의 이런 왕권이 빛을 발하는 때는 언제인가?

1) 이방들이 분노하매 주의 진노가 임하여 죽은 자를 심판하실 때이다.

이 말씀의 뜻은 무엇인가? 이방인들 곧 악의 세력들이 하나님의 백성들을 삼키려고 성난 사자와 같이 달려들지만 만왕의 왕이 되신 우리 주님께서 이 이방인들 곧 죽은 자들을 향하여 진노를 발하시면서 심판을 행하실 것이라는 뜻이다. 이 이방인들을 "죽은 자"라고 부르는 것은 영적인 죽음을 가리킨다. 다시 말해서 믿지 않는 모든 자들은 죄로 말미암아 그 영혼이 죽은 자들이기 때문이다. 이런 사실은 다음 성구들에서 알 수 있다.

- 눅 9:60 "가라사대 죽은 자들로 자기의 죽은 자들을 장사하게 하고 너는 가서 하나님의 나라를 전파하라 하시고"
- 엡 2:1 "너희의 허물과 죄로 죽었던 너희를 살리셨도다"

하나님의 백성인 우리들을 괴롭히던 저 악한 무리들이 다른 분이 아니라 우리 주님의 심판을 받아 멸망하는 그 모습을 지켜보게 될 때 우리들은 얼마나 기쁘겠는가! 바로 이때에 주님의 왕권은 그 찬란한 빛을 발하게 될 것이다.

2) 종 선지자들과 성도들과 또 무론대소하고 주의 이름을 경외하는 자 들에게 상 주시는 때이다.

우리의 원수들은 저렇게 심판을 받고 수치를 당하게 되는데 바로 그 날에 주님을 믿고 주의 일에 충성을 한 우리들은 어떻게 되는가? 상을 받게 될 것이라고 한다. 이 얼마나 신나는 일인가?

- 시 23:5-6 "주께서 내 원수의 목전에서 내게 상을 베푸시고 기름으로 내 머리에 바르셨으니 내 잔이 넘치나이다 6 나의 평생에 선하심과 인자하심이 정녕 나를 따르리니 내가 여호와의 집에 영원히 거하리로다"

우리는 다윗과 함께 이 찬송을 부르지 않을 수 없는 것이다. 이런 때에 우리 주님의 왕권은 찬란한 빛을 발하게 될 것이다. 할렐루야!

11:19 이에 하늘에 있는 하나님의 성전이 열리니 성전 안에 하나님의 언약궤가 보이며 또 번개와 음성들과 뇌성과 지진과 큰 우박이 있더라

이 환상은 무엇을 보여주시는 환상일까? 두 가지를 보여주시는 환상이다. 그리고 이 두 가지 환상은 바로 앞 절에서 말한 원수에 대한 심판과 성도들에게는 상을 베푸실 것이라는 약속과 일치하는 환상이다.

1) 하나님의 언약궤 – 성도들과 맺은 구원 언약의 상징

이 언약궤는 하나님께서 자기 백성들 곧 우리들과 맺은 언약의 상징이다. 우리는 믿으면 구원과 상급과 축복을 받으리라는 하나님의 약속을 받은 자들이다.

- 엡 2:12-13 "그 때에 너희는 그리스도 밖에 있었고 이스라엘 나라 밖의 사람이라 약속의 언약들에 대하여 외인이요 세상에서 소망이 없고 하나님도 없는 자이더니 13 이제는 전에 멀리 있던 너희가 그리스도 예수 안에서 그리스도의 피로 가까워졌느니라"

그리고 하나님의 이 언약은 영원토록 변치 아니하고 반드시 이루어질 것이다.

- 사 54:10 "산들은 떠나며 작은 산들은 옮길지라도 나의 인자는 네게서 떠나지 아니하며 화평케 하는 나의 언약은 옮기지 아니하리라 너를 긍휼히 여기는 여호와의 말이니라"

그러므로 이 환상은 8절에서 말한 상을 주시겠다는 언약이 절대로 깨어지지 않고 반드시 실현 될 것을 보여주시는 환상인 것이다. 이 얼마나 감사한 일이며 대 환난을 앞 둔 성도들에게 얼마나 용기와 힘을 북돋아주는 환

상인가! 할렐루야!

2) 번개와 음성들과 뇌성과 지진과 큰 우박－악의 세력들에 대한 진노와 심판의 상징

번개와 음성들은 하나님의 위엄과 권능을 상징한다. 뇌성과 지진과 우박은 하나님의 진노의 심판을 상징한다. 그러므로 이 환상은 악이 세력들에게 예수님이 권능을 가지고 임하셔서 진노의 심판을 하실 것을 보여주시는 환상이다.

• 마 16:27 "인자가 아버지의 영광으로 그 천사들과 함께 오리니 그 때에 각 사람의 행한 대로 갚으리라"

결 론

그러므로 이 환상은 결론적으로 말해서 성도들에게 앞으로 창세 이래로 없던 큰 환란이 닥쳐오겠지만 이 환상이 보여주는 대로 원수들은 멸망할 것이고 우리들은 우리의 왕이 되신 그리스도로 말미암아 반드시 승리할 것이기 때문에 두려워 말고 담대하게 고난을 받으라는 주님의 메시지인 것이다.

II. 이 영적 전쟁의 역사적 의의(12:1-17)

이 부분은 무엇에 대한 환상인가?

이 부분은 앞으로 다가올 대 환난 곧 사단의 세력들과의 최후 결전을 앞두고 지금까지의 사단과의 영적 전쟁이 어떤 역사를 가지고 있으며 이번 싸움이 어떤 역사적 의미를 갖는지를 보여주는 환상이다.

이런 사실은 이 부분의 내용을 조금만 돌아보면 쉽게 알 수 있다. 2절에 아이를 배어 해산하게 된 여자가 나온다. 여자는 교회이며 아이는 성육신하실 예수 그리스도이다. 또 한편 3절에서는 큰 붉은 용이 나오는데 여자가 아이를 낳으면 삼키려고 하는 환상이 나온다. 이것은 사단이 성육신하시는 예수님을 죽이고자 하는 영적 싸움을 가리킨다.

이런 싸움은 언제부터 시작되었는가? 인류의 첫 조상 아담과 하와가 타락한 현장에서부터 시작되었다.

• 창 3:15 "내가 너로 여자와 원수가 되게 하고 너의 후손도 여자의 후손과 원수가 되게 하리니 여자의 후손은 네 머리를 상하게 할 것이요 너는 그의 발꿈치를 상하게 할 것이니라 하시고"

이 싸움은 교회(여기서 여자로 비유된)가 존재하는 곳이면 어느 시대 어느 곳에서나 있어 왔던 것이다. 이렇게 전쟁이 계속되는 가운데 지금까지의 전쟁 상황은 어떻게 되어왔는가? 사단의 세력이 패전하여 쫓기면서도(7절 이하), 아주 망할 날이 얼마 남지 아니한 것을 알면서도, 마지막 최후 발악을 하며 최후 결전을 치르겠다고 하는 것이 이번에 성도들이 당할 대 환난이라는 사실을 알려주는 것이 본문의 내용이다.

이 환상을 보여주시는 목적은 무엇인가?

그 목적은 다음 두 가지로 정리할 수 있다.

1. 전체적인 전황을 알려주기 위하여

우리는 그리스도의 좋은 군사(딤후 2:5)로서 최전방 일선에서 사단과 싸우고 있는 병사들이다. 그러므로 우리는 전체적인 전황이 어떻게 돌아가는지 알지 못한다. 지금 전세가 불리한지 유리한지 이 전체적인 전쟁이 앞으로 패배로 끝날 것인지 승리로 끝날 것인지 도무지 알 수 없는 것이다.

병사들이 싸움을 하기 위하여 이런 전체적인 전쟁의 상황을 아는 것은 반드시 필요하다. 그러므로 하나님께서는 지금 그 전쟁이 어떻게 되어가고 있는지 그 상황을 알려주고 계시다.

그러면 그 전쟁 상황은 어떠한가?

계 12장에 나타난 전쟁 상황은 다음과 같이 3가지로 구분되어 있다.

- 1-6절 지상 교회와 용의 싸움 – 교회가 용의 공격을 받아 도망하나 성장함
- 7-12절 선한 천사와 용의 싸움 – 용이 하늘에서 패하여 쫓겨남
- 13-17절 용이 지상 교회를 삼키려 하나 실패함 – 용이 최후 결전을 준비함

이 내용을 보면 전쟁은 우리들에게 절대적으로 유리한 상황으로 돌아가고 있음을 확신하게 된다. 하나님은 바로 이런 확신을 우리들에게 심어주시기 위하여 이 환상을 우리에게 보여주시는 것이다.

2. 그리스도의 군사인 우리를 격려하기 위하여

지금 필자가 말하고자 하는 것이 무엇인가? 이해를 돕기 위하여 한 가지 예를 들어본다.

미국의 남북전쟁(Civil War, 1861-1865) 때 당시의 대통령 아브라함 링컨의 게티즈버그 연설문이다. 흑인 노예 해방이라는 기치를 들고 일어난 전쟁이었지만 전세는 링컨 대통령이 이끄는 북군에게 매우 불리하게 돌아가 패망의 위기에까지 몰린 상황이었다. 이때 링컨 대통령이 게티즈버그 국립묘지 개관식에서 했던 연설이 바로 그 유명한 링컨의 게티즈버그 연설문이다. 그의 연설문은 아주 짧은 것이었으나 그 연설로 절망감에 빠진 국민들과 군인들을 감동시키고 고무시켜서 결국은 전쟁을 승리로 이끄는 원동력이 된

것이다. 그의 연설문은 이렇게 시작된다.

> "87년 전 우리 선조들은 자유라는 이념으로 이 땅에 새로운 나라를 세웠고 인간은 모두 평등하게 태어났다는 믿음을 위해 헌신했습니다. 지금 우리는 엄청난 대전에 휩싸여 자유와 평등을 바탕으로 세운 이 나라가 존립할 수 있느냐 없느냐의 갈림길에 서 있습니다.…"

이렇게 해서 링컨은 패전의식이 짙어가는 온 국민과 군인들에게 우리는 지금 무엇을 위하여 싸워야 하는 것인지 그 명분을 분명히 밝혔다. 그리고 이 명분은 하나님이 기뻐하시는 일이요, 따라서 하나님이 우리와 함께 하실 것이므로 반드시 승리할 것이라는 신념을 심어주었다.

그의 연설문은 이렇게 끝을 맺고 있다.

> "…우리는 여기서 우리에게 남겨진 위대한 과제, 즉 명예롭게 죽어간 용사들이 죽음을 두려워하지 않고 헌신했던 대의를 위해 우리도 더욱 헌신해야 한다는 것, 그들의 희생이 결코 헛되지 않도록 우리의 결의를 굳건히 다지는 것, 하나님의 가호 아래 이 나라가 자유롭게 다시 탄생하리라는 것, 그리고 국민의, 국민에 의한, 국민을 위한 정부는 이 세상에서 결코 사라지지 않으리라는 것을 다짐해야 합니다."

보라! 이 얼마나 위대한 연설문인가? 링컨 대통령의 이 연설문 하나가 패전의식이 짙어가던 국민과 군인들을 일깨워 이길 수 있다는 신념을 심어줌으로써 승리의 전환점이 되었으니 말이다.

본문의 환상이 바로 이런 목적으로 우리에게 주어진 것이다. 사단은 자기 세력을 총 집결하여 최후 결전을 하려고 준비하고 있다. 그 최후 결전이 바로 다음 장인 계 13장에서 나온다. 그러므로 우리 믿는 자들 앞에는 사단과의 최후 결전이 기다리고 있다. 이 최후 결전의 날이 다가오면 우리들에게는 말할 수 없는 대 환난이 닥쳐올 것이다. 이럴 때 우리가 적군들만 바라보고 닥쳐오는 대 환난만 바라보고 있으면 패배의식에 사로잡힐 수밖에 없고 낙심과 절망에 빠질 수밖에 없는 것이다. 그러므로 하나님은 우리가 치러야 할 이 최후 결전은 의를 위한 전쟁이며 주님이 함께 하는 전쟁이며 끝까지 견디기만 하면 반드시 최후 승리를 거두게 될 것이라는 사실을 알려주심으로 우리에게 용기를 북돋아주시려고 이 계시를 주시는 것이다.

다시 말하면 이 전쟁은 반드시 우리 편의 승리로 끝나게 될 것을 알려주심으로써 담대하게 싸우게 하려는 것이다. 이것이 이 환상을 우리에게 보여주시는 목적인 것이다.

1. 지상 교회와 용의 싸움 – 결과: 교회가 핍박 받으나 성장함(12:1–6)

12:1 하늘에 큰 이적이 보이니 해를 입은 한 여자가 있는데 그 발 아래는 달이 있고 그 머리에는 열두 별의 면류관을 썼더라

"한 여자"

이 여자는 교회를 가리킨다. 교회가 왜 여자로 묘사되는 것일까? 교회란 하나님의 택한 백성들의 모임이다. 그런데 하나님의 백성들은 주님과 어떤 관계에 있는가? 신랑과 신부의 관계이다(아가서, 마 25장의 열 처녀 비유, 사 54:3-6, 호 2:14-6). 그러므로 여자로 비유된 것이다.

"해를 입은 한 여자"

해는 하나님의 영광의 상징이다(계 22:5). 그러므로 사도 요한이 예수님의 얼굴을 보았을 때 해같이 빛났다(계 1:16). 따라서 이 말씀은 주님의 교회는 하나님과 우리 주님의 영광의 광채를 후광으로 가지고 있음을 뜻하는 것이다. 한마디로 교회의 영광스러움을 나타낸다.

"그 발 아래는 달이 있고"

여기서 달은 해와 대조가 되고 있다. 해는 위에 있지만 달은 발 아래에 있다. 그러므로 달은 하나님과 대조가 되는 이 세상을 상징한다. 달의 모양

이 변화무쌍한 것처럼 이 세상은 변화무쌍한 것이다. 그러므로 이 말씀은 교회가 이 세상 위에 초월하여 있는 탁월한 존재임을 나타낸다.

"그 머리에는 열두 별의 면류관을 썼더라"

면류관은 교회의 영광스러움을 뜻한다. 그러면 열두 별은 무엇을 뜻하는가? 이 열둘은 교회의 성도들을 대표하는 숫자이다. 구약 교회에서 12지파, 신약 교회에서 열두 사도가 그것이다. 그러므로 열두 별은 신구약 시대의 모든 성도들을 상징하는 것이며 열두 별의 면류관은 그들의 영광스러움을 나타내는 말이다.

12:2 이 여자가 아이를 배어 해산하게 되매 아파서 애써 부르짖더라

이 말씀이 무엇을 가리키는지 알기 위해 다음 사실들을 주목하여야 한다.

1) 이 여자는 누구인가?

이 여자는 앞 절에서 말한 여자이니 교회를 가리킨다. 특히 예수 그리스도가 탄생되기 이전의 구약 시대의 교회를 가리킨다.

2) 아이는 누구인가?

이 아이는 예수 그리스도이시다. 그 근거는 무엇인가? 이 아이에 대한 설명인 5절에서 알 수 있다.

- 계 12:5 "여자가 아들을 낳으니 이는 장차 철장으로 만국을 다스릴 남자라 그 아이를 하나님 앞과 그 보좌 앞으로 올려가더라"

이 말씀에서 장차 철장으로 만국을 다스릴 남자는 메시야 예언에서 발견되는 표현이기 때문이다.

• 시 2:9 "네가 철장으로 저희를 깨뜨림이여 질그릇같이 부수리라 하시도다"

3) 아이를 배었다는 뜻은 무엇인가?

이 말씀은 구약 시대에 성도들이 메시야가 오시리라는 예언들을 마음속에 품고 그분이 오시기를 열심히 기다려왔던 사실을 의미한다.

4) 해산하게 되매 아파서 애써 부르짖더라는 뜻은 무엇인가?

2천 년 전 메시야가 탄생하시기 직전 구약 시대의 교회이었던 이스라엘 백성들은 어떤 상태에 있었는가? 영적으로나 육적으로나 저들은 극심한 고통을 겪는 시기이었다. 영적으로는 말라기 선지자 이후 400여 년 동안 하나님과의 영적인 교제가 끊어진 암흑시대였고 육적으로는 로마제국의 속국이 되어 신음하던 때였다. 이 말씀은 바로 이 상황을 가리키고 있는 것이다.

12:3 하늘에 또 다른 이적이 보이니 보라 한 큰 붉은 용이 있어 머리가 일곱이요 뿔이 열이라 그 여러 머리에 일곱 면류관이 있는데

"하늘에 또 다른 이적이 보이니 보라 한 큰 붉은 용이 있어"

이 용의 정체는 무엇인가? 이 용의 정체가 무엇인지 다음 성구에 잘 나타나고 있다.

• 계 20:2 "용을 잡으니 곧 옛 뱀이요 마귀요 사단이라…"

그렇다. 이 큰 붉은 용은 옛 뱀 곧 아담과 하와에게 접근하여 선악과를 먹게 함으로 인류를 멸망의 구렁텅이로 빠뜨렸던 바로 그 놈이다. 그 놈의 이름은 우리에게 너무나 잘 알려진 사단이라는 놈이다.

"머리가 일곱이요 뿔이 열이라"

이 사단의 모양이 무엇을 뜻하는가? 빛을 던져주는 성구가 있다. 그것은

다니엘이 본 환상이다.

- 단 7:7 "내가 밤 이상 가운데 그 다음에 본 네째 짐승은 무섭고 놀라우며 또 극히 강하며 또 큰 철 이가 있어서 먹고 부숴뜨리고 그 나머지를 발로 밟았으며 이 짐승은 전의 모든 짐승과 다르고 또 열 뿔이 있으므로"

- 단 7:24 "그 열 뿔은 이 나라에서 일어날 열 왕이요 그 후에 또 하나가 일어나리니 그는 먼저 있던 자들과 다르고 또 세 왕을 복종시킬 것이며"

이 말씀에 비추어 보면 일곱 머리와 열 뿔은 저들이 세울 일곱 나라와 열 왕을 상징한다. 물론 이 숫자는 문자적인 숫자가 아니고 영적인 의미의 숫자이다. 일곱은 완전 숫자이므로 전 세계를 지배하는 나라를 의미하며, 열이라는 숫자도 만수이므로 전 세계를 통치할 왕을 뜻하는 것이다. 사단은 이와 같이 막강한 힘을 가지고 성도들 외에 이 세상 모든 사람들을 지배하고 있는 것이다.

"그 여러 머리에 일곱 면류관이 있는데"

사단의 이 면류관은 다음 구절에서도 보인다.

- 계 13:1 "내가 보니 바다에서 한 짐승이 나오는데 뿔이 열이요 머리가 일곱이라 그 뿔에는 열 면류관이 있고 그 머리들에는 참람한 이름들이 있더라"

면류관은 본래 존귀와 영광의 상징이다. 그러므로 면류관은 우리 주님의 모습과 믿음의 선한 싸움을 잘 한 성도들에게 주어지는 것이다.

- 계 19:12 "그 눈이 불꽃 같고 그 머리에 많은 면류관이 있고 또 이름 쓴 것이 하나가 있으니 자기 밖에 아는 자가 없고"

- 딤후 4:7-8 "내가 선한 싸움을 싸우고 나의 달려갈 길을 마치고 믿음을 지켰으니 8 이제 후로는 나를 위하여 의의 면류관이 예비되었으므로 주 곧 의로우신 재판장이 그 날에 내게 주실 것이니 내게만 아니라 주의 나타나심을 사모하는 모든 자에게니라"

그런데 사단이 어떻게 존귀와 영광을 가질 수 있는가? 이것은 한 마디로 모조품인 것이다. 다시 말하면 사단은 예수님과 같은 영광스런 존재로 사람들에게 가장을 하고 나타나는 것이다. 또 사단에게 속한 사람들도 자기 아비의 하는 짓을 따라서 그리스도의 사도로 가장을 하고 행세하는 것이다.

- 고후 11:13-14 "저런 사람들은 거짓 사도요 궤휼의 역군이니 자기를 그리스도의 사도로 가장하는 자들이니라 14 이것이 이상한 일이 아니라 사단도 자기를 광명의 천사로 가장하나니"

이 면류관은 바로 사단의 이와 같은 속성을 나타내고 있는 것이다.

12:4 그 꼬리가 하늘 별 삼분의 일을 끌어다가 땅에 던지더라 용이 해산 하려는 여자 앞에서 그가 해산하면 그 아이를 삼키고자 하더니

"그 꼬리가 하늘 별 삼분의 일을 끌어다가 땅에 던지더라"

이 하늘 별은 무엇인가? 우리는 셋째 나팔 재난에서 하늘에서 떨어지는 큰 별을 본 바가 있다.

- 계 8:10 "셋째 천사가 나팔을 부니 횃불같이 타는 큰 별이 하늘에서 떨어져 강들의 삼분의 일과 여러 물샘에 떨어지니"

이 큰 별을 영적으로 타락한 이단들의 두목을 가리킨다고 해석한 바가 있다. 여기에 나오는 별들도 같은 맥락에서 해석되는 것이 당연하다. 즉 이 별들은 사단의 조종을 받는 이단자들을 가리키는 것이다. 하늘의 별들 삼분의

일을 땅에 던지니 그 수가 심히 많을 것을 뜻하는 것이다. 그러므로 주님은 거짓 선지자들이 많이 일어나리라고 말세 훈에서 예언하셨다.

- 마 24:11 "거짓 선지자가 많이 일어나 많은 사람을 미혹하게 하겠으며"
- 마 24:24 "거짓 그리스도들과 거짓 선지자들이 일어나 큰 표적과 기사를 보이어 할 수만 있으면 택하신 자들도 미혹하게 하리라"

"용이 해산 하려는 여자 앞에서 그가 해산하면 그 아이를 삼키고자 하더니"

이 말씀은 그리스도가 나셨을 때에 사단이 헤롯 왕을 통하여 그를 죽이려고 했던 사실을 가리킨다.

12:5 여자가 아들을 낳으니 이는 장차 철장으로 만국을 다스릴 남자라 그 아이를 하나님 앞과 그 보좌 앞으로 올려가더라

"여자가 아들을 낳으니 이는 장차 철장으로 만국을 다스릴 남자라"

이 말씀은 예수 그리스도께서 장차 철장 권세로 만국을 심판하실 권세를 가지신 분임을 뜻한다.

- 시 2:9 "네가 철장으로 저희를 깨뜨림이여 질그릇같이 부수리라 하시도다"
- 계 19:15 "그의 입에서 이한 검이 나오니 그것으로 만국을 치겠고 친히 저희를 철장으로 다스리며 또 친히 하나님 곧 전능하신 이의 맹렬한 진노의 포도주 틀을 밟겠고"

"그 아이를 하나님 앞과 그 보좌 앞으로 올려가더라"

이 말씀은 십자가에서 죽으시고 부활하신 후 하늘로 올라가신 그리스도의 승천을 가리킨다.

12:6 그 여자가 광야로 도망하매 거기서 일천이백육십 일 동안 저를 양육하기 위하여 하나님의 예비하신 곳이 있더라

"그 여자가 광야로 도망하매"

그 여자는 이미 말한 대로 교회를 가리킨다. 광야로 도망하였다는 것은 3절에 나온 큰 붉은 용의 핍박 때문인 것이 분명하다. 이 말씀은 예수 그리스도께서 승천하신 후에 초대 교회가 극한 핍박을 받은 것을 가리킨다.

"거기서 일천이백육십 일 동안 저를 양육하기 위하여 하나님의 예비하신 곳이 있더라"

이런 극한 핍박의 기간은 1260일이다. 이 기간은 앞에서 설명한 바와 같이 마흔 두 달 또는 삼년 반으로도 표현되는 기간으로서 마귀의 활동 기간을 나타낸다(계 11:2 설명 참조). 그러므로 이 말씀은 사단의 역사로 말미암아 환난과 핍박이 계속되는 동안 하나님의 교회 성도들은 광야로 도망을 간다. 그러나 하나님의 교회는 이 핍박 때문에 결코 망하지 아니한다. 오히려 그 광야에서 양육을 받는다. 아이 곧 그리스도의 몸인 교회는 더욱 성장을 하게 된다. 우리는 이런 단면을 초대교회 역사에서 찾아볼 수 있다.

- 행 8:2-6 "경건한 사람들이 스데반을 장사하고 위하여 크게 울더라 3 사울이 교회를 잔멸할새 각 집에 들어가 남녀를 끌어다가 옥에 넘기니라 4 그 흩어진 사람들이 두루 다니며 복음의 말씀을 전할새 5 빌립이 사마리아 성에 내려가 그리스도를 백성에게 전파하니 6 무리가 빌립의 말도 듣고 행하는 표적도 보고 일심으로 그의 말하는 것을 좇더라"

이 말씀에서 보는 대로 교인들은 광야와 같은 세상으로 내몰렸지만 하나님은 저들에게 먹을 것도 주시고 피할 곳도 예비해 주시면서 전도를 통하여 그리스도의 몸인 교회를 더욱 더욱 성장하게 하셨다. 다시 말해서 그리스도의 몸인 교회는 사단의 공격 속에서도 승리를 거듭하고 있는 것이다.

그러므로 이 부분의 계시가 우리에게 말하고자 하는 것은 너희들은 사단의 핍박을 받아 고통을 당하지만 결코 망하지 아니한다. 교회는 그런 속에서도 반드시 성장하게 되어 있고 너희들은 반드시 승리한다. 그러니 열심히 싸우라는 것이다.

2. 선한 천사와 용의 싸움－결과: 용이 하늘에서 쫓겨남(12:7-12)

이 부분의 말씀은 지금 이 세상에서 교회를 괴롭히고 있는 용은 어디에서 무엇을 하다가 온 놈인지를 알려준다. 이 용은 하늘에서 선한 천사와 싸우다가 패하고 이 세상으로 쫓겨 온 놈인 것을 알려준다.

> *12:7* 하늘에 전쟁이 있으니 미가엘과 그의 사자들이 용으로 더불어 싸울새 용과 그의 사자들도 싸우나

"하늘에 전쟁이 있으니"

천사의 세계에 전쟁이 있음을 말한다. 이 전쟁은 왜 언제 누구와 싸운 전쟁일까?

왜?

이 전쟁은 사단과 그의 졸개들이 자기 지위를 지키지 않고 자기 처소를 떠남으로써(유 1:6) 하나님을 대적하는 세력이 된 까닭에 일어난 전쟁이다.

언제?

그러므로 이 전쟁은 악한 천사가 타락을 한 직후에 일어난 것이며 따라서 아담과 하와의 타락 이전에 일어난 전쟁으로 보아야 할 것이다. 왜냐하면 이 부분의 기사를 볼 때 하늘의 이 전쟁에서 패하고 하늘에서 이 땅으로 쫓겨났으며 바로 그 사단이 아담과 하와를 타락시켰기 때문이다.

누구와 누구 사이에?

이 싸움은 본문에 나와 있는 대로 한 편은 미가엘과 그의 사자들 또 다른

한 편은 용과 그의 사자들 사이의 싸움이다. 미가엘과 그의 사자들은 하나님을 위하여 봉사하는 선한 천사들로서 하나님께 반항하는 악의 무리들을 물리치기 위하여 싸우는 것이다.

"미가엘과 그의 사자들이 용으로 더불어 싸울새 용과 그의 사자들도 싸우나"

미가엘은 누구인가? 미가엘은 하나님과 하나님의 백성들을 위하여 악한 천사들 곧 사단의 세력들과 용감히 싸우는 천사들의 우두머리이다. 그래서 성경은 그를 군장 또는 천사장이라고 부른다. 우리는 이런 사실을 다음 성구들에서 알 수 있다.

- 단 10:13 "그런데 바사 국군이 이십일 일 동안 나를 막았으므로 내가 거기 바사 국왕들과 함께 머물러 있더니 군장 중 하나 미가엘이 와서 나를 도와주므로"
- 단 10:21 "오직 내가 먼저 진리의 글에 기록된 것으로 네게 보이리라 나를 도와서 그들을 대적하는 자는 너희 군 미가엘뿐이니라"
- 단 12:1 "그 때에 네 민족을 호위하는 대군 미가엘이 일어날 것이요 또 환난이 있으리니 이는 개국 이래로 그 때까지 없던 환난일 것이며 그 때에 네 백성 중 무릇 책에 기록된 모든 자가 구원을 얻을 것이라"
- 유 1:9 "천사장 미가엘이 모세의 시체에 대하여 마귀와 다투어 변론할 때에 감히 훼방하는 판결을 쓰지 못하고 다만 말하되 주께서 너를 꾸짖으시기를 원하노라 하였거늘"

그러면 이 싸움의 결과는 어떻게 되었는가?

12:8 이기지 못하여 다시 하늘에서 저희의 있을 곳을 얻지 못한지라

이 싸움의 결과는 용과 그의 사자들의 패배로 끝났다. 그래서 하늘에서 저

희의 있을 곳을 얻지 못하고 쫓겨나게 되었다. 그러면 이들은 어디로 쫓겨 갔는가? 그리고 거기서 어떤 이름을 가지고 무슨 일을 하고 있는가?

12:9 큰 용이 내어 쫓기니 옛 뱀 곧 마귀라고도 하고 사단이라고도 하는 온 천하를 꾀는 자라 땅으로 내어 쫓기니 그의 사자들도 저와 함께 내어 쫓기니라

이 악한 천사들은 땅으로 쫓겨났다. 즉 우리가 살고 있는 이 세상으로 쫓겨난 것이다. 그리고 그 두목은 우리들에게 "옛뱀", "마귀", "사단" 또는 "온 천하를 꾀는 자"라는 이름으로 알려진 자이다. 그리고 이 사단은 "온 천하를 꾀는 자"라는 이름 그대로 이 세상 온 천하를 다니면서 인간들을 꾀어서 즉 미혹하여 죄를 짓게 하여 멸망의 자리에 빠지게 하는 일을 계속하고 있다. 이런 일들을 사단과 그의 부하들인 졸개 마귀들이 이 땅에서 계속하고 있다. 사도 바울은 이들을 가리켜 공중 권세 잡은 자들이라고 불렀다.

• 엡 2:2 "그 때에 너희가 그 가운데서 행하여 이 세상 풍속을 좇고 공중의 권세 잡은 자를 따랐으니 곧 지금 불순종의 아들들 가운데서 역사하는 영이라"

그러면 사단과 그의 세력들이 쫓겨난 후에 하늘에서는 어떤 일이 벌어지는가?

12:10 내가 또 들으니 하늘에 큰 음성이 있어 가로되 이제 우리 하나님의 구원과 능력과 나라와 또 그의 그리스도의 권세가 이루었으니 우리 형제들을 참소하던 자 곧 우리 하나님 앞에서 밤낮 참소하던 자가 쫓겨났고

승리의 개선가가 울려 퍼지고 있는 것이다. 사단의 반항으로 말미암아 훼손되었던 하나님의 권위와 영광이 다시 회복된 것이다. "내가 또 들으니 하늘에 큰 음성이 있어 가로되 이제 우리 하나님의 구원과 능력과 나라와 또 그의 그리스도의 권세가 이루었으니"라는 말이 바로 그 뜻인 것이다.

"하나님의 구원과 능력과 나라가 이루었"다는 말씀은 무슨 뜻인가? 사단

으로 말미암아 훼손된 하나님의 대주권이 성취되는 것이 구원이며 그 방법은 능력이며 그 영역은 나라이다.

"그의 그리스도의 권세가 이루었으니"라는 말씀은 무슨 뜻인가? 그리스도의 권세는 그가 죽음의 권세를 정복하고 부활 승천하시어서 지금 하늘과 땅의 모든 권세를 가지고 계신 우주적 왕권과 하나님의 백성들을 다스리시는 영적인 왕권을 의미하는 것이다. 이 권세가 우리 주님께 주어짐으로 앞에서 말한 모든 것 곧 구원과 능력과 나라가 다 이루어지게 된 것이다.

"우리 형제들을 참소하던 자 곧 우리 하나님 앞에서 밤낮 참소하던 자가 쫓겨났고"

여기서 사단은 "참소하던 자"라는 이름으로 나온다. 그는 우리들을 참소하는 일을 하기 때문이다. 예를 들면 그놈은 우리를 찾아와서 죄를 짓게 만들고 하나님 앞에 나아가서는 죄를 지었으니 벌을 주어야 한다고 고해 바치는 일을 한다. 그놈은 하나님 앞에서 욥을 어떻게 깎아내리는가를 보게 된다.

- 욥 1:8-11 "여호와께서 사단에게 이르시되 네가 내 종 욥을 유의하여 보았느냐 그와 같이 순전하고 정직하여 하나님을 경외하며 악에서 떠난 자가 세상에 없느니라 9 사단이 여호와께 대답하여 가로되 욥이 어찌 까닭 없이 하나님을 경외하리이까 10 주께서 그와 그 집과 그 모든 소유물을 산울로 두르심이 아니니이까 주께서 그 손으로 하는 바를 복되게 하사 그 소유물로 땅에 널리게 하셨음이니이다 11 이제 주의 손을 펴서 그의 모든 소유물을 치소서 그리하시면 정녕 대면하여 주를 욕하리이다"

그런데 해석상의 한 가지 문제가 있다. 그것은 참소의 시간상의 문제이다. 이미 설명한 대로 사단의 세력이 하늘에서 쫓겨난 것이 먼저이고 그 후에 사단이 미혹으로 말미암은 인간의 타락이 있었다. 따라서 사단이 인간을 참소하는 일도 하늘에서 쫓겨난 이후에 한 것이다. 그런데 본문에는 참소하는 일을 계속 하다가 쫓겨난 것으로 표현되어 있다. 왜 이런 모순이 생겼을까?

그러나 이것은 원어 성경에서 헬라어 문법을 알면 전혀 문제가 되지 않는다. 왜냐하면 일반적인 진리나 사실을 표현하기 위하여서는 영어에서는 동사의 현재 시제를 쓰지만 헬라어에서는 동사의 과거 시제를 사용하기 때문이다.

그러므로 이 말씀은 "우리 형제들을 (지금) 참소하는 자 곧 우리 하나님 앞에서 밤낮 (지금) 참소하는 자가 쫓겨났고"라는 뜻이 된다. 그러므로 전혀 문제가 되지 아니한다.

12:11 또 여러 형제가 어린양의 피와 자기의 증거하는 말을 인하여 저를 이기었으니 그들은 죽기까지 자기 생명을 아끼지 아니하였도다

믿음의 형제들의 승리를 노래한다. 이들은 누구이며 사단과의 싸움에서 어떻게 이겼는가?

이들은 누구인가?

이들은 이 땅에서 신앙생활을 마치고 그 영혼이 지금 천국에 들어가 있는 자들이다. 다시 말해서 이들은 이 땅에서 믿음의 선한 싸움을 다 싸우고 승리한 자들이다. 이 사실은 다음 절에서 "그러므로 하늘과 그 가운데 거하는 자들은 즐거워하라 그러나 땅과 바다는 화 있을진저"라는 말에서 알 수 있다. 이 말은 지금 그 영혼이 천국에 가 있는 성도들은 즐거워할 일만 남았지만 이 세상에 있는 성도들에게는 앞으로 무서운 대 환난이 닥쳐올 것이기 때문이다.

사단과의 싸움에서 어떻게 승리하였는가?

어린양의 피로 승리하였다. 자기의 증거하는 말을 인하여 승리하였다. 이들은 하나님의 말씀을 증거하되 죽기까지 자기 생명을 아끼지 않았던 사람들이다. 이 말씀은 쉽게 이해할 것이므로 설명을 생략한다.

12:12 그러므로 하늘과 그 가운데 거하는 자들은 즐거워하라 그러나 땅과 바다는 화 있을진저 이는 마귀가 자기의 때가 얼마 못된 줄을 알므로 크게 분내어 너희에게 내려갔음이라 하더라

여기서 주님은 지상에 있는 성도들에게 앞으로 닥쳐 올 사단과의 최후 결전을 대비하여야 할 것을 경고하고 계신 것이다.

3. 사단이 지상 교회와 최후 결전을 준비함(12:13-17)

이 부분에서는 오늘날 이 땅에 있는 성도들이 왜 고난을 당하게 되는지 그 원인을 밝혀주고 있다. 그 원인은 땅으로 내어 쫓긴 사단의 무리들이 교회를 핍박하기 때문이다. 사단의 무리들은 어떻게든 성도들을 집어삼키려고 발악을 하나 주님의 보호의 손길이 있기에 결코 잡아 먹히지 않는다.

이 부분의 말씀은 사단이 이제 자기가 망할 날이 얼마 남지 아니한 줄 알고 자기의 세력들을 총 집결하여 최후 결전을 준비한다는 사실을 성도들에게 알려주는 것이다. 이것을 알려줌으로써 성도들로 하여금 만반의 전쟁 준비를 하게 하려는 것이다.

12:13 용이 자기가 땅으로 내어쫓긴 것을 보고 남자를 낳은 여자를 핍박하는지라

본문은 말씀 그대로 하나님을 반역하던 용 곧 사단은 자기가 하늘로부터 내어 쫓긴 것을 분히 여겨서 하나님의 교회를 핍박한다. 왜냐하면 교회 성도들은 하나님이 가장 아끼고 사랑하시는 하나님의 자녀들이기 때문이다.

12:14 그 여자가 큰 독수리의 두 날개를 받아 광야 자기 곳으로 날아가 거기서 그 뱀의 낯을 피하여 한 때와 두 때와 반 때를 양육 받으매

그런데 교회 성도들은 어떻게 되는가? 사단의 공격 앞에 무방비로 노출되어 있는가? 그렇지 아니하다. 하나님의 보호를 받아 안전한 곳에서 양육

을 받게 된다. 어떻게 보호받고 양육을 받는지 그 내용을 살펴보자.

"그 여자가 큰 독수리의 두 날개를 받아"

이 말씀은 교회 성도들이 사단의 공격을 받을 때에 하나님이 이스라엘 백성들을 광야에서 그의 날개로 보호하신 것처럼 보호하신다는 뜻이다.

- 신 32:11 "마치 독수리가 그 보금자리를 어지럽게 하며 그 새끼 위에 너풀 거리며 그 날개를 펴서 새끼를 받으며 그 날개 위에 그것을 업는 것같이 12 여호와께서 홀로 그들을 인도하셨고 함께 한 다른 신이 없었도다"

주님은 이런 보호를 우리에게 약속하셨다.

- 마 10:29-31 "참새 두 마리가 한 앗사리온에 팔리는 것이 아니냐 그러나 너희 아버지께서 허락지 아니하시면 그 하나라도 땅에 떨어지지 아니하리라 30 너희에게는 머리털까지 다 세신 바 되었나니 31 두려워하지 말라 너희는 많은 참새보다 귀하니라"

"광야 자기 곳으로 날아가 거기서 그 뱀의 낯을 피하여 한 때와 두 때와 반 때를 양육 받으매"

한 때와 두 때와 반 때는 3년 반과 같은 기간으로 사단의 활동 기간을 뜻한다는 것은 이미 앞에서 여러 번 말한 바와 같다. 즉 사단이 성도들을 핍박하는 기간이다. 이 환난과 핍박이 계속되는 동안에 교회는 쇠퇴하거나 없어지는 것이 아니라 오히려 부흥하고 성장하는 것이다. 교회 2000년 역사를 보라! 핍박이 심했던 곳마다 복음의 꽃은 더욱 찬란하게 피지 아니하였던가?

12:15-16 여자의 뒤에서 뱀이 그 입으로 물을 강같이 토하여 여자를 물에 떠내려가게 하려 하되 *16* 땅이 여자를 도와 그 입을 벌려 용의 입에서 토한 강물을 삼키니

하나님의 교회가 핍박을 받는 속에서도 이렇게 부흥 성장하면 사단은 어떻게 하겠는가? 사단은 더욱 약올라 여자의 뒤에서 뱀이 그 입으로 물을 강같이 토하여 여자를 물에 떠내려가게 하려고 하는 것이다. 이 말씀의 뜻은 이러하다. 용은 강의 괴물(악어)로도 불리었다(겔 29:3, 시 74:13). 그러므로 그 입에서 물을 토하는 것은 자연스런 일이다. 15절에 나오는 물이나 다음 16절에 나오는 땅이 영적으로 무엇을 뜻하는가에 대하여서는 성경에 이렇다 할 정보가 없다. 오직 하나 이 말씀에서 확실한 것은 핍박에도 굴하지 않고 더욱 성장하는 성도들을 보고 약이 올라서 죽이고자 하지만 하나님은 성도들을 죽지 않도록 보호하신다는 사실이다. 할렐루야! 얼마나 감사한 일인가!

12:17 용이 여자에게 분노하여 돌아가서 그 여자의 남은 자손 곧 하나님의 계명을 지키며 예수의 증거를 가진 자들로 더불어 싸우려고 바다 모래 위에 섰더라

용, 곧 사단은 모든 일이 자기 뜻대로 되지 않는 것을 보고 돌아가서 그 여자의 남은 자손 곧 하나님의 계명을 지키며 예수의 증거를 가진 자들로 더불어 싸우려고 최종 결전을 준비하게 된다.

이 최종 결전은 성도들에게는 세상 마지막 때에 있으리라고 주님이 예언하신(마 24:21) 대 환난이 될 것이다. 사단은 이 전쟁을 어떻게 준비하는가? 그 준비 양상이 다음 13장에 두 개의 적그리스도로 나타난다.

III. 두 짐승 곧 적그리스도의 출현(13:1-18)

우리는 이 부분에서 두 짐승 곧 두 개의 존재로 나타나는 적그리스도를 보게 된다. 이들은 사단이 최후 결전을 위하여 예비한 존재들이다. 이들은 성경 여러 곳에서 세상 종말에 나타나리라고 예언된 존재이며, 이들의 활동으로 말미암아 성도들이 당하는 고난은 창세 이래로 없던 큰 환난으로서 소위 대 환난이라고 일컬어지는 환난이 되는 것이다.

특주 적그리스도란 무엇인가?

주님께서는 마 24장에서 말세의 징조를 말씀하여 주시는 가운데 그 하나로 대 환난을 말씀하시면서 그때에 적그리스도가 나타날 것을 말씀하셨다(마 24:21-28).

그리고 주님은 본문에서 그 적그리스도가 구체적으로 어떤 모양으로 나타나서 어떤 활동을 할 것인지 상세히 보여주고 계시다.

그런데 적그리스도에 대한 이야기는 이것들 외에 성경 다른 여러 곳에서 말하고 있으니 이런 성구들을 살펴보면서 '적그리스도가 무엇인가?' 그 개념을 정확히 밝혀 두는 것이 필요하다. 그래서 이 문제에 대하여 다음과 같은 순서로 살펴보고자 한다.

I. 용어의 고찰

적그리스도라는 말은 헬라어로 '안티 크리스토스'이다. 이 용어에서 '안티'는 '대신', '대적'의 두 가지 의미를 가진다. 그리하여 이 용어는

1) 그리스도의 대신 된 자 – 거짓 그리스도와
2) 그리스도를 대적하는 자 – 적그리스도를 의미할 수 있다.

성경은 이 두 가지 의미를 다 사용한 것으로 보인다(거짓 그리스도 – 마 24:24, 적그리스도 – 요일 2:18). 그러나 거짓 그리스도도 결국 그리스도를 대적하는 자이니 적그리스도라는 용어를 사용하는 것이 좋을 것이다.

II. 예언된 성구

이 사건이 적그리스도라는 이름으로 직접 예언된 것은 요한일서에서 세 번, 요한이서에서 한번 뿐이다. (요일 2:18, 22, 4:3; 요이 7 참조).

그러나 직접 적그리스도라는 용어를 사용하지 않았다 하더라도 그 내용상

적그리스도에 대한 예언들이 많이 있다(단 7:8, 23-26; 11:36-45; 마 24:24; 요 14:30; 살후 2:1-12; 계 13:1-18 등 참조).

III. 적그리스도의 개념

그러면 위의 성구에서 말하는 적그리스도란 무엇이며 특히 그리스도의 재림 직전에 나타날 것으로 예언된 적그리스도의 정체는 무엇일까? 예언된 성구를 따라 이 문제에 대한 해답을 찾아보자.

1. 다니엘의 예언 – 세계의 위대한 마지막 왕

다니엘서 7장에는 네 개의 세계 제국들이 네 짐승들로 묘사되어 있는데, 네 번째 짐승이 가진 열 뿔이 지나가고 마지막으로 또 하나의 뿔이 나오는데 이 뿔이 적그리스도의 개념으로 예언되어 있다.

- 단 7:24-26 "그 열 뿔은 이 나라에서 일어날 열 왕이요 그 후에 또 하나가 일어나리니 그는 먼저 있던 자들과 다르고 또 세 왕을 복종시킬 것이며 25 그가 장차 말로 지극히 높으신 자를 대적하며 또 지극히 높으신 자의 성도를 괴롭게 할 것이며 그가 또 때와 법을 변개코자 할 것이며 성도는 그의 손에 붙인 바 되어 한 때와 두 때와 반 때를 지내리라 26 그러나 심판이 시작된즉 그는 권세를 빼앗기고 끝까지 멸망할 것이요"

- 단 11:36 "이 왕이 자기 뜻대로 행하며 스스로 높여 모든 신보다 크다 하며 비상한 말로 신들의 신을 대적하며 형통하기를 분노하심이 쉴 때까지 하리니 이는 그 작정된 일이 반드시 이룰 것임이니라"

우리가 이 예언에서 적그리스도에 대하여 알 수 있는 것은

1) 세상 마지막에 나타나는 통치자(왕)이며
2) 하나의 존재이며

3) 하나님과 성도를 대적하며
4) 최후 심판에서 멸망 받을 자라는 것이다.

2. 예수님의 예언 – 거짓 그리스도들, 이 세상 임금

- 마 24:24 "거짓 그리스도들과 거짓 선지자들이 일어나 큰 표적과 기사를 보이어 할 수만 있으면 택하신 자들도 미혹하게 하리라"
- 요 14:30 "이 후에는 내가 너희와 말을 많이 하지 아니하리니 이 세상 임금이 오겠음이라 그러나 저는 내게 관계할 것이 없으니"
- 요 12:31 "이제 이 세상의 심판이 이르렀으니 이 세상 임금이 쫓겨나리라"

이 말씀에서 우리는 적그리스도가

1) 거짓그리스도의 형태로
2) 또 세상 임금의 형태로 나타나게 될 것을 알게 된다.

여기서 말하는 "거짓 그리스도들"이 적그리스도들이라는 이유와 또 거짓 그리스도는 복수로, 세상 임금은 단수로 쓰인 이유는 다음에 나오는 사도 요한의 예언을 보면 알게 될 것이지만 여기서 한 마디로 지적하고 넘어간다면

1) 거짓 그리스도들이 적그리스도인 이유

예수가 그리스도임을 부인하며 미혹하는 자마다 적그리스도라고 하였기 때문이며(요이 1:7)

2) 거짓 그리스도는 복수로, 적그리스도는 단수인 이유

적그리스도는 벌써 이 땅에 많은 거짓된 세력으로 나타난 것을 가리킴과 동시에 세상 종말에 거대한 세력으로 등장할 하나의 존재를 가리키는 말로 사

용되었기 때문이다(요일 2:18, 4:3).

3. 사도 바울의 예언 - 자칭 하나님(종교적 왕)

- 살후 2:3, 4 "먼저 배도하는 일이 있고 저 불법의 사람 곧 멸망의 아들이 나타나기 전에는 이르지 아니하리니 저는 대적하는 자라 범사에 일컫는 하나님이나 숭배함을 받는 자 위에 뛰어나 자존하여 하나님 성전에 앉아 자기를 보여 하나님이라 하느니라"
- 살후 2:8-10 "그 때에 불법한 자가 나타나리니 주 예수께서 그 입의 기운으로 저를 죽이시고 강림하여 나타나심으로 폐하시리라 9 악한 자의 임함은 사단의 역사를 따라 모든 능력과 표적과 거짓 기적과 10 불의의 모든 속임으로 멸망하는 자들에게 임하리니"

우리가 이 예언에서 적그리스도에 대하여 알 수 있는 것은

1) 다니엘이나 예수님의 예언에서는 적그리스도가 「세상 임금」으로 예언된 데 반하여 여기서는 하나님의 성전에 군림하여 모든 능력과 표적을 행하여 하나님처럼 행세하는 종교적인 왕이라는 사실과
2) 적그리스도는 「불법의 사람」, 곧 「사람」이라는 사실과
3) 그 불법한 자 곧 「악한 자」는 사단의 역사를 받고 있다는 사실이다(9절). 우리는 9절에 「악한 자의 임함」이라는 말이 원어 성경에 「후 에스틴 헤 파루시아」라고 표현되어 있어 8절에서 말하는 「불법한 자」를 가리키는 「그 악한 자의 임함」을 뜻한다는 사실을 알게 된다. 따라서 「그 악한 자」 곧 적그리스도는 사단의 역사를 따라 모든 능력과 표적을 행하는 자임을 알게 된다.

4. 사도 요한의 예언(Ⅰ) - 현재 나타난 적 그리스도들

- 요일 2:18 "아이들아 이것이 마지막 때라 적그리스도가 이르겠다 함을 너희가 들은 것과 같이 지금도 많은 적그리스도가 일어났으니 이

러므로 우리가 마지막 때인 줄 아노라"

- 요일 2:22 "거짓말하는 자가 누구뇨 예수께서 그리스도이심을 부인하는 자가 아니뇨 아버지와 아들을 부인하는 그가 적그리스도니"
- 요일 4:3 ."예수를 시인하지 아니하는 영마다 하나님께 속한 것이 아니니 이것이 곧 적그리스도의 영이니라 오리라 한 말을 너희가 들었거니와 이제 벌써 세상에 있느니라"
- 요 21:7 "미혹하는 자가 많이 세상에 나왔나니 이는 예수 그리스도께서 육체로 임하심을 부인하는 자라 이것이 미혹하는 자요 적그리스도니"

우리가 이 예언에서 적그리스도에 대하여 알 수 있는 것은,

1) 적그리스도라는 말은 다니엘과 사도 바울이 예언한 세상 종말에 나타날 정치적 종교적 특정 인물을 가리키는 좁은 의미 외에도 일반적으로 예수께서 그리스도이심을 부인하고 미혹하는 모든 자들을 총칭하는 넓은 의미로도 사용된다는 사실과,

2) 이런 적그리스도는 이미 세상에 많이 존재한다는 사실이다.

5. 사도 요한의 예언(II) - 세상 종말에 나타날 적그리스도들

- 계 13:1-8 "내가 보니 바다에서 한 짐승이 나오는데 뿔이 열이요 머리가 일곱이라 그 뿔에는 열 면류관이 있고 그 머리들에는 참람한 이름들이 있더라 2 내가 본 짐승은 표범과 비슷하고 그 발은 곰의 발 같고 그 입은 사자의 입 같은데 용이 자기의 능력과 보좌와 큰 권세를 그에게 주었더라 3 그의 머리 하나가 상하여 죽게 된 것 같더니 그 죽게 되었던 상처가 나으매 온 땅이 이상히 여겨 짐승을 따르고 4 용이 짐승에게 권세를 주므로 용에게 경배하며 짐승에게 경배하여 가로되 누가 이 짐승과 같으뇨 누가 능히 이로 더불어 싸우리요 하더라 5 또 짐승이 큰 말과 참람된 말하는 입을 받고 또 마흔 두 달 일할

권세를 받으니라 6 짐승이 입을 벌려 하나님을 향하여 훼방하되 그의
이름과 그의 장막 곧 하늘에 거하는 자들을 훼방하더라 7 또 권세를
받아 성도들과 싸워 이기게 되고 각 족속과 백성과 방언과 나라를 다
스리는 권세를 받으니 8 죽임을 당한 어린양의 생명책에 창세 이후로
녹명되지 못하고 이 땅에 사는 자들은 다 짐승에게 경배하리라"

- 계 13:11-14 "내가 보매 또 다른 짐승이 땅에서 올라오니 새끼 양같이 두
뿔이 있고 용처럼 말하더라 12 저가 먼저 나온 짐승의 모든 권세를 그 앞
에서 행하고 땅과 땅에 거하는 자들로 처음 짐승에게 경배하게 하니 곧 죽
게 되었던 상처가 나은 자니라 13 큰 이적을 행하되 심지어 사람들 앞에
서 불이 하늘로부터 땅에 내려오게 하고 14 짐승 앞에서 받은바 이적을
행함으로 땅에 거하는 자들을 미혹하며 땅에 거하는 자들에게 이르기를 칼
에 상하였다가 살아난 짐승을 위하여 우상을 만들라 하더라"

우리가 이 예언에서 적그리스도에 대하여 알 수 있는 것은,

1) 다니엘이 예언했던 세상 임금으로서의 적그리스도가 여기서 첫째 짐승으로 묘사되었고, 사도 바울이 예언했던 자칭 하나님(종교적 왕)으로서의 적그리스도는 두 번째 짐승으로 묘사되었다는 사실과,

2) 이 두 짐승, 곧 세상 임금으로서의 적그리스도와 자칭 하나님으로서의 적그리스도는 다같이 용, 곧 사단의 조종을 받고 있는 자들인 사실과 (계 13:2, 11),

3) 이 두 적그리스도는 하나는 세상 권력을 잡고 또 하나는 종교계의 권력을 잡고 상호 협력하여 하나님의 나라를 대적한다는 사실이다.

IV. 적그리스도에 대한 결론

우리는 지금까지 살펴본 내용에서 적그리스도가 무엇인가에 대하여 다음과 같이 결론지을 수 있다.

1. 적그리스도라는 말은 두 가지 의미로 사용된다.

넓은 의미 – 예수께서 그리스도이심을 부인하고 성도를 미혹하거나 예수님을 대적하는 모든 시대의 모든 세력들(요일 2:22, 요일 4:3, 요이 1:7)

좁은 의미 – 세상 종말에 나타날 단일 존재로서의 적그리스도

이 적그리스도는 세상 종말에 나타나 전 세계를 지배하는 정치적 왕과 종교적 왕이다. 이들은 각각 단일 인물로 나타나 사단의 조종을 받아 사단의 세력을 총 집결하여 하나님과 그의 백성들을 대적하여 마지막 최후 결전을 진두지휘할 존재인 것이다(단 7:24-26, 11:36, 살후 2:3-10, 계 13:1-18).

2. 지금 우리가 살펴보고자 하는 계 13:1-18은 바로 여기서 말하는 "좁은 의미의 적그리스도"에 대한 말씀이다.

즉 세상 종말에 나타나서 사단의 조종을 받아 성도들을 최대한으로 괴롭힐 단일 존재로서의 적그리스도인 것이다.

3. 이 부분에서는 두 개의 적그리스도를 동시에 언급하고 있다.

그 단일 존재는 각각 두 분야로 나타날 것이다. 하나는 세상 권세를 가진 정치적 왕으로 또 하나는 종교계를 지배하는 종교적 왕으로 나타날 것이다. 계 13:1-8은 정치적 왕으로서의 적그리스도를, 계 13:11-18은 종교적 왕으로서의 적그리스도를 말하고 있다.

그러므로 본문을 바로 이해하기 위하여서는 본문의 내용을 살펴보기에 앞서서 먼저 성경이 말하고 있는 적그리스도가 무엇을 뜻하는지 그 개념을 정확히 알아두는 것이 필요하다. 그래야 본문이 말하고 있는 두 짐승의 정체를 확실히 알 수 있기 때문이다.

1. 바다에서 올라온 한 짐승: 정치적 왕으로서의 적그리스도(13:1-10)

13:1 내가 보니 바다에서 한 짐승이 나오는데 뿔이 열이요 머리가 일곱이라 그 뿔에는 열 면류관이 있고 그 머리들에는 참람한 이름들이 있더라

13:2 내가 본 짐승은 표범과 비슷하고 그 발은 곰의 발 같고 그 입은 사자의 입 같은데 용이 자기의 능력과 보좌와 큰 권세를 그에게 주었더라

13:3 그의 머리 하나가 상하여 죽게 된 것 같더니 그 죽게 되었던 상처가 나으매 온 땅이 이상히 여겨 짐승을 따르고

13:4 용이 짐승에게 권세를 주므로 용에게 경배하며 짐승에게 경배하여 가로되 누가 이 짐승과 같으뇨 누가 능히 이로 더불어 싸우리요 하더라

13:5 또 짐승이 큰 말과 참람된 말하는 입을 받고 또 마흔 두달 일할 권세를 받으니라

13:6 짐승이 입을 벌려 하나님을 향하여 훼방하되 그의 이름과 그의 장막 곧 하늘에 거하는 자들을 훼방하더라

13:7 또 권세를 받아 성도들과 싸워 이기게 되고 각 족속과 백성과 방언과 나라를 다스리는 권세를 받으니

13:8 죽임을 당한 어린양의 생명책에 창세 이후로 녹명되지 못하고 이 땅에 사는 자들은 다 짐승에게 경배하리라

13:9 누구든지 귀가 있거든 들을지어다

13:10 사로잡는 자는 사로잡힐 것이요 칼에 죽이는 자는 자기도 마땅히 칼에 죽으리니 성도들의 인내와 믿음이 여기 있느니라

1) 이 짐승의 모양 (1-5절)

13:1 내가 보니 바다에서 한 짐승이 나오는데 뿔이 열이요 머리가 일곱이라 그 뿔에는 열 면류관이 있고 그 머리들에는 참람한 이름들이 있더라

"바다에서 한 짐승이 나오는데"

바다는 열방 곧 세상 나라들을 총칭하는 말이다(계 17:15 참조). 그러므로 이 짐승은 세계 열방 국가들 중에서 막강한 권력을 가지고 나타날 존재인 것을 암시한다. 이 짐승이 세상 종말에 나타날 정치적 왕으로서의 적그리스도라는 사실은 이미 특주에서 설명한 바와 같다.

"뿔이 열이요 머리가 일곱이라 그 뿔에는 열 면류관이 있고 그 머리들에는 참람한 이름들이 있더라"

이 적그리스도의 모습을 말하고 있는 것이다. 이 모습을 앞에서 나온 붉은 용의 모습(계 12:3)과 비교하여 보라. 얼마나 똑같이 닮은 모습을 하고 있는가? 붉은 용과 이 짐승은 왜 이렇게 닮은 것일까? 이 짐승은 그 붉은 용 곧 사단의 조종을 받는 자이기 때문이다. 자식은 아비를 닮게 되어 있는 것이 아닌가?

이 짐승의 모양이 뜻하는 영적 의미는 계 12:3에서 설명한 바와 같이 일곱 머리와 열 뿔은 저들이 세울 일곱 나라와 열 왕을 상징한다. 물론 이 숫자는 문자적인 숫자가 아니고 영적인 의미의 숫자이다. 일곱은 완전 숫자이므로 전 세계를 지배하는 나라를 의미하며, 열이라는 숫자도 만수이므로 전 세계를 통치할 왕을 뜻하는 것이다. 이 짐승은 이와 같이 막강한 힘을 사단에게서 받아 가지고 온 세상을 지배하게 될 것을 의미하는 것이다.

13:2 내가 본 짐승은 표범과 비슷하고 그 발은 곰의 발 같고 그 입은 사자의 입 같은데 용이 자기의 능력과 보좌와 큰 권세를 그에게 주었더라

이 짐승의 모습에 대하여 계속되는 설명이다. 이 짐승은 표범과 비슷하고

그 발은 곰의 발 같고 그 입은 사자의 입 같다는 것은 이 적그리스도가 얼마나 사납고 잔인한 성격과 힘을 지닌 존재인가를 나타내준다. 이 모양을 하나씩 설명하지 않아도 충분히 이해할 수 있을 것이기 때문에 설명을 생략한다.

"용이 자기의 능력과 보좌와 큰 권세를 그에게 주었더라"

그리고 이 정치적 왕인 적그리스도는 용 곧 사단으로부터 모든 힘을 받아서 활동한다. 여기서 주목할 것은 원문에 "그의 능력, 그의 보좌, 그의 권세"라고 되어 있어서 이 모든 것을 사단으로 받은 것이 강조되어 있다는 사실이다. 사단은 이 한 특정 인물에게 자기를 위하여 싸울 수 있도록 자기가 가지고 있는 모든 것을 다 준 것이다.

능력 – 능력은 이적을 행할 수 있는 힘을 말한다. 바로 다음 절에 나타난 것이 이런 능력의 한 예이다.

• 계 13:3 "그의 머리 하나가 상하여 죽게 된 것 같더니 그 죽게 되었던 상처가 나으매 온 땅이 이상히 여겨 짐승을 따르고"

보좌 – 왕의 자리 곧 법적인 지위를 뜻한다. 왕의 자리를 내어주었다는 뜻이다.

권세 – 예하 모든 자들을 통솔할 수 있는 지배권을 뜻한다. 이런 권세의 예를 바로 다음 절에서 보게 된다.

• 계 13:4 "용이 짐승에게 권세를 주므로 용에게 경배하며 짐승에게 경배하여 가로되 누가 이 짐승과 같으뇨 누가 능히 이로 더불어 싸우리요 하더라"

13:3 그의 머리 하나가 상하여 죽게 된 것 같더니 그 죽게 되었던 상처가 나으매 온 땅이 이상히 여겨 짐승을 따르고

여기서 머리는 무엇인가? 우리는 계 13:1에서 일곱 머리는 일곱 나라를 뜻한다는 사실을 보았다. 그러나 이 일곱은 문자적 의미가 아니라 영적인 의미로 보아야 하며 일곱은 완전 숫자이므로 전 세계를 의미한다고 설명한 바가 있다. 머리를 이런 의미로 이해하면 이 말씀의 뜻은 이렇게 된다.

사단의 권세를 받아 전 세계를 통치하는 권세를 휘두르는 이 적그리스도가 그 통치 영역의 일부를 잃어버린다 할지라도 또 다시 그 통치권을 회복하고 하나님과 하나님의 백성들을 대적하는 권세를 휘두르게 될 것이라는 뜻이다. 이렇게 되는 것을 보고 온 땅이 즉 많은 사람들이 이상히 여겨 그 적그리스도를 따르게 될 것이라는 뜻이다.

> *13:4* 용이 짐승에게 권세를 주므로 용에게 경배하며 짐승에게 경배하여 가로되 누가 이 짐승과 같으뇨 누가 능히 이로 더불어 싸우리요 하더라

용, 곧 사단은 이 짐승 곧 정치적 왕인 적그리스도에게 권세를 준다. 권세는 이미 말한 대로 통치할 수 있는 힘을 의미한다. 그 결과 이 땅의 모든 사람들이 그 용과 그 짐승에게 경배하며 누가 이 짐승과 같으뇨 누가 능히 이로 더불어 싸우리요 하면서 그들을 절대자로 높이게 된다는 것이다.

> *13:5* 또 짐승이 큰 말과 참람된 말하는 입을 받고 또 마흔 두 달 일할 권세를 받으니라

여기 큰 말이란 "사실보다 과장된 말"을 뜻한다. 참람된 말이란 "자기를 높임으로 하나님을 모독하는 말"을 뜻한다. 이 사실을 우리는 바리새인들이 예수님을 향하여 참람된 말을 한다고 한 경우에서 그 뜻을 알 수 있다.

- 마 26:64-65 "예수께서 가라사대 네가 말하였느니라 그러나 내가 너희에게 이르노니 이후에 인자가 권능의 우편에 앉은 것과 하늘 구름을 타고 오는 것을 너희가 보리라 하시니 65 이에 대제사장이 자기 옷을 찢으며 가로되 저가 참람한 말을 하였으니 어찌 더 증인을 요구

하리요 보라 너희가 지금 이 참람한 말을 들었도다"

여기서 예수님을 참람하다고 한 것은 예수님이 64절의 말씀을 하심으로써 자신을 하나님과 동일시 하였다는 것 때문이다. 그러나 예수님은 참으로 하나님이시었으니 참람한 분이 아니었다. 그러나 사단이나 여기에 나오는 적그리스도는 분명코 하나님이 아닌 자로서 하나님을 자처하니 참람한 자인 것이다.

이 짐승 곧 적그리스도는 사단으로부터 이렇게 큰 말과 참람된 말을 하는 입을 받아서 거짓말과 하나님을 모독하는 말을 서슴없이 하면서 하나님을 대적하게 될 것이다.

"또 마흔 두 달 일할 권세를 받으니라"

이 말씀은 이 적그리스도의 활동 기간이다. 이 적그리스도가 그렇게 막강한 능력과 권세를 휘두르며 세상 모든 사람들을 그 발 밑에 굴복시킨다 할지라도 그의 세상은 오래 가지 못한다. 그 기간은 마흔 두 달 곧 삼년 반 또는 1260일 또 다른 말로는 한 때와 두 때와 반 때이다. 물론 이 기간도 문자적인 기간이 아니다. 하나님께서 허락하신 마귀 활동의 기간이다.

좀 더 정확히 말하면 이 기간은 세상 종말 환난의 절정기 곧 대 환난의 기간이다. 어떤 분은 이 기간을 신약 시대 전체로 보지만 그렇지 않다. 왜냐하면 계 20:1-6에 천년 왕국이 나오는데 우리가 이에 대하여 무 천년설을 취할 때(필자는 무 천년설을 취함) 이 천년이라는 기간이 신약 시대의 기간이기 때문이다.

2) 이 짐승의 활동 내용(6-8절)

이 부분에서는 이 짐승이 어떤 활동을 하는가를 보여준다.

13:6 짐승이 입을 벌려 하나님을 향하여 훼방하되 그의 이름과 그의 장막 곧 하

늘에 거하는 자들을 훼방 하더라

이들은 먼저 그 참람된 입을 벌려서 하나님과 하늘에 거하는 자들을 훼방하는 일을 한다. 우리는 이들의 하는 일이 얼마나 못된 짓인가를 주목해야 한다. 하나님의 율법을 받은 유대인들은 십계명 중 제 삼 계명 때문에 하나님의 이름 곧 여호와라는 이름은 감히 입에 올리지도 못하였다. 그 이름은 대제사장만 1년에 한 번 속죄일에 지성소에 들어가 제물을 바친 후에야 엄숙히 부를 수가 있었다. 하나님의 이름이 얼마나 신성한 것인가? 그런데 이 짐승은 하나님의 이름을 망령되이 일컫는 정도가 아니라 그 이름을 욕하고 훼방하니 이 얼마나 못된 짓인가? 하나님의 이름을 훼방하는 자는 누구를 막론하고 회중이 돌로 쳐 죽이게 되어 있는 것이다.

- 레 24:16 "여호와의 이름을 훼방하면 그를 반드시 죽일지니 온 회중이 돌로 그를 칠 것이라 외국인이든지 본토인이든지 여호와의 이름을 훼방하면 그를 죽일지니라"

13:7 또 권세를 받아 성도들과 싸워 이기게 되고 각 족속과 백성과 방언과 나라를 다스리는 권세를 받으니

이들은 하나님을 훼방할 뿐만 아니라 성도들과 영적인 싸움을 벌이는 것이다. 사단과 성도들과의 싸움은 성도가 있는 곳이면 어느 시대에나 있어 왔던 것이지만 이 싸움은 최후 결전으로서의 아주 특별한 의미를 갖는 싸움이다.

왜 그런가? 그 이유는 다음과 같다. 성도들은 그리스도 예수 안에 있는 자들이기 때문에 항상 넉넉히 이길 수 있는 자들이다.

- 요 16:33 "세상에서는 너희가 환난을 당하나 담대하라 내가 세상을 이기었노라 하시니라"

- 롬 8:36-37 "기록된바 우리가 종일 주를 위하여 죽임을 당케 되며 도살할 양같이 여김을 받았나이다 함과 같으니라 37 그러나 이 모든 일

에 우리를 사랑하시는 이로 말미암아 우리가 넉넉히 이기느니라"

이런 성도들이 여기서는 짐승을 이기지 못하고 있기 때문이다. 이 사실은 무엇을 의미하는가? 이 짐승은 사단의 휘하에 있는 모든 세력들을 총 집결하여 싸우는 전쟁이므로 그 힘이 막강하여 성도들이 이기지 못하고 도리어 사단의 세력이 이기는 현상이 일어남을 뜻한다. 이것을 다른 말로 표현하면 성도들은 사단의 세력으로 말미암아 최고 절정에 달하는 환난과 핍박을 받게 된다는 것을 의미한다. 그리고 이들은 각 족속과 백성과 방언과 나라를 다스리는 권세를 받는다. 이 말은 이들이 전 세계를 지배하는 권세를 행사한다는 뜻이다. 이와 같이 이 짐승 곧 정치적 왕으로서의 적그리스도는 마지막 때에 최후 발악으로 전 세계를 지배하며 성도들을 괴롭히게 될 것이다.

13:8 죽임을 당한 어린양의 생명책에 창세 이후로 녹명되지 못하고 이 땅에 사는 자들은 다 짐승에게 경배하리라

이 말씀은 이런 적그리스도의 통치가 사람들에게 믿음의 문제와 관련하여 어떤 결과를 가져올 것인가를 보여주고 있다.

죽임을 당한 어린양의 생명책에 창세 이후로 녹명되지 못하고 이 땅에 사는 자들은 누구를 가리키는가? 이들은 한 마디로 구원으로 선택받지 못한 자들이다. 생명책은 본서에서도 여러 번 나타난다(3:5, 17:8, 20:12, 15, 21:27 등). 그리고 구약에서도 여러 번 나타난다(출 32:32, 시 69:28, 사 4:3, 겔 8:9 등). 어린양의 생명책은 성부 하나님께서 구원하시기로 창세전에 선택하여 성자에게 그들을 구원해 올 것을 부탁하신 자들의 명단이다. 우리는 이 사실을 다음 성구에서 엿볼 수 있다.

- 요 6:38-39 "내가 하늘로서 내려온 것은 내 뜻을 행하려 함이 아니요 39 나를 보내신 이의 뜻을 행하려 함이니라 나를 보내신 이의 뜻은 내게 주신 자 중에 내가 하나도 잃어버리지 아니하고 마지막 날에 다시 살리는 이것이니라"

그러므로 어린양의 생명책에 녹명된 자들이란 한 마디로 구원으로 선택받은 자들이다. 그러므로 본 절은 이런 구원 받기로 선택을 받지 못한 모든 자들은 다 그 짐승 곧 정치적 왕으로 나타난 그 적그리스도에게 경배할 것이라는 뜻이다.

이 말씀에서 우리가 주목할 중요한 한 가지 사실이 있다. 그것은 이 말씀 속에는 구원으로 선택 받은 자들은 이런 극한 환난과 핍박 속에서도 결코 그 짐승에게 경배하지 아니한다는 뜻이 담겨져 있다는 사실이다.

13:9 누구든지 귀가 있거든 들을지어다

중대한 메시지를 간과하지 말도록 주의를 환기시키는 말씀이다.

13:10 사로잡는 자는 사로잡힐 것이요 칼에 죽이는 자는 자기도 마땅히 칼에 죽으리니 성도들의 인내와 믿음이 여기 있느니라

이 말씀은 무슨 뜻인가? 이 짐승의 세력 가운데 성도들을 핍박하기 위하여 사로잡는 자들은 멀지 않아(마흔 두 달이 지나면) 하나님께 사로잡히게 될 것이요 칼에 죽이는 자는 칼에 죽임을 당할 것이니 그 때까지 성도에게 필요한 것이 무엇인가? 인내와 믿음이라는 것이다. 즉 짐승의 박해가 끝나고 하나님의 심판이 있을 때까지 성도들은 믿음과 인내로 견뎌야 한다는 말씀이다.

2. 땅에서 올라온 한 짐승: 종교적 왕으로서의 적그리스도(13:11-18)

13:11 내가 보매 또 다른 짐승이 땅에서 올라오니 새끼 양같이 두 뿔이 있고 용처럼 말하더라

13:12 저가 먼저 나온 짐승의 모든 권세를 그 앞에서 행하고 땅과 땅에 거하는 자들로 처음 짐승에게 경배하게 하니 곧 죽게 되었던 상처가 나은 자니라

13:13 큰 이적을 행하되 심지어 사람들 앞에서 불이 하늘로부터 땅에 내려오게 하고
13:14 짐승 앞에서 받은 바 이적을 행함으로 땅에 거하는 자들을 미혹하며 땅에 거하는 자들에게 이르기를 칼에 상하였다가 살아난 짐승을 위하여 우상을 만들라 하더라
13:15 저가 권세를 받아 그 짐승의 우상에게 생기를 주어 그 짐승의 우상으로 말하게 하고 또 짐승의 우상에게 경배하지 아니하는 자는 몇이든지 다 죽이게 하더라
13:16 저가 모든 자 곧 작은 자나 큰 자나 부자나 빈궁한 자나 자유한 자나 종들로 그 오른손에나 이마에 표를 받게 하고
13:17 누구든지 이 표를 가진 자 외에는 매매를 못하게 하니 이 표는 곧 짐승의 이름이나 그 이름의 수라
13:18 지혜가 여기 있으니 총명 있는 자는 그 짐승의 수를 세어 보라 그 수는 사람의 수니 육백 육십육이니라

이 짐승의 정체는 이미 특주에서 밝힌 바와 같이 종교적 왕으로서의 적그리스도이다. 그리고 다음과 같은 주님이나 사도 바울의 말씀은 바로 이 짐승에 대한 예언이다.

- 마 24:15 "그러므로 너희가 선지자 다니엘의 말한 바 멸망의 가증한 것이 거룩한 곳에 선 것을 보거든(읽는 자는 깨달을진저)
- 살후 2:4 "저는 대적하는 자라 범사에 일컫는 하나님이나 숭배함을 받는 자 위에 뛰어나 자존하여 하나님 성전에 앉아 자기를 보여 하나님이라 하느니라

1) 이 짐승의 모양 (11절)

13:11 내가 보매 또 다른 짐승이 땅에서 올라오니 새끼 양같이 두 뿔이 있고 용처럼 말하더라

이 구절에서 앞에서 말한 바다에서 올라온 짐승 외에 또 다른 짐승이 땅에서 올라오는 것을 말하며 그 짐승의 모양을 알려주고 있다. 여기서 말하고 있는 그의 모양에서 우리는 그 짐승이 무슨 일을 할 어떤 존재인가를 암시받게 된다.

(1) 그의 모양은 새끼 양 같다.
새끼 양은 이 세상에 인간의 몸을 입고 오셨을 때 예수님의 모습이다.

- 요 1:29 "이튿날 요한이 예수께서 자기에게 나아오심을 보고 가로되 보라 세상 죄를 지고 가는 하나님의 어린양이로다"
- 계 5:6 "내가 또 보니 보좌와 네 생물과 장로들 사이에 어린양이 섰는데 일찍 죽임을 당한 것 같더라 일곱 뿔과 일곱 눈이 있으니 이 눈은 온 땅에 보내심을 입은 하나님의 일곱 영이더라"

이 짐승의 모양이 새끼 양 같다는 것은 예수님과 흡사한 모습을 하고 있다는 뜻이다. 즉 예수님인 것처럼 가장한다는 뜻이다. 그러므로 이 짐승은 한 마디로 거짓 그리스도인 것이다.

(2) 두 뿔을 가지고 있다.
양은 본래 뿔이 없다. 그러므로 어린양으로 오신 예수님은 자기를 죽이려는 무리들에게 무력을 사용하지 아니하셨다.

- 사 53:7 "그가 곤욕을 당하여 괴로울 때에도 그 입을 열지 아니하였음이여 마치 도수장으로 끌려가는 어린양과 털 깎는 자 앞에 잠잠한 양 같이 그 입을 열지 아니하였도다"
- 마 26:52-53 "이에 예수께서 이르시되 네 검을 도로 집에 꽂으라 검을 가지는 자는 다 검으로 망하느니라 53 너는 내가 내 아버지께 구하여 지금 열두 영 더 되는 천사를 보내시게 할 수 없는 줄로 아느냐"

그러나 이 짐승은 겉모양으로는 예수님을 닮았으나 다른 사람을 해할 무기 곧 뿔을 가지고 있다. 이것이 바로 참 그리스도와 거짓 그리스도의 차이점인 것이다.

(3) 용처럼 말을 한다.

이 짐승은 겉모양으로는 예수님 같이 꾸미지만 그의 입에서 나오는 말은 예수님의 말씀 곧 진리가 아니라 용 곧 사단의 말을 한다. 사단은 거짓말쟁이다.

- 요 8:44 "너희는 너희 아비 마귀에게서 났으니 너희 아비의 욕심을 너희도 행하고자 하느니라 저는 처음부터 살인한 자요 진리가 그 속에없으므로 진리에 서지 못하고 거짓을 말할 때마다 제 것으로 말하나니 이는 저가 거짓말쟁이요 거짓의 아비가 되었음이니라"

그러므로 이 짐승의 입에서 나오는 것은 모두 거짓 복음인 것이다.

3) 이 짐승의 활동 (12-18절)

13:12 저가 먼저 나온 짐승의 모든 권세를 그 앞에서 행하고 땅과 땅에 거하는 자들로 처음 짐승에게 경배하게 하니 곧 죽게 되었던 상처가 나은 자니라

이 말씀을 보면 이 둘째 짐승은 먼저 나온 짐승 곧 정치적 왕인 적그리스도의 협조자인 것을 알 수 있다. 다시 말하면 첫째 짐승을 돕기 위하여 일하는 것이다. 그 내용은 두 가지로 나타난다.

첫째, 저가 먼저 나온 짐승의 모든 권세를 그 앞에서 행하는 일이다. 용은 첫째 짐승에게 자기의 권세를 주었고(계 13:2) 첫째 짐승은 이 둘째 짐승과 공동으로 그 받은 권세를 사용하는 것이다.

둘째, 땅과 땅에 거하는 자들로 처음 짐승에게 경배하게 하는 일이다. 이 둘째 짐승은 받은 그 권세를 가지고 무슨 일을 하는가? 바로 이 일을 하는 것

이다. 이 세상 모든 사람들로 처음 짐승에게 경배하게 만드는 일을 한다.

> *13:13* 큰 이적을 행하되 심지어 사람들 앞에서 불이 하늘로부터 땅에 내려오게 하고

그리고 이 짐승 곧 종교적 왕인 이 적그리스도는 큰 이적을 행한다. 심지어는 사람들 앞에서 불이 하늘로부터 땅에 내려오게 하는 이적을 행한다.

> *13:14* 짐승 앞에서 받은 바 이적을 행함으로 땅에 거하는 자들을 미혹하며 땅에 거하는 자들에게 이르기를 칼에 상하였다가 살아난 짐승을 위하여 우상을 만들라 하더라

둘째 짐승 곧 종교적 왕인 이 적그리스도는 이렇게 큰 이적을 행함으로 땅에 거하는 자들을 미혹할 것이다. 이 사실은 주님과 사도 바울도 예언하셨다.

- 마 24:24 "거짓 그리스도들과 거짓 선지자들이 일어나 큰 표적과 기사를 보이어 할 수만 있으면 택하신 자들도 미혹하게 하리라"
- 살후 2:9-10 "악한 자의 임함은 사단의 역사를 따라 모든 능력과 표적과 거짓 기적과 10 불의의 모든 속임으로 멸망하는 자들에게 임하리니 이는 저희가 진리의 사랑을 받지 아니하여 구원함을 얻지 못함이니라"

이 짐승이 이렇게 미혹하는 목적은 무엇인가?

"땅에 거하는 자들에게 이르기를 칼에 상하였다가 살아난 짐승을 위하여 우상을 만들라 하더라"

한 마디로 첫째 짐승 곧 정치적 왕을 경배하게 만들려는 것이 그 목적이다.

13:15 저가 권세를 받아 그 짐승의 우상에게 생기를 주어 그 짐승의 우상으로 말하게 하고 또 짐승의 우상에게 경배하지 아니하는 자는 몇이든지 다 죽이게 하더라

이 종교적 왕인 적그리스도는 사단의 권세를 받아서 만들어 놓은 그 짐승 곧 첫째 짐승의 우상에게 생기를 주어 말을 하게 하는 이적을 행한다. 이런 이적도 하나님을 흉내 내는 의미를 갖는다. 하나님은 아담을 흙으로 만드시고 그 코에 생기를 불어넣으시니 생령이 되었다(창 2:7). 또 하나님은 에스겔 골짜기에 흩어진 마른 뼈들을 향하여 생기를 불어 넣게 하시니 그 뼈들이 살아났다(겔 37:9 이하). 이 짐승은 이렇게 하나님의 역사를 방불케 하는 기적을 베풀어서 자기를 하나님이나 그리스도처럼 가장을 하는 것이다. 그러니 어찌 사람들이 그를 따르지 않겠는가?

"또 짐승의 우상에게 경배하지 아니하는 자는 몇이든지 다 죽이게 하더라"

그러나 그래도 그 짐승의 우상에게 경배하지 아니하는 자들이 있다. 그들은 누구일까? 그들은 말할 것도 없이 주님을 신실하게 믿는 성도들이다. 이들은 어떻게 될 것인가? 이들은 그 수가 얼마가 되었든지 모두 다 죽임을 당하게 될 것이라고 본문은 말한다. 이 얼마나 무서운 환난인가! 그러므로 이 환난을 가리켜 대 환난이라고 부르는 것이다.

13:16 저가 모든 자 곧 작은 자나 큰 자나 부자나 빈궁한 자나 자유한 자나 종들로 그 오른손에나 이마에 표를 받게 하고

이 짐승의 만행은 여기서 그치지 아니한다. 이 땅 위에 모든 자들 곧 작은 자나 큰 자나 부자나 빈궁한 자나 자유한 자나 종들로 하여금 그 오른손에나 이마에 표를 받게 한다. 이마나 오른손은 그 표를 감출 수 없는 장소를 뜻한다. 누구나 잘 볼 수 있는 신체 부위를 뜻한다. 물론 이 표는 다음 절에서 "이 표는 곧 짐승의 이름이나 그 이름의 수라"고 말한 바와 같이 그 첫째 짐승을 경배하는 자라는 표이다. 그러니까 그 짐승을 섬기는 자인지 아닌

지 금방 알아볼 수 있게 된다는 것이다. 이 표는 하나님의 성도들이 하나님의 인침을 받은 것과 대조된다.

- 계 7:3 "가로되 우리가 우리 하나님의 종들의 이마에 인치기까지 땅이나 바다나 나무나 해하지 말라 하더라"
- 계 14:1 "또 내가 보니 어린양이 시온 산에 섰고 그와 함께 십사만사천이 섰는데 그 이마에 어린양의 이름과 그 아버지의 이름을 쓴 것이 있도다"

여기서 인 친다는 것은 옛날 사도 요한의 시대에는 소유를 나타내는 방법이었다. 그 당시에는 자기의 소유인 것을 나타내기 위하여 말이나 소의 등의 소유물에 화인을 찍었으며 그리고 노예들에게 문신을 새겼던 것이다. 그러니까 짐승의 표나 하나님의 종들의 이마에 인침은 그 사람이 마귀의 것이냐 하나님의 것이냐를 나타내는 표식인 것이다. 그러므로 결국 이 때에는 하나님을 믿는 자인지 짐승을 따르는 자인지 명명백백하게 드러날 것이라는 뜻이다.

13:17 누구든지 이 표를 가진 자 외에는 매매를 못하게 하니 이 표는 곧 짐승의 이름이나 그 이름의 수라

그러면 이 표를 받게 하는 목적은 무엇인가? 그 목적은 이 표를 받지 아니한 자 곧 성도들을 핍박하기 위한 것이다. 이 짐승은 이 표를 받지 아니한 자는 매매를 못하게 한다. 즉 생활필수품은 물론 식량조차도 살 수 없게 한다. 그러면 결국 죽을 수밖에 없지 아니한가? 이 얼마나 무서운 핍박인가?

13:18 지혜가 여기 있으니 총명 있는 자는 그 짐승의 수를 세어 보라 그 수는 사람의 수니 육백 육십육이니라

여기서 말하는 지혜나 총명은 물론 영적인 것이다. 영적 지혜를 가진 자

는 그 짐승이 가지고 있는 수의 의미를 능히 이해할 수 있을 것이라는 말씀이다.

"그 수는 사람의 수"라는 뜻은 사람이 능히 이해할 수 있는 수라는 뜻이다. 그 수는 육백육십육이다. 이 숫자의 의미는 무엇일까? 6이라는 숫자는 완전 수 12의 절반이다. 그러므로 이 숫자가 마귀의 숫자인 것은 이미 여러 번 말한 바와 같다. 그러면 여기서 6이 세 번 겹친 것은 무엇을 뜻하는가? 하나님 안에 성부, 성자, 성령 삼위가 계시듯이 마귀는 이것까지 하나님을 닮은 것을 의미한다. 즉 마귀는 이때에 악령들의 총수인 사단과, 바다에서 올라온 첫째 짐승 곧 정치적 왕인 적그리스도와, 땅에서 나온 둘째 짐승 곧 종교적 왕인 적그리스도가 3위1체로 혼연일체가 되어서 하나님을 대적하고 성도들을 핍박하는 일을 하게 될 것을 뜻한다.

IV. 십사만 사천 성도의 찬송 (14:1-5)

14:1 또 내가 보니 어린양이 시온 산에 섰고 그와 함께 십사만사천이 섰는데 그 이마에 어린양의 이름과 그 아버지의 이름을 쓴 것이 있도다
14:2 내가 하늘에서 나는 소리를 들으니 많은 물소리도 같고 큰 뇌성도 같은데 내게 들리는 소리는 거문고 타는 자들의 그 거문고 타는 것 같더라
14:3 저희가 보좌와 네 생물과 장로들 앞에서 새 노래를 부르니 땅에서 구속함을 얻은 십사만사천 인밖에는 능히 이 노래를 배울 자가 없더라
14:4 이 사람들은 여자로 더불어 더럽히지 아니하고 정절이 있는 자라 어린양이 어디로 인도하든지 따라가는 자며 사람 가운데서 구속을 받아 처음 익은 열매로 하나님과 어린양에게 속한 자들이니
14:5 그 입에 거짓말이 없고 흠이 없는 자들이더라

이 부분의 환상은 무엇을 보여주는 계시이며, 왜 주님이 이것을 여기서

보여주시는가를 알아둘 필요가 있다.

이 부분의 내용은 지금까지의 모든 환난 그리고 마지막에는 대 환난을 순교를 당하면서까지 인내와 믿음으로 통과한 자들이 얼마나 영광스런 구원을 받게 되는가를 보여주는 내용이다. 한 마디로 이 환상은 승리교회의 모습이다.

이런 모습을 보여주시는 목적이 무엇인가? 앞으로 대 환난이 닥쳐와도 성도들로 하여금 끝까지 믿음 지키며 참고 견디게 하기 위한 것이다. 즉 대 환난은 말할 수 없이 혹독한 고통이겠지만 그 기간만 참고 견디면 너희들은 여기서 보여주는 바와 같은 큰 영광에 이르게 될 것이니 끝까지 잘 싸우라는 격려를 위한 것이다.

14:1 또 내가 보니 어린양이 시온 산에 섰고 그와 함께 십사만사천이 섰는데 그 이마에 어린양의 이름과 그 아버지의 이름을 쓴 것이 있도다

어린양은 예수님이라는 것은 의심의 여지가 없다. 그러면 시온 산은 어디인가? 시온 산은 예루살렘 성전이 있는 곳이다. 그러므로 시온 산은 하나님의 교회를 의미한다. 하나님의 교회는 지상에 있는 전투교회와 천국에 있는 승리교회로 구분된다. 지금 여기에 나오는 시온 산은 이 두 가지 교회 중에 승리교회를 의미한다. 왜냐하면 이 부분의 내용이 대 환난을 믿음으로 잘 통과하여 구원받은 성도들의 찬송이기 때문이다. 그리고 2절에 보면 그 찬송이 하늘에서 나는 소리라고 했기 때문에 더욱 분명하다.

주님과 그의 백성들 곧 성도들이 승리교회에 함께 서 있는 모습이다. 그 성도들의 숫자는 144,000이다. 이 숫자가 의미하는 바는 무엇인가? 이 숫자에 대한 설명은 이미 계 7:4에서도 보았다 여기서 이 숫자의 의미를 다시 한 번 말하면 12×12×1000으로 구성된 수이다. 즉 완전수×완전수×만수로 구성된 수이다. 그러므로 이 숫자의 영적인 의미는 주님을 믿는 자는 한 사람도 예외 없이 모두 다 구원을 받고 시온 산 곧 승리교회에 들어가서 거기에 서게 될 것을 의미한다.

그런데 이 144,000 성도는 그 이마에 어린양의 이름과 그 아버지의 이름을 쓴 것이 있다. 이것은 무엇을 의미하는가? 그 의미는 계 7:4에서 "인 맞은 자"와 동일한 것을 의미한다. 즉 예수님과 하나님 아버지의 소유로 도장을 찍어놓은 자들이라는 뜻이다.

> *14:2* 내가 하늘에서 나는 소리를 들으니 많은 물소리도 같고 큰 뇌성도 같은데 내게 들리는 소리는 거문고 타는 자들의 그 거문고 타는 것 같더라

이 소리는 누구의 무슨 소리인가? 다음 3절을 보아서 알 수 있듯이 144,000 성도가 부르는 찬송 소리인 것이다.

이들의 찬송 소리는 어떠한가? 많은 물소리와도 같고 큰 뇌성과도 같다. 이 말씀은 이들의 찬송이 얼마나 힘 있고 우렁찬 소리인가를 말해준다. 그런데 내게 들리는 소리는 "거문고 타는 자들의 그 거문고 타는 것 같더라"고 하였다. 이 말씀은 그 찬송이 얼마나 아름다운가를 나타내주고 있다.

> *14:3* 저희가 보좌와 네 생물과 장로들 앞에서 새 노래를 부르니 땅에서 구속함을 얻은 십사만사천 인밖에는 능히 이 노래를 배울 자가 없더라

보좌와 네 생물과 장로들은 이미 계 4장에서 자세히 설명되었기 때문에 여기서는 생략한다.

이 말씀은 144,000 성도의 이 찬송이 얼마나 귀중한 찬송인가를 보여준다. 이 찬송을 가리켜 말하기를 "새 노래를 부르니 땅에서 구속함을 얻은 십사만사천 인 밖에는 능히 이 노래를 배울 자가 없더라"고 하였다.

이 말씀이 뜻하는 바가 무엇인가? 죄로 인하여 멸망의 자리에 떨어졌다가 하나님의 은혜로 성도들이 받은 구원! 이 구원은 하늘에 있는 천사들도 체험하지 못한 구원이다. 그리고 죄를 범하여 멸망에 이르게 된 자들은 인간만이 아니라 타락한 천사들도 있는데 하나님은 그 천사들을 위하여서는 구원의 길을 열어 주지 아니하셨다. 오직 인간들! 그 인간들 중에도 오직 하나님이 영원 전에 구원으로 선택하신 백성들만 곧 여기서 말하는 144,000 성

도만 구원하신 것이다. 그러므로 죄의 비참한 자리에서부터 이 놀라운 영광의 구원을 받은 감격은 하늘의 천사도 모르고 타락한 천사도 모르고 믿지 않는 인간들도 모른다. 오직 성도들만 안다. 그러므로 지금 여기에서 흘러나오는 이 144,000 성도의 찬송은 그들만이 부를 수 있는 찬송이다. 그러므로 찬송은 천사나 성도들이 다 할 수 있는 것이지만 하나님은 천사들의 찬송보다도 구원받은 기쁨과 뜨거운 감격을 가지고 부르는 성도의 찬송을 통하여 더 큰 영광을 받으시는 것이다. 할렐루야!

14:4-5 이 사람들은 여자로 더불어 더럽히지 아니하고 정절이 있는 자라 어린양이 어디로 인도하든지 따라가는 자며 사람 가운데서 구속을 받아 처음 익은 열매로 하나님과 어린양에게 속한 자들이니 *5* 그 입에 거짓말이 없고 흠이 없는 자들이더라

이 말씀은 구원받은 144,000 성도들이 이 땅에서 어떤 신앙생활을 하였던 자들인가를 말해주고 있다. 그러나 이 말씀은 천국에 들어갈 수 있는 자격 기준을 말한 문자 그대로의 의미로 이해되어서는 안 된다. 그렇게 해석하면 구원이 믿음으로 받는 것이 아니라 행위로 말미암아 받는다는 결론이 되기 때문이다.

그렇다면 이 말씀은 누가 어떤 의미로 하는 말씀일까? 이 말씀은 이 책의 계시자이신 예수님이 이 땅에서 믿음을 지킨 후 천국에 들어온 성도들을 향하여 이런 평가를 하고 계신 것으로 보아야 한다. 그러니까 결국 이 말씀은 이 땅에서 신실하게 믿음 생활을 한 성도들을 주님께서 칭찬하시는 말씀으로 이해되어야 할 것이다. 다시 말하면 이들은 이 땅에서 많은 환난 고통을 당하면서도 믿음 생활을 포기하지 아니하고 끝까지 신앙 정조를 지켰던 자들임을 칭찬하는 말씀인 것이다.

왜 이렇게 보아야 하는가? 아무리 믿음이 좋은 사람이라도 평생토록 믿음 생활을 하면서 여기서 말하는 죄들을 한 번도 안 지은 자가 과연 현실로 존재할 수 있는가? 그것은 불가능하다. 그러므로 이 말씀은 끝까지 믿음을 지킨 자들의 그 행위들을 아름답게 보시어서 비록 때로는 실수가 있고 흠이

있을지라도 그런 것들은 따지지도 아니하시고 그 성도들의 아름다웠던 그 중심을 칭찬하시는 말씀으로 이해되어야 할 것이다. 이제 그 말씀의 의미를 생각해보자.

"이 사람들은 여자로 더불어 더럽히지 아니하고 정절이 있는 자라"

이 말씀은 문자적인 의미보다는 영적인 의미로 이해하는 것이 타당할 것이다. 다시 말하면 다른 신들을 섬기지 아니하고 신앙의 정절을 지킨 것을 뜻한다고 볼 것이다. 왜냐하면 성경은 신자가 하나님 외에 다른 신들을 섬기는 일을 음란한 행위로 말하고 있기 때문이다. 이런 표현의 예를 다음 성구에서 찾아 볼 수 있다.

- 삿 2:17 "그들이 그 사사도 청종치 아니하고 돌이켜 다른 신들을 음란하듯 좇아 그들에게 절하고 여호와의 명령을 순종하던 그 열조의 행한 길을 속히 치우쳐 떠나서 그와 같이 행치 아니하였더라"

"어린양이 어디로 인도하든지 따라가는 자며 사람 가운데서 구속을 받아 처음 익은 열매로 하나님과 어린양에게 속한 자들이니"

이들은 염소가 아니라 양들이었기 때문에 주님이 인도하시는 대로 따른 자들이다. 주님은 말씀하셨다.

- 요 10:4 "자기 양을 다 내어놓은 후에 앞서 가면 양들이 그의 음성을 아는 고로 따라오되

그 결과 이들은 이 세상 많은 사람들 가운데서 구속을 받아 하나님과 어린양 곧 예수님께 속한 자들이 되었다. 속하였다는 말씀은 하나님과 주님의 백성이 되었고 자녀가 되었다는 뜻이다.

- 요 1:12 "영접하는 자 곧 그 이름을 믿는 자들에게는 하나님의 자녀

가 되는 권세를 주셨으니"

- 빌 3:20 "오직 우리의 시민권은 하늘에 있는지라 거기로서 구원하는 자 곧 주 예수 그리스도를 기다리노니"

- 계 21:3-4 "내가 들으니 보좌에서 큰 음성이 나서 가로되 보라 하나님의 장막이 사람들과 함께 있으매 하나님이 저희와 함께 거하시리니 저희는 하나님의 백성이 되고 하나님은 친히 저희와 함께 계셔서4 모든 눈물을 그 눈에서 씻기시매 다시 사망이 없고 애통하는 것이나 곡하는 것이나 아픈 것이 다시 있지 아니하리니 처음 것들이 다 지나갔음이러라"

"처음 익은 열매로"

이 말씀은 무슨 뜻일까? 이 말씀을 구원 받는 자 중에 처음 받은 자로 이해해서는 안 된다, 왜냐하면 지금 이 말씀은 구원받은 성도 전체인 144,000에 대한 이야기이기 때문이다. 여기서 첫 열매란 지금까지 천사의 세계에서나 인간 세계에서나 이 144,000 성도들 같이 구원을 받은 일은 없다. 이것은 우주의 역사 속에 처음 있는 일이다. 그리고 이들은 예수 그리스도께서 땅에 떨어져 죽는 한 알의 밀알이 됨으로써 맺게 된 구원의 열매들인 것이다(요 12:24). 그러므로 이들은 처음 익은 열매로 불린 것이다. 성경에서 우리는 성도들을 처음 익은 열매라고 부른 예를 찾아볼 수 있다.

- 약 1:18 "그가 그 조물 중에 우리로 한 첫 열매가 되게 하시려고 자기의 뜻을 좇아 진리의 말씀으로 우리를 낳으셨느니라"

- 렘 2:3 "그 때에 이스라엘은 나 여호와의 성물 곧 나의 소산 중 처음 열매가 되었나니 그를 삼키는 자면 다 벌을 받아 재앙을 만났으리라 여호와의 말이니라"

14:5 그 입에 거짓말이 없고 흠이 없는 자들이더라

마귀는 거짓의 아비이다.

- 요 8:44 "너희는 너희 아비 마귀에게서 났으니 너희 아비의 욕심을 너희도 행하고자 하느니라 저는 처음부터 살인한 자요 진리가 그 속에없으므로 진리에 서지 못하고 거짓을 말할 때마다 제 것으로 말하나니 이는 저가 거짓말장이요 거짓의 아비가 되었음이니라"

그러나 예수님은 진리이시다. 그러므로 주님의 말씀은 무엇이나 참되시다.

- 요 14:6 "예수께서 가라사대 내가 곧 길이요 진리요 생명이니 나로 말미암지 않고는 아버지께로 올 자가 없느니라"

- 요 8:14 "예수께서 대답하여 가라사대 내가 나를 위하여 증거하여도 내 증거가 참되니 나는 내가 어디서 오며 어디로 가는 것을 앎이어니와 너희는 내가 어디서 오며 어디로 가는 것을 알지 못하느니라"

이 성도들은 마귀를 닮지 아니하고 주님을 닮은 자들인 것이다. 그러므로 이들은 주님의 말씀 곧 성경의 진리의 말씀만을 말하는 참된 자들이다.

그리고 이들은 흠이 없는 자들이다. 본래 흠 없다는 말은 구약에서 제물을 드릴 때에 사용된 단어이다. 즉 하나님 앞에 흠 없는 제물을 드려야 한다는 말씀에서 찾아볼 수 있다.

- 레 1:3 "그 예물이 소의 번제이면 흠 없는 수컷으로 회막 문에서 여호와 앞에 열납하시도록 드릴지니라"

이 144,000 성도들은 주님을 위하여 흠 없는 제물과 같이 오직 주님만을 위하여 순수한 충성심을 가지고 물질과 눈물과 땀과 심지어는 목숨까지도 바친 사람들임을 의미한다.

V. 세 천사들의 메시지 (14:7-12)

14:6 또 보니 다른 천사가 공중에 날아가는데 땅에 거하는 자들 곧 여러 나라와 족속과 방언과 백성에게 전할 영원한 복음을 가졌더라
14:7 그가 큰 음성으로 가로되 하나님을 두려워하며 그에게 영광을 돌리라 이는 그의 심판하실 시간이 이르렀음이니 하늘과 땅과 바다와 물들의 근원을 만드신 이를 경배하라 하더라
14:8 또 다른 천사 곧 둘째가 그 뒤를 따라 말하되 무너졌도다 무너졌도다 큰 성 바벨론이여 모든 나라를 그 음행으로 인하여 진노의 포도주로 먹이던 자로다 하더라
14:9 또 다른 천사 곧 세째가 그 뒤를 따라 큰 음성으로 가로되 만일 누구든지 짐승과 그의 우상에게 경배하고 이마에나 손에 표를 받으면
14:10 그도 하나님의 진노의 포도주를 마시리니 그 진노의 잔에 섞인 것이 없이 부은 포도주라 거룩한 천사들 앞과 어린양 앞에서 불과 유황으로 고난을 받으리니
14:11 그 고난의 연기가 세세토록 올라가리로다 짐승과 그의 우상에게 경배하고 그 이름의 표를 받는 자는 누구든지 밤낮 쉼을 얻지 못하리라 하더라
14:12 성도들의 인내가 여기 있나니 저희는 하나님의 계명과 예수 믿음을 지키는 자니라

이 부분의 내용은 다음과 같이 구분된다.

- 첫째 천사 – 성도들에 대한 격려의 말(6-7절)
- 둘째 천사 – 바벨론 멸망을 선포함(8절)
- 셋째 천사 – 악의 세력들이 받을 하나님의 진노를 선포함(9-12절)

이 계시를 주시는 목적은 극심한 환난 속에서 믿음의 싸움을 하고 있는 성도들에게 원수들이 멸망할 날이 얼마 남지 않았다는 사실과, 하나님은 반

드시 그들을 향하여 진노의 심판을 하실 것을 알려주면서, 그러니 끝까지 하나님을 믿는 믿음을 버리지 말라고 격려하기 위한 것이다.

1. 첫째 천사-성도들에 대한 격려의 말(6-7절)

> *14:6* 또 보니 다른 천사가 공중에 날아가는데 땅에 거하는 자들 곧 여러 나라와 족속과 방언과 백성에게 전할 영원한 복음을 가졌더라

세 천사 중에 첫째 천사는 영원한 복음을 들고 나타났다. 영원한 복음이란 무엇을 가리키는가? 이 말 앞에 정관사가 없는 것을 볼 때 어떤 특정된 것을 가리키는 말은 아니다. 우리가 흔히 말하는 복음 곧 성경 말씀을 가리킨다. 이 복음을 영원한 복음이라고 표현한 것은 복음 자체의 속성 때문이다. 이런 복음의 속성은 다음 성구에서도 알 수 있다.

- 벧전 1:24-25 "그러므로 모든 육체는 풀과 같고 그 모든 영광이 풀의 꽃과 같으니 풀은 마르고 꽃은 떨어지되 25 오직 주의 말씀은 세세토록 있도다 하였으니 너희에게 전한 복음이 곧 이 말씀이니라"

그리고 이 복음이 전하여질 대상을 보아서도 알 수 있다. 그 대상자는 일반 복음의 대상자와 전혀 동일하기 때문이다. "땅에 거하는 자들 곧 여러 나라와 족속과 방언과 백성에게 전할 영원한 복음"이라고 하였기 때문이다. 그리고 다음 절에서 보는 대로 그 복음의 내용이 일반 복음과 동일하기 때문이다.

> *14:7* 그가 큰 음성으로 가로되 하나님을 두려워하며 그에게 영광을 돌리라 이는 그의 심판하실 시간이 이르렀음이니 하늘과 땅과 바다와 물들의 근원을 만드신 이를 경배하라 하더라

이 말씀은 그 복음의 내용이다. 복음의 내용은 세 가지 명령으로 되어 있다.

1) 하나님을 두려워하라

2) 그에게 영광을 돌리라

3) (그를) 경배하라

이 말씀은 한 마디로 믿음생활을 잘 하라는 뜻이다. 그 이유는 무엇인가? 그 이유는 하나님의 심판하실 시간이 이르렀기 때문이라는 것이다. 비유로 말하면 42km를 달리는 마라톤 선수에게 골인 지점에 거의 다 왔으니 끝까지 힘내어 달리라는 뜻이다. 그러면서 이 천사는 또 외친다.

"하늘과 땅과 바다와 물들의 근원을 만드신 이를 경배하라"

이 말을 하는 이유는 곧 심판하실 하나님은 곧 우주의 창조자이심을 상기시킴으로써 그분은 창조자이시기 때문에 우주의 통치자이시며 그러므로 심판은 반드시 행하여질 것을 믿게 하려는 것이다.

2. 둘째 천사 – 바벨론 멸망을 선포함(8절)

14:8 또 다른 천사 곧 둘째가 그 뒤를 따라 말하되 무너졌도다 무너졌도다 큰 성 바벨론이여 모든 나라를 그 음행으로 인하여 진노의 포도주로 먹이던 자로다 하더라

여기에 나오는 바벨론이라는 나라는 이스라엘 백성들을 포로로 잡아갔던 나라이다. 이스라엘 백성들은 모든 삶의 터전을 다 빼앗기고 이 나라에 포로로 끌려가서 우상 숭배를 강요당하며 70년 동안 얼마나 많은 고난을 당하였는지 모른다.

그러므로 본문에서 큰 성 바벨론은 하나님의 백성들을 괴롭히던 사단의 왕국을 뜻한다. 마귀는 공중권세를 잡고 불순종의 아들들 가운데 역사하고 있다(엡 2:2 참조). 이 사단의 세력들은 아담의 시대 이후 지금까지 하나님의 백성들을 괴롭히는 일을 쉬지 않고 해왔다. 이들은 계 13장에서 본 대로 세상 종말에 적그리스도를 보내어 마지막 대 환난을 가져올 것이다.

이들은 어떤 방법으로 성도들을 괴롭혀 왔는가?

"모든 나라를 그 음행으로 인하여 진노의 포도주로 먹이던 자로다 하더라"

여기서 음행은 영적인 뜻으로 볼 것이다. 문자적인 의미로 보아서 안 될 이유는 마귀는 사람들을 육적 음행만 하게 만든 것이 아니기 때문이다. 영적인 음행이란 하나님 대신 다른 신들을 섬기는 것, 하나님 보다 다른 것들을 더 사랑하는 것이다. 사람들을 이런 자리로 미혹하여 실족케 함으로써 그 사람으로 하여금 하나님의 진노의 대상이 되게 만든 것을 뜻한다.

그런데 이들의 운명은 어떻게 될 것인가? 천사는 이렇게 외친다.

"무너졌도다 무너졌도다 큰 성 바벨론이여"

이 음성은 성도들에게 얼마나 큰 기쁨과 감격의 소리인가? 큰 성 바벨론의 멸망은 곧 우리들의 해방을 의미하는 것 아닌가! 1945년 8월 15일을 생각해보라. 우리나라가 왜정 치하 36년 간의 속박에서 신음하고 있을 때 라디오에서 흘러나오는 일본 천황의 무조건 항복의 메시지는 우리 국민들에게 얼마나 큰 기쁨을 안겨 주었는가? 그 메시지는 곧 우리 민족에게는 해방을 의미하는 것이기 때문이 아닌가!

이 천사는 우리 성도들에게 바로 이런 기쁜 소식을 전하고 있는 것이다. 그리고 더욱 신나는 일은 큰 성 바벨론이 누구의 손에 의하여 무너졌는가? 하는 것이다. 바로 앞 절에서 본 하나님의 심판의 결과라는 사실이다. 즉 우리를 사랑하시는 그리고 우리가 믿고 따르고 의지하는 하나님이 우리의 원수를 갚아주시기 위하여 심판하심으로 그 성을 멸망시키는 것이기 때문이다.

3. 셋째 천사-사단을 따르던 자들이 받을 하나님의 진노(9-12절)

14:9 또 다른 천사 곧 셋째가 그 뒤를 따라 큰 음성으로 가로되 만일 누구든지 짐승과 그의 우상에게 경배하고 이마에나 손에 표를 받으면

여기서 짐승은 계 13장에 나타났던 두 짐승 곧 종말에 나타날 적그리스도를 가리킨다. 이 짐승들은 우상을 만들어놓고 하나님 대신 그것을 섬기도록 사람들에게 강요한 것을 우리는 계 13장에서 보았다. 그 때에 참 성도들은 순교를 당할지라도 우상에게 절하지 않고 신앙 정조를 지켰으나 많은 사람들이 그 우상에게 경배하고 그 이마나 손에 짐승의 표를 받았다. 이들의 운명은 어떻게 되는가?

14:10 그도 하나님의 진노의 포도주를 마시리니 그 진노의 잔에 섞인 것이 없이 부은 포도주라 거룩한 천사들 앞과 어린양 앞에서 불과 유황으로 고난을 받으리니

"그도 하나님의 진노의 포도주를 마시리니"

이 말씀에서 "그도"라는 말은 "두 짐승 곧 적그리스도뿐만 아니라 그를 따르던 모든 사람들도"라는 뜻이다.

"하나님의 진노의 포도주를 마시리니 그 진노의 잔에 섞인 것이 없이 부은 포도주라"

하나님의 진노의 잔은 언제나 하나님의 심판을 뜻한다(사 51:17, 22, 렘 25:15, 시 75:8). **섞인 것이 없이 부은 포도주**는 자비나 긍휼이 1%도 섞이지 아니한 완전 100% 진노로 가득 찬 심판을 받게 될 것을 뜻한다.

"거룩한 천사들 앞과 어린양 앞에서 불과 유황으로 고난을 받으리니"

이들이 심판의 결과로 받게 되는 형벌이 어떤 것인가를 보여준다. 이들은 불과 유황으로 고난을 받는다. 이것은 지옥 형벌을 의미한다. 그리고 이들은 **거룩한 천사들 앞과 어린양 앞에서** 이 고난을 받는다. 이것은 매우 의미 있는 일이다. 왜냐하면 그렇게도 악랄하게 어린양을 괴롭히고 그의 백성들을 못살게 굴던 마귀와 그를 따르던 무리들이 이제는 최후의 승리자 앞에 완전히 굴복하고 그의 면전에서 받는 고난이기 때문이다. 승자의 영광과 패자의

치욕이 드러나는 장면이다.

14:11 그 고난의 연기가 세세토록 올라가리로다 짐승과 그의 우상에게 경배하고 그 이름의 표를 받는 자는 누구든지 밤낮 쉼을 얻지 못하리라 하더라

이 말씀은 이런 악의 세력들이 받는 고난이 언제까지 그리고 어느 범위의 사람들에게까지 미칠 것인가를 알려주고 있다.

그들의 고난은 세세토록 곧 영원히 계속 될 것이다. 그리고 그들의 고난은 밤낮 간단없이 계속될 것이다. 그리고 이런 고난이 어느 범위의 사람들에게까지 미칠 것인가? **짐승과 그의 우상에게 경배하고 그 이름의 표를 받는 자는 누구든지**이다. 즉 이런 자들은 한 사람도 예외가 있을 수 없다. 모두가 이 형벌을 받게 될 것이다.

14:12 성도들의 인내가 여기 있나니 저희는 하나님의 계명과 예수 믿음을 지키는 자니라

여기서 성도들의 인내란 그 큰 환난 속에서도 사단에게 무릎을 꿇지 않고 끝까지 믿음을 지킨 인내를 뜻한다. **저희는 하나님의 계명과 예수 믿음을 지키는 자니라**는 말씀이 바로 그 뜻이다.

이 말씀은 성도들의 이런 인내가 얼마나 값진 것인가! 그 진가가 비로소 여기서 찬란하게 드러나게 될 것을 말하고 있는 것이다. 모든 사람들이 다 지옥 유황불에 들어가서 이 무서운 형벌을 받게 될 때 오직 주님을 향한 믿음을 끝까지 지킨 성도들만 그 인내 때문에 그 지옥에 들어가지 않고 영원한 천국에 들어가게 되었으니 말이다. 그러므로 우리는 앞으로 어떤 환난이 와도 참고 끝까지 믿음을 지켜야 할 것이다.

VI. 하나님의 음성 – 순교자의 복(14:13)

14:13 또 내가 들으니 하늘에서 음성이 나서 가로되 기록하라 자금 이후로 주 안

> 에서 죽는 자들은 복이 있도다 하시매 성령이 가라사대 그러하다 저희 수고를 그치고 쉬리니 이는 저희의 행한 일이 따름이라 하시더라

이 말씀이 왜 여기에 나오는가? 바로 앞 절에서는 성도들의 인내의 귀중함을 말하였는데 이런 성도들에게 어떤 결과가 있을 것인가를 보여주기 위함이다.

"또 내가 들으니 하늘에서 음성이 나서 가로되"

누구의 음성일까? 확실히 알 수는 없다. 그러나 이 음성은 성자 예수님의 음성으로 추측된다. 왜냐하면 처음부터 요한계시록을 기록하라고 하신 분이 예수님이며(계 1:19), 이 음성에 대하여 곧 바로 우리 구원을 위하여 예수님과 함께 일하시는 성령께서 화답하시는 것을 보기 때문이다. 그러므로 이 말씀은 끝까지 믿음을 지킨 성도들이 얼마나 복된 자들인가를 성자 예수님과 성령님께서 직접 선포하시는 말씀이다.

"자금 이후로"

이 말씀은 지금부터 앞으로 다가올 대환난의 때까지를 뜻한다.

"주 안에서 죽는 자들"

이들은 앞에서 말한 성도의 인내 곧 믿음을 지킨 자들을 뜻한다. 이 기간 동안에 믿음을 지키다가 죽은 자들 그리고 한 걸음 더 나아가 순교한 자들은 복이 있다는 것이다. 그리고 그 복의 확실성을 보장하기 위하여 주님의 이 말씀에 성령께서 화답하신다. 성령께서는 이런 성도들이 왜 그리고 어떤 복을 누리게 될 것인지를 말씀하신다.

"성령이 가라사대 그러하다 저희 수고를 그치고 쉬리니 이는 저희의 행한 일이 따름이라 하시더라"

저희의 수고는 성도들이 이 땅에서 신앙생활을 하면서 받은 고난들을 가

리킨다. 쉰다는 말은 천국에서 영원한 안식을 누리는 삶을 의미한다. 그 삶은 어떤 삶인가?

- 계 21:3-4 "내가 들으니 보좌에서 큰 음성이 나서 가로되 보라 하나님의 장막이 사람들과 함께 있으매 하나님이 저희와 함께 거하시리니 저희는 하나님의 백성이 되고 하나님은 친히 저희와 함께 계셔서 4 모든 눈물을 그 눈에서 씻기시매 다시 사망이 없고 애통하는 것이나 곡하는 것이나 아픈 것이 다시 있지 아니하리니 처음 것들이 다 지나갔음이러라"

지금까지 우리는 세 천사가 전하는 메시지의 내용과 마지막으로 예수님과 성령님이 선포하시는 말씀을 보았다. 우리는 이 말씀들에서 무엇을 알 수 있는가? 앞으로 다가올 대 환난을 대비하여 주님께서는 얼마나 확실한 말씀으로 성도들을 영적으로 무장시키시고 용기와 소망을 북돋아주시려고 하시는가를 알 수 있다. 그러므로 우리는 여기에서도 요한계시록은 단순히 앞으로 벌어질 일들을 예언하기 위한 책이 아니라 성도들에게 닥쳐올 환난들을 알려줌과 동시에 그런 환난을 어떻게 극복하며 싸워 최후의 승리를 차지하도록 이끌어줄 것인가라는 목적을 가지고 쓰인 책임을 확실히 알 수 있다.

VII. 곡식의 추수 – 성도들의 구원(14:14–16)

14:14 또 내가 보니 흰 구름이 있고 구름 위에 사람의 아들과 같은 이가 앉았는데 그 머리에는 금 면류관이 있고 그 손에는 이한 낫을 가졌더라

다음 성구에서 말하는 분과 동일한 분이라고 생각된다.

- 단 7:13 "내가 또 밤 이상 중에 보았는데 인자 같은 이가 하늘 구름을 타고 와서 옛적부터 항상 계신 자에게 나아와 그 앞에 인도되매"

- 마 24:30 "그 때에 인자의 징조가 하늘에서 보이겠고 그 때에 땅의 모든 족속들이 통곡하며 그들이 인자가 구름을 타고 능력과 큰 영광으로 오는 것을 보리라"

그러므로 이 분은 예수님이시다. 그리고 이 분이 예수님이라는 사실은 다음 두 가지 점에서 더욱 분명해진다.

1) 금 면류관을 쓰심

금 면류관은 왕관으로서 예수님의 왕권을 상징한다. 여기서 그의 왕권이 강조된 것은 추수하기 위하여 재림하시는 주님은 심판 권세를 가진 왕의 모습으로 오실 것이기 때문이다.

- 마 16:27 "진실로 너희에게 이르노니 여기 섰는 사람 중에 죽기 전에 인자가 그 왕권을 가지고 오는 것을 볼 자들도 있느니라"

2) 본문에서 그분이 하시는 일

본문에서 그분은 추수하는 주인공으로 나타난다. 그 추수의 주인공이 되시는 분은 예수님인 것을 우리는 다음 성구에서 알 수 있다.

- 마 13:30 "둘 다 추수 때까지 함께 자라게 두어라 추수 때에 내가 추수꾼들에게 말하기를 가라지는 먼저 거두어 불사르게 단으로 묶고 곡식은 모아 내 곳간에 넣으라 하리라"

14:15 또 다른 천사가 성전으로부터 나와 구름 위에 앉은 이를 향하여 큰 음성으로 외쳐 가로되 네 낫을 휘둘러 거두라 거둘 때가 이르러 땅에 곡식이 다 익었음이로다 하니

이 말씀에서 한 가지 의문이 생긴다. 구름 위에 앉으신 이가 앞 절에서 말한 대로 예수님이라면 어떻게 피조물인 천사가 감히 예수님을 향하여 **네 낫을 휘둘러 거두라**고 명령을 할 수 있느냐 하는 것이다.

그러나 이 문제는 간단히 설명될 수 있다. 지금 여기서 천사는 자기의 뜻을 예수님께 말하는 것이 아니다. 무엇으로 알 수 있는가? 천사는 추수할 때가 이르렀는지 아닌지를 스스로 결정할 수 없다. 그 때는 오직 하나님 아버지만 아시는 것이다.

- 마 24:36 "그러나 그 날과 그 때는 아무도 모르나니 하늘의 천사들도, 아들도 모르고 오직 아버지만 아시느니라"

이 사실을 놓고 볼 때 이 천사는 성부 하나님이 성자 예수님께 내리시는 명령을 전달하는 것뿐이다. 그러므로 이 말씀은 마지막 때가 되면 **곡식은 모아 내 곳간에 넣으라**는 말씀대로 주님이 성부 하나님의 뜻을 따라서 우리 성도들을 천국으로 인도하실 것을 보여주는 계시이다.

14:16 구름 위에 앉으신 이가 낫을 땅에 휘두르매 곡식이 거두어지니라

이 말씀은 성부 하나님의 뜻이 예수님께 전달되자마자 즉시로 실행에 옮겨 그 뜻이 이루어짐을 보여준다. 예수님은 이 땅에 계실 때나 하늘나라에 계신 때나 항상 성부 하나님의 뜻을 이루어 드리는 분이시다.

- 요 6:38-39 "내가 하늘로서 내려온 것은 내 뜻을 행하려 함이 아니요 39 나를 보내신 이의 뜻을 행하려 함이니라 나를 보내신 이의 뜻은 내게 주신 자 중에 내가 하나도 잃어 버리지 아니하고 마지막 날에 다시 살리는 이것이니라"

VIII. 포도의 추수 - 악의 세력들에 대한 심판(14:17-20)

이 부분에서는 악의 세력들에 대한 하나님의 심판이 계시되고 있다. 그 심판이 어떻게 이루어지는지 살펴보자.

> *14:17* 또 다른 천사가 하늘에 있는 성전에서 나오는데 또한 이한 낫을 가졌더라

우리는 여기서 좋은 대조를 본다. 앞 절에서 곡식을 거두어 들이는 일, 곧 성도들을 구원하여 천국에 들여보내는 일은 예수님이 직접 낫을 들고 하셨는데 여기 포도의 추수 곧 악인들에 대한 심판의 수행은 천사들을 통하여 이루어진다는 사실이다.

이 사실은 우리에게 무엇을 말해주는가? 우리 하나님께서는 우리 성도들을 얼마나 귀중히 여기시고 아끼시는가를 알 수 있다. 그러기 때문에 성도들의 구원은 예수님이 직접 하시는 것이다.

> *14:18* 또 불을 다스리는 다른 천사가 제단으로부터 나와 이한 낫 가진 자를 향하여 큰 음성으로 불러 가로되 네 이한 낫을 휘둘러 땅의 포도송이를 거두라 그 포도가 익었느니라 하더라

"불을 다스리는 다른 천사"

이 천사는 어떤 천사인가? 여기서 불은 하나님의 심판의 불을 뜻한다.

- 히 12:29 "우리 하나님은 소멸하는 불이심이니라"
- 벧후 3:6-7 "이로 말미암아 그때 세상은 물의 넘침으로 멸망하였으되 7 이제 하늘과 땅은 그 동일한 말씀으로 불사르기 위하여 간수하신 바 되어 경건치 아니한 사람들의 심판과 멸망의 날까지 보존하여 두신 것이니라"

그러므로 불을 다스리는 천사는 하나님의 심판을 수행하기 위하여 일하

는 천사를 의미한다.

"이한 낫 가진 자"

이는 누구인가? 17절에서 말한 천사이다. 이 천사도 하나님의 심판을 수행하는 일에 역시 수종을 드는 천사임에 틀림없다. 동일한 심판을 위한 것이지만 그들이 수행할 임무는 각각 다른 것이다.

이 두 천사의 임무를 구분한다면 이한 낫을 가진 천사는 악인들을 심판의 자리까지 끌어오는 일을 하는 것이며, 불을 다스리는 천사는 그들에게 형을 집행하는 일을 하는 것으로 볼 수 있을 것이다.

"가로되 네 이한 낫을 휘둘러 땅의 포도송이를 거두라 그 포도가 익었느니라 하더라"

이 말씀은 하나님의 심판을 위하여 악인들을 불러 모으라는 뜻이다. 하나님의 심판을 포도송이를 짓눌러 포도즙을 짜내는 과정으로 묘사한 것이다. 우리는 이런 묘사를 다음 성구에서도 볼 수 있다.

- 욜 3:13 "너희는 낫을 쓰라 곡식이 익었도다 와서 밟을지어다 포도주 틀이 가득히 차고 포도주 독이 넘치니 그들의 악이 큼이로다"

그러므로 여기서 포도송이는 악인들을 가리키는 것이며, 포도가 익었다는 것은 그들의 악이 가득 차서 심판을 받을 때가 되었다는 뜻이다. 하나님은 악인들의 죄악이 가득 찰 때까지 참고 계시다가 때가 되면 심판을 행하시는 분이라는 사실을 우리는 다음 성구에서 알 수 있다.

- 창 15:16 "네 자손은 사 대 만에 이 땅으로 돌아오리니 이는 아모리 족속의 죄악이 아직 관영치 아니함이니라 하시더니"

이 말씀은 아모리 족속의 죄악이 관영할 때까지 하나님께서 심판을 유보

하신다는 뜻이다. 다시 말하면 그들의 죄악이 가득 차게 되면 그 때에 심판을 하시겠다는 뜻이다.

이와 같이 본문에서도 하나님은 저들의 죄악이 관영하여질 때까지 기다리셨다가 이제 그 때가 되어서 심판을 행하시겠다는 뜻이다.

14:19 천사가 낫을 땅에 휘둘러 땅의 포도를 거두어 하나님의 진노의 큰 포도주 틀에 던지매

드디어 심판이 행하여진다. 하나님의 심판을 수종들고 있는 이 천사는 땅의 포도 곧 악인들을 모아서 하나님의 심판대 앞에 세우고 그들의 정죄에 따라 하나님의 진노의 큰 포도주 틀 곧 진노의 형틀에 던진다. 그 결과 저들은 어떻게 되는가? 다음 절을 보라.

14:20 성 밖에서 그 틀이 밟히니 틀에서 피가 나서 말굴레까지 닿았고 일천육백 스다디온에 퍼졌더라

하나님의 진노의 포도주 틀이 밟혔다는 것은 저들에게 하나님의 무서운 형벌이 내려진 것을 의미한다. 포도가 포도주 틀에 던져져서 부서질 때 얼마나 잔혹하게 부서지는가? 하나님의 심판의 잔혹성을 실감나게 알려주는 표현이다. 그런데 그 틀이 어디서 밟히는가?

"성 밖에서"

이 성은 어느 성을 가리키는가? 예루살렘 성을 가리킨다. 구약시대부터 예루살렘 성 밖은 심판을 받은 자에게 형을 집행하는 장소로 알려져 왔다. 그러므로 예수님께서도 예루살렘 성 영문 밖 골고다 언덕에서 형 집행을 당하신 것이다. 보라 예수님을 성 밖에서 십자가에 못 박아 죽인 이 악한 무리들이 이제는 그 동일한 장소에서 어떻게 보응을 받는가를!

"그 틀이 밟히니 틀에서 피가 나서 말굴레까지 닿았고 일천육백 스다디온에

퍼졌더라"

이 말씀은 하나님의 진노의 심판이 얼마나 무서운가를 보여준다. 말굴레까지 닿았다는 말은 포도주 틀을 돌리고 있는 말의 굴레에까지 그 피가 튀었다는 뜻이며, 그 피는 그뿐 아니라 1600 스다디온에까지 퍼졌다. 이 1600 스다디온은 무엇을 뜻하는가? 1600은 4×4×100이다. 4는 동서남북 등 이 세상을 가리킨다. 100은 만수이다. 이 숫자는 온 세상을 가리킨다. 그러므로 이 말씀은 악인들에 대한 하나님의 심판하시는 그 진노가 온 세상에 가득 찰 것임을 뜻한다. 이 얼마나 무서운 하나님의 진노인가!

요한계시록은 이런 뜻이었다

제 7 장

제7장

일곱 대접 재앙

계시록 15:1-16:21

서 론

지금까지 우리는 일곱 나팔 재난 및 그와 관련된 사건들을 보아왔다. 이제 또 하나의 새로운 장면을 보여주신다. 그것은 일곱 대접 재앙이다. 이제부터 그 내용을 살펴보자.

I. 일곱 대접 재앙의 의미

1. 악의 세력들에게 내려지는 하나님의 심판으로서의 재앙이다.

앞의 일곱 인 재난과 일곱 나팔 재난은 세력들로 인하여 성도들이 당하는 고난들이라고 하였다. 그리고 일곱 인 재난은 일반적인 재난이며, 일곱 나팔 재난은 영적인 재난이라고 하였다.

그러면 여기에 나오는 일곱 대접 재앙은 누구에게 내려지는 어떤 성격의 재앙인가? 이 재앙들은 하나님을 거역하고 하나님의 백성들을 그렇게도 끈질기게 괴롭히던 마귀와 그를 따르는 악의 무리들을 향하여 쏟아 붓는 하나

님의 진노의 심판으로서의 재난이다.

2. 악의 세력들에게 내려지는 하나님의 심판으로서의 재앙이라는 증거

일곱 대접 재앙이 악의 세력들에게 내려지는 하나님의 심판으로서의 재앙이라는 증거는 이 부분에 나오는 다음과 같은 성구에서 분명히 알 수 있다.

1) 대접 재앙의 내용이 하나님의 진노라는 사실

15:1 또 하늘에 크고 이상한 다른 이적을 보매 일곱 천사가 일곱 재앙을 가졌으니 곧 마지막 재앙이라 하나님의 진노가 이것으로 마치리로다

15:7 네 생물 중에 하나가 세세에 계신 하나님의 진노를 가득히 담은 금대접 일곱을 그 일곱 천사에게 주니

2) 그 대접이 악의 세력들에게 부어진다는 사실

16:2 첫째가 가서 그 대접을 땅에 쏟으매 악하고 독한 헌데가 짐승의 표를 받은

사람들과 그 우상에게 경배하는 자들에게 나더라

3) 이 재앙을 심판하시는 일로 부르고 있다는 사실

16:7 또 내가 들으니 제단이 말하기를 그러하다 주 하나님 곧 전능하신이시여 심판하시는 것이 참되시고 의로우시도다 하더라

우리는 여기서 우리의 구원자이신 하나님께 감사하지 않을 수 없다. 이 땅에서 신앙생활을 하는 동안 우리들은 마귀의 세력으로부터 얼마나 많은 고통을 받아왔는가? 그런데 우리들은 영광의 구원을 받게 하시고 그렇게도 우리를 못살게 굴던 마귀의 세력들은 우리가 보는 앞에서 진노의 심판을 하신다는 사실! 하나님께서 얼마나 속 시원하게 저들을 심판하셔서 우리의 원수를 갚아주시는가?

이런 날이 반드시 우리에게 올 것을 굳게 믿고 오늘 이 땅에 사는 동안 사단의 어떤 공격이 있어도 굴하지 말고 끝까지 믿음의 선한 싸움을 싸워야 할 것이다.

II. 내용 구분

<table>
<tr><td rowspan="8">일곱대접재앙</td><td>15:1-8</td><td>일곱 대접의 재앙의 준비</td></tr>
<tr><td>16:1-2</td><td>첫째 재앙(짐승을 따르는 자에게 종기)</td></tr>
<tr><td>16:3</td><td>둘째 재앙(바다의 모든 생물이 죽음)</td></tr>
<tr><td>16:4-7</td><td>셋째 재앙(악인들이 피로 변한 물을 마심)</td></tr>
<tr><td>16:8-9</td><td>넷째 재앙(해가 악인들을 태움)</td></tr>
<tr><td>16:10-11</td><td>다섯째 재앙(어두움과 종기의 재앙)</td></tr>
<tr><td>16:12-16</td><td>여섯째 재앙(악의 세력들이 아마겟돈 전쟁을 준비함)</td></tr>
<tr><td>16:17-21</td><td>일곱째 재앙(큰 성 바벨론의 멸망)</td></tr>
</table>

일곱 대접 재앙의 준비
[15:1-8]

15:1 또 하늘에 크고 이상한 다른 이적을 보매 일곱 천사가 일곱 재앙
을 가졌으니 곧 마지막 재앙이라 하나님의 진노가 이것으로 마치
리로다
15:2 또 내가 보니 불이 섞인 유리 바다 같은 것이 있고 짐승과 그의
우상과 그의 이름의 수를 이기고 벗어난 자들이 유리 바닷가에 서
서 하나님의 거문고를 가지고
15:3 하나님의 종 모세의 노래, 어린양의 노래를 불러 가로되 주 하나
님 곧 전능하신 이시여 하시는 일이 크고 기이하시도다 만국의 왕
이시여 주의 길이 의롭고 참되시도다
15:4 주여 누가 주의 이름을 두려워하지 아니하며 영화롭게 하지 아니
하오리이까 오직 주만 거룩하시니이다 주의 의로우신 일이 나타
났으매 만국이 와서 주께 경배하리이다 하더라
15:5 또 이 일 후에 내가 보니 하늘에 증거 장막의 성전이 열리며
15:6 일곱 재앙을 가진 일곱 천사가 성전으로부터 나와 맑고 빛난 세마
포 옷을 입고 가슴에 금띠를 띠고
15:7 네 생물 중에 하나가 세세에 계신 하나님의 진노를 가득히 담은
금대접 일곱을 그 일곱 천사에게 주니
15:8 하나님의 영광과 능력을 인하여 성전에 연기가 차게 되매 일곱 천
사의 일곱 재앙이 마치기까지는 성전에 능히 들어갈 자가 없더라

해 석

15:1 또 하늘에 크고 이상한 다른 이적을 보매 일곱 천사가 일곱 재앙을 가졌으니 곧 마지막 재앙이라 하나님의 진노가 이것으로 마치리로다

"또 하늘에 크고 이상한 다른 이적을 보매"

사도 요한은 여기서 또 하나의 이적을 본다. 이적이란 하나님의 초자연적인 역사로 일어나는 사건을 말한다. 그 이적의 내용은 무엇인가?

"일곱 천사가 일곱 재앙을 가졌으니"

그 재앙의 내용은 하나님의 진노이다. 즉 하나님의 진노로 말미암아 이루어질 재앙이다. 그러므로 그 재앙은 하나님이 사랑하시는 성도들을 향한 것이 아니라 하나님을 반역하는 악의 세력들을 향한 것이라는 사실은 논리적으로 당연한 일이다.

"곧 마지막 재앙이라 하나님의 진노가 이것으로 마치리로다"

하나님께서는 지금까지 일곱 인 재앙과 일곱 나팔 재앙을 보여주셨다. 이것들은 물론 악의 세력들에 의하여 성도들이 받게 되는 재난들이었다. 여기에 나타난 일곱 대접 재앙들은 악의 세력들에 대한 하나님의 진노로서의 재앙이다. 이렇게 재앙의 성격과 대상은 다르지만 그것이 재앙이라는 공통점을 가지고 있다. 그러므로 이것을 마지막 재앙이라고 부르고 있다. 그리고 하나님의 진노가 이것으로 마친다는 말은 이 일곱 대접 재앙에는 하나님의 최후심판 곧 우리 주님이 재림하시어서 행하실 백 보좌 심판이 포함된다는 것을 뜻하고 있다.

15:2 또 내가 보니 불이 섞인 유리 바다 같은 것이 있고 짐승과 그의 우상과 그의 이름의 수를 이기고 벗어난 자들이 유리 바닷가에 서서 하나님의 거문고를 가지고

"또 내가 보니 불이 섞인 유리 바다 같은 것이 있고"

여기에 나타난 불이 섞인 유리 바다는 무엇을 뜻하는가? **불**은 무엇을 뜻하는가? 하나님의 진노의 심판을 상징한다. 소돔 고모라 성의 심판이 불로 이루어졌고 세상 끝 날에도 하나님은 불로 심판하실 것이다.

• 벧후 3:10 "그러나 주의 날이 도적같이 오리니 그 날에는 하늘이 큰 소리로 떠나가고 체질이 뜨거운 불에 풀어지고 땅과 그 중에 있는 모든 일이 드러나리로다"

유리 바다는 무엇을 뜻하는가? 구약 시대의 성전은 천국의 모형이다. 여기에 나오는 바다는 성전의 기물 중 물두멍에 해당된다. 이 물두멍은 하나님의 말씀을 상징한다. 유리 바다란 그 말씀의 정결함과 투명성을 나타낸다.

그러므로 유리 바다는 하나님의 심판의 기준이 되는 하나님의 말씀을 가리킨다. 판사가 죄인을 심판할 때 법 조항을 가지고 그 법에 근거하여 하는 것처럼 하나님은 그의 말씀 곧 율법을 가지고 그에 따라 심판하시는 것이다. 그런데 그 바다에 불이 섞였다는 것은 악의 세력들을 향한 하나님의 진노가 그 속에 가득히 담겨져 있음을 뜻하는 것이다. 그러므로 그 심판으로서의 재앙이 악의 세력들에게 얼마나 철저하게 그리고 참혹하게 내려질 것인가를 암시하는 것이다.

"짐승과 그의 우상과 그의 이름의 수를 이기고 벗어난 자들이"

이들은 누구인가? 일곱 인 재앙이나 일곱 나팔 재앙에서 신앙정조를 버리지 않고 굳게 지킨 자들이다. 즉 참된 신자들인 것이다.

"유리 바닷가에 서서 하나님의 거문고를 가지고"

이들은 어디에 서 있는가? **유리 바닷가**에 서 있다. 왜 이들이 여기에 서 있는 것일까? 이 환상이 암시하는 바가 무엇인가? 이 환상은 성도들을 괴롭히던 악의 세력들에 대한 하나님의 심판은 바로 이 성도들의 목전에서 실행될 것이라는 것을 암시한다. 이 땅에서는 성도들이 저 악의 세력들로 말미암아 그렇게도 많은 고통을 겪었지만 이제는 하나님께서 성도들은 구원하시고 구원받은 그 성도들이 보는 앞에서 그 악의 세력들을 보기 좋게 심판하시는 것이다. 이 장면이 성도들에게 얼마나 신나는 일인가? 성도들은 거기서 무엇을 하고 있는가? 다음 절로 이어지는 말씀을 보자.

15:3 하나님의 종 모세의 노래, 어린양의 노래를 불러 가로되 주 하나님 곧 전능하신 이시여 하시는 일이 크고 기이하시도다 만국의 왕이시여 주의 길이 의롭고 참 되시도다

이 성도들은 하나님의 거문고를 가지고 하나님께 찬송을 부르며 영광을 돌리는 것이다. 그 찬송의 내용은 무엇인가?

"하나님의 종 모세의 노래"

모세의 노래란 이스라엘 백성들이 출애굽을 할 때 홍해를 하나님의 기적으로 건넌 후에 바로 왕의 손에서 구원하여 주신 하나님의 기적적인 역사를 찬송한 노래(출 15장)를 가리킨다. 한 마디로 하나님의 구원을 찬송하는 노래이다.

"어린양의 노래"

어린양은 물론 예수님을 가리킨다(요 1:29 참조). 어린양의 노래란 그 어린양이 우리 성도들의 구원자이시기 때문에 구원받은 성도들이 그분께 드리는 노래를 뜻한다. 이것이 모세의 노래와 병행하여 나온 것은 모세 때의 이스라엘 민족의 구원 사건은 예수님의 구원 역사의 예표이기 때문이다.

"불러 가로되 주 하나님 곧 전능하신 이시여 하시는 일이 크고 기이하시도다 만국의 왕이시여 주의 길이 의롭고 참되시도다"

노래의 내용이다. 무엇을 노래하고 있는가?

"하시는 일이 크고 기이하시도다"

하나님이 우리의 구원을 위하여 하시는 일! 얼마나 큰일인가! 우주 창조는 7일 만에 이루어졌지만 우리의 구원 역사는 창세 전 예정으로부터 시작을 하여 세상 끝 날까지 쉴 사이 없이 일하심으로 이루시는 대 사역이다. 그뿐인가? 우주 창조는 말씀으로만 하였지만 우리들의 구원 역사는 독생자를

이 땅에 보내셔서 십자가에 달려 죽게 하심으로 이루신 사역이다. 이 얼마나 큰 사역이며 기이한 일인가!

"만국의 왕이시여 주의 길이 의롭고 참되시도다"

구원받은 성도들은 주님을 만국의 왕으로 부르고 있다. 그리스도의 우주적 왕권 곧 하늘과 땅의 모든 권세를 가지고 계심(마 28:18)을 찬송한다.

그리고 그분이 하시는 일이 의롭고 참되심을 찬송한다. 즉 성도들은 구원하시고 악을 행한 자들은 하나님의 말씀 곧 율법에 따라서 엄정하게 심판하시는 그 모든 행사가 의롭고 참되심을 찬송하는 것이다.

15:4 주여 누가 주의 이름을 두려워하지 아니하며 영화롭게 하지 아니하오리이까 오직 주만 거룩하시니이다 주의 의로우신 일이 나타났으매 만국이 와서 주께 경배하리이다 하더라

계속되는 성도들의 찬송 내용이다. 말씀 그대로의 찬송이다. 어려운 내용이 없으니 설명을 생략한다.

지금까지 하나님께서는 우리에게 무엇을 보여 주신 것인가? 이런 것들을 보여 주신 목적이 무엇인가를 한 번 생각해 보고 지나갈 필요가 있다. 그 목적은 다음과 같다.

일곱 대접 재앙을 보여 주시기 전에 그 대접 재앙들이 쏟아 부어지는 동안 하나님의 백성들은 어디에서 무엇을 하고 있는가를 보여 주신 것이다. 한마디로 하나님은 이 환상을 통하여 우리 성도들이 이 땅에서는 많은 환난을 당하나 마지막에 가서는 원수들을 어떻게 멸하시며 우리들을 얼마나 영화로운 자리에 이르게 하실 것인가를 보여 주심으로 지금 이 땅에서 영적인 싸움을 하고 있는 우리들에게 용기와 소망을 주시려는 것이다.

15:5 또 이 일 후에 내가 보니 하늘에 증거 장막의 성전이 열리며

지금까지는 일곱 대접 재앙과 관련하여 먼저 구원받은 성도들의 모습을

보여주셨다. 이제는 앞의 것과는 전혀 다른 새로운 장면을 보여주시기 위한 무대의 막이 올라가는 것이다.

증거 장막이란 성전의 지성소를 뜻한다. 11:19의 "**하늘에 있는 하나님의 성전**"을 뜻한다. 이곳은 하나님이 계신 곳을 의미한다.

15:6 일곱 재앙을 가진 일곱 천사가 성전으로부터 나와 맑고 빛난 세마포 옷을 입고 가슴에 금띠를 띠고

"일곱 재앙을 가진 일곱 천사가 성전으로부터 나와"

이 말씀은 일곱 천사가 누구로부터 어떤 사명을 받았는가를 알려준다. 그 일곱 천사들이 성전으로부터 나왔다는 것은 하나님으로부터 직접 사명을 받은 것을 의미한다. 그들은 어떤 사명을 받았는가? 그 천사들은 재앙을 내릴 사명을 받은 것이다.

"맑고 빛난 세마포 옷을 입고 가슴에 금띠를 띠고"

이 일곱 천사들의 모습이다.

"세마포"

세마포는 하늘에 거하는 자의 의복이다.

- 계 19:8 "그에게 허락하사 빛나고 깨끗한 세마포를 입게 하셨은즉 이 세마포는 성도들의 옳은 행실이로다 하더라"

그러므로 이 천사들의 세마포는 저들의 성결함을 의미한다.

"가슴에 금띠"

금띠는 그리스도의 복장과 또 제사장들의 제복에서 볼 수 있다.

• 계 1:13 "촛대 사이에 인자 같은 이가 발에 끌리는 옷을 입고 가슴에 금띠를 띠고"

여기서 금은 불변성을 나타낸다고 설명한 바가 있다. 이들은 하나님으로부터 사명을 받아 수행함에 있어서 변함없는 충성심을 가지고 행하는 사역자들임을 암시한다.

15:7 네 생물 중에 하나가 세세에 계신 하나님의 진노를 가득히 담은 금대접 일곱을 그 일곱 천사에게 주니

"네 생물 중에 하나가"

이 생물은 누구인가? 계 4장에 나왔던 그 생물이다.

• 계 4:6 "보좌 앞에 수정과 같은 유리 바다가 있고 보좌 가운데와 보좌 주위에 네 생물이 있는데 앞 뒤에 눈이 가득하더라"

여기서 네 생물은 천사들의 대표자들이라고 이미 설명한 바가 있다. 그러니까 지금 여기서는 그 천사들의 대표 네 명 중 하나를 가리킨다.

"세세에 계신 하나님의 진노를 가득히 담은 금대접 일곱을 그 일곱 천사에게 주니"

이 천사의 대표가 무슨 일을 하는가를 보여준다. **하나님의 진노를 가득히 담은 금대접 일곱을 그 일곱 천사에게 주는** 일을 한다.

이 말씀을 우리는 앞의 6절 말씀과 관련하여 정확한 뜻을 밝혀 둘 필요가 있다. 앞의 6절에서 이미 일곱 천사들은 재앙을 가진 천사들로 소개되고 있지 않은가? 그런데 왜 여기서 다시 하나님의 진노를 가득히 담은 금 대접 일곱을 다시 받는가?

그 대답은 간단하다. 6절에서 일곱 천사들은 많은 천사들 가운데에서 재

앙을 내릴 사명자로 선택 받은 것이다. 그러나 그들이 각각 어떤 재앙을 언제 어디서 누구에게 내릴 것인가 하는 것은 확정되지 아니하였다. 그런데 네 생물 중 하나인 이 생물 곧 천사의 대표가 하나님으로부터 그 일곱 천사들의 구체적인 임무를 받아서 전달하는 것이 본문의 장면이다.

15:8 하나님의 영광과 능력을 인하여 성전에 연기가 차게 되매 일곱 천사의 일곱 재앙이 마치기까지는 성전에 능히 들어갈 자가 없더라

"하나님의 영광과 능력을 인하여 성전에 연기가 차게 되매"

성전은 위에서 말한 대로 지성소 곧 하나님이 계신 곳을 가리킨다. 그 성전에 연기가 가득하였다는 것은 무엇을 뜻하는가? 성전의 연기나 구름은 하나님의 영광을 의미한다.

- 왕상 8:10-11 "제사장이 성소에서 나올 때에 구름이 여호와의 전에 가득하매 11 제사장이 그 구름으로 인하여 능히 서서 섬기지 못하였으니 이는 여호와의 영광이 여호와의 전에 가득함이었더라

사도 요한은 지금 하나님이 계신 지성소에 하나님의 영광과 위엄이 가득 찬 광경을 보고 있는 것이다.

"일곱 천사의 일곱 재앙이 마치기까지는 성전에 능히 들어갈 자가 없더라"

이 말씀의 뜻은 무엇인가? 이 말씀은 교리적인 면에서 정확하게 해석하지 않으면 안 될 중요한 구절이다. 이 말씀의 뜻은 다음과 같은 단계를 따라서 정확히 해석될 수 있다.

1) 성전에 능히 들어갈 자가 없더라고 할 때 이 말은 천사들에게는 해당되지 않는 말이다. 왜냐하면 우리는 이미 계 15:6에서 일곱 재앙을 가진 일곱 천사가 성전으로부터 나온 것을 보기 때문이다. 즉 이들은 이

미 하나님의 지성소를 자유롭게 드나들고 있음을 보기 때문이다.

2) 그러므로 이 말씀은 구원받는 성도들에 대한 말씀이다. 그렇다면 이 말씀의 뜻은 무엇인가? 우리는 성도들의 구원을 다음과 같은 3단계로 구분할 수 있다.

1단계 : 지상에서 신앙생활을 하는 동안 – 구원의 길이 열리고 구원받을 자로 신분을 보장받음.

예수님께서 십자가에 달리셔서 죽으셨을 때에 우리가 하나님 나라 지성소에 들어갈 길이 열린 것이다. 이 사실은 다음 성구에서 확인할 수 있다.

- 마 27:50-51 "예수께서 다시 크게 소리 지르시고 영혼이 떠나시다 51 이에 성소 휘장이 위로부터 아래까지 찢어져 둘이 되고 땅이 진동하며 바위가 터지고"

그리고 우리가 예수님을 믿을 때에 하나님의 자녀 또는 천국의 시민권자가 되었다.

- 요 1:12 "영접하는 자 곧 그 이름을 믿는 자들에게는 하나님의 자녀가 되는 권세를 주셨으니"
- 빌 3:20 "오직 우리의 시민권은 하늘에 있는지라 거기로서 구원하는 자 곧 주 예수 그리스도를 기다리노니"

이 신분이 뜻하는 바가 무엇인가? 미국 시민권을 받은 자는 미국에 들어가서 살 수 있는 것과 마찬가지로 이 신분은 우리가 하나님 나라 지성소에 들어 갈 자격을 받은 것을 의미한다. 그러나 이것은 어디까지나 우리의 법적 신분이 보장된 것뿐이지 우리가 이 땅에서 신앙생활 하고 있는 동안에는 우리의 육체도 영혼도 실제로 천국 지성소에 들어간 것은 아니다.

2단계 : 죽은 후 부활할 때까지 – 영혼은 천국에 들어가 있으나 육체는 흙 속에 있음.

성도들이 죽으면 그의 영혼은 즉시로 천국에 들어간다. 이 사실은 예수님과 함께 십자가에 달려서 죽은 강도에게 주님이 말씀하신 다음 성구에서 알 수 있다.

- 눅 24:43 "예수께서 이르시되 내가 진실로 네게 이르노니 오늘 네가 나와 함께 낙원에 있으리라 하시니라"

우리는 계 15:2에서 이런 장면을 보았다. "또 내가 보니 불이 섞인 유리 바다 같은 것이 있고 짐승과 그의 우상과 그의 이름의 수를 이기고 벗어난 자들이 유리 바닷가에 서서 하나님의 거문고를 가지고." 이 말씀에 나타난 유리 바닷가에 선 자들이 누구인가? 바로 지금 여기서 말하는 죽어서 그 영혼이 천국에 가 있는 성도들을 가리키는 것이다.

3단계 : 부활 후 구원이 완성될 때 – 영혼과 부활한 육체가 완전히 재결합하여 하나님과 함께 삶.

세상 끝날 곧 주님이 재림하셔서 악의 세력들을 심판하시고 우리를 부활시켜서 구원을 완성하실 때 우리는 어디에서 어떤 삶을 살게 되는가? 사도 요한은 그 때의 삶을 다음 성구에서 이렇게 말하고 있다.

- 계 21:1-4 "또 내가 새 하늘과 새 땅을 보니 처음 하늘과 처음 땅이 없어졌고 바다도 다시 있지 않더라 2 또 내가 보매 거룩한 성 새 예루살렘이 하나님께로부터 하늘에서 내려오니 그 예비한 것이 신부가 남편을 위하여 단장한 것 같더라 3 내가 들으니 보좌에서 큰 음성이 나서 가로되 보라 하나님의 장막이 사람들과 함께 있으매 하나님이 저희와 함께 거하시리니 저희는 하나님의 백성이 되고 하나님은 친히 저희와 함께 계셔서 4 모든 눈물을 그 눈에서 씻기시매 다시 사망이 없고 애통하는 것이나 곡하는 것이나 아픈 것이 다시 있지 아니하리

니 처음 것들이 다 지나갔음이러라"

이 말씀에서 현재 우리의 질문과 관련해서 주목할 부분은 "**보라 하나님의 장막이 사람들과 함께 있으매 하나님이 저희와 함께 거하시리니**"라는 말씀이다. 이 말씀은 우리 성도들이 그 때에는 비로소 영혼과 육체가 완전히 구원받은 상태로 하나님의 지성소에 들어가서 하나님과 함께 살게 될 것을 가리키는 것이다. 그 때 우리는 어떤 신분으로 하나님의 지성소에까지 들어가 하나님과 더불어 살게 되는가? 우리는 주님의 신부라는 신분으로 그곳에 들어가게 될 것이다(마 25장 열 처녀 비유, 참조). 이 얼마나 영광스런 삶인가?

그러므로 본문의 **일곱 천사의 일곱 재앙이 마치기까지는 성전에 능히 들어갈 자가 없더라**는 말씀은 지금까지 설명한 제 3단계의 구원이 이루어지기까지는 하나님의 지성소에 들어갈 자가 없더라는 뜻이다.

일곱 대접 재앙
[16:1-21]

16:1 또 내가 들으니 성전에서 큰 음성이 나서 일곱 천사에게 말하되 너희는 가서 하나님의 진노의 일곱 대접을 땅에 쏟으라 하더라
16:2 첫째가 가서 그 대접을 땅에 쏟으매 악하고 독한 헌데가 짐승의 표를 받은 사람들과 그 우상에게 경배하는 자들에게 나더라
16:3 둘째가 그 대접을 바다에 쏟으매 바다가 곧 죽은 자의 피같이 되니 바다 가운데 모든 생물이 죽더라
16:4 세째가 그 대접을 강과 물 근원에 쏟으매 피가 되더라
16:5 내가 들으니 물을 차지한 천사가 가로되 전에도 계셨고 시방도 계신 거룩하신 이여 이렇게 심판하시니 의로우시도다
16:6 저희가 성도들과 선지자들의 피를 흘렸으므로 저희로 피를 마시게 하신 것이 합당하니이다 하더라
16:7 또 내가 들으니 제단이 말하기를 그러하다 주 하나님 곧 전능하신 이시여 심판하시는 것이 참되시고 의로우시도다 하더라

16:8 네째가 그 대접을 해에 쏟으매 해가 권세를 받아 불로 사람들을 태우니
16:9 사람들이 크게 태움에 태워진지라 이 재앙들을 행하는 권세를 가지신 하나님의 이름을 훼방하며 또 회개하여 영광을 주께 돌리지 아니하더라
16:10 또 다섯째가 그 대접을 짐승의 보좌에 쏟으니 그 나라가 곧 어두워지며 사람들이 아파서 자기 혀를 깨물고
16:11 아픈 것과 종기로 인하여 하늘의 하나님을 훼방하고 저희 행위를 회개치 아니하더라
16:12 또 여섯째가 그 대접을 큰 강 유브라데에 쏟으매 강물이 말라서 동방에서 오는 왕들의 길이 예비되더라
16:13 또 내가 보매 개구리 같은 세 더러운 영이 용의 입과 짐승의 입과 거짓 선지자의 입에서 나오니
16:14 저희는 귀신의 영이라 이적을 행하여 온 천하 임금들에게 가서 하나님 곧 전능하신 이의 큰 날에 전쟁을 위하여 그들을 모으더라
16:15 보라 내가 도적같이 오리니 누구든지 깨어 자기 옷을 지켜 벌거벗고 다니지 아니하며 자기의 부끄러움을 보이지 아니하는 자가 복이 있도다
16:16 세 영이 히브리 음으로 아마겟돈이라 하는 곳으로 왕들을 모으더라
16:17 일곱째가 그 대접을 공기 가운데 쏟으매 큰 음성이 성전에서 보좌로부터 나서 가로되 되었다 하니
16:18 번개와 음성들과 뇌성이 있고 또 큰 지진이 있어 어찌 큰지 사람이 땅에 있어 옴으로 이같이 큰 지진이 없었더라
16:19 큰 성이 세 갈래로 갈라지고 만국의 성들도 무너지니 큰 성 바벨론이 하나님 앞에 기억하신 바 되어 그의 맹렬한 진노의 포도주 잔을 받으매
16:20 각 섬도 없어지고 산악도 간 데 없더라
16:21 또 중수가 한 달란트나 되는 큰 우박이 하늘로부터 사람들에게 내리매 사람들이 그 박재로 인하여 하나님을 훼방하니 그 재앙이 심히 큼이러라

서 론

여기에 펼쳐지는 일곱 대접 재앙을 올바로 이해하기 위하여서는 다음과 같은 중요한 사실을 먼저 알아야 한다.

I. 일곱 대접 재앙의 형태와 시기

이 재앙의 내용을 살펴보기에 앞서서 먼저 반드시 짚고 넘어가야 할 문제가 있다. 서론에서 이미 말한 바와 같이 일곱 대접 재앙은 악의 세력들에 대한 하나님의 심판으로서의 성격을 지닌 재앙이다. 그런데 문제는 이런 심판으로서의 재앙이 언제 어떤 형태로 내려지는 것이냐? 하는 것이다.

1. 재앙의 시기

먼저 그 재난의 시기부터 말하면 말세 곧 신약시대 전반에 걸쳐서 이루어지는 재앙이라고 보아야 한다. 앞에서 본 성도들이 당하는 일곱 인 재난이나 일곱 나팔 재난이 그러했듯이 악인들에 대하여 내려지는 이 대접 재앙도 신약시대 초기부터 세상 끝날까지의 기간에 걸쳐서 이루어질 사건이다. 좀 더 정확히 말하면 첫째 재앙으로부터 여섯째 재앙까지는 신약시대 전반에 걸쳐서 일어날 사건이고 마지막 일곱째 재앙인 큰 성 바벨론 곧 지구의 멸망은 세상 끝날 곧 최후심판 때에 이루어질 사건이다.

2. 재앙의 형태

그러므로 이 일곱 대접 재앙은 다음과 같이 크게 두 가지 형태의 재앙으로 구분할 수 있다.

첫째부터 여섯째까지의 재앙 – 하나님의 섭리적 심판으로서의 재앙

마지막 일곱째 재앙 – 하나님의 최후 심판으로서의 재앙

섭리적 심판이란 무엇인가?

하나님은 그가 창조하신 우주만물을 보존하시고 통치하시며 이성적 피조물의 활동에 협력하심으로 우주의 역사를 만들어 가신다. 이것을 하나님의 섭리라고 한다. 섭리적 심판은 최후 심판과 다른 점이 두 가지가 있다.

1) 최후 심판은 재림하시는 예수님께서 모든 자들이 분명히 보는 가운데서 행하시나 섭리적 심판은 그렇지 않다.

최후 심판을 위하여 재림하실 예수님에 대하여 사도 요한은 어떻게 말하였는가?

- 계 1:7 "볼지어다 구름을 타고 오시리라 각인의 눈이 그를 보겠고 그를 찌른 자들도 볼 터이요 땅에 있는 모든 족속이 그를 인하여 애곡하리니 그러하리라 아멘"

이렇게 최후 심판은 모든 자들이 분명히 볼 수 있게 행하여진다. 그러나 섭리적 심판은 악인들의 삶 속에서 경우에 따라서는 그것이 하나님의 심판으로서의 재앙인지 자신도 모르게 이루어지는 것이다. 그러므로 잠언 기자는 이런 말을 한다.

- 잠 4:18 "악인의 길은 어둠 같아서 그가 거쳐 넘어져도 그것이 무엇인지 깨닫지 못하느니라"

따라서 이런 재앙을 받아도 저들은 그 재앙이 자신의 죄 때문인 것을 깨닫지 못하고 회개하지 않으며 도리어 하나님을 원망하고 욕을 하는 것이다. 이것이 본문에 그대로 나타나지 않는가?

하나님의 섭리적 심판을 예로 든다면 유대인들 600만을 학살한 히틀러 정권은 오래 가지 못하고 멸망한 것이나, 교회 2000년 역사 속에 한 때 큰 세력으로 나타났던 수많은 이단들이 단명하여 스스로 자취를 감춘 사례들이다. 이런 현상들은 결단코 우연이 아니다. 하나님의 섭리적 심판으로 말미암은 것임을 알아야 한다.

- 계 16:9 "사람들이 크게 태움에 태워진지라 이 재앙들을 행하는 권세를 가지신 하나님의 이름을 훼방하며 또 회개하여 영광을 주께 돌리지 아니하더라"
- 계 16:11 "아픈 것과 종기로 인하여 하늘의 하나님을 훼방하고 저희 행위를 회개치 아니하더라"

2) 최후 심판에서는 하나님의 공의가 100% 실행되지만 섭리적 심판에서는 그렇지 않다.

지금 이 땅에서는 악인들에 대한 하나님의 공의가 100% 완전하게 실현되고 있지 않은 것이다. 그 이유가 무엇인가? 하나님은 진노 중에도 자비와 긍휼을 베푸셔서 모든 사람들이 다 회개하고 예수님을 믿어 구원 받기를 원하시는 가운데 저들에게 그런 구원 받을 기회를 주시기 위한 것이다.

- 벧후 3:9 "주의 약속은 어떤 이의 더디다고 생각하는 것같이 더딘 것이 아니라 오직 너희를 대하여 오래 참으사 아무도 멸망치 않고 다 회개하기에 이르기를 원하시느니라"

그러나 최후 심판 때에는 그렇지 않다. 재림하여 최후 심판을 행하시는 주님은 각 사람의 행한 대로 즉 저들의 지은 죄악에 따라 100%로 갚아주시는 것이다.

- 마 16:28 "인자가 아버지의 영광으로 그 천사들과 함께 오리니 그 때에 각 사람의 행한 대로 갚으리라"

그러므로 그날은 지구 곧 본문에서 말하는 큰 성 바벨론 멸망의 날이 될 것이다.

- 벧후 3:10 "그러나 주의 날이 도적같이 오리니 그 날에는 하늘이 큰 소리로 떠나가고 체질이 뜨거운 불에 풀어지고 땅과 그 중에 있는 모든 일이 드러나리로다"

II. 일곱 나팔 재난과 일곱 대접 재난의 관계

1. 이 두 재앙 사이에 놀라운 일치를 보여준다.

이 두 재앙의 내용을 비교하여 보면 다음과 같다.

일곱 나팔 재앙	성 구	일곱 대접 재앙	성 구
1. 땅에(3분의 1이 탐)	8:7	1. 땅에(짐승을 따르는 자에게 독종)	16:2
2. 바다에(3분의 1이 피가 되고 죽음)	8:8-9	2. 바다에(모든 생물이 죽음)	16:3
3. 강에(3분의 1이 망함)	8:10-11	3. 강에(피됨과 보복의 선언)	16:4
4. 천체에(해와 달의 1/3이 어두워짐)	8:12	4. 천체에(해가 사람을 태움)	16:8-9
5. 사단의 다섯 달 동안 횡포	9:1-11	5. 사단에(어두움과 종기)	16:10-11
6. 유브라데 강에(사람 1/3이 죽음)	9:13-21	6. 유브라데 강에(큰 전쟁의 준비)	16:12-14
7. 하늘에(큰소리로 심판 예고)	11:14-19	7. 공기에(바벨론 멸망의 예고)	16:17-21

2. 이 두 재앙의 일치가 알려주는 것은 무엇인가?

우리는 여기서 다음과 같은 사실을 알게 된다.

1) 두 재앙은 동일 사건 또는 병행 사건에 의한 것이다.

동일 사건이라는 말은 예를 들어서 첫째 나팔 재앙에 나타난 "**피 섞인 우박과 불이 나서 땅에 쏟아진 사건**"(계 8:7)에 의하여 성도들의 세계에서는 1/3이 손상을 입었지만 "**짐승의 표를 받은 사람들과 그 우상에게 경배하는 자들에게**"는 그들 전체에 독한 헌데가 난 것을 가리킨다(계 16:2).

병행 사건이라는 말은 다섯 번째 재앙의 경우와 같은 것을 염두에 둔 것이다. 다섯째 나팔 재앙은 사단의 다섯 달 동안의 횡포인데, 다섯째 대접 재앙은 그 사단에게 내리시는 진노로서의 재앙이기 때문이다. 그래서 이것을 병행 사건이라고 표현한 것이다.

2) 그러나 그 동일 또는 병행 사건이 성도들에게 임하는 의미와 악인들에게 임하는 의미는 전혀 다르다.

일곱 나팔 재앙은 이미 설명한 대로 악의 세력들의 활동으로 말미암아 성도들이 당하게 되는 영적 재난이다. 이 재난은 성도들의 믿음을 시련하는 의미를 갖는다. 즉 그 재난을 잘 참고 견디면 반드시 구원과 상급이 주어지게 되어 있는 고난이다.

그런데 지금 여기에 나오는 일곱 대접 재앙은 앞에서 말한 대로 하나님의 진노로 말미암아 악의 세력들(마귀와 악인들)이 받게 되는 재앙이다. 그러나 동일한 사건으로서의 재앙이라도 불신자들이 당하는 고난은 하나님의 진노로 말미암은 형벌로서의 재앙인 것이다.

예를 들어서 같은 버스를 타고 가다가 사고가 나면 믿는 자나 믿지 않는 자나 다 죽을 수 있다. 그러나 그 의미는 전혀 다르다. 믿지 않는 자의 죽음은 형벌 그 자체이지만 성도들의 죽음은 형벌이 아니다. 성도들은 이미 정죄에서 벗어났기 때문이다(롬 8:1 참조). 성도들의 죽음은 이 땅에서의 삶을 정리하는 과정이며 천국으로 가는 관문인 것이다. 그러므로 주 안에서 죽는 것은 복이라고 성경은 말한다(계 14:13 참조)

결론적으로 말해서 동일한 재앙이 교회 안에 있는 성도들에게는 어떤 영적인 고난들을 가져오는 것인가를 보여주는 것이 일곱 나팔 재앙이며, 교회 밖 곧 불신자들에게는 어떤 결과를 가져오는가를 보여주는 것이 일곱 대접 재앙인 것이다.

3) 그러므로 일곱 대접 재앙의 내용은 문자적으로만 해석되서는 안 된다.

이미 지적한대로 일곱 대접 재앙은 일곱 나팔 재앙에 나타난 동일 사건

또는 병행된 사건에 의하여 불신자들에게 임하는 하나님의 진노로서의 재난이라고 하였다. 그런데 일곱 나팔 재앙은 성도들에게 임하는 영적인 고난으로서의 의미를 갖는다고 하였다. 그러므로 불신자들에게 임하는 일곱 대접 재앙의 내용도 문자적으로만 해석되어서는 안 된다는 것이다. 예를 들면 계 16:2에서 "**악하고 독한 헌데가 나는 것**"을 단순히 육체적 질병으로만 보아서는 안 된다는 것이다. 다시 말하면 영적인 재난이라는 각도에서 이해되어야 할 재난인 것이다. 자세한 설명은 각 구절 해석으로 미룬다.

해 석

16:1 또 내가 들으니 성전에서 큰 음성이 나서 일곱 천사에게 말하되 너희는 가서 하나님의 진노의 일곱 대접을 땅에 쏟으라 하더라

"또 내가 들으니 성전에서 큰 음성이 나서"

이 음성은 성전 곧 지성소에서 나오는 음성이니 하나님의 음성임에 틀림없다. 하나님은 일곱 천사에게 명령하신다. "**너희는 가서 하나님의 진노의 일곱 대접을 땅에 쏟으라.**"

이 장면은 하나님이 우주 만물의 주관자이시며 통치자인 것을 보여준다. 그러므로 그분의 허락 없이는 아무 일도 일어날 수 없다. 심지어 공중에 나는 새 한 마리도 그분의 허락이 없으면 떨어지지 않는다. 따라서 이 일곱 대접 재앙도 하나님의 허락 없이 집행될 수 없는 것이다. 그러므로 하나님의 명령을 받아 천사들이 수행하는 것이다.

I. 첫째 대접 재앙(16:1-2)

16:2 첫째가 가서 그 대접을 땅에 쏟으매 악하고 독한 헌데가 짐승의 표를 받은 사람들과 그 우상에게 경배하는 자들에게 나더라

첫 번째 대접 재앙이다. 재앙의 내용은 **악하고 독한 헌데가 나는 것이다.** 이 재앙을 많은 주석가들이 문자적으로만 해석하여 육체적인 질병으로 본다. 그래서 다음과 같은 설명들을 한다.

원문에서 이것은 독한 종기라는 뜻이다. 나병환자의 종처(레 13:18), 히스기야 왕의 종처(왕하 20:7), 욥의 종처(욥 2:7) 등도 같은 것이다. 이는 하나님의 징계의 방편으로서 네로 황제 때에 이런 독창이 있었고, 수리아의 안디오커스나 헤롯, 안디바도 이런 병으로 죽었다. 그리고 어떤 학자들은 이런 설명을 한다. 오늘날의 악성 종양이나 암과 같은 질병이 이에 해당되지 않을까 생각된다. 면역 능력의 결핍으로 살이 썩어 들어가는 AIDS라는 병도 이에 해당한다고 본다는 것이다.

그러나 이 재앙은 앞에서 말한 바와 같이 일곱 나팔 재앙 중 첫째 재앙과 마찬가지로 영적인 의미로 해석되어야 한다고 필자는 확신한다. 이런 해석을 한 주석가가 없기 때문에 떨리는 마음이 또한 없지 않으나 그럼에도 불구하고 이 계시의 뜻은 이것이라는 확신을 가지고 설명을 한다.

이 재앙을 영적인 의미로 보아야 한다는 내용은 다음과 같다. 우리는 본 재앙과 동일 사건으로 보이는 첫째 나팔 재앙(계 8:7)에서 어떤 설명을 보았는가?

- 계 8:7 "첫째 천사가 나팔을 부니 피 섞인 우박과 불이 나서 땅에 쏟아지매 땅의 삼분의 일이 타서 사위고 수목의 삼분의 일도 타서 사위고 각종 푸른 풀도 타서 사위더라"

이 사건은 성도들에게 임할 영적 재난이라는 전제 하에 이런 설명을 본 바가 있다. "**우박과 불**은 복음을 상징하는 것이라고 하였는데 그 복음에 피가 섞였다는 것은 죽음을 몰고 올 복음인 것을 나타낸다. 주님의 말씀 곧 참 복음은 영생의 말씀이다(요 6:68). 그런데 그와 유사한 이단들의 교훈 곧 거짓된 복음은 사람들을 죽게 만드는 독약인 것이다. 그러므로 여기서 말하는 "**피 섞인 우박과 불**"은 이단들의 잘못된 교훈들을 가리키는 것이다.

그리고 왜 비가 아니고 우박의 형태로 땅에 쏟아졌을까? 복음의 물은 보슬비와 같이 인간 영혼에 내려온다. 그리하여 죄와 허물로 죽은 영혼을 살리고 새 힘을 주어서 소성케 한다. 그런데 이단들의 교훈은 우박이 떨어지면 모든 농작물들이 피해를 입게 되는 것처럼 그것을 받는 자들에게 피해를 입힌다. 그래서 이단들의 교훈을 여기서 우박으로 묘사한 것이다. 이렇게 첫째 나팔 재앙을 영적인 재난으로 보았다. 그렇다면 여기에서 말하는 첫째 대접 재앙도 영적인 것으로 보는 것이 문맥의 흐름상 지극히 타당하고 자연스런 것이다.

그러므로 우리는 본문을 이렇게 이해하여야 한다. 본문에서 "**첫째가 가서 그 대접을 땅에 쏟으매**"라고 한 첫째 대접 재앙은, 계 8:7에서 "**피 섞인 우박과 불이 나서 땅에 쏟아지매**"라는 사건과 동일한 사건이다. 이 동일한 사건이 계 8:7에서는 성도들에게 그리고 본문에서는 **짐승의 표를 받은 사람들과 그 우상에게 경배하는 자들에게** 곧 불신자들에게 어떤 영적인 결과를 가져올 것인가를 말한 것이다.

그러면 **짐승의 표를 받은 사람들과 그 우상에게 경배하는 자들에게** 영적으로 어떤 결과를 가져올 것인가?

"악하고 독한 헌데가…나더라"

이런 결과가 온 것이다. 즉 사단의 역사를 받고 있는 이단들의 거짓된 복음을 인하여 그들을 따르는 사람들의 영혼이 어떻게 되는가? 저들의 영혼이 **악하고 독한 헌데가…나더라**는 상태가 되는 것이다.

이렇게 본문을 이해할 때 한 가지 질문이 생긴다. 믿지 않는 자들은 이미 영적으로 죽은 자들인데(눅 9:60-62, 요 5:25, 엡 2:1 참조) 무슨 독창이 나고 안 나는 일이 있을 수가 있는가? 즉 영적으로 더욱 황폐하여지는 일이 일어날 수 있는가?

성경을 자세히 살펴보라. 일반 불신자들과 이단을 따르는 무리들 사이에는 영적 상태의 면에서 분명한 차이가 있다는 사실을 알게 된다. 어떤 점에서 차이가 있는가? 일반 불신자들의 영혼은 다시 살아나서 회개하고 주님을 영접하여 구원받을 가능성을 가지고 있다. 그러나 이단들에게 끌려가서 영적으로 타락한 자들은 다시 회개케 할 수 없는 자가 되고 믿기 이전보다 더 황폐한 상태가 된다. 이런 사실을 다음 성구들에서 볼 수 있다.

- 히 6:4-6 "한번 비췸을 얻고 하늘의 은사를 맛보고 성령에 참예한 바 되고 5 하나님의 선한 말씀과 내세의 능력을 맛보고 6 타락한 자들은 다시 새롭게 하여 회개케 할 수 없나니 이는 자기가 하나님의 아들을 다시 십자가에 못박아 현저히 욕을 보임이라"
- 벧후 2:20-21 "만일 저희가 우리 주 되신 구주 예수 그리스도를 앎으로 세상의 더러움을 피한 후에 다시 그 중에 얽매이고 지면 그 나중 형편이 처음보다 더 심하리니 21 의의 도를 안 후에 받은 거룩한 명령을 저버리는 것보다 알지 못하는 것이 도리어 저희에게 나으니라"
- 마 12:43-45 "더러운 귀신이 사람에게서 나갔을 때에 물 없는 곳으로 다니며 쉬기를 구하되 얻지 못하고 44 이에 가로되 내가 나온 집으로 돌아가리라 하고 와 보니 그 집이 비고 소제되고 수리 되었거늘 45 이에 가서 저보다 더 악한 귀신 일곱을 데리고 들어가서 거하니 그 사람의 나중 형편이 전보다 더욱 심하게 되느니라 이 악한 세대가 또한 이렇게 되리라"

이런 관점에서 "**첫째가 가서 그 대접을 땅에 쏟으매 악하고 독한 헌데가 짐승의 표를 받은 사람들과 그 우상에게 경배하는 자들에게 나더라**"는 이 말씀은 이단들을 따르는 무리들이 영적으로 더욱 황폐해질 것을 지적한 말씀으로 이해되어야 할 것이다. 이렇게 보아야 할 근거가 되는 성구들이 있다.

영적인 황폐를 육체의 질병이나 상처로 묘사한 성구

- 사 1:4-6 "슬프다 범죄한 나라요 허물진 백성이요 행악의 종자요 행위가 부패한 자식이로다 그들이 여호와를 버리며 이스라엘의 거룩한 자를 만홀히 여겨 멀리하고 물러갔도다 5 너희가 어찌하여 매를 더 맞으려고 더욱 더욱 패역하느냐 온 머리는 병들었고 온 마음은 피곤하

였으며 6 발바닥에서 머리까지 성한 곳이 없이 상한 것과 터진 것과 새로 맞은 흔적뿐이어늘 그것을 짜며 싸매며 기름으로 유하게 함을 받지 못하였도다"

이단들의 황폐한 영적 상태를 직접 독한 창질의 썩어져감 같다고 표현하는 성구

- 딤후 2:16-17 "망령되고 헛된 말을 버리라 저희는 경건치 아니함에 점점 나아가나니 17 저희 말은 독한 창질의 썩어져 감과 같은데 그 중에 후메내오와 빌레도가 있느니라"

II. 둘째 대접 재앙(16:3)

16:3 둘째가 그 대접을 바다에 쏟으매 바다가 곧 죽은 자의 피같이 되니 바다 가운데 모든 생물이 죽더라

이 재앙도 둘째 나팔 재앙과 동일 사건에 의한 것이다. 그 사건이 어떤 것이었는가?

- 계 8:8 "둘째 천사가 나팔을 부니 불붙는 큰 산과 같은 것이 바다에 던지우매 바다의 삼분의 일이 피가 되고"

이 말씀에서 "불붙는 큰 산과 같은 것이 바다에 던지우매"라는 말의 뜻이 무엇이었던가? 한마디로 사단의 역사를 받는 이단들의 거짓된 교훈이라고 하였다. 첫째 나팔 때보다 강도가 더 세어진 것이라고 하였다. 이것으로 인하여 성도들의 세계 곧 교회의 영역에서는 바다의 1/3이 피가 되고 따라서 바다의 생물 1/3이 죽는 결과가 왔다. 그런데 여기서는 바다의 모든 생물이 다 죽는 결과가 왔다. 이 죽음은 누구의 어떤 죽음을 가리키는가? 이것은 이단들에게 끌려간 자들 전체가 다 영적으로 죽는 것을 가리킨다. 첫째 재앙

에서는 독창이 나는 것으로 묘사되었으나 그 정도가 더욱 심해져서 둘째 재앙인 여기서는 죽게 된 것으로 나타난다.

그런데 여기서 감사한 것은 이단들이 아무리 활개를 치며 발악을 해도 하나님의 백성들 곧 성도들의 세계에는 2/3의 살아남은 자가 있게 된다는 사실이다(둘째 나팔 재난에서).

III. 셋째 대접 재앙(16:4-7)

1. 강과 물 근원이 피가 됨(5-7절: 뒤에 소제목이 나오므로)

16:4 세째가 그 대접을 강과 물 근원에 쏟으매 피가 되더라

이 사건은 셋째 나팔 재앙과 동일 사건이다. 이 구절을 비교하여 보라.

- 계 8:10-11 "세째 천사가 나팔을 부니 횃불같이 타는 큰 별이 하늘에서 떨어져 강들의 삼분의 일과 여러 물샘에 떨어지니 11 이 별 이름은 쑥이라 물들의 삼분의 일이 쑥이 되매 그 물들이 쓰게 됨을 인하여 많은 사람이 죽더라"

이 말씀을 해석할 때 이 큰 별의 정체가 무엇이라고 하였는가? 그 설명은 다음과 같았다.

1) 횃불같이 타는 큰 별이 하늘에서 떨어졌다는 것은 무엇을 의미하는가?

여기서 말하는 "하늘에서 떨어진 큰 별"은 영적으로 타락한 이단의 두목을 가리킨다. 그는 "횃불 같이 타는 큰 별"이다. 즉 그는 엄청난 능력을 가지고 광명한 천사와 같은 모습으로 나타나 많은 사람들을 미혹하게 될 것이다.

• 고후 11:14-15 "이것이 이상한 일이 아니라 사단도 자기를 광명의 천사로 가장하나니 15 그러므로 사단의 일군들도 자기를 의의 일군으로 가장하는 것이 또한 큰 일이 아니라 저희의 결국은 그 행위대로 되리라"

2) 주목할 사실

여기서 한 가지 주목할 사실이 있다. 그것은 재난의 강도이다. 첫째 나팔 재난은 우박과 불이었고, 둘째 나팔 재난은 그보다 더 강도가 센 불붙는 산과 같은 모양이었다. 그런데 이 셋째 나팔 재난은 "하늘에서 떨어지는 횃불 같이 타는 큰 별"의 형태인 것이다. 산보다 별은 얼마나 더 큰 것인가? 그러므로 그것이 떨어지는 파괴력은 얼마나 더 강하겠는가? 이렇게 이단들은 종말이 가까워질수록 더욱 발악을 하면서 할 수만 있으면 믿는 자들을 유혹하여 넘어지게 하는 현상이 나타날 것이다.

이 큰 별이 강과 물 근원에 떨어진 것이 여기서 말하는 세 번째로 쏟은 대접 재앙의 내용인 것이다. 이것으로 인하여 어떤 결과가 왔는가? "피가 되더라." 이 말씀은 복음의 물 근원을 피가 되게 함으로 쑥이 되어(계 8:11) 마시는 자가 죽게 되는 결과가 오는 것이다. 세 번째 나팔 재앙에서 보는 바와 같이 성도들의 세계에서는 물의 1/3이 피가 되었으나 여기서는 강과 물샘 전체가 피가 되었으니 이단을 따르는 자 전체가 영적으로 죽게 되었다는 뜻이 암시되어 있다. 그리고 성도들의 세계에서 죽게 된 1/3의 사람들은 누구인가? 이들은 소위 알곡이 아닌 가라지(마 13:30) 또는 양이 아닌 염소들(마 25:32)이다. 이렇게 보면 그 나머지 2/3은 참 믿음을 가진 성도들이라는 결론이 된다.

우리는 여기서 다시 한번 이 사실을 밝히지 않을 수 없다. 동일한 재앙이지만 성도들에게는 그 재앙이 쭉정이로부터 알곡을 골라내는 재난이며 저들의 믿음을 정금같이 만드는 재난! 그러므로 유익을 가져다 주는 재난이지만, 그러나 불신자들에게는 그 재앙 자체가 형벌이며 따라서 고통 그 자체이며 망하는 재앙인 것이다. 이 얼마나 놀라운 하나님의 지혜로우신 섭리인가?

참으로 하나님의 지혜는 우리가 측량할 수 없는 신비한 것이다.

- 롬 11:33-36 "깊도다 하나님의 지혜와 지식의 부요함이여 그의 판단은 측량치 못할 것이며 그의 길은 찾지 못할 것이로다 34 누가 주의 마음을 알았느뇨 누가 그의 모사가 되었느뇨 35 누가 주께 먼저 드려서 갚으심을 받겠느뇨 36 이는 만물이 주에게서 나오고 주로 말미암고 주에게로 돌아감이라 영광이 그에게 세세에 있으리로다 아멘"

2. 물을 차지한 천사의 찬양과 순교자들의 화답(5-7절)

16:5 내가 들으니 물을 차지한 천사가 가로되 전에도 계셨고 시방도 계신 거룩하신 이여 이렇게 심판하시니 의로우시도다

물을 차지한 천사는 누구인가? 물은 복음을 뜻한다고 이미 앞의 4절에서 설명한 바가 있다. 그러므로 물을 차지한 천사란 성도들이 복음 전하는 일을 돕기 위하여 하나님의 심부름을 하고 있는 천사이다. 천사들 가운데에는 복음을 하나님으로부터 받아서 주님의 일꾼들에게 전하여 주는 일이나 전도자를 위기에서 보호하고 구원하는 등의 일을 하는 자가 있다. 예를 들면

- 마 28:2-6 "큰 지진이 나며 주의 천사가 하늘로서 내려와 돌을 굴려 내고 그 위에 앉았는데 3 그 형상이 번개 같고 그 옷은 눈같이 희거늘 4 수직(守直)하던 자들이 저를 무서워하여 떨며 죽은 사람과 같이 되었더라 5 천사가 여자들에게 일러 가로되 너희는 무서워 말라 십자가에 못박히신 예수를 너희가 찾는 줄을 내가 아노라 6 그가 여기 계시지 않고 그의 말씀하시던 대로 살아나셨느니라 와서 그의 누우셨던 곳을 보라"

- 행 1:10-11 "올라가실 때에 제자들이 자세히 하늘을 쳐다 보고 있는데 흰 옷 입은 두 사람이 저희 곁에 서서 11 가로되 갈릴리 사람들아 어찌하여 서서 하늘을 쳐다보느냐 너희 가운데서 하늘로 올리우신 이 예수는 하늘로 가심을 본 그대로 오시리라 하였느니라"

- 행 12:6-9 "헤롯이 잡아 내려고 하는 그 전날 밤에 베드로가 두 군사 틈에서 두 쇠사슬에 매여 누워 자는데 파수꾼들이 문 밖에서 옥을 지키더니 7 홀연히 주의 사자가 곁에 서매 옥중에 광채가 조요하며 또 베드로의 옆구리를 쳐 깨워 가로되 급히 일어나라 하니 쇠사슬이 그 손에서 벗어지더라 8 천사가 가로되 띠를 띠고 신을 들메라 하거늘 베드로가 그대로 하니 천사가 또 가로되 겉옷을 입고 따라오라 한 대 9 베드로가 나와서 따라갈새 천사의 하는 것이 참인 줄 알지 못하고 환상을 보는가 하니라"

이와 같이 복음 전하는 일을 열심히 돕는 천사가 첫째, 둘째, 셋째 대접 재앙을 짐승의 표를 받은 불신자들에게 쏟아 부으시는 진노의 심판이 마땅함을 찬양하는 것이다. 이 심판이 합당한 이유는 무엇인가? 그 이유는 바로 다음 절에 나온다.

16:6 저희가 성도들과 선지자들의 피를 흘렸으므로 저희로 피를 마시게 하신 것이 합당하니이다 하더라

그 이유는 **저희가 성도들과 선지자들의 피를 흘렸기** 때문이라는 것이다. 그러므로 성도들의 피를 흘린 보응으로 저희로 피를 마시게 하신 것 곧 그 피 값을 받게 된 것은 공의로우신 하나님으로서 지극히 당연한 처사라는 것이다.

16:7 또 내가 들으니 제단이 말하기를 그러하다 주 하나님 곧 전능하신이시여 심판하시는 것이 참되시고 의로우시도다 하더라

물을 차지한 천사의 이런 찬양에 맞장구를 치며 화답하는 존재가 있다. 그들은 누구인가? 그들을 본문은 "**제단이 말하기를**"이라고 하였다. 이 제단에서 나오는 음성은 누구의 음성인가? 우리는 이미 아래 성구에서 그 음성의 주인공을 본 바가 있다.

- 계 6:9-10 "다섯째 인을 떼실 때에 내가 보니 하나님의 말씀과 저희의 가진 증거를 인하여 죽임을 당한 영혼들이 제단 아래 있어 10 큰 소리로 불러 가로되 거룩하고 참되신 대주재여 땅에 거하는 자들을 심판하여 우리 피를 신원하여 주지 아니하시기를 어느 때까지 하시려나이까 하니"

그러므로 이 제단에서 나오는 음성의 주인공은 주님의 일을 위하여 충성하다가 순교한 성도들이다. 이들이 누구의 손에 죽었는가? 바로 지금 대접 재앙을 받고 있는 짐승을 따르는 악한 무리들의 손에 희생을 당하지 않았는가? 그래서 이들은 하나님께 "**우리 피를 신원하여 주지 아니하시기를 어느 때까지 하시려나이까**"라고 부르짖던 자들이 아닌가? 그런데 지금 이 대접 재앙들이 이 순교자들에게는 자기들의 원수를 갚아 주시는 하나님의 심판인 것이다. 그러니 어찌 하나님의 이 심판이 합당함을 찬양하지 않을 수 있겠는가? 그러므로 이 순교자들은 말한다. '**그러하다 주 하나님 곧 전능하신 이시여 심판하시는 것이 참되시고 의로우시도다.**'

IV. 넷째 대접 재앙(16:8-9)

16:8 네째가 그 대접을 해에 쏟으매 해가 권세를 받아 불로 사람들을 태우니

이 말씀이 무엇을 뜻하는가? 이 말씀의 뜻이 무엇인가를 알기 위하여서는 넷째 나팔 재앙의 내용이 무엇이었는가를 다시 확인할 필요가 있다. 넷째 나팔 재앙의 내용과 그 뜻은 무엇이었던가?

- 계 8:12 "네째 천사가 나팔을 부니 해 삼분의 일과 달 삼분의 일과 별들의 삼분의 일이 침을 받아 그 삼분의 일이 어두워지니 낮 삼분의 일은 비췸이 없고 밤도 그러하더라"

이 재앙은 이단들의 역사로 말미암아 복음의 빛이 흐려지는 재앙이라고 설명한 바가 있다. 그리하여 성도들의 세계에 1/3이 어두워지는 결과가 될 것이라는 사실을 보았다.

그렇다면 본문은 어떤 뜻인가? 넷째 나팔 재앙과 같은 맥락에서 이 재앙을 볼 때 이 말씀의 뜻은 이렇게 이해되어야 한다. 먼저 주목할 점은 넷째 나팔 재앙에서는 해 삼분의 일과 달 삼분의 일과 별들의 삼분의 일이 침을 받아 그 삼분의 일이 어두워졌는데, 본문의 대접재앙에서는 그와 반대로 그 대접을 해에 쏟으매 **해가 권세를 받아 불로 사람들을 태우**는 결과를 가져왔다는 사실이다. 이 현상은 무엇을 말해주는가? 이것은 이단들의 활동이 그를 따르는 무리들 곧 짐승의 표를 받은 자들에게 미치는 결과를 말한 것이다. 이단들의 활동이 성도들의 세계에는 참 복음의 빛 1/3이 어두워지는 결과를 가져오는 반면에, 그 이단을 따르는 자들에게는 그 반대 현상 곧 불로 태워지는 일이 생기는 것이다. 여기서 불로 태워진다는 것은 다음과 같은 의미이다. 이단들은 큰 표적과 기사를 보이면서 사람들을 미혹한다.

- 마 24:11 "거짓 선지자가 많이 일어나 많은 사람을 미혹하게 하겠으며"

- 마 24:23-24 "그 때에 사람이 너희에게 말하되 보라 그리스도가 여기 있다 혹 저기 있다 하여도 믿지 말라 24 거짓 그리스도들과 거짓 선지자들이 일어나 큰 표적과 기사를 보이어 할 수만 있으면 택하신 자들도 미혹하게 하리라"

이런 이단들의 적극적이고 뜨거운 활동을 해가 권세를 받아 불로 사람들을 태우는 것으로 묘사한 것이다. 그러므로 이단을 따르는 무리들은 이런 기적들로 말미암아 참 성도들보다도 더 뜨거운 믿음을 가지게 되는 것이다. 그러나 그 결과는 무엇인가? 그들은 그 열심 때문에 오히려 참 구원자이신 예수님과는 더욱 멀어지고 이단들의 거짓된 교훈의 강렬한 빛으로 말미암아 타 죽게 되는 것이다. 즉 멸망의 깊은 수렁으로 더욱 빠지게 되는 것이다.

16:9 사람들이 크게 태움에 태워진지라 이 재앙들을 행하는 권세를 가지신 하나님의 이름을 훼방하며 또 회개하여 영광을 주께 돌리지 아니하더라

그리하여 그들은 이 말씀대로 더욱 열심히 거짓 그리스도를 따르면서 더욱 강팍해져서 하나님을 대적하게 되는 것이다.

V. 다섯째 대접 재앙(16:10-11)

16:10-11 또 다섯째가 그 대접을 짐승의 보좌에 쏟으니 그 나라가 곧 어두워지며 사람들이 아파서 자기 혀를 깨물고 *11* 아픈 것과 종기로 인하여 하늘의 하나님을 훼방하고 저희 행위를 회개치 아니하더라

이 재앙은 다섯째 나팔 재앙과 대조가 된다. 다섯째 나팔 재앙은 무엇이었던가? 하늘에서 떨어진 별 곧 사단이 무저갱 열쇠를 가지고 와서 무저갱을 여니 황충이 올라와서 사람을 괴롭히는 재앙이었다(계 9:1-12 참조).

그런데 여기에 나오는 대접 재앙은 바로 그런 사람을 괴롭히는 일을 행하였던 사단과 그를 따르는 무리들에게 하나님께서 내리시는 심판으로서의 재앙인 것이다.

"다섯째가 그 대접을 짐승의 보좌에 쏟으니"

짐승의 보좌는 마귀 세력의 왕좌를 가리킨다. 즉 마귀들의 총수인 사단의 자리를 가리킨다. 하나님은 그 대접 곧 진노의 대접을 그 보좌에 쏟게 하신다.

"" 나라가 곧 어두워지며 사람들이 아파서 자기 혀를 깨물고"

그 진노의 대접을 쏟으니 어떤 결과가 왔는가? 두 가지 결과가 온다.

첫째, 그 나라 곧 사단이 지배하고 있는 나라가 어두워졌다. 이 말씀의 뜻이 무엇인가? 앞에서 나온 넷째 대접 재앙과 관련이 있다. 넷째 재앙에서 해가 권세를 받아 불로 사람들을 태우는 결과를 가져왔다. 이 해의 권세는 적그리스도의 권세이었다. 사단은 이 권세를 가지고 성도들을 미혹하거나 괴롭히고 자기를 따르는 자들을 열광하게 만들었다. 그 열광은 물론 자기를 태워 죽게 하는 광신의 열광이었다. 그런데 이번 다섯째 재앙에서는 하나님이 그 대접 재앙을 짐승의 보좌에 쏟게 하시매 그 해의 권세가 약화되어서 나라가 어두워졌다.

하나님은 왜 무슨 목적으로 이 일을 행하시는 것일까? 그 이유는 다음과 같다. **해가 권세를 받아 불로 사람들을 태우**는 이런 사단의 권세를 억제시키지 아니하면 성도들은 그 사단의 핍박으로부터 견딜 수 없는 환난을 당하게 될 것이다. 그러므로 성도들의 그런 환난을 감하여 주기 위하여 하나님은 이 진노의 대접을 짐승의 보좌에 쏟으시는 것이다.

- 마 24:23 "그 날들을 감하지 아니할 것이면 모든 육체가 구원을 얻지 못할 것이나 그러나 택하신 자들을 위하여 그 날들을 감하시리라"

그 결과 사단이 휘두르던 **해의 권세**는 힘을 잃고 그 나라가 어두워지는 것이다.

둘째, 그 짐승을 따르는 사람들에게 무서운 고통이 주어졌다.

"사람들이 아파서 자기 혀를 깨물고"

이것이 육적인 고통인지 영적인 고통인지는 확실하지 않다. 그러나 육적인 고통보다는 영적인 고통이 반드시 포함된다고 보아야 할 것이다. 왜냐하면 성령의 역사는 사람들에게 평강을 그리고 사단 곧 악령의 역사는 반드시 불안 공포 등 영적인 고통을 가져오기 때문이다. 이런 고통은 그 자체가 하나님의 심판이기도 한 것이다.

16:11 아픈 것과 종기로 인하여 하늘의 하나님을 훼방하고 저희 행위를 회개치 아니하더라

그리고 이 사람들은 그런 영적 고통 중에서 어떤 일을 하는가? 하나님의 택한 백성들 같으면 이런 고통이 찾아올 때 잘못을 깨닫고 회개하면서 하나님께로 돌아오게 되어 있다. 그러나 이들은 짐승을 따르는 자들로서 멸망 받기로 예정된 자들이다. 그러므로 이들은 이런 고통 중에 하나님을 훼방하고 회개치 아니하는 것이다. 바로 왕이 열 가지 재앙을 당할 때 고통이 가중될수록 더욱 그 마음이 강퍅해진 것과 같이 멸망당하기로 작정된 자들은 더욱 강퍅해지는 법이다.

VI. 여섯째 대접 재앙(16:12-16)

여섯째 나팔 재앙의 특징

여섯째 대접 재앙은 악의 세력에 대한 하나님의 진노의 심판이 아니라는 점에서 다른 대접 재앙과 다르다는 특징을 가지고 있다. 그러면 이 대접 재앙의 내용은 무엇인가? 이 대접 재앙은 사단의 무리들이 자기들의 세력을 총 집결하여 하나님을 대적하여 최후결전을 벌일 준비를 하는 것을 내용으로 하고 있다.

그러면 이 대접 재앙은 하나님의 진노의 심판으로서의 재앙이 아닌데 왜 여기에 기록이 되었을까? 그 이유는 다음과 같다. 이 여섯째 대접 재앙의 사건은 그 전 후의 재앙들과 다음과 같은 관계를 가지고 있기 때문이다.

다섯째 대접(전후 재앙과의 관계) 재앙은 여섯째 대접 재앙의 원인이다. 다섯째 대접 재앙에서 우리는 하나님이 그 대접을 짐승 곧 사단의 보좌에 쏟은 것을 보았다. 이로 인하여 사단은 자기의 때가 얼마 남지 아니하였다는 위기의식을 느끼게 된다. 즉 자신의 멸망의 날이 가까워 오고 있다는 불안감을 갖게 된다. 그러므로 사단은 이제 자기의 모든 세력들을 총 집결하여 마

지막 최후 결전을 준비하는 것이다. 그러므로 다섯째 대접 재앙은 이 여섯째 대접 재앙에 나오는 전쟁 준비의 원인이라고 할 수 있다.

일곱째 대접 재앙은 여섯째 대접 재앙의 결과이다. 일곱째 대접 재앙은 하나님의 최후 심판을 내용으로 하고 있다. 사단의 세력이 최후 결전을 준비하고 하나님을 대항하여 싸움을 하게 되지만 결과는 어떻게 되는가를 알려 준다. 즉 하나님이 사단의 세력을 멸하시고 저들의 행한 대로 갚으시는 최후 심판으로 끝나게 될 것이라는 사실을 알려 준다.

그러므로 이 여섯째 대접 재앙에 나오는 사건은 다른 대접 재앙과 같이 하나님의 진노의 심판으로서의 성격을 가진 것이 아닐지라도 여기에서 반드시 계시되어야만 할 내용인 것이다.

해 석

16:12 또 여섯째가 그 대접을 큰 강 유브라데에 쏟으매 강물이 말라서 동방에서 오는 왕들의 길이 예비되더라

이 사건은 이미 설명한 대로 여섯째 나팔 재앙과 동일한 사건인 것을 알 수 있다. 그곳의 말씀을 다시 한 번 읽어보자.

- 계 9:13-16 "여섯째 천사가 나팔을 불매 내가 들으니 하나님 앞 금단 네 뿔에서 한 음성이 나서 14 나팔 가진 여섯째 천사에게 말하기를 큰 강 유브라데에 결박한 네 천사를 놓아 주라 하매 15 네 천사가 놓였으니 그들은 그 년, 월, 일, 시에 이르러 사람 삼분의 일을 죽이기로 예비한 자들이더라 16 마병대의 수는 이만만이니 내가 그들의 수를 들었노라"

이 여섯째 나팔 재앙을 설명할 때 이미 본 바와 같이 이것은 공중권세 잡은 사단과 무저갱에서 풀려난 마귀와 유브라데에서 풀려난 마귀가 모두 합세하여 자기들의 모든 세력을 총 집결하여 최후의 일전을 치를 준비를 하는

것이다.

여기에 나오는 큰 강 유브라데는 동서양을 구분 짓는 경계선이 되는 강으로서 이스라엘 동쪽에 있다. 그래서 이스라엘의 입장에서 볼 때 이 강 건너편은 바벨론 나라 곧 이스라엘을 괴롭히던 이방 나라가 있는 곳이다. 그러므로 이곳은 하나님의 백성을 대적하는 사단의 나라라는 영적인 뜻을 담고 있는 것이다. 그러므로 "**그 대접을 큰 강 유브라데에 쏟으매 강물이 말라서 동방에서 오는 왕들의 길이 예비되더라**"는 이 말씀은

- 계 9:14-16 "…큰 강 유브라데에 결박한 네 천사를 놓아 주라 하매 15 네 천사가 놓였으니 그들은 그 년, 월, 일, 시에 이르러 사람 삼분의 일을 죽이기로 예비한 자들이더라 16 마병대의 수는 이만만이니 내가 그들의 수를 들었노라"

고 한 사건과 동일한 사건으로 보아야 할 것이다. 이 사건이 사단의 세력들이 하나님을 대적하여 벌일 최후 결전의 준비라는 사실은 이미 설명한 바와 같다.

그 대접을 큰 강 유브라데에 쏟으매 강물이 말랐다는 것은 무엇을 뜻하는가? 여섯째 천사가 그 대접을 쏟았다고 하는 것은 하나님께서 하신 일이라는 뜻이 된다. 하나님은 왜 이런 일을 하셨을까? 그리고 이 사실은 무엇을 알려주는가? 하나님은 악의 세력들이 한 곳으로 모여 최종 결전을 준비할 수 있도록 길을 열어주시기 위하여 그 강물을 말리셨다. 여기에서 우리가 알 수 있는 것은 사단의 모든 활동도 하나님의 허락 없이는 이루어질 수 없다는 사실이다.

동방에서 오는 왕들의 길이 예비되었다는 말씀은 무슨 뜻인가? 이 왕들은 물론 사단의 권세 아래에 있는 자들이다. 그러면 왜 이들이 동방으로부터 온다고 표현되었는가? 유브라데 강은 이스라엘 나라와 바벨론 나라의 이상적인 동북 경계선이 되어 왔다(삼하 8:3, 10:16, 왕상 4:24). 그러므로 이 강을 중심으로 볼 때 강 서쪽은 하나님의 백성들이 사는 이스라엘 나라가 있

는 곳이다. 그러므로 그 반대편인 동방에서부터 그 왕들이 온다는 것은 하나님 나라가 아닌 세상 나라들의 모든 왕들이 최후 결전을 위하여 총 집결하는 것을 의미한다.

> *16:13-14* 또 내가 보매 개구리 같은 세 더러운 영이 용의 입과 짐승의 입과 거짓 선지자의 입에서 나오니 *14* 저희는 귀신의 영이라 이적을 행하여 온 천하 임금들에게 가서 하나님 곧 전능하신 이의 큰 날에 전쟁을 위하여 그들을 모으더라

13-14절의 말씀은 사단이 최후 결전을 어떻게 준비하는지를 보여준다. 사단은 자기 세력을 더욱 많이 끌어 모으기 위하여 **세 더러운 영**을 활동케 한다. 이 세 더러운 영에 대하여 본문은 어떤 정보를 우리에게 제공하는가?

1. 이 세 영들의 속성-개구리 같은 더러운 영임

개구리는 두 가지 특징에서 사단의 영의 속성을 나타낸다.

첫째, 개구리는 더러운 진흙탕 물에도 잘 들어간다. 다시 말하면 더러운 동물이다. 그러므로 이 영이 개구리 같다는 말은 본문이 표현한 그대로 사단에게서 나오는 영이 더러운 영인 것을 나타낸다. 이들이 더럽다는 뜻은 이들이 온갖 더러운 죄를 지으며 또 인간들로 하여금 그런 더러운 죄를 짓게 만드는 것을 뜻한다.

둘째, 개구리는 쓸데없이 시끄럽게 울어댄다. 이 악령들은 온갖 더러운 말과 거짓말을 계속적으로 지껄여서 사람들을 미혹하는 것이다. 여기서 개구리는 악령의 이런 속성을 나타내고 있는 것이다.

2. 이 세 영들의 출처-용의 입과 짐승의 입과 거짓 선지자의 입에서 나옴

용은 누구인가? 악령들의 총수인 사단이다. 이 사실은 다음 성구에서 알

수 있다.

- 계 20:2 "용을 잡으니 곧 옛 뱀이요 마귀요 사단이라 잡아 일천 년 동안 결박하여"

짐승은 누구를 가리키는가? 원어 성경에서 주목할 것은 이 짐승은 단수로 표현되었고 그 앞에 정관사가 있다는 사실이다. 이 사실은 이 짐승이 앞에서 이미 언급되었던 "그 짐승"으로서 단일 존재임을 말해준다. 그렇다면 그 짐승은 어디에서 나왔던가? 이 짐승은 계 13장에 나타난 그 짐승이다. 그 짐승은 어떤 권세를 가지고 있는가?

- 계 13:6-7 "짐승이 입을 벌려 하나님을 향하여 훼방하되 그의 이름과 그의 장막 곧 하늘에 거하는 자들을 훼방하더라 7 또 권세를 받아 성도들과 싸워 이기게 되고 각 족속과 백성과 방언과 나라를 다스리는 권세를 받으니"

그러므로 이 짐승은 세상 마지막에 나타날 정치적 왕으로서의 적그리스도라고 설명한 바가 있다. 이 적그리스도의 입으로부터 악령의 말이 흘러나올 것을 가리키는 것이다.

거짓 선지자는 누구를 가리키는가? 우리는 여기서 거짓 선지자라는 단어도 단수로 쓰인 사실과 이 단어 앞에 정관사가 있다는 사실에 주목하지 않으면 안 된다. 이 사실은 이 거짓 선지자가 앞의 어디에서인가 언급되었던 단일 존재임을 나타낸다. 그러면 이 거짓 선지자의 정체는 무엇인가? 우리가 계 13:11 이하에서 본 세상 마지막에 나타날 종교적 왕으로서의 적그리스도인 것이다. 이 거짓 선지자가 어떤 일을 행하는가는 계 13:11-18의 해석을 보라.

이렇게 사단과 정치적 왕으로서의 적그리스도 및 종교적 왕으로서의 적그리스도가 합세하여 그들의 입에서 나오는 더러운 말로 자기들의 세력을 증강시키기 위하여 사람들을 끌어 모으는 것이다. 이것이 바로 본문이 말하고 있는 내용인 것이다.

16:15 보라 내가 도적같이 오리니 누구든지 깨어 자기 옷을 지켜 벌거벗고 다니지 아니하며 자기의 부끄러움을 보이지 아니하는 자가 복이 있도다

이 말씀은 성도들을 향한 당부의 말씀이다. 사단의 세력들이 앞 절의 말씀과 같이 최후 결전을 위하여 더러운 영들이 온갖 기적을 보이면서 사람들을 미혹하여 모을 것인데 이때에 성도들은 깨어서 근신하여야 할 것을 말씀하시는 것이다. 즉 미혹되지 않도록 각별히 조심하고 신앙을 지키라는 말씀이다. 주님은 같은 상황을 말씀하시면서 이와 똑같은 당부를 마태복음 24장의 말세 훈에서도 하셨다.

- 마 24:26 "그러면 사람들이 너희에게 말하되 보라 그리스도가 광야에 있다 하여도 나가지 말고 보라 골방에 있다 하여도 믿지 말라"
- 마 24:42-43 "그러므로 깨어 있으라 어느 날에 너희 주가 임할는지 43 너희가 알지 못함이니라 너희도 아는 바니 만일 집 주인이 도적이 어느 경점에 올 줄을 알았더면 깨어 있어 그 집을 뚫지 못하게 하였으리라."

주님은 이렇게도 세밀하시게 우리들의 안전과 구원을 위하여 기회 있을 때마다 당부의 말씀을 하시는 것이다. 얼마나 감사한 일인가?

16:16 세 영이 히브리 음으로 아마겟돈이라 하는 곳으로 왕들을 모으더라

아마겟돈은 어떤 곳인가? 헬라어 원문 성경에 "할마게돈"으로 나타나 있다. 그 뜻은 "마게도 산"이다. 우리말 성경에는 "므깃도"라고 번역되어 있다. 그러므로 편의상 므깃도라고 부르자. 므깃도는 나사렛 남방 기손 강변의 지

역 이름이다. 구약 성경에 여러 번 나오는데 그 때마다 이곳은 전쟁의 격전지로 등장한다. 예를 들면 가나안 군을 격파한 후에 드보라가 노래하는 가사 내용에 등장하는 것을 위시하여(삿 5:19) 수많은 결전들이 벌어졌던 곳이다(왕하 9:27, 23:29, 대하 35:22 등).

그러므로 여기에서 아마겟돈이라는 이 장소는 사단의 군대와 하나님의 군대가 최후 결전을 벌일 집결지를 나타내는 상징적인 이름인 것이다. 다시 말해서 이 최후의 결전이 문자적으로 이 지역에서 일어날 것을 의미하는 것은 물론 아니다. 그래서 그 최후의 결전은 아마겟돈 전쟁이라고 불리는 것이다.

VII. 일곱째 대접 재앙(16:17-21)

일곱째 대접 재앙의 내용상의 특징

일곱째 대접 재앙은 내용 면에서 다음과 같은 몇 가지 특징을 갖는다.

1. 일곱째 나팔 재앙과 동일 사건이면서 양극의 대조를 이룬다.

1) 두 재앙이 동일 사건인 것은 다음 두 구절에서 분명하게 나타난다.

일곱째 나팔 재앙에서 일어나는 사건

- 계 11:19 "이에 하늘에 있는 하나님의 성전이 열리니 성전 안에 하나님의 언약궤가 보이며 또 번개와 음성들과 뇌성과 지진과 큰 우박이 있더라"

일곱 대접 재앙에서 일어나는 사건

- 계 16:18 "번개와 음성들과 뇌성이 있고 또 큰 지진이 있어 어찌 큰지 사람이 땅에 있어 옴으로 이같이 큰 지진이 없었더라"

2) 양극의 대조

하나님의 최후 심판이라는 이 동일 사건을 놓고 일곱째 나팔 재앙(11:14-19)에서는 천국의 광경을 보여준다. 즉 천국에서는 구원받은 성도들과 천사들이 기뻐하며 하나님을 찬송하는 장면이 나왔다.

그런데 일곱째 대접 재앙인 이곳에서는 그와는 정반대의 장면을 볼 수 있다. 사단의 도성이 멸망하는 가장 처참하고 비통한 모습을 보여주는 것이다. 한 마디로 말해서 하나님의 최후 심판이라는 동일 사건을 가지고 일곱째 나팔 재앙에서는 성도들이 기뻐하는 천국의 모습을 보여주는 반면에 일곱 대접 재앙에서는 그와 정반대로 사단의 세력들이 가장 슬퍼하는 절망적인 모습을 보여주는 것이다.

2. 사단의 세력에 대한 최후 심판으로서의 재앙이다.

이 사실은 하나님이 이 재앙에서 그들의 심장부인 큰 성 바벨론에 진노의 포도주 잔을 부으신다(19절)는 말씀에서 알 수 있다.

3. 사단의 세력의 완전 패배이다.

여섯째 대접 재앙에서 준비되었던 최후 결전은 하나님과 및 하나님의 백성들의 승리로 끝났다. 사단의 세력은 아마겟돈 전쟁에서 완전 패배하고 사로잡혀서 하나님의 심판대 앞에 붙들려 와서 우리 주님으로부터 준엄한 심판을 받게 된다.

4. 이때는 지구 멸망의 날이다.

"각 섬도 없어지고 산악도 간 데 없더라"(20절)라는 말씀에서 알 수 있다. 그 날에는 베드로 사도가 예언한 대로 지금의 이 세상은 불에 타 없어질 것이다.

- 벧후 3:10 “그러나 주의 날이 도적같이 오리니 그 날에는 하늘이 큰 소리로 떠나가고 체질이 뜨거운 불에 풀어지고 땅과 그 중에 있는 모든 일이 드러나리로다”

해 석

16:17 일곱째가 그 대접을 공기 가운데 쏟으매 큰 음성이 성전에서 보좌로부터 나서 가로되 되었다 하니

“일곱째가 그 대접을 공기 가운데 쏟으매”

이 말씀은 무엇을 뜻하는가? 먼저 알아 둘 것은 공기라는 이 단어(하엘)는 “공중” 즉 “우주공간”을 뜻한다는 사실이다. 첫째 대접 재앙은 땅에(16:2), 둘째는 바다에(16:3), 셋째는 바다에(16:4), 넷째는 해에(16:8), 다섯째는 짐승의 보좌에(16:10), 여섯째는 큰 강 유브라데에(16:12) 쏟았는데 일곱째 대접은 공기 가운데 쏟았다.

이들 장소는 그 재앙이 미칠 영역이나 대상을 말해주는 것이다. 이런 맥락에서 볼 때 마지막 일곱 번째 대접이 공기 가운데 쏟아진다는 것은 이 재앙이 우주 공간에 쏟아진다는 뜻이며, 그 이유는 이 재앙이 우주 전체에 미칠 재앙이기 때문이다. 실제로 이 재앙은 우주의 파멸을 그 내용으로 하고 있다는 사실에서 이 말은 확증된다.

“큰 음성이 성전에서 보좌로부터 나서 가로되 되었다 하니”

성전 보좌로부터 나는 이 음성은 누구의 음성인가? 이 음성은 계 16:1에서도 본 바와 같이 하나님의 음성이다. 어떤 음성이 들렸는가?

“되었다.” 이것이 무슨 뜻인가? 하나님의 이 음성은 아담과 하와의 타락의 현장에서부터 시작되어 그렇게도 많은 세월 속에 그렇게도 많은 사건들

을 통하여 진행되어 온 하나님의 구원 역사가 이제 드디어 끝날 때가 되었다는 뜻이다. 생각해보라! 우리들의 구원을 위하여 하나님은 얼마나 오랜 세월 동안 얼마나 많은 일들을 해 오셨는가? 창세 전에 세우신 구원 계획으로부터 시작해서 구원의 길을 알려주시려고 1600년 동안에 걸쳐서 성경을 기록하게 하신 일과, 구원자로 예수님을 보내셔서 십자가 죽음을 통하여 구원의 길을 열어주신 일과, 그 길을 갈 수 있게 하기 위하여 성령을 보내주시어서 지금까지 역사하시는 일 등 참으로 하나님은 우리의 구원을 위하여 얼마나 엄청난 일을 하셨는지 모른다.

그런데 드디어 그 장엄한 대 역사의 장정이 막을 내릴 시점에 온 것이다. 그러므로 하나님 자신도 감격하여 발하시는 음성이 곧 이것이다. "**되었다**" 우리는 이와 비슷한 사례를 다음 성구에서 본다.

• 요 19:30 "예수께서 신 포도주를 받으신 후 가라사대 다 이루었다 하시고 머리를 숙이시고 영혼이 돌아가시니라"

이 말씀은 예수님께서 이 땅에 인간의 몸을 입고 오셔서 33년 동안에 하셔야 할 사명을 드디어 완성했다는 뜻이다. 33년 동안의 숙원사업의 완성! 이것도 이렇게 감격적인 것이라면 창세 전부터 세상 끝날까지 계속된 구원 역사의 완성은 얼마나 더 감격적인 사건인가! 이것이 되었다는 말씀의 뜻이다.

16:18 번개와 음성들과 뇌성이 있고 또 큰 지진이 있어 어찌 큰지 사람이 땅에 있어 옴으로 이같이 큰 지진이 없었더라

이 말씀은 계 11:19 곧 일곱째 나팔 재앙에서 나오는 내용과 같은 사건이다. 이 말씀의 뜻은 거기서 다음과 같이 설명한 바가 있다.

"번개와 음성들과 뇌성과 지진과 큰 우박"

악의 세력들에 대한 진노와 심판을 상징한다. 번개와 음성들은 하나님의 위엄과 권능을 상징한다. 뇌성과 지진과 우박은 하나님의 진노의 심판을 상징한다. 그러므로 이 환상은 악의 한 세력들에게 예수님이 권능을 가지고 임하셔서 진노의 심판을 하실 것을 보여주시는 환상이다.

다만 양자 사이에 다른 점이 있다면 일곱째 나팔재앙에서는 그런 하나님의 진노의 심판이 예비되어 있는 상태를 보여주신 것이고, 이곳 일곱째 대접재앙에서는 그 심판이 실제로 시행되는 모습을 보여주신 것이다.

16:19 큰 성이 세 갈래로 갈라지고 만국의 성들도 무너지니 큰 성 바벨론이 하나님 앞에 기억하신 바 되어 그의 맹렬한 진노의 포도주 잔을 받으매

"큰 성이 세 갈래로 갈라지고 만국의 성들도 무너지니"

이 큰 성은 바로 다음에 나오는 **큰 성 바벨론**을 가리킨다. 바벨론은 사단세력의 심장부가 되는 곳이다. 다시 말하면 우리의 적인 사단의 심장부가 무너진 것이다. 뿐만 아니라 그 사단의 권세하에 있던 만국의 성들도 다 무너진 것이다. 저 악의 세력들에게는 이 얼마나 가공할 일인가!

"큰 성 바벨론이 하나님 앞에 기억하신바 되어 그의 맹렬한 진노의 포도주 잔을 받으매"

이 말씀은 그 성들이 무너진 이유를 말해준다. 그 이유는

1) 큰 성 바벨론이 하나님 앞에 기억하신바 되었기 때문이다.

이 말씀은 무슨 뜻인가? 하나님은 저들이 지금까지 하나님을 대적하고 하나님이 그렇게도 아끼시고 사랑하시는 성도들을 괴롭혀 온 악행들을 하나도 빼놓지 않고 다 기억하고 마음속에 두고 계셨다는 뜻이다. 그 이유는 물론 저들의 행위대로 갚아주기 위한 것이다.

• 마 16:27 "인자가 아버지의 영광으로 그 천사들과 함께 오리니 그 때

에 각 사람의 행한 대로 갚으리라"

2) 그의 맹렬한 진노의 포도주 잔을 받았기 때문에

바벨론 성의 멸망! 그것은 자연현상도 아니고 우연도 아니다. 그것은 하나님의 진노 때문이다. 즉 하나님의 진노의 심판으로 멸망하는 것이다. 진노의 포도주 잔을 받았다는 뜻은 계 14:10의 설명을 참조하기 바란다.

16:20 각 섬도 없어지고 산악도 간 데 없더라

하나님의 진노의 심판으로 말미암아 이 지구가 없어질 것을 뜻하는 말씀이다. 어떤 방법으로 없어질 것인가? 종말에 지구는 불로 멸망할 것이라는 사실은 여러 번 설명한 바가 있다(벧후 3:10 참조).

16:21 또 중수가 한 달란트나 되는 큰 우박이 하늘로부터 사람들에게 내리매 사람들이 그 박재로 인하여 하나님을 훼방하니 그 재앙이 심히 큼이러라

"또 중수가 한 달란트나 되는 큰 우박이 하늘로부터 사람들에게 내리매"

마지막 날에 내릴 우박! 그것의 실체는 무엇일까? 여기서 말하는 우박을 문자 그대로의 의미로 해석해도 아무런 관계가 없을 것이다. 그러나 우리는 지구 멸망이라는 동일한 사건에 대하여 주님께서 말씀하신 다음과 같은 내용을 주목하게 된다.

- 마 24:29 "그 날 환난 후에 즉시 해가 어두워지며 달이 빛을 내지 아니하며 별들이 하늘에서 떨어지며 하늘의 권능들이 흔들리리라"

이 말씀 중에서 "별들이 하늘에서 떨어지며"라는 현상이 본문에서 우박으로 묘사되지는 아니하였을까? 하는 생각이 든다. 그 이유는 첫째, 이 둘을 동일 사건에 대한 이야기라고 볼 때 왜 한 곳에 나온 별들의 떨어짐이 다른

곳에서는 안 나오고 반대로 다른 곳에서 나온 우박 이야기가 한 곳에서는 안 나오는가? 하는 것이다. 둘째, 하늘에서 무수히 떨어지는 별들은 마치 큰 덩어리 우박이 쏟아지는 모습과 동일하기 때문이다.

하늘에서 별이 떨어진다는 말씀에 대하여 조금 설명을 하면 다음과 같다. 별들이 하늘에서 떨어진다고 하는 말씀에 관하여 말한다면 지금도 계속해서 지구를 향하여 떨어지고 있는 별똥별을 생각할 수 있다. 이들은 지구 표면의 300km나 되는 공기 층 때문에 지구에 도달하기 전에 거의 대부분 열이 발생하여 타 없어지므로 사고가 별로 없는 것뿐이다. 좀 더 큰 별똥별이 쏟아진다면 지구는 얼마든지 이들의 충돌로 말미암아 멸망할 수 있다.

본문에서 그 우박의 무게가 한 달란트나 된다고 하였는데 이 무게 단위를 정확히 알 수는 없다. 왜냐하면 지방마다 그 기준이 달랐기 때문이다. 그러나 어떤 주석가의 말에 의하면 평균치로 잡아서 한 달란트는 약 30kg이 된다고 한다. 그렇다면 한번 상상해 보라. 그것이 우박이었든 별똥별이었든 이런 것들이 하늘에서 그대로 돌진하여 지구에 충돌하되 한 두 개도 아니고 셀 수도 없이 많은 것들이 우박이 쏟아지듯 떨어진다면 어떻게 되겠는가? 그리고 그것이 별똥별이라면 지구에 도달하는 시점에는 공기마찰에 의하여 완전히 불덩어리가 되는 상태일 것이니 지구는 불바다가 된다는 것은 너무나 분명한 일인 것이다.

"사람들이 그 박재로 인하여 하나님을 훼방하니 그 재앙이 심히 큼이러라"

박재란 우박 재앙이란 뜻이다. 이런 재앙을 만나면 우리의 보통 상식대로라면 회개하고 하나님을 찾을 것인데 저들은 오히려 하나님을 훼방한다. 왜 그럴까? 저들은 멸망받기로 작정된 자들이기 때문이다.

요한계시록은
이런 뜻이었다

제 8 장

제8장

바벨론 멸망의 세부 장면

계시록 17:1-19:5

서 론

이 부분에서는 바로 앞에서 보여주신 일곱째 대접 재앙(계 16:17-21), 곧 큰 성 바벨론의 멸망이라는 사건을 다시 자세하게 보여 주시는 장면들이다. 비유로 말하면 일곱째 대접 재앙(계 16:17-21), 곧 큰 성 바벨론의 멸망이라는 사건은 일곱 개의 대접 재앙 중 마지막 것으로 말한 것이므로 대한민국 전체 지도를 놓고 서울이 이곳이라고 가리켜 주는 일이라고 하면 이 부분(계 17:1-18:19)의 말씀은 서울 지도를 펴 놓고 서울의 자세한 거리를 보여 주는 일이라고 하겠다.

그러므로 이 부분의 말씀에서 우리는 큰 성 바벨론 곧 사단의 세력이 구체적으로 어떤 과정을 거쳐서 어떻게 최종 멸망에 이르게 되는지, 그리고 그들을 멸망시키시는 하나님으로 인하여 성도들은 얼마나 기뻐하며 하나님께 감사 찬송 영광을 돌리게 되는가를 보여주고 있다.

주님께서는 왜 이 장면을 우리에게 더욱 세밀하게 보여주시려는 것일까? 그 이유는 너무나 분명하다. 아담 이후 지금까지 하나님의 백성들인 우리들

은 사단의 세력으로 말미암아 얼마나 큰 비참한 자리에서 고통을 당하여 왔는가? 저들은 우리 성도들을 얼마나 많이 괴롭혀 왔으며 얼마나 많은 성도들이 순교를 당하였는가? 그러므로 우리들은 저들의 멸망의 날을 얼마나 간절하게 기다려 왔는가? 기다린 이유는 무엇인가? 저들의 멸망의 날이 곧 우리들의 구원이 완성되는 날이요, 저들의 패배하는 날이 곧 우리들의 최후 승리의 날이기 때문이다.

사단의 세력이 최종 멸망에 이르는 이 날은 모든 시대 모든 성도들이 간절하게 또 간절하게 기다리고 또 기다려 왔던 날이다. 사단의 최종 멸망의 날은 우리들에게는 유사이래 최고의 감동 감격의 날인 것이다. 그러므로 주님께서는 우리들에게 지금 어떤 어려움이 있을지라도 낙심하지 말고 사단과 싸워서 승리할 수 있도록 용기를 북돋아주기 위하여 그 감격의 날을 미리 자세히 우리에게 보여주시는 것이다. 할렐루야!

독자 여러분들은 이 부분에서 저들의 멸망하는 구체적인 모습을 미리 보면서 또 한편으로 그 날에 우리가 차지하게 될 승리와 영광이 얼마나 큰 것인지를 동시에 보면서 오늘의 영적인 싸움에서 승리하는 힘을 얻기 바란다.

내용 구분

이 부분(계 17:1-19:5)의 말씀은 크게 두 부분으로 구분된다.

- 큰 음녀(사단)에게 내려질 심판 – 사단의 멸망(17:1-18)
- 큰 음녀의 나라에 내려질 심판 – 바벨론의 멸망(18:1-19:5)

그리고 이 부분의 내용을 다시 세분하면 다음과 같다.

바벨론 멸망의 세부 장면 (큰 음녀와 바벨론의 심판 선언과 지배. 그에 대한 성도들의 감사와 찬양)(17:1–19:5)	17:1-18	큰 음녀에게 내릴 심판
	18:1-3	바벨론 심판을 천사가 선언함
	18:4-5	성도들에게 이 심판의 피해를 받지 않도록 주의 요구
	18:6-8	심판의 기본원칙(행위 – 갚절)
	18:9-19	바벨론 인들의 죄와 그로 인해 받는 재앙의 비참 상
	18:20	성도들에게 바벨론 심판을 즐거워하라고 함
	18:21-24	심판권 행사로 인한 바벨론 멸망
	19:1-5	성도들이 자신들의 구원과 바벨론 심판을 하나님께 감사

큰 음녀에게 내릴 심판
[17:1-18]

17:1 또 일곱 대접을 가진 일곱 천사 중 하나가 와서 내게 말하여 가로되 이리 오라 많은 물 위에 앉은 큰 음녀의 받을 심판을 네게 보이리라
17:2 땅의 임금들도 그로 더불어 음행하였고 땅에 거하는 자들도 그 음행의 포도주에 취하였다 하고
17:3 곧 성령으로 나를 데리고 광야로 가니라 내가 보니 여자가 붉은 빛 짐승을 탔는데 그 짐승의 몸에 참람된 이름들이 가득하고 일곱 머리와 열 뿔이 있으며
17:4 그 여자는 자주빛과 붉은빛 옷을 입고 금과 보석과 진주로 꾸미고 손에 금잔을 가졌는데 가증한 물건과 그의 음행의 더러운 것들이 가득하더라
17:5 그 이마에 이름이 기록되었으니 비밀이라, 큰 바벨론이라, 땅의 음녀들과 가증한 것들의 어미라 하였더라
17:6 또 내가 보매 이 여자가 성도들의 피와 예수의 증인들의 피에 취한지라 내가 그 여자를 보고 기이히 여기고 크게 기이히 여기니
17:7 천사가 가로되 왜 기이히 여기느냐 내가 여자와 그의 탄 바 일곱 머리와 열 뿔 가진 짐승의 비밀을 네게 이르리라
17:8 네가 본 짐승은 전에 있었다가 시방 없으나 장차 무저갱으로부터 올라와 멸망으로 들어갈 자니 땅에 거하는 자들로서 창세 이후로 생명책에 녹명되지 못한 자들이 이전에 있었다가 시방 없으나 장차 나올 짐승을 보고 기이히 여기리라
17:9 지혜 있는 뜻이 여기 있으니 그 일곱 머리는 여자가 앉은 일곱 산이요
17:10 또 일곱 왕이라 다섯은 망하였고 하나는 있고 다른 이는 아직 이르지 아니하였으나 이르면 반드시 잠간 동안 계속하리라
17:11 전에 있었다가 시방 없어진 짐승은 여덟째 왕이니 일곱 중에 속한 자라 저가 멸망으로 들어가리라

17:12 네가 보던 열 뿔은 열 왕이니 아직 나라를 얻지 못하였으나 다만 짐승으로 더불어 임금처럼 권세를 일시 동안 받으리라
17:13 저희가 한 뜻을 가지고 자기의 능력과 권세를 짐승에게 주더라
17:14 저희가 어린양으로 더불어 싸우려니와 어린양은 만주의 주시요 만왕의 왕이시므로 저희를 이기실 터이요 또 그와 함께 있는 자들 곧 부르심을 입고 빼내심을 얻고 진실한 자들은 이기리로다
17:15 또 천사가 내게 말하되 네가 본 바 음녀의 앉은 물은 백성과 무리와 열국과 방언들이니라
17:16 네가 본 바 이 열 뿔과 짐승이 음녀를 미워하여 망하게 하고 벌거벗게 하고 그 살을 먹고 불로 아주 사르리라
17:17 하나님이 자기 뜻대로 할 마음을 저희에게 주사 한 뜻을 이루게 하시고 저희 나라를 그 짐승에게 주게 하시되 하나님 말씀이 응하기까지 하심이니라
17:18 또 내가 본 바 여자는 땅의 임금들을 다스리는 큰 성이라 하더라

해 석

이 부분의 내용은 다음과 같이 구분된다.

- 음녀의 모양(1-6절)
- 음녀와 짐승(7-14절)
- 음녀의 멸망(15-18절)

Ⅰ. 음녀의 모양(17:1-6)

17:1 또 일곱 대접을 가진 일곱 천사 중 하나가 와서 내게 말하여 가로되 이리 오라 많은 물 위에 앉은 큰 음녀의 받을 심판을 네게 보이리라

"또 일곱 대접을 가진 일곱 천사 중 하나가 와서 내게 말하여 가로되"

이 천사는 일곱 천사 중에 어느 천사일까? 직접 설명이 없기 때문에 알 수 없다. 그러나 일곱째 대접을 쏟았던 천사로 보는 것이 지극히 자연스럽다. 왜냐하면 이 부분의 내용이 일곱째 대접 재앙의 내용인 바벨론 성의 멸망에 대한 구체적인 설명이기 때문이다. 다시 말하면 바벨론 성의 멸망을 예고한 그 천사가 그 멸망 장면을 좀 더 자세히 알려주는 것이라는 뜻이다.

"이리 오라 많은 물 위에 앉은 큰 음녀의 받을 심판을 네게 보이리라"

이리 오라 – 사도 요한은 천사의 안내를 따라서 바벨론 멸망의 세부 장면을 보여주시는 신비한 계시의 원천인 천국으로 들어간다.

큰 음녀 – 이 음녀의 정체는 무엇일까?

결론부터 말하면 이 부분에서 언급되고 있는 심판의 대상인 큰 성 바벨론의 권세를 잡은 자 곧 사단을 의미한다. 이렇게 보는 근거는 다음과 같다. **많은 물 위에 앉은 큰 음녀**라는 표현에서 많은 물은 다음 두 가지 의미로 해석될 수 있기 때문이다.

첫째, 바벨론은 많은 물 위에 세워진 나라로 묘사되고 있다. 예레미야 선지자는 바벨론 나라를 가리켜 많은 물 위에 세워진 나라로 묘사하고 있기 때문이다.

- 렘 51:12-13 "바벨론 성벽을 향하여 기를 세우고 튼튼히 지키며 파숫군을 세우며 복병을 베풀어 방비하라 이는 여호와께서 바벨론 거민에 대하여 말씀하신 대로 경영하시고 행하심이로다 13 많은 물가에 거하여 재물이 많은 자여 네 탐남의 한정, 네 결국이 이르렀도다"

둘째, 많은 물은 계 7:15의 말씀대로 백성과 무리와 열국과 방언들이다.

"또 천사가 내게 말하되 네가 본 바 음녀의 앉은 물은 백성과 무리와 열국과 방언들이니라"

그러므로 이 두 가지를 종합하면 큰 음녀 사단은 큰 성 바벨론의 권세를 잡고 있는 자로서 그 권세는 세상 모든 나라와 백성들에게 미친다는 뜻이 된다. 그리고 이 큰 음녀는 계 12:1-2에 나오는 여자와 대조를 이룬다.

• 계 12:1-2 "하늘에 큰 이적이 보이니 해를 입은 한 여자가 있는데 그 발아래는 달이 있고 그 머리에는 열두 별의 면류관을 썼더라 2 이 여자가 아이를 배어 해산하게 되매 아파서 애써 부르짖더라"

이 여자는 누구이었던가? 그 부분 해석에서 다음과 같이 설명한 바가 있다. 이 여자는 교회를 가리킨다. 교회가 왜 여자로 묘사되는 것일까? 교회란 하나님의 택한 백성들의 모임이다. 그런데 하나님의 백성들은 주님과 어떤 관계에 있는가? 신랑과 신부의 관계이다(아가서, 마 25장의 열 처녀 비유, 사 54:3-6, 호 2:14-6). 그러므로 여자로 비유된 것이다. 하나님의 백성들의 모임인 교회가 여자라면 그와 반대로 사단을 따르는 자들의 모임인 바벨론 나라의 권세는 음녀라고 비유되는 것은 지극히 자연스런 일이다.

그리고 또 한편 사단의 세력이 음녀로 비유된 까닭은, 이들은 하나님의 백성들을 꾀어내서 죄 가운데 떨어지게 함으로써 주님께로 향한 성도들의 신앙 정조를 버리게 만들기 때문이다.

17:2 땅의 임금들도 그로 더불어 음행하였고 땅에 거하는 자들도 그 음행의 포도주에 취하였다 하고

이 말씀은 이 사단의 세력 곧 이 음녀에 의하여 미혹을 당한 자들이 누구인가를 보여주고 있다. 미혹을 받아 죄 가운데 빠져버린 자들 가운데는 땅의 임금들과 땅에 거하는 자들이 있다. 한 마디로 땅에 거하는 모든 자들이다. 땅에 거한다는 말은 땅에 속한 자들을 뜻한다. 이 말은 하늘에 속한 자 곧 천국 시민권을 가진 자들(빌 3:20)과 대조를 이룬다. 천국의 시민권을 갖지 못한 모든 자들은 다 그 음녀와 음행을 한 자들이라는 뜻이다.

음행의 포도주에 취하였다는 말은 무슨 뜻인가? 포도주는 연락을 위한 술이다. 음행의 포도주에 취하였다는 말은 저들이 육체적인 향락을 즐기면

서 죄악에 깊이 빠진 방탕의 자리에까지 떨어진 것을 의미한다.

- 엡 5:18 "술 취하지 말라 이는 방탕한 것이니 오직 성령의 충만을 받으라"

이 말씀에서 알 수 있듯이 방탕한 자들은 죄악으로 충만하게 되고 하나님의 사람들은 성령으로 충만함을 받게 되어 있다. 그리고 이런 저들의 죄악의 축적은 하나님의 진노를 쌓는 결과가 되어서 심판을 불가피하게 만드는 요인이 되는 것이다.

- 롬 2:5 "다만 네 고집과 회개치 아니한 마음을 따라 진노의 날 곧 하나님의 의로우신 판단이 나타나는 그 날에 임할 진노를 네게 쌓는도다"

17:3 곧 성령으로 나를 데리고 광야로 가니라 내가 보니 여자가 붉은 빛 짐승을 탔는데 그 짐승의 몸에 참람된 이름들이 가득하고 일곱 머리와 열 뿔이 있으며

"곧 성령으로 나를 데리고 광야로 가니라"

사도 요한은 성령의 인도하심을 받아 광야로 나아갔다. 광야는 무엇을 뜻하는가? 성경에서 광야는 사단이 있는 곳을 나타내는 이름으로 나타나고 있다.

- 마 4:1 "그 때에 예수께서 성령에게 이끌리어 마귀에게 시험을 받으러 광야로 가사"

"내가 보니 여자가 붉은 빛 짐승을 탔는데 그 짐승의 몸에 참람된 이름들이 가득하고 일곱 머리와 열 뿔이 있으며"

광야에서 사도 요한은 누구를 보았는가? 사도 요한은 그 광야에서 두 가지를 보았다. 여자와 그가 타고 있는 짐승을 본 것이다. 이 여자와 짐승은

누구인가?

여자 – 이 여자는 앞의 1절에서 말한 **많은 물 위에 앉은 큰 음녀**를 가리킨다. 그러므로 이 여자는 1절에서 설명한 대로 사단을 가리킨다.

짐승 – 이 여자가 타고 있는 이 짐승의 정체는 무엇인가? 이 짐승의 모양을 보라. 이 짐승의 모양은 우리가 계 13:1 이하에서 본 짐승과 동일한 모습이다.

- 계 13:1 "내가 보니 바다에서 한 짐승이 나오는데 뿔이 열이요 머리가 일곱이라 그 뿔에는 열 면류관이 있고 그 머리들에는 참람한 이름들이 있더라"

이 짐승의 정체가 세상 종말에 나타날 정치적 왕으로서의 적그리스도라는 사실은 이미 그곳에서 설명한 바와 같다. 그렇다면 이 여자 곧 사단이 타고 있는 이 짐승의 정체는 무엇일까? 이 짐승의 정체를 천사는 사도 요한에게 다음과 같이 설명하고 있다.

- 계 17:8 "네가 본 짐승은 전에 있었다가 시방 없으나 장차 무저갱으로부터 올라와 멸망으로 들어갈 자니 땅에 거하는 자들로서 창세 이후로 생명책에 녹명되지 못한 자들이 이전에 있었다가 시방 없으나 장차 나올 짐승을 보고 기이히 여기리라"

이 말씀을 보면 이 짐승은 무저갱으로부터 올라올 악한 천사임을 알 수 있다. 이 악한 천사에 대한 설명은 다섯째 나팔 재난 특주에서 이미 본 바가 있다.

그러면 여기에 나오는 짐승과 계 13:1 이하에 나오는 짐승은 어떤 관계에 있는 것일까? 왜 이들의 모양은 이렇게 똑같은가? 그 대답은 다음과 같다. 계 13:1 이하에 나오는 짐승은 앞에서 설명한 대로 세상 마지막에 나타날 정치적 왕으로서의 적그리스도 곧 단일 인물이다. 그런데 지금 계 17:3

에 나오는 짐승은 악한 천사이다. 이 두 존재의 모양이 똑같다는 것은 무저갱에서 올라온 이 악한 천사가 계 13:1 이하에 나오는 바다에서 올라온 짐승 곧 정치적 왕으로서의 적그리스도라는 인물 속에서 역사하기 때문에 이 둘은 똑같은 모양과 행동을 하는 것으로 나타나는 것이다.

17:4 그 여자는 자주빛과 붉은빛 옷을 입고 금과 보석과 진주로 꾸미고 손에 금잔을 가졌는데 가증한 물건과 그의 음행의 더러운 것들이 가득하더라

여기서는 이 여자의 모습을 말하고 있다. 이 모습이 말해주는 영적인 의미는 무엇인가?

"자주빛과 붉은빛 옷을 입고"

1) 이 색깔은 왕의 신분을 나타내는 왕복의 색깔이다.

- 마 27:27-28 "이에 총독의 군병들이 예수를 데리고 관정 안으로 들어가서 온 군대를 그에게로 모으고 28 그의 옷을 벗기고 홍포를 입히며"

2) 부자의 사치스러운 옷의 색깔이다.

- 눅 16:19 "한 부자가 있어 자색 옷과 고운 베옷을 입고 날마다 호화로이 연락하는데"

그러므로 이 여자의 이런 옷 색깔은 저가 왕을 자처하며 광명한 천사와 같이 자신의 겉모습을 꾸미고 있음을 뜻한다.

- 고후 11:14 "이것이 이상한 일이 아니라 사단도 자기를 광명의 천사로 가장하나니"

"금과 보석과 진주로 꾸미고 손에 금잔을 가졌는데"

이런 것들도 역시 사단이 얼마나 그 겉모양을 아름답게 꾸미고 있는가를 보여주는 것이다. 사단이 이렇게 아름다운 겉모습을 갖추는 이유는 무엇일까? 하나님의 성도들을 미혹하기 위한 것이다. 사단은 사람들을 미혹할 때에 예수님을 시험했던 방식대로 부귀와 영화와 권세 등 사람들이 부러워할 만한 것들을 줄 자인 것처럼 가장하고 나타나는 것이다.

"가증한 물건과 그의 음행의 더러운 것들이 가득하더라"

그러나 이 여자의 속은 어떠한가? 실체는 어떠한가? 겉모양과는 정 반대로 온갖 더러운 것으로 가득 차 있는 것이다. 이렇게 겉과 속이 완전히 다른 모습을 우리는 바리새인들에게서 본다.

• 마 23:27-28 "화 있을진저 외식하는 서기관들과 바리새인들이여 회칠한 무덤 같으니 겉으로는 아름답게 보이나 그 안에는 죽은 사람의 뼈와 모든 더러운 것이 가득 하도다 28 이와 같이 너희도 겉으로는 사람에게 옳게 보이되 안으로는 외식과 불법이 가득하도다"

이 여자 곧 사단의 모습과 바리새인들의 모습은 왜 이렇게 똑같을까? 그 이유를 우리는 주님의 다음과 같은 말씀에서 알 수 있다.

• 요 8:44 "너희는 너희 아비 마귀에게서 났으니 너희 아비의 욕심을 너희도 행하고자 하느니라 저는 처음부터 살인한 자요 진리가 그 속에 없으므로 진리에 서지 못하고 거짓을 말할 때마다 제 것으로 말하나니 이는 저가 거짓말장이요 거짓의 아비가 되었음이니라"

17:5 그 이마에 이름이 기록되었으니 비밀이라, 큰 바벨론이라, 땅의 음녀들과 가증한 것들의 어미라 하였더라

"그 이마에 이름이 기록되었으니"

이마에 이름이나 숫자가 새겨진 것은 예수님이나 성도나 짐승을 따르는 자들에게서나 찾아볼 수 있다.

예수님

- 계 19:11-12 "또 내가 하늘이 열린 것을 보니 보라 백마와 탄 자가 있으니 그 이름은 충신과 진실이라 그가 공의로 심판하며 싸우더라 12 그 눈이 불꽃같고 그 머리에 많은 면류관이 있고 또 이름 쓴 것이 하나가 있으니 자기 밖에 아는 자가 없고"

성도들

- 계 14:1 "또 내가 보니 어린양이 시온 산에 섰고 그와 함께 십사만사천이 섰는데 그 이마에 어린양의 이름과 그 아버지의 이름을 쓴 것이 있도다"

짐승을 따르는 자들

- 계 13:17 "누구든지 이 표를 가진 자 외에는 매매를 못하게 하니 이 표는 곧 짐승의 이름이나 그 이름의 수라"

이런 이름들은 각각 그들의 신분이나 정체를 나타낸다. 여기서도 마찬가지다. 그 이름은 이 여자가 어떤 존재인가를 나타내고 있다. 그러면 이 여자는 어떤 자인가? 그 이름을 살펴보자.

"비밀이라"

이 이름이 뜻하는 바는 무엇인가? 그 뜻을 알기 위하여서는 다음 두 가지를 염두에 둘 필요가 있다.

1) 단어의 뜻

여기 비밀이라는 단어는 원어 성경에서 "뮤스테리온"으로 나타난다. 이 단어는 "신비로운 것", "심오한 것"을 뜻한다.

2) 예수님의 이름과의 비교

바로 앞에서 본 예수님의 이름을 말한 계 19:11-12과 비교해 볼 필요가 있다. 예수님의 이름도 "이름 쓴 것이 하나가 있으니 자기 밖에 아는 자가 없고"(계 19:12)라고 하여 '**비밀**'인데 여기에 나오는 이 여자의 이름도 '**비밀**'이다.

이 두 가지 사실에서 우리는 다음과 같은 사실을 알 수 있다. 예수님도 사단도 인간의 지혜로 다 알 수 없는 신비하고 심오한 것들을 가지고 있는 존재들이다. 이 점에서 양자는 공통점을 가지고 있다. 그러나 무엇이 신비롭고 심오한가? 그 내용 면에서는 정 반대이다.

예수님은 어떤 면에서 신비롭고 심오한 분이신가?

- 계 19:11-12 "또 내가 하늘이 열린 것을 보니 보라 백마와 탄 자가 있으니 그 이름은 충신과 진실이라 그가 공의로 심판하며 싸우더라 12 그 눈이 불꽃 같고 그 머리에 많은 면류관이 있고 또 이름 쓴 것이 하나가 있으니 자기 밖에 아는 자가 없고"

이 말씀에서 보는 대로 예수님은 충신과 진실과 공의와 같은 면에서 한없이 심오한 분이시다. 한 마디로 주님은 진리의 면에서 신비롭고 심오하신 분이시다. 그러므로 사도 바울은 그리스도 안에 있는 구원의 진리를 설명한 후에 그 진리의 심오함을 다음과 같이 노래하는 것을 본다.

- 롬 11:33 "깊도다 하나님의 지혜와 지식의 부요함이여 그의 판단은 측량치 못할 것이며 그의 길은 찾지 못할 것이로다"

그런데 마귀는 어떤 면에서 신비롭고 심오한 존재인가?

- 요 8:44 "너희는 너희 아비 마귀에게서 났으니 너희 아비의 욕심을 너희도 행하고자 하느니라 저는 처음부터 살인한 자요 진리가 그 속에 없으므로 진리에 서지 못하고 거짓을 말할 때마다 제 것으로 말하나니 이는 저가 거짓말장이요 거짓의 아비가 되었음이니라"

이 말씀에서 보는 대로 이 여자 곧 사단은 거짓의 원조요 명수로서 심오한 것이다. 그 어느 누구도 그의 능수능란하게 거짓말하는 속을 다 헤아릴 수 없는 것이다.

"큰 바벨론이라"

우리는 "**큰 성 바벨론**"(계 16:19)이 사단에게 속한 세상 나라들을 가리킨다는 사실을 보았다. 지금 이 여자의 이름이 **큰 바벨론**이라고 나타난 것은 그 나라의 통치권자임을 나타낸다. 그리고 바벨론 앞에 "큰"이라는 형용사가 붙은 것은 자기 스스로를 높이는 사단의 본성을 드러내는 것이라고 하겠다.

"땅의 음녀들과 가증한 것들의 어미라 하였더라"

사단은 자기 혼자만 타락한 것이 아니라 아담과 하와를 비롯하여 이 땅위에 수많은 사람들을 타락시켰다. 그리하여 이 땅에 하나님을 배반하고 세상에 있는 것들을 더 사랑하며 살아가는 음녀들을 수없이 만들어 내었다. 그리고 그들로 하여금 세상의 온갖 가증한 일들을 행하게 만드는 것이다. 그러므로 사단은 **땅의 음녀들과 가증한 것들의 어미**라고 불리는 것이다.

17:6 또 내가 보매 이 여자가 성도들의 피와 예수의 증인들의 피에 취한지라 내가 그 여자를 보고 기이히 여기고 크게 기이히 여기니

이 여자 곧 사단은 성도들과 예수의 증인들과 싸워서 수많은 자들의 피를 흘리게 한 자이다. 성도들은 믿음을 지키기 위하여 사단의 공격으로 말미

암는 환난과 핍박을 얼마나 많이 당하였는가? 사도들을 비롯하여 얼마나 많은 주님의 증인들이 복음을 전하기 위하여 순교의 피를 흘렸는가? 그 모든 자들이 흘린 피가 바로 이 여자로 말미암은 것이다. 그러므로 술을 마시는 자가 술에 만취가 되는 것처럼 이 여자는 그 피에 만취가 되었다는 표현을 하고 있는 것이다.

사도 요한은 이 여자의 모습을 보고 이상히 여겼다. 무엇을 이상히 여겼을까? 이 여자의 모습은 너무나도 상반된 것이 많기 때문이다. 이 여자는 휘황찬란한 아름다운 옷을 입었고 금과 보석과 진주 같은 것으로 화려하게 꾸몄는데 어떻게 그런 여자가 가증한 물건과 그의 음행의 더러운 것들로 가득할 수가 있으며, 성도들의 피와 예수의 증인들의 피에 취한 그렇게 잔인한 모습을 할 수가 있는가? 참으로 이상한 존재인 것이다.

II. 음녀와 짐승(7:7-14)

> *17:7* 천사가 가로되 왜 기이히 여기느냐 내가 여자와 그의 탄 바 일곱 머리와 열 뿔 가진 짐승의 비밀을 네게 이르리라

천사는 이 여자의 모습을 보고 이상히 여기고 있는 사도 요한에게 '왜 기이히 여기느냐?'고 반문하면서 그 여자와 그가 타고 있는 짐승에 대하여 설명을 해주겠다는 것이다.

> *17:8* 네가 본 짐승은 전에 있었다가 시방 없으나 장차 무저갱으로부터 올라와 멸망으로 들어갈 자니 땅에 거하는 자들로서 창세 이후로 생명책에 녹명되지 못한 자들이 이전에 있었다가 시방 없으나 장차 나올 짐승을 보고 기이히 여기리라

천사는 그 짐승의 정체가 무엇인지, 그 짐승이 어떤 활동을 할 것인지를 말하고 있다.

1. 이 짐승의 정체는 무엇인가?

"네가 본 짐승은 전에 있었다가 시방 없으나 장차 무저갱으로부터 올라와 멸망으로 들어갈 자이다"

그렇다면 이 짐승의 정체는 무엇인가? 우리는 앞에서 (계 9:1-12, 다섯째 나팔 재앙 특주, 악한 천사론 – 악한 천사의 분류)에서 다음과 같은 악한 천사들이 있다는 사실을 보았다. 그 곳의 설명을 다시 보자.

2. 지옥 곧 무저갱에 던져진 악한 천사들

하나님은 타락한 천사들 가운데 어떤 자들은 지옥 어두운 구덩이에 던지셨으며 심판 때까지 그곳에 있게 하셨다. 그러나 이들은 본문에서 보는 대로 세상 종말 직전에 잠간 석방되어서 최후 발악을 하면서 성도들을 괴롭히는 일을 하게 된다. 우리가 지금 보고 있는 계 9:3에 무저갱으로부터 올라오는 황충으로 묘사된 것이 바로 이 천사이다.

- 벧후 2:4 "하나님이 범죄한 천사들을 용서치 아니하시고 지옥에 던져 어두운 구덩이에 두어 심판 때까지 지키게 하셨으며"
- 유 6 "또 자기 지위를 지키지 아니하고 자기 처소를 떠난 천사들을 큰 날의 심판까지 영원한 결박으로 흑암에 가두셨으며"
- 계 9:3 "또 황충이 연기 가운데로부터 땅 위에 나오매 저희가 땅에 있는 전갈의 권세와 같은 권세를 받았더라"
- 계 17:8 "네가 본 짐승은 전에 있었다가 시방 없으나 장차 무저갱으로부터 올라와 멸망으로 들어갈 자니 땅에 거하는 자들로서 창세 이후로 생명책에 녹명되지 못한 자들이 이전에 있었다가 시방 없으나 장차 나올 짐승을 보고 기이히 여기리라"
- 계 20:3 "무저갱에 던져 잠그고 그 위에 인봉하여 천 년이 차도록 다

시는 만국을 미혹하지 못하게 하였다가 그 후에는 반드시 잠간 놓이리라"

이 설명에서 보는 대로 여기에 나오는 악한 천사는 범죄 후에 지옥 곧 무저갱에 던져진 악한 천사이다. 그러므로 이 악한 천사는 본문에서 전에 있었다가 시방 없으나(무저갱에 갇혀 있으므로) 장차 무저갱으로부터 올라와 멸망으로 들어갈 자로 소개되고 있는 것이다. 즉 이 악한 천사는 대환난의 때에 잠깐 동안(3년 반) 놓여서 발악을 하다가 다시 잡혀서 주님의 심판을 받고 영원히 지옥에 들어갈 자인 것이다.

3. 이 짐승은 어떤 활동을 하는가?

"땅에 거하는 자들로서 창세 이후로 생명책에 녹명되지 못한 자들이 이전에 있었다가 시방 없으나 장차 나올 짐승을 보고 기이히 여기리라"

땅에 거하는 자들 곧 구원받지 못할 자들이 왜 그를 기이히 여기는가? 반대로 이 말씀은 구원받을 성도들은 그를 기이히 여기지 않는다는 뜻인데 왜 성도들은 그를 기이히 여기지 않는가? 그 대답은 자명하다.

- 계 9:3 "또 황충이 연기 가운데로부터 땅 위에 나오매 저희가 땅에 있는 전갈의 권세와 같은 권세를 받았더라"

이 말씀에서 보는 대로 이 악한 천사는 거짓 선지자들과 적그리스도들을 통하여 놀라운 이적을 일으키게 하면서 사람들을 미혹할 것이기 때문이다. 주님은 이런 자들의 이런 활동을 다음 성구에서 예언하시지 않았는가?

- 마 24:23-24 "그 때에 사람이 너희에게 말하되 보라 그리스도가 여기 있다 혹 저기 있다 하여도 믿지 말라 24 거짓 그리스도들과 거짓 선지자들이 일어나 큰 표적과 기사를 보이어 할 수만 있으면 택하신 자들도 미혹하게 하리라"

주님의 이 말씀대로 그 때에 불신자들은 사단의 이적을 기이히 여기면서 미혹되지만 성도들은 기이히 여기지 않고 미혹을 받지 않을 것이다. 이 말씀은 바로 이런 의미이다.

17:9 지혜 있는 뜻이 여기 있으니 그 일곱 머리는 여자가 앉은 일곱 산이요

이 말씀의 뜻은 무엇일까? 해석의 열쇠는 "산"이 무엇이냐 하는 것이다. 산은 성경에서 국가의 권세나 통치권을 상징하는 단어이다. 이 단어가 이렇게 사용된 예를 들어보자.

- 렘 51:25 "나 여호와가 말하노라 온 세계를 멸한 멸망의 산아 보라 나는 네 대적이라 나의 손을 네 위에 펴서 너를 바위에서 굴리고 너로 불탄 산이 되게 할 것이니"
- 사 2:2 "말일에 여호와의 전의 산이 모든 산 꼭대기에 굳게 설 것이요 모든 작은 산 위에 뛰어나리니 만방이 그리로 모여들 것이라"
- 사 41:15 "보라 내가 너로 이가 날카로운 새 타작 기계를 삼으리니 네가 산들을 쳐서 부스러기를 만들 것이며 작은 산들로 겨 같게 할 것이라"

그러므로 "그 일곱 머리는 여자가 앉은 일곱 산이요"라는 말씀의 뜻은 이 여자 곧 사단이 세상 나라들(바벨론으로 불린 나라)을 통치하는 권세를 쥐고 있음을 뜻한다. 일곱 산이라고 할 때 일곱은 완전 숫자이므로 세상 전체 곧 모든 시대의 모든 나라들의 권세를 잡고 있음을 뜻한다.

17:10 또 일곱 왕이라 다섯은 망하였고 하나는 있고 다른 이는 아직 이르지 아니하였으나 이르면 반드시 잠간 동안 계속하리라

"또 일곱 왕이라"

9절 말씀의 계속이다. 일곱 산은 여자 곧 사단의 권세에 속한 나라들을 가리킨다면, 여기 일곱 왕은 사단의 권세 하에서 각각 그 나라들을 다스리는 왕들을 가리킨다.

"다섯은 망하였고 하나는 있고 다른 이는 아직 이르지 아니하였으나 이르면 반드시 잠간 동안 계속하리라"

이 말씀을 가지고 많은 주석가들이 해석에 어려움을 실토하고 있다. 그리고 어떤 주석가들은 여기에 나오는 왕들을 로마의 황제들 가운데서 찾아보려는 시도를 하는 것을 본다. 그리하여 그 황제들의 이름을 열거하는 자들도 있다. 그러나 이런 시도는 잘못된 것이다. 이 말씀의 뜻을 정확히 알기 위하여서는 다음과 같은 두 가지 사실을 염두에 두어야 한다.

1) 이 부분의 말씀이 무엇에 관한 계시인가?

이 말씀이 나오는 계 17:1-18:19의 말씀은 바로 그 앞에서 보여주신 일곱째 대접 재앙으로 인한 바벨론 멸망 사건을 보다 상세하게 다시 보여주는 계시라는 것이다. 이 사실을 앞에서 이미 다음과 같이 설명한 바가 있다.

이 부분에서는 바로 앞에서 보여주신 일곱째 대접 재앙(계 16:17-21) 곧 큰 성 바벨론의 멸망이라는 사건을 다시 자세하게 보여주시는 장면들이다. 비유로 말하면 일곱째 대접 재앙(계 16:17-21) 곧 큰 성 바벨론의 멸망이라는 사건은 일곱 개의 대접 재앙 중 마지막 것으로 말한 것이므로 대한민국 전체 지도를 놓고 서울이 이곳이라고 가리켜주는 일이라고 하면, 이 부분(계 17:1-18:19)의 말씀은 서울 지도를 펴놓고 서울의 자세한 거리를 보여주는 일이라고 하겠다.

그러므로 이 부분의 말씀에서 우리는 큰 성 바벨론 곧 사단의 세력이 구체적으로 어떤 과정을 거쳐서 어떻게 최종 멸망에 이르게 되는지, 그리고 그들을 멸망시키시는 하나님으로 인하여 성도들은 얼마나 기뻐하며 하나님께 감사 찬송 영광을 돌리게 되는가를 보여주고 있다.

2) 여기에 나오는 과거 현재 미래의 시간 기준은 언제인가?

그러므로 여기에 나오는 과거 현재 미래의 시간 기준은 사도 요한이 이 계시를 기록한 때가 아니다. 본문의 계시 안에서의 시간 개념이다. 다시 말하면 지금 이 계시의 내용은 마지막 대접 재앙 곧 바벨론 멸망이다. 즉 세상 종말이다. 그러므로 여기에 나오는 시간의 기준은 세상 종말 직전인 것이다. 이 시점을 기준으로 하여 "다섯은 망하였고 하나는 있고 다른 이는 아직 이르지 아니하였으나 이르면 반드시 잠간 동안 계속하리라"는 말씀은 이해되어야 한다. 이 두 가지 사실을 염두에 두고 본문을 해석하면 이런 뜻이 된다.

"다섯은 망하였고"

바벨론 멸망의 때 곧 세상 종말 직전의 시점을 기준으로 하여 볼 때 사단이 지배하는 모든 시대 모든 왕국들 중에 다섯은 망하였다는 것이다. 이렇게 보면 이 다섯이라는 숫자가 의미하는 것은 지금까지 이 땅에 존재하였다가 사라진 사단에게 속한 모든 시대 모든 나라들을 가리키는 숫자가 되는 것이다.

"하나는 있고"

이렇게 볼 때 이 하나는 바벨론 멸망 곧 세상 종말 직전에 존재하는 사단에게 속한 세상 모든 나라들을 의미하는 것이 된다.

"다른 이는 아직 이르지 아니하였으나 이르면 반드시 잠간 동안 계속하리라"

같은 맥락에서 볼 때 이 말씀은 앞으로 일어날 사단의 왕국과 왕에 대한 예언이다. 그 왕국과 그 왕은 무엇인가? 이것이 바로 세상 종말에 나타날 적그리스도의 국가요 계 13:1-8에서 예언된 적그리스도로서의 정치적 왕인 것이다.

이 왕국의 기한은 얼마나 되는가? "잠간 동안 계속하리라" 그 잠간이라는 시간은 얼마나 되는가? 이 기간 곧 적그리스도의 활동 기간이 성도들에게는 다름 아닌 대 환난 기간이다. 대 환난은 삼년 반 혹은 마흔 두 달이라는 기간으로 성경은 말하고 있다(계 11:2, 13:5). 물론 그 숫자는 문자적이 아니고 영적인 의미이다. 그러므로 이 말씀은 세상 마지막에 나타날 적그리스도 왕국을 가리킨다.

17:11 전에 있었다가 시방 없어진 짐승은 여덟째 왕이니 일곱 중에 속한 자라 저가 멸망으로 들어가리라

"전에 있었다가 시방 없어진 짐승은 여덟째 왕이니 일곱 중에 속한 자라"

이 짐승은 3절에서 본 대로 여자가 타고 있는 짐승을 가리킨다. 이 짐승의 정체는 8절에서 밝혀졌다. "네가 본 짐승은 전에 있었다가 시방 없으나 장차 무저갱으로부터 올라와 멸망으로 들어갈 자니 땅에 거하는 자들로서 창세 이후로 생명책에 녹명되지 못한 자들이 이전에 있었다가 시방 없으나 장차 나올 짐승을 보고 기이히 여기리라."

이 말씀에서 보는 대로 이 짐승은 무저갱에 결박되어 있다가 마지막 때에 적그리스도 왕국을 건설하기 위하여 잠깐 동안 석방되어 여자 곧 악령들의 총수인 사단의 수하에서 활동하는 악한 천사이다.

"여덟째 왕이니 일곱 중에 속한 자라"

이 짐승이 앞에서 말한 일곱 왕 중에 속하였다는 것은 사단의 왕국 중에 하나라는 뜻이다. 일곱은 사단에게 속한 모든 시대 모든 나라와 왕을 의미하므로 마지막 적그리스도 왕국도 사단의 나라 가운데 하나라는 말은 지극히 당연한 일이다.

그런데 그 짐승은 여덟째 왕이라고 하였다. 이 말씀은 무슨 뜻인가? 이 말씀은 사단에게 속한 왕이지만 지금까지 존재했던 어떤 왕과도 같지 아니한 아주 특별한 왕이라는 사실을 의미한다. 무엇이 특별한가? 계 13:1-8에서 이미 설명된 내용을 참조하기 바란다.

17:12 네가 보던 열 뿔은 열 왕이니 아직 나라를 얻지 못하였으나 다만 짐승으로 더불어 임금처럼 권세를 일시 동안 받으리라

이 열 뿔은 무엇을 가리키는가? 이것을 알기 위하여서는 이 말씀에 나오는 열 뿔에 대한 설명을 자세히 살펴볼 필요가 있다. 여기에 나오는 설명을 가지고 알아맞히기를 해보자.

첫째, 이 열 뿔은 열 왕이라고 하였다.
둘째, 그러나 앞에서 나온 짐승의 일곱 머리처럼 나라를 가진 왕은 아니다.
셋째, 그럼에도 불구하고 이들은 왕처럼 권세를 휘두른다.
넷째, 그러나 그 권세의 기간은 길지 못하여 앞에서 나온 짐승의 머리 곧 정치적 왕으로서의 적그리스도와 똑같이 일시 동안만 행사한다.

자! 이 열 뿔의 정체는 무엇일까? 그 해답으로 분명하게 떠오르는 것이 있다. 그것은 계 13:11-18에 나오는 세상 마지막에 나타날 종교적 왕으로서의 적그리스도임에 틀림없다. 위 네 가지 조건이 얼마나 정확하게 그에게 적중하는가! 그리고 더욱 분명한 사실은 정치적 왕으로서의 적그리스도와 종교적 왕으로서의 적그리스도가 계 13:1-18에서 나란히 언급되었다는 것이다. 이 둘은 모두 자기들의 총수인 사단의 앞잡이로 일하는 자들이기 때문에 나란히 언급된 것이다.

17:13 저희가 한 뜻을 가지고 자기의 능력과 권세를 짐승에게 주더라

이 말씀은 위에서 말한 내용을 더욱 확실하게 해 준다. 종교적 왕으로서의 적그리스도와 정치적 왕으로서의 적그리스도는 모두 한 뜻으로 하나님을 대적하고 성도들을 핍박하거나 유혹하는 일을 할 것이며, 이를 위하여 종교적 왕들은 정치적 왕들을 도와서 그에게 힘을 실어주는 역할을 하게 될 것이다. 이 사실은 이미 계 13:11-18의 해석에서 설명한 바가 있다. 그곳을 참조하기 바란다.

17:14 저희가 어린양으로 더불어 싸우려니와 어린양은 만주의 주시요 만왕의 왕이시므로 저희를 이기실 터이요 또 그와 함께 있는 자들 곧 부르심을 입고 빼내심을 얻고 진실한 자들은 이기리로다

이렇게 사단의 세력은 총집결하여 하나님과 우리 주님과 성도들을 대적하여 최후 결전을 벌이지만 이 싸움은 반드시 우리 주님의 승리로 끝날 것이다. 그 이유는 우리 주님 곧 어린양은 **만주의 주시요 만왕의 왕**이시기 때문이다. 주님은 왜 여기에서 이 사실을 우리들에게 천사를 통하여 말씀하시는가? 이 무시무시한 최후 결전의 날이 다가온다 하더라도 승리는 보장되어 있으니 두려워하지 말고 끝까지 잘 싸우라고 우리들을 격려하기 위함이나.

III. 음녀의 멸망(17:15-18)

17:15 또 천사가 내게 말하되 네가 본 바 음녀의 앉은 물은 백성과 무리와 열국과 방언들이니라

이 말씀은 17:1에서 본 환상 곧 **많은 물 위에 앉은 큰 음녀**가 어떤 존재인가를 알려주기 위한 설명이다. 1절의 설명을 참조하기 바란다.

17:16 네가 본 바 이 열 뿔과 짐승이 음녀를 미워하여 망하게 하고 벌거벗게 하고 그 살을 먹고 불로 아주 사르리라

여기에 나오는 열 뿔은 무엇이며 짐승은 누구이었던가? 열 뿔은 열 왕이었다(17:12). 이 짐승은 17:11에 나오는 짐승을 가리키는 것으로서 이 짐승의 정체는 8절에서 본 대로 무저갱으로부터 올라오는 악한 천사인 것이다. 이들은 모두가 자기들의 총수인 사단을 도와서 최후 결전을 하려고 모인 자들이다.

그런데 참으로 기이한 현상이 벌어진다. 이들 가운데 반역이 생기는 것이

다. 사단의 수하에 있던 왕들과 악한 천사들이 자기들의 총수인 사단을 미워하여 망하게 하는 일이 벌어진 것이다. 망하게 하되 그 살을 먹고 불로 아주 사르는 일을 하는 것이다. 그러니까 이 말씀은 큰 성 바벨론 곧 사단의 나라가 망하되(계 16:17-21) 구체적으로 어떻게 망하는가를 알려주는 것이다.

> *17:17* 하나님이 자기 뜻대로 할 마음을 저희에게 주사 한 뜻을 이루게 하시고 저희 나라를 그 짐승에게 주게 하시되 하나님 말씀이 응하기까지 하심이니라

이 말씀에서 "저희"는 누구인가? 이들은 앞 절에 나온 열 왕과 짐승을 가리킨다. 이들은 큰 음녀 곧 자기들의 총수인 사단을 향하여 반기를 들었는데 이런 마음을 그들이 갖게 된 것은 하나님께서 그 마음을 그들에게 주셨기 때문이라는 것이다. 그리하여 하나님은 한 뜻을 이루게 하시려고 그 큰 음녀가 다스리던 나라를 그 짐승에게 주신다는 것이다. 그러나 그 기간은 오래 가지 못한다. 하나님 말씀이 응하기까지만 지속될 것이다. 그때는 물론 최후 심판의 때일 것이다. 여기서 한 뜻을 이루게 하신다고 할 때 그 뜻이 무엇인지 직접 설명은 없지만 그 뜻은 사단의 나라를 완전히 멸망시키고 우리들에게 승리를 안겨주시려는 뜻으로 보인다. 이 뜻을 이루기 위하여 하나님은 사단의 나라 내부에 반역이 일어나게 하시는 것이다.

그렇다면 하나님은 자신의 권능으로 최후 심판을 통하여 얼마든지 사단을 벌하시고 멸망시킬 수 있는데 왜 사단의 세계 내부에 이런 반란이 일어나서 사단이 망하게 되는 이런 뜻을 가지시게 되었을까? 여기에는 참으로 하나님의 지혜로우신 깊은 뜻이 담겨져 있다. 그 뜻은 무엇인가? 그 뜻은 이러하다. 사단은 하나님을 반역하여 타락한 천사이다. 이때부터 지금까지 하나님은 자기의 피조물인 사단의 반역으로 인하여 얼마나 모독을 당하셨으며 배신감으로 마음이 아프셨던가! 그러므로 하나님은 사단을 멸망시키되 사단이 하나님께 대하여 행하였던 그대로 수하에 있는 자들에게 배신을 당하는 방법으로 망하게 하시는 것이다. 그러니까 "내가 너 때문에 당한 모독과 배

신 그대로 너도 한 번 당해보라"는 뜻이 담겨져 있는 것이다. 이것은 또한 행한 대로 갚으신다는 하나님의 공의의 실현이기도 한 것이다.

17:18 또 내가 본 바 여자는 땅의 임금들을 다스리는 큰 성이라 하더라

이 여자는 17:1에서부터 지금까지 언급해왔던 "많은 물 위에 앉은 큰 음녀"를 가리키는 것이다. 이 여자가 사단이라는 사실과 이 말씀대로 땅의 임금들을 다스리는 큰 성이라는 사실은 이미 충분히 밝혀진 내용들이다. 그럼에도 불구하고 이 말씀이 왜 여기에 또 나오는가? 그 존재가 하나님에게나 천사들의 세계에나 우리 인간들에게나 너무나 오랫동안 너무나 막대한 피해를 입혔던 막강한 존재이기 때문이다. 예를 들면 이라크가 망하고 그 나라의 통치자이었던 후세인이 잡혔을 때 그 사람이 과거에 어떤 자이었었는지가 큰 뉴스거리가 되었던 것과 같은 예라고 하겠다. 그래서 이 말씀은 "이렇게 망하게 된 자가 누구인줄 아느냐? 지금까지 그렇게 악명을 떨치던 바로 그 큰 존재인 사단인 것이다"라는 뜻이다.

큰 음녀의 나라에 내려질 심판－바벨론의 멸망
[18:1-19:5]

I. 바벨론 심판을 천사가 선언함(18:1-3)

18:1 이 일 후에 다른 천사가 하늘에서 내려오는 것을 보니 큰 권세를 가졌는데 그의 영광으로 땅이 환하여 지더라
18:2 힘센 음성으로 외쳐 가로되 무너졌도다 무너졌도다 큰 성 바벨론이여 귀신의 처소와 각종 더러운 영의 모이는 곳과 각종 더럽고 가증한 새의 모이는 곳이 되었도다
18:3 그 음행의 진노의 포도주를 인하여 만국이 무너졌으며 또 땅의 왕들이 그로 더불어 음행하였으며 땅의 상고들도 그 사치의 세력을 인하여 치부하였도다 하더라

18:1 이 일 후에 다른 천사가 하늘에서 내려오는 것을 보니 큰 권세를 가졌는데 그의 영광으로 땅이 환하여지더라

다른 천사－이 천사는 17:1에 나온 천사에 대한 다른 천사를 의미한다. 계시의 내용이 달라짐에 따라서 다른 천사가 나오는 것은 당연하다. 17:1-18에서는 큰 음녀 곧 사단의 멸망에 관한 계시이었고, 이 부분(18:1-19:5)에서는 그 사단이 지배하고 있던 나라 곧 바벨론의 멸망에 관한 계시이므로 각각 다른 천사가 그 메시지를 전하는 것이다.

그러면 이 천사는 누구일까? 계 4:7-8 해석에서 천사장의 하나로서 하나님의 계시를 소개하고 해석하여 주는 특별직무를 수행하는 천사는 가브리엘 천사인 것을 보았다. 이 천사는 상당한 권세와 광채를 지니고 있다. 그러므로 계 10:1에 나온 천사도 이 천사가 아닐까 추측을 한 바 있다. 지금 여기에 나타난 천사도 가브리엘 천사로 추측된다.

18:2 힘센 음성으로 외쳐 가로되 무너졌도다 무너졌도다 큰 성 바벨론이여 귀신

의 처소와 각종 더러운 영의 모이는 곳과 각종 더럽고 가증한 새의 모이는 곳이 되었도다

"힘센 음성으로 외쳐 가로되"

이 천사는 힘센 음성으로 외친다. 힘센 음성이란 폭포수와 같이 쏟아지는 음성을 가리킨다. 왜 이렇게 큰 음성으로 힘을 다하여 외치는가? 바벨론 멸망이라는 인류 역사상 가장 중대한 의미를 갖는 최대의 사건을 온 우주에 선포하기 위함이다.

"무너졌도다 무너졌도다 큰 성 바벨론이여"

큰 성 바벨론의 멸망을 선포하는 음성이다. 이곳에서 동사의 시제가 과거형으로 나타난 것에 오해가 없기를 바란다. 본문이 기록된 원어 곧 헬라어 문법에서는 일반적인 진리나 사실을 나타낼 때에는 동사의 과거 시제를 사용한다. 영어에서는 이런 경우에 동사의 현재형을 쓰는 것과 다르다는 점을 기억해두기 바란다. 그러므로 이 말은 바벨론 성이 무너진다는 것은 분명한 역사적 사실이 될 것이라는 뜻을 담고 있다. 그러므로 바벨론 성은 반드시 멸망할 것이다.

"큰 성 바벨론이여 귀신의 처소와 각종 더러운 영의 모이는 곳과 각종 더럽고 가증한 새의 모이는 곳이 되었도다"

이 말씀의 동사의 시제도 마찬가지이다. 이 말씀의 뜻은 큰 성 바벨론이 무너진 후에 **귀신의 처소와 각종 더러운 영의 모이는 곳과 각종 더럽고 가증한 새의 모이는 곳이 된** 것이 아니라 본래 이 성은 이런 성이었음을 뜻한다. 그렇다. 바벨론 성은 본래 큰 음녀 곧 사단이 지배하는 나라로서 귀신과 각종 더러운 영들이 모인 곳이다. **각종 더럽고 가증한 새**는 무엇을 의미하는가? 주님은 본문과 똑같은 세상 종말에 관하여 말씀하신 말세 훈에서 이런 말씀을 하셨다.

• 마 24:28 "주검이 있는 곳에는 독수리들이 모일지니라"

이 말씀은 무엇을 뜻하는가? 더럽고 가증한 새는 죽은 사람들의 시체를 뜯어먹는 날짐승이다. 그러므로 이 말씀에서 새는 결국 악령들을 가리킨다. 이들은 사람들을 죄짓게 만들어서 죽게 할 뿐만 아니라 죽은 후에도 그 시체를 뜯어먹듯이 지옥에까지 끌고 간다. 큰 성 바벨론 곧 사단이 지배하는 나라! 그 나라는 이렇게도 흉악한 나라인 것이다.

18:3 그 음행의 진노의 포도주를 인하여 만국이 무너졌으며 또 땅의 왕들이 그로 더불어 음행하였으며 땅의 상고들도 그 사치의 세력을 인하여 치부하였도다 하더라

이 말씀에서는 바벨론 성의 멸망의 원인과 멸망의 범위와 대상자들이 밝혀지고 있다.

멸망의 원인 – 바벨론 성은 **그 음행의 진노의 포도주를 인하여** 무너지는 것이다. 다시 말해서 저들이 하나님을 버리고 다른 것들을 더 좋아하고 사랑한 영적 음행을 인하여 하나님의 진노의 포도주 곧 심판을 받기 때문에 무너지는 것이다.

멸망의 범위 – "**만국이 무너졌으며**" 사단에게 속한 세상 모든 나라들이 전부 멸망하는 것이다.

멸망의 대상자 – "**땅의 왕들이 그로 더불어 음행하였으며 땅의 상고들도 그 사치의 세력을 인하여 치부하였도다 하더라**"

땅의 왕들도 망한다. 이는 권세자들을 의미한다. 상고들도 망한다. 이들은 부자들을 의미한다. 한 마디로 말해서 사단이 지배하는 이 세상에서 권세와 부를 누리며 천년, 만년 살 것처럼 큰 소리 치며 살던 자들이 다 망한다는 것이다. 이 사실은 이미 계 6:14 이하에서 본 바와 같다.

• 계 6:14-16 "하늘은 종이축이 말리는 것같이 떠나가고 각 산과 섬이 제 자리에서 옮기우매 15 땅의 임금들과 왕족들과 장군들과 부자들과 강한 자들과 각 종과 자주자가 굴과 산 바위 틈에 숨어 16 산과 바위에게 이르되 우리 위에 떨어져 보좌에 앉으신 이의 낯에서와 어린양의 진노에서 우리를 가리우라"

그리고 이들이 이렇게 망하는 이유를 말하고 있다. 저들이 하나님의 진노의 심판을 받아 멸망에 이르는 것은 저들의 음행과 물욕으로 말미암은 치부 때문이다.

II. 성도들에게 이 심판을 받지 않도록 주의 요구(18:4-5)

18:4 또 내가 들으니 하늘로서 다른 음성이 나서 가로되 내 백성아 거기서 나와 그의 죄에 참여하지 말고 그의 받을 재앙들을 받지 말라
18:5 그 죄는 하늘에 사무쳤으며 하나님은 그의 불의한 일을 기억하신지라

18:4 또 내가 들으니 하늘로서 다른 음성이 나서 가로되 내 백성아 거기서 나와 그의 죄에 참여하지 말고 그의 받을 재앙들을 받지 말라

"또 내가 들으니 하늘로서 다른 음성이 나서 가로되"

누구의 음성일까? 이 음성은 하나님의 음성으로 추측된다. 이유는 세 가지이다. 첫째, 이 말씀은 성도들이 저들과 함께 멸망 받지 않도록 하려고 발하시는 음성이니 이렇게 성도들을 향하여 각별한 관심을 기울이시는 분은 하나님일 수밖에 없다는 것이다. 둘째, 동일한 사건에 관한 계시인데 1절에서 나온 천사 외에 다른 천사가 다시 등장할 필요가 없기 때문이다. 셋째, 이 음성의 주인공이 하나님이라는 사실은 "**내 백성아**"라고 성도들을 부른 것에서 분명해진다.

"내 백성아 거기서 나와 그의 죄에 참여하지 말고 그의 받을 재앙들을 받지 말라"

하나님은 이제 곧 무너지게 될 바벨론 성에서 멸망 받지 않기 위하여 나오라고 말씀하신다. 이것은 하나님께서 자기 백성들을 얼마나 아끼시며 관심을 가지고 계신가를 보여 준다. 우리는 이런 하나님을 소돔 고모라 성의 멸망 때에도 보게 된다. 하나님은 천사를 동원하여 자기 백성 롯의 가족을 성 밖으로 이끌어내게 하셨다.

- 창 19:15-16 "동틀 때에 천사가 롯을 재촉하여 가로되 일어나 여기 있는 네 아내와 두 딸을 이끌라 이 성의 죄악 중에 함께 멸망할까 하노라 16 그러나 롯이 지체하매 그 사람들이 롯의 손과 그 아내의 손과 두 딸의 손을 잡아 인도하여 성밖에 두니 여호와께서 그에게 인자를 더하심이었더라"

18:5 그 죄는 하늘에 사무쳤으며 하나님은 그의 불의한 일을 기억하신지라

하나님의 말씀은 계속된다. 왜 하나님의 진노의 포도주로 말미암아 큰 성 바벨론이 멸망을 당할 때가 되었는가를 밝히신다. 그 이유는 그들의 죄가 하늘에 사무쳐서 하나님의 기억하신 바가 되었기 때문이다.

하나님은 인생들이 죄를 범할 때 그 때마다 즉각적으로 심판을 행하시지 않으시고 회개할 때를 기다리며 오래 참으시는 가운데 인자와 자비를 베푸시는 분이시다. 그러나 그들의 죄가 가득 차고 끝내 회개하지 않으면 하나님은 비로소 심판을 행하시는 것이다. 우리는 이런 하나님의 모습을 노아 시대의 홍수심판에서도 본다.

- 창 6:5-7 "여호와께서 사람의 죄악이 세상에 관영함과 그 마음의 생각의 모든 계획이 항상 악할 뿐임을 보시고 6 땅 위에 사람 지으셨음을 한탄하사 마음에 근심하시고 7 가라사대 나의 창조한 사람을 내가 지면에서 쓸어버리되 사람으로부터 육축과 기는 것과 공중의 새까지 그

리하리니 이는 내가 그것을 지었음을 한탄함이니라 하시니라"

III. 심판의 기본 원칙-행위의 갑절(18:6-8)

18:6 그가 준 그대로 그에게 주고 그의 행위대로 갑절을 갚아주고 그의 섞은 잔에도 갑절이나 섞어 그에게 주라
18:7 그가 어떻게 자기를 영화롭게 하였으며 사치하였든지 그만큼 고난과 애통으로 갚아 주라 그가 마음에 말하기를 나는 여황으로 앉은 자요 과부가 아니라 결단코 애통을 당하지 아니하리라 하니
18:8 그러므로 하루 동안에 그 재앙들이 이르리니 곧 사망과 애통과 흉년이라 그가 또한 불에 살라지리니 그를 심판하신 주 하나님은 강하신 자 이심이니라

18:6 그가 준 그대로 그에게 주고 그의 행위대로 갑절을 갚아주고 그의 섞은 잔에도 갑절이나 섞어 그에게 주라

하나님은 저 악한 무리들을 어떤 기준으로 심판하시는가?

"그가 준 그대로 그에게 주고"

이것은 하나님의 배분적 의의 표현이다. 배분적 정의란 무엇인가? 하나님의 의는 두 가지로 구분된다. 정치적 의와 배분적 의가 그것이다. 정치적 의란 만물을 통치하는 원리가 되는 의를 말한다. 배분적 의란 그 통치 가운데 순종자에게는 상을 주시며 불순종자에게는 형벌을 내리시는 재판적 의를 말한다. 이런 하나님의 의는 구약의 율법에서 잘 나타나고 있다.

• 출 21:23-25 "그러나 다른 해가 있으면 갚되 생명은 생명으로 24 눈은 눈으로, 이는 이로, 손은 손으로, 발은 발로 25 데운 것은 데움으로, 상하게 한 것은 상함으로, 때린 것은 때림으로 갚을지니라"

주님은 또한 재림하셔서 심판하실 때 이 원칙에 따라 하실 것을 말씀하셨다.

- 마 16:2 "인자가 아버지의 영광으로 그 천사들과 함께 오리니 그 때에 각 사람의 행한 대로 갚으리라"

"그의 행위대로 갑절을 갚아주고 그의 섞은 잔에도 갑절이나 섞어 그에게 주라"

손해를 끼친 자에게 갑절을 배상하게 하는 것도 모세의 율법에 허락된 법칙이다.

- 출 22:4 "도적질한 것이 살아 그 손에 있으면 소나 나귀나 양을 무론하고 갑절을 배상할지니라"

하나님은 이 최후 심판에서 하나님을 대적하여 저 악한 무리들이 지금까지 저지른 죄악에 대하여 지금까지 참고 참았던 모든 진노를 저들에게 퍼부으시는 것이다. 그러므로 그 심판은 털끝만큼의 긍휼함도 없는 냉정한 심판이 될 것이다. 이런 하나님의 진노를 갑절이나 갚아 주겠다는 말로 표현한 것이다.

이제부터 주님은 우리에게 큰 음녀 곧 사단과 그의 나라에 속한 왕들과 상고와 선인들 곧 그 나라에서 지금까지 부귀영화를 누리며 살던 자들이 받게 될 심판과 그로 인하여 저들이 얼마나 비통해하며 절망과 공포에 질리게 되는가를 보여주신다.

이것을 보여주시는 목적이 무엇인가? 지금은 저들이 이 땅에서 큰 소리치고 떵떵거리며 잘 살고 있지만 최후 심판의 날이 다가오면 저들이 얼마나 비참하게 되는가를 보여주심으로써, 우리들로 하여금 저 악인들의 형통을 부러워하지 말고 어떤 환난과 핍박이 있어도 저들에게 지지 말고 끝까지 신앙을 지켜 마지막 날에 저들과 같은 비참한 자가 되지 말라는 뜻에서 보여주시는 것이다.

Ⅳ. 큰 음녀의 심판과 탄식(18:7-8)

18:7 그가 어떻게 자기를 영화롭게 하였으며 사치하였든지 그만큼 고난과 애통으로 갚아 주라 그가 마음에 말하기를 나는 여황으로 앉은 자요 과부가 아니라 결단코 애통을 당하지 아니하리라 하니

"그가 어떻게 자기를 영화롭게 하였으며 사치하였든지 그만큼 고난과 애통으로 갚아 주라"

행한 대로 갚으신다는 하나님의 심판의 원칙이 계속 되고 있다. 이 구절에서는 바벨론의 통치자인 큰 음녀 곧 사단이 지금까지 어떤 마음을 가지고 어떤 행동을 해 왔는가를 지적하면서 그 행한 대로 갚으시겠다는 하나님의 확고한 의지가 나타나고 있다.

"그가 마음에 말하기를 나는 여황으로 앉은 자요 과부가 아니라 결단코 애통을 당하지 아니하리라 하니"

그 큰 음녀 곧 사단은 지금까지 하나님을 영화롭게 하는 대신 자기를 영화롭게 하였으며 인생들로부터 하나님이 받으셔야 할 영광을 자기가 가로챈 것이다. 사치하였다는 말은 바로 그런 뜻이다. 그러므로 하나님은 그 보복으로 고난과 애통으로 갚아주시겠다는 것이다. 그리고 이 큰 음녀 곧 사단은 황제임을 자처하면서 자기는 결코 망하지 않으리라는 자만심에 가득 차 있었다.

18:8 그러므로 하루 동안에 그 재앙들이 이르리니 곧 사망과 애통과 흉년이라 그가 또한 불에 살라지리니 그를 심판하신 주 하나님은 강하신 자이심이니라

"그러므로 하루 동안에 그 재앙들이 이르리니 곧 사망과 애통과 흉년이라"

그러므로 하나님은 이 오만방자한 음녀에게 재앙을 내리실 것이다. 그 재앙은 **결단코 애통을 당하지 아니하리라**고 호언장담을 하는 사단에게 하루아

침에 즉 어느 날 갑자기 덫과 같이 임할 것이다. 그 재앙의 내용은 사망과 애통과 흉년이다. 사망은 지옥에 떨어지는 멸망을 뜻하고, 애통은 그로 인하여 지옥에서 느끼는 감정을 뜻하고, 흉년은 지금까지 그가 누렸던 사치와 영화와 대조가 되는 지옥에서의 그의 초라한 모습을 염두에 두고 하는 말이다.

지금까지는 큰 음녀에 대한 심판을 말하였는데 이제부터는 그 큰 음녀의 나라 곧 큰 성 바벨론에서 부귀영화를 누리던 족속들(왕들과 상고들과 선인들)에 대한 심판을 말하고 있다.

Ⅴ. 땅의 왕들의 심판과 탄식(18:9-10)

18:9 그와 함께 음행하고 사치하던 땅의 왕들이 그 불붙는 연기를 보고 위하여 울고 가슴을 치며

"그와 함께 음행하고 사치하던 땅의 왕들이"

우리는 지금까지 하나님의 심판으로 말미암는 큰 음녀의 멸망 장면을 보아 왔다. 이제 본 구절에서는 그 사단의 수하에 있던 땅의 왕들이 그 날에 어떤 모습을 하고 있는가를 보여준다. 땅의 왕들은 사단과 함께 세상에서 부귀와 영화를 누리며 사단에게 자기의 정조를 바치는 영적 음행 자들이다.

"그 불붙는 연기를 보고 위하여 울고 가슴을 치며"

그 불붙는 연기는 이 왕들이 들어갈 지옥불인 것이다. 그들은 이 지옥불을 보고 울며 가슴을 치는 것이다.

18:10 그 고난을 무서워하여 멀리 서서 가로되 화 있도다 화 있도다 큰 성, 견고한 성 바벨론이여 일시 간에 네 심판이 이르렀다 하리로다

그리고 이 왕들은 공포에 질려서 자기들에게 찾아온 멸망을 "화 있도다

화 있도다 큰 성, 견고한 성 바벨론이여 일시 간에 네 심판이 이르렀다"고 하면서 탄식하는 것이다.

VI. 땅의 상고들의 심판과 탄식(18:11-16)

18:11 땅의 상고들이 그를 위하여 울고 애통하는 것은 다시 그 상품을 사는 자가 없음이라

"땅의 상고들"이란 상인들을 의미한다.

"그를 위하여 울고 애통하는 것은"

이 말씀에서 "그"는 누구를 가리키는가? 앞에서 나온 "큰 음녀"를 가리킨다. 즉 그 큰 음녀를 위하여 울고 애통한다는 것이다. 왜 그들은 애통하는가? 그 큰 음녀가 멸망하게 된 것 때문이 아니라 음녀의 멸망으로 인하여 자기들의 상품을 살 자가 없어졌기 때문이다. 다시 말해서 저들이 장사하여 누리던 물질적인 부요를 더 이상 누리지 못하게 되었기 때문에 울고 애통한다는 것이다.

18:12-13 그 상품은 금과 은과 보석과 진주와 세마포와 자주 옷감과 비단과 붉은 옷감이요 각종 향목과 각종 상아 기명이요 값진 나무와 진유와 철과 옥석으로 만든 각종 기명이요 *13* 계피와 향료와 향과 향유와 유향과 포도주와 감람유와 고운 밀가루와 밀과 소와 양과 말과 수레와 종들과 사람의 영혼들이라

위 두 구절에서는 저 상인들이 취급하던 상품들이 열거되어 있다. 이것들을 품목별로 구분해 보면 다음과 같다.

① 보물 : 금과 은과 보석과 진주

② 고급 의류 : 세마포와 자주 옷감과 비단과 붉은 옷감
③ 고급 장식품 : 향목, 각종 상아 기명, 값진 나무, 진유, 철, 옥석으로 만든 각종 기명
④ 향품 : 계피와 향료와 향과 향유와 유향
⑤ 양식 : 포도주와 감람유와 고운 밀가루와 밀
⑥ 가축 : 소와 양과 말과 수레
⑦ 인간 : 종들과 사람의 영혼들

이 상품들 중에 종들과 사람의 영혼들이란 무엇을 뜻하는가? 종은 노예를 뜻한다. 옛날에 노예는 가축과 같이 매매의 대상이었기 때문이다. **사람의 영혼들**이란 달리 번역하면 "사람의 목숨"이다. 그러므로 이 말은 사람의 고귀한 생명을 이윤 추구를 위하여 매매의 대상으로 삼았던 저들의 악행을 암시하는 말이다. 한 마디로 이 상인들은 세상에서 값진 모든 상품들을 돈이 되는 것이라면 무엇이나 다 취급한 것이다.

이런 품목들을 일일이 열거하는 목적은 무엇인가? 그것은 독자인 우리들로 하여금 저 상인들이 지금까지 이 땅에서 얼마나 많은 치부를 하고 호화롭게 살았는가를 실감하게 하기 위한 것이다.

18:14 바벨론아 네 영혼의 탐하던 과실이 네게서 떠났으며 맛있는 것들과 빛난 것들이 다 없어졌으니 사람들이 결코 이것들을 다시 보지 못하리로다

이 말씀은 누가 왜 하시는 말씀인가? 이 말씀은 저들이 지금까지 하나님을 떠나 큰 음녀의 수하에서 치부하면서 저지른 죄가 저들 자신에게 결국은 어떤 결과를 가져오게 하였는가를 똑똑히 알려주는 하나님의 음성인 것이다. 저들이 이런 비참한 자리에 떨어지게 된 것은 다름 아닌 저들 자신들이 저지른 죄 때문이다.

"네 영혼의 탐하던 과실이 네게서 떠났으며 맛있는 것들과 빛난 것들"이란 앞 절에서 말한 모든 상품들을 총괄하는 말이다. 이제는 이런 것들이 다

없어져 버렸다는 것이다. 지금까지는 그런 것들을 의지하여 호화롭게 연락을 즐기며 살았지만 이제는 더 이상 그런 생활을 할 수 없게 되었으니 이 모든 것들이 다 없어져서 다시는 볼 수 없게 된 때문이다.

> *18:15-17* 바벨론을 인하여 치부한 이 상품의 상고들이 그 고난을 무서워하여 멀리 서서 울고 애통하여 *16* 가로되 화 있도다 화 있도다 큰 성이여 세마포와 자주와 붉은 옷을 입고 금과 보석과 진주로 꾸민 것인데 *17* 그러한 부가 일시 간에 망하였도다

이 세 구절은 바벨론의 상고들이 자기들의 멸망을 내다보면서 탄식하는 말이다. 얼마나 비통한 부르짖음인가!

VII. 해상 상인들의 심판과 탄식(18:17-19)

> *18:17-18* …각 선장과 각처를 다니는 선객들과 선인들과 바다에서 일하는 자들이 멀리 서서 *18* 그 불붙는 연기를 보고 외쳐 가로되 이 큰 성과 같은 성이 어디 있느뇨 하며

앞에서는 땅의 상인들의 심판과 탄식이 나왔는데 여기서는 해상의 상인들의 심판과 탄식이 나온다. 땅의 상인들과 해상 상인들은 모두가 바벨론의 부요를 공유하던 자들이다. 이들은 이제 바벨론 성의 멸망을 멀리 서서 바라보며 슬퍼하고 탄식하고 있다.

> *18:19* 티끌을 자기 머리에 뿌리고 울고 애통하여 외쳐 가로되 화 있도다 화 있도다 이 큰 성이여 바다에서 배 부리는 모든 자들이 너의 보배로운 상품을 인하여 치부하였더니 일시 간에 망하였도다

이 말씀은 이들의 슬픔이 얼마나 극한 것인가를 보여주고 있다. 이들은 티끌을 자기 머리에 뿌리고 울고 애통한다. 애통만 하는 것이 아니라 "화 있

도다 화 있도다 이 큰 성이여 바다에서 배 부리는 모든 자들이 너의 보배로운 상품을 인하여 치부하였더니 일시 간에 망하였도다"라고 목 놓아 부르짖으면서 통곡을 하는 것이다.

VIII. 성도들에게 바벨론 심판을 즐거워하라고 함(18:20)

18:20 하늘과 성도들과 사도들과 선지자들아 그를 인하여 즐거워하라 하나님이 너희를 신원하시는 심판을 그에게 하셨음이라 하더라

큰 음녀와 땅의 왕들과 상고들 즉 사단의 세력들의 멸망과 애통은 하늘과 성도들과 사도들과 선지자들에게는 큰 기쁨이 되는 것이다. 왜 그런가? 지금까지 성도들이 누구 때문에 그 많은 환난과 핍박을 받아왔는가? 바로 이 사단의 세력들 때문이 아니었는가? 그러므로 저들의 멸망은 성도들에게는 저들과의 싸움이 최후 승리로 끝난 것을 의미하기 때문이다. 적군의 패망을 바라보는 승리자의 기쁨인 것이다. 그리고 이것은 성도들의 기쁨일 뿐만 아니라 하늘의 기쁨이다. 왜냐하면 사단의 반역으로 하나님의 영광이 가리어졌었는데 이제는 하나님의 완전한 승리와 저들에 대한 심판으로 말미암아 그 영광이 높이 드러나게 되었기 때문이다.

IX. 심판으로 인한 바벨론의 멸망 장면(18:21-24)

바벨론 멸망은 이미 앞에서 언급되었다(16:17-21, 18:2). 그럼에도 불구하고 여기서 다시 언급되는 이유는 무엇인가? 이곳에서는 그 멸망의 보다 구체적인 장면을 보여주려는 것이다. 이제 그 구체적인 장면들을 보자.

18:21 이에 한 힘센 천사가 큰 맷돌 같은 돌을 들어 바다에 던져 가로되 큰 성 바벨론이 이같이 몹시 떨어져 결코 다시 보이지 아니하리로다

"한 힘센 천사"

이 천사는 하나님의 명을 따라 하나님의 심판을 시행하는 천사이다.

"큰 맷돌 같은 돌을 들어 바다에 던져"

하나님은 바벨론 멸망 장면을 보다 실감나게 우리들에게 알려주시기 위하여 이런 환상을 보여주신다. 하나님은 이 환상을 보여주시면서 말씀하시기를 바벨론의 멸망이 이와 같으리라고 하신다. 큰 맷돌이 깊은 바다에 던져지면 깊이 가라앉아서 다시는 수면 위로 떠오르지 않을 것이다. 다시는 그 모습을 볼 수 없게 될 것이다. 바벨론의 멸망이 이런 멸망이라는 것이다. 이제 후로는 영원히 그 모습을 찾아볼 수 없게 완전히 멸망하리라는 뜻이다.

18:22-23 또 거문고 타는 자와 풍류하는 자와 퉁소 부는 자와 나팔 부는 자들의 소리가 결코 다시 네 가운데서 들리지 아니하고 물론 어떠한 세공업자든지 결코 다시 네 가운데서 보이지 아니하고 또 맷돌 소리가 다시 네 가운데서 들리지 아니하고 *23* 등불 빛이 결코 다시 네 가운데서 비취지 아니하고 신랑과 신부의 음성이 결코 다시 네 가운데서 들리지 아니하리로다

하나님은 이 말씀에서 바벨론의 멸망 전과 그 후를 대조시키고 계신다. 즉 멸망 전의 화려했던 그 모습과 멸망 후의 모습을 대조시킴으로써 우리들로 하여금 멸망의 비참함이 얼마나 심각한 것인가를 더욱 느끼게 하려는 것이다. 예를 들면 검은 물건을 완전히 흰 백지 위에 놓으면 그 물건의 색이 더욱 뚜렷하게 나타나 보이는 것과 같은 원리이다.

"거문고 타는 자와 풍류하는 자와 퉁소 부는 자와 나팔 부는 자들의 소리가 결코 다시 네 가운데서 들리지 아니하고"

이 말씀은 저들이 멸망 전에 얼마나 사치와 유흥을 즐기며 희희락락하며 살았는가를 보여준다. 그런데 이제 후로는 다시는 그런 삶은 없을 것이다.

"물론 어떠한 세공업자든지 결코 다시 네 가운데서 보이지 아니하고 또 맷돌 소리가 다시 네 가운데서 들리지 아니하고"

저들의 삶을 물질적으로 풍요롭게 하는 공업이나 농업의 생산 활동 등 산업이 얼마나 번창하였던가! 그러나 그것들도 이미 지나간 사건들! 이후로는 다시는 그런 모습을 볼 수 없을 것이다.

"등불 빛이 결코 다시 네 가운데서 비취지 아니하고 신랑과 신부의 음성이 결코 다시 네 가운데서 들리지 아니하리로다"

번창한 문화 속에서 밤거리를 휘황찬란하게 비추던 불빛이 이제는 어디로 갔는가? 시집가고 장가가면서 즐거워하던 환희의 소리는 어디로 사라졌는가? 이제 후로는 캄캄한 적막과 고통의 비명만 있을 뿐이다.

이 부분에서는 바벨론이 왜 이렇게 멸망을 하게 되었는가? 그 이유를 다시 한 번 밝혀 둔다. 그 이유는 저들의 다음과 같은 죄로 인한 하나님의 심판 때문이다. 저들의 죄는 두 가지로 요약되었다. 첫째는 황금만능주의 사상으로 만국을 미혹한 죄와 둘째는 성도들을 핍박한 죄이다.

1. 황금만능주의 사상으로 만국을 미혹한 죄

18:23 …너의 상고들은 땅의 왕족들이라 네 복술을 인하여 만국이 미혹되었도다

"너의 상고들은 땅의 왕족들이라"

이 말은 바벨론 상인들의 거만한 태도를 지적하는 것이다. 저 상인들은 물질적인 부를 이루고 그것을 가지고 스스로 높아지며 이 세상에서 왕 같이 군림하며 살았다. 이 땅 위의 모든 물질적 축복은 하나님이 주시는 것이므로 받으면 마땅히 하나님께 감사하고 하나님을 위하여 살아야 할 것임에도 불구하고 이 상인들은 하나님 대신 물질을 의지하고 섬기는 삶을 산 것이다.

"네 복술을 인하여 만국이 미혹되었도다"

그리하여 이 상인들은 자신들만 하나님을 떠난 것이 아니라 인간의 행복을 위해 물질이 절대적이라는 황금만능주의 사상 또는 배금주의 사상을 만국의 모든 사람들에게 심어주었다. 마치 복술로 사람들을 꾀어내듯이 말이다.

2. 성도들을 핍박한 죄

18:24 선지자들과 성도들과 및 땅 위에서 죽임을 당한 모든 자의 피가 이 성중에서 보였느니라 하더라

이 말씀은 저들이 지금까지 하나님의 백성들에 대하여 얼마나 잔인한 악행을 일삼아 왔는가를 보여준다. 이들은 수많은 성도들을 능욕하고 핍박하고 죽여 왔다. 이들은 인류 역사의 초기부터 지금까지 이런 일을 자행하여 왔다. 그러므로 주님은 이런 말씀을 하셨다.

- 마 23:34-35 "그러므로 내가 너희에게 선지자들과 지혜 있는 자들과 서기관들을 보내매 너희가 그 중에서 더러는 죽이고 십자가에 못 박고 그 중에 더러는 너희 회당에서 채찍질하고 이 동네에서 저 동네로 구박하리라 35 그러므로 의인 아벨의 피로부터 성전과 제단 사이에서 너희가 죽인 바라갸의 아들 사가랴의 피까지 땅 위에서 흘린 의로운 피가 다 너희에게 돌아가리라"

X. 성도들이 자신들의 구원과 바벨론 심판을 하나님께 감사함(19:1-5)

19:1 이 일 후에 내가 들으니 하늘에 허다한 무리의 큰 음성 같은 것이 있어 가로되 할렐루야 구원과 영광과 능력이 우리 하나님께 있도다
19:2 그의 심판은 참되고 의로운지라 음행으로 땅을 더럽게 한 큰 음녀를 심판하사 자기 종들의 피를 그의 손에 갚으셨도다 하고
19:3 두 번째 가로되 할렐루야 하더니 그 연기가 세세토록 올라가더라

19:4 또 이십사 장로와 네 생물이 엎드려 보좌에 앉으신 하나님께 경배
하여 가로되 아멘 할렐루야 하니
19:5 보좌에서 음성이 나서 가로되 하나님의 종들 곧 그를 경외하는 너
희들아 무론대소하고 다 우리 하나님께 찬송하라

바벨론 멸망이라는 참혹한 현장을 보여주신 하나님은 이제 이 부분에서 화면을 돌려서 저들과는 정 반대로 구원받은 성도들은 이 바벨론 멸망의 때에 어디에서 무엇을 하고 있을 것인지 그 광경을 보여주시는 것이다. 한 마디로 말해서 천사들과 성도들은 이 때 천국에서 그 바벨론 멸망을 인하여 기뻐하며 감사하며 하나님께 영광을 돌리는 것이다. 바벨론 나라가 초상집이 되었을 때에 성도들의 나라는 잔치집이 되었다는 뜻이다. 하나님은 이 극적으로 대조되는 두 장면을 보여주심으로써 우리들에게 이런 무언의 교훈을 주시는 것이다.

〈무언의 교훈〉

이런 날이 반드시 올 것이니 너희들은 절대로 바벨론의 세력에게 굴복하지 말고 끝까지 나를 믿고 믿음을 지켜 싸우라.

19:1 이 일 후에 내가 들으니 하늘에 허다한 무리의 큰 음성 같은 것이 있어 가로
되 할렐루야 구원과 영광과 능력이 우리 하나님께 있도다

"하늘에 허다한 무리"

이들은 누구일까? 이들은 하늘에 있는 모든 천사들과 구원받은 성도들이다. 그 근거는 다음과 같다. 첫째, 바벨론 곧 사단의 나라가 멸망하는 것은 하나님을 섬기는 모든 피조물들이 다 원하는 일이며. 둘째, 이 허다한 무리의 찬송 소리에 화답하는 자들이 4절에 나오는데 그들은 성도의 대표인 24 장로들과 천사들의 대표인 네 생물이 나오기 때문이다.

> "큰 음성 같은 것이 있어 가로되 할렐루야 구원과 영광과 능력이 우리 하나님께 있도다"

이들은 큰 음성으로 "할렐루야 구원과 영광과 능력이 우리 하나님께 있도다"라고 하며 하나님께 영광을 돌린다. 하나님의 진노의 심판으로 인한 바벨론 멸망이 하늘의 모든 천사들과 성도들에게 이렇게 큰 기쁨이 되고 하나님께 큰 소리로 찬양하지 않을 수 없는 이유는 무엇인가? 그 이유는 다음과 같다.

1) 사단의 나라 바벨론 때문에 하나님의 영광이 얼마나 오랜 동안 훼손되어 왔던가!
2) 사단의 나라 바벨론 때문에 성도들은 얼마나 오랜 세월 동안 환난과 핍박을 받아왔는가!
3) 사단의 나라 바벨론 때문에 얼마나 많은 사람들이 생명을 잃고 지옥으로 떨어졌는가!
4) 하나님은 저 바벨론 나라의 포로로 잡혀있던 우리 성도들을 구출하여 천국으로 데려오기까지 얼마나 많은 일을 하셨는가! 창세 전에 세우신 구원 계획으로부터 시작해서 독생자를 이 땅에 보내셔서 십자가에 달려 죽게 하신 일과 성령을 보내셔서 우리가 사단의 세력과 싸워서 날마다 이기게 하시는 일 등. 하나님은 창세 전부터 세상 끝 날까지 일하시는 것이다.

그런데 이제 바벨론의 멸망! 이것은 무엇을 뜻하는가? 사단과의 영적인 전쟁이 완전히 종식되는 것을 의미한다. 끝이 나되 하나님의 완전 승리로 끝이 남을 의미한다. 그러므로 하늘의 모든 천사와 성도들이 크게 기뻐하며 하나님을 찬양하는 것이다.

> *19:2* 그의 심판은 참되고 의로운지라 음행으로 땅을 더럽게 한 큰 음녀를 심판하사 자기 종들의 피를 그의 손에 갚으셨도다 하고

이 말씀에서는 그 천사들과 성도들이 하나님을 찬송하는 내용이다. 그 내용은 무엇인가?

"그의 심판은 참되고 의로운지라"

앞에서 본 대로 바벨론의 멸망은 하나님의 심판으로 인한 것이었다. 그런데 그 심판은 마땅하고 공정한 것이었다는 것이다. 그런 벌을 받을 짓을 한 고로 응분의 대가를 받게 하신 심판이었다는 것이다.

"음행으로 땅을 더럽게 한 큰 음녀를 심판하사 자기 종들의 피를 그의 손에 갚으셨도다 하고"

음행은 영적인 음행을 가리킨다. 사단은 사람들을 미혹하여 하나님보다 사단 자신과 세상 것들을 더 사랑하게 만듦으로 세상을 더럽게 만든 자이다. 그러므로 그는 큰 음녀로 불린다.

"심판하사 자기 종들의 피를 그의 손에 갚으셨도다 하고"

이 큰 음녀의 이와 같은 음행 때문에 하나님의 종들은 그 음녀에게 신앙 정조를 빼앗기지 않으려고 버티면서 얼마나 많은 환난과 핍박을 받아 얼마나 많은 피를 흘렸는지 모른다. 그런데 지금 바벨론에 대한 하나님의 심판! 그것은 하나님의 종들에게는 원수를 갚아주시는 결과가 되는 것이다. 그러므로 하나님을 찬양하는 것이다.

19:3 두 번째 가로되 할렐루야 하더니 그 연기가 세세토록 올라가더라

이 음성의 주인공은 누구인가? 1절에 나온 **하늘에 허다한 무리**인 것이다. 이들은 다시 한 번 "할렐루야"를 외친다. 그 뜻은 "여호와를 찬양하라"이다. 이미 1절에서 나왔지만 이들은 다시 한번 저들의 마음속 깊은 곳에서 우러나오는 기쁨과 감사를 이 말로 표현하는 것이다. 이런 감격은 두 번으로 끝

나는 것이 아니라 천국에 들어 간 우리들로 하여금 세세토록 하나님을 찬양하게 만들 것이다.

> *19:4* 또 이십사 장로와 네 생물이 엎드려 보좌에 앉으신 하나님께 경배하여 가로되 아멘 할렐루야 하니

이십사 장로와 네 생물은 하나님 앞에서 하나님을 모셔 서 있는 성도들의 대표와 천사들의 대표라는 사실은 이미 계 4:11에서 보았다. 앞에서 본대로 하늘에 있는 모든 천사들과 성도들이 하나님께 "할렐루야" 찬양을 하니 그 대표자들은 하나님께 경배하면서 같은 말 "할렐루야"로 화답하는 것이다.

> *19:5* 보좌에서 음성이 나서 가로되 하나님의 종들 곧 그를 경외하는 너희들아 무론대소하고 다 우리 하나님께 찬송하라

"보좌에서 음성이 나서 가로되"

이는 누구의 음성일까? 보좌는 물론 하나님의 보좌를 가리킨다. 그러나 이 음성을 하나님의 음성으로 볼 수는 없다. 왜냐하면 하반절에 "너희들아 무론대소하고 다 우리 하나님께 찬송하라"는 말이 나오기 때문이다. 그러므로 이 음성의 주인공은 네 생물 중 하나로서 하나님의 보좌에 가장 가까이 있는 천사장의 음성일 것이다. 이 천사는 모든 천사들과 성도들에게 하나님께 찬송할 것을 선포한다.

"가로되 하나님의 종들 곧 그를 경외하는 너희들아 무론대소하고 다 우리 하나님께 찬송하라"

요한계시록은 이런 뜻이었다

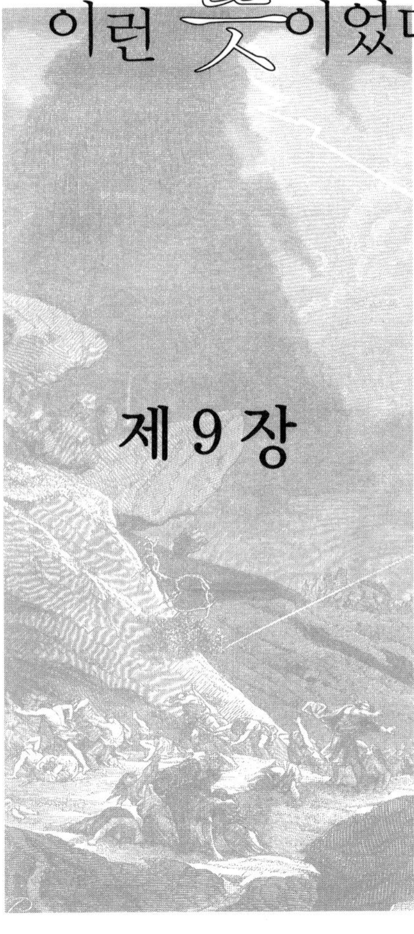

제 9 장

제9장

그리스도의 재림 및 그 때에 행하실 일

계시록 19:6-21

19:6 또 내가 들으니 허다한 무리의 음성도 같고 많은 물소리도 같고
큰 뇌성도 같아서 가로되 할렐루야 주 우리 하나님 곧 전능하신
이가 통치하시도다

19:7 우리가 즐거워하고 크게 기뻐하여 그에게 영광을 돌리세 어린양
의 혼인 기약이 이르렀고 그 아내가 예비하였으니

19:8 그에게 허락하사 빛나고 깨끗한 세마포를 입게 하셨은즉 이 세마
포는 성도들의 옳은 행실이로다 하더라

19:9 천사가 내게 말하기를 기록하라 어린양의 혼인 잔치에 청함을 입
은 자들이 복이 있도다 하고 또 내게 말하되 이것은 하나님의 참
되신 말씀이라 하기로

19:10 내가 그 발 앞에 엎드려 경배하려 하니 그가 나더러 말하기를 나
는 너와 및 예수의 증거를 받은 네 형제들과 같이 된 종이니 삼
가 그리하지 말고 오직 하나님께 경배하라 예수의 증거는 대언의
영이라 하더라

19:11 또 내가 하늘이 열린 것을 보니 보라 백마와 탄 자가 있으니 그
이름은 충신과 진실이라 그가 공의로 심판하며 싸우더라

19:12 그 눈이 불꽃 같고 그 머리에 많은 면류관이 있고 또 이름 쓴 것
이 하나가 있으니 자기 밖에 아는 자가 없고

19:13 또 그가 피 뿌린 옷을 입었는데 그 이름은 하나님의 말씀이라 칭
하더라

19:14 하늘에 있는 군대들이 희고 깨끗한 세마포를 입고 백마를 타고
그를 따르더라
19:15 그의 입에서 이한 검이 나오니 그것으로 만국을 치겠고 친히 저
희를 철장으로 다스리며 또 친히 하나님 곧 전능하신 이의 맹렬
한 진노의 포도주 틀을 밟겠고
19:16 그 옷과 그 다리에 이름 쓴 것이 있으니 만왕의 왕이요 만주의
주라 하였더라
19:17 또 내가 보니 한 천사가 해에 서서 공중에 나는 모든 새를 향하
여 큰 음성으로 외쳐 가로되 와서 하나님의 큰 잔치에 모여
19:18 왕들의 고기와 장군들의 고기와 장사들의 고기와 말들과 그 탄
자들의 고기와 자유한 자들이나 종들이나 무론대소하고 모든 자
의 고기를 먹으라 하더라
19:19 또 내가 보매 그 짐승과 땅의 임금들과 그 군대들이 모여 그 말
탄 자와 그의 군대로 더불어 전쟁을 일으키다가
19:20 짐승이 잡히고 그 앞에서 이적을 행하던 거짓 선지자도 함께 잡
혔으니 이는 짐승의 표를 받고 그의 우상에게 경배하던 자들을
이적으로 미혹하던 자라 이 둘이 산 채로 유황불 붙는 못에 던지
우고
19:21 그 나머지는 말 탄 자의 입으로 나오는 검에 죽으매 모든 새가
그 고기로 배불리우더라

서 론

문맥의 흐름

우리는 지금까지 무엇을 보아 왔는가? 일곱째 대접 재앙에서 바벨론 성이 무너지는 장면을 보았다(16:17-21). 그 다음에는 그 바벨론 성의 멸망이 어떻게 이루어지는가? 그 구체적인 장면을 보았다(17:1-18:24). 그리고 하늘에서 천사들과 구원받은 성도들이 바벨론의 멸망을 인하여 얼마나 기뻐하며 하나님께 찬송으로 영광을 돌리는가를 보았다(19:1-5).

그러면 주님은 지금 이 부분에서는 무엇을 보여 주시는가? 이 부분에서는 바벨론을 심판하시어 멸망시키고 구원받은 성도들과 하늘의 모든 천사들에게 큰 기쁨을 안겨주며 하나님을 영화롭게 할 주인공이 누구인가에 초점을 맞추어 그분을 부각시키고 있다. 그분은 누구인가? 그분은 우리의 구원자 예수 그리스도이시다.

1) 그분이 어떤 모습으로 이 땅에 오셔서 그의 심판권을 행사할 것인가?(11-14절)
2) 그분의 재림 날이 성도들에게는 어떤 날이 될 것이며(6-10절)
3) 멸망하는 자들의 최후가 어떻게 될 것인가?(11-14절)를 보여주고 있다.

바벨론의 최종 멸망과 성도들의 마지막 구원 완성이라는 사건을 계시하는 이 시점에서 예수 그리스도에게 초점을 맞추는 것은 지극히 당연한 일이다. 왜 그런가? 그 이유는 다음과 같다.

1) 주님은 우리의 구원을 위하여 인간으로 낮아지셔서 십자가의 죽음까지 당하신 분이시다.
2) 그 결과 하나님이 주님을 가장 높은 자리에 오르게 하신 것이다(빌 2:9-10).

3) 그리고 하나님은 하늘과 땅의 모든 권세를 그분에게 주셨다(마 28:18).
4) 그러므로 주님은 바벨론을 심판할 권세도 가지고 계신다. 그러므로 바벨론 심판은 그분의 손에 의하여 이루어지는 것이다.
5) 성도들의 구원을 완성시켜서 천국에서 우리를 신부로 맞아들일 신랑 되는 분이 바로 그분이시다.

그러므로 원수들에게는 심판의 주요 우리들에게는 구원의 주가 되시는 그분에게 초점을 맞추는 것은 지극히 마땅한 일이다.

내용 구분

그리스도의 재림 및 그때 행하실 일 (19:6-21)	19:6-10	어린양의 혼인잔치
	19:11-14	그리스도의 재림 때의 모습
	19:15-21	최후심판 (예수 그리스도의 승리, 사단 세력의 완전한 패망)

어린양의 혼인 잔치
[19:6-10]

19:6 또 내가 들으니 허다한 무리의 음성도 같고 많은 물소리도 같고 큰 뇌성도 같아서 가로되 할렐루야 주 우리 하나님 곧 전능하신 이가 통치하시도다
19:7 우리가 즐거워하고 크게 기뻐하여 그에게 영광을 돌리세 어린양의 혼인 기약이 이르렀고 그 아내가 예비하였으니
19:8 그에게 허락하사 빛나고 깨끗한 세마포를 입게 하셨은즉 이 세마포는 성도들의 옳은 행실이로다 하더라
19:9 천사가 내게 말하기를 기록하라 어린양의 혼인 잔치에 청함을 입은 자들이 복이 있도다 하고 또 내게 말하되 이것은 하나님의 참되신 말씀이라 하기로
19:10 내가 그 발 앞에 엎드려 경배하려 하니 그가 나더러 말하기를 나는 너와 및 예수의 증거를 받은 네 형제들과 같이 된 종이니 삼가 그리하지 말고 오직 하나님께 경배하라 예수의 증거는 대언의 영이라 하더라

19:6 또 내가 들으니 허다한 무리의 음성도 같고 많은 물소리도 같고 큰 뇌성도 같아서 가로되 할렐루야 주 우리 하나님 곧 전능하신 이가 통치하시도다

"또 내가 들으니 허다한 무리의 음성도 같고 많은 물소리도 같고 큰 뇌성도 같아서"

이 음성은 누구의 음성인가? 우리는 계 14:2에서 이런 말씀을 보았다.

- 계 14:1-2 "또 내가 보니 어린양이 시온 산에 섰고 그와 함께 십사만 사천이 섰는데 그 이마에 어린양의 이름과 그 아버지의 이름을 쓴 것이 있도다 2 내가 하늘에서 나는 소리를 들으니 많은 물소리도 같고 큰 뇌성도 같은데 내게 들리는 소리는 거문고 타는 자들의 그 거문고 타는 것 같더라"

이 말씀에 나오는 음성의 주인공과 동일하다는 것을 알게 된다. 그렇다면 이 음성의 주인공은 계 14:1에서 말하는 144,000 성도들이다. 즉 구원받은 모든 성도들이다.

"가로되 할렐루야 주 우리 하나님 곧 전능하신 이가 통치하시도다"

이들이 무엇이라고 외치는가? "할렐루야" – 하나님을 찬양하라! "주 우리 하나님 곧 전능하신 이가 통치하시도다"라고 외친다. 한 마디로 하나님이 우리를 통치하시게 된 것을 기뻐하며 찬양하는 것이다. 이 통치는 구체적으로 무엇을 뜻하는 것인가? 이것은 예수 그리스도의 영적 왕권에 의한 통치를 가리킨다. 예수 그리스도의 영적 왕권에 의한 통치란 무엇인가? 예수님은 십자가에서 죽으신 후에 하나님 아버지로부터 하나님의 백성들을 통치할 권세를 받으셨다. 이 왕권을 그리스도의 영적 왕권이라고 한다. 그리하여 예수님은 지금도 이 땅에서 교회의 머리로서 하나님의 백성들을 다스리신다. 그러나 사단의 권세를 완전히 제거하고 주님께서 하나님의 백성들을 완전히 100% 통치하시는 때는 바로 본문에 나오는 이 때 곧 최후 심판 이후이다.

- 계 11:15 "일곱째 천사가 나팔을 불매 하늘에 큰 음성들이 나서 가로되 세상 나라가 우리 주와 그 그리스도의 나라가 되어 그가 세세토록 왕 노릇 하시리로다 하니"

그리고 주께서 우리들을 100% 통치하시는 그 세계가 곧 천국이며 따라서 우리들의 행복이 완전하게 영원히 보장된다. 지금 본문에서 144,000 성도들이 하나님의 통치를 이렇게 기뻐하며 찬양하는 것은 바로 이런 이유 때문이다.

19:7 우리가 즐거워하고 크게 기뻐하여 그에게 영광을 돌리세 어린양의 혼인 기약이 이르렀고 그 아내가 예비하였으니

그리고 우리가 그 때에 즐거워하고 크게 기뻐하여 그에게 영광을 돌릴

또 하나의 이유가 있다. 어린양의 혼인 기약이 이르렀고 그 아내가 예비되었기 때문이다. 이 말씀은 무슨 뜻인가? 주님이 최후 심판을 위하여 만왕의 왕이요 만주의 주로서 심판 권세를 가지고 이 땅에 재림하시는 날은 악의 세력들에게는 최대의 공포의 날이 되겠지만 주님을 믿는 우리들에게는 가장 기쁜 날이 될 것이다. 왜냐하면 그 날은 곧 신랑 되신 예수님과 신부가 되는 성도들 곧 우리들과의 결혼날이기 때문이다. 우리는 이 혼인 기약에 대하여 다음과 같은 사실을 알아 둘 필요가 있다.

1) 예수님과 성도들의 관계를 신랑과 신부로 묘사한 곳은 구약에도 있으며(사 54:5-6, 62:5, 겔 16:6-14, 호 2:19 등) 신약에서는 더욱 분명하게 묘사되고 있다(마 22:1-14, 25:1-13, 엡 5:22-27 등).

2) 그러므로 우리가 이 땅에서 전도는 중매하는 일이며 예수를 믿는다고 하는 것은 장차 예수님께 시집 갈 처녀로 선발되어 약혼하는 일이라고 할 수 있다.

• 고후 11:2 "내가 하나님의 열심으로 너희를 위하여 열심 내노니 내가 너희를 정결한 처녀로 한 남편인 그리스도께 드리려고 중매함이로다"

3) 우리가 예수님과 혼인을 한다는 것은 천국에서 우리의 지위가 얼마나 영광스러울 것인가를 말해준다.

마지막 날 우리가 부활하여 천국에 들어갈 때 우리는 어떤 신분의 소유자일까? 천국이라는 낯선 나라에 들어온 하나의 여행객과 같은 신분일까? 전혀 그렇지 않다. 우리는 그 나라의 왕에게 시집을 가는 왕후의 신분을 가지고 들어간다. 그 광경을 한 번 상상해 보라! 얼마나 우리가 영광스런 모습일까? 천국에서는 이 혼인식을 위하여 큰 잔치를 벌여놓고 우리의 아버지가 되시는 성부 하나님도 우리를 영접하실 것이다. 우리 신랑 되신 예수님께서는 우리를 지극히 사랑스런 눈으로 바라보시며 영접하실 것이다. 하늘의 천천만만 천사들은 우리를 나라의 왕비로 맞아들이며 기뻐하며 찬송하며 하나님과 우리 신랑이신 주님께 영광을 돌릴 것이다.

4) 천사와 우리들의 지위 비교

그 때 우리와 천사의 지위를 비교하여 보라. 천사들은 아무리 그 숫자가 많고 찬란한 영광의 광채를 입고 있을지라도 우리 예수님을 왕으로 모신 신하에 불과하다. 그러므로 천사들은 만왕의 왕이신 예수님의 보좌 그 밑에 열을 지어 서 있을 것이다.

그러나 예수님의 신부가 된 우리들은 왕후의 신분을 가지게 된 고로 만왕의 왕이신 예수님의 보좌 옆에 예수님과 나란히 앉게 된다. 그러면 그 많은 천군 천사들은 주님과 우리의 보좌를 향하여 엎드려 경배하게 된다. 이 영광은 주님께서 직접 약속하셨다.

• 계 3:22 "이기는 그에게는 내가 내 보좌에 함께 앉게 하여 주기를 내가 이기고 아버지 보좌에 함께 앉은 것과 같이 하리라"

19:8 그에게 허락하사 빛나고 깨끗한 세마포를 입게 하셨은즉 이 세마포는 성도들의 옳은 행실이로다 하더라

혼인식을 앞에 두고 곱게 단장한 신부 곧 성도들의 모습을 말하고 있는 것이다. 그런데 이 말씀은 무슨 뜻일까? 문제의 핵심은 여기에 있다. 신부가 입은 세마포는 성도의 옳은 행실이라고 하였는데, 행실이라면 성도 자신이 행한 것일 터이다. 이 말씀에서는 성도의 행실인 세마포를 신부 자신이 만들어 입은 것이 아니고 하나님께서 허락하사 입게 하신 것으로 말하고 있기 때문이다. 이 말씀의 뜻을 정확히 알려면 다음과 같은 구원론적 설명이 필요하다. 즉 이 문제의 해답은 구원론에 나오는 칭의와 성화와 영화의 개념을 명확히 구분하게 될 때에 나오게 된다.

칭의 – 처음 믿을 때 의롭다 칭함을 받음.

우리가 예수를 처음 믿을 때 그 믿음으로 말미암아 그리스도의 의가 우리의 의로 전가되어서 의로운 자로 인정을 받는 것을 뜻한다. 그러나 이것은 의로운 자로 인정을 받는 신분의 변화이지 실제로 죄가 하나도 없는 의인이 된 것은 아니다. 즉 칭의로 말미암아 죄책은 완전 제거되었지만 죄의 오염 상태는 아직 남아있어서 때로 죄를 짓게 되는 것이다.

성화 – 믿고 난 이후에 점점 거룩하여짐.

우리가 예수님을 믿기 시작한 때부터 우리는 회개하고 하나님의 말씀을 따라서 거룩하게 살려고 힘쓰고 노력하게 된다. 이 노력은 죽을 때까지 계속된다. 그래서 점차적으로 더욱 거룩한 삶을 살게 된다. 그러나 우리가 육신을 가지고 이 땅에 살아가는 한 완전 성결의 상태에 이르지는 못한다. 육신의 소욕에서 완전히 벗어나지 못하기 때문이다.

영화 – 부활 후 영혼과 육체가 모두 완전 성결하여짐.

영화는 죄의 오염으로부터 100% 완전히 벗어난 영광스런 상태를 가리킨다. 언제 어떻게 이런 상태에 이르는가?

1) 영혼 – 성도가 죽을 때 영혼은 육체를 떠나 천국으로 들어가게 되는데 이때에 하나님은 우리의 영혼을 완전 성결케 하셔서 천국에 들어가게 하신다. 이때가 영혼이 영화되는 시간인 것이다.

2) 육체 – 육체는 죽으면 땅 속에 들어가 썩게 된다. 사망 권세 아래 놓이게 되는 것이다. 그러나 주님의 재림 날 그 육체는 부활을 하게 되고 천국에 가 있던 영혼과 재결합을 하여 영혼과 육체를 가진 완전한 인간이 된 후, 공중 들림을 받아 공중에서 주를 영접하고(살전 4:16-17 참조) 지금 본문이 말하고 있는 어린양의 혼인 잔치에 참여하게 되는 것이다. 그리고 그 후에는 신랑 되신 예수님의 집 곧 천국으로 가서 주님과 더불어 영원히 살게 되는

것이다.

이 과정 가운데 우리가 부활을 하는 순간 육체는 죄로부터 해방되어 완전히 성결한 육체가 되는 것이다. 그러므로 본문의 뜻은 이러하다.

"그에게 허락하사 빛나고 깨끗한 세마포를 입게 하셨은즉"

이 말씀은 하나님께서 성도들의 육체를 부활시켜서 이미 천국에 가 있는 영혼과 재결합하여 완전한 인간으로 만드시되 100% 성결한 인간으로 만드신 것을 의미한다.

"이 세마포는 성도들의 옳은 행실이로다 하더라"

이 말씀은 다음과 같은 두 가지 의미를 담고 있다.

1) 과거적 의미

성도들이 부활 후에 이런 완전 성결의 상태에 이르는 것은 전적으로 하나님의 구원 은총에 의한 것이지만 한편으로는 그들이 이 땅에서 신앙생활을 할 때에 성결하게 살려고 애쓰고 힘썼던 행실에 대한 상급으로서의 의미도 있다. 그러므로 하나님은 부활 후의 성도들을 완전 성결케 만들어 놓으시고 이것을 저들 자신의 행실로 인정하시는 것이다.

2) 미래적 의미

부활 후의 성도들은 이제 완전 성결의 상태가 되었으니 이제 앞으로는 전혀 죄가 없는 완전한 행실을 하게 될 것이다.

19:9 천사가 내게 말하기를 기록하라 어린양의 혼인 잔치에 청함을 입은 자들이 복이 있도다 하고 또 내게 말하되 이것은 하나님의 참되신 말씀이라 하기로

천사가 사도 요한에게 기록하라고 하면서 다음과 같은 말을 한다.

"어린양의 혼인 잔치에 청함을 입은 자들이 복이 있도다"

이 말을 기록하라는 뜻은 무엇인가? 기록하여 이 땅에서 신앙생활을 하는 모든 성도들 그리고 오늘날 우리들에게 알리라는 뜻이다. 어린양의 혼인 잔치에 청함을 입은 자들은 앞 절에서 말한 예수님과 결혼을 하게 된 신부 곧 성도들을 가리킨다. 이들이 얼마나 큰 복을 받은 자들인가를 기록하여 이 땅에서 신앙생활을 하고 있는 모든 성도들에게 알리라는 것이다.

왜 알아야 하는가? 이것을 확실히 알아야 이것을 소망 삼고 이 땅에서 신앙생활 때문에 당하는 어떤 환난이나 핍박도 견딜 수 있기 때문이다.

- 롬 8:17-18 "자녀이면 또한 후사 곧 하나님의 후사요 그리스도와 함께 한 후사니 우리가 그와 함께 영광을 받기 위하여 고난도 함께 받아야 될 것이니라 18 생각건대 현재의 고난은 장차 우리에게 나타날 영광과 족히 비교할 수 없도다"

천사는 또 다음과 같은 말을 한다.

"이것은 하나님의 참되신 말씀이라"

천사는 자기가 방금 전에 사도 요한에게 한 말이 자기 말이 아니고 하나님의 참되신 말씀인 것을 다시 확인한다. 즉 자기는 그 말씀의 전달자에 불과한 것이고 "어린양의 혼인 잔치에 청함을 입은 자들이 복이 있도다"라는 말씀의 주인공은 하나님이시라는 것이다. 천사는 이 말을 함으로써 자기가 전한 말씀은 틀림없는 진리라는 것을 우리로 믿게 하려는 것이다.

19:10 내가 그 발 앞에 엎드려 경배하려 하니 그가 나더러 말하기를 나는 너와 및 예수의 증거를 받은 네 형제들과 같이 된 종이니 삼가 그리하지 말고 오직 하나님께 경배하라

사도 요한은 그 말을 전하는 천사를 향하여 엎드려 절을 하려고 했다. 이

는 그 천사가 너무나 위엄이 있고 성결하게 보였기 때문일 것이다. 그러나 그는 하나님이 아니었다. 우리들이 하나님의 일을 하는 일꾼인 것처럼 그 천사도 하나님을 섬기며 하나님의 심부름을 하는 일꾼에 불과한 것이다.

그러므로 이 천사는 사도 요한의 경배를 정중히 사양하면서 오직 하나님께만 경배할 것을 권하는 것이다. 이것이 성도들이나 선한 천사들이 하나님 앞에서 마땅히 취할 태도인 것이다. 그러나 사단은 하나님처럼 높아져서 하나님이 받으실 영광을 자기가 받으려고 하는 것이다. 이로 인하여 사단은 음부에까지 낮아지게 되는 것이다.

"예수의 증거는 대언의 영이라 하더라"

이 말씀은 원어의 문법상 다음 두 가지로 해석이 가능한 문장이다.

1) 예수가 증거하는 증거는 대언의 영이라 하더라(주어적 소유격 용법으로 볼 때). 이렇게 보면 이 말씀은 이런 뜻이 된다. "예수님이 지금 증거하고 계신 이 내용들은 대언의 영 곧 성령에 의하여 이루어지고 있는 것이다."

2) 예수를 증거 하는 증거는 대언의 영이라 하더라(목적어적 소유격 용법으로 볼 때). 이렇게 보면 이 말씀은 이런 뜻이 된다. "지금 여기에서 예수님에 대하여 증거 되고 있는 이 증거들은 단순히 내가(천사가) 전하는 말이 아니라 대언의 영 곧 성령에 의하여 이루어지고 있는 것이다."

이 두 가지 가능한 해석 가운데 후자로 보는 것이 더욱 타당할 것이다. 왜냐하면 이 말씀이 계시되고 있는 요한계시록을 포함하여 모든 성경 말씀은 다 예수님에 관한 증거라고 볼 수 있는데 모든 성경 말씀은 대언의 영 곧 성령의 감동으로 쓰였기 때문이다.

- 딤후 3:16 "모든 성경은 하나님의 감동으로 된 것으로 교훈과 책망과 바르게 함과 의로 교육하기에 유익하니"

그리스도의 재림 때의 모습
[19:11-14]

19:11 또 내가 하늘이 열린 것을 보니 보라 백마와 탄 자가 있으니 그 이름은 충신과 진실이라 그가 공의로 심판하며 싸우더라
19:12 그 눈이 불꽃 같고 그 머리에 많은 면류관이 있고 또 이름 쓴 것이 하나가 있으니 자기 밖에 아는 자가 없고
19:13 또 그가 피 뿌린 옷을 입었는데 그 이름은 하나님의 말씀이라 칭하더라
19:14 하늘에 있는 군대들이 희고 깨끗한 세마포를 입고 백마를 타고 그를 따르더라

이 부분에서는 세상 마지막 날에 사단의 세력을 심판하시고 성도들의 구원을 완성시키기 위하여 이 땅에 재림하시는 주님의 모습이 어떠할 것인지를 말해주고 있다.

19:11 또 내가 하늘이 열린 것을 보니 보라 백마와 탄 자가 있으니 그 이름은 충신과 진실이라 그가 공의로 심판하며 싸우더라

"또 내가 하늘이 열린 것을 보니"

중대한 새로운 장면이 전개되는 것을 뜻한다. 지금까지는 하늘의 문이 열리고(4:1), 하늘의 성전이 열렸으나(11:19, 15:5) 이제는 하늘 그 자체가 열린다. 계 4:1에서는 사도 요한이 들어가기 위하여 하늘 문이 열렸으나 이제는 주님과 그 군사가 나오기 위하여 하늘 자체가 열린다. 이로써 하나님의 계시가 거의 마지막 단계에 이르렀음을 암시한다.

"보라 백마와 탄 자가 있으니"

백마를 탄 자는 물론 예수님이시다. 계 6:2에서도 예수님은 흰 말을 탄

모습으로 나타나셨다. 이것은 전쟁에 적을 섬멸하기 위하여 나가는 장군의 모습이다.

"그 이름은 충신과 진실이라"

이 이름들은 주님이 심판주가 되실 자격을 갖고 계심을 암시한다. 이 이름들이 뜻하는 바를 보면 알 수 있다.

충신 – 충성된 분이심을 뜻한다. 원어에서 "피스토스"이다. 이 단어가 다음 성구에서는 "충성"으로 번역되었다.

- 마 24:45 "충성되고 지혜 있는 종이 되어 주인에게 그 집 사람들을 맡아 때를 따라 양식을 나눠 줄 자가 누구뇨"

주님은 이 세상에 인간의 몸을 입고 오셔서 33년 동안 성부 하나님의 뜻을 성실하게 수행하심으로 충성을 다 하신 분이시다.

- 요 6:38-39 "내가 하늘로서 내려온 것은 내 뜻을 행하려 함이 아니요 39 나를 보내신 이의 뜻을 행하려 함이니라 나를 보내신 이의 뜻은 내게 주신 자 중에 내가 하나도 잃어 버리지 아니하고 마지막 날에 다시 살리는 이것이니라"

주님은 죽기까지 성부 하나님의 뜻에 복종하심으로 충성을 다하신 분이시다.

- 마 26: 39 "조금 나아가사 얼굴을 땅에 대시고 엎드려 기도하여 가라사대 내 아버지여 만일 할만하시거든 이 잔을 내게서 지나가게 하옵소서 그러나 나의 원대로 마옵시고 아버지의 원대로 하옵소서"
- 빌 2:8 "사람의 모양으로 나타나셨으매 자기를 낮추시고 죽기까지 복종하셨으니 곧 십자가에 죽으심이라"

주님은 이렇게 성부 하나님께 충성을 다하셨으므로 성부 하나님은 주님을 지극히 높이시고 하늘과 땅의 모든 권세를 주셨고 아울러 지금 행하시려고 하는 심판권도 주신 것이다.

- 마 28:18 "예수께서 나아와 일러 가라사대 하늘과 땅의 모든 권세를 내게 주셨으니"

- 빌 2:9-11 "이러므로 하나님이 그를 지극히 높여 모든 이름 위에 뛰어
난 이름을 주사 10 하늘에 있는 자들과 땅에 있는 자들과 땅 아래 있
는 자들로 모든 무릎을 예수의 이름에 꿇게 하시고 11 모든 입으로
예수 그리스도를 주라 시인하여 하나님 아버지께 영광을 돌리게 하셨
느니라"

그러므로 충신이라는 이 이름은 예수님이 심판자의 자격을 가지고 계심을 암시하는 것이다.

진실 – 참되신 분이심을 뜻한다. 원어에서 "알레디노스"이다. 이 단어는 "참된 것"을 뜻한다 이 단어가 쓰인 성구를 보면 다음과 같다.

- 눅 16:11 "너희가 만일 불의한 재물에 충성치 아니하면 누가 <참된 것>으로 너희에게 맡기겠느냐"

- 요 6:32 "예수께서 이르시되 내가 진실로 진실로 너희에게 이르노니 하늘에서 내린 떡은 모세가 준 것이 아니라 오직 내 아버지가 하늘에서 내린 <참> 떡을 너희에게 주시나니"

그러므로 이 이름은 예수님이 진실하시고 참되신 분이신 것을 의미한다. 주님의 이런 속성은 마귀와 정 반대가 되는 것이다. 마귀는 거짓말쟁이요 그 속에 진리가 없다.

- 요 8:44 "너희는 너희 아비 마귀에게서 났으니 너희 아비의 욕심을

너희도 행하고자 하느니라 저는 처음부터 살인한 자요 진리가 그 속에 없으므로 진리에 서지 못하고 거짓을 말할 때마다 제 것으로 말하나니 이는 저가 거짓말장이요 거짓의 아비가 되었음이니라"

그러므로 진실이라는 이 이름은 예수님은 참되신 분이시기 때문에 거짓된 마귀의 세력을 심판하실 자격이 있음을 암시한다.

"그가 공의로 심판하며 싸우더라"

주님은 충성되고 진실하신 분이시기 때문에 사적인 감정이나 이해관계에 따라서 굽은 판결을 하지 아니하시고 공의로 즉 하나님의 공정한 법대로 심판하실 것이다. 그러므로 그의 심판은 공정할 것이다. 그리고 주님은 악의 세력들과 싸워서 반드시 그들을 모두 굴복시킬 것이며 저들이 행한 대로 갚을 것이다.

19:12 그 눈이 불꽃같고 그 머리에 많은 면류관이 있고 또 이름 쓴 것이 하나가 있으니 자기 밖에 아는 자가 없고

심판주로 오실 예수님의 모습을 보여주고 있다. 우리는 이 모습을 2000년 전에 이 땅에 초림하실 때의 모습과 비교해 볼 필요가 있다. 그 때의 모습은 어떠했는가?

- 사 53:2-3 "그는 주 앞에서 자라나기를 연한 순 같고 마른 땅에서 나온 줄기 같아서 고운 모양도 없고 풍채도 없은즉 우리의 보기에 흠모할 만한 아름다운 것이 없도다 3 그는 멸시를 받아서 사람에게 싫어버린 바 되었으며 간고를 많이 겪었으며 질고를 아는 자라 마치 사람들에게 얼굴을 가리우고 보지 않음을 받는 자 같아서 멸시를 당하였고 우리도 그를 귀히 여기지 아니하였도다"

왜 주님은 이런 모습으로 초림 하셨는가? 세상 죄를 지고 가는 어린양이 되시기 위함이었다.

• 요 1:29 "이튿날 요한이 예수께서 자기에게 나아오심을 보고 가로되 보라 세상 죄를 지고 가는 하나님의 어린양이로다"

그러나 재림하실 때 주님의 모습은 그와 정반대이다. 주님은 영광과 권능을 가지고 재림하신다.

• 마 16:27 "인자가 아버지의 영광으로 그 천사들과 함께 오리니 그 때에 각 사람의 행한 대로 갚으리라"

• 살전 4:16 "주께서 호령과 천사장의 소리와 하나님의 나팔로 친히 하늘로 좇아 강림하시리니 그리스도 안에서 죽은 자들이 먼저 일어나고"

본문은 이렇게 영광과 권능을 가지고 재림하시는 주님의 모습을 구체적으로 알려주는 말씀인 것이다.

"그 눈이 불꽃같고"

예수님의 이 모습은 계 1:14에서 이미 보았다. 이것은 주님의 전지성을 뜻한다고 설명한 바가 있다. 그곳 주석을 참조하기 바란다.

"그 머리에 많은 면류관이 있고"

만왕의 왕으로서 세상의 모든 왕들을 지배하시며 또 모든 성도들을 통치하시는 절대 권세를 가지신 분임을 나타낸다.

"또 이름 쓴 것이 하나가 있으니 자기 밖에 아는 자가 없고"

이 말씀은 무슨 뜻일까? 이름이란 그 존재 자체를 나타내는 것이다. 즉 예수님이 어떤 분이신가를 나타내는 것이다. 그런데 그 이름의 뜻을 진정으로 알 수 있는 자는 예수님 자신 밖에 없다는 말씀이다.

그렇다면 그 이름은 예수님의 어떤 면을 가리키고 있는 것일까? 그 해답은 이렇게 추측된다. 이사야 선지자는 예수님에 대하여 이렇게 예언하였다.

• 사 9:6 "이는 한 아기가 우리에게 났고 한 아들을 우리에게 주신 바 되었는데 그 어깨에는 정사를 메었고 그 이름은 기묘자라,…"

그 이름이 기묘자라는 뜻은 무엇인가? 그분은 우리가 다 이해할 수 없는 참으로 기기묘묘한 분이시라는 뜻이다. 참으로 그렇다. 예수님은 인간이시다. 그러나 단순한 인간이 아니다. 그분은 인간인 동시에 하나님이시다. 어떻게 인간이 하나님일 수 있으며, 하나님이 인간일 수 있는가? 인간인 유한한 존재가 동시에 어떻게 하나님인 무한한 존재가 될 수 있단 말인가? 그뿐만 아니다. 그분은 만왕의 왕이시다. 그런데 죽기까지 복종하는 종이시다. 어떻게 이럴 수가 있는가? 그러므로 그분을 참으로 알 수 있는 자는 예수님 자신뿐 그 외에는 아무도 알 수 없다는 것이다.

19:13 또 그가 피 뿌린 옷을 입었는데 그 이름은 하나님의 말씀이라 칭하더라

"또 그가 피 뿌린 옷을 입었는데"

이 모습은 11절에 나오는 예수님의 모습 곧 백마를 탄 자와 무관하지 않다. 11절에서 설명한 대로 백마를 탄 자는 물론 예수님이시다. 계 6:2에서도 예수님은 흰 말을 탄 모습으로 나타나셨다. 이것은 전쟁에 적을 섬멸하기 위하여 나가는 장군의 모습이라고 하였다. 그러므로 이 옷의 피는 사단의 세력과 싸우시면서 묻게 된 피라고 보는 것이 당연하다. 예수님은 우리 성도들의 대장으로서 모든 사단의 세력과 싸워서 저들을 정복하시고 완전 승리를 거두실 분이시다.

어떤 분은 말하기를 이 피는 예수님이 십자가에서 흘리신 피라고 말한다. 왜냐하면 예수님의 성품상 적과 싸워 옷이 적들의 피로 붉게 물든다는 것은 생각하기 어렵기 때문이라는 것이다. 그러나 우리가 잊어서는 안 될 것이 있다. 그것은 초림 때의 예수님 모습과 재림 때의 예수님 모습은 완전히 다르

다는 사실이다. 초림 때에는 세상 죄를 지고 가는 어린양으로 오셨기 때문에 고운 모양도 없고 풍채도 없이 마른 땅에서 나온 연한 순 같은 모습으로 오셨지만, 재림 때의 주님은 심판주로 오시기 때문에 위엄과 권세와 영광을 가지고 오셔서 모든 악의 세력들과 싸워서 굴복시키실 것이다. 이 때 마귀들은 자기들의 세력을 총 집결하여 최후 결전을 준비할 것이라는 사실은 이미 여섯째 대접 재앙(16:12-16)에서 보았다. 그렇다면 사단은 누구와 이 전쟁을 하는 것인가? 그것은 두 말할 것도 없이 성도와의 싸움이요 성도들의 대장 되신 예수님과의 싸움이다. 그러므로 예수님은 저 악한 사단의 세력과 싸우시느라고 그 옷이 적군의 피로 붉들 수밖에 없는 것이다.

"그 이름은 하나님의 말씀이라 칭하더라"

여기서 그 이름은 누구의 또는 무엇의 이름을 가리키는 것일까? 예수님의 이름을 가리키는 것일까? 아니면 세마포의 이름을 가리키는 것일까? 문법적으로는 두 가지 해석이 다 가능하다. 그러나 어느 쪽으로 해석하든 결과는 마찬가지이다. 주님이 마귀와 싸울 때 사용하는 방어 무기나 공격 무기는 모두 다 하나님의 말씀이라는 것이다.

결국 이 말씀의 뜻하는 바는 주님께서 악한 마귀의 세력과 싸울 때 무엇을 가지고 싸우시는가? 주님은 하나님의 말씀 곧 진리를 가지고 싸워서 승리하시는 분이시라는 것이다. 하나님의 말씀이 사단과의 싸움에서 주님과 성도들의 주무기라는 사실은 다음과 같은 성경 말씀에서 알 수 있다.

1) 예수님은 마귀의 시험을 하나님의 말씀으로 물리치심(마 4:1-11).

2) 성도들이 마귀와 싸워 이기기 위하여 준비할 하나님의 전신갑주는 결국 하나님의 말씀을 그 내용으로 하고 있음(엡 6:12-18).

19:14 하늘에 있는 군대들이 희고 깨끗한 세마포를 입고 백마를 타고 그를 따르더라

"하늘에 있는 군대들이"

이들은 누구인가? 천사들로만 보는 견해와 천사들과 성도들의 혼합으로 보는 견해가 있다. 그러나 이들은 천사로만 보아야 한다. 왜냐하면 성도들은 이 땅에서 신앙생활을 하는 동안에만 마귀와의 싸움을 하는 것이고 이 세상을 떠날 때 그 싸움은 끝나고 그 후에는 안식을 누린다고 성경이 말하고 있기 때문이다. 그래서 지상 교회를 전투교회, 천상의 교회를 승리교회라고 하지 않는가?

- 계 14:13 "또 내가 들으니 하늘에서 음성이 나서 가로되 기록하라 자금 이후로 주 안에서 죽는 자들은 복이 있도다 하시매 성령이 가라사대 그러하다 저희 수고를 그치고 쉬리니 이는 저희의 행한 일이 따름이라 하시더라"

"희고 깨끗한 세마포를 입고"

희고 깨끗한 세마포를 입었다는 것은 그리스도의 군사인 이 천사들의 성결함을 뜻한다. 이 성결함은 13절에서 본 예수님 또는 세마포의 이름이 하나님의 말씀이라는 것과 무관하지 않다. 하나님의 말씀으로 100% 충만한 것이 곧 완전 성결이기 때문이다. 그리고 이 속성은 마귀의 추악하고 더러운 속성과 대조가 된다. 그러므로 그리스도의 군대는 진리로 무장되어 있으므로 승리할 것이다.

"백마를 타고 그를 따르더라"

우리는 11절에서 백마를 탄 예수님의 모습을 보았다. 거기서 그 의미를 다음과 같이 말한 바 있다. "백마를 탄 자는 물론 예수님이시다. 계 6:2에서도 예수님은 흰 말을 탄 모습으로 나타나셨다. 이것은 전쟁에 적을 섬멸하기 위하여 나가는 장군의 모습이다." 여기서도 마찬가지이다. 대장 되신 예수님을 따르는 하늘의 군대인 천사들도 주님과 같은 모습으로 적을 섬멸하기 위하여 주님의 뒤를 따라 나아가는 위풍당당한 모습인 것이다.

최후 심판(예수님의 승리와 사단의 패망)
[19:15-21]

19:15 그의 입에서 이한 검이 나오니 그것으로 만국을 치겠고 친히 저희를 철장으로 다스리며 또 친히 하나님 곧 전능하신 이의 맹렬한 진노의 포도주 틀을 밟겠고

19:16 그 옷과 그 다리에 이름 쓴 것이 있으니 만왕의 왕이요 만주의 주라 하였더라

19:17 또 내가 보니 한 천사가 해에 서서 공중에 나는 모든 새를 향하여 큰 음성으로 외쳐 가로되 와서 하나님의 큰 잔치에 모여

19:18 왕들의 고기와 장군들의 고기와 장사들의 고기와 말들과 그 탄 자들의 고기와 자유한 자들이나 종들이나 무론대소하고 모든 자의 고기를 먹으라 하더라

19:19 또 내가 보매 그 짐승과 땅의 임금들과 그 군대들이 모여 그 말 탄 자와 그의 군대로 더불어 전쟁을 일으키다가

19:20 짐승이 잡히고 그 앞에서 이적을 행하던 거짓 선지자도 함께 잡혔으니 이는 짐승의 표를 받고 그의 우상에게 경배하던 자들을 이적으로 미혹하던 자라 이 둘이 산 채로 유황불 붙는 못에 던지우고

19:21 그 나머지는 말 탄 자의 입으로 나오는 검에 죽으매 모든 새가 그 고기로 배불리우더라

이 부분에서는 주님이 사단의 세력들과 싸운 결과에 대하여 말씀하고 있다. 물론 예수님의 승리와 사단의 완전 패망으로 끝난다. 그리고 이 싸움은 그 자체가 주님의 최후 심판인 것이다. 이 사실을 잊어서는 안 된다.

19:15 그의 입에서 이한 검이 나오니 그것으로 만국을 치겠고 친히 저희를 철장으로 다스리며 또 친히 하나님 곧 전능하신 이의 맹렬한 진노의 포도주 틀을 밟겠고

"그의 입에서 이한 검이 나오니 그것으로 만국을 치겠고"

적을 섬멸하기 위하여 나아가는 주님의 입에서는 이한 검이 나온다. 이 검은 무엇인가? 우리는 계 1:16에서 이 검에 대한 설명을 본 바가 있다. 거기서 설명한 대로 이 검은 하나님의 말씀이다. 이 사실을 다음 성구에서 알 수 있다.

- 히 4:12 "하나님의 말씀은 살았고 운동력이 있어 좌우에 날선 어떤 검보다도 예리하여 혼과 영과 및 관절과 골수를 찔러 쪼개기까지 하며 또 마음의 생각과 뜻을 감찰하나니"

주님은 이 예리한 말씀으로 만국을 칠 것이다. 친다는 말은 저들의 잘못을 주님의 입에서 나오는 하나님의 말씀으로 낱낱이 지적하여 저들을 행위대로 갚으실 것을 뜻한다.

"친히 저희를 철장으로 다스리며"

주님의 이 권세는 이미 계 2:27에서 본 바가 있다.

- 계 2:27 "그가 철장을 가지고 저희를 다스려 질그릇 깨뜨리는 것과 같이 하리라 나도 내 아버지께 받은 것이 그러하니라"

이에 대한 설명은 그 곳을 참조하기 바란다.

"또 친히 하나님 곧 전능하신 이의 맹렬한 진노의 포도주 틀을 밟겠고"

이 사건은 이미 계 14:20에서 본 바가 있다.

- 계 14:19-20 "천사가 낫을 땅에 휘둘러 땅의 포도를 거두어 하나님의 진노의 큰 포도주 틀에 던지매 20 성 밖에서 그 틀이 밟히니 틀에서 피가 나서 말굴레까지 닿았고 일천육백 스다디온에 퍼졌더라"

이것은 사단의 세력에 대한 하나님의 무서운 진노의 심판을 말한 것이다. 자세한 것은 그곳 설명을 참조하기 바란다.

19:16 그 옷과 그 다리에 이름 쓴 것이 있으니 만왕의 왕이요 만주의 주라 하였더라

사단의 세력들과 전쟁을 하기 위하여 나가시는 우리의 대장 예수님이 어떤 분이신가? 만왕의 왕이요 만주의 주라는 것이다. 이 말은 그러므로 이 이름은 그분을 당할 자 없을 것이며 그분은 반드시 모든 대적들을 정복할 것이라는 사실을 암시한다. 우리는 이미 이 이름을 본 바가 있다.

- 계 17:14 "저희가 어린양으로 더불어 싸우려니와 어린양은 만주의 주시요 만왕의 왕이시므로 저희를 이기실 터이요 또 그와 함께 있는 자들 곧 부르심을 입고 빼내심을 얻고 진실한 자들은 이기리로다"

이 부분(17-21절)에서는 사단의 세력이 주님으로 말미암아 얼마나 비참하게 패망하는가를 보여준다. 이 패망은 주님의 승리를 의미하는 동시에 주님의 최후심판을 의미하는 것이다.

19:17 또 내가 보니 한 천사가 해에 서서 공중에 나는 모든 새를 향하여 큰 음성으로 외쳐 가로되 와서 하나님의 큰 잔치에 모여

"또 내가 보니 한 천사가 해에 서서 공중에 나는 모든 새를 향하여 큰 음성으로 외쳐 가로되"

어느 천사인가는 알 수 없다. 이 천사가 해에 섰다는 것은 중천 높이 서 있음으로 온 세계가 다 볼 수 있는 위치에 있음을 암시한다. 왜냐하면 그가 외치는 내용은 온 세계가 다 알아야 할 것이기 때문이다.

모든 새들은 특별한 의미를 두어 해석할 필요가 없다. 이들은 사단의 세력들이 얼마나 비참한 죽음을 당하는가를 사실적으로 표현하기 위하여 등장

시킨 것으로 볼 것이다. 즉 사단에게 속한 자들이 얼마나 비참한 죽음을 맞게 될 것인가를 실감나게 표현하기 위하여 등장한 것일 뿐이다.

"와서 하나님의 큰 잔치에 모여"

이 말씀에서 큰 잔치는 다음 절에 나오는 대로 새들이 죽은 자들의 시체를 뜯어먹는 일을 뜻한다.

19:18 왕들의 고기와 장군들의 고기와 장사들의 고기와 말들과 그 탄 자들의 고기와 자유한 자들이나 종들이나 무론대소하고 모든 자의 고기를 먹으라 하더라

이들은 모두가 사단의 수하에 있던 자들이다. 이들은 큰 군대를 형성하여 주님과 성도들을 대항한 자들이다. 그들은 계 13:1-10에 나오는 짐승 곧 정치적 왕으로서의 적그리스도를 우두머리로 한 자들이며 그 짐승은 또한 사단을 총수로 모시고 있는 자이다. 이 세력들은 전 세계에 모든 나라를 주름잡고 있다. 그래서 본문에 왕이나 장군은 단수로 쓰이지 않고 복수로 쓰인 것이다.

이 모든 자들이 죽어서 그 시체가 되어 새의 밥이 된다고 하는 것은 저들의 시체는 장사도 지내지 못하고 그대로 방치되는 비참한 죽음이 될 것을 의미한다. 이런 형식의 표현을 우리는 다음 성구에서 찾아볼 수 있다.

- 삼상 17:46 "오늘 여호와께서 너를 내 손에 붙이시리니 내가 너를 쳐서 네 머리를 베고 블레셋 군대의 시체로 오늘날 공중의 새와 땅의 들짐승에게 주어 온 땅으로 이스라엘에 하나님이 계신 줄 알게 하겠고"
- 마 24:28 "주검이 있는 곳에는 독수리들이 모일지니라"

19:19 또 내가 보매 그 짐승과 땅의 임금들과 그 군대들이 모여 그 말 탄 자와 그의 군대로 더불어 전쟁을 일으키다가

이 전쟁은 계 16:12-16에서 말한 아마겟돈 전쟁 곧 사단의 세력이 총 집결하여 하나님을 대적하여 싸우는 최종 결전을 가리킨다. 짐승 곧 정치적 왕으로서의 적그리스도와 그 휘하의 왕들과 군대들이 그 말(백마) 탄 자 곧 예수 그리스도와 및 그의 군사들과 최후 결전을 하는 것이다.

> *19:20* 짐승이 잡히고 그 앞에서 이적을 행하던 거짓 선지자도 함께 잡혔으니 이는 짐승의 표를 받고 그의 우상에게 경배하던 자들을 이적으로 미혹하던 자라 이 둘이 산 채로 유황불 붙는 못에 던지우고

전쟁의 결과를 말하고 있다. 전쟁의 결과는 어떻게 되는가?

물론 예수님의 완전 승리와 짐승의 완전 패망으로 끝난다. 말씀의 자세한 내용을 살펴보자.

"짐승이 잡히고"

이 짐승은 앞에서 말한 대로 계 13:1-10에 나오는 짐승이다. 즉 세상 마지막 날에 나타날 정치적 왕으로서의 적그리스도이다. 이에 대한 자세한 설명은 그 곳을 참조하기 바란다.

"그 앞에서 이적을 행하던 거짓 선지자도 함께 잡혔으니"

이 거짓 선지자는 계 13:11-18에 나오는 또 다른 짐승 곧 세상 마지막 날에 나타날 종교적 왕으로서의 적그리스도이다. 이에 대한 자세한 설명은 그 곳을 참조하기 바란다.

"이는 짐승의 표를 받고 그의 우상에게 경배하던 자들을 이적으로 미혹하던 자라"

이 말씀은 그 거짓 선지자가 무슨 일을 하였는가를 알려주고 있다. 이 짐승이 어떤 일을 했는지는 역시 계 13:11-18의 주석을 참조하기 바란다.

"이 둘이 산 채로 유황불 붙는 못에 던지우고"

이 두 짐승 곧 정치적 왕으로서의 적그리스도와 종교적 왕으로서의 적그리스도는 만왕의 왕이시고 만주의 주이신 예수님께 잡혀서 산채로 유황불 못에 던져진다. 유황불 못은 계시록에 여러 번 나오는 말로서(14:10, 20:10, 14, 15, 21:8) 지옥을 가리킨다. 이들은 영원히 빠져나올 수 없는 지옥 불에 던져지는 것이다.

19:21 그 나머지는 말 탄 자의 입으로 나오는 검에 죽으매 모든 새가 그 고기로 배불리우더라

그 나머지란 19절에서 말한 "그 짐승과 땅의 임금들과 그 군대들이 모여 그 말 탄 자와 그의 군대"들을 가리킨다. 이들은 주님의 입에서 나오는 검 곧 하나님의 말씀에 의하여 비참한 죽음을 맞게 된다.

요한계시록은 이런 뜻이었다

제 10 장

제10장

천년왕국과 최후 심판

계시록 20:1-15

20:1 또 내가 보매 천사가 무저갱 열쇠와 큰 쇠사슬을 그 손에 가지고
하늘로서 내려와서
20:2 용을 잡으니 곧 옛 뱀이요 마귀요 사단이라 잡아 일천 년 동안 결
박하여
20:3 무저갱에 던져 잠그고 그 위에 인봉하여 천 년이 차도록 다시는
만국을 미혹하지 못하게 하였다가 그 후에는 반드시 잠간 놓이리라
20:4 또 내가 보좌들을 보니 거기 앉은 자들이 있어 심판하는 권세를
받았더라 또 내가 보니 예수의 증거와 하나님의 말씀을 인하여
목 베임을 받은 자의 영혼들과 또 짐승과 그의 우상에게 경배하
지도 아니하고 이마와 손에 그의 표를 받지도 아니한 자들이 살
아서 그리스도로 더불어 천 년 동안 왕 노릇 하니
20:5 (그 나머지 죽은 자들은 그 천 년이 차기까지 살지 못하더라) 이
는 첫째 부활이라
20:6 이 첫째 부활에 참여하는 자들은 복이 있고 거룩하도다 둘째 사
망이 그들을 다스리는 권세가 없고 도리어 그들이 하나님과 그리
스도의 제사장이 되어 천 년 동안 그리스도로 더불어 왕 노릇 하
리라

20:7 천 년이 차매 사단이 그 옥에서 놓여
20:8 나와서 땅의 사방 백성 곧 곡과 마곡을 미혹하고 모아 싸움을 붙
이리니 그 수가 바다 모래 같으리라
20:9 저희가 지면에 널리 퍼져 성도들의 진과 사랑하시는 성을 두르매
하늘에서 불이 내려와 저희를 소멸하고
20:10 또 저희를 미혹하는 마귀가 불과 유황 못에 던지우니 거기는 그
짐승과 거짓 선지자들도 있어 세세토록 밤낮 괴로움을 받으리라
20:11 또 내가 크고 흰 보좌와 그 위에 앉으신 자를 보니 땅과 하늘이
그 앞에서 피하여 간 데 없더라
20:12 또 내가 보니 죽은 자들이 무론대소하고 그 보좌 앞에 섰는데 책
들이 펴 있고 또 다른 책이 펴졌으니 곧 생명책이라 죽은 자들이
자기 행위를 따라 책들에 기록된 대로 심판을 받으니
20:13 바다가 그 가운데서 죽은 자들을 내어주고 또 사망과 음부도 그
가운데서 죽은 자들을 내어주매 각 사람이 자기의 행위대로 심판
을 받고
20:14 사망과 음부도 불못에 던지우니 이것은 둘째 사망 곧 불못이라
20:15 누구든지 생명책에 기록되지 못한 자는 불못에 던지우더라

서 론

I. 문맥의 흐름

지금까지 문맥의 흐름을 다시 돌이켜 살펴보자. 6:17-21에서는 일곱째 대접 재앙으로 큰 성 바벨론의 멸망을 언급하였다. 17:1-19:21에서는 그 큰 성 바벨론 멸망의 상세한 과정과 그와 관련된 사건들을 언급하였다.

그러면 이곳 20장에서 보여주는 계시의 내용은 무엇인가? 필자는 무 천년설의 입장에 서서 계 20장을 이렇게 본다. 지금까지 들여다 본 바벨론 멸망에 관한 상세도에서 시선을 돌려서 예수님의 초림 때부터 세상 끝 날에 이르기까지의 전체의 그림을 보여주는 것이 계 20장의 내용이다. 즉 무 천년설의 입장에서 볼 때 여기에 나오는 천년 왕국은 신약시대 전체를 가리킨다. 그래서 1-6절은 천년왕국에 대한 말씀이고, 그 다음에는 사단의 세력들의 최후 결전과 패망 그리고 최후 심판을 말하고 있다.

왜 예수님은 이곳에서 신약시대 전체의 그림을 보여주시는 것일까? 그 이유는 분명하다. 이 책의 기록 목적인 "반드시 속히 될 일"(계 1:1)에 관한 계시를 다 보여주시고 이제는 그 모든 내용을 마지막으로 정리하는 단계에 이르렀다. 마지막에 이루어질 사단의 세력 곧 바벨론의 멸망과 성도들의 마지막 구원 완성 장면까지 보여주신 현 단계에서 주님은 우리에게 이렇게 말씀하시는 것으로 생각할 수 있다.

> "자! 지금까지 너희에게 보여준 부분적인 상세도에서 시선을 돌려서 그 모든 것들을 종합한 전체의 그림을 보아라. 그 전체의 그림은 바로 이런 것이다."

한 마디로 말해서 주님은 계시의 마감 단계에서 지금까지 계시록을 통하여 보여주신 모든 사건들을 한 장의 그림으로 보여주심으로 말미암아 우리들로 하여금 그 전체 내용을 일목요연하게 이해할 수 있게 하려는 것이다.

II. 내용 구분

천년왕국과 최후심판 (20:1-15)	20:1-6	천년왕국
	20:7-10	최후 결전과 사단 세력의 패망
	20:11-15	천년왕국

본문의 해석에 앞서서 살펴볼 것이 있다. 그것은 여기에 나오는 "그리스도로 더불어 천 년 동안 왕 노릇 하니"(4절), "그들이 하나님과 그리스도의 제사장이 되어 천 년 동안 그리스도로 더불어 왕 노릇 하리라"(6절)는 말씀의 뜻이 무엇인가에 대하여 주경학자들의 견해가 여러 가지로 갈라지고 있다. 문제의 초점은 다음과 같다.

1) 이 천년왕국이 문자 그대로의 천년인가? 상징적인 숫자인가?

2) 세상 종말에 일어날 다른 여러 사건들과의 관계에서 그 선후 관계는 어떻게 되는가?

3) 그리스도가 재림하신 후인가, 전인가?

어떤 견해들이 있는지? 특주 난을 만들어 간단히 소개하고자 한다. 소개를 하되 이 문제는 조직신학 내세론에서 전문적으로 다루어져야 할 것이므로 여기서는 저들의 주장 내용만 간단히 소개하고 그 옳고 그름을 일일이 비판하는 일은 생략한다. 주장 내용을 소개하되 한 눈에 알아볼 수 있도록 도표로 소개하고, 그 다음에 각각 그들의 주장하는 요지를 말하고 주장자들을 열거하고자 한다.

특주 천년왕국에 대하여 다음과 같은 4가지 견해가 있다.

I. 천년기 후 재림론(후 천년설)

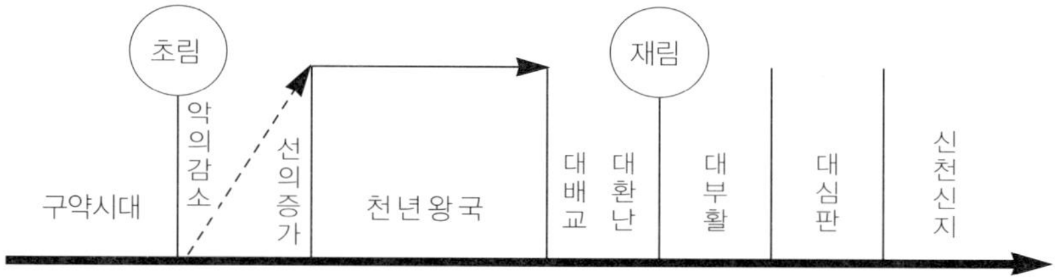

1. 주장의 요지

1) 천년이란?

천년왕국에서 천 년이란 세상 종말기의 명확하지 않은 오랜 기간으로서 아마 문자적 천 년보다 훨씬 더 오랜 세월일 것이다.

2) 천년왕국이란?

그 천 년 동안은 복음이 전 세계에 전파되어 참 종교가 크게 소성하는 복음의 황금시대일 것인데 이것이 천년왕국이다. 이 시대는 현재 우리가 사는 세계와 본질적으로 다르지 않다. 그 때에도 혼인과 가정제도 등이 계속되되 복음으로 말미암아 현재보다 훨씬 이상적인 세계가 될 것이다. 그리고 이 천년 기는 알지 못할 정도로 점진적으로 올 것이다.

3) 사건의 진행 순서

(1) 점진적 향상의 시대

오순절 이후의 신약시대는 악이 점점 감소되고 그리스도의 복음이 점점 확장되어 선이 점점 증대되는 시대이다.

(2) 천년왕국 시대

그리스도의 복음이 전 세계에 전파되어 거의 모든 사람들이 참 신자가 되는 이상적인 시대가 올 것인데 이 불확정한 기간이 천년왕국 시대이다.

(3) 대 배교와 대환난의 시대

천년왕국의 말기와 그리스도의 재림 사이에 마귀에게 자유를 주어 잠시 동안 활동하게 하실 것이다(계 20:7-10 참조).

(4) 그리스도의 재림

대배교와 대환난 후 그리스도는 재림하실 것이다.

(5) 대부활

선악 간에 죽은 자들이 구원 또는 심판을 받기 위하여 부활할 것이다.

(6) 대심판

대심판을 통하여 악인들은 영원한 형벌에 들어갈 것이다.

(7) 영원천국

대심판이 끝난 후 하나님의 영원한 왕국은 신천신지에 건설될 것이다.

2. 주장자

천년기 후 재림론을 주장하는 사람들은 다음과 같다. 뵈트너(Loraine Boettner), 스트롱(August H. Strong), 찰스 하지(Charles Hodge), A. A. 하지(Archibald A. Hodge), C. W. 하지(Caspor Wistor Hodge), 쉐드(Shedd), 댑네(L. Dabney), 워필드(Benjamin B. Warfield).

II. 역사적 천년기 전 재림론(역사적 전 천년 설)

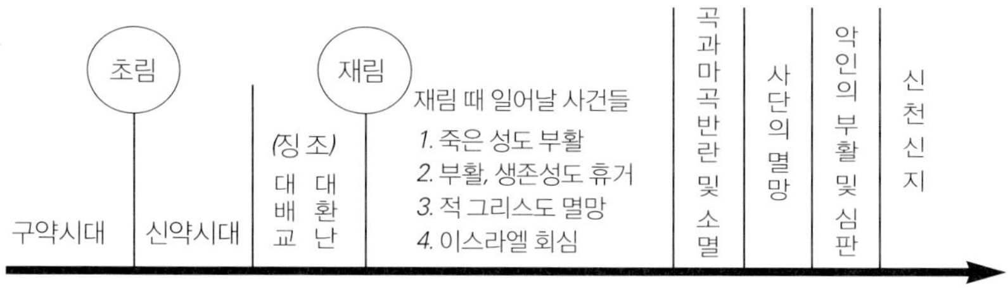

1. 주장의 요지

1) 천 년이란?

계 20:4, 6에 나오는 천년왕국의 천 년은 문자적인 천 년이다.

2) 천년왕국이란?

그리스도께서는 세상 종말 대환난의 절정에서 재림하셔서 죽은 성도들을 부활시키신 후 천년 동안 그들과 함께 왕 노릇하실 것이니 천년왕국이다.

3) 사건의 진행 순서

(1) 말세의 징조들

그리스도의 재림이 가까워지면 전장에서 지적한 여러 가지 징조들, 곧 복음의 세계적 전파와 이스라엘의 회심, 적그리스도의 출현으로 말미암은 대 배교와 대환난이 있을 것이다. 성도들은 이 대 환난에 넘겨질 것이며 죽임을 당할 것이다(마 24:9 참조). 그리고 많은 거짓 선지자들이 일어나 할 수만 있다면 택하신 자까지 미혹하는 일이 있을 것이다(마 24:24 참조).

(2) 그리스도의 재림

대 환난의 절정에서 그리스도께서 영광스러운 단회적 재림을 하실 것이다.

(3) 죽은 성도의 부활

그리스도께서 강림하시면 먼저 그리스도 안에서 죽은 성도들의 부활이 있을 것이다(계 20:5, 6).

(4) 부활 성도 및 생존 성도의 휴거

죽은 성도들의 부활이 있은 후에 생존 성도들이 부활한 성도들과 함께 재림하시는 주님을 영접하기 위하여 공중으로 끌어 올림을 받는다. "주께서 호령과 천사장의 소리와 하나님의 나팔로 친히 하늘로 좇아 강림하시리니 그리스도 안에서 죽은 자들이 먼저 일어나고 그 후에 우리 살아남은 자도 저희와 함께 구름 속으로 끌어 올려 공중에서 주를 영접하게 하시리니"(살전 4:16, 17).

(5) 적그리스도와 그 동맹자들의 멸망

지상에 재림하신 그리스도께서 사단을 잡아 일천년 동안 결박하여 무저갱에 던져 잠그심으로(계 20:2, 3 참조) 전에 만국을 미혹하던 적그리스도의 세력은 멸망되어 다시는 만국을 미혹하지 못하게 된다(계 20:3 참조).

(6) 이스라엘의 대거 회심

우리는 이 사건을 그리스도 재림 전의 징조로서 설명한 바 있다. 그러나 래드 교수는 "그리스도의 강림은 민족으로서의 이스라엘을 회심시키는 방편이 될 것이다"라고 하여 그리스도의 재림 이후의 사건으로 보고 있다.

(7) 천년왕국

지상에 재림하신 그리스도께서는 천년 동안 통치하실 것이다. 그 왕국은 평화와 의가 충만한 왕국이 될 것이다(계 20:4, 6 참조).

(8) 곡과 마곡의 반란과 소멸

그리스도의 지상 통치 곧 천년왕국이 만료될 때 "천년이 차매 사단이 그 옥에서 놓여 나와서 땅의 사방 백성 곧 곡과 마곡을 미혹하고 모아 싸움을 붙이리니 그 수가 바다 모래 같"(계 20:7-9)은 사건이 있을 것이다. 그러나 곧 "하늘에서 불이 내려와 저희를 소멸"(계 20:9하)할 것이다.

(9) 사단의 멸망

아담을 타락시켰고 적그리스도와 거짓 선지자들을 보내어 만국을 미혹케 하며 끝에는 곡과 마곡을 미혹하여 하나님의 거룩한 나라를 대적하던 마귀 사단은 마침내 불과 유황 못에 던지움을 받게 된다. "또 저희를 미혹하던 마귀가 불과 유황 못에 던지우니…세세토록 밤낮 괴로움을 받으리라"(계 20:10).

(10) 악인의 부활 및 심판

사단의 심판이 있은 후에는 악인들이 부활하여 백 보좌 앞에서 심판을 받아 불못에 던지움을 받는다. "또 내가 크고 흰 보좌와 그 위에 앉으신 자를 보니 땅과 하늘이 그 앞에서 피하여 간 데 없더라 또 내가 보니 죽은 자들이 무론대소 하고 그 보좌 앞에 섰는데…자기 행위를 따라 책들에 기록된 대로 심판을 받으니…누구든지 생명책에 기록되지 못한 자는 불못에 던지우더라"(계 20:11-15).

(11) 신천신지

그 다음에는 영원무궁한 안식의 세계인 신천신지의 시대가 펼쳐질 것이다. "또 내가 새 하늘과 새 땅을 보니 처음 하늘과 처음 땅이 없어졌고 바다도 다시 있지 않더라 또 내가 보매 거룩한 성 새 예루살렘이 하나님께로부터 하늘에서 내려오니 그 예비한 것이 신부가 남편을 위하여 단장한 것 같더라…저희는 하나님의 백성이 되고 하나님은 친히 저희와 함께 계셔서 모든 눈물을 그 눈에서 씻기시매 다시 사망이 없고 애통하는 것이나 곡하는 것이나 아픈 것이 다시 있지 아니하리니 처음 것들이 다 지나갔음이러라"(계 21:1-4).

2. 주장자

역사적 천년기 전 재림론은 그 명칭이 말해 주듯이 역사성과 전통성을 가지고 있다. 그리하여 초대교회 시대에는 저스틴(Justine), 이레니우스(Irenaeus), 터툴리안(Tertullian), 락탄티우스(Lactantius), 히포리티우스(Hyporitus) 등이 있었고, 종교개혁 이후에 메데(Mede), 벵겔(Bengel), 오벌렌(Auberlen), 크리스트립(Christlieb), 에브라드(Ebrard), 고데(Godet), 호프만(Hofmann), 랑게(Lange), 스티어(Stier), 알포드(Alford), 앤드류스(Andrews), 엘리콧(Ellicott), 즈안(Zhan), 트렌취(Trench), 래드(Ladd) 등이 있다.

III. 세대주의적 천년기전 재림론(세대주의적 전천년설)

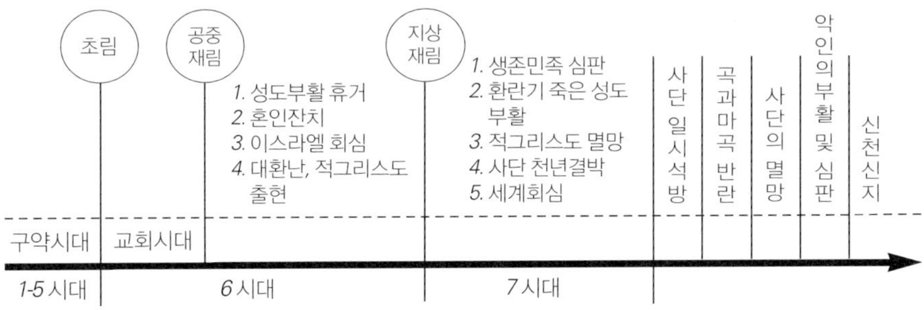

'세대주의의 천년기 전 재림론'이 무엇인지를 설명하기에 앞서서 세대주의란 무엇인가를 고찰하는 것이 이해에 도움이 될 것이다. 다음 몇 가지 사실만 알아두자.

1. 발생

세대주의는 1825년경 영국의 따비(John Nelson Darbey)에 의하여 시작된 것으로 본다. 그리하여 세대주의는 따비주의(Darbyism)라고도 불린다. 그러나 세대주의가 이론적 체계를 정립하게 된 것은 미국의 스코필드(Scofield)가 1909년에 유명한 스코필드 관주성경(Scofield Reference Bible)을 세상에 내어 놓은 때부터이다.

2. 특징

1) 문자적, 기계적 성경 해석에 의한 7세대 구분

세대주의(Dispensationalism)라는 명칭이 말해 주듯이 이들은 성경을 문자적, 기계적으로 해석하여 성경에 나타난 하나님의 전 계획을 7시대로 구분하고, 역사는 이 시대적 계단을 따라 진행한다고 하였다. 그 7시대는 다음과 같다.

① 무죄 또는 자유의 세대(창 1:28-3:6)
② 양심 또는 자기 결정의 세대(창 4:1-14)
③ 인간 통치의 세대
④ 약속의 세대 또는 족장 통치의 세대(창 11:10 – 출 18:27)
⑤ 모세 율법의 세대(출 19:1 – 행 1:26)
⑥ 은혜의 세대 또는 교회시대(행 2:1 – 계 19:21)

⑦ 천년왕국의 세대(계 20:1 –)

2) 이 결과로 교회를 삽입(parenthesis)적인 존재로 본다.

세대주의자들은 교회시대를 과거의 구약왕국과 미래의 천년왕국 사이에 놓여진 하나의 삽입으로 본다. 다시 말하면, 유대인들이 지상왕국을 건설하기 위하여 초림하신 그리스도를 거절하였기 때문에 그분이 장차 왕국을 재건하시기 위하여 다시 오실 때까지 임시적으로 교회를 이 땅에 세우시고 승천하셨다는 것이다.

3) 교회와 이스라엘은 별개의 단체이다.

이들은 이스라엘과 교회를 별개의 단체로 보고, 하나님의 계획에 있어서 서로 다르며, 그 운명도 각각 다르다고 주장한다. 이스라엘은 지상적인 언약민이요 교회는 천상적인 단체이다. 천 년 동안의 통치(천년왕국)가 끝나면 교회는 천상으로 올라가고 이스라엘은 영원히 지상에 남게 된다는 것이다.

4) 재림의 하시성(何時性)과 성도의 환난도피설을 주장한다.

하늘에 소속된 단체인 교회는 지상의 사건들과는 전혀 관계가 없으므로 어떤 사건도 교회와 그리스도의 재림 사이에는 개입될 필요가 없으며, 따라서 그리스도는 언제라도 재림하실 수 있다는 것이다. 그리고 특별히 교회의 휴거는 대환난 전에 분명히 있게 된다는 것이다.

3. 주장의 요지

1) 천 년이란?

천년왕국(계 20:4, 6)에서 천 년은 문자 그대로의 천 년이다.

2) 천년왕국이란?

그리스도의 재림은 두 번 있는데 공중 재림과 지상 재림이다. 공중재림에서 성도들이 휴거되고 두 번째 재림 곧 지상 재림 때에는 그리스도께서 휴거되었던 성도들과 함께 오셔서 천년왕국을 건설하실 것이다. 이 왕국은 참으로 가견적이며, 이 세상적이며, 물질적인 유대인의 왕국으로, 그리스도께서는 다윗의 위에 앉아 문자 그대로 천 년 동안 왕 노릇 하실 것이니 이것은 구약의 신정국의 회복이다.

3) 사건의 진행 순서

(1) 그리스도의 공중 재림

그리스도는 먼저 교회 성도들을 위하여 공중 재림하신다. 재림은 언제든지 있을 수 있다.

(2) 성도의 부활 및 변화와 휴거

그리스도께서 공중 재림하시면 죽었던 모든 성도들이 신령한 몸으로 부활하여 공중 들림을 받는다. 따라서 대 환난을 받지 않는다.

(3) 어린양의 혼인 잔치

공중 들림을 받은 그 성도들은 어린양의 혼인 잔치에 참여하게 되고 항상 주님과 함께 있을 것이다.

(4) 왕국 복음의 재전파와 이스라엘의 대거 회심

성도들이 떠나 있는 동안 지상에는 유대인들 중 신앙을 가진 남은 백성들에 의해 지상에 그리스도의 왕국이 건설된다는 복음이 다시(초림 때와 같이) 전파될 것이다. 이 때에 이스라엘의 대거 회심이 있을 것이다.

(5) 대 환난과 적그리스도의 출현

이 때에 적그리스도가 출현하고 대 환난이 있을 것이다. 위에서 말한 왕국 복음의 재전파와 이스라엘의 대거 회심 및 대 환난, 적그리스도의 출현은 성도들의 공중 휴거 직후부터 7년 간 있을 것이다. 전 3년 반에 왕국복음 전파와 회심이, 후 3년 반에 적그리스도에 의한 대 환난이 일어날 것이다.

(6) 그리스도가 지상 재림하여 천년왕국 건설함

7년기 끝 곧 대 환난 끝에 그리스도께서 지상에 강림하시어서 (a) 생존민족의 심판, (b) 대 환난 기간에 죽은 성도들의 부활, (c) 적그리스도의 멸망, (d) 천년간 사단의 결박, (e) 천년왕국 건설, (f) 성전의 재건과 제사의 복구, (g) 세계의 신속한 회심이 이루어질 것이다.

(7) 사단의 잠시 석방

천년왕국 끝에는 사단이 잠시 석방될 것이다.

(8) 곡과 마곡의 반란

사단의 잠시 석방으로 말미암아 곡과 마곡 무리가 거룩한 도성을 향하여 대항하다가 소멸될 것이다.

(9) 사단이 불과 유황 못에 던져짐

그 후에는 사단이 불과 유황 못에 던져지게 될 것이다.

(10) 악인들의 부활과 대 심판

마지막으로 악인들이 부활하여 대 심판을 받고 지옥에 떨어질 것이다.

(11) 신천신지

그 이후로는 새 하늘과 새 땅이 있을 것이다.

4. 주장자

세대주의의 천년기 전 재림론을 주장하는 사람들은 다음과 같다. 스코필드(Scofield), 불링거(Bullinger), 블랙스톤(Blackstone), 그레이(Gray), 실버(Silver), 할데만(Haldemann), 호이트(Herman A. Hoyt) 등이다.

IV. 무천년기 재림론(무천년설)

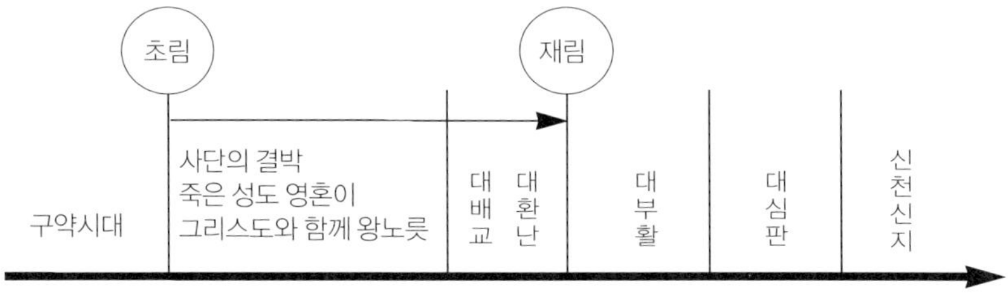

1. 주장의 요지

1) 천년이란?

천년왕국(계 20:4, 6)에서 천 년은 완전한 기간, 곧 그리스도의 초림과 재림 사이의 완전한 기간을 뜻한다.

2) 천년왕국이란?

그 천 년 동안에 육체를 떠난 성도들의 영혼이 천국에서 그리스도와 함께 영적으로 왕노릇하는 것을 뜻한다.

3) 사건의 진행 순서

(1) 천년왕국 기간(그리스도의 초림과 재림 사이)

이 기간은 "옛 뱀이요 마귀요 사단"(계 20:2)을 "일천년 동안 결박하여 무저갱에 던져 잠그고 그 위에 인봉하여 천년이 차도록 다시는 만국을 미혹하지 못하게"(계 20:2, 3) 한 기간이다. 이 사실은 다음과 같은 성구에서 증명된다.

"사단이 하늘로서 번개같이 떨어지는 것을 내가 보았노라"(눅 10:18).

"이제 이 세상의 심판이 이르렀으니 이 세상 임금이 쫓겨나리라"(요 12:31).

그러나 사단의 세력은 완전 제거된 것이 아니요 결박된 상태, 곧 그 세력이 매우 축소된 상태이며 따라서 악의 세력이 이 기간 동안에 남아 있다. 그리고 이 기간 동안에 죽은 성도들의 영혼은 천국에서 그리스도와 더불어 왕노릇하는데 이것이 계 20:5에서 말하는 "첫째 부활"이다. 즉 첫째 부활은 육체적 부활이 아니라 영적인 부활이다.

(2) 대배교와 대환난

"만국을 미혹하지 못하게 하였다가 그 후에는 반드시 잠간 놓이리라"(계 20:3)

결박되었던 사단이 천년기가 끝날 무렵, 즉 세상 종말에 이르러 잠간 놓임으로 말미암아 대배교와 대환난의 시대가 다가온다.

(3) 그리스도의 재림

대배교와 대환난이 있은 후 천년기가 끝나게 되면 그리스도께서 재림하신다.

(4) 대부활과 성도의 휴거

그리스도께서 재림하시면 신자나 불신자나 모든 죽은 자들이 구원 또는 심판을 받기 위하여 부활한다. 그리하여 이 때에 죽었다가 부활한 성도들과 생존한 성도들이 신령한 몸을 입고 그리스도를 영접하기 위하여 휴거 곧 공중으로 끌어올림을 받는다(살후 4:17 참조).

(5) 이스라엘의 대거 회심과 휴거

이 놀라운 격변 속에서 유대인들은 "그를 찌른 자들도 볼 터이요"(계 1:7)라고 한 말씀대로 그리스도를 보고 회개하여, 생존한 성도들과 마찬가지로 공중으로 끌어올림을 받는다. 그러나 이 주장을 무천년기 재림론자들 가운데 인정하는 자도 있고(Hamilton), 부정하는 자도 있다(Louis

Berkhof).

(6) 대심판

성도들이 부활하여 휴거된 후에 남은 일은 부활한 악인들에 대한 심판뿐이다. 피택자의 수가 완전히 찼으므로 더 이상 구원이 없다. 악인들은 심판을 받고 "둘째 사망 곧 불못"(계 20:14)에 던지움을 받는다.

(7) 영원 천국

대심판이 끝난 후 하나님의 영원한 왕국은 신천신지에 건설될 것이며 이것은 영원히 계속될 것이다.

2. 주장자

무천년기 재림론을 주장하는 사람들은 다음과 같다. 아브라함 카이퍼(Abraham Kuyper), 헬만 바빙크(Herman Bavinck), 루이스 벌콥(Louis Berkhof), 보스(Geerhardus Vos), 피터스(Albertus Pieters), 해밀톤(Floyd E. Hamilton), 머레이(Murray), 룻걸스(William H. Rutgers), 와인갈든(Martin J. Wyngrarden), 헨드릭슨(William Hendriksen), 매스랑(William Masselink), 그리어(William J. Grier) 등이다.

3. 무천년기 재림론자의 계 20:1-6의 해석

우리는 위에서 무천년기 재림론자들이 주장하는 요지가 무엇인가를 보았다. 위와 같은 이론이 펼쳐질 수 있는 핵심적인 열쇠는 결국 계 20:1-6의 해석 여하에 달린 것이다. 과연 무천년기 재림론자들은 이 성구를 어떻게 해석하는가? 필자는 여기서 무천년기 재림론자인 후크마(Anthony A. Hoekema) 교수의 해석을 요약하여 소개하고자 한다.

1) 요한계시록의 구분

요한계시록은 다음과 같은 일곱 부분으로 구성되어 있다.

(1) 1장–3장, 부활하신 예수님의 일곱 촛대 사이의 왕래
(2) 4장–7장, 일곱 인(印)에 대한 환상
(3) 8장–11장, 일곱 나팔 심판
(4) 12장–14장, 여자가 낳은 아들을 용이 삼키려 함
(5) 15장–16장, 하나님의 진노가 최후적으로 임함
(6) 17장–19장, 바벨론과 짐승들의 멸망
(7) 20장–22장, 용의 마지막 운명 및 그리스도의 승리

2) 계 20:1-6의 의미

여기서 1-3절은 사단의 결박에 대하여, 4-6절은 죽은 성도들의 천 년 동안의 왕노릇에 대하여 말한다.

(1) 계시록의 일곱 번째 부분, 즉 20-22장은 그리스도 재림 이후의 사건에 대한 설명이 아니다. 오히려 계시록 20:1은 우리를 신약의 시대의 초기로 환원시킨다.

(2) 계시록 20:1-3의 사단의 결박이 이미 그리스도의 초림으로부터 시작되었다는 것을 다음 성구에서 알 수 있다.

- 눅 10:17-18 "주여 주의 이름으로 귀신들도 우리에게 항복하더이다. 예수께서 이르시되 사단이 하늘로서 번개같이 떨어지는 것을 내가 보았노라"
- 요 12:31 "이제 이 세상의 심판이 이르렀으니 이 세상의 임금이 쫓겨나리라"

그러므로 계시록 20:1-3의 사단의 결박이란 우리가 지금 살고 있는 복음시대 동안에 사단의 영향력이 너무나 축소되어 사단은 이제 복음이 여러 나라로 퍼져 나가는 것을 방해할 수 없게 된 것으로 본다.

(3) '일천 년'의 해석

'일천'이란 숫자는 역사적으로 해석되어서는 안 된다. 10이라는 숫자는 완전성을 의미하고, 1000은 10의 세제곱이므로 하나의 완전한 기간, 곧 길이가 불확정한 매우 긴 기간으로 보아야 한다.

(4) 계 20:1-3의 일천 년과 계 20:4-6의 일천 년은 동일 시대이다. 같은 일천 년 동안에, 즉 그리스도의 초림과 재림 사이의 기간에 사단이 결박되어 있음(계 20:1-3)과 동시에 그리스도 안에서 죽은 성도들은 천국에서 왕노릇한다(계 20:4-6).

(5) 성도들이 왕노릇하는 곳이 천국임은 다음 사실에서 추정된다. 계시록에 '보좌'라는 단어가 47번 나오는데 이들 중에 셋은(2:13, 13:2, 16:10) 하늘에 있는 것 같다고 지적했다. 이에 덧붙여 우리가 사도 요한이 "목 베임을 당한 자들의 영혼"을 보았다는 사실을 고려해 볼 때, 우리는 사도 요한이 본 환상의 현장이 이제 하늘로 바뀌었다는 결론을 확신하게 된다.

V. 결 론

우리는 지금까지 천년왕국에 대한 4가지 학설을 보았다. 어느 학설이 옳은가? 일일이 따져서 결론을 내리려면 책 한 권을 별도로 써도 모자랄 것이다. 간단히 다음과 같은 말로 결론을 내리고자 한다.

천년기 후 재림론(후 천년설) – 이 학설은 19세기까지 주장자들이 있었으나 세계 1, 2차 대전을 겪은 후에는 주장자들이 없어졌다. 왜냐하면 참혹한 전쟁을 치르면서 이 땅에 복음이 전파됨으로써 복음의 황금시대 곧 천년 왕국이 도래할 것이라는 핑크빛 꿈은 산산조각이 나 버렸기 때문이다.

세대주의적 천년기 전 재림론 및 역사적 천년기 전 재림론 – 이 주장은 다음 두 가지 점에서 받아들이기 어렵다.

1) 성경 해석의 일관성이 결여됨

요한 계시록에 나오는 모든 숫자는 다 영적인 의미로 해석하면서 왜 이곳에 나오는 1000년만 문자적으로 해석해야 하는가? 이것은 성경 해석의 일관성을 결여하는 처사가 아닐 수 없다.

2) 성경 문맥의 흐름에 반함

지금까지 우리가 살펴 본 대로 주님께서는 마 24장에서나 본 요한계시록 가운데에서 저들의 주장대로 주님이 재림하셔서 1000년 동안 지상천국을 건설하실 것이라는 어떤 암시도 하신 바가 없다. 그와는 반대로 이 모든 말세 훈들은 악의 세력으로 말미암은 성도의 환난은 종말이 가까워질수록 점점 더 증가되다가 그 환난이 최절정에 달하는 대 환난이 있을 것이고 **그 다음에는 곧바로** 불로 말미암아 지구의 종말이 올 것을 일관되게 말해왔다.

그렇다면 본문의 천년왕국도 당연히 이런 문맥의 흐름 속에서 해석되어져야 할 것이다. 자 그러면 지금까지의 문맥의 흐름을 다시 한 번 살펴보자.

III. 요약 및 정리

지금까지 문맥의 흐름을 다시 돌이켜 살펴보자. 16:17-21에서는 일곱째 대접 재앙으로 큰 성 바벨론의 멸망을 언급하였다. 17:1-19:21에서는 그 큰 성 바벨론 멸망의 상세한 과정과 그와 관련된 사건들을 언급하였다.

그러면 이곳 20장에서 보여주는 계시의 내용은 무엇인가? 특주에서 말한 대로 필자는 무천년설을 지지한다. 무천년설의 입장에 서서 계 20장을 볼 때 문맥의 흐름은 이렇게 이해된다.

지금까지 우리가 살펴본 내용은 무엇이었던가? 계 16:17-21은 일곱째 대접 재앙으로 그 내용은 큰 성 바벨론의 멸망이었고, 계 17:1-19:21의 내용은 그 바벨론 멸망의 상세한 과정과 그와 관련된 사건들을 보여주는 것이었다.

바벨론의 멸망은 곧 사단의 세력의 멸망으로서 주님께서 우리에게 요한계시록을 통하여 보여주시려는 이 땅에서의 역사의 진행 상황 즉 주님께서 이 책을 통하여 보여주시려고 했던 "반드시 속히 될 일"(계 1:1)은 거의 끝나 가는 단계에 이른 것이다.

그러면 지금 우리가 보고자 하는 계 20장은 무엇을 보여주는 것인가? 주님께서는 이제 모든 계시를 마감하려는 단계에서 지금까지 보여주셨던 모든 사건들을 포함하는 전체 그림을 한 장으로 요약하여 보여주실 필요를 느끼신 것이다. 이런 필요에 따라 계시록 전체의 내용을 한 장의 그림으로 요약한 것이 바로 계 20장이다.

다시 말해서 계 20장은 우리가 바로 앞에서 살펴본 바벨론 멸망의 상세한 과정과 그와 관련된 사건들에서부터 시선을 돌려서 예수님의 초림 때부터 세상 끝날에 이르기까지의 전체를 한눈에 보게 하는 한 장의 그림인 것이다. 이렇게 문맥의 흐름을 이해할 때 그 흐름이 얼마나 자연스럽고 매끄러운가? 필자가 무천년설을 취하는 이유 중에 하나가 바로 여기에 있다. 즉 무천년설의 입장에서 볼 때 여기에 나오는 천년왕국은 신약시대 전체를 가리키는 기간이 된다. 그 결과 계 20장의 내용은 이렇게 이해되게 된다.

1-6절은 천년왕국으로 이것은 신약시대 전체를 가리키는 기간이며, 이 기

간 동안에 성도들은 영적으로 얼마나 영광스런 자리에 있는가를 보여주고 있다. 왜 이것을 여기서 보여주시는 것일까? 신약 시대 전 기간에 걸쳐서 성도들은 이 땅에서 얼마나 많은 환난과 고통을 당하였는가? 히브리서 기자의 말을 빌리면

- 히 11:36-38 "또 어떤 이들은 희롱과 채찍질뿐 아니라 결박과 옥에 갇히는 시험도 받았으며 37 돌로 치는 것과 톱으로 켜는 것과 시험과 칼에 죽는 것을 당하고 양과 염소의 가죽을 입고 유리하여 궁핍과 환난과 학대를 받았으니 38 (이런 사람은 세상이 감당치 못하도다)저희가 광야와 산중과 암혈과 토굴에 유리하였느니라"

이것이 바로 성도들의 이 땅에서의 삶이었다. 그러므로 주님이 부활 승천하신 후 재림하실 때까지의 기간 동안에 성도들은 패배자로 보인다. 세상에서 가장 불쌍한 자로 보인다. 주님이 재림하셔서 성도들을 부활시키신 후에는 행복하게 될지 모르지만 그 전까지는 비참한 상태로 있는 것처럼 보인다.

그러나 주님은 웅변적으로 말씀하신다. "내 이름으로 환난을 당하고 죽임을 당한 너희들은 결코 패배한 자가 아니다. 이 땅에서는 그렇게 보일지 모르지만 실제로는 너희는 승리자란다. 나의 초림과 재림 사이의 기간 동안에 너희가 육적으로는 비록 고난을 당하고 심지어 죽임을 당하였지만 너희 영혼들은 내가 있는 이 천국에 와서 나와 함께 왕노릇하는 어마어마한 영광을 누리고 있는 것이다. 그리고 이 땅에서 고난 받는 신앙생활을 하는 동안에도 나를 믿는 너희들은 겉으로 보기에는 세상에서 가장 불쌍하고 초라한 자 같이 보일지 모르나 영적으로는 왕 같은 제사장으로서(벧전 2:9) 나와 함께 왕노릇 하는 영광스런 자리에 있는 것이다." 주님은 바로 이것을 지금 우리가 보고 있는 계 20:4-6에서 말씀하고 있는 것이다.

7-10절은 사단의 세력들이 총 집결하여 하나님과 성도들을 향하여 도전하는 최후 결전을 벌이지만 결국은 패망으로 끝나는 사실을 보여주고 있으며, 11-15절은 예수님의 백 보좌 심판 곧 최후심판을 말하고 있다. 이렇게

해서 주님의 초림 때로부터 재림 때까지의 전체 기간에 이루어질 모든 역사를 한 폭의 그림으로 보여주고 계신 것이다.

왜 예수님은 이곳에서 신약시대 전체의 그림을 보여주시는 것일까? 그 이유는 분명하다. 이 책의 기록 목적인 "반드시 속히 될 일"(계 1:1)에 관한 계시를 보여주시는 것인데, 이제는 그 내용을 다 보여주시고 마지막 정리하는 단계에 이르렀기 때문이다. 마지막에 이루어질 사단의 세력 곧 바벨론의 멸망과 성도들의 마지막 구원 완성 장면까지 보여주신 현 단계에서 주님은 우리에게 이렇게 말씀하시는 것으로 생각할 수 있다.

> "자! 지금까지 너희에게 보여준 부분적인 상세도에서 시선을 돌려서 그 모든 것들을 종합한 전체의 그림을 보아라. 그 전체의 그림은 바로 이런 것이다."

한 마디로 말해서 주님은 계시의 마감 단계에서 지금까지 계시록을 통하여 보여주신 모든 사건들을 한 장의 그림으로 보여주심으로 말미암아 우리들로 하여금 그 전체 내용을 간단하게 그리고 일목요연하게 이해할 수 있게 하려는 것이다. 그러면 그 다음의 문맥의 흐름은 어떤가?

이 그림을 보여주신 후에 주님은 계 21장과 22장에서 무엇을 보여주시고 계시를 마감하시는가?

- 계 21장 : 우리 성도들을 위하여 하나님이 예비하신 새 하늘과 새 땅의 모습!
- 계 22장 : 그 새 하늘과 새 땅에서 우리들이 예수님의 신부라는 영광스런 신분을 가지고 들어가서 얼마나 행복한 삶을 살게 될 것인가!

이것을 보여주심으로 지금 이 땅에서 고난을 감수하며 신앙생활을 하고 있는 우리들에게 하늘나라에 대한 벅찬 소망을 주시면서 이렇게 끝을 맺는다. 주님은 우리들에게 말씀하신다.

• 계 22:20 "내가 진실로 속히 오리라"

주님은 이 모든 계시를 보여주심으로써 우리들의 입에서 이런 고백이 안 나올 수 없게 만드신다.

• 계 22:20 "아멘 주 예수여 오시옵소서"

그리고 이 계시의 전달자인 사도 요한은 우리에게 이렇게 말한다.

• 계 22:21 "주 예수의 은혜가 모든 자들에게 있을지어다 아멘"

해 석

I.. 천년 왕국(20:1-6)

20:1 또 내가 보매 천사가 무저갱 열쇠와 큰 쇠사슬을 그 손에 가지고 하늘로서 내려와서
20:2 용을 잡으니 곧 옛 뱀이요 마귀요 사단이라 잡아 일천 년 동안 결박하여
20:3 무저갱에 던져 잠그고 그 위에 인봉하여 천 년이 차도록 다시는 만국을 미혹하지 못하게 하였다가 그 후에는 반드시 잠간 놓이리라
20:4 또 내가 보좌들을 보니 거기 앉은 자들이 있어 심판하는 권세를 받았더라 또 내가 보니 예수의 증거와 하나님의 말씀을 인하여 목 베임을 받은 자의 영혼들과 또 짐승과 그의 우상에게 경배하지도 아니하고 이마와 손에 그의 표를 받지도 아니한 자들이 살아서 그리스도로 더불어 천 년 동안 왕 노릇 하니

20:5 (그 나머지 죽은 자들은 그 천 년이 차기까지 살지 못하더라) 이는 첫째 부활이라
20:6 이 첫째 부활에 참여하는 자들은 복이 있고 거룩하도다 둘째 사망이 그들을 다스리는 권세가 없고 도리어 그들이 하나님과 그리스도의 제사장이 되어 천 년 동안 그리스도로 더불어 왕 노릇 하리라

20:1 또 내가 보매 천사가 무저갱 열쇠와 큰 쇠사슬을 그 손에 가지고 하늘로서 내려와서

무저갱 열쇠를 가진 이 천사는 누구일까? 사단을 결박한 것을 보면 아주 유력한 지위에 있는 강한 천사인 것을 알 수 있다. 그러므로 이 천사를 사단과 싸우는 군장 미가엘(유 1:9)로 추측하는 자들이 있으나 어디까지나 추측에 불과하다.

20:2-3 용을 잡으니 곧 옛 뱀이요 마귀요 사단이라 잡아 일천 년 동안 결박하여 *3* 무저갱에 던져 잠그고 그 위에 인봉하여 천 년이 차도록 다시는 만국을 미혹하지 못하게 하였다가 그 후에는 반드시 잠간 놓이리라

이 천사는 용 곧 옛 뱀이요 마귀요 사단을 잡아 일천 년 동안 결박하여 무저갱에 던져 잠그고 그 위에 인봉하여 천 년이 차도록 다시는 만국을 미혹하지 못하게 한다.

이 말씀이 어떤 사건을 가리키는가? 이 말씀의 뜻을 정확히 알기 위하여서는 여기서 말하는 일천 년은 어떤 기간이며 또 여기서 말하는 사단은 어떤 존재를 가리키는가를 바로 알아야 한다.

1. 일천 년은 어떤 기간인가?

1) 이 기간은 문자적 의미로 볼 수 없다. 왜냐하면 첫째, 우리가 지금까지 보아온 대로 요한계시록에 나오는 모든 숫자들이 다 영적인 의미로 사용되

어 왔는데 유독 이 숫자만 문자적인 의미로 해석한다는 것은 해석의 일관성에 맞지 않는 일이다. 둘째, 이 기간은 그 다음에 나오는 천년왕국과 동일 기간이 되는데 지상에 1000년 동안 그리스도의 통치로 말미암은 지상천국이 존재하였다가 갑자기 세상이 멸망을 당하고 최후 심판이 이루어질 것이라는 이론은 지금까지의 요한계시록 내용을 총괄해 볼 때에 전혀 일관성도 없고 그렇게 구원 역사의 과정이 진행되어야 할 이유도 없고 현실적으로도 있을 수 없는 일이라고 보이기 때문이다.

보라! 계시록의 축소판인 마 24장의 말세 훈 가운데에서도 주님은 대 환난이 있으면 우리는 그것을 겪을 수밖에 없음을 말씀하셨으며 그 대 환난이 끝나면 곧바로 세상의 멸망과 주님의 재림 사건으로 이어질 것을 말씀하지 않았는가?

그 뿐만 아니라 마 24장의 상세도인 계시록에서도 마찬가지이다. 마 24장에 나오는 재난을 두 가지로 나누어 보여주시는 일곱 인 재앙에서도 또 일곱 나팔 재앙에서도 그리고 일곱 대접 재앙에서도 1000년 동안의 지상 천국은 전혀 암시된 바조차 없다. 그리고 성경 다른 부분 어디에도 주님이 재림하셔서 이 땅에 지상천국을 건설하시고 그것도 문자적인 1000년 동안을 통치하실 것이라는 이론을 뒷받침해 주는 성구가 없다.

2) 이 기간은 주님의 초림으로부터 재림 때까지 즉 신약시대 전체의 기간으로 보아야 한다. 왜냐하면 이렇게 볼 때에 그 다음에 나오는 "천 년이 차도록 다시는 만국을 미혹하지 못하게 하였다가 그 후에는 반드시 잠간 놓이리라"(3절)는 말씀과 "천 년 동안 그리스도로 더불어 왕 노릇 하리라"(6절)는 말씀이 정확하게 이해될 수 있기 때문이다. 이 말씀들의 정확한 의미는 각각 그 절에 가서 설명될 것이다.

2. 여기서 말하는 사단은 어떤 존재를 가리키는가?

우리는 다섯째 나팔 재앙(계 9:1-12)을 주해하면서 특주 란을 만들어 악한 천사론을 본 바가 있다. 거기서 악한 천사들은 어떻게 분류되었는가?

1) 악한 천사들의 공인된 수령인 사단과
2) 지옥 곧 무저갱에 던져진 악한 천사들과
3) 공중권세를 잡고 지금 자유롭게 활동하고 있는 천사들과
4) 땅에 결박된 악한 천사들이 있다는 사실을 보았다.

그리고 사단이라는 이름은 악한 천사들의 총 수령인 단일 존재에게만 붙여지는 것이 아니라 앞에서 말한 지옥 곧 무저갱에 던져진 악한 천사들의 수령이나 공중권세를 잡고 지금 자유롭게 활동하고 있는 천사들의 수령이나 땅에 결박된 악한 천사들의 수령에게도 붙여진다는 사실을 보았다.

이런 악한 천사론을 가지고 이 말씀을 볼 때 여기서 말하는 악한 천사 곧 사단은 악한 천사의 세계 전체의 수령인 사단을 의미하는 것이 아니라 위에서 말한 두 번째 것 즉 지옥 곧 무저갱에 던져진 악한 천사들의 수령임에 틀림없으니, 그 이유는 다음과 같은 성구들이 이 사실을 지지하고 있기 때문이다.

1) 이 무리들은 천년기 동안 즉 예수님 재림 때까지 흑암 어두운 곳 즉 무저갱에 갇혀있다는 사실을 성경은 분명히 말하고 있다.

- 벧후 2:4 "하나님이 범죄한 천사들을 용서치 아니하시고 지옥에 던져 어두운 구덩이에 두어 심판 때까지 지키게 하셨으며"
- 유 6 "또 자기 지위를 지키지 아니하고 자기 처소를 떠난 천사들을 큰 날의 심판까지 영원한 결박으로 흑암에 가두셨으며"

2) 그리고 이 악한 천사들은 세상 마지막 때 즉 환난이 절정으로 치달을 때에 본문 2절이 말하고 있는 대로 잠시 놓이게 될 것이라고 다른 성구들이 말하고 있다(바꾸어 말하면 이들이 공중권세 잡은 자들과 합세하기 때문에

대 환난이 오는 것이다).

- 계 9:1-3 "다섯째 천사가 나팔을 불매 내가 보니 하늘에서 땅에 떨어진 별 하나가 있는데 저가 무저갱의 열쇠를 받았더라 2 저가 무저갱을 여니 그 구멍에서 큰 풀무의 연기 같은 연기가 올라오매 해와 공기가 그 구멍의 연기로 인하여 어두워지며 3 또 황충이 연기 가운데로부터 땅 위에 나오매 저희가 땅에 있는 전갈의 권세와 같은 권세를 받았더라"
- 계 11:7-9 "저희가 그 증거를 마칠 때에 무저갱으로부터 올라오는 짐승이 저희로 더불어 전쟁을 일으켜 저희를 이기고 저희를 죽일 터인즉 8 저희 시체가 큰 성 길에 있으리니 그 성은 영적으로 하면 소돔이라고도 하고 애굽이라고도 하니 곧 저희 주께서 십자가에 못박히신 곳이니라 9 백성들과 족속과 방언과 나라 중에서 사람들이 그 시체를 사흘 반 동안을 목도하며 무덤에 장사하지 못하게 하리로다"

이상의 설명을 가지고 이제 이 말씀의 뜻을 정리하여 보자.

20:2-3 용을 잡으니 곧 옛 뱀이요 마귀요 사단이라 잡아 일천 년 동안 결박하여 *3* 무저갱에 던져 잠그고 그 위에 인봉하여 천 년이 차도록 다시는 만국을 미혹하지 못하게 하였다가 그 후에는 반드시 잠간 놓이리라

1절에서 말한 하늘에서 내려온 천사는 지금 무저갱에 들어가 있는 사단을 잡아 일천 년 동안 즉 신약시대 전 기간 동안을 거기서 나오지 못하도록 결박을 해 둔 것이다. 이 기간 동안에 공중권세 잡은 악한 천사들은 자유롭게 활동을 하면서 만국을 미혹하며 성도들을 괴롭혀 온 것이다. 그러나 마지막 대 환난기가 되면 하나님은 이 악한 천사들을 잠시 동안(3년 반 동안) 석방시키는 것이다. 그 결과 성도들은 극심한 환난을 당하게 될 것이다.

주님은 여기에서 왜 이 사실을 보여주시는가? 그 이유는 다음과 같다. 일천 년! 곧 성도들이 지상에서 신앙생활을 하는 신약 시대 기간 동안에 사단

의 세력에게 환난과 핍박을 받지만 그들 중 일부가 무저갱에 갇혀있으므로 그 환난과 핍박은 최고 절정의 것은 아니라는 것이다. 따라서 성도들이 감당할 수 있는 시험이라는 것을 알려주시려는 것이다.

그러나 마지막 때 곧 주님의 재림 날 직전에는 무저갱에 일천 년 동안 갇혀있던 사단의 세력이 풀려나와서 공중권세 잡은 사단의 세력들과 합세하여 성도들을 잠시 동안 무섭게 핍박을 할 것이니 신앙의 마지막 경주를 잘 하라는 뜻으로 이 말씀을 하시는 것이다.

천년왕국(20:4-6)

이 부분이 그렇게도 여러 주석가들의 말이 많은 천년왕국에 관한 말씀이다. 이 부분에서 주님은 우리에게 무엇에 대하여 말씀해 주고 계신가? 주님은 이곳에서 주님의 초림과 재림 사이의 기간 즉 신약시대 기간 동안에 성도들의 영혼이 어디에서 어떤 상태로 있는가를 알려주시는 것이다. 그 내용을 살펴보자.

> *20:4* 또 내가 보좌들을 보니 거기 앉은 자들이 있어 심판하는 권세를 받았더라 또 내가 보니 예수의 증거와 하나님의 말씀을 인하여 목 베임을 받은 자의 영혼들과 또 짐승과 그의 우상에게 경배하지도 아니하고 이마와 손에 그의 표를 받지도 아니한 자들이 살아서 그리스도로 더불어 천 년 동안 왕 노릇 하니

"또 내가 보좌들을 보니 거기 앉은 자들이 있어 심판하는 권세를 받았더라"

여기서 보좌에 앉은 자들은 누구인가? 그들은 그 다음에 나오는 말씀에 나타난 대로 예수의 증거와 하나님의 말씀을 인하여 목 베임을 받은 자의 영혼들 곧 성도들의 영혼들이다. 죽어서 천국에 들어간 성도들의 영혼이 앉아 있는 이 보좌는 본래 누구의 보좌일까? 주님의 보좌이다. 어떻게 알 수 있는가? 주님은 우리들에게 이렇게 약속하셨기 때문이다.

- 계 3:22 "이기는 그에게는 내가 내 보좌에 함께 앉게 하여 주기를 내가 이기고 아버지 보좌에 함께 앉은 것과 같이 하리라"

"심판하는 권세를 받았더라"

이 권세는 본래 최후심판을 하실 우리 주 예수 그리스도에게 속한 고유 권세이다. 그런데 성도들이 이 권세를 가졌다는 뜻은 무엇인가? 그 뜻은 이렇게 설명된다.

1) 천사들은 최후 심판의 수종자들이다.

- 마 13:41-42 "인자가 그 천사들을 보내리니 저희가 그 나라에서 모든 넘어지게 하는 것과 또 불법을 행하는 자들을 거두어 내어 42 풀무 불에 던져 넣으리니 거기서 울며 이를 갊이 있으리라"

2) 성도들은 최후 심판의 협조자들이다.

- 고전 6:2-3 "성도가 세상을 판단할 것을 너희가 알지 못하느냐 세상도 너희에게 판단을 받겠거든 지극히 작은 일 판단하기를 감당치 못하겠느냐 3 우리가 천사를 판단할 것을 너희가 알지 못하느냐 그러하거든 하물며 세상 일이랴"

본문이 말하는바 성도들이 받은 심판하는 권세는 바로 이것을 가리키는 것이다. 성도들은 최후 심판의 날에 재판장이 되시는 주님의 보좌에 함께 앉아서 우리를 핍박하던 악한 천사들이나 악인들을 심판하시는 주님의 판결에 협조자로 권한을 행사하게 될 것이다. 이 얼마나 통쾌한 일인가! 이 땅에서 우리들이 저 악한 무리들로부터 당한 그 모든 고난들을 되돌려 갚아주는 그날이 될 것이니 말이다. 그러므로 이 말씀은 결국 이 땅에서 믿음의 경주를 끝내고 천국에 들어가 있는 성도들의 영혼은 지금 이런 권세를 가지고 있다는 뜻이다.

"또 내가 보니 예수의 증거와 하나님의 말씀을 인하여 목 베임을 받은 자의 영혼들과 또 짐승과 그의 우상에게 경배하지도 아니하고 이마와 손에 그의 표를 받지도 아니한 자들이 살아서 그리스도로 더불어 천 년 동안 왕 노릇 하니"

천년왕국이 이 땅에서 이루어질 사건이 아니라는 중요한 근거는 "…목 베임을 받은 자의 영혼들"이라는 말씀이다. 왜냐하면 지금 이 말씀은 이 세상에서 신앙생활을 끝내고 천국에 들어간 성도들의 영혼에 관한 이야기이지 이 땅에 있는 자들에 관한 이야기가 아니라는 것이다.

"예수의 증거와 하나님의 말씀을 인하여 목 베임을 받은 자의 영혼들과 또 짐승과 그의 우상에게 경배하지도 아니하고 이마와 손에 그의 표를 받지도 아니한 자들" 이들은 한 마디로 이 땅에서 신앙생활을 잘 한 성도들을 가리킨다. 이들은 어떻게 되는가?

"살아서 그리스도로 더불어 천 년 동안 왕 노릇 하니"

1. 여기서 "이들이 살아서"라는 말은 무엇을 뜻하는가?

"살아서"라는 이 동사의 주어는 앞에 나온 "…목 베임을 받은 자의 영혼들과…그의 표를 받지도 아니한 자들"이다. 그러므로 살아난 주체는 한마디로 성도들의 영혼이다. 그러면 결국 성도의 영혼이 살았다는 이 말씀의 뜻은 무엇인가? 그 뜻을 알기 위하여 우리는 다음과 같은 사실을 먼저 알아 둘 필요가 있다.

1) 성도들은 우리가 처음 주님을 믿을 때 성령으로 거듭남을 받는다.

- 요 3:3 "예수께서 대답하여 가라사대 진실로 진실로 네게 이르노니 사람이 거듭나지 아니하면 하나님 나라를 볼 수 없느니라"
- 요 3:5 "예수께서 대답하시되 진실로 진실로 네게 이르노니 사람이 물과 성령으로 나지 아니하면 하나님 나라에 들어갈 수 없느니라"

2) 거듭남이란 죄와 허물로 죽은 영혼이 다시 살아나는 것을 의미한다.

- 엡 2:1 "너희의 허물과 죄로 죽었던 너희를 살리셨도다"
- 엡 2:5 "허물로 죽은 우리를 그리스도 예수와 함께 살리셨고 (너희가 은혜로 구원을 얻은 것이라)"

성경은 이것을 가리켜 중생이라고도 하는데 여기 **5절**에서는 이 중생을 "첫째 부활"이라고 불렀다. 그 이유는 마지막 날 성도의 몸이 살아나는 육체의 부활을 둘째 부활로 보기 때문이다.

3) 그러므로 성경은 성도들을 예수의 생명을 가진 자 곧 산 자로, 믿지 않는 자들을 죽은 자로 부르는 것이다.

- 요일 5:12 "아들이 있는 자에게는 생명이 있고 하나님의 아들이 없는 자에게는 생명이 없느니라"
- 눅 9:59-60 "또 다른 사람에게 나를 좇으라 하시니 그가 가로되 나로 먼저 가서 내 부친을 장사하게 허락하옵소서 60 가라사대 죽은 자들로 자기의 죽은 자들을 장사하게 하고 너는 가서 하나님의 나라를 전파하라 하시고"

그러므로 성도들의 영혼은 처음 주님을 믿을 때 살아서 신앙생활을 하다가 이 세상을 떠나게 될 때 그 영혼이 살아있는 상태로 곧바로 천국으로 들어간다. 그리고 그 곳에서 살아서 온갖 행복을 누린다.

안식일교에서는 사람이 죽으면 무의식 상태 곧 수면 상태에 들어간다고 하여 영혼 수면설을 주장하나 성경은 그렇게 말하고 있지 않다.

우리가 앞에서 본 하나님 보좌 앞에 있는 24 장로들은 누구인가? 바로 지금 본문이 말하고 있는 죽임을 당한 성도들의 대표자들이 아닌가? 그런데 그들은 지금 무엇을 하고 있는가?

- 계 5:8-10 "책을 취하시매 네 생물과 이십사 장로들이 어린양 앞에 엎드려 각각 거문고와 향이 가득한 금 대접을 가졌으니 이 향은 성도의 기도들이라 9 새 노래를 노래하여 가로되 책을 가지시고 그 인봉을 떼기에 합당하시도다 일찍 죽임을 당하사 각 족속과 방언과 백성과 나라 가운데서 사람들을 피로 사서 하나님께 드리시고 10 저희로 우리 하나님 앞에서 나라와 제사장을 삼으셨으니 저희가 땅에서 왕 노릇 하리로다 하더라"

이 한 구절만 보더라도 천국에 간 성도들의 영혼은 무의식 상태로 있는 것이 아니라 살아서 하나님을 찬양하며 무한한 행복을 누리고 있는 것이다.

2. "그리스도로 더불어 천 년 동안 왕 노릇 하니"라는 말은 무엇을 뜻하는가?

이 말씀은 다음 두 가지를 뜻한다.

1) 천국에 들어간 성도들이 누리는 영광

이 말씀은 천국에 들어간 성도들의 영혼은 주님의 보좌에 나란히 앉아서 말 그대로 왕 노릇 할 것을 가리킨다. 주님이 앉으신 왕의 보좌가 얼마나 높은 자리인가? 그 보좌는 지구상의 어느 한 나라의 왕권이 아니다. 온 우주의 통치권이 흘러나오는 어마어마한 보좌이다. 그런데 감히 우리가 어떻게 그런 분과 감히 자리를 같이 하고 왕 노릇을 할 수 있단 말인가? 도대체 어떻게 이런 일이 있을 수 있겠는가? 하늘에 수많은 천군 천사들이 있어도 감히 그 자리는 넘볼 수 없는 자리가 아닌가?

그러나 그것은 조금도 과장이 아니다. 그리고 우리는 충분히 그런 자격을 얻었다. 그 이유는 무엇인가? 우리는 천국에 들어갈 때 주님이 신랑의 자격으로서 우리를 신부로 맞이하셨기 때문이다. 문무백관이 왕의 어전에 나열한 가운데 왕의 신부! 그는 어디에 자리를 잡는가? 일인지하 만인지상이라고 하는 영의정도 감히 오르지 못할 왕의 보좌 옆에 왕의 신부가 앉는 것이다. 그러므로 성도들은 천국에서 천 년 동안 그리스도로 더불어 왕 노릇 하게 되는 것이다. 할렐루야!

2) 성도들이 이 땅에서 갖는 영적 신분

성도들은 이 땅에서 신앙생활을 하는 동안 환난 고통을 당하며 겉으로 보기에는 초라한 모습일지 모른다. 그러나 저들은 영적으로 얼마나 존귀한 신분을 가진 자들인가?

- 벧전 2:9 "오직 너희는 택하신 족속이요 왕 같은 제사장들이요 거룩한 나라요 그의 소유된 백성이니 이는 너희를 어두운 데서 불러내어 그의 기이한 빛에 들어가게 하신 자의 아름다운 덕을 선전하게 하려 하심이라"
- 계 5:10 "저희로 우리 하나님 앞에서 나라와 제사장을 삼으셨으니 저희가 땅에서 왕 노릇 하리로다 하더라"

20:5 (그 나머지 죽은 자들은 그 천 년이 차기까지 살지 못하더라) 이는 첫째 부활이라

"(그 나머지 죽은 자들은 그 천 년이 차기까지 살지 못하더라)"

이 말씀에서 "그 나머지 죽은 자들"은 믿지 않고 살다가 죽은 자들을 가리킨다. 이들은 천 년이 차기까지 살지 못한다는 것이다. 이 말은 천 년이 차면 다시 산다는 말이다. 무슨 뜻인가? 이들은 천 년이 차서 예수님이 재림하시어 최후 심판을 행하실 때 다시 살아난다. 이것을 가리켜 성경은 심판의 부활이라고 부른다.

- 단 12:2 "땅의 티끌 가운데서 자는 자 중에 많이 깨어 영생을 얻는 자도 있겠고 수욕을 받아서 무궁히 부끄러움을 입을 자도 있을 것이며"
- 요 5:29 "선한 일을 행한 자는 생명의 부활로 악한 일을 행한 자는 심

판의 부활로 나오리라"

"이는 첫째 부활이라"

앞에서 설명한 대로 첫째 부활이란 중생 곧 성도들의 영혼이 거듭난 것을 의미한다.

20:6 이 첫째 부활에 참여하는 자들은 복이 있고 거룩하도다 둘째 사망이 그들을 다스리는 권세가 없고 도리어 그들이 하나님과 그리스도의 제사장이 되어 천 년 동안 그리스도로 더불어 왕 노릇 하리라

"첫째 부활에 참여하는 자들은 복이 있고 거룩하도다"

첫째 부활에 참여하는 자들이란 다시 말하면 그 영혼이 성령으로 거듭나서 이 땅에서 신앙생활을 하다가 죽어서 그 영혼이 천국에 들어가서 주님이 재림하실 때까지 행복을 누리며 살고 있는 성도들을 가리킨다. 이 사람들은 복이 있는 자들이라고 한다. 어떤 복이 있는가?

- 계 14:13 "또 내가 들으니 하늘에서 음성이 나서 가로되 기록하라 자금 이후로 주 안에서 죽는 자들은 복이 있도다 하시매 성령이 가라사대 그러하다 저희 수고를 그치고 쉬리니 이는 저희의 행한 일이 따름이라 하시더라"

그리고 이 사람들은 거룩하다고 한다. 왜 그런가? 물론 이 땅에서도 저들은 거룩하게 살려고 힘썼던 자들이다. 그러나 이 땅에서 육체를 가지고 사는 날 동안에는 100% 거룩할 수는 없었다. 그러나 이제 육체의 소욕이 있는 육체를 떠나서 천국에 들어갈 때 주님은 저들의 영혼은 100% 성결케 만들어 주시는 것이다. 이것이 곧 구원론에서 영혼의 영화라고 부르는 변화인 것이다. 그러므로 이 영혼들은 죄가 전혀 없는 완전 성결한 상태로 그 천년이라는 기간 동안 천국에서 살고 있는 것이다.

"둘째 사망이 그들을 다스리는 권세가 없고"

둘째 사망이란 육체나 영혼이 지옥에 들어가는 것을 의미한다. 이 사실을 우리는 다음 성구에서 알 수 있다.

- 계 20:14 "사망과 음부도 불못에 던지우니 이것은 둘째 사망 곧 불못이라"

그러므로 이 말씀은 천국에 들어간 성도들의 영혼은 결단코 지옥에 가는 일이 없을 것이라는 뜻이다.

"도리어 그들이 하나님과 그리스도의 제사장이 되어 천 년 동안 그리스도로 더불어 왕 노릇 하리라"

이 말씀은 이 성도의 영혼들이 천국에서 어떤 지위 곧 신분을 가지게 되는가를 알려주고 있다. 그 신분은 다음과 같은 두 가지이다.

1) 하나님과 그리스도의 제사장이라는 신분을 갖고 있다.

이 신분은 어떤 것인가? 제사장이란 백성들을 대표하여 하나님께 나아가서 백성들을 위하여 제사를 드리는 일과 기도하는 일을 하는 직분이다. 예수님은 이 세상에 제사장으로 오셔서 십자가에서 단번에 영원한 속죄 제사를 드림으로(히 9:11-12) 제사 드리는 사역은 마치셨지만 우리들을 위하여 기도하시는 사역은 지금도 계속하고 계신다.

- 롬 8:34 "누가 정죄하리요 죽으실 뿐 아니라 다시 살아나신 이는 그리스도 예수시니 그는 하나님 우편에 계신 자요 우리를 위하여 간구하시는 자시니라"
- 히 7:25 "그러므로 자기를 힘입어 하나님께 나아가는 자들을 온전히 구원하실 수 있으니 이는 그가 항상 살아서 저희를 위하여 간구하심

이니라"

- 요일 2:1 "나의 자녀들아 내가 이것을 너희에게 씀은 너희로 죄를 범치 않게 하려 함이라 만일 누가 죄를 범하면 아버지 앞에서 우리에게 대언자가 있으니 곧 의로우신 예수 그리스도시라"

그러므로 천국에 간 성도들의 영혼이 제사장이 된다는 이 말씀은 이렇게 기도하시는 예수님의 뜻을 받들어 아직 이 땅에서 신앙생활을 하고 있는 성도들이나 아직 믿지 않고 있는 자들을 위하여 기도하는 일을 하고 있음을 말해준다.

2) 그리스도로 더불어 왕 노릇 하는 신분을 가지고 있다.

예수님은 십자가에 달려 죽으시고 부활 승천하신 후 일천 년이라는 이 기간 동안에 하늘과 땅의 모든 권세를 가지시고 모든 이름 위에 뛰어난 이름을 가진 만왕의 왕이 되셨다.

- 마 28:18 "예수께서 나아와 일러 가라사대 하늘과 땅의 모든 권세를 내게 주셨으니"

- 빌 2:9-11 "이러므로 하나님이 그를 지극히 높여 모든 이름 위에 뛰어난 이름을 주사 10 하늘에 있는 자들과 땅에 있는 자들과 땅 아래 있는 자들로 모든 무릎을 예수의 이름에 꿇게 하시고 11 모든 입으로 예수 그리스도를 주라 시인하여 하나님 아버지께 영광을 돌리게 하셨느니라"

천국에 들어간 성도들의 영혼은 이런 왕이신 예수님께 신부의 자격으로 들어갔으니 자기 자신은 왕이 아닐지라도 만왕의 왕이 되시는 예수님의 보좌 옆에 앉아서 왕 노릇하는 것은 조금도 이상한 일이 아니다. 이 얼마나 영광스런 모습인가! 할렐루야!

II. 최후 결전과 사단의 세력 패망(20:7-10)

20:7 천 년이 차매 사단이 그 옥에서 놓여
20:8 나와서 땅의 사방 백성 곧 곡과 마곡을 미혹하고 모아 싸움을 붙
이리니 그 수가 바다 모래 같으리라
20:9 저희가 지면에 널리 퍼져 성도들의 진과 사랑하시는 성을 두르매
하늘에서 불이 내려와 저희를 소멸하고
20:10 또 저희를 미혹하는 마귀가 불과 유황 못에 던지우니 거기는 그
짐승과 거짓 선지자들도 있어 세세토록 밤낮 괴로움을 받으리라

이 부분에서는 천년 곧 신약 시대의 끝에 일어날 최후 결전과 그 결과에 대하여 말하고 있다.

1. 최후 결전은 사단이 자기의 세력을 총 집결하여 하나님과 성도들을 대적하는 마지막 싸움을 가리킨다.

이 싸움이 성도들에게는 앞에서 여러 번 언급되었던 대로 창세 이래로 없었던 대 환난 기간이 되는 것이다. 이때에 사단은 자기의 세력을 어떻게 총 집결하는가? 이미 공중권세를 잡고 지금까지 활동하며 성도들을 괴롭혀 왔던 사단은 본문이 말하고 있는 무저갱에 갇혀있던 악한 천사의 세력을 끌어 올리고(계 9:1-12), 큰 강 유브라데에 결박되었던 네 악한 천사들을 풀어서(계 9:13-21) 그들의 세력을 다 규합하여 최후 결전을 감행하는 것이다.

그리고 이때에 사단은 두 짐승 곧 정치적 왕으로서의 적그리스도(계 13:1-10)와 종교적 왕으로서의 적그리스도(계 13:11-18)를 이 땅에 세워서 성도들을 무섭게 핍박을 할 것이다. 사도 요한은 이때에 저들의 마병대 수는 이만만이라 하였고(계 9:16) 그 전쟁 이름을 아마겟돈 전쟁이라고 하였다(계 16:16).

2. 최후 결전은 사단의 패배로 끝나게 되며 저들은 잡혀서 지옥 불에 던지우게 된다.

20:7 천 년이 차매 사단이 그 옥에서 놓여

여기서 말하는 사단은 다음 성구에서 말하는 악한 천사이다.

- 벧후 2:4 "하나님이 범죄한 천사들을 용서치 아니하시고 지옥에 던져 어두운 구덩이에 두어 심판 때까지 지키게 하셨으며"
- 유 6 "또 자기 지위를 지키지 아니하고 자기 처소를 떠난 천사들을 큰 날의 심판까지 영원한 결박으로 흑암에 가두셨으며"
- 계 9:2-3 "저가 무저갱을 여니 그 구멍에서 큰 풀무의 연기 같은 연기가 올라오매 해와 공기가 그 구멍의 연기로 인하여 어두워지며 3 또 황충이 연기 가운데로부터 땅 위에 나오매 저희가 땅에 있는 전갈의 권세와 같은 권세를 받았더라"

이 말씀대로 이 악한 천사는 천 년 곧 신약 시대 기간 동안 지옥에 갇혀 있다가 마지막 최후 결전을 위하여 그 옥에서 풀려 나오는 것이다.

20:8 나와서 땅의 사방 백성 곧 곡과 마곡을 미혹하고 모아 싸움을 붙이리니 그 수가 바다 모래 같으리라

"나와서 땅의 사방 백성 곧 곡과 마곡을 미혹하고 모아 싸움을 붙이리니"

사단은 자기의 세력을 구축하기 위하여 땅의 사방 백성 곧 곡과 마곡을 미혹하고 모은다. 여기서 곡과 마곡은 무엇을 뜻하는가? 그 뜻은 다음 성구에서 알 수 있다.

- 겔 38:1-6 "여호와의 말씀이 내게 임하여 가라사대 2 인자야 너는 마곡 땅에 있는 곡 곧 로스와 메섹과 두발 왕에게로 얼굴을 향하고 그를 쳐서 예언하여 3 이르기를 주 여호와의 말씀에 로스와 메섹과 두발 왕 곡아 내가 너를 대적하여 4 너를 돌이켜 갈고리로 네 아가리를

꿰고 너와 말과 기병 곧 네 온 군대를 끌어내되 완전한 갑옷을 입고 큰 방패와 작은 방패를 가지며 칼을 잡은 큰 무리와 5 그들과 함께 한바 방패와 투구를 갖춘 바사와 구스와 붓과 6 고멜과 그 모든 떼와 극한 북방의 도갈마 족속과 그 모든 떼 곧 많은 백성의 무리를 너와 함께 끌어 내리라"

이 말씀에서 곡은 로스와 메섹과 두발 왕으로 나타나 있다. 마곡은 그 왕들이 다스리는 나라를 가리킨다. 이들은 이스라엘의 동북쪽에 위치한 강대국으로서 하나님의 백성 이스라엘 나라를 수없이 괴롭혀왔던 적대국이다. 이스라엘의 적대국이라는 것은 곧 하나님을 대적하는 나라임을 뜻한다.

그러므로 이 말씀은 사단이 이 땅에 있는 자기 수하의 모든 자들을 모아 하나님과 그의 백성들을 대적하여 싸움 곧 최후의 결전을 하게 만들 것이라는 뜻이다.

"그 수가 바다 모래 같으리라"

그 수가 계 9:16에서는 이만만이라고 하였다.

• 계 9:16 "마병대의 수는 이만만이니 내가 그들의 수를 들었노라"

20:9 저희가 지면에 널리 퍼져 성도들의 진과 사랑하시는 성을 두르매 하늘에서 불이 내려와 저희를 소멸하고

"저희가 지면에 널리 퍼져 성도들의 진과 사랑하시는 성을 두르매"

이 사단의 군대의 공격 목표는 성도들과 그들의 거하는 성 곧 교회이다. 이들은 하나님의 백성들을 에워싸고 총 공격을 하는 것이다. 사단의 이 공격으로 말미암아 성도들이 당하는 환난이 소위 대 환난이다.

"하늘에서 불이 내려와 저희를 소멸하고"

그러나 이 공격은 오래 가지 못한다. 그 기간은 마흔 두 달이 될 것이다(계 11:2, 13:5). 왜냐하면 하나님은 성도들이 그때에 당할 대 환난을 견딜 수 있을 만큼만 허락하시기 때문이다.

• 마 24:21-22 "이는 그 때에 큰 환난이 있겠음이라 창세로부터 지금까지 이런 환난이 없었고 후에도 없으리라 22 그 날들을 감하지 아니할 것이면 모든 육체가 구원을 얻지 못할 것이나 그러나 택하신 자들을 위하여 그 날들을 감하시리라"

그러므로 하나님께서는 사단의 총 공격으로부터 성도들을 보호하기 위하여 하늘에서 불을 내려 저희들을 소멸하신다. 이 불은 베드로 사도가 다음 성구에서 말하는 불과 동일한 불일 것이다.

• 벧후 3:10-12 "그러나 주의 날이 도적같이 오리니 그 날에는 하늘이 큰 소리로 떠나가고 체질이 뜨거운 불에 풀어지고 땅과 그 중에 있는 모든 일이 드러나리로다 11 이 모든 것이 이렇게 풀어지리니 너희가 어떠한 사람이 되어야 마땅하뇨 거룩한 행실과 경건함으로 12 하나님의 날이 임하기를 바라보고 간절히 사모하라 그 날에 하늘이 불에 타서 풀어지고 체질이 뜨거운 불에 녹아지려니와 13 우리는 그의 약속대로 의의 거하는 바 새 하늘과 새 땅을 바라보도다"

20:10 또 저희를 미혹하는 마귀가 불과 유황 못에 던지우니 거기는 그 짐승과 거짓 선지자들도 있어 세세토록 밤낮 괴로움을 받으리라

이 말씀은 하나님의 성도들을 대적하던 마귀와 그 세력의 최종 운명이 어떻게 되는가를 확실하게 보여준다. 마귀와 그 짐승 곧 적그리스도들과 거짓 선지자들은 모두가 불과 유황 못에 던지우게 되고 세세토록 밤낮 괴로움을 받게 될 것이다.

III. 예수님의 백 보좌 심판(20:11-15)

20:11 또 내가 크고 흰 보좌와 그 위에 앉으신 자를 보니 땅과 하늘이 그 앞에서 피하여 간 데 없더라
20:12 또 내가 보니 죽은 자들이 무론대소하고 그 보좌 앞에 섰는데 책들이 펴 있고 또 다른 책이 펴졌으니 곧 생명책이라 죽은 자들이 자기 행위를 따라 책들에 기록된 대로 심판을 받으니
20:13 바다가 그 가운데서 죽은 자들을 내어주고 또 사망과 음부도 그 가운데서 죽은 자들을 내어주매 각 사람이 자기의 행위대로 심판을 받고
20:14 사망과 음부도 불못에 던지우니 이것은 둘째 사망 곧 불못이라
20:15 누구든지 생명책에 기록되지 못한 자는 불못에 던지우더라

이 부분은 온 인류가 부활하여 심판을 받는 최후심판에 대하여 말하고 있다. 부활은 성도에게만 있는 것이 아니라 불신자들에게도 있는 것이다. 그러나 불신자들의 부활은 그들의 육체까지도 형벌을 받기 위한 부활인 것이다. 즉 영혼과 육체가 다 함께 지옥에 들어가기 위한 부활인 것이다. 그러므로 불신자들의 부활을 예수님은 심판의 부활이라고 부르셨다.

- 요 5:29 "선한 일을 행한 자는 생명의 부활로 악한 일을 행한 자는 심판의 부활로 나오리라"

이 말씀은 최후 심판에 대하여 다음과 같은 것들을 말해주고 있다.

1. 최후 심판자

20:11 또 내가 크고 흰 보좌와 그 위에 앉으신 자를 보니 땅과 하늘이 그 앞에서 피하여 간 데 없더라

"크고 흰 보좌"

이 보좌는 문맥을 보면 최후 심판자가 앉으신 보좌이다. 그 보좌가 크다는 것은 그 심판자의 위대하심을 나타낸다. 그 보좌가 희다는 것은 그 심판자의 성결을 상징한다. 그 심판자는 불의나 불공정이 조금도 없으시다. 그분은 공평과 정의로 심판하신다.

- 시 97:2 "구름과 흑암이 그에게 둘렸고 의와 공평이 그 보좌의 기초로다"

그분은 각 사람이 행한 대로 갚으신다.

- 마 16:27 "인자가 아버지의 영광으로 그 천사들과 함께 오리니 그 때에 각 사람의 행한 대로 갚으리라"

"그 위에 앉으신 자"

크고 흰 보좌에 앉으신 이 분은 누구일까? 그 보좌에 앉아서 최후 심판을 행하시는 이분은 누구일까? 본문에 심판자의 이름이 명시되지 않았기 때문에 그분이 하나님인가 예수님인가에 대하여 의견이 갈리고 있다. 그러나 심판자가 누구인가? 라는 이 문제에 대한 대답은 다음과 같이 정리될 수 있다.

1) 일반적 의미 – 하나님

- 롬 14:10-12 "네가 어찌하여 네 형제를 판단하느뇨 어찌하여 네 형제를 업신여기느뇨 우리가 다 하나님의 심판대 앞에 서리라 11 기록되었으되 주께서 가라사대 내가 살았노니 모든 무릎이 내게 꿇을 것이요 모든 혀가 하나님께 자백하리라 하였느니라 12 이러므로 우리 각인이 자기 일을 하나님께 직고하리라"

- 히 12:23-24 "하늘에 기록한 장자들의 총회와 교회와 만민의 심판자이신 하나님과 및 온전케 된 의인의 영들과 24 새 언약의 중보이신 예수와 및 아벨의 피보다 더 낫게 말하는 뿌린 피니라"

2) 엄밀한 의미 – 예수님

- 마 7:23 "그 때에 내가 저희에게 밝히 말하되 내가 너희를 도무지 알지 못하니 불법을 행하는 자들아 내게서 떠나가라 하리라"
- 고후 5:10 "이는 우리가 다 반드시 그리스도의 심판대 앞에 드러나 각각 선악간에 그 몸으로 행한 것을 따라 받으려 함이라"
- 계 19:11 "또 내가 하늘이 열린 것을 보니 보라 백마와 탄 자가 있으니 그 이름은 충신과 진실이라 그가 공의로 심판하며 싸우더라"

3) 결론

한 마디로 말해서 심판권은 본래 성부 하나님의 것인데, 예수님이 십자가에 죽기까지 복종하신 후에 성부 하나님께서 예수님을 지극히 높이시는 가운데 하늘과 땅의 모든 권세를 주시면서(마 28:18) 이 최후 심판권까지 맡기신 것으로 보인다. 그러므로 최후 심판은 본래 하나님이 행하시는 것이로되 예수님을 통하여 실행하신다고 말할 수 있다. 성경은 이 사실을 다음과 같이 말하고 있다.

- 롬 2:16 "곧 내 복음에 이른 바와 같이 하나님이 예수 그리스도로 말미암아 사람들의 은밀한 것을 심판하시는 그 날이라"
- 요 5:22 "아버지께서 아무도 심판하지 아니하시고 심판을 다 아들에게 맡기셨으니"

그러므로 지금 여기에 나오는 크고 흰 보좌에 앉으신 분은 예수님이시다.

2. 최후 심판의 시기

"땅과 하늘이 그 앞에서 피하여 간 데 없더라"

이 말씀은 우주의 파멸이라는 사건과 최후 심판의 시간적 선후 관계를 밝혀주고 있다. 즉 우주가 불에 타서 없어진 후에 최후 심판은 이루어지는 것이다. 이런 시간적 선후 관계는 다음 성구에서도 분명히 드러난다.

- 마 24:29-30 "그 날 환난 후에 즉시 해가 어두워지며 달이 빛을 내지 아니하며 별들이 하늘에서 떨어지며 하늘의 권능들이 흔들리리라 – (지구의 멸망) 30 그 때에 인자의 징조가 하늘에서 보이겠고 그 때에 땅의 모든 족속들이 통곡하며 그들이 인자가 구름을 타고 능력과 큰 영광으로 오는 것을 보리라" – (재림 및 최후 심판)

- 계 6:12-17 "내가 보니 여섯째 인을 떼실 때에 큰 지진이 나며 해가 총담같이 검어지고 온 달이 피같이 되며 13 하늘의 별들이 무화과 나무가 대풍에 흔들려 선 과실이 떨어지는 것같이 땅에 떨어지며 14 하늘은 종이축이 말리는 것같이 떠나가고 각 산과 섬이 제 자리에서 옮기우매 – (지구의 종말) 15 땅의 임금들과 왕족들과 장군들과 부자들과 강한 자들과 각 종과 자주자가 굴과 산 바위 틈에 숨어 16 산과 바위에게 이르되 우리 위에 떨어져 보좌에 앉으신 이의 낯에서와 어린양의 진노에서 우리를 가리우라 17 그들의 진노의 큰 날이 이르렀으니 누가 능히 서리요 하더라" – (재림 및 최후 심판)

3. 최후 심판의 대상자와 심판 기준

20:12 또 내가 보니 죽은 자들이 무론대소하고 그 보좌 앞에 섰는데 책들이 펴 있고 또 다른 책이 펴졌으니 곧 생명책이라 죽은 자들이 자기 행위를 따라 책들에 기록된 대로 심판을 받으니

"또 내가 보니 죽은 자들이 무론대소하고 그 보좌 앞에 섰는데"

이 말씀은 심판 받을 자들이 누구인가를 알려주고 있다. 심판 받을 대상자들은 죽은 자들 전체이다. 무론대소라는 말은 원문을 보면 "큰 자들과 작

은 자들"이라고 나와 있다. 그러니까 이 말의 뜻은 "큰 자든 작은 자든 죽은 자들은 모두"라는 뜻이다. 한 마디로 말해서 이 세상에 와서 살다가 간 모든 사람들이 다 심판의 대상이 되는 것이다.

- 히 9:27 "한 번 죽는 것은 사람에게 정하신 것이요 그 후에는 심판이 있으리니"

"책들이 펴 있고 또 다른 책이 펴졌으니 곧 생명책이라 죽은 자들이 자기 행위를 따라 책들에 기록된 대로 심판을 받으니"

최후 심판을 위하여 두 개 책이 펼쳐졌다.

생명책 – 이것은 영원한 생명을 얻은 자의 명단을 기록한 책이다, 물론 그들은 예수를 믿은 성도들의 명단이다. 왜냐하면 예수를 믿은 자만이 영생을 얻기 때문이다.

- 요 3:16 "하나님이 세상을 이처럼 사랑하사 독생자(獨生子)를 주셨으니 이는 저를 믿는 자마다 멸망치 않고 영생을 얻게 하려 하심이니라"

행위록 – "죽은 자들이 자기 행위를 따라 책들에 기록된 대로 심판을 받으니"라고 말하는 바로 이 책을 가리키는 것이다. 믿지 않는 자들은 그들의 행위를 기록한 그 책의 기록대로 심판을 받게 된다.

20:13 바다가 그 가운데서 죽은 자들을 내어주고 또 사망과 음부도 그 가운데서 죽은 자들을 내어주매 각 사람이 자기의 행위대로 심판을 받고

"바다가 그 가운데서 죽은 자들을 내어주고 또 사망과 음부도 그 가운데서 죽은 자들을 내어주매"

이 말씀은 어디에서 어떤 형태로 죽은 자들이든지 모두 부활할 것이며 반드시 이 심판의 보좌 앞에 서지 않을 수 없음을 강조한다. 그렇다! 세상 끝

날 주님께서 행하실 이 심판에서 제외될 사람은 아무도 없다.

"각 사람이 자기의 행위대로 심판을 받고"

그리고 이들은 백 보좌에 앉으신 예수님으로부터 자기의 행위대로 심판을 받는다. 즉 저들의 심판은 그 행위가 하나도 빠짐 없이 그리고 가감 없이 정확하게 기록된 행위록에 근거하여 이루어진다. 그러므로 변명의 여지가 없고 감추어 드러내지 않는 것이 없는 심판을 받게 될 것이다.

• 고후 5:10 "이는 우리가 다 반드시 그리스도의 심판대 앞에 드러나 각각 선악간에 그 몸으로 행한 것을 따라 받으려 함이라"

그러면 최후 심판 때에 심판을 받을 대상자들이 누구인가? 여기서 한 번 정리를 해 둘 필요가 있다(특주 참조, p. 585).

20:14 사망과 음부도 불 못에 던지우니 이것은 둘째 사망 곧 불못이라

"음부"

사망과 음부도 불 못에 던지운다고 할 때 음부라는 단어는 성경에서 다음과 같이 여러 가지 의미로 사용된다.

1) 죽음의 상태

• 삼하 22:6 "음부의 줄이 나를 두르고 사망의 올무가 내게 이르렀도다"

2) 무덤

• 창 42:38 "야곱이 가로되 내 아들은 너희와 함께 내려가지 못하리니 그의 형은 죽고 그만 남았음이라 만일 너희 행하는 길에서 재난이 그 몸에 미치면 너희가 나의 흰 머리로 슬피 음부로 내려가게 함이 되리라"

특주 〈최후 심판의 대상자들〉

1. 사단과 그의 사자들

사단이 그리스도의 심판을 받아 영원한 불못에 던지울 것은 다음 성구에서 알 수 있다.

- 계 20:7-10 "천 년이 차매 사단이 그 옥에서 놓여 나와서…사랑하시는 성을 두르매 하늘에서 불이 내려와 저희를 소멸하고 또 저희를 미혹하는 마귀가 불과 유황 못에 던지우니 거기는 그 짐승과 거짓 선지자도 있어 세세토록 밤낮 괴로움을 받으리라"

사단의 졸개들 곧 그의 사자들이 심판을 받을 것은 다음 성구에서 암시를 받는다.

- 마 25:41 "또 왼편에 있는 자들에게 이르시되 저주를 받은 자들아 나를 떠나 마귀와 그 사자들을 위하여 예비 된 영영한 불에 들어가라".
- 눅 8:30-31 "예수께서 네 이름이 무엇이냐 물으신즉 가로되 군대라 하니 이는 많은 귀신이 들였음이 라 무저갱으로 들어가라 하지 마시기를 간구하더니".

2. 불신자들

이들의 심판에 대해서는 다음과 같은 성구가 말하고 있다.

- 전 12:14 "하나님은 모든 행위와 모든 은밀한 일을 선악간에 심판하시리라"
- 마 12:36 "내가 너희에게 이르노니 사람이 무슨 무익한 말을 하든지 심판 날에 이에 대하여 심문을 받으리니"
- 계 20:12-15 "또 내가 보니 죽은 자들이 무론대소하고 그 보좌 앞에 섰는데 책들이 펴 있고 또 다른 책이 펴졌으니 곧 생명책이라 죽은 자들이 자기 행위를 따라 책들에 기록된 대로 심판을 받으니 13 바다가 그 가운데서 죽은 자들을 내어주고 또 사망과 음부도 그 가운데서 죽은 자들을 내어주매 각 사람이 자기의 행위대로 심판을 받고 14 사망과 음부도 불못에 던지우니 이것은 둘째 사망 곧 불 못이라 15 누구든지 생명책에 기록되지 못한 자는 불 못에 던지우더라"

이처럼 불신자들은 행한 대로 심판을 받고 사단 및 그 졸개들과 함께 영원한 지옥 불에 떨어질 것이다.

3. 성도들

어떤 사람들은 성도들에게는 심판이 없다고 한다. 그러나 성경은 신자들도 심판을 받게 될 것을 명백하게 가르치고 있다.

- 롬 14:10 "네가 어찌하여 네 형제를 판단하느뇨 어찌하여 네 형제를 업신 여기느뇨 우리가 다 하나님의 심판대 앞에 서리라"
- 고후 5:9-10 "그런즉 우리는 거하든지 떠나든지 주를 기쁘시게 하는 자 되기를 힘쓰노라 10 이는 우리가 다 반드시 그리스도의

심판대 앞에 드러나 각각 선악간에 그 몸으로 행한 것을 따라 받으려 함이라"

그리하여 신자들은 자기가 위임받은 달란트(마 25:14-30)와 자본금(눅 19:11-27)과 기회들(20:1-16)의 활용한 바를 셈하도록 요청받게 될 것이다. 그리하여 그 공력이 불타면 구원을 얻되 부끄러운 구원을 얻을 것이다(고전 3:11-15 참조). 그러나 선한 싸움을 싸우고 믿음을 지킨 자는 그 날에 의의 면류관을 받을 것이다(딤후 4:7-8 참조). 한 마디로 말해서 신자들의 구원은 믿음으로 말미암아 이미 결정되었으나 각 사람의 행한 바에 따라 상급이 결정되는 심판을 받을 것이다.

- 계 22:12 "보라 내가 속히 오리니 내가 줄 상이 내게 있어 각 사람에게 그의 일한대로 갚아 주리라"

3) 지옥

• 눅 16:23-24 "저가 음부에서 고통 중에 눈을 들어 멀리 아브라함과 그의 품에 있는 나사로를 보고 24 불러 가로되 아버지 아브라함이여 나를 긍휼히 여기사 나사로를 보내어 그 손가락 끝에 물을 찍어 내 혀를 서늘하게 하소서 내가 이 불꽃 가운데서 고민하나이다"

이 세 가지 의미 가운데 본문에서는 둘째 의미 곧 무덤이라는 뜻으로 사용된 것으로 보인다.

"사망과 음부도 불 못에 던지우니"

이 말씀은 사망과 그들의 육체를 가두고 있는 무덤도 불 못 곧 지옥에 던지운다는 말이다. 그러면 그 뜻은 무엇인가? 이 세상이 존재하는 동안 사망과 그들을 가두는 무덤은 모든 사람들을 집어삼켜 왔지만 이제 이런 사망 권세도 이 사람들이 지옥에 들어감으로 말미암아 더 이상 소용이 없게 되고 그 사람들과 함께 그 사망과 음부도 지옥에 던져버리게 된다는 뜻이다.

"이것은 둘째 사망 곧 불 못이라"

불 못은 지옥인데 이 지옥을 여기서 둘째 사망이라고 부른 이유는 무엇일까? 그 이유는 간단하다. 이 땅에 살다가 맞이하는 육체의 죽음을 첫째 사망으로 생각하고 하는 말이다. 첫째 사망에서 육체는 땅 속에 들어가 썩는 상태에서 고통도 몰랐지만 이제 그 육체가 살아서 지옥에 들어가면 그 불 가운데서 영원토록 고통을 당하게 됨으로 더욱 비참한 상태가 되는 것이다. 그러므로 이것을 둘째 사망이라고 부른 것이다.

20:15 누구든지 생명책에 기록되지 못한 자는 불 못에 던지우더라

이 말씀은 누가 그 지옥 불에 들어갈 것인가를 말해주고 있다. 누구든지 생명책에 기록되지 못한 자는 모두가 다 지옥 불에 떨어진다.

요한계시록은 이런 뜻이었다

제 11 장

제11장

성도들이 들어가서 살게 될 천국의 모습

계시록 21:1-15

반드시 속히 될 일들(계 1:1)을 알려주시기 위한 예수님의 계시는 드디어 마지막 단계에 이르렀다. 주님은 이 부분에서 반드시 속히 될 일의 마지막으로 우리 성도들이 들어가서 살게 될 세상과 그 집을 보여주고 계시다.

이것을 보여주시는 목적은 무엇인가? 그 세계와 그 집은 얼마나 아름다우며 또 거기서의 삶이 얼마나 행복한 것인가를 보여주심으로써 지금 이 땅에서 환난 중에 신앙생활을 하고 있는 우리들에게 소망을 주기 위함이다.

- 롬 8:17-18 "자녀이면 또한 후사 곧 하나님의 후사요 그리스도와 함께 한 후사니 우리가 그와 함께 영광을 받기 위하여 고난도 함께 받아야 될 것이니라 18 생각건대 현재의 고난은 장차 우리에게 나타날 영광과 족히 비교할 수 없도다"

이 부분의 말씀은 다음과 같은 두 부분으로 구분된다.

1. 성도들이 들어가서 살게 될 세계 – 새 하늘과 새 땅(21:1-8)
2. 성도들이 들어가서 살게 될 집 – 거룩한 성 새 예루살렘(21:9-22:5)

해 석

성도들이 들어가서 살게 될 세계－새 하늘과 새 땅
[21:1-8]

21:1 또 내가 새 하늘과 새 땅을 보니 처음 하늘과 처음 땅이 없어졌고
바다도 다시 있지 않더라
21:2 또 내가 보매 거룩한 성 새 예루살렘이 하나님께로부터 하늘에서
내려오니 그 예비한 것이 신부가 남편을 위하여 단장한 것 같더라
21:3 내가 들으니 보좌에서 큰 음성이 나서 가로되 보라 하나님의 장막
이 사람들과 함께 있으매 하나님이 저희와 함께 거하시리니 저희
는 하나님의 백성이 되고 하나님은 친히 저희와 함께 계셔서
21:4 모든 눈물을 그 눈에서 씻기시매 다시 사망이 없고 애통하는 것이
나 곡하는 것이나 아픈 것이 다시 있지 아니하리니 처음 것들이 다
지나갔음이러라
21:5 보좌에 앉으신 이가 가라사대 보라 내가 만물을 새롭게 하노라 하

시고 또 가라사대 이 말은 신실하고 참되니 기록하라 하시고
21:6 또 내게 말씀하시되 이루었도다 나는 알파와 오메가요 처음과 나중이라 내가 생명수 샘물로 목마른 자에게 값없이 주리니
21:7 이기는 자는 이것들을 유업으로 얻으리라 나는 저의 하나님이 되고 그는 내 아들이 되리라
21:8 그러나 두려워하는 자들과 믿지 아니하는 자들과 흉악한 자들과 살인자들과 행음자들과 술객들과 우상 숭배자들과 모든 거짓말하는 자들은 불과 유황으로 타는 못에 참예하리니 이것이 둘째 사망이라

이 부분(1-8절)의 말씀에서 주님은 구원이 완성되는 그 날에 우리가 들어가서 살게 될 세계와 집을 보여 주신다(1-2절). 그리고 그 곳에서의 삶이 어떤 것인가를 보여주신다(3-8절).

21:1 또 내가 새 하늘과 새 땅을 보니 처음 하늘과 처음 땅이 없어졌고 바다도 다시 있지 않더라

육체의 부활을 마지막 단계로 우리의 구원이 완성되는 그 날에 우리는 어디에서 어떻게 살게 될 것인가? 우리가 들어가서 살게 될 세계는 **새 하늘과 새 땅**이라고 본문은 말하고 있다.

그 세계는 지금 우리가 살고 있는 이 세계와 어떤 관계에 있는가? 변조 또는 개량품일까? 아니다. 지금 우리가 살고 있는 이 세계는 완전히 불에 타서 없어져 버리고 이 세계와는 전혀 다른 새로운 세계에 들어가서 살게 된다.

• 벧후 3:10 "그러나 주의 날이 도적같이 오리니 그 날에는 하늘이 큰 소리로 떠나가고 체질이 뜨거운 불에 풀어지고 땅과 그 중에 있는 모든 일이 드러나리로다"

주님이 재림하셔서 최후심판을 하실 때 이미 이 세상은 온 데 간 데 없이

사라져버리는 것이다.

• 계 20:11 "또 내가 크고 흰 보좌와 그 위에 앉으신 자를 보니 땅과 하늘이 그 앞에서 피하여 간 데 없더라"

21:2 또 내가 보매 거룩한 성 새 예루살렘이 하나님께로부터 하늘에서 내려오니 그 예비한 것이 신부가 남편을 위하여 단장한 것 같더라

"또 내가 보매 거룩한 성 새 예루살렘이"

앞 절에서는 우리가 들어가서 살게 될 세계에 관하여 말하였는데 여기서는 그 새 하늘과 새 땅에서 살게 될 우리의 집에 대하여 말하고 있다. 그 집의 이름은 **거룩한 성 새 예루살렘**이다. 이 이름에 대하여 잠시 생각해보자. 이 이름은 우리가 들어가서 살게 될 집이 어떤 곳인가를 암시해준다. **거룩한 성 새 예루살렘**은 본래 예루살렘 성전을 가리키는 이름이다. 예루살렘 성전은 어떤 곳인가? 성전은 하나님의 임재를 상징한다. 이 사실을 우리는 다음 성구에서 알 수 있다.

• 왕상 8:10-11 "제사장이 성소에서 나올 때에 구름이 여호와의 전에 가득하매 11 제사장이 그 구름으로 인하여 능히 서서 섬기지 못하였으니 이는 여호와의 영광이 여호와의 전에 가득함이었더라"

그러므로 예루살렘 성전은 하나님과 인간의 만남의 장소요 교제의 장소이다. 우리는 이 사실을 솔로몬이 성전을 지어놓고 하나님께 드린 다음과 같은 말씀에서 잘 알 수 있다.

• 왕상 8:27-30 "하나님이 참으로 땅에 거하시리이까 하늘과 하늘들의 하늘이라도 주를 용납지 못하겠거든 하물며 내가 건축한 이 전이오리이까 28 그러나 나의 하나님 여호와여 종의 기도와 간구를 돌아보시며 종이 오늘날 주의 앞에서 부르짖음과 비는 기도를 들으시옵소서

> 29 주께서 전에 말씀하시기를 내 이름이 거기 있으리라 하신 곳 이 전을 향하여 주의 눈이 주야로 보옵시며 종이 이곳을 향하여 비는 기도를 들으시옵소서 30 종과 주의 백성 이스라엘이 이곳을 향하여 기도할 때에 주는 그 간구함을 들으시되 주의 계신 곳 하늘에서 들으시고 들으시사 사하여 주옵소서"

그러므로 이 이름은 우리가 장차 들어가서 살게 될 집은 하나님이 임재하셔서 우리를 만나주시고 교제하시는 곳임을 암시한다. 아니 아예 하나님이 우리와 같은 집에서 함께 사시는 것을 이름 그 자체가 암시하는 것이다.

"하나님께로부터 하늘에서 내려오니"

이 말씀은 거룩한 성 새 예루살렘이 누가 어떻게 마련한 집인가를 보여준다. 그 집은 누구에게로부터 내려왔는가? **하나님께로부터** 내려왔다. 이 말씀은 그 집이 하나님께서 지으신 것임을 뜻한다. 그리고 그 집은 어디에서 내려왔는가? **하늘에서** 내려왔다. 이 말씀은 그 집이 현재 우리가 살고 있는 이 세상을 개량하여 만든 것이 아니라 이 세상과는 전혀 관계없는 하나님이 우리들을 위하여 예비하신 새로운 집이라는 사실을 말해준다.

"그 예비한 것이 신부가 남편을 위하여 단장한 것 같더라"

그 예비한 것이라는 말은 하나님이 우리 성도들을 위하여 그 집을 마련하셨음을 뜻한다. "**신부가 남편을 위하여 단장한 것 같더라**." 이 말씀은 하나님께서 우리들을 위하여 예비하신 그 집이 얼마나 아름다운가를 묘사한 것이다. 인간의 일생에 가장 아름다운 시기가 결혼 적령기에 이르렀을 때가 아닌가? 그 시기에서도 결혼을 위하여 곱게 단장한 신부의 모습이 일평생에 가장 아름다운 때가 아닌가? 그러나 우리를 위하여 하나님이 예비하신 그 집은 이런 신부의 아름다움에 비교할 것이 아닐 것이다. 하지만 그 집의 아름다움을 이 세상의 그 무엇과도 비교할 수 없어서 이 세상에서 제일 아름다운 모습인 신부의 모습으로 비유한 것일 뿐이다.

21:3 내가 들으니 보좌에서 큰 음성이 나서 가로되 보라 하나님의 장막이 사람들과 함께 있으매 하나님이 저희와 함께 거하시리니 저희는 하나님의 백성이 되고 하나님은 친히 저희와 함께 계셔서

이 말씀은 앞 절에서 말한 **거룩한 성 예루살렘**이 어떤 특징을 가진 집인가를 말해주고 있다. 그 집의 특징을 본문은 이렇게 말하고 있다.

1. 그 집은 하나님의 장막이다.

그 집은 우리들만 따로 살게 하기 위하여 마련하신 집이 아니다. 그 집은 본래 하나님의 집이다. 하나님이 살아오시던 집이다. 우리는 바로 그 하나님이 거하시는 집으로 들어가는 것이다. 하나님은 우리들을 왜 무슨 자격으로 자기 집으로 우리를 맞아들여서 같이 사시려는 것일까? 그 대답은 분명하다. 우리는 그 집의 주인이신 주님과 결혼을 한 주님의 신부이기 때문이다.

- 계 19:7-8 "우리가 즐거워하고 크게 기뻐하여 그에게 영광을 돌리세 어린양의 혼인 기약이 이르렀고 그 아내가 예비하였으니 8 그에게 허락하사 빛나고 깨끗한 세마포를 입게 하셨은즉 이 세마포는 성도들의 옳은 행실이로다 하더라"

2. 그 집은 하나님이 저희와 함께 거하시는 집이다.

이 세상은 인간의 죄로 말미암아 하나님과의 관계가 끊어진 세계이다. 즉 에덴동산에서 쫓겨난(창 3:24) 세계요, 하나님의 신이 떠나버리고 사람과 함께 하지 아니하는(창 6:3) 세계이다. 이것이 곧 이 세상에서 인간의 삶이 불행하게 되는 궁극 원인인 것이다. 왜냐하면 하나님을 잃어버린 인간은 부모를 잃은 고아와 같이 되었고 포도나무에서 끊겨진 가지와 같은 존재가 되어 버렸기 때문이다.

하나님이 함께 하시는 곳! 그곳은 어디가 되었든지 천국이다. 즉 완전한

행복이 보장되는 것이다. 왜냐하면 다윗의 고백처럼 여호와는 나의 목자시니 내가 부족함이 없을 것이기 때문이다.

3. 저희는 하나님의 백성이 되고 하나님은 친히 저희와 함께 계신 집이다.

우리가 하나님의 집에 들어가서 함께 살되 어떤 신분으로 들어가서 사는가? 종의 신분인가? 아니다. 하나님의 백성이라고 본문은 말하고 있다. 그러나 그 신분을 좀 더 정확히 말하면 앞에서 말한 대로 우리는 하나님의 백성이로되 보다 특별한 신분 곧 예수님의 신부라는 신분을 가지고 그 집에 들어가는 것이다.

21:4 모든 눈물을 그 눈에서 씻기시매 다시 사망이 없고 애통하는 것이나 곡하는 것이나 아픈 것이 다시 있지 아니하리니 처음 것들이 다 지나갔음이러라

이 말씀은 그 집에서 우리의 삶이 어떠할 것인가? 그 상태를 말해주고 있다. 그 곳의 삶은 어떤 것인가?

"모든 눈물을 그 눈에서 씻기시매"

"모든 눈물"이란 우리가 이 땅에서 당하던 모든 슬픔과 절망과 고통으로 말미암아 흘리게 된 눈물을 뜻한다. 성도들은 이 땅에서 신앙생활을 하면서 얼마나 많은 눈물을 흘렸던가! 눈물의 종류도 많고 양도 많다.

- 시 6:6 "내가 탄식함으로 곤핍하여 밤마다 눈물로 내 침상을 띄우며 내 요를 적시나이다"
- 시 42:3 "사람들이 종일 나더러 하는 말이 네 하나님이 어디 있느뇨 하니 내 눈물이 주야로 내 음식이 되었도다"
- 시 56:8 "나의 유리함을 주께서 계수하셨으니 나의 눈물을 주의 병에 담으소서 이것이 주의 책에 기록되지 아니하였나이까"

- 애 1:2 "밤새도록 애곡하니 눈물이 뺨에 흐름이여 사랑하던 자 중에 위로 하는 자가 없고 친구도 다 배반하여 원수가 되었도다"
- 애 2:11 "내 눈이 눈물에 상하며 내 창자가 끓으며 내 간이 땅에 쏟아졌으니 이는 처녀 내 백성이 패망하여 어린 자녀와 젖 먹는 아이들이 성읍 길거리에 혼미함이로다"
- 빌 3:18"내가 여러 번 너희에게 말하였거니와 이제도 눈물을 흘리며 말하노니 여러 사람들이 그리스도 십자가의 원수로 행하느니라"

이 외에도 성경에는 수없이 많은 기록을 가지고 있다. 이제 하나님은 우리를 그 거룩한 성 새 예루살렘으로 영접하시고 그동안 우리가 흘렸던 모든 눈물을 닦아주시며 위로해 주실 것이다.

"다시 사망이 없고 애통하는 것이나 곡하는 것이나 아픈 것이 다시 있지 아니하리니"

이 말씀은 그 집에서는 왜 눈물이 없게 될 것인가? 그 이유를 말해 주고 있다. 그 이유는 그 세상에서는 우리에게 다시 사망이 없고 애통하는 것이나 곡하는 것이나 아픈 것이 다시 있지 아니할 것이기 때문이다.

지금 이 땅에 사는 인간들에게 사망이나 애통이나 곡하는 것이나 아픈 것은 무엇 때문에 온 것인가? 그것은 죄 때문에 온 것이다. 이제 우리가 들어가 살게 될 새 하늘과 새 땅! 그곳은 죄가 없는 곳이기 때문에 이런 모든 것들이 전혀 없는 것이다.

21:5 보좌에 앉으신 이가 가라사대 보라 내가 만물을 새롭게 하노라 하시고 또 가라사대 이 말은 신실하고 참되니 기록하라 하시고

"보좌에 앉으신 이가 가라사대"

이 분은 물론 하나님이시다. 하나님은 사도 요한에게 직접 말씀하신다.

사도 요한은 그 음성을 직접 들은 것이다.

"내가 만물을 새롭게 하노라 하시고"

하나님이 선포하시는 내용은 새 창조에 관한 것이다. 창조는 하나님 고유의 사역이므로 하나님이 직접 선포하시는 것이다.

"**내가 만물을 새롭게 하노라**"는 말씀의 뜻은 무엇인가? 이 말씀은 기존의 세계 곧 지금 우리가 살고 있는 이 세계를 고쳐서 새롭게 한다는 뜻이 아니다. 현존 세계는 불에 타서 완전히 없어질 것이라는 설명을 우리는 앞에서 여러 번 보았다. 그러므로 이 말씀은 하나님께서 현 세계와는 별개의 새로운 세계를 창조하실 것을 뜻한다. 기존 재료 없이 새로운 세계를 창조하는 일! 그것이 인간에게는 전혀 불가능한 일이지만 하나님께는 그것이 전혀 문제가 되지 않는다. 하나님은 전능하시기 때문이다. 하나님은 현 세계를 창조하실 때에도 아무 재료도 없이 말씀으로 무에서부터 유를 창조하지 않으셨던가. 그러므로 새 하늘과 새 땅의 창조도 같은 방식으로 이루어질 것이다.

"또 가라사대 이 말은 신실하고 참되니"

이 말은 신실하고 참되다는 것은, 이 말씀은 결코 헛되게 무위로 끝나지 않을 것이라는 뜻이다. 반드시 그대로 이루어질 것이라는 뜻이다.

"기록하라 하시고"

왜 하나님은 사도 요한에게 이 말씀을 기록하라고 명하시는가? 기록의 목적은 다른 사람들에게 읽게 하기 위한 것이다. 하나님은 만물을 새롭게 한다는 것을 모든 성도들이 반드시 알아야 할 중요한 사실이기 때문에 그것을 기록하여 꼭 알리라는 뜻이다. 그러니까 5절의 말씀의 뜻을 한 마디로 요약하면 "만물을 새롭게 하는 일 곧 신천신지의 창조는 반드시 이루어질 것이다. 이 사실은 성도들이 반드시 알아야 할 일이니 너는 기록하여 알리라"는 것이다.

왜 성도들은 이것을 반드시 알아야만 하는가? 그 이유는 간단하다. 그 신천신지와 거룩한 성 예루살렘은 하나님이 누구를 위하여 마련하시는 것인가? 그것은 바로 성도들 곧 우리들을 위하여 마련하시는 것이기 때문이다.

- 요 14:2-3 "내 아버지 집에 거할 곳이 많도다 그렇지 않으면 너희에게 일렀으리라 내가 너희를 위하여 처소를 예비하러 가노니 3 가서 너희를 위하여 처소를 예비하면 내가 다시 와서 너희를 내게로 영접하여 나 있는 곳에 너희도 있게 하리라"

21:6 또 내게 말씀하시되 이루었도다 나는 알파와 오메가요 처음과 나중이라 내가 생명수 샘물로 목마른 자에게 값없이 주리니

"또 내게 말씀하시되 이루었도다"

무엇을 다 이룬 것인가? 우리들을 구원하시는 하나님의 구원사역을 뜻한다. 하나님의 구원사역은 얼마나 원대한 사역이었던가! 다음 두 가지 사실에서 그 원대함을 알 수 있다.

1. 구원 역사의 시작과 끝

1) 하나님의 구원 역사의 시작은 창세 전에 세우신 구원 계획 곧 예정이다.

- 엡 1:3-6 "찬송하리로다 하나님 곧 우리 주 예수 그리스도의 아버지께서 그리스도 안에서 하늘에 속한 모든 신령한 복으로 우리에게 복 주시되 4 곧 창세 전에 그리스도 안에서 우리를 택하사 우리로 사랑 안에서 그 앞에 거룩하고 흠이 없게 하시려고 5 그 기쁘신 뜻대로 우리를 예정하사 예수 그리스도로 말미암아 자기의 아들들이 되게 하셨으니 6 이는 그의 사랑하시는 자 안에서 우리에게 거저 주시는 바 그의 은혜의 영광을 찬미하게 하려는 것이라"

2) 하나님의 구원 역사의 끝은 성도들을 부활시켜서 신천신지에 들여보내어 살게 하는 것이다. 그러므로 신천 신지를 만드신 이 시점에서 하나님은 다 이루었다고 말씀하시는 것이다.

2. 구원역사에 삼위 하나님의 참여

하나님의 구원 역사는 삼위 하나님의 합동 사역이다. 즉 성부 성자 성령 삼위 하나님이 모두 구원사역에 동참하신 것이다. 성부 하나님은 창세 전에 우리의 구원을 계획하셨고, 성자 예수님은 그 계획을 성취하셨고 성령 하나님은 그 구원을 우리에게 적용시키는 일을 하신다.

다시 말해서 성자 예수님은 이 땅에 인간의 몸을 입고 오셔서 십자가에 달려 죽으심으로 구원의 길을 열어놓으셨고, 성령 하나님은 우리를 그 길로 갈 수 있도록 인도하시는 일을 하신다. 그러므로 구원사역은 삼위 하나님이 총 동원된 사역이며 창세 전에 시작되어 세상 끝 날까지 계속되는 엄청난 큰 사역이다. 창조사역이 불과 일주일밖에 안 되는 것과 비교하여 보라! 얼마나 원대한 사역인가?

그런데 지금 여기서 하나님은 드디어 말씀하신다. "**또 내게 말씀하시되 이루었도다!**" 창세 전에 시작되어 지금까지 졸지도 아니하시고 주무시지도 않으시고 주야 간단없이 그것도 삼위 하나님이 총동원되어 추진해 오신 이 원대한 역사가 드디어 완료되는 역사적 순간인 것이다. 얼마나 뜻 깊은 장엄한 순간인가?

"나는 알파와 오메가요 처음과 나중이라"

알파와 오메가는 헬라어 알파벳의 첫 글자와 마지막 글자이다. 그러므로 이 말은 그 다음에 나오는 설명대로 처음과 나중 곧 마지막을 뜻한다. 그렇다면 본문에서 이 말씀은 무엇을 뜻하는가?

그 뜻은 이러하다. 하나님은 성도들의 구원을 계획하신 분이시고 시작하신 분이시고 진행시키신 분이시고 완성하시는 분이시다. 그러므로 하나님은 성도들의 구원의 창시자요 완성자이시다 라는 뜻이다.

"내가 생명수 샘물로 목마른 자에게 값없이 주리니"

이 말씀은 신천신지에서 우리들이 누리게 될 하나님의 특혜에 대하여 말해주고 있다. 하나님은 우리들에게 생명수 샘물로 목마른 자에게 값없이 주리라고 하신다.

1. 이 생명수는 무엇을 가리키는가?

생명수는 성령을 가리킨다.

- 요 7:37-39 "명절 끝날 곧 큰 날에 예수께서 서서 외쳐 가라사대 누구든지 목마르거든 내게로 와서 마시라 38 나를 믿는 자는 성경에 이름과 같이 그 배에서 생수의 강이 흘러나리라 하시니 39 이는 그를 믿는 자의 받을 성령을 가리켜 말씀하신 것이라"

2. 이 생명수가 왜 중요한가?

천국에서의 삶에 대하여 다른 좋은 것들도 많이 있을 것인데 왜 하필이면 다른 것이 아닌 생명수가 주어질 것을 말씀하시는 것일까? 물론 중요하기 때문일 것이다. 이 생명수가 왜 그토록 중요한 것일까? 그 이유는 다음과 같다. 지금 이 땅에서 인간들이 온갖 고통을 겪으며 불행한 삶을 살게 되는 궁극적인 원인은 무엇인가? 그것은 죄 때문이다. 죄는 인간 모든 비극과 불행을 가져온 것이다.

그렇다면 그와 반대로 인간이 행복할 수 있는 길은 무엇인가? 우리 안에서 죄를 완전히 제거하고 하나님의 성령으로 100% 충만한 상태에 있는 것이다. 성도들은 지금 이 땅에서도 어느 정도 성령 충만을 받을 수 있고 따라서 그에 비례하여 행복을 누릴 수 있지만 죄의 근성이 육체에 남아 있기 때문에 완전한 100% 성령 충만의 상태에 이르지는 못한다. 따라서 이 땅에 사는 동안에는 완전한 행복을 누리지는 못한다.

그러나 이제 신천신지에 들어가게 되면 무엇보다 먼저 우리에게 달라지는 것은 주위 환경의 변화가 아니다. 즉 화려한 황금 보석이 깔린 등등의 변화가 아니다. 그런 것이 아무리 갖추어져 있을지라도 내 자신이 아직 죄 가운데 있다면 또는 그 곳에 하나님이 안 계신다면 우리는 그곳에서도 완전한 행복을 맛보지는 못할 것이다.

따라서 그 세계에서 우리가 완전한 행복을 누리기 위하여 제일 먼저 이루어져야 할 변화는 나 자신이다. 즉 내 자신이 생명수 곧 성령으로 100% 충만한 상태로 변화되어야 한다는 것이다. 그러므로 지금 하나님께서는 여기서 생명수를 값없이 주시겠다는 것이다. 이 말씀은 얼마든지 필요한 대로 받을 수 있다는 말씀이다. 그러므로 100% 성령 충만한 상태를 항상 유지할 수 있게 될 것이다. 이것을 다른 말로 영화라고 한다. 이 때문에 우리는 그 곳에서 완전한 행복을 누리게 될 것이다. 할렐루야!

21:7 이기는 자는 이것들을 유업으로 얻으리라 나는 저의 하나님이 되고 그는 내 아들이 되리라

"이기는 자는 이것들을 유업으로 얻으리라"

"이기는 자"란 이 땅에서 사단의 세력들과 싸우는 믿음의 선한 싸움에서 이기는 것을 의미한다. 이것들을 유업으로 얻으리라고 할 때 이것은 위에서 말한 신천신지와 거룩한 성 새 예루살렘과 생명수를 가리킨다. 이 모든 특혜가 이기는 자에게 주어진다.

하나님은 우리가 믿음의 선한 싸움에서 반드시 이겨야 할 것을 강조하기 위하여 이런 말씀을 하시는 것이다. 예수님은 우리가 꼭 이겨야 할 것을 강조하기 위하여 이기는 자에게 주어질 특혜를 여러 가지로 말씀하신 것을 우리는 이미 보았다.

- 계 2:7 "귀 있는 자는 성령이 교회들에게 하시는 말씀을 들을지어다 이기는 그에게는 내가 하나님의 낙원에 있는 생명나무의 과실을 주어 먹게 하리라"
- 계 2:11 "귀 있는 자는 성령이 교회들에게 하시는 말씀을 들을지어다 이기는 자는 둘째 사망의 해를 받지 아니하리라"
- 계 2:17 "귀 있는 자는 성령이 교회들에게 하시는 말씀을 들을지어다 이기는 그에게는 내가 감추었던 만나를 주고 또 흰 돌을 줄 터인데 그 돌 위에 새 이름을 기록한 것이 있나니 받는 자 밖에는 그 이름을 알 사람이 없느니라"
- 계 3:21 "이기는 그에게는 내가 내 보좌에 함께 앉게 하여 주기를 내가 이기고 아버지 보좌에 함께 앉은 것과 같이 하리라"

보라! 이기는 자에게 얼마나 많은 특혜들이 약속되어 있는가! 그러므로 성도들이여 이 싸움이 아무리 힘들고 어려워도 반드시 이기기를 바란다.

21:8 그러나 두려워하는 자들과 믿지 아니하는 자들과 흉악한 자들과 살인자들과 행음자들과 술객들과 우상 숭배자들과 모든 거짓말하는 자들은 불과 유황으로 타는 못에 참예하리니 이것이 둘째 사망이라

1. 이 말씀을 하시는 의도

하나님은 신천신지에 들어갈 성도들에 대하여 지금까지 말씀해 오시다가 이 곳에서는 갑자기 그 정 반대의 사람들 곧 불신자들의 운명을 언급하고 계시다. 이 말씀을 하시는 의도는 무엇인가? 그 의도는 이것이다. "모든 인생은 최후에 가서 둘 중에 하나의 길을 갈 수밖에 없다. 신천신지에 들어가든지 아니면 불과 유황으로 타는 못에 들어가든지 둘 중에 하나이다. 그러니 너의 길을 바로 선택하라."

2. 말씀의 뜻

"두려워하는 자들과 믿지 아니하는 자들과 흉악한 자들과 살인자들과 행음자들과 술객들과 우상 숭배자들과 모든 거짓말하는 자들"은 한 마디로 말해서 하나님을 섬기지 아니하고 예수를 믿지 아니한 모든 불신자들을 가리킨다. 이들은 **불과 유황으로 타는 못**, 다시 말하면 지옥에 떨어진다. 지옥에 떨어지는 일을 **둘째 사망**이라고 부른 것은 육체의 사망을 첫째 사망으로 보았기 때문이다.

성도들이 들어가서 살게 될 집 – 거룩한 성 새 예루살렘
[21:9-22:5]

21:9 일곱 대접을 가지고 마지막 일곱 재앙을 담은 일곱 천사 중 하나가
나아와서 내게 말하여 가로되 이리 오라 내가 신부 곧 어린양의 아
내를 네게 보이리라 하고
21:10 성령으로 나를 데리고 크고 높은 산으로 올라가 하나님께로부터
하늘에서 내려오는 거룩한 성 예루살렘을 보이니
21:11 하나님의 영광이 있으매 그 성의 빛이 지극히 귀한 보석 같고 벽옥
과 수정같이 맑더라
21:12 크고 높은 성곽이 있고 열두 문이 있는데 문에 열두 천사가 있고
그 문들 위에 이름을 썼으니 이스라엘 자손 열두 지파의 이름들이
라
21:13 동편에 세 문, 북편에 세 문, 남편에 세 문, 서편에 세 문이니
21:14 그 성에 성곽은 열두 기초석이 있고 그 위에 어린양의 십이 사도
의 열두 이름이 있더라
21:15 내게 말하는 자가 그 성과 그 문들과 성곽을 척량하려고 금 갈대
를 가졌더라
21:16 그 성은 네모가 반듯하여 장광이 같은지라 그 갈대로 그 성을 척
량하니 일만이천 스다디온이요 장과 광과 고가 같더라
21:17 그 성곽을 척량하매 일백사십사 규빗이니 사람의 척량 곧 천사의
척량이라
21:18 그 성곽은 벽옥으로 쌓였고 그 성은 정금인데 맑은 유리 같더라
21:19 그 성의 성곽의 기초석은 각색 보석으로 꾸몄는데 첫째 기초석은
벽옥이요 둘째는 남보석이요 세째는 옥수요 네째는 녹보석이요
21:20 다섯째는 홍마노요 여섯째는 홍보석이요 일곱째는 황옥이요 여덟
째는 녹옥이요 아홉째는 담황옥이요 열째는 비취옥이요 열한째는

청옥이요 열두째는 자정이라
21:21 그 열두 문은 열두 진주니 문마다 한 진주요 성의 길은 맑은 유리 같은 정금이더라
21:22 성 안에 성전을 내가 보지 못하였으니 이는 주 하나님 곧 전능하신 이와 및 어린양이 그 성전이심이라
21:23 그 성은 해나 달의 비췸이 쓸데없으니 이는 하나님의 영광이 비취고 어린양이 그 등이 되심이라
21:24 만국이 그 빛 가운데로 다니고 땅의 왕들이 자기 영광을 가지고 그리로 들어오리라
21:25 성문들을 낮에 도무지 닫지 아니하리니 거기는 밤이 없음이라
21:26 사람들이 만국의 영광과 존귀를 가지고 그리로 들어오겠고
21:27 무엇이든지 속된 것이나 가증한 일 또는 거짓말하는 자는 결코 그리로 들어오지 못하되 오직 어린양의 생명책에 기록된 자들 뿐이라
22:1 또 저가 수정같이 맑은 생명수의 강을 내게 보이니 하나님과 및 어린양의 보좌로부터 나서
22:2 길 가운데로 흐르더라 강 좌우에 생명나무가 있어 열두 가지 실과를 맺히되 달마다 그 실과를 맺히고 그 나무 잎사귀들은 만국을 소성하기 위하여 있더라
22:3 다시 저주가 없으며 하나님과 그 어린양의 보좌가 그 가운데 있으리니 그의 종들이 그를 섬기며
22:4 그의 얼굴을 볼 터이요 그의 이름도 저희 이마에 있으리라
22:5 다시 밤이 없겠고 등불과 햇빛이 쓸데 없으니 이는 주 하나님이 저희에게 비취심이라 저희가 세세토록 왕 노릇 하리로다

이 부분의 말씀은 계 21:2에서 본 거룩한 성 새 예루살렘의 모습을 자세하게 보여주는 내용이다. 주님은 왜 그 성의 모습을 이렇게 자세하게 보여주시는 것일까? 그 이유는 분명하다. 요한계시록이라는 이 편지는 누가 누구에게 보내는 것이었던가? 이 편지는 예수님이 "**그 종들에게**" 보내는 것이었

다(계 1:1).

그런데 지금 여기에 나오고 있는 거룩한 성 새 예루살렘은 누가 들어가서 살 집인가? 바로 이 편지를 받는 "그 종들"이다. 이 집은 "그 종들"을 위하여 예수님께서 예비하신 것이다. 주님은 우리를 위하여 이 집을 예비하시려고 부활 승천하신 것이다. 그러므로 주님은 십자가에 달리시기 전날 밤 마지막 고별 설교에서 제자들에게 말씀하셨다.

• 요 14:2-3 "내 아버지 집에 거할 곳이 많도다 그렇지 않으면 너희에게 일렀으리라 내가 너희를 위하여 처소를 예비하러 가노니 3 가서 너희를 위하여 처소를 예비하면 내가 다시 와서 너희를 내게로 영접하여 나 있는 곳에 너희도 있게 하리라"

우리가 이 땅에서 믿음의 선한 싸움을 잘 마치기만 하면 들어가서 영원히 살게 될 '그 아름다운 집!' 그것을 보여주심으로 우리의 소망을 더욱 확고하게 해 주시려고 그 집의 모습을 자세하게 보여주시는 것이다. 그러므로 주님은 이 광경을 보여주시면서 속으로 우리들에게 이렇게 말씀하시는 것이다. "너희들을 위하여 내가 이렇게 좋은 집을 마련해 놓았다. 너희들이 이 땅에서 잠시 당하는 환난 고통을 견디기만 하면 너희들은 이 집으로 들어와서 나와 더불어 영원히 행복한 삶을 살게 될 것이다. 조금만 견뎌라. 끝까지 믿음 버리지 마라. 이 집을 바라보면서…" 그리고 이 부분의 말씀은 다음과 같이 그 내용이 구분된다.

Ⅰ. 그 외형(21:9-17)
Ⅱ. 그 재료(21:18-21)
Ⅲ. 그 생활(21:22-27)
Ⅳ. 그 음식물(22:1-5)

이제 거룩한 성 새 예루살렘의 모습을 살펴보자.

I. 그 외형(21:9-17)

그 외형에 대한 말씀은 다시 다음과 같이 구분된다.

1. 그 개관(9-10절)
2. 그 외모(11-14절)
3. 그 크기(15-17절)

1. 그 개관(9-10절)

21:9 일곱 대접을 가지고 마지막 일곱 재앙을 담은 일곱 천사 중 하나가 나아와서 내게 말하여 가로되 이리 오라 내가 신부 곧 어린양의 아내를 네게 보이리라 하고

"일곱 대접을 가지고 마지막 일곱 재앙을 담은 일곱 천사 중 하나가 나아와서"

이 천사는 계 17:1에 나왔던 천사이다. 거기서 이 천사는 하나님의 명을 받들어 "큰 음녀"에게 하나님의 진노의 대접을 쏟기 위하여 나타났다.

- 계 17:1 "또 일곱 대접을 가진 일곱 천사 중 하나가 와서 내게 말하여 가로되 이리 오라 많은 물 위에 앉은 큰 음녀의 받을 심판을 네게 보이리라"

이 동일한 천사가 지금 이곳에서는 성도들 곧 예수님의 신부가 살 집의 모습을 보여주기 위하여 나타난다. 이것은 무엇을 말해주는가? 아담의 타락에서부터 시작되어 지금까지 싸워온 큰 음녀 곧 사단의 세력과 성도들의 싸움! 이제는 그 결말의 단계에 이르러서 양편의 결국이 어떻게 되는가를 대조적으로 보여주는 것이다. 다시 말해서 동일한 천사에 의하여 큰 음녀에 대한 재앙이 내려지고 성도들에게는 새 예루살렘 성의 환상을 보여주신다는

것은 큰 음녀 곧 사단의 세력의 비참한 종말과 주님의 신부인 성도들의 지극히 행복한 종말을 극적으로 대조시키기 위함이다.

"내게 말하여 가로되 이리 오라 내가 신부 곧 어린양의 아내를 네게 보이리라 하고"

신부 곧 어린양의 아내는 성도들을 가리킨다는 사실은 설명할 필요도 없다. 그런데 다음 절부터 나오는 내용을 보면 그 신부의 모습은 나오지 않고 예루살렘 성의 모습만 나타나고 있다. 그런데 지금 이 말씀이 왜 나오는가? 그 이유는 간단하다. 주님이 지금 여기서 보여주시려는 것은 신부의 생김새가 아니라 장차 우리가 천국에 들어가면 어떤 집에서 어떤 삶을 살게 될 것인가 하는 것이다. 즉 그 화려한 집에서 살게 될 신부의 생활 모습을 보여주시려는 것이다.

21:10 성령으로 나를 데리고 크고 높은 산으로 올라가 하나님께로부터 하늘에서 내려오는 거룩한 성 예루살렘을 보이니

이 말씀은 사도 요한이 성령에 이끌리어 광야로 갔던 것(계 17:3)과 대조된다. 그런데 지금 이곳에서는 크고 높은 산으로 갔다. 광야는 향락과 멸망의 곳이요 산은 호렙산이나 시내산이나 변화산과 같이 신앙과 계시를 받는 곳이다. 롯은 들판을 택하여 갔으나 망하였고 아브라함은 산지로 갔으나 복을 받아 창대하게 되었다(창 13:1-13). 사도 요한은 하나님의 거룩한 곳으로 인도되어 지금 이 **거룩한 성 예루살렘**을 보는 것이다. 그 모습은 어떠한가!

2. 그 외모(11-14절)

21:11 하나님의 영광이 있으매 그 성의 빛이 지극히 귀한 보석 같고 벽옥과 수정 같이 맑더라

"하나님의 영광이 있으매

성도들이 들어가서 살게 될 영원한 집 거룩한 성 새 예루살렘! 그 곳의 가장 두드러진 특징은 하나님의 영광이 가득 찬 곳이라는 것이다. 왜냐하면 그 거룩한 성은 곧 하나님이 계신 성전이기 때문이다. 하나님의 성전에 하나님의 영광이 가득한 사실은 이미 계 15:8에서 본 바와 같다.

- 계 15:8 "하나님의 영광과 능력을 인하여 성전에 연기가 차게 되매 일곱 천사의 일곱 재앙이 마치기까지는 성전에 능히 들어갈 자가 없더라"

이 영광과 관련하여 특별히 기억할 성구가 있다.

- 롬 3:23 "모든 사람이 죄를 범하였으매 하나님의 영광에 이르지 못하더니"

이 땅에 사는 모든 인생들이 그렇게도 가고 싶어 했던 영광의 세계! 그러나 죄 때문에 한 사람도 자기 힘으로 갈 수 없었던 그 집! 이제 구원받은 성도들 곧 우리가 들어가게 된 것이다. 얼마나 감사하고 기쁜 일인가?

"그 성의 빛이 지극히 귀한 보석 같고 벽옥과 수정같이 맑더라"

그 성의 또 하나의 특징은 빛이다. 그 성에는 어두움이 조금도 없다. 왜냐하면 빛이신 하나님(요일 1:5)이 계신 곳이며, 빛이신 예수님(요 1:9)이 계시기 때문이다.

- 계 22:5 "다시 밤이 없겠고 등불과 햇빛이 쓸데없으니 이는 주 하나님이 저희에게 비취심이라 저희가 세세토록 왕 노릇 하리로다"

그 성의 빛이 지극히 귀한 보석 같고 벽옥과 수정같이 맑다는 것은, 그 성의 화려함과 아름다움은 물론 죄의 면에서 성결하고 깨끗함을 나타낸다. 그곳은 성결한 곳이기 때문에 더러운 것 또는 가증한 것들은 무엇이든지 들어올 수 없다.

• 계 21:27 "무엇이든지 속된 것이나 가증한 일 또는 거짓말하는 자는 결코 그리로 들어오지 못하되 오직 어린양의 생명책에 기록된 자들뿐이라"

21:12 크고 높은 성곽이 있고 열두 문이 있는데 문에 열두 천사가 있고 그 문들 위에 이름을 썼으니 이스라엘 자손 열두 지파의 이름들이라

"크고 높은 성곽이 있고"

성곽이란 성벽을 뜻한다. 그 성의 주변은 성벽으로 둘러싸여 있다. 성벽은 그 성 안에 있는 자들을 보호하기 위하여 존재하는 것이다. 거룩한 성 새 예루살렘이 성벽으로 둘러싸여 있다는 것은 하나님의 백성들이 들어가서 영원히 살게 될 그 집은 하나님의 절대적인 보호를 받는 곳이라는 사실을 암시한다.

"열두 문이 있는데"

성곽의 문은 출입을 위하여 있는 것이다. 그런데 그 문의 숫자는 열둘이다. 이것은 무엇을 의미하는가? 열둘은 완전 숫자이다. 그리고 이 숫자는 이스라엘 열두 지파나 신약시대의 열두 사도와 직접적인 관련이 있다. 이스라엘 열두 지파나 신약시대의 열두 사도는 결국 하나님의 백성들 전체를 의미한다. 그러므로 이 열두 문은 하나님의 백성들 모두가 들어올 수 있는 곳임을 의미한다. 우리는 이미 그곳에 들어온 자의 수가 144,000이라는 완전 숫자로 표현된 것을 보았다(계 14:1-3).

"문에 열두 천사가 있고"

이 천사들은 그 문을 지키는 파숫군들이다. 하나님은 그룹을 두어 생명나무를 지키게 하셨던 것처럼 천사들로 하여금 이 성을 지키게 하시는 것이다.

• 창 3:24 "이같이 하나님이 그 사람을 쫓아 내시고 에덴 동산 동편에 그룹들과 두루 도는 화염검을 두어 생명나무의 길을 지키게 하시니라"

"그 문들 위에 이름을 썼으니 이스라엘 자손 열두 지파의 이름들이라"

앞에서 열두 문은 하나님의 백성들이면 누구나 들어갈 수 있는 것이라고 했는데 그 사실이 이 말씀에서 더욱 확실해진다. 그 문들 위에 이름을 썼으니 이스라엘 자손 열두 지파의 이름들인 것이다. 이것은 이 문들이 이스라엘 열두 지파의 사람들 곧 하나님의 백성들의 전용 출입구임을 의미하는 것이다. 한 걸음 더 나아가 그 문들 위에 붙은 이름들은 집의 문패라고 생각할 수 있다. 문패는 그 집의 주인이 누구인가를 나타내주는 것이 아닌가? 그러므로 이 열두 이름들은 그 예루살렘 성이 하나님의 백성 곧 성도들의 집이라는 것을 나타내는 것이다. 실로 그 성은 신랑 되신 예수님께서 신부인 우리를 위하여 마련하신 집이기 때문에 우리들의 소유인 것이다.

21:13 동편에 세 문, 북편에 세 문, 남편에 세 문, 서편에 세 문이니

열두 문이 동서남북 사면으로 각각 세 개씩 나 있다는 것은 무엇을 뜻하는가? 이것은 그 성으로 들어올 자들은 동서남북 전 세계에 흩어져 있는 자들로서 사방에서 들어오게 될 것을 의미한다. 참으로 그러하다. 왜냐하면 주님의 명령대로 주의 복음은 땅 끝까지 전파되었고(마 24:14), 그 결과 믿는 자들은 이스라엘이라는 국경을 넘어서 전 세계에 있게 되었으니 마지막 구원의 날에 그 성으로 들어올 자들은 동서남북 사방에서 올 것은 당연한 일이다.

21:14 그 성에 성곽은 열두 기초석이 있고 그 위에 어린양의 십이 사도의 열두 이름이 있더라

이 말씀은 12절의 말씀과 대조를 이룬다. 즉 12절에서는 열두 문 위에

이스라엘 자손 열두지파의 이름이 새겨져 있었는데, 여기 14절에서는 그 성곽의 기초 석에 열두 사도의 이름이 새겨져 있는 것이다. 이것은 무엇을 의미하는가? 열두 사도란 예수님의 명을 받들어 신약 교회의 기초를 놓은 자들이다.

• 엡 2:20 "너희는 사도들과 선지자들의 터 위에 세우심을 입은 자라 그리스도 예수께서 친히 모퉁이 돌이 되셨느니라"

그러므로 그 예루살렘 성의 성곽 기초석에 그들의 이름이 새겨진 것이다. 그 성은 이 땅에 있던 전투교회와 본질을 같이 하는 하늘에 있는 교회 곧 승리교회이기 때문이다.

3. 그 크기(15-17절)

21:15 내게 말하는 자가 그 성과 그 문들과 성곽을 척량하려고 금 갈대를 가졌더라

예수님은 그 성에 대하여 좀 더 정확한 정보를 우리들에게 알려주시기 위하여 천사를 시켜서 그 성을 측량하게 하신다.

21:16 그 성은 네모가 반듯하여 장광이 같은지라 그 갈대로 그 성을 척량하니 일만 이천 스다디온이요 장과 광과 고가 같더라

먼저 그 성 전체의 모습과 그 크기를 보여주신다. 그 성의 모습은 네모가 반듯하여 장광이 같다고 하였다. 이것은 무엇을 뜻하는가? 이 성은 어느 모로 보나 부족한 것이나 불완전한 것이 전혀 없는 완벽한 성임을 의미한다.

그 성의 크기는 길이와 넓이와 높이가 각각 일만 이천 스다디온이라고 한다. 1 스다디온은 약 180m이다. 그러므로 12000 스다디온은 약 2000km가 된다. 서울 부산 간의 거리가 약 420km인 것을 감안하면 이 성의 규모

가 얼마나 큰 것인가를 상상케 한다. 그러나 이 숫자는 문자적 숫자가 아니다. 12000이라는 숫자는 12×1000 즉 완전수 × 만수이다.

21:17 그 성곽을 척량하매 일백사십사 규빗이니 사람의 척량 곧 천사의 척량이라

"그 성곽을 척량하매 일백사십사 규빗이니"

성곽을 측량하였다는 것은 성벽의 높이를 측량했다는 뜻이다. 그 높이의 측량 단위는 규빗인데, 1 규빗은 팔꿈치로부터 손가락 끝까지의 길이로서 보통 45cm이다. 그러므로 144 규빗은 약 65m가 된다. 얼마나 높은 성벽인가? 그러나 이 숫자는 문자적으로 이해할 것이 아니다. 144라는 숫자는 12×12이다. 즉 완전하고도 완전하다는 영적인 뜻을 가지고 있다. 그러므로 이 숫자는 그 성벽의 완전성을 나타낸다고 이해할 것이다.

"사람의 척량 곧 천사의 척량이라"

이 말씀은 천사가 측량하였으나 그 측량의 단위는 인간이 사용하는 단위 곧 규빗을 사용했다는 뜻이다.

II. 그 재료(21:18-21)

이 부분에서는 그 성의 재료들을 말해주고 있다. 그러나 거룩한 성 새 예루살렘을 묘사하기 위하여 여기에 나오는 각종 보석들은 문자 그대로 볼 것이 아니다. 그 아름다움과 광채를 이 세상의 것들을 가지고 표현하려다 보니까 이런 보석들이 열거되고 있는 것이다. 하지만 그럼에도 불구하고 이런 재료들은 그 성이 어떤 특성을 가지고 있는가를 알려 준다.

21:18 그 성곽은 벽옥으로 쌓였고 그 성은 정금인데 맑은 유리 같더라

그 성곽이 벽옥으로 쌓였다는 것은 이 성 전체의 투명한 영광을 나타내는 것으로서 이미 11절에서 언급된 바 있다. 그 성 자체는 정금이고 맑은 유리 같았다고 하였는데, 이 땅의 정금은 유리 같이 투명한 것은 없다. 그러므로 앞에서 말한 바와 같이 여기에 나오는 각종 보석들은 문자 그대로 볼 것이 아닌 것이다. 정금은 순결과 불변성을 나타낸다. 유리 같이 맑다는 것은 그 성의 성결함을 나타낸다.

21:19-20 그 성의 성곽의 기초석은 각색 보석으로 꾸몄는데 첫째 기초석은 벽옥이요 둘째는 남보석이요 세째는 옥수요 네째는 녹보석이요 *20* 다섯째는 홍마노요 여섯째는 홍보석이요 일곱째는 황옥이요 여덟째는 녹옥이요 아홉째는 담황옥이요 열째는 비취옥이요 열한째는 청옥이요 열두째는 자정이라

그 성의 열두 기초석에 대한 설명이다. 이 기초석에는 열두 사도의 이름이 새겨져 있다(14절). 사도들은 교회 설립의 기초를 닦은 사람들이다.

- 엡 2:20 "너희는 사도들과 선지자들의 터 위에 세우심을 입은 자라 그리스도 예수께서 친히 모퉁이 돌이 되셨느니라"

그러므로 사도들의 이름이 이 성의 기초석에 새겨진 것이다. 왜나하면 이 성도 하나님의 교회이기 때문이다. 곧 승리교회이기 때문이다.

이 열두 기초석은 각종 보석으로 장식되어 있다. 그러나 이 보석들이 각각 어떤 특성들을 나타내고 있는가에 대하여서는 만족할만한 정보를 얻을 수 없다. 한 마디로 이 보석들은 이 땅에서 신약 교회의 창설직원이 되었던 사도들이 천국에서 얼마나 영광스런 위치에 있는가를 보여준다.

- 단 12:3 "지혜 있는 자는 궁창의 빛과 같이 빛날 것이요 많은 사람을 옳은 데로 돌아오게 한 자는 별과 같이 영원토록 비취리라"

21:21 그 열두 문은 열두 진주니 문마다 한 진주요 성의 길은 맑은 유리 같은 정금이더라

"그 열두 문은 열두 진주니 문마다 한 진주요"

열두 문의 재료를 말하고 있다. 열두 문은 각각 한 개의 진주로 되어 있다. 이것은 천국의 부요함과 화려함을 나타낸다. 진주는 모든 보석 가운데 가장 잘 알려진 것으로서 천국의 진리를 상징하기도 하였다.

- 마 13:45-46 "또 천국은 마치 좋은 진주를 구하는 장사와 같으니 46 극히 값진 진주 하나를 만나매 가서 자기의 소유를 다 팔아 그 진주를 샀느니라"

"성의 길은 맑은 유리 같은 정금이더라"

성의 길에 대하여 말하고 있다. 그 길은 유리 같은 정금이라고 하였다. 18절에서 본 성의 재료와 동일하다. 그러므로 온 성이 정금이로되 유리 같이 맑은 정금으로 되어 있는 것이다. 온 성 그것도 길까지 이렇게 화려한 것은 그 곳에서 하나님과 함께 사는 성도들의 영광이 얼마나 큰 것인가를 보여주고 있는 것이다.

III. 그 생활(21:22-27)

이 부분에서는 그 성 안에서 성도들이 어떤 생활을 하게 되는가를 보여준다. 그 성에서의 생활은 이 땅에서의 삶과 완전히 다르다는 것을 보여준다. 그곳에는 이 세상에 있는 5가지가 없다(성전, 일월, 닫힌 문, 밤, 부정한 것). 그 대신 그 5가지는 다른 것으로 대치된다.

21:22 성 안에 성전을 내가 보지 못하였으니 이는 주 하나님 곧 전능하신 이와 및

어린양이 그 성전이심이라

그 성 안에는 성전이 없다. 그 이유는 주 하나님 곧 전능하신 이와 및 어린양이 그 성전이시기 때문이다. 이 말씀이 뜻하는 바는 무엇인가? 이 말씀은 구약의 성전 개념을 전제로 한 것이다. 즉 성전은 하나님의 전 곧 하나님의 임재를 상징하는 곳이며, 그러므로 하나님과 그 백성의 만남의 장소이다. 이 세상에서는 이런 장소가 특정되어 있었으나 이제 천국에서는 그 세계 자체가 하나님이 계신 곳이므로 성전이 따로 있을 필요가 없다는 뜻이다.

21:23 그 성은 해나 달의 비췸이 쓸데없으니 이는 하나님의 영광이 비취고 어린양이 그 등이 되심이라

이사야 선지자는 이 사실을 이렇게 예언하고 있다.

- 사 60:19-20 "다시는 낮에 해가 네 빛이 되지 아니하며 달도 네게 빛을 비취지 않을 것이요 오직 여호와가 네게 영영한 빛이 되며 네 하나님이 네 영광이 되리니 20 다시는 네 해가 지지 아니하며 네 달이 물러가지 아니할 것은 여호와가 네 영영한 빛이 되고 네 슬픔의 날이 마칠 것임이니라"

하나님과 예수님을 빛이라는 사실은 성경에 많이 언급되고 있다.

- 요일 1:5 "우리가 저에게서 듣고 너희에게 전하는 소식이 이것이니 곧 하나님은 빛이시라 그에게는 어두움이 조금도 없으시니라"
- 요 1:9-10 "참 빛 곧 세상에 와서 각 사람에게 비취는 빛이 있었나니 10 그가 세상에 계셨으며 세상은 그로 말미암아 지은 바 되었으되 세상이 그를 알지 못하였고"

이와 같이 그 성은 참 빛이신 하나님과 예수 그리스도께서 계심으로 다른 빛이 필요가 없게 되는 것이다.

21:24 만국이 그 빛 가운데로 다니고 땅의 왕들이 자기 영광을 가지고 그리로 들어오리라

거기에는 유대인이나 이방인이나 구별이 없다. 주님을 믿는 자들이면 누구나 다 그 곳에 들어와서 영화로운 삶을 누리게 될 것이다.

그런데 여기에 나오는 "땅의 왕들"은 누구를 가리키는가? 이 명칭은 이미 20:4-6에서 본 천년왕국에 나오는바 그리스도와 더불어 천년 동안 왕 노릇하는 자들 곧 신약 시대의 모든 성도들을 가리킨다.

그러면 이들이 그 성으로 각각 자기의 영광을 가지고 들어올 것이라는 말씀은 무슨 뜻인가? 이 영광은 저들이 이 땅에서 신앙을 지키며 주님의 일에 충성한 결과로 받게 된 상급과 면류관을 가리킨다.

- 빌 3:13-14 "형제들아 나는 아직 내가 잡은 줄로 여기지 아니하고 오직 한 일 즉 뒤에 있는 것은 잊어버리고 앞에 있는 것을 잡으려고 14 푯대를 향하여 그리스도 예수 안에서 하나님이 위에서 부르신 부름의 상을 위하여 좇아가노라"
- 계 2:10 "…네가 죽도록 충성하라 그리하면 내가 생명의 면류관을 네게 주리라"

21:25 성문들을 낮에 도무지 닫지 아니하리니 거기는 밤이 없음이라

출입의 제한이 없음을 뜻한다. 이것은 거기에는 악한 자도 없고 사단과 같은 외적도 없기 때문에 문을 닫을 필요가 없는 것이다.

21:26 사람들이 만국의 영광과 존귀를 가지고 그리로 들어오겠고

24절의 내용이 다시 한 번 강조되고 있다. 이 성은 그 수용 능력이 무한하여 만국에서 들어오는 모든 사람들을 다 수용할 수 있다. 주님을 믿었던 모든 자들이 세계만방으로부터 각각 자기의 영광과 존귀를 가지고 그리로

들어올 것이다. 그 결과 그들은 그 곳에서 가장 존귀한 자가 될 것이며, 가장 아름다운 모습을 가지게 될 것이며, 따라서 그들은 가장 행복한 삶을 살게 될 것이다.

21:27 무엇이든지 속된 것이나 가증한 일 또는 거짓말하는 자는 결코 그리로 들어오지 못하되 오직 어린양의 생명책에 기록된 자들뿐이라

주님은 마지막 심판에서 알곡과 가라지를 구별하셨다. 양과 염소를 구별하셨다.

- 마 13:30-31 "주인이 가로되 가만 두어라 가라지를 뽑다가 곡식까지 뽑을까 염려 하노라 30 둘 다 추수 때까지 함께 자라게 두어라 추수 때에 내가 추수꾼들에게 말하기를 가라지는 먼저 거두어 불사르게 단으로 묶고 곡식은 모아 내 곳간에 넣으라 하리라"
- 마 25:31-33 "인자가 자기 영광으로 모든 천사와 함께 올 때에 자기 영광의 보좌에 앉으리니 32 모든 민족을 그 앞에 모으고 각각 분별하기를 목자가 양과 염소를 분별하는 것같이 하여 33 양은 그 오른편에 염소는 왼편에 두리라"

그 결과 무엇이든지 속된 것이나 가증한 일 또는 거짓말하는 자들은 이미 다 지옥 불에 던져버렸으니 이런 자들이 이 성에 들어올 수 없는 것은 당연한 일이다. 그리고 이 성은 주님을 믿는 성도들 곧 오직 어린양의 생명책에 기록된 자들만을 위하여 주님께서 마련하신 처소(요 14:1-3)이기 때문에 이들 밖에는 들어갈 자가 없는 것이다.

IV. 그 음식물(22:1-5)

이 부분에서는 새 예루살렘 성 전체의 광경과 생명강과 생명나무가 소개

된다. 그리고 그곳에서 성도들이 하는 일이 소개되고 있다. 생명나무에 관한 것은 죄로 말미암아 잃어버린 에덴동산의 행복을 회복시키는 것을 암시하고 있다. 인류 역사의 시발점에서 생긴 불행! 이제 인류역사의 종점에서 그 종지부를 찍고 행복의 문이 다시 열리는 것이다.

22:1 또 저가 수정같이 맑은 생명수의 강을 내게 보이니 하나님과 및 어린양의 보좌로부터 나서

"또 저가 수정같이 맑은 생명수의 강을 내게 보이니"

사도 요한은 또 새로운 장면을 본다. 그것은 생명수 강이다. 이 생명수 강에 대하여 우리는 다음과 같은 것들을 성경에서 생각할 수 있다.

1. 이 땅에서도 성도들은 생명수를 받아 영생을 얻는다.

- 요 4:14 "내가 주는 물을 먹는 자는 영원히 목마르지 아니하리니 나의 주는 물은 그 속에서 영생하도록 솟아나는 샘물이 되리라"

2. 이 땅에서 그 생명수는 성령으로 말미암아 공급된다.

- 요 7:37-39 "명절 끝날 곧 큰 날에 예수께서 서서 외쳐 가라사대 누구든지 목마르거든 내게로 와서 마시라 38 나를 믿는 자는 성경에 이름과 같이 그 배에서 생수의 강이 흘러나리라 하시니 39 이는 그를 믿는 자의 받을 성령을 가리켜 말씀하신 것이라"

3. 이 땅에서 그 생명수를 주시는 분은 예수님이시다.

- 요 4:10 "예수께서 대답하여 가라사대 네가 만일 하나님의 선물과 또 네게 물 좀 달라 하는 이가 누구인 줄 알았더면 네가 그에게 구하였을 것이요 그가 생수를 네게 주었으리라"

4. 그러나 이 땅에서는 부분적으로 주어져서 갈급한 경우가 있었다.

- 시 42:1 "하나님이여 사슴이 시냇물을 찾기에 갈급함같이 내 영혼이 주를 찾기에 갈급하니이다"
- 사 55:1 "너희 목마른 자들아 물로 나아오라 돈 없는 자도 오라 너희는 와서 사 먹되 돈 없이 값 없이 와서 포도주와 젖을 사라"

5. 이 땅에서 부분적으로 주어지던 생명수가 이곳 새 예루살렘 성에서는 강물로 흘러넘친다.

그러므로 이곳에서는 누구나 원하는 대로 마음껏 생명수를 마실 수 있다. 그러므로 누구나 영원한 생명을 소유하고 완전한 행복을 누리며 살게 될 것이다.

"하나님과 및 어린양의 보좌로부터 나서"

이 말씀은 그 생명수가 어디로부터 나오는가를 알려주고 있다. 그 생명수의 근원은 하나님과 예수님이시다. 왜냐하면 하나님만이 참되고 영원한 생명의 주인이시며 또 예수님은 그 생명을 우리에게 주시기 위하여 이 땅에 오신 분이기 때문이다.

- 요 5:26 "아버지께서 자기 속에 생명이 있음같이 아들에게도 생명을 주어 그 속에 있게 하셨고"
- 요일 1:1-2 "태초부터 있는 생명의 말씀에 관하여는 우리가 들은 바요 눈으로 본 바요 주목하고 우리 손으로 만진 바라 2 이 생명이 나타내신바 된지라 이 영원한 생명을 우리가 보았고 증거하여 너희에게 전하노니 이는 아버지와 함께 계시다가 우리에게 나타내신바 된 자니라"
- 요 10:10 "도적이 오는 것은 도적질하고 죽이고 멸망시키려는 것뿐이

요 내가 온 것은 양으로 생명을 얻게 하고 더 풍성히 얻게 하려는 것이라"

22:2 길 가운데로 흐르더라 강 좌우에 생명나무가 있어 열두 가지 실과를 맺히되 달마다 그 실과를 맺히고 그 나무 잎사귀들은 만국을 소성하기 위하여 있더라

"길 가운데로 흐르더라 강 좌우에 생명나무가 있어"

생명수 강은 사람들의 손이 닿지 않는 깊은 계곡에 흐르는 것이 아니라 누구나 손만 뻗으면 닿을 수 있도록 길 가운데로 흐른다. 이것은 역시 누구나 생명수를 원하기만 하면 얻을 수 있음을 뜻한다.

그리고 그 강 좌우에는 생명나무가 줄을 지어 서 있다. 여기서 우리는 기억할 것이 있다. 이 생명나무는 우리가 이 땅에 살고 있는 동안에 접근이 금지되었던 나무가 아닌가?

- 창 3:22-24 "여호와 하나님이 가라사대 보라 이 사람이 선악을 아는 일에 우리 중 하나같이 되었으니 그가 그 손을 들어 생명나무 실과도 따먹고 영생할까 하노라 하시고 23 여호와 하나님이 에덴 동산에서 그 사람을 내어 보내어 그의 근본 된 토지를 갈게 하시니라 24 이같이 하나님이 그 사람을 쫓아 내시고 에덴 동산 동편에 그룹들과 두루 도는 화염검을 두어 생명나무의 길을 지키게 하시니라"

이 때문에 인간은 이 땅에 사는 동안 평생토록 죽음의 공포에 시달려야 했고 영생을 얻을 수 없는 고통 속에 살다가 멸망을 당하지 않았는가? 그런데 이제는 그 생명나무가 한 두 그루도 아니요 강 좌우에 즐비하게 서 있으니 이 성에 들어간 자들은 마음껏 그 열매를 먹으며 영생을 누리게 되지 않겠는가?

"열두 가지 실과를 맺히되 달마다 그 실과를 맺히고 그 나무 잎사귀들은 만국

을 소성하기 위하여 있더라"

그 생명나무의 실과는 열두 가지라고 하였다. 이것도 완전 숫자이다. 이 숫자는 우리들의 기호에 따른 모든 소원을 다 만족시켜 줄 실과임을 암시하는 것이다. 그러므로 우리는 그 실과로 인하여 완전한 만족과 행복을 누리게 될 것이다.

그리고 그 잎사귀들은 만국을 소성하기 위하여 있다고 하였다. 여기서 "소성한다"는 말의 원문의 뜻은 "고치다", "치료한다"이다. 그러므로 이 말씀은 이 생명나무가 성도들이 이 땅에서 받았던 모든 환난과 고통과 상처를 완전히 치료하여 주는 결과를 가져올 것을 뜻하는 것이다.

• 계 21:4 "모든 눈물을 그 눈에서 씻기시매 다시 사망이 없고 애통하는 것이나 곡하는 것이나 아픈 것이 다시 있지 아니하리니 처음 것들이 다 지나갔음이러라"

22:3 다시 저주가 없으며 하나님과 그 어린양의 보좌가 그 가운데 있으리니 그의 종들이 그를 섬기며

"다시 저주가 없으며"

이 말씀의 뜻은 다음과 같이 이해할 수 있다.

첫째, 이 세상은 저주받은 땅이다.

• 창 3:17 "아담에게 이르시되 네가 네 아내의 말을 듣고 내가 너더러 먹지 말라 한 나무 실과를 먹었은즉 땅은 너로 인하여 저주를 받고 너는 종신토록 수고하여야 그 소산을 먹으리라"

둘째, 에덴동산도 저주가 없었으나 저주받을 가능성을 지니고 있었다. 다시 말해서 에덴동산도 인간의 완전한 행복이 보장된 곳이었지만 인간이 죄로 타락하여 저주받을 가능성이 열려있던 곳이다. 그러므로 인간이 타락한 것이 아닌가? 그러나 예수님이 우리를 위하여 예비하신 이 새 예루살렘 성

은 다시는 저주받을 타락의 가능성이 전혀 없는 완전하고도 영원한 행복이 보장된 곳이라는 것이 이 말씀의 뜻이다.

"하나님과 그 어린양의 보좌가 그 가운데 있으리니"

하나님과 그 어린양의 보좌가 그 가운데 있다는 것은 그 세계에 대하여 다음 두 가지 사실을 알려준다.

첫째, 하나님과 그 어린양의 보좌가 그 가운데 있다는 것은 그 세계에 왜 저주가 없는지 그 이유이기도 하다. 즉 하나님과 예수님이 영원히 우리와 함께 계신 곳이기 때문에 그 곳에는 다시 저주가 없다.

둘째, 하나님과 그 어린양의 보좌가 그 가운데 있다는 것은 그 곳이 온 우주의 심장부라는 사실을 알려준다. 왜냐하면 하나님과 예수님은 우주의 최고 통치권자이신데 그분의 보좌가 그곳에 있기 때문이다.

"그의 종들이 그를 섬기며 그의 얼굴을 볼 터이요"

이 말씀은 그곳에서 하나님과 성도들의 관계를 알려주고 있다. 즉 성도들은 그 때에 그 곳에서 하나님과 어떤 관계 속에서 살아가게 되는가? 성도들은 그분의 보좌 앞에서 그분을 섬길 것이다. 그리고 그분의 얼굴을 직접 대면하여 볼 것이다. 지금 이 땅에서도 물론 심령이 청결한 자는 하나님을 볼 수 있다.

• 마 5:8 "마음이 청결한 자는 복이 있나니 저희가 하나님을 볼 것임이요"

그러나 천국 곧 본문에서 하나님을 보는 것과 비교하면 지금 이 땅에서 하나님을 보는 것은 거울을 통하여 보는 것 같이 희미한 정도에 불과하다.

• 고전 13:12 "우리가 이제는 거울로 보는 것같이 희미하나 그 때에는 얼굴과 얼굴을 대하여 볼 것이요 이제는 내가 부분적으로 아나 그 때에는 주께서 나를 아신 것같이 내가 온전히 알리라"

"그의 이름도 저희 이마에 있으리라"

하나님과 예수님의 이름이 성도들의 이마에 있다는 말씀이다. 이 사실은 이미 앞의 성구에서 밝혀진 것이다.

- 계 14:1 "또 내가 보니 어린양이 시온 산에 섰고 그와 함께 십사만사천이 섰는데 그 이마에 어린양의 이름과 그 아버지의 이름을 쓴 것이 있도다"

이것은 성도들의 입장에서 보면 성도들이 하나님과 예수님의 것이라는 소속의 표시이며 하나님의 입장에서 보면 "너는 내 것이다"라고 인 쳐 놓은 소유의 표시이다. 다시 말해서 성도들은 하나님의 것으로 완전히 신분보장을 받은 것을 뜻하며, 따라서 그 어느 누구도 하나님의 사랑과 보호에서 우리를 끊을 자가 없는 것이다. 그리고 이것은 사단에게 속한 자들이 그 짐승의 이름을 그 이마에 받은 것과 대조가 된다.

- 계 13:16-17 "저가 모든 자 곧 작은 자나 큰 자나 부자나 빈궁한 자나 자유한 자나 종들로 그 오른손에나 이마에 표를 받게 하고 17 누구든지 이 표를 가진 자 외에는 매매를 못하게 하니 이 표는 곧 짐승의 이름이나 그 이름의 수라"

22:5 다시 밤이 없겠고 등불과 햇빛이 쓸데 없으니 이는 주 하나님이 저희에게 비취심이라 저희가 세세토록 왕 노릇 하리로다

계 21:23의 반복이다. 거기에서는 어린양이 그 성의 등이라고 하였는데 여기서는 주 하나님이 비추신다고 하였다. 이런 다른 표현은 전혀 문제가 되지 않는다. 왜냐하면 성부와 성자는 일체가 되시는 분이시기 때문이다. 이에 대한 자세한 설명은 계 21:23의 주석을 참조하기 바란다.

맺는말
[22:6-21]

지금까지 말세에 반드시 속히 될 일을 보여주신 주님은 이제 그 계시를 종결하시려고 하신다. 이 부분이 그 계시의 종결이라는 사실은 다음과 같은 두 말씀에서 알 수 있다.

- 계 1:1 "예수 그리스도의 계시라 이는 하나님이 그에게 주사 반드시 속히 될 일을 그 종들에게 보이시려고 그 천사를 그 종 요한에게 보내어 지시하신 것이라"
- 계 22:6 "또 그가 내게 말하기를 이 말은 신실하고 참된지라 주 곧 선지자들의 영의 하나님이 그의 종들에게 결코 속히 될 일을 보이시려고 그의 천사를 보내셨도다"

이 부분에서 주님은 계시를 종결하시면서 우리들이 이 계시에 대하여 꼭 알아두어야 할 사항 몇 가지를 말씀하신다.

내용 구분

이 부분의 말씀은 다음과 같이 구분된다.

1. 이 계시의 중요성에 대한 증언(6-7절)
2. 이 계시를 전한 천사의 증언(8-9절)
3. 심판의 임박성에 대한 예수님의 증언(10-15절)
4. 이 계시의 주인공이신 예수님의 자증(16절)
5. 성령과 신부의 증언(17절)
6. 이 계시는 절대로 가감할 수 없음을 증언함(18-19절)
7. 결어(20-21절)

I. 이 계시의 중요성에 대한 증언(22:6-7)

22:6 또 그가 내게 말하기를 이 말은 신실하고 참된지라 주 곧 선지자들의 영의 하나님이 그의 종들에게 결코 속히 될 일을 보이시려고 그의 천사를 보내셨도다

"또 그가 내게 말하기를"

이 부분의 말씀은 누구의 말인가를 나타낸다. 그런데 "그가" 누구인가? 명시되지 않았다. 천사의 말이라고 보는 학자도 있으나 문맥상 예수님의 말씀으로 보는 것이 자연스러울 것 같다. 왜냐하면 다음에 나오는 7절 말씀도 6절 말씀의 주인공과 동일한 것으로 보이는데, 7절 말씀은 분명히 예수님의 말씀이기 때문이다.

"이 말은 신실하고 참된지라"

계시록의 모든 계시를 마감하는 이 시점에서 마치 공문서를 작성하고 도장을 찍어서 그 문서의 신빙성을 확인하는 것과 같은 말씀이다. 예수님은 이 말씀을 하심으로써 지금까지 보여주신 이 책의 모든 계시는 하나도 헛된 것이나 거짓이 없는 것임을 분명히 확인하는 도장을 찍으시는 것이다.

"주 곧 선지자들의 영의 하나님이 그의 종들에게 결코 속히 될 일을 보이시려고 그의 천사를 보내셨도다"

여기서는 이 계시가 왜 신실하고 참된지 그 이유를 말해주고 있다. 그 이유는 선지자들의 영의 하나님이 그의 종들에게 결코 속히 될 일을 보이시려고 그의 천사를 보내셨기 때문이라는 것이다. 이 말씀의 뜻은 무엇인가? 결국 이 말씀은 선지자들을 성령으로 감동시켜서 성경의 다른 모든 부분을 기록하게 하신 하나님이 동일한 성령의 감동으로 이 요한계시록의 내용을 천사를 보내어 보여주신 것이기 때문이라는 것이다.

한 마디로 말해서 요한계시록은 성령의 감동으로 기록되었기 때문에 신

실하고 참된 말씀이라는 뜻이다. 실로 그러하다. 성경이 하나님의 참된 말씀이라는 많은 증거 가운데 가장 강력한 증거는 성경은 하나님의 감동 또는 성령의 감동으로 쓰였다는 사실이다.

- 딤후 3:15 "선지자들의 영의 하나님이 그의 종들에게 결코 속히 될 일을 보이시려고 그의 천사를 보내셨도다"
- 벧후 1:20-21 "먼저 알 것은 경의 모든 예언은 사사로이 풀 것이 아니니 21 예언은 언제든지 사람의 뜻으로 낸 것이 아니요 오직 성령의 감동하심을 입은 사람들이 하나님께 받아 말한 것임이니라"

22:7 보라 내가 속히 오리니 이 책의 예언의 말씀을 지키는 자가 복이 있으리라 하더라

이 계시가 신실하고 참된 것임을 증거 하신 주님은 이제 우리들이 이 말씀을 어떻게 받아야 할 것을 말씀하신다. 주님은 반드시 그리고 속히 재림하실 것이다. 재림하시면 곧 바로 각 사람의 행한 대로 심판을 하실 것이다. 그 행함의 기준은 하나님의 말씀이요 한 걸음 더 나아가 이 책의 예언의 말씀을 지켰는가 아니 지켰는가? 인 것이다. 그러므로 이 책의 예언의 말씀을 지키는 자가 복이 있으리라고 말씀하시는 것이다.

II. 천사의 증언(22:8-9)

22:8 이것들을 보고 들은 자는 나 요한이니 내가 듣고 볼 때에 이 일을 내게 보이던 천사의 발 앞에 경배하려고 엎드렸더니
22:9 저가 내게 말하기를 나는 너와 네 형제 선지자들과 또 이 책의 말을 지키는 자들과 함께 된 종이니 그리하지 말고 오직 하나님께 경배하라 하더라

이 계시록의 모든 계시를 받은 사도 요한은 자기에게 이 계시를 전하여

준 천사를 향하여 엎드려 경배하려고 하였다. 그러나 그 천사는 자신도 하나님의 심부름을 하는 종에 불과하다는 이유로 사도 요한의 경배를 사양하였다. 이런 모습은 앞에서도 있었다.

- 계 19:10 "내가 그 발 앞에 엎드려 경배하려 하니 그가 나더러 말하기를 나는 너와 및 예수의 증거를 받은 네 형제들과 같이 된 종이니 삼가 그리하지 말고 오직 하님께 경배하라 예수의 증거는 대언의 영이라 하더라"

사도 요한은 왜 이런 일을 두 번씩 반복하여 행하고 또 기록하고 있을까? 사도 요한이 하나님 외에 다른 것을 섬기지 말고 절하지 말라는 하나님의 계명을 우리들만큼 몰라서 이런 일을 행하였을까? 결코 그렇지는 않다. 사도 요한은 자기가 그 천사 앞에 엎드려 절하려고 했다는 이 사실로서 그 천사의 모습이 얼마나 장엄하고 빛나는 존재이었는지 마치 하나님처럼 보일 정도였다는 사실을 우리에게 알려줌과 동시에, 그런 천사라도 우리 주님이 부리시는 한낱 종에 불과하다는 사실을 말함으로써 만왕의 왕이 되시는 우리 주님이 얼마나 위대하신 분이신가를 간접적으로 말해주고 있는 것이다.

III. 심판의 임박성에 대한 예수님의 증언(22:10-15)

22:10 또 내게 말하되 이 책의 예언의 말씀을 인봉하지 말라 때가 가까우니라

이 말씀은 이 계시록에 기록된 모든 일들은 지금부터 속히 그리고 반드시 일어날 것이기 때문에 그냥 닫아두고 있을 것이 아니라 모든 사람들에게 공개하여 부지런히 알려주어야 할 것임을 말씀하신 것이다. 왜냐하면 이 계시의 초두에서 밝히신 바와 같이 이 말씀을 받는 자가 복된 자이기 때문이다.

- 계 1:3 "이 예언의 말씀을 읽는 자와 듣는 자들과 그 가운데 기록한

것을 지키는 자들이 복이 있나니 때가 가까움이라"

22:11 불의를 하는 자는 그대로 불의를 하고 더러운 자는 그대로 더럽고 의로운 자는 그대로 의를 행하고 거룩한 자는 그대로 거룩되게 하라

이 말씀은 이 계시록의 말씀을 우리가 열심히 전하여도 어떤 결과를 낳게 될 것인가를 지적하신 것이다. 불의를 하는 자는 그대로 불의를 하고 더러운 자는 그대로 더러운 자리에 그대로 있을 것이다. 다시 말해서 믿지 않는 자들 곧 구원으로 택함 받지 못한 자들은 이 계시록의 말씀을 아무리 전하여도 깨닫지 못하므로 여전히 그 죄악의 길을 가다가 결국 속히 오실 주님으로 말미암아 심판을 받고 멸망을 받게 될 것이다.

그러나 그와는 반대로 하나님의 구원으로 택함 받은 백성들은 이 말씀을 받게 되면 더욱 분발하여 지금까지 행하여 왔던 그 길을 따라서 의로운 자는 그대로 의를 행하고 거룩한 자는 그대로 거룩되게 할 것이다. 즉 이 계시를 받음으로 말미암아 지금까지 달려오던 믿음의 길을 더욱 잘 달려가게 될 것이다. 그러니 이 계시를 받는 너희들은 반드시 속히 될 이런 일들을 염두에 두고 더욱 믿음의 경주를 잘 하기 바란다는 뜻이 이 말씀 속에 담겨져 있다.

22:12 보라 내가 속히 오리니 내가 줄 상이 내게 있어 각 사람에게 그의 일한 대로 갚아 주리라

이 말씀에서 주님은 믿음의 경주를 하고 있는 우리들을 향하여 격려의 말씀 곧 응원을 보내시는 것이다. "내가 속히 올 것이다." 이 말씀을 믿음의 경주를 하고 있는 우리 성도들 입장에서 보면 너희들의 믿음의 경주가 끝나는 골인 지점이 얼마 남지 아니하였다는 뜻이다. 그러므로 이 말씀은 이런 뜻이다. "이제 골인 지점이 얼마 안 남았으니 그래서 이 마지막 남은 거리만 경주를 잘하면 내가 너를 위하여 예비한 상을 받게 될 것이니 끝까지 힘을 내어 달려라. 내가 반드시 너희의 경주 성적대로 상을 줄 것이다."

22:13 나는 알파와 오메가요 처음과 나중이요 시작과 끝이라

알파와 오메가는 헬라어 알파벳의 첫 자와 끝 자로서 예수님의 영원성을 가리킨다. 주님은 하나님이시기 때문에 영원부터 영원까지 계신 분이시다.

그런데 주님은 왜 이런 말씀을 여기서 하시는 것일까? 그 이유는 앞의 12절 말씀이 틀림없이 이루어질 것을 보장하시려는 의도 때문이다. 즉 믿음의 경주를 마친 각 사람에게 상을 주시는 일! 이것은 하나님의 원대한 구원역사의 마지막 완성 단계인 것이다. 그러므로 이 말씀은 이런 뜻으로 하시는 말씀이다. "이 일을 내가 책임지고 반드시 할 것이다. 왜냐하면 나는 너희들의 구원역사를 시작한 자요 또한 완성할 자이기 때문이다."

22:14 그 두루마기를 빠는 자들은 복이 있으니 이는 저희가 생명나무에 나아가며 문들을 통하여 성에 들어갈 권세를 얻으려 함이로다

"그 두루마기를 빠는 자들은 복이 있으니"

이 말씀의 뜻을 정확히 이해하기 위하여서는 다음과 같은 것들을 주목할 필요가 있다.

1. 그 두루마리는 무엇을 뜻하는가?

옷은 성도들의 행실을 의미한다.

- 계 19:8 "그에게 허락하사 빛나고 깨끗한 세마포를 입게 하셨은즉 이 세마포는 성도들의 옳은 행실이로다 하더라"

2. 두루마리를 빤다는 것은 무엇을 뜻하는가?

두루마리를 빤다는 것은 그리스도의 보혈에 죄 씻음을 받는 것을 의미한

다. 그리고 여기서 주목할 것은 "빨다"라는 동사의 시제이다. 과거에 일어난 단 한 번의 동작을 가리키는 제1 부정과거 시제가 아니고, 현재 분사형으로 되어 있다. 그러므로 이 동작은 계속해서 두루마리를 빠는 자를 가리킨다는 것이다. 그러므로 이 말씀은 성도들이 이 땅에서 신앙생활을 하는 동안 계속적으로 죄를 씻는 삶을 사는 것을 뜻한다. 그러면 이런 삶은 어떻게 이루어지는가?

1) 반복적인 회개를 통하여

- 요일 1:9 "만일 우리가 우리 죄를 자백하면 저는 미쁘시고 의로우사 우리 죄를 사하시며 모든 불의에서 우리를 깨끗케 하실 것이요"

2) 진리의 말씀을 지켜 행하기를 계속해서 힘쓰므로

- 요 17:17 "저희를 진리로 거룩하게 하옵소서 아버지의 말씀은 진리니이다"

그러므로 결국 그 두루마리를 빠는 자들이란 이 땅에서 신앙생활을 하는 동안 일상생활 속에서 짓는 죄를 반복적으로 회개하며 어떤 환난 고통이 있어도 주님의 말씀대로 살려고 날마다 힘쓰는 자들 곧 자기 성화를 위하여 부단히 힘쓰는 자들을 가리킨다. 이런 자들은 복이 있다는 것이다. 우리는 이런 자들의 예를 이미 앞에서 보았다.

- 계 7:14 "내가 가로되 내 주여 당신이 알리이다 하니 그가 나더러 이르되 이는 큰 환난에서 나오는 자들인데 어린양의 피에 그 옷을 씻어 희게 하였느니라"

"이는 저희가 생명나무에 나아가며 문들을 통하여 성에 들어갈 권세를 얻으려 함이로다"

이 말씀은 저들이 왜 복이 있는가? 그 이유를 말해준다. 그 이유는 두 가지이다. 첫째, 이들은 생명나무에 나아갈 수 있기 때문이다. 생명나무는 곧 영생을 얻게 하는 나무이다(계 3:24 참조). 다시 말해서 이들은 영생을 얻게 되기 때문에 복이 있다는 것이다. 둘째, 문들을 통하여 성에 들어갈 권세를 얻게 되기 때문이다. 문들은 새 예루살렘 성의 열두 문을 가리킨다(계 21:12 참조). 이들은 하나님께서 성도들을 위하여 예비하신 이 거룩한 성 새 예루살렘에 들어갈 권세가 주어지기 때문에 복이 있다는 것이다.

22:15 개들과 술객들과 행음자들과 살인자들과 우상 숭배자들과 및 거짓말을 좋아하며 지어내는 자마다 성 밖에 있으리라

이 말씀은 굳이 하지 않아도 당연한 일인데도 불구하고 천사는 밝히고 있다. 즉 앞 절의 내용에서 본 대로 두루마리를 빤 자들만 들어간다면 지금 여기서 말하는 자들이 못 들어가는 것은 당연한 일이 아닌가? 그럼에도 불구하고 이 말을 하는 것은 그 새 예루살렘 성은 하나님께서 전적으로 오직 성도들만을 위하여 십자가 희생이라는 값비싼 대가를 지불하시고 마련하신 곳이므로 성도들 외에는 누구도 감히 들어갈 수 없음을 강조하기 위한 것이다. 이 말씀에서 개는 물론 영적인 뜻으로 쓰인 것이다. 개는 죄악으로 더러워진 자를 가리킨다. 이 사실은 다음 성구들에서 분명히 알 수 있다.

- 마 7:6 "거룩한 것을 개에게 주지 말며 너희 진주를 돼지 앞에 던지지 말라 저희가 그것을 발로 밟고 돌이켜 너희를 찢어 상할까 염려하라"
- 빌 3:23 "개들을 삼가고 행악하는 자들을 삼가고 손할례당을 삼가라"

"개들과 술객들과 행음자들과 살인자들과 우상 숭배자들과 및 거짓말을 좋아하며 지어내는 자"들은 한 마디로 성도들을 제외한 모든 불신자들을 가리킨다. 이 불신자들을 이렇게 여러 가지로 분류하여 부르는 것은 저들이 행한 부끄러운 일과 죄악을 드러내기 위함이다. 그렇게 함으로써 앞에서 말한

두루마리를 빤 자들 곧 성도들과 대조를 시키기 위한 것이다.

Ⅳ. 이 계시의 주인공이신 예수님의 자증(22:16)

> *22:16* 나 예수는 교회들을 위하여 내 사자를 보내어 이것들을 너희에게 증거하게 하였노라 나는 다윗의 뿌리요 자손이니 곧 광명한 새벽별이라 하시더라

앞으로 "반드시 속히 될 일"(계 1:1)들을 그 종들에게 보여주시는 예수님의 계시는 이제 끝맺을 단계에 이르렀다. 주님은 이 책의 처음 서두에서도 (계 1:1) 이 책의 모든 계시가 예수님의 계시인 것을 밝히셨다. 이것은 우리가 공문서를 작성할 때 그 문서의 발행자가 누구인가를 밝히는 일과 같다.

이 시점에서 예수님은 또 다시 이 책에 기록된 모든 내용들은 예수님 자신의 계시임을 분명히 밝히신다. 이것은 우리들이 공문서를 작성한 후에 그 문서의 공적인 신빙성을 갖게 하기 위해 도장을 찍거나 사인하는 것과 같다.

> "나 예수는 교회들을 위하여 내 사자를 보내어 이것들을 너희에게 증거하게 하였노라"

이 말씀에는 다음과 같은 내용이 담겨져 있다.

1) 이 책의 계시자

이 책의 계시자는 누구인가?

> "나 예수는"

이는 강조 용법이다. 이 책의 계시자가 누구인가를 강조하고 있는 것이다. 즉 이 책의 계시자는 천사도 아니고 다른 어떤 사람도 아닌 나 예수라는 것이다.

2) 이 계시의 대상과 목적

이 계시를 주님은 누구에게 왜 보여주시는가?

"교회들을 위하여"

그 대상은 교회들이다. 다시 말해서 교회 성도들이 그 대상이다. 세상 모든 사람들이 아니다. 아니면 어떤 불특정 다수인이 아니다. 오직 성도들을 대상으로 하여 주신 계시이다.

그리고 교회 성도들에게 왜 이 계시를 주시는가? 교회들을 위하여 주시는 것이다. 즉 우리 성도들이 이 책의 계시를 앎으로 말미암아 보다 신앙생활을 잘 할 수 있고 믿음의 선한 싸움에서 승리하게 하기 위하여 이 계시를 주신다는 것이다.

3) 계시의 방법

어떤 방법으로 계시하셨는가?

"내 사자를 보내어 이것들을 너희에게 증거하게 하였노라"

예수님은 이 계시를 우리 성도들에게 보내기 위하여 천사를 동원하셔서 그 내용을 사도 요한에게 알려주셨고, 또 사도 요한으로 하여금 그 받은 내용을 성령의 감동 하에 기록하게 함으로써 증거하게 하셨다.

• 계 1:1 "예수 그리스도의 계시라 이는 하나님이 그에게 주사 반드시 속히 될 일을 그 종들에게 보이시려고 그 천사를 그 종 요한에게 보내어 지시하신 것이라"

그러므로 우리는 요한계시록의 내용은 틀림없는 주님의 계시인 것을 믿고 지키는 자들이 되어야 할 것이다.

V. 성령과 신부의 증언(22:17)

22:17 성령과 신부가 말씀하시기를 오라 하시는도다 듣는 자도 오라 할 것이요 목마른 자도 올 것이요 또 원하는 자는 값없이 생명수를 받으라 하시더라

이 말씀은 누가 누구에게 무슨 뜻으로 하는 말인가? 결론부터 말하면 성령과 신부가 지금 이 땅에 있는 교회 밖의 사람들을 향하여 하는 말이다. 즉 전도의 말씀이다.

"성령과 신부가 말씀하시기를"

신부는 교회 성도들을 가리킨다(계 19:7 참조). 이들은 땅 끝까지 복음을 전할 사명을 받은 그리스도의 증인들이다. 그리고 성령은 이들이 복음을 전할 수 있도록 즉 그리스도의 증인 역할을 할 수 있도록 권능을 주시는 분이시다.

- 행 1:8 "오직 성령이 너희에게 임하시면 너희가 권능을 받고 예루살렘과 온 유대와 사마리아 땅 끝까지 이르러 내 증인이 되리라 하시니라"

"오라 하시는도다 듣는 자도 오라 할 것이요 목마른 자도 올 것이요 또 원하는 자는 값없이 생명수를 받으라 하시더라"

성령과 신부는 온 세상을 향하여 지금 이렇게 주님께 올 것을 외치고 있다. 끊임없이 오라고 외치고 있다. 그 이유는 앞에서 본 대로 두루마리를 예수님의 피에 빤 자들은 그 새 예루살렘 성에 들어오게 될 것이요, 그렇지 않은 자들은 모두가 멸망을 당할 것을 이 계시를 통하여 분명히 알기 때문이다. 내 부모 자식 내 형제가 이 좋은 성을 마다하고 지옥을 향하고 있는 사실을 알면서 어찌 잠잠할 수 있겠는가? 그래서 성도들은 성령의 역사하심을 따라 열심히 외치는 것이다. 본문은 요한계시록의 내용을 알게 된 우리들이 바로 이런 모습이 되어야 할 것을 말하고 있는 것이다.

VI. 이 계시는 절대로 가감할 수 없음을 증언함(22:18-19)

주님께서 보여주시고자 한 계시의 내용은 끝났다. 이제 이 시점에서 이 책의 기록자인 사도 요한은 자기가 전하는 계시가 오고 오는 모든 시대 모든 성도들에게 와전되거나 곡해되지 않게 하기 위하여 분명한 한계선을 설정한다. 그 한계선은 다음 두 가지이다.

> *22:18* 내가 이 책의 예언의 말씀을 듣는 각인에게 증거하노니 만일 누구든지 이것들 외에 더하면 하나님이 이 책에 기록된 재앙들을 그에게 더하실 터이요

이 책의 내용에다가 어떤 내용도 첨가할 수 없다는 것이다. 이것은 "반드시 속히 될 일들"(계 1:1)에 대한 예수님의 계시는 이것으로 끝났음을 뜻한다. 이 말씀은 오늘날 우리들의 신앙생활에 매우 중요한 지표 역할을 해 준다. 왜 그런가? 예를 들어서 몰몬교에서는 예수님이 말세에 되어질 일들을 계시해 준 비밀이라고 해서 몰몬경을 가르치고 있다. 우리가 만일 본문의 이 말씀이 성경에 없다면 그들이 말하는 몰몬경을 받아야 할지 말아야 할지 혼란스러울 것이다. 그러나 이 말씀은 그런 것들은 그 내용을 살펴볼 필요도 없이 가짜임을 분명히 알려주는 것이다.

그리고 여기서 또 한 가지 더 생각할 것은 이 말씀은 요한계시록에만 해당되는 한계선이 아니라 성경 전체에 대한 한계선이라고 보아야 할 것이다. 즉 성경 66권의 말씀에 더하는 자는 재앙을 받을 것이라는 말씀으로 받아야 할 것이다. 왜냐하면 요한계시록은 그 내용 면으로 보나 쓰인 시간적인 면으로 보나 성경 66권 중에 맨 마지막에 있어야 할 책이기 때문이다. 다시 말해서 요한계시록의 내용은 세상 마지막에 관한 계시이므로 성경 마지막에 와야 당연한 일이고 또 실제로 계시록은 성경 66권 중에 맨 나중에(주후 95년 경) 기록된 책이다. 그러므로 성경 66권 중 마지막 책의 맨 마지막 부분에서 나온 이 말씀은 요한계시록에 말씀을 더하는 것뿐만 아니라 성경 66권에 다른 말씀을 첨부하는 것도 안 된다는 뜻인 것이다.

이런 점에서 천주교에서 성경 외에 또 다른 성경으로 믿고 있는 외경이나 가경들은 하나님의 말씀으로 인정할 수 없다는 것이다. 우리는 오직 성경 66권만을 성령의 감동으로 기록된 일점일획도 틀림이 없는 하나님의 말씀으로 확신한다. 이 말씀은 우리로 하여금 이렇게 믿도록 만들어주고 있다.

22:19 만일 누구든지 이 책의 예언의 말씀에서 제하여 버리면 하나님이 이 책에 기록된 생명나무와 및 거룩한 성에 참여함을 제하여 버리시리라

반대로 이 책의 예언의 말씀 중에 어떤 부분도 진리가 아닌 것으로 버려서도 안 된다는 것이다. 이 말씀이 뜻하는 바는 이 책에 기록된 것들은 하나도 빠짐없이 주님께서 계시하신 것이요 그러므로 일점일획도 쭉정이가 없는 참된 구원진리라는 것이다. 그러므로 이 계시록의 어떤 부분도 이해가 잘 안 된다거나 자기 마음에 안 드는 부분이 있다고 해서 버리는 일이 있어서는 절대로 안 된다는 것이다. 이 말씀들은 반드시 있는 그대로 깨달아져야 하고 또한 믿어야 할 말씀이라는 것이다. 만일 그렇지 못하고 이 책의 예언의 말씀에서 제하여 버리면 하나님이 이 책에 기록된 생명나무와 및 거룩한 성에 참여함을 제하여 버리시는 불행을 당하게 될 것이다. 그러므로 성경 66권의 이 말씀을 우리는 가감 없이 받고 믿어야 할 것이다.

VII. 결어(22:20-21)

끝맺는 말이다. 무슨 말로 끝나는가? 예수님의 약속과 성도들의 그에 대한 응답으로 끝을 맺는다.

22:20 이것들을 증거하신 이가 가라사대 내가 진실로 속히 오리라 하시거늘 아멘 주 예수여 오시옵소서

이 모든 계시 곧 앞으로 반드시 속히 될 일들과 그 일들의 끝날에 주님이

반드시 오시겠다는 약속을 하신 주님께서 마지막으로 말씀하신다. "내가 진실로 속히 오리라!" 이에 대하여 주님의 신부들인 성도들은 화답한다. "아멘 주 예수여 오시옵소서!" 이 말씀은 결혼을 약속한 두 남녀가 서로 잠시 떨어져 있어야 할 상황에서 주고받는 사랑의 약속과 같은 것이다. 춘향전의 이야기를 생각해보라. 이 도령과 춘향은 오작교에서 사랑의 인연을 맺었다. 그런데 이 도령은 사랑하는 춘향을 두고 멀리 한양으로 이사를 가야만 하게 되었다. 두 사람은 앞으로 어떤 일이 있어도 변치 않을 사랑을 약속하면서 작별 인사를 하게 된다. 이 도령은 춘향에게 약속한다. "내가 가능한대로 빨리 너를 다시 보러 올게. 그 때까지 나를 기다리고 있어!" 춘향은 대답한다. "도련님! 물론 그래야지요. 꼭 빨리 오세요! 변치 않고 도련님만 기다리고 있을 테니까요!"

주님은 우리의 신랑이시다. 우리는 그의 신부로 택함 받은 자들이다. 우리를 이 땅에 두고 잠시 천국으로 가시면서 우리들이 들어가서 살 집을 마련해 놓고 다시 오겠다고 약속하고 가신 분이다.

주님은 본문에서 마지막 계시를 마감하면서 신부인 우리에게 약속하신다. "내가 진실로 속히 오리라!" 신부인 우리들은 주님의 그 말씀에 화답한다. "아멘 주 예수여 오시옵소서!" 나의 사랑이시며 나의 신랑이신 주님의 이 약속은 반드시 그리고 속히 이루어지리라! 아멘!

22:21 주 예수의 은혜가 모든 자들에게 있을지어다 아멘

이 계시를 전하는 사도 요한의 마지막 축도이다. 이 축도는 로마 교회 성도들을 향한 사도 바울의 축도와 흡사하다.

• 롬 16:20 "…우리 주 예수의 은혜가 너희에게 있을지어다"

이 축도 대로 이 책을 읽는 모든 분들에게 주님의 은혜가 넘치기를 주님의 이름으로 기도한다.